# Methodologie, Methoden, Forschungsdesign

Achim Hildebrandt · Sebastian Jäckle
Frieder Wolf · Andreas Heindl

# Methodologie, Methoden, Forschungsdesign

Ein Lehrbuch für fortgeschrittene
Studierende der Politikwissenschaft

Springer VS

Achim Hildebrandt
Institut für Sozialwissenschaften
Universität Stuttgart
Stuttgart
Deutschland

Frieder Wolf
Institut für Politische Wissenschaft
Universität Heidelberg
Heidelberg
Deutschland

Sebastian Jäckle
Seminar für Wissenschaftliche Politik
Universität Freiburg
Freiburg
Deutschland

Andreas Heindl
Deutsche Akademie der
Technikwissenschaften
München
Deutschland

ISBN 978-3-531-18256-8
DOI 10.1007/978-3-531-18993-2

ISBN 978-3-531-18993-2 (eBook)

Die Deutsche Nationalbibliothek verzeichnet diese Publikation in der Deutschen Nationalbibliografie; detaillierte bibliografische Daten sind im Internet über http://dnb.d-nb.de abrufbar.

Springer VS

Gedruckt auf säurefreiem und chlorfrei gebleichtem Papier

*Lektorat:* Dr. Jan Treibel, Monika Mülhausen

Springer Fachmedien Wiesbaden ist Teil der Fachverlagsgruppe Springer Science+Business Media
(www.springer.com)

# Inhaltsverzeichnis

# Erfahrungsberichte

# Einleitung

1

Frieder Wolf und Achim Hildebrandt

## 1.1 Ein weiteres Methodenbuch – muss das sein?

Wir meinen: unbedingt! Denn dieses Buch wendet sich an alle fortgeschrittenen Studierenden[1] der Politikwissenschaft, die eine empirische Masterarbeit planen und die somit Methoden nicht nur theoretisch begreifen, sondern sie konkret und unmittelbar anwenden wollen. Besonderes Augenmerk gilt dabei der Frage, wie man unter Knappheitsbedingungen (insbesondere der für Abschlussarbeiten zur Verfügung stehenden Zeit und materiellen Ressourcen) auf pragmatische Weise stimmige Projekte umsetzen kann.

Die meisten auf dem Markt befindlichen Methodenbücher fokussieren überdies einseitig auf qualitative oder quantitative Methoden, und die quantitativen Lehrbücher konzentrieren sich zudem entweder auf die Mikro- oder (seltener) auf die Makroebene. Wir möchten diese Spaltung überwinden, deshalb stellen wir sowohl qualitative Methoden wie die Diskursanalyse als auch quantitative Methoden vor, die auf der Mikro- und Makroebene Verwendung finden. Zudem diskutieren wir methodenverbindende Designs.

---

Obwohl es sich beim vorliegenden Lehrbuch nicht um einen Sammelband, sondern um ein koautorschaftlich verfasstes Werk handelt, haben wir uns entschieden, die Erst- bzw. Hauptautorschaft der einzelnen Kapitel namentlich zu kennzeichnen. Die Autoren bedanken sich bei Heike Böhler für ihr Engagement bei der technischen Erstellung des Manuskripts.

---

[1] Männliche, weibliche und genderneutrale Formen wechseln sich in diesem Buch zufallsverteilt ab.

© Springer Fachmedien Wiesbaden 2015
A. Hildebrandt et al., *Methodologie, Methoden, Forschungsdesign*
DOI 10.1007/978-3-531-18993-2_1

Wert legen wir in allen Kapiteln auf die anwendungsorientierte Diskussion stimmiger Forschungsdesigns. Dadurch erhalten unsere Leserinnen nicht nur einen Überblick über die einzelnen Methoden unseres Fachs, sondern auch über die dahinter stehende Methodologie.

## 1.2  Methodologische Grundposition(en)

Manches Master-Curriculum in der Politikwissenschaft zwingt die Studierenden bereits im ersten Semester, sich hinsichtlich der vertieften methodologischen und wissenschaftstheoretischen Ausbildung für eine bestimmte Richtung zu entscheiden, etwa durch die Wahl unterschiedlich akzentuierter Parallelkurse. Aus unserer Sicht kommt das zu früh, denn wir halten die Dialogfähigkeit zwischen Schulen und Standorten, vor allem aber zwischen einzelnen (Nachwuchs-)Wissenschaftlern für ein hohes Gut. Selbstverständlich gibt es unversöhnbare Grundsatzdifferenzen, bspw. zwischen *hardcore*-Rational Choicerinnen und Foucault-Anhängern. Zwischen den allermeisten Politikwissenschaftlerinnen sollte aber ein kritisch-konstruktiver Austausch möglich sein, ohne dass legitime Unterschiede in den Forschungsinteressen und -strategien nivelliert werden müssten (ausführlicher hierzu Kap. 13). Und selbstverständlich soll im Laufe des Master-Studiums jede Kandidatin die Gelegenheit haben, ihr eigenes methodologisches Credo zu formulieren. Das sollte aber erst nach gründlichem Studium der verschiedenen in der Disziplin vorfindlichen Ausprägungen geschehen, ggf. in Abgrenzung von diesen, aber eben in kundiger statt ignoranter Abgrenzung.

Unser eigenes Credo? Die Verfasser des vorliegenden Bandes teilen als Forscher den Ehrgeiz, halbwegs robuste Aussagen über die politische Welt[2] auf empirisch-analytischem[3] Wege unter Einsatz diverser Methoden und Methodenkombinationen destillieren zu wollen, und als Lehrbuchautoren die Hoffnung, die Leserschaft für mannigfache Spielarten dieses Unterfangens begeistern oder zumindest interessieren zu können. Mit unterschiedlichen Nuancierungen sind wir überdies der Ansicht, dass die kritische Dekonstruktion von Begriffen, Konzepten und Diskursstrukturen die weitere empirische Analyse bereichern oder zuweilen überhaupt erst ermöglichen kann. Wir glauben nicht, dass allzu viele politikwissenschaftli-

---

[2] Ja, wir teilen die von manchen für eine Illusion gehaltene Grundannahme, dass es da draußen eine konkrete politische Realität gibt, über die wir uns – bei allen kommunikativen Unvollkommenheiten – immer wieder sinnhaft verständigen können.

[3] Auch rein ideengeschichtliche und/oder theoretische Masterarbeiten profitieren gewiss von einem stringent strukturierten Vorgehen. Auf die Anleitung dazu ist der vorliegende Band aber explizit nicht ausgerichtet.

che Erkenntnisse raumzeitlich unbegrenzte, gesetzmäßige Geltung beanspruchen können, aber das entwertet das intensive Studium der politischen Welt in unseren Augen keinesfalls.

## 1.3   Eine Fragestellung finden…

Welche Fragestellung für eine Masterarbeit geeignet ist, hängt von dem Anspruch ab, der an sie gestellt wird. Der Kultusministerkonferenz zufolge wird mit einer Masterarbeit die Fähigkeit nachgewiesen, „innerhalb einer vorgegebenen Frist ein Problem aus dem jeweiligen Fach selbständig nach wissenschaftlichen Methoden zu bearbeiten" (Kultusministerkonferenz 2010, S. 4). Im Gegensatz zu einer Dissertation muss eine Masterarbeit keinen Fortschritt der Wissenschaft erbringen. Damit wollen wir nicht die Ambitionen all derjenigen beschränken, die nach ihrem Studium eine Dissertation planen (Näheres dazu finden Sie in Wolf und Wenzelburger 2010) – wir möchten aber vielen die Schwellenangst vor der Abschlussarbeit nehmen. Angesichts einer Bearbeitungszeit von in der Regel nur vier Monaten steht bei einer Masterarbeit stärker als bei einer Dissertation die Frage der Machbarkeit im Zentrum. Es sollte also nicht die absolut betrachtet interessanteste, sondern die interessanteste unter den bearbeitbaren Fragestellungen ausgewählt werden (Plümper 2012, S. 20). Um es an einem konkreten Beispiel festzumachen: Studierende, die eine vergleichende Fallanalyse durchführen wollen und sich bei der Auswahl ihrer (meist zwei) Fälle primär vom Interesse an Land, Leuten und Sprache leiten lassen, werden mit hoher Wahrscheinlichkeit schwere Zeiten während ihrer Masterarbeit erleben. Wenn die notwendigen Informationen sich für diese Länder nicht beschaffen lassen, die Länder hinsichtlich des betrachteten Politikfeldes nicht vergleichbar sind oder keinerlei Varianz in der abhängigen Variable vorliegt, deren Ursachen man analysieren könnte, kann sich das anfangs große Interesse schnell in Frust über die Arbeit umwandeln. Hier gilt es also, sich nicht durch die eigenen Interessen verblenden zu lassen, sondern stets auch die Sinnhaftigkeit und Machbarkeit der Arbeit im Blick zu behalten. Mit anderen Worten, Sie sollten mit Ihrer Masterarbeit kein völliges Neuland betreten: Dazu gehört erstens, dass Sie mit den Begriffen und Theorien des betreffenden politikwissenschaftlichen Teilbereichs vertraut sind (Stykow et al. 2009, S. 125), zweitens, dass Sie sondieren, ob die erforderlichen Daten für Sie zugänglich sind und drittens, dass Sie vorab prüfen, ob Sie die erforderlichen Methodenkenntnisse bereits besitzen bzw. auf welche Art Sie die Kenntnisse in welchem Zeitraum erwerben können (Plümper 2012, S. 28–29).

Wir schreiben bewusst von der *Fragestellung* einer Masterarbeit, und nicht einem *Thema* – letzteres ist in der Regel viel zu weit gefasst. Plümper (2012, S. 16–30) zeigt, wie man aus einem Thema eine Fragestellung entwickelt, King, Keohane und Verba (1994, S 14–19) geben allgemeine Ratschläge für die Entwicklung einer Fragestellung.[4] Hancké (2009, S. 14) zufolge sind allein solche Fragestellungen lohnenswert, die von einem sogenannten theoretischen bzw. theoriebasierten *puzzle* ausgehen.[5] Ein solches Rätsel oder, vielleicht noch treffender übersetzt: eine solche Ungereimtheit, kann entweder in einem inneren Widerspruch eines Theoriegebäudes oder, für die empirisch-analytische Bearbeitung spannender, in einem theoretisch bislang schlecht erklärten empirischen Befund bestehen, oder auch in einer theoretischen Spielerei, für die es bislang noch keine empirische Anwendung gibt. Die Forschungsmotivation ist mit Hancké und derjenigen einflussreichen Richtung der (insbesondere US-amerikanischen) Politikwissenschaft, für die er steht, jedenfalls eindeutig theorieorientiert. Ausgangspunkt und Ziel der Politikwissenschaft sind damit immer erklärungskräftigere Theorien.[6] Falls Sie für den Eros dieser Perspektive empfänglich sind, möchten wir Sie davon keineswegs abbringen. Wir möchten ihr aber einen in unseren Augen ebenso legitimen Zugriff zur Seite stellen, auf dem ebenso exzellente Masterarbeiten aufruhen können. Dieser schreibt Theorien eine dienende Funktion bei der Erklärung realweltlicher Phänomene (oft: räumliche und/oder zeitliche Variationen irgendwelcher Art; seltener auch die Abwesenheit von Varianz oder Dynamik) oder auch der Lösung realweltlicher Probleme zu. Natürlich ist ein solides Theoriefundament in einer so motivierten Masterarbeit ebenso notwendig – und insofern handelt es sich hier lediglich um ein Henne-Ei-Problem, bei dem Sie weder um die Henne noch um das Ei herumkommen – aber der Geltungsanspruch Ihrer Aussagen wird womöglich ein anderer sein, und die Darstellungsform wird sich insbesondere in Einleitung und Schlusskapitel etwas unterscheiden.

Für empirische Masterarbeiten beider Varianten bietet sich oftmals die Replikation und Ergänzung einer veröffentlichten Studie an, nähere Informationen dazu finden Sie in King (2006) und in Kap. 5 des vorliegenden Bandes. Häufig werden Masterarbeiten außerdem im Hinblick auf einen potentiellen Arbeitgeber

---

[4] King, Keohane und Verba nennen die folgenden möglichen Fragestellungen: 1) Untersuchen Sie eine Hypothese, die in der Literatur als wichtig erachtet, aber bislang noch nicht erforscht wurde. 2) Versuchen Sie nachzuweisen, dass eine in der Literatur akzeptierte Hypothese falsch ist. 3) Tragen Sie zu einer bestehenden Kontroverse bei. 4) Wählen Sie Annahmen, die bislang noch nicht hinterfragt wurden, zum Forschungsgegenstand. 5) Argumentieren Sie, dass ein wichtiges Thema bislang von der Forschung übersehen wurde und untersuchen Sie dieses Thema. 6) Übertragen Sie Theorien und Erkenntnisse aus einem Forschungsfeld in ein anderes, und wenden Sie sie dort an (King et al. 1994, S 16–17).

[5] „Puzzles are, in other words, questions of a special nature: they have the potential to shake the foundations of the answers that have been given before" (Hancké 2009, S 14).

[6] Für eine frühe pointierte Kritik puzzle-orientierter Wissenschaft vgl. Kuhn (1970, S 36–37).

geschrieben, um Interesse an und Qualifikation in einem Themengebiet nachzuweisen, manchmal auch im Zuge eines Praktikums oder im Kontext einer Werkstu-
dententätigkeit. Gerade wenn diese Berufsperspektive aber noch unsicher oder nur
eine unter mehreren ist, sollte die Ausrichtung darauf nicht zur Vernachlässigung
akademischer Gütekriterien führen.

## 1.4   …und dann diese Fragestellung beantworten

Während die Fragestellung einer Doktorarbeit in eine Forschungslücke stoßen
muss, ist dies bei einer Masterarbeit lediglich ein Kann-Kriterium und – dies vielleicht zur Beruhigung von Kandidaten, die hier zu hohe Erwartungen an sich selbst
stellen – keineswegs ein Prädiktor des Erfolgs im Sinne der erzielten Note. Ob eine
Masterarbeit nun ein solches innovatives Element beinhaltet oder nicht, sie muss
in jedem Fall ihre Fragestellung in Relation zum Forschungsstand der Disziplin
(und ggf., auszugsweise, ihrer Nachbarinnen) setzen. Hier liegen, bei Umfang und
Strukturierung des bereits vorhandenen Wissens, schon die ersten beiden großen
Herausforderungen an Examenskandidaten. Wer dann so klug und so orientiert
ist, sich *literature reviews* in Fachzeitschriften anzusehen (wie z. B. Busemeyer
und Trampusch 2011), gerät womöglich sogar in Panik: Ich kann doch unmöglich
solche Mengen an Literatur durcharbeiten und systematisch wiedergeben? Müssen
Sie auch nicht! Selbstverständlich sollte den Gutachtern Ihrer Masterarbeit deutlich werden, dass Sie gründlich recherchiert haben und verschiedene Publikations-
arten (Monographien, Fachzeitschriftenartikel, Sammelbände) in verschiedenen
Sprachen (zumindest auf Deutsch und Englisch) mindestens eine Dekade zurück
zur Kenntnis genommen haben. Eine vollständige Abdeckung kann aber niemand
von Ihnen erwarten. Starten Sie daher bei Schlüsselwerken, die in der Literatur
besonders prominent sind, und ergänzen Sie diese um auf verschiedenen Achsen
(z. B. theoretischer Zugriff, bearbeitete Fälle bzw. Zeiträume, angewandte Methoden) komplementäre Titel.[7] Und achten Sie dann darauf, rechtzeitig den nächsten
Schritt im Zeitplan anzugehen. Wenn Sie am Ende schneller geschrieben haben
als gedacht, können Sie den Bericht zum Forschungstand immer noch ausweiten.

Das nächstfolgende Element im Bauplan einer gelingenden empirisch-analytischen Masterarbeit ist das bereits oben angesprochene theoretische Fundament.
Da der vorliegende Band auf Methoden, Methodologie und Forschungsdesign
konzentriert ist, wollen wir uns zur Identifikation geeigneter Theorien nicht äu-

---

[7] Überaus hilfreich für diejenigen, die sich von der Fülle des recherchierten Materials über-
schwemmt fühlen, sind die Kataloge von prozessualen und endproduktorientierten Ord-
nungskriterien bei Randolph (2009).

ßern, wohl aber zur Rolle von Thesen und Hypothesen sowie ihres Tests. Eine bewährte Möglichkeit neben anderen ist gewiss der klassisch Popperianische Falsifikationismus (vgl. hierzu z. B. die Erläuterungen bei Moses und Knutsen 2007, S. 42–47 und die besonders griffige Kritik bei Sayer 1992, S. 226–231), mittels dessen falsifizierbar formulierte Hypothesen systematisch mit ihnen potenziell widersprechender Evidenz konfrontiert werden. Insbesondere ziehen wir diesen der in der US-amerikanischen Literatur verbreiteten, spätpositivistischen Rede von der Verifikation vor. Allerdings sei mit Lakatos (vgl. Lakatos 1974)[8] daran erinnert, dass das bei Popper und noch mehr bei allzu schematischen Adepten erbarmungslose Verwerfen falsifizierter Hypothesen und ggf. der dahinter stehenden Theorien forschungspraktisch wie forschungspragmatisch nicht zielführend erscheint. Angezeigter dürften je nach konkreter Natur bzw. logischer Struktur des Hypothesentests (Fälle, Zeitraum, Methode etc.) nuancierte Reformulierungen sein.

Sollten Sie, wenn Sie ganz ehrlich mit sich selbst sind, aus welchen Gründen auch immer insgeheim eine Lieblingshypothese bzw. ein präferiertes Ergebnis eines Hypothesentests haben, dann sei es hier explizit gesagt, dass dies weder an Ihrem Vorgehen noch an der Interpretation Ihrer Ergebnisse irgendetwas ändern darf – höchstens sollten Sie erwägen, in diesem Fall mit noch größerer Sorgfalt und Wucht die Hypothese Gegenargumenten und vor allem ihr ggf. widersprechender Evidenz auszusetzen. An manchen Instituten ist es – wohl der staatsrechtlichen Wurzel der Politikwissenschaft geschuldet – indes jahrzehntelang eingespielte Praxis, Abschlussarbeiten eine oder mehrere Thesen (nicht Hypothesen) voranzustellen, die dann im Weiteren verfochten wird bzw. werden. Als Master-Kandidat können Sie sich einem solchen Schema sicher in vielen Kontexten kaum widersetzen und wir würden Ihnen das auch nicht grundsätzlich anraten. Bei der Art und Weise, wie Sie dieses Schema ausfüllen, sollten Sie jedoch viel daran setzen, größtmögliche Unvoreingenommenheit zu beweisen, gerade auch mit dem Gedanken daran, wie Ihre Arbeit andernorts wahrgenommen wird.

Nicht alle der in den folgenden Kapiteln vorgestellten Methoden stellen aber den Anspruch, zum formalen, rigiden Hypothesentest geeignet zu sein, und dieser ist wie bereits angedeutet in unseren Augen auch nicht die einzige mögliche Variante einer gelingenden empirisch-analytischen Masterarbeit. Je nach Forschungsstand, Theorieinteresse und/oder Problemnatur können auch induktive, explorative Vorarbeiten zu und kontextspezifische Plausibilisierungen (insbesondere in speziellen Fällen; für eine Diskussion verschiedener Arten derselben siehe Kap. 9) von dann später auf anderem Wege zu testenden Theorien und Hypothesen (zu se-

---

[8] Kuhn'sche Paradigmenwechsel werden im Rahmen von Masterarbeiten dagegen seltener vorkommen. Wer sich dennoch intensiver damit beschäftigen möchte, dem seien die Kap. 2 und 9 in der zweiten Auflage von Kuhns zeitlos ansprechendem Opus magnum (Kuhn 1970) nahe gelegt.

quentiellen Spielarten methodenverbindender Forschung siehe Kap. 13) wertvolle
Beiträge sein. Solche Erkenntnisse sind ein wichtiger Beitrag in der Forschung und
können das Ergebnis einer Masterarbeit oder später auch einer Dissertation darstellen. Zudem leisten diese Methoden einen wertvollen Beitrag bei der Entwicklung
und Ausdifferenzierung von politikwissenschaftlichen Theorien.

Über das konkrete (Vergleichs-)Design und die damit korrespondierende Fallauswahl einer Masterarbeit kann unseres Erachtens nicht unabhängig von den in
Frage stehenden Methoden entschieden werden, weshalb wir diese wichtigen Topoi
unter den Bauplanelementen immer wieder *en passant* in den folgenden Kapiteln
diskutieren. Auch den ganz praktischen Fragen, denen man sich beim Abfassen
einer Masterarbeit gegenüber sieht und die oftmals genauso hinderlich sein können
wie große theoretische oder methodische Probleme, widmen wir uns in den einzelnen Kapiteln an den Stellen, an denen sie auch im Forschungsverlauf auftreten
können. Bezogen auf die Fallauswahl sei jedoch noch angemerkt, dass bei der Darstellung der empirischen Ergebnisse der Datenanalysen unbedingt auf Stimmig-
keit des Geltungsanspruchs der Aussagen mit dem konkreten Forschungsdesign
(und dabei insbesondere den betrachteten Fällen) zu achten ist. Zudem besteht eine
besondere Herausforderung darin, die Balance zwischen einer präzisen und nachvollziehbaren Beschreibung des eigenen Vorgehens und einer leserfreundlichen
Präsentation der Erkenntnisse zu finden, die weder einer bloßen Protokollierung
des Forschungsprozesses verhaftet bleibt noch die Bodenhaftung verliert. Insofern
uns Ratschläge zum Fazit Ihrer Masterarbeit zustehen, möchten wir schließlich
anmerken, dass Lernfortschritt sich oft sogar besser an neuen, präzisierten oder erweiterten Fragen – ggf. samt skizzenhafter Darstellung von möglichen Strategien
ihrer Bearbeitung – erkennen lässt als an Antworten auf die ursprüngliche Fragestellung (an denen es natürlich auch nicht fehlen darf).

## 1.5   Der Umgang mit ihrem Betreuer

Master-Arbeiten unterscheiden sich von Doktorarbeiten unter anderem darin,
dass die Auswahl der Betreuerin wesentlich limitierter und pragmatischer erfolgt:
Kaum jemand wird für eine Abschlussarbeit Erstgutachter ins Auge fassen, die
an anderen Hochschulen lehren oder mit denen während des Studiums noch kein
Kontakt bestand. Das macht die Entscheidung in der Regel mangels allzu vieler
Alternativen recht einfach, und eine perfekte Passung muss von Vorneherein nicht
angestrebt werden. Es bringt aber auch das eine oder andere Problem mit sich: Ihr
Thema wird nicht zwingend im engeren Interessen- und Kompetenzbereich des
Betreuers liegen. Soweit möglich sollten deshalb die wechselseitigen Erwartun-
gen in einem oder mehreren Vorgesprächen geklärt werden. Initiieren Sie diesen

Vorklärungsprozess durch Übersenden einer knappen Skizze Ihres Vorhabens, die natürlich noch konkretisierungsfähig und konkretisierungsbedürftig sein sollte. Sind Thema und grobes Vorgehen vereinbart und ist die Betreuungszusage unterschrieben, dann gilt es zunächst – vom üblichen und unbedingt wahrzunehmenden Feedback-Mechanismus Kolloquium abgesehen – die oben anhand des Zitats der Kultusministerkonferenz angesprochene Selbständigkeit im Detail zu beweisen.

Trotzdem können natürlich während Ihrer Bearbeitungszeit Probleme auftreten, die Rücksprache erfordern, etwa wenn konkrete Methodenanwendungsfragen auftauchen oder Sie Ihre Untersuchungsfälle nicht gleich so in den Griff bekommen wie erhofft. Manche Kandidatinnen haben dann Hemmungen, ihre Betreuerin zu kontaktieren. Hier gilt aber: Was immer Lehrbücher wie das vorliegende, was immer der Flurfunk unter Kommilitonen raten – es kommt zuallererst darauf an, Einvernehmen mit demjenigen herzustellen, der die Arbeit am Ende benotet. Doch manche Professoren sind auch für ihre eigenen Mitarbeiter nur sehr schwer zu sprechen und wenn dann endlich doch, dann wirken sie unkonzentriert oder mit der Materie, also der Master-Arbeit, die zu betreuen sie doch zugesagt haben, nicht wirklich vertraut. Von anderen (zuweilen auch von denselben) sind nur unter größten Mühen und nach langem Warten Rückmeldungen zu Zwischenergebnissen oder Interpretationsfragen zu bekommen. Das kann zu nicht unerheblicher Frustration auf Seiten der Kandidaten führen, weil sie sich mehr und mehr als orientierungslos allein gelassene Einzelkämpfer sehen.

Aber auch das Gegenteil kann Konflikte auslösen: Es gibt Betreuer, die sehr spezifische Erwartungen an das Vorgehen von Absolventen haben und diesen kaum eigenständige Gestaltungsspielräume lassen. Das kann insbesondere dann auftreten, wenn die Themen sehr nahe an ihren Interessensschwerpunkten liegen oder wenn ihnen ein bestimmtes methodisches Vorgehen als das einzig Richtige erscheint. Haben Sie nicht das Gefühl, dass die Master-Arbeit Ihre eigene ist? Können Sie Akzente, die Ihnen wichtig sind, nicht setzen? Dann liegt hier eventuell ganz erhebliches Konfliktpotenzial, das baldmöglichst entschärft werden sollte, idealerweise durch direkte Ansprache des Problems im bilateralen Gespräch.

Aus eigener Erfahrung auf beiden Seiten universitärer Schreibtische möchten wir Sie nicht zuletzt darauf hinweisen, dass nicht jeder Ratschlag von Betreuern wohlüberlegt ist und zwingend umgesetzt werden muss. Nicht selten werden Vorschläge auch von der Verfasserin einer Abschlussarbeit wesentlich besser erinnert als vom Betreuer. Womöglich gelangen Sie auch an einen Punkt, an dem Sie sich fragen, ob Sie eine bestimmte methodische Nuance nun sogar besser präsent haben als Ihr Gegenüber. Ein Gran Selbstbewusstsein und ein gerüttelt Maß Gelassenheit kann dann nicht schaden. Für eine realistische Einschätzung der Möglichkeiten der (nicht nur methodenbezogenen) Begleitung Ihrer Master-Arbeit sollte zudem bedacht werden, dass deutsche Politikwissenschafts-Professoren neben vielfältigen anderen Aufgaben in Forschung, Lehre und Selbstverwaltung oft mehr als zehn Abschlussarbeiten pro Semester betreuen.

## 1.6    Computerprogramme für die Datenanalyse

Quantitative und zunehmend auch qualitative Sozialforschung wird mithilfe von Computerprogrammen betrieben. Einige Programme dienen allein einzelnen Analyseverfahren wie beispielsweise HLM für die Mehrebenenanalyse (vgl. Kap. 6) oder fs/QCA und Tosmana für QCA (vgl. Kap. 8), andere decken ein breites Spektrum an statistischen Verfahren ab, wie R, SPSS und Stata. An den meisten politikwissenschaftlichen Instituten wird SPSS oder Stata gelehrt, an einigen Universitäten gibt es jetzt auch Kurse in R. R ist *freeware* und hat allein deshalb einen großen Vorteil gegenüber den proprietären Programmen SPSS und Stata.[9] SPSS hat eine umfangreiche graphische Benutzeroberfläche, auf der die notwendigen Befehle angeklickt werden können. Die Befehle können auch in eine Syntax eingegeben und aus der Benutzeroberfläche in die Syntax eingefügt werden. Der Vorteil der Arbeit mit Syntax liegt auf der Hand. Hat man diese erst einmal geschrieben kann man problemlos zu einem späteren Zeitpunkt mit einem einzigen Klick die Analyse nochmals „laufen lassen" und an die frühere Arbeit anschließen.[10] Die umfang-

---

[9] Welche Kosten durch den Erwerb einer Software für Studierende entstehen, kann nicht generell bestimmt werden, da einzelne Hochschulen bzw. ganze Bundesländer Verträge mit den Softwarefirmen über die Nutzung der Produkte in Forschung und Lehre aushandeln. Sie sollten sich daher auf den Webseiten ihrer Universität informieren, welche Software zu Sonderpreisen oder kostenlos für Studienzwecke zur Verfügung gestellt wird. Sollte die Universität kein Angebot haben, kann man sich auf den Webseiten der Anbieter informieren, ob es spezielle Lizenzen für Studierende gibt. Zudem kann es sinnvoll sein, sich mit den Verkaufsabteilungen der Softwarehersteller in Verbindung zu setzen und nach einer Lizenz für eine konkrete Abschlussarbeit zu fragen. Wir danken Bernhard Jakob für die Hinweise zum Zugang zu den Programmen.

[10] Als Rat an alle, die den Umgang mit syntaxbasierten Statistikprogrammen erlernen wollen, sei zunächst auf Lehrbücher verwiesen, die die Verwendung bestimmter statistischer Verfahren in einem konkreten Statistikpaket unter Angabe der benötigten Syntax erklären: Kohler und Kreuter (2008) wie auch Wenzelburger et al. (2014) verwenden beispielsweise Stata, Mills (2011) hingegen erklärt Survival-Analyse anhand von R. Zudem lernt man Syntax am besten, indem man eine fertige Syntax schrittweise durchgeht und so sieht, was welcher Befehl bewirkt. Äußerst vorteilhaft ist in diesem Zusammenhang, dass viele Forscher zu Replikationszwecken Daten wie auch (im besten Fall gut kommentierte) Syntax-Files zu bereits publizierten Arbeiten online stellen. Die Ergebnisse einer Studie auf diese Weise nachzurechnen, kann in mehrerlei Hinsicht sinnvoll sein: einerseits erhält man Einblick in die Vorgehensweise der Studie und kann potentielle Ansatzpunkte für Verbesserungen identifizieren, andererseits lernt man so am schnellsten und auch am nachhaltigsten die Syntax.

reiche graphische Benutzeroberfläche von SPSS erleichtert den Einstieg vor allem
für Nutzer mit geringen Computerkenntnissen und ermöglicht ein vergleichsweise
bequemes Datenmanagement. Demgegenüber stehen deutliche Nachteile im Vergleich zu Stata und R: SPSS stößt bei avancierteren statistischen Methoden an
seine Grenzen und ist deshalb beispielsweise für die Regressionsanalyse gepoolter Zeitreihen (vgl. Kap. 5) nicht geeignet. SPSS produziert wesentlich schlechte-
re Grafiken als die beiden Alternativen, was angesichts des Trends, quantitative
Ergebnisse in Grafiken anstelle von Tabellen auszuweisen (Kastellec und Leoni
2007), zunehmend Probleme bereitet. Stata bietet auch eine graphische Benutzeroberfläche, im Vergleich zu SPSS muss aber stärker mit Befehlen gearbeitet werden. R schließlich arbeitet durchgängig mit Befehlen und setzt ein prinzipielles
Interesse am Programmieren voraus. Stata und R haben außerdem den Vorteil ak-
tiver Nutzer-Communities, die speziellere Routinen programmieren und zur allgemeinen Verfügung stellen.[11]

Generell empfiehlt es sich, die Analysen für die Masterarbeit mit dem Programm zu rechnen, das man bereits aus den Methodenkursen seiner Universität
kennt. Sollten Sie bislang mit keiner Statistiksoftware gearbeitet haben, ist der Einstieg mit SPSS am einfachsten, da Sie in begrenzter Zeit große Lernfortschritte machen können. Bisherige SPSS-Nutzer hingegen, die nach ihrem Masterabschluss
eine Dissertation mit quantitativen Verfahren planen, sollten ernsthaft über einen
Wechsel nachdenken – bei Computeraffinität bietet sich R an, weil es frei verfügbar ist und in den nächsten Jahren voraussichtlich noch an Popularität gewinnen
wird. Für alle anderen gibt es Stata, das vergleichsweise einfach zu erlernen ist und
viele Möglichkeiten bietet.[12]

Im Bereich der qualitativen Daten- und Textanalyseprogramme gibt es eine
Reihe von Softwarelösungen, die mehr oder weniger gut für die Auswertung von
Textdaten oder audiovisuellen Daten geeignet sind. In der qualitativen Sozialforschung sind insbesondere MAXQDA und ATLAS.ti verbreitet. Beide Programme
verfügen über ein umfangreiches Instrumentarium, das alle Analyseprozeduren
nach der Grounded Theory-Methodik, aber auch die zentralen Verfahren von Inhaltsanalysen unterstützt. Die beiden Programme unterscheiden sich vor allem hin-

---

[11] Alle Statistikprogramme können ältere Rechner verschiedentlich (etwa bei iterativen Verfahren oder großen Individualdatensätzen) überlasten. Hier bietet sich ggf. der Rückgriff auf
leistungsfähige Hardware in Universitätsrechenzentren oder die Identifikation vglw. robust
laufender Routinen durch Nachfrage bei erfahreneren Praktikern an.

[12] Nicht weiter vertiefen möchten wir die Möglichkeit, Formeln in Excel zu implementieren.
MS Office-Kenntnisse sind – *for better or worse* – Kulturtechniken unserer Zeit, für die es
einschlägigere Zugänge gibt.

sichtlich der technischen Implementierung, der Benutzeroberfläche und der Darstellungsmöglichkeiten. Vor der Entscheidung für eine Softwarelösung sollte das jeweilige Programm anhand von Probeauswertungen getestet werden – man kann zwar theoretisch-methodische Begründungen für die Verwendung des einen oder des anderen Programms finden, letztlich sind aber auch persönliche Vorlieben bei der Auswertung und Interpretation von Daten ein wesentliches Entscheidungskriterium. Die beiden Programme können als kostenlose Demo-Version heruntergeladen und getestet werden: MAXQDA ist unter *http://www.maxqda.de/* verfügbar; ATLAS.ti kann unter http://www.atlasti.com/ abgerufen werden. Auf den Websites werden jeweils ausführliche Video-Tutorials angeboten. Zudem bieten einführende Kompendien zur Verwendung von MAXQDA (vgl. Kuckartz 2010, 2014) bzw. ATLAS.ti (vgl. Friese 2012) einen guten Überblick über die Anwendungsgebiete sowie Möglichkeiten und Grenzen der Programme.

Die Praxisbeispiele in den folgenden Kapiteln greifen auf verschiedene Softwarepakete zurück und spiegeln damit die Bandbreite der Forschungspraxis, ohne eines der Programme als allein seligmachend darzustellen.

## 1.7 Überblick über den Band

Experimentelle Designs und Annäherungen daran gelten vielfach als (politik-)wissenschaftliches Ideal. Inwiefern das der Fall ist und welche Probleme verbleiben, diskutiert deshalb gleich zum Auftakt Kapitel 2. Kapitel 3 stellt Faktoranalysen und Indexkonstruktion mit Umfragedaten vor, Kapitel 4 die Regression von Mikro- und Makrodaten inklusive der logistischen Regression. Die Kapitel 5, 6 und 7 behandeln Spezialfälle von Regressionsanalyen, nämlich Raum- und Zeitdimension verbindende, sogenannte Pooled Time Series, Mikro- und Makrobene (oder mehrere übergeordnete Ebenen) verzahnende Mehrebenenanalysen und die ereignisorientierte Event History-Analyse.

Als Versöhnerin zwischen dem quantifizierenden Teil der Disziplin und den qualitativen Lagern ist die Qualitative Comparative Analysis (QCA) angetreten. Was ihren Reiz ausmacht und wo sie Schwierigkeiten hat, diesen Anspruch einzulösen, darüber informiert Kapitel 8.

Den Reigen der genuin qualitativen Methoden eröffnet das Process-Tracing (samt vergleichenden Fallstudien) in Kapitel 9, ist doch das Nachzeichnen kausaler Prozesse bzw. die Herauspräparation kausaler Mechanismen ein Kernanliegen qualitativer Sozialforschung generell und von ‚politics in time' (Pierson 2004) im Besonderen. Kapitel 10 stellt die Befragung von Experten vor, Kapitel 11 beleuchtet, wie Diskurse politische Wirklichkeit strukturieren und ggf. konstruieren, vor allem aber auch wie mehr oder weniger herrschaftsfreie Diskurse politikwissenschaftlich erfasst werden können. Den Bogen zurück zur quantitativen Seite zu spannen beginnt Kapitel 12, das zweierlei Spielarten der Inhaltsanalyse gewidmet ist. Das finale Kapitel 13 richtet den Blick auf methodenverbindende Designs und dabei insbesondere auf Kriterien, die es bei der Konstruktion des Nexus zwischen den einzelnen Methoden zu beachten gilt. Da die Zeitrestriktion von Master-Arbeiten hier besonders virulent wird, ist dies ein Kapitel, in dem die praxeologischen Ratschläge stärker noch als in anderen von unter ,idealen' Bedingungen einschlägigen abweichen. Kapitel 13 enthält außerdem ein bewusst knapp gehaltenes Schlusswort zum gesamten Band.

Einen Vorgeschmack auf die Mühen, vor allem aber auch auf die Freuden an und mit Master-Arbeiten bieten die sechs Erfahrungsberichte. In diesen stellen frisch gekürte Absolventen ihre aus unserer Sicht besonders gelungenen Abschlussarbeiten vor, um Sie, geschätzte Leserin, im Sinne des *peer-support* zu ermutigen, und auch um den Band aufzulockern und das Lesevergnügen zu heben. Ist Ihr Appetit geweckt? Dann nichts wie los!

# Experimente

**2**

Sebastian Jäckle

Lange Zeit pflegte die Politikwissenschaft ein ambivalentes Verhältnis zur experimentellen Methode. Experimente wurden vielfach als diejenige Vorgehensweise betrachtet, die dem Ideal wissenschaftlich erklärender Erkenntnis am nächsten komme (Lijphart 1971, S. 683) bzw. die „Urform aller Untersuchungsdesigns" (Behnke et al. 2010, S. 49) sei, da sie insbesondere für die Überprüfung von Kausalitäten geeignet seien. Andererseits wurde im selben Zug zumeist darauf hingewiesen, dass eine Anwendung von Experimenten in der Politikwissenschaft aus ethischen, praktischen oder forschungslogischen Gründen in aller Regel nicht möglich sei (Aarebrot und Bakka 2003, S. 62; Lijphart 1971, S. 49–50). Bereits im Jahr 1910 verweist Lowell auf die begrenzten Untersuchungsoptionen, die der Politikwissenschaft zur Verfügung stehen, da es für sie unmöglich sei auf Experimente zurückzugreifen. Hieraus leitet er sein in den folgenden Jahrzehnten so gut wie nie hinterfragtes Diktum ab: „politics is an observational, not an experimental science" (Lowell 1910, S. 7).[1] Gleichwohl wird in Lehrbüchern oftmals gefordert, dass man mit den der Politikwissenschaft zur Verfügung stehenden Methoden versuchen sollte, dem Ideal experimenteller Forschung möglichst nahe zu kommen. Daher

---

[1] Ein frühes Beispiel, dass Experimente durchaus auch in der Politikwissenschaft zielführend eingesetzt werden können, liefert Harold Gosnell (1926). Er zeigte mit einem großangelegten Experiment, dass das gezielte Anschreiben von Wahlberechtigten mit Informationen wie man sich zur Bürgermeisterwahl in Chicago registrieren kann, Auswirkungen auf die Wahlbeteiligung hat. Diese Studie kann damit als einer der wenigen Vorläufer für die seit Anfang der 2000er Jahre verstärkte Hinwendung zu Feldexperimenten gelten. Zum Teil widmen diese sich sogar ebenfalls der Wählermobilisierung, wie Gosnell fast eine Dekade zuvor (z. B. Gerber und Green 2000).

© Springer Fachmedien Wiesbaden 2015
A. Hildebrandt et al., *Methodologie, Methoden, Forschungsdesign*
DOI 10.1007/978-3-531-18993-2_2

verwundert es auch nicht, dass politikwissenschaftliche Vorgehensweisen vielfach (wie z. B. bei Lijphart 1971, S. 683) im Vergleich zum Experiment diskutiert werden: „Die Beurteilung eines Untersuchungsdesigns lässt sich entsprechend unter dem Aspekt vornehmen, inwieweit es die Stärken des experimentellen Designs besitzt, oder seine Schwächen auszugleichen versteht" (Behnke et al. 2010, S. 50). Je nach Schule wurden inferenzstatistische wie auch qualitativ vergleichende Analyseverfahren als bestmögliche Annäherungen an die experimentelle Methode gesehen. Gleichzeitig wurden jedoch lange Zeit wenige Versuche unternommen wirklich experimentell zu arbeiten. Seit Ende der 1990er Jahre hat sich dies gewandelt. Seither fanden zunächst v. a. im angelsächsischen Sprachraum vermehrt Experimente ihren Weg in politikwissenschaftliche Zeitschriften (Druckman et al. 2006; Morton und Williams 2008, S. 339–340).[2] 2010 wurde innerhalb der APSA die Sektion *Experimental Research* gegründet[3] und auch die in den letzten Jahren vermehrt zu findenden Lehrbücher, Sonderhefte und Beiträge in Sammelbänden zu Experimenten zeugen von wachsendem Interesse an dieser Methode insbesondere innerhalb der englischsprachigen Politikwissenschaft (Druckman et al. 2011; Gerber und Green 2009; Morton und Williams 2008). Mittlerweile wird aber auch in Deutschland dem „unbekannten Wesen" (Faas 2009) Experiment bereits der Aufstieg vom „Mauerblümchen zum Mainstream" (Faas und Huber 2010) attestiert. Zurückführen lässt sich diese positive Entwicklung auf zwei Aspekte: 1) den informationstechnologischen Fortschritt, der das kostengünstige Durchführen von Experimenten erst ermöglicht hat;[4] 2) ein seit den 1990er Jahren innerhalb der

---

[2] Zudem weisen Druckman et al. (2006, S. 628–629) darauf hin, dass ein Wandel im Sprachgebrauch stattgefunden hat. Wurde der Begriff Experiment in früheren Jahren (bis in die 1990er hinein) entweder im Sinne eines institutionellen Novums (z. B. das Experiment eines neuen Wahlsystems) oder im Sinne eines vergleichsweise unsystematischen „Ausprobierens" verwendet, so begreift die jüngere Literatur unter einem Experiment eine klar umrissene, eindeutig definierte Methodologie. Ähnliche Ergebnisse finden Faas und Huber (2010, S. 723–724) für den deutschsprachigen Raum. Ihrer Analyse zufolge verwenden viele Autoren hier das Wort Experiment auch in jüngerer Zeit (ihr Untersuchungszeitraum beginnt im Jahr 2000) noch im Sinne von „ausprobieren" wohingegen Experimente im eigentlichen Sinn nur sehr vereinzelt in den Zeitschriften anzutreffen sind.

[3] Diese gibt mit dem *Journal of Experimental Political Science* auch eine Zeitschrift heraus, die sich ausschließlich der Anwendung und methodischen Weiterentwicklung experimenteller Verfahren in der Politikwissenschaft verschrieben hat. Daneben existiert mit *Political Methods: Experiments & Experimental Design* ein von James Druckman herausgegebenes SSRN E-Journal, in dem ebenfalls praktische Anwendungen und Methodendiskussionen von Experimenten publiziert werden.

[4] Heute gibt es an vielen Universitäten speziell eingerichtete Experimentallabore. Organisatorisch sind diese freilich eher bei der Ökonomie oder der Psychologie denn bei der Politikwissenschaft angesiedelt, gleichwohl können oftmals auch Forschende und Studierende aus

Politikwissenschaft verstärkt aufkommendes Bewusstsein für die Wichtigkeit von Kausalitäten für die Erklärung politischer Phänomene (King et al. 1994).[5]

Im folgenden Abschnitt wird zunächst kurz die Grundlogik experimenteller Designs vorgestellt, aus der hervorgeht, was die Vorteile dieser Form des methodischen Vorgehens gegenüber anderen Untersuchungsdesigns gerade in Bezug auf die kausale Erklärungskraft sind. Wir werden sehen, wo die Schwierigkeiten in der Anwendung gerade in der Politikwissenschaft liegen, aber auch welche Möglichkeiten es trotzdem auch für Master-Studierende gibt experimentell zu arbeiten. Daneben wird diskutiert, wann Experimente unter Laborbedingungen und wann besser im Feld durchgeführt werden und welche Konsequenzen Abschwächungen der experimentellen Bedingungen im Sinne von Natürlichen Experimenten und Quasi-Experimenten auf die Durchführbarkeit und die Aussagekraft der Ergebnisse haben.

---

der Politikwissenschaft diese als Fachfremde nutzen. Teilweise bieten Experimentallabore umfassende Dienstleistungen an. So können Forscher, die das Hamburger Wiso-Forschungslabor zur Benutzung buchen, auch direkt auf einen „Pool von potentiellen, bei Bedarf jederzeit abrufbaren Teilnehmerinnen und Teilnehmer[n]" zurückgreifen (http://www.wiso. uni-hamburg.de/forschung/forschungslabor/experimentallabor/buchung/) und werden von Mitarbeitern des Experimentallabors bei forschungspraktischen Fragen beraten. Die Entwicklungen im Bereich des Internet haben außerdem dazu geführt, dass viele Experimente heute bereits komplett online durchgeführt werden können: Eine Option, die insbesondere für Master-Studierende aufgrund der vergleichsweise einfachen Durchführbarkeit interessant sein dürfte. Spezifische Probleme der externen Validität insbesondere bei der Verwendung von Studierenden als Teilnehmer von Experimenten sowie bei Online-Experimenten werden weiter unten noch genauer beleuchtet.

[5] King et al. halten Experimente allerdings in den Sozialwissenschaften für zumeist nicht anwendbar (1994, S. 188, 197). Sie propagieren stattdessen systematische Vergleichsanlagen, mit deren Hilfe man kausale Inferenz zumindest approximieren könne. Das experimentelle Design ist in ihren Augen vor allem wichtig, um aus ihm heraus Erkenntnisse über nicht-experimentelle Forschungsanlagen zu gewinnen (King et al. 1994, S. 125). In Abgrenzung zu King und dessen Kollegen zeigen George und Bennett (2005) mit der Methode des Process Tracing bei Einzelfallanalysen eine andere Möglichkeit auf, Fragen der Kausalität anzugehen. Die von King, Keohane und Verba angebotenen Antworten sind darüber hinaus heftig diskutiert und kritisiert worden (Brady und Collier 2010).

## 2.1 Grundlogik experimenteller Designs – das Beispiel mit dem Reagenzglas

Das Ziel eines Experiments ist die kausale Erklärung eines Phänomens. Es geht damit in seinem Erkenntnisinteresse über die Feststellung eines rein korrelativen Zusammenhangs hinaus. Die Frage ist also nicht nur, ob X und Y zusammenhängen, sondern ob sich entsprechend einer gerichteten Hypothese eine unabhängige Variable (UV) X kausal auf die abhängige Variable (AV) Y auswirkt. Im Experiment lassen sich sowohl einfache bivariate wie auch konvergente Kausalstrukturen mit mehreren UV oder komplexere Pfadmodelle testen. Ursprünglich stammt die experimentelle Vorgehensweise aus den Naturwissenschaften. Gießt ein Chemiker beispielsweise einige Milliliter Brom in ein Reagenzglas und gibt dann eine kleine Kugel aus Alufolie hinzu, so wäre dies eine einfache experimentelle Versuchsanordnung. Nach einigen Sekunden beobachtet er, dass die Aluminiumkugel anfängt, mit einer hellen Flamme und unter starker Hitzeentwicklung zu verbrennen. Der Chemiker folgert daraus, dass Aluminium mit Brom exotherm reagiert. Zwei Aspekte sind es, die diesen Versuch als Experiment kennzeichnen: 1) die Kontrolle sämtlicher *Drittfaktoren* (auch *Störfaktoren* genannt), die potenziell einen Einfluss auf das Phänomen haben könnten, und 2) die gezielte Isolation eines ursächlichen Faktors dadurch, dass der Forscher aktiv diejenige UV manipuliert, von der er einen Einfluss erwartet. Man spricht in diesem Zusammenhang auch davon, einen *Stimulus* oder ein *Treatment* zu geben.

Im Chemie-Beispiel sind beide Kriterien erfüllt (vgl. Abb. 2.1). Es handelt sich um ein Laborexperiment, bei dem sichergestellt werden kann, dass sich ausschließlich Brom und keine weiteren Substanzen im Reagenzglas befinden. Der Forscher gibt selbst das Aluminium hinzu und setzt damit aktiv den Stimulus. Weitere ursächliche Faktoren können aufgrund der eindeutig spezifizierten Versuchsanordnung ausgeschlossen werden. D. h. sollte sich nach der Zugabe der Aluminium-

**Abb. 2.1** Beispiel für experimentelles Vorgehen

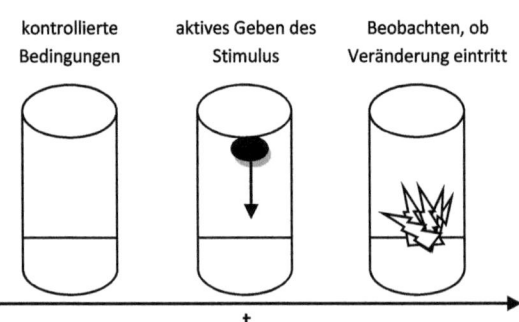

kugel eine Veränderung innerhalb des Reagenzglases beobachten lassen, so muss diese auf das Treatment zurückzuführen sein. Durch die klare Charakterisierung der Untersuchungsanordnung und des Untersuchungsverlaufs lässt sich das Experiment auch beliebig häufig von unterschiedlichen Forschern replizieren. Objektivität und Reliabilität der Ergebnisse können so gewährleistet werden.

## 2.2 Experimente in den Sozialwissenschaften

Auch in den Sozialwissenschaften müssen bei einem Experiment Drittfaktoren kontrolliert, eine als potentiell relevant erachtete UV aktiv durch den Forscher manipuliert und letztlich das interessierende Phänomen in dieser so eindeutig gekennzeichneten Situation beobachtet werden. Da soziale und politische Phänomene jedoch nicht im Reagenzglas stattfinden, sondern in der Politikwissenschaft unter anderem politische Institutionen, Parteien, makroökonomische Faktoren und vielfach Individuen betrachtet werden, stellen sowohl die Kontrolle von Störvariablen[6] als auch die Stimulusabgabe den Experimentator oftmals vor große Probleme. Wie solche Störvariablen kontrolliert werden können, zeigt der folgende Abschnitt anhand eines Beispiels: Es soll der Frage nachgegangen werden, inwiefern Wahlkampfspots Auswirkungen auf die Wahlentscheidung haben. Um dies zu untersuchen, zeigt man Probanden eine Fernseh-Wahlwerbung und fragt sie im Anschluss nach ihrer Wahlabsicht.

Um aus diesem Versuch ein experimentelles Forschungsdesign zu machen, sind jedoch einige Aspekte zu beachten. Zunächst müssen mögliche Drittvariablen kontrolliert werden, die ebenfalls einen Einfluss auf die Wahlabsicht haben könnten. Besonders offensichtlich ist dies bei den personenbezogenen Merkmalen. Die Probanden haben (höchstwahrscheinlich) bereits vor dem Betrachten der Wahlkampfspots eine gewisse politische Überzeugung und eine entsprechende Wahlabsicht. Zudem wissen wir, dass es bestimmte soziodemographische Merkmale gibt, wie beispielsweise das Alter oder die Schichtzugehörigkeit, die sich ebenfalls auf die Wahlabsicht auswirken. Daneben kann es noch weitere Faktoren geben, die die Wahlabsicht beeinflussen, von deren Existenz man als Forscherin eventuell noch gar nichts ahnt.

---

[6] Vier Arten von Störfaktoren können unterschieden werden: 1) Situationsmerkmale (In welcher Situation findet das Experiment statt? Ist diese Situation für alle Probanden dieselbe?); 2) Versuchspersonenmerkmale (z. B. Alter, Geschlecht, Bildungsgrad der Probanden); 3) Versuchsleitermerkmale (z. B. Art des Auftretens, Alter, Geschlecht des Experimentators); 4) Sequenzeffekte bei wiederholter Messung (z. B. Ermüdungs- oder Lerneffekte, oder zwischenzeitliches Geschehen, welches einen zusätzlichen Einfluss neben dem Stimulus auf die AV hat).

## 2.3  Experimental- und Kontrollgruppe

Da es nicht möglich ist, die Untersuchungspersonen, wie in dem Chemie-Experiment, bei dem außer Brom und Aluminium keine weiteren Substanzen in das Reagenzglas gelangten, gewissermaßen von ihren die Wahlabsicht beeinflussenden Persönlichkeitsmerkmalen zu trennen, behilft man sich durch einen Kniff. Man teilt die Probanden in eine Test- und eine Kontrollgruppe auf. Die beiden Gruppen sollten sich im Idealfall ausschließlich dadurch unterscheiden, dass der Experimentalgruppe der Stimulus gegeben wird, wohingegen die Kontrollgruppe keinen Stimulus erhält. In unserem Beispiel würde der Experimentalgruppe beispielsweise ein Wahlkampfspot der SPD gezeigt, während der Kontrollgruppe ein etwa gleichlanger, nicht mit (Partei)Politik konnotierter Film, z. B. ein Werbespot für ein Putzmittel, vorgeführt wird. Zeigt sich nun ausschließlich in der Experimentalgruppe ein Effekt, d. h. geben nach Betrachten des SPD-Spots mehr (oder auch weniger) Personen als vor dem Betrachten des Spots an, die SPD wählen zu wollen, muss dieser Effekt – da ansonsten ja keine Unterschiede zwischen den beiden Gruppen vorliegen – auf das Treatment zurückzuführen sein. Ein solches einfaches experimentelles Design wird Vorher-Nachher-Design oder auch Pre-Test-Post-Test-Design genannt. Tabelle 2.1 präsentiert es in der klassischerweise für die Darstellung von experimentellen Designs verwendeten Notation. Weitere Varianten experimenteller Designs, mit deren Hilfe auch nicht-dichotome abhängige Variablen oder auf Wechselwirkungen zwischen vorheriger Messung und Treatment getestet werden können zeigen Behnke et al. (2010, S. 63–65).

Wie teilt man die Probanden nun aber auf die Experimental- und Kontrollgruppe auf, sodass sich diese möglichst nicht unterscheiden? Hierzu gibt es grundsätzlich zwei mögliche Verfahren: Das Matching sowie die Randomisierung.

### 2.3.1  Matching

Für das Matching benötigt man zumindest eine begründete Vermutung über mögliche Störvariablen. Die Verteilung der Probanden in den beiden Gruppen wird dann entsprechend der Ausprägungen dieser potentiellen Störfaktoren angegli-

**Tab. 2.1** Vorher-Nachher-Design

| Zeitpunkt | $t_1$ | $t_2$ | $t_3$ |
|---|---|---|---|
| Experimentalgruppe | O | X | O |
| Kontrollgruppe | O | | O |

X Treatment/Stimulus, O Observation/Beobachtung

**Tab. 2.2**  Zuweisung zu Experimental- und Kontrollgruppe durch parallelisierte Paare

| Probandenpaar | Experimentalgruppe | Kontrollgruppe |
|---|---|---|
| 1 | 18–35, ♂, Abitur | 18–35, ♂, Abitur |
| 2 | 36–60, ♀, Studium | 36–60, ♀, Studium |
| 3 | über 60, ♀, Hauptschule | über 60, ♀, Hauptschule |
| 4 | 36–60, ♂, Hauptschule | 36–60, ♂, Hauptschule |
| ⋮ | ⋮ | ⋮ |

chen. Zwei Arten des Matchings können unterschieden werden: Die Methode der parallelisierten Paare und die der parallelisierten Gruppen (vgl. Behnke et al. 2010, S. 49–50). Bei ersterer werden Paare gebildet, die sich bezüglich der angenommenen Störvariablen nicht unterscheiden. Jeweils eine Person eines solchen Paares wird dann zufällig der Experimental- die andere der Kontrollgruppe zugewiesen. Damit sind die beiden Gruppen hinsichtlich der erwarteten Störfaktoren vollkommen identisch (vgl. Tab. 2.2). Problematisch wird diese Vorgehensweise bei einer großen Anzahl möglicher Störvariablen und/oder wenn diese viele Ausprägungen aufweisen. Beides erhöht die Zahl an Kombinationsmöglichkeiten, wodurch es immer komplizierter wird in Bezug auf die Ausprägung der Störfaktoren zwei komplett identische Probanden zu finden.

Die Methode der parallelisierten Gruppen weicht deshalb die Vorgaben auf: einzig die Verteilung der Probanden bezüglich der einzelnen Störvariablen muss dabei nun in Experimental- und Kontrollgruppe identisch sein. Die einzelnen Personen müssen dies jedoch – mit ihren jeweiligen Kombinationen von Störfaktorausprägungen – nicht sein. Angenommen, das Experiment soll mit insgesamt 200 volljährigen Probanden durchgeführt werden, die nach ihrem Geschlecht, nach drei Altersstufen (18–35, 36–60, über 60) und nach drei Bildungsabschlüssen (maximal Hauptschule, Abitur, Studium) kategorisiert werden. Die Zuweisung zu den beiden Gruppen erfolgt dann so, dass in den beiden Gruppen dasselbe Verhältnis für alle drei Variablen vorherrscht wie in der Stichprobe aller Probanden. So sollten bei einer Gesamtzahl von 110 Frauen jeweils 55 in der Experimental- und 55 in der Kontrollgruppe sein (vgl. Tab. 2.3).

Letztlich gilt es bei der Wahl der Matching-Methode abzuwägen zwischen einem möglichst guten Ergebnis, d. h. einer möglichst identischen Verteilung der Störfaktoren in Kontroll- und Experimentalgruppe (parallelisierte Paare) und der praktischen Machbarkeit (parallelisierte Gruppen).

**Tab. 2.3** Zuweisung zu Experimental- und Kontrollgruppe durch parallelisierte Gruppen

| Störvariable | Ausprägung | Gesamt | Experimental- gruppe | Kontrollgruppe |
|---|---|---|---|---|
| Geschlecht | ♀: | 110 | 55 | 55 |
| | ♂: | 90 | 45 | 45 |
| Alter | 18–35: | 40 | 20 | 20 |
| | 36–60: | 110 | 55 | 55 |
| | über 60: | 50 | 25 | 25 |
| Bildung | Hauptschule: | 30 | 15 | 15 |
| | Abitur: | 90 | 45 | 45 |
| | Studium: | 80 | 40 | 40 |

## 2.3.2 Randomisierung

Oftmals ist im Vorhinein allerdings nicht klar auszumachen, welche Faktoren sich neben dem eigentlichen Stimulus noch auf das Ergebnis auswirken könnten. Für diese Störvariablen kann dementsprechend auch nicht gezielt eine Gleichverteilung in den beiden Gruppen generiert werden. Aus diesem Grund behilft man sich über eine Zufallsauswahl (Faas und Huber 2010, S. 725; McDermott 2002, S. 33; Morton und Williams 2008, S. 342–343). In unserem Fall wird entsprechend zufällig entschieden – beispielsweise durch Münzwurf – ob ein Proband den Wahlkampfspot oder die Putzmittelwerbung vorgeführt bekommt. Die verbliebenen Differenzen zwischen den Gruppen beruhen dann ausschließlich auf einem Zufallsfehler. Dieser wird kleiner, je mehr Probanden man zufällig den beiden Gruppen zuweist. Die Randomisierung führt mit wachsender Gruppengröße deshalb dazu, dass sich Experimental- und Kontrollgruppe entsprechend der Verteilung sämtlicher Eigenschaften – also auch der möglichen Störfaktoren – angleichen. Bei sehr kleinen Gruppen würden einzelne, deutlich abweichende Fälle eine systematische Verzerrung zwischen den beiden Gruppen bewirken. Je mehr Probanden in den Gruppen sind, desto eher gleichen sich solche Fälle aus. Ab etwa 30–40 Personen in jeder Gruppe kann der Forscher relativ sicher sein, dass eine rein randomisierte Zuweisung zwei annähernd identische Gruppen generiert (Behnke et al. 2010, S. 61). Zudem ist es natürlich möglich mehr als eine Treatment-Gruppe zu bilden (Gerring 2012, S. 258–259), wodurch in unserem Fall beispielsweise der Effekt unterschiedlicher Wahlkampfspots miteinander verglichen werden könnte. Häufig müssen Experimente jedoch aufgrund forschungspraktischer oder finanzieller Gründe mit deutlich weniger Probanden auskommen. In einem solchen Fall ist es von Vorteil, wenn mittels Matching einzelne Störvariablen gezielt ausgeschaltet und die weiteren nicht bekannten Störvariablen über eine anschließend durchgeführte randomisierte Zuweisung der Probanden zu den beiden Gruppen kontrolliert werden können.

## 2.4  Elimination und Konstanthalten von Störfaktoren

Potentielle, das Ergebnis beeinflussende Merkmale der Probanden lassen sich also über eine Aufteilung in Experimental- und Kontrollgruppe kontrollieren. Für Störvariablen, die mit der Untersuchungssituation oder dem Versuchsleiter zusammenhängen, muss anders vorgegangen werden. Zum Teil lassen sich solche Störvariablen komplett ausschalten. Insbesondere in Laborexperimenten[7] ist eine *Elimination* einzelner, potentiell das Ergebnis verzerrender Faktoren möglich. Im Wahlwerbungsexperiment könnte beispielsweise sichergestellt werden, dass jeder Proband den Wahlkampfspot alleine betrachtet, sodass keinerlei Beeinflussung durch andere Probanden gegeben ist. Auch der Geräuschpegel in dem Raum, der sich auf die Aufmerksamkeit des Probanden und damit evtl. auf den Effekt des Spots auswirken könnte, lässt sich auf ein absolutes Minimum reduzieren. Lassen sich Störfaktoren nicht komplett ausschalten, so ist es doch oftmals möglich, zumindest ihren Einfluss durch *Konstanthaltung* zu kontrollieren. Die Logik dahinter ist einfach: Selbst wenn man davon ausgeht, dass beispielsweise die Art und Weise wie der Versuchsleiter den Probanden gegenüber auftritt (im Extremfall gibt er sich beispielsweise als SPD-Mitglied zu erkennen) Auswirkungen auf die vom Probanden geäußerte Wahlabsicht zeigt, kann man doch dadurch, dass alle Personen vom selben Versuchsleiter angesprochen werden, einer systematischen Verzerrung der Ergebnisse entgegenwirken. Ähnlich ließe sich mit situationsbedingten Störfaktoren umgehen. So würde man allein schon deshalb während der Zeit, in der die Experimentalgruppe den Wahlkampfspot sieht, der Kontrollgruppe einen unverfänglichen Werbefilm vorführen, um dieser eine ansonsten ähnliche Reizumgebung zu präsentieren. Um zusätzlich noch den Effekt auszuschalten, dass der Versuchsleiter (vielleicht sogar unbewusst) sich einzelnen Probanden gegenüber anders verhält, könnte man eine Tonaufzeichnung mit den Instruktionen erstellen und diese für jeden Probanden abspielen, so dass der Einfluss des Versuchsleiters auf ein Minimum reduziert würde und der verbliebene Einfluss (über Intonation, Wortwahl usw.) für alle Probanden konstant wäre. Eine weitere Option wären sogenannte *Blind-* oder *Doppelblindversuche*. Bei ersteren wissen die Probanden nicht ob sie der Treatment- oder der Kontrollgruppe zugeordnet werden oder sogar nichts über die eigentlich im Experiment zu testende Fragestellung. Bei einem Doppelblindversuch wissen darüber hinaus auch der Versuchsleiter, bzw. derjenige, der die Ergebnisse auswertet, nicht über die die zugrunde liegende Hypothese Bescheid, so dass sie nicht (unbewusst) einer der Gruppen verzerrende Signale senden, bzw. einen Bias bei der Auswertung erzeugen können (Diekmann 2007, S. 338).

---

[7] Der Gegensatz zu diesen sind Feldexperimente, die in der natürlichen Situation des zu untersuchenden Phänomens durchgeführt werden. Genauer zu den beiden Optionen im nächsten Abschnitt.

## 2.5 Labor- und Feldexperimente

Eine herausragende Rolle für die Art und Weise der Durchführung aber auch für
die möglichen Schlüsse, die sich aus einem Experiment ziehen lassen, spielt die
Frage, unter welchen Bedingungen es durchgeführt wird: Maximal kontrolliert im
Labor oder näher an der lebensweltlichen Realität der Untersuchungsobjekte? Laborexperimente sind darauf ausgelegt, Störfaktoren möglichst umfassend zu kontrollieren. Oftmals generiert die künstliche und für die Probanden ungewohnte,
auf jeden Fall nicht ihrem Lebensalltag entsprechende Untersuchungssituation im
Labor aber selbst einen nicht zu vernachlässigenden Bias. Die Probanden verhalten sich im Labor anders als in der Realität. Damit mag zwar die interne Validität
eines Laborexperiments gegeben sein. Wenn sich dessen Ergebnisse jedoch nicht
auf einen Kontext außerhalb des Labors übertragen lassen – es also an der externen
Validität mangelt – ist nur wenig gewonnen (vgl. Infobox).

**Interne und externe Validität**
Ein Experiment hat eine hohe interne Validität, wenn sämtliche potentiellen
Störfaktoren kontrolliert werden können und damit eine Veränderung der AV
ausschließlich auf das Treatment der UV zurückzuführen ist (McDermott
2002, S. 35). Kann dieser kausale Schluss nicht eindeutig gezogen werden,
weil beispielsweise einzelne Drittfaktoren unbekannt sind und damit nicht
für die Parallelisierung verwendet werden können oder die Einteilung in
Experimental- und Kontrollgruppe nicht randomisiert erfolgen kann, dann
reduziert dies die interne Validität. Weitere Gefahren für die interne Validität wären unter anderem gegeben wenn Versuchspersonen sich selbst für
ein Experiment melden (Selbstselektion), sich während der Durchführung
des Experiments bestimmte Bedingungen ändern bzw. sich für einzelne
Probanden unterscheiden, ohne dass der Versuchsleiter dies beeinflussen
könnte (wenn z. B. ein Feueralarm ertönt und damit die Konzentration der
Versuchsteilnehmer unterbricht) oder das Ergebnis durch Erfahrungen, die
während des Experiments erworben werden beeinflusst wird. Ein solcher
Lerneffekt wäre beispielsweise gegeben, wenn bei einem Experiment der
Pre-Test exakt dieselben Fragen enthält wie der Post-Test. Allein durch die
Beschäftigung mit dem Pre-Test könnten sich im Post-Test bereits die Antworten ändern, so dass eine Variation zwischen den beiden nicht automatisch
alleine auf die dazwischen während des Experiments erfolgte Manipulation
der UV zurückgeführt werden kann (McDermott 2002, S. 36–37).
　　Von externer Validität spricht man, wenn die Ergebnisse des Experiments
generalisierbar sind. Es lassen sich drei Arten der Übertragbarkeit unter-

scheiden: 1) eine Generalisierbarkeit auf alternative Operationalisierungen der UV und AV, 2) eine auf eine größere Grundgesamtheit an Merkmalsträgern sowie 3) eine auf andere Situationen (Hussy et al. 2013, S. 137–138). Erstere soll gewährleisten, dass die Ergebnisse des Experiments nicht von der gewählten Messmethode für die UV und AV abhängen. Diese Art der Generalisierbarkeit ist damit gegeben, wenn die Messung selbst valide ist. Eine Generalisierbarkeit auf eine größere Population kann generell nur über eine repräsentative Auswahl der Probanden erfolgen, ist also eine Frage der Datenerhebung. Alternativ ist es auch möglich, in mehreren Wellen unterschiedliche Gruppen zu testen. Beispielsweise könnte man ein Experiment, das man zunächst nur an Politikstudenten durchführt, in einem weiteren Schritt auch an anderen Studentengruppen durchführen, um zu testen, ob die für Politikstudenten gefundenen Ergebnisse sich auch auf Studenten anderer Fächer übertragen lassen. Neben einer nicht repräsentativen Auswahl der Probanden – es wird beispielsweise oftmals aus Gründen der einfachen Erreichbarkeit auf Studierende des eigenen Fachbereichs oder im Rahmen einer Online-Umfrage auf eine sich selbst selektierende Stichprobe (z. B. über Soziale Netzwerke) zurückgegriffen, was insbesondere dann problematisch sein dürfte, wenn von diesen sehr einseitig selektierten Stichproben (nur Politikstudierende, bzw. nur Social-Media-Nutzer), auf eine größere Grundgesamtheit (z. B. alle Deutschen) geschlossen werden soll (Faas und Huber 2010, S. 727) – lauern auch noch weitere Gefahren für die externe Validität eines Experiments. Beispielsweise der sogenannte Hawthorne-Effekt (Roethlisberger und Dickson 1943), nach dem Untersuchungspersonen ihr natürliches Verhalten ändern, wenn sie wissen, dass sie beobachtet werden, oder die „Professionalisierung" der Versuchspersonen (McDermott 2002, S. 38): Eine Studentin, die, beispielsweise um ihren Lebensunterhalt aufzubessern, häufig an Experimenten teilnimmt, wird höchstwahrscheinlich systematisch anders reagieren, als eine Studentin, die sich zum ersten Mal als Probandin zur Verfügung stellt. Die dritte Form der Generalisierbarkeit, die Übertragbarkeit auf andere Untersuchungssituationen, ist bei Laborexperimenten, die unter maximal kontrollierten Bedingungen ablaufen, nur begrenzt gegeben. Bei Experimenten im Feld ist diese deutlich besser. So mag ein Wahlwerbespot zwar auf eine Person in unserem Laborexperiment einen Effekt ausüben. Wenn dieselbe Person aber daheim vor dem Fernseher bei Wahlwerbung direkt umschaltet – sie den Wahlwerbespot abseits der experimentellen Umgebung, in der sie ihm nicht entfliehen kann, also niemals zu Gesicht bekäme – dann würde der von uns beobachtete Effekt nicht mehr viel aussagen.

Insofern hat man als Forscher ein gewisses Dilemma vor sich: Eine möglichst umfassende Kontrolle von Drittvariablen bei gleichzeitig geringeren Kosten im Laborexperiment stehen der Herstellung einer natürlicheren Situation im Feldexperiment gegenüber, bei der allerdings oftmals nicht nur die Störvariablen sehr schwierig zu kontrollieren, sondern allgemein die Kosten für die Durchführung der Untersuchung auch deutlich höher sind. Für welche Form des Experiments man sich entscheidet hängt deshalb auch stets damit zusammen, welchen Typ der Validität man für die betreffende Forschung für relevanter erachtet. Ist es eher die externe Validität, tendiert man wohl zumeist in Richtung von Feldexperimenten. Damit sich deren Ergebnisse gut generalisieren lassen, ist allerdings darauf zu achten, dass

> the stimulus used in the study resembles the stimuli of interest in the political world, […] the participants resemble the actors who are ordinarily confronted with these stimuli, […] the outcome measures resemble the actual political outcomes of theoretical or practical interest, and […] the context within which actors operate resembles the political context of interest. (Gerber und Green 2009, S. 1109)

Als gewissen Kompromiss können Laborexperimente betrachtet werden, in denen gezielt versucht wird, eine möglichst natürliche Umgebung zu generieren (z. B. gemütliches Wohnzimmer-Ambiente) – ganz ausschalten lässt sich der auf die experimentelle Situation zurückzuführende Bias jedoch nie (auch nicht im Feldexperiment), außer der Proband weiß selbst gar nicht, dass er gerade an einem Experiment teilnimmt. Beispielsweise könnte man die Wirkung des Wahlwerbespots daran bemessen, wie viel und wie intensiv über diesen im Kino gesprochen wird, wenn er dem Publikum während des Werbeblocks vor Beginn des Hauptfilms im Kino gezeigt wird. Neben normaler Kinowerbung präsentiert man der Experimentalgruppe der Kinogänger auch einen Wahlkampfspot einer Partei und misst im Anschluss an diesen den Geräuschpegel als Proxy-Maß dafür, wie intensiv der Spot von den Kinogängern diskutiert wird. Die Kontrollgruppe, die gleichgroß wie die Experimentalgruppe sein, eine ähnliche Zusammensetzung bezüglich relevanter Merkmale wie Alter und Geschlecht haben und möglichst denselben Film zur selben Uhrzeit ansehen sollte (um mögliche systematische Verzerrungen zwischen den Gruppen vorzubeugen), sieht exakt dasselbe Werbeprogramm vor Beginn des Hauptfilms, mit dem Unterschied, dass der Wahlwerbespot durch eine normale Kinowerbung ersetzt wurde. Unterscheidet sich der Geräuschpegel in den beiden Gruppen, ließe dies auf einen Effekt der Wahlwerbung schließen. Auf dieselbe Art und Weise ließen sich natürlich auch noch Unterschiede zwischen Wahlwerbespots testen, um beispielsweise die Frage zu beantworten, auf welchen Spot einer Partei das Publikum am intensivsten reagiert. Dadurch, dass die Zuteilung zu Experimental- und Kontrollgruppe jedoch bei dieser Untersuchung außerhalb der Kompetenz des Experimentators liegt – die Versuchspersonen, die nicht wissen, dass sie an einem Experiment teilnehmen, gehen einfach an zwei unterschiedlichen Tagen in die Kino-Vorstellung – handelt es sich jedoch streng betrachtet nicht um ein Experiment. Die folgenden Abschnitte zeigen mit dem Quasiexperiment und dem natürlichen Experiment zwei Varianten einer solchen abgeschwächten experimentellen Logik, durch die man zumindest in Teilen die Vorteile des Experiments erhalten kann, auch wenn die Ausgangsbedingungen an sich kein klassisch experimentelles Design erlauben.

## 2.6  Quasiexperimente

Als Quasiexperimente werden Untersuchungen bezeichnet, bei denen zwar aktiv ein Stimulus gesetzt wird, die Zuteilung zu Experimental- und Kontrollgruppe jedoch nicht randomisiert geschieht, sondern entweder durch die Untersuchungseinheiten selbst erfolgt oder vom Experimentator durch eine nicht zufällige Auswahl festgelegt wird (Achen 1986, S. 4). Beispielsweise kann, wenn das Geschlecht, das Alter oder der Intelligenzgrad als UV getestet werden sollen, keine randomisierte Zuteilung dieser Charakteristika zu den Untersuchungseinheiten erfolgen, da sie fix mit den Untersuchungspersonen verbunden sind. Oftmals ist eine Randomisierung auch ethisch nicht vertretbar. So wäre es undenkbar, für eine Untersuchung zu den Auswirkungen elterlicher Gewalt auf das Aggressivitätsniveau der im Haushalt lebenden Kinder randomisiert zuzuteilen, welche Eltern ihren Nachwuchs schlagen und welche nicht. Das grundsätzliche Problem solcher quasiexperimentellen Designs ist, dass sie nur eine begrenzte interne Validität bieten, d. h. Veränderungen in der AV können nicht einwandfrei auf Veränderungen der UV (= Treatment) zurückgeführt werden. Dadurch, dass die Einteilung in die beiden Gruppen nicht zufällig, sondern beispielsweise durch Selbstselektion der Untersuchungseinheiten erfolgt, kann es hier zu systematischen Verzerrungen zwischen Experimental- und Kontrollgruppe kommen, die über den Unterschied zwischen „Stimulus erhalten" und „Stimulus nicht erhalten" hinausgehen. In einem solchen Fall kann nicht mehr mit Sicherheit bestimmt werden, dass die Veränderung der AV auf das Treatment zurückgeht und nicht auf eine die beiden Gruppen zwar systematisch unterscheidende aber unbekannte Drittvariable.

Daneben können auch Analysen, bei denen zwar ein Treatment verabreicht wird, jedoch keine Einteilung in Experimental- und Kontrollgruppe geschieht, als Form eines Quasi-Experiments gelten. Eine Möglichkeit, die Problematik nicht vorhandener Kontrollgruppen zu umgehen, bietet das sogenannte *unterbrochene*

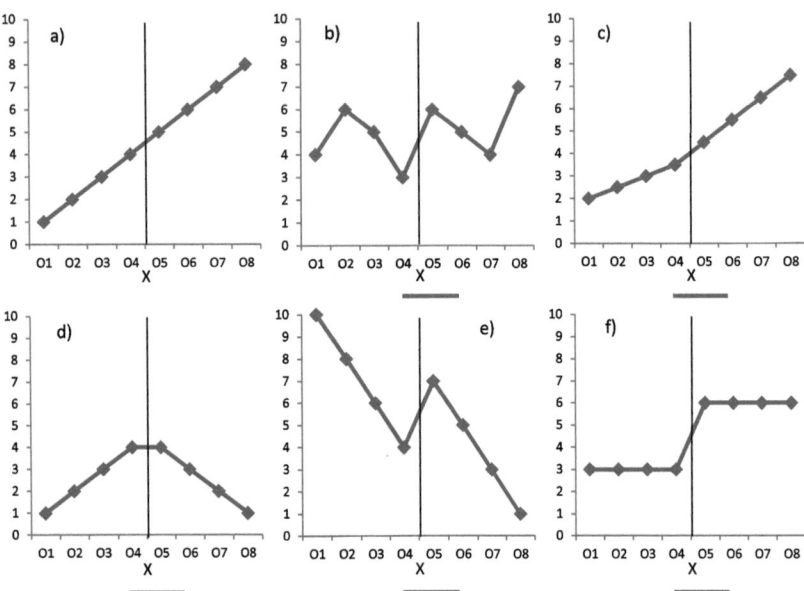

**Abb. 2.2  a–f** Unterbrochene Zeitreihendesigns

*Zeitreihendesign* (vgl. Behnke et al. 2010, S. 61–63). Bei diesem wird ein zeitlicher Trend möglichst lange und in kurzen Abständen beobachtet. Dieser Trend
wird dann quasi als Kontrollgruppe verwendet. Letztlich wird also analysiert, ob
das Treatment eine Veränderung an diesem Trend verursacht. In Abb. 2.2 ist der
Verlauf von einigen möglichen unterbrochenen Zeitreihendesigns dargestellt. Dabei steht das X für das Treatment und O1-O8 für die zeitlich aufeinander folgenden
Observationen der AV.

Abbildung 2.2a zeigt den Fall, dass der Stimulus keinerlei Effekt auf den positiven Trend hatte, bei Abb. 2.2b lässt sich weder vor dem Treatment noch danach
ein eindeutiger Trend erkennen. In einem solchen Fall stellt ein Zeitreihendesign
keine sinnvolle Option dar. Abb. 2.2c zeigt den Fall, dass der Stimulus einen verstärkenden Einfluss auf den Trend ausübt. Würden beispielsweise jährliche Ar-
mutsstatistiken zeigen, dass die relative Armut in einem Land konstant jedes Jahr
um zwei Prozent sinkt und sich dieser Wert nach einer umfassenden Steuerreform,
die als Treatment betrachtet werden kann, auf drei Prozent erhöht hat, könnte man
einen solchen verstärkenden Einfluss auf den Trend und damit einen armutsre-
duzierenden Effekt der Steuerreform folgern. In Abb. 2.2d stoppt der Stimulus
zunächst den positiven Trend und dreht diesen letztlich sogar kontinuierlich ins
Gegenteil um. Der Effekt, der Abb. 2.2e zugrunde liegt, ist hingegen ein temporal

sehr kurzfristiger. Ein negativer Trend wird durch das Treatment nur kurzfristig unterbrochen, setzt sich dann jedoch von einem leicht erhöhten Niveau unverändert fort. In Abb. 2.2f ist der Fall abgebildet, bei dem der Stimulus zu einer kontinuierlichen Niveauverschiebung führt. Nochmals am Armutsbeispiel aufgezeigt hieße das, wenn die Armutsquote vor einer Steuerreform immer konstant bei drei Prozent und danach konstant bei sechs Prozent liegt, könnte man folgern, dass die Reform zu einer dauerhaften Verschlechterung der Armutsverhältnisse geführt hat. Eine solche Interpretation eines unterbrochenen Zeitreihendesigns ist jedoch nur legitim, sofern einerseits der Einfluss weiterer Störvariablen und v. a. deren Veränderung gleichzeitig zum Treatment ausgeschlossen werden kann und andererseits es sich um einen echten zeitlichen Trend handelt und nicht um „erratische Schwankungen" (Behnke et al. 2010, S. 63).

## 2.7  Natürliche Experimente

Beim natürlichen Experiment handelt es sich letztlich um eine Art des Quasiexperiments, bei dem allerdings nicht der Experimentator selbst den Stimulus gibt, sondern das Treatment exogen erfolgt. Anders ausgedrückt: die Zuweisung der Untersuchungsobjekte zu Experimental- und Kontrollgruppe erfolgt nicht auf Basis eines vom Forscher eingeleiteten Zufallsprozesses sondern nur so, als ob es sich um ein randomisiertes Verfahren handeln würde („‚as if‘ random" (Dunning 2008, S. 283). Der Forscher nimmt damit eine reine Beobachterperspektive ein. Durch Hurricane Katrina mussten beispielsweise viele Bewohner von New Orleans ihre angestammten Wohngegenden verlassen was auch dazu führte, dass sich auf einen Schlag die ethnische, soziodemographische und kulturelle Zusammensetzung bestimmter Wahlbezirke drastisch veränderte. Diese durch einen natürlichen, nicht vom Forscher gesetzten Stimulus geschaffene Situation kann nun dazu genutzt werden, zu analysieren wie responsiv Abgeordnete auf eine Veränderung der Zusammensetzung ihrer Wahlkreise reagieren (Morton und Williams 2008, S. 343). Dabei muss es nicht zwangsläufig die Natur sein, die als auslösendes Moment für ein natürliches Experiment fungiert – auch politische Prozesse, die außerhalb der Beeinflussungsmöglichkeiten des Forschers ablaufen, können als Ersatz für das experimentelle Treatment herhalten. Die Wahlrechtsreformen in Italien (1993 und 2005) oder Neuseeland (1993) sind Beispiele. Diese ermöglichen es unter anderem die Frage zu untersuchen, welche Konsequenzen die Einführung eines bestimmten Wahlsystems auf Charakteristika des Parteiensystems wie die Fragmentierung, die Volatilität oder die Polarisierung hat. Ein Problem bei natürlichen Experimenten ist jedoch, dass oftmals, wie schon beim Quasiexperiment, keine wirklich randomisierte Zuteilung zu Experimental- und Kontrollgruppe möglich ist. Für das Beispiel der Wahlrechtsreformen bestünden theoretisch zwei Möglichkeiten des Gruppenvergleichs: Erstens könnten andere Länder, die dasselbe Wahlsystem wie das betrachtete Land vor dessen Wahlreform hatten und die ihr Wahlrecht im Untersuchungszeitraum nicht modifiziert haben, als Kontrollgruppe verwendet werden. Gegen ein solches Vorgehen spricht, dass eine ausreichende Kontrolle weiterer Drittvariablen, die sich neben der Variable Wahlsystem auf die AV (Fragmentierung, Volatilität oder Polarisierung) auswirken könnten, gerade über unterschiedliche politische Systeme hinweg nur sehr schwer möglich ist. Zweitens könnte der Zustand vor der Reform als „Kontrollgruppe" verwendet werden. Hierbei ist jedoch nicht auszuschließen, dass während des in der Regel doch recht langen Zeitraums zwischen den letzten Wahlen nach dem alten Wahlsystem und den ersten Wahlen nach dem neuen Wahlsystem sich noch weitere Faktoren geändert haben. Auch hier ist es also nicht möglich, die Veränderung in der AV eindeutig auf die Wahlrechtsreform zurückzuführen.

Zum Teil kann aber bei natürlichen Experimenten durchaus davon ausgegangen werden, dass die Zuteilung zu Experimental- und Kontrollgruppe zufällig erfolgt ist. So konnte ein in zwei schottischen Wahlbezirken versehentlich mit weniger erklärendem Text versehener Wahlzettel zeigen, dass eben diese Zusatzinformationen einen großen Einfluss auf die Quote der ungültigen Wählerstimmen hatte. Die Kontrollgruppe waren in diesem Fall die übrigen Wahlbezirke, in denen der unveränderte Wahlzettel zum Einsatz gekommen war (Carman et al. 2008). Bei diesem Beispiel ist es vergleichsweise offensichtlich, dass die *as if random*-Annahme durchaus plausibel ist, oftmals bedarf es aber einer intensiven Kenntnis der betrachteten Fälle, um beurteilen zu können, ob der natürliche Stimulus die Untersuchungsobjekte wirklich quasi zufällig in Experimental- und Kontrollgruppe unterteilt oder nicht doch eine mit der AV korrelierende Systematik dahinter steckt, die eine experimentelle Auswertung unterminieren würde.[8] Natürliche Experimente verbinden daher oftmals quantitative und qualitative Logik: Während quantitative Verfahren bei der Auswertung der Ergebnisse Verwendung finden, bedarf es qualitativer Fallanalysen, um zu rechtfertigen, dass das natürliche Treatment als faktisch zufällig anzusehen ist.

---

[8] Ein weiteres Beispiel für ein natürliches Experiment, bei dem es nicht notwendig ist die *as if random*-Annahme zu plausibilisieren kommt von Doherty et al. (2006). Die drei testen an einem Sample von Lotteriegewinnern wie sich die Höhe des Gewinns auf politische Einstellungen auswirkt. Da es sich per definitionem bei einer Lotterie um einen Zufallsprozess handelt, der die Höhe des Gewinns bestimmt, kann diese Versuchsanordnung exakt wie ein Experiment interpretiert werden, auch wenn der Stimulus nicht durch den Forscher gegeben wird.

In Anbetracht der Tatsache, dass natürliche Experimente in letzter Zeit häufig Verwendung finden und dabei auch vielfach sehr positiv gesehen werden, sei an dieser Stelle jedoch ein kleiner *caveat* angemerkt: der Mehrwert natürlicher Experimente wie allgemein auch von Quasi-Experimenten steht und fällt damit, inwiefern sie wirklich die klaren Kriterien eines Experiments approximieren. Dunning plädiert entsprechend dafür, natürliche Experimente danach auf einem Kontinuum einzusortieren, wie plausibel die Annahme ist, dass das Zuweisen des Treatments so zustande kam, als wäre es zufällig erfolgt (Dunning 2008, S. 288). Basierend auf einer Einordnung von Artikeln auf diesem Kontinuum zeigt er, dass das Label „natürliches Experiment" vielfach verwendet wird, obwohl die *as if random*-Annahme nur mit sehr viel gutem Willen als gegeben angesehen werden kann. Solche Analysen sind damit eigentlich nichts anderes als reine Observationsstudien und können Kausalitäten nicht nachweisen. Aber selbst wenn die Zuteilung zu den beiden Gruppen praktisch randomisiert erfolgt und sämtliche observierte Charakteristika sich mit Ausnahme des Treatments nicht zwischen den Gruppen unterscheiden, besteht immer noch die nicht zu unterschätzende Gefahr, dass nicht-observierte Unterschiede zwischen den Gruppen eigentlich für die Variation der AV verantwortlich sind und nicht die Gabe des Stimulus. Dunning bezeichnet dies als die offensichtliche „Achilles-Ferse" (Dunning 2008, S. 289) natürlicher Experimente, die diese genauso betrifft wie alle anderen Observationsstudien auch. Weitere Kritik kommt von Sekhon und Titiunik (2012), die zeigen, dass selbst eine randomisierte Zuweisung zu Experimental- und Kontrollgruppe im natürlichen Experiment oftmals nicht ausreicht, um einen sinnvollen Vergleich der beiden Gruppen im Hinblick auf die interessierende Fragestellung zu ermöglichen. Das liegt daran, dass bei natürlichen Experimenten im Gegensatz zum richtigen Experiment, in dem der Experimentator den Stimulus entsprechend der zu prüfenden Hypothese auswählt, der Forscher erst im Nachhinein, nachdem der Stimulus bereits gegeben wurde, seine Hypothesen an die entstandenen Gruppen anlegt. Dabei kann es geschehen, dass die zu untersuchende Hypothese nicht wirklich mit dem Treatment zusammenpasst. Anders ausgedrückt: hätte der Forscher die Wahl gehabt, hätte er sicherlich ein anderes Treatment gesetzt, um diese Frage zu überprüfen. Da er aber auf das zurückgreifen musste, was die Natur ihm lieferte, hätte er eigentlich weitere Annahmen heranziehen müssen, um seine Hypothese sauber testen zu können. Diese zusätzlichen Annahmen fallen jedoch allzu oft unter den Tisch (Sekhon und Titiunik 2012, S. 36).

## 2.8    Wie kann man Experimente in MA-Arbeiten einsetzen?

Nachdem die bisherigen Abschnitte das Vorgehen bei (Quasi-)Experimenten erläutert haben, sollen an dieser Stelle nun einzelne Beispiele für spezifische experimentelle Designs aufgezeigt werden, wie sie auch in Abschlussarbeiten durchaus
eingesetzt werden könnten. Denn während sich die in den folgenden Kapiteln präsentierten Methoden allesamt relativ *straight forward* im Rahmen von Abschlussarbeiten anwenden bzw. umsetzen lassen, werden Experimente insbesondere aus
forschungspraktischer Perspektive oftmals als zu komplex für eine studentische
Arbeit eingestuft. Die folgenden Beispiele zeigen jedoch, dass man sich durchaus
auch als Studierender an die Durchführung von Experimenten heranwagen kann.[9]

### 2.8.1    Listenexperiment

In der Umfrageforschung stellt soziale Erwünschtheit oft ein großes Problem dar
(Schnell et al. 2008, S. 355–356). So ist es unwahrscheinlich, dass bei einem *face-
to-face*-Interview alle Befragte wahrheitsgemäß über real vorhandene ausländer-
feindliche Ansichten Auskunft geben würden. Um hier dennoch nicht verzerrte
Aussagen machen zu können, bietet es sich an ein sogenanntes Listenexperiment
durchzuführen.[10] Bei diesem werden die Teilnehmer zunächst randomisiert in zwei
Gruppen eingeteilt. Sodann wird der ersten – der Kontrollgruppe – eine Liste an
unverfänglichen Items vorgelegt. Die Experimentalgruppe bekommt dieselbe Liste an Items vorgelegt, zusätzlich befindet sich aber noch ein Item darunter, das
einen Punkt abfragt, zu dem es gesellschaftliche Konventionen gibt und der deshalb von sozialer Erwünschtheit betroffen ist. Die Teilnehmer sollen nun angeben,
wie vielen der Items – nicht welchen (!) – sie zustimmen. Auf diese Weise fällt es
den Befragten leichter wahrheitsgemäß zu antworten, da nicht zugeordnet werden

---

[9] Nicht weiter eingegangen wird dabei auf die Klasse der Laborexperimente, auch wenn
diese in der Politikwissenschaft beispielsweise in der den Wirtschaftswissenschaften ent-
lehnten Überprüfung spieltheoretischer Modelle (Palfrey 2007), bei Fragen der Verteilung
öffentlicher Güter sowie Fragen des gegenseitigen Vertrauens (Ostrom und Walker 2003)
eine immer größere Verbreitung finden. Ohne Experimentallabor dürften solche oftmals auf
bestimmte Kooperationsmuster abzielende Experimente jedoch nur schwerlich durchführbar
sein. Es spricht allerdings nichts dagegen, sollte man solche Voraussetzungen an seiner Universität vorfinden, diese auch im Rahmen einer MA-Arbeit zu nutzen.

[10] Alternativ kann auch die sogenannte *randomized response technique* angewendet werden
um soziale Erwünschtheit zu kontrollieren (Behnke et al. 2010, S. 235).

kann, welchen Items sie zustimmen. Beispielsweise könnte ein Listenexperiment zu Antisemitismus folgendermaßen aussehen:

**Über wie viele der folgenden Punkte haben Sie sich schon einmal geärgert?**
1. Darüber, dass Profi-Sportler Millionenverträge bekommen.
2. Darüber, dass viele Unternehmen sich bei der Produktion in Entwicklungsländern nicht um Menschenrechte kümmern.
3. Darüber, dass Supermärkte in Deutschland nur bis 22:00 Uhr geöffnet haben.
4. *Darüber dass Juden auf der Welt immer noch so großen Einfluss haben.*

Insgesamt werden 600 Personen befragt: 300 in der Experimental- und 300 in der Kontrollgruppe. Die Kontrollgruppe bekommt nur die ersten drei Fragen vorgelegt, die Experimentalgruppe zusätzlich auch die vierte Frage. Sofern nun die Experimentalgruppe einen signifikant höheren Mittelwert an Zustimmungen aufweist als die Kontrollgruppe (z. B. $\bar{x}_{Exp} = 2{,}5; \bar{x}_{Kon} = 2{,}0$) muss dies – da die beiden Gruppen sich ja ansonsten nicht unterscheiden – auf das vierte Item zurückzuführen sein. So ließe sich aus den Beispieldaten folgern, dass 50 % der Mitglieder der Experimentalgruppen sich in der Tat schon einmal darüber geärgert haben, dass Juden auf der Welt immer noch so großen Einfluss haben. Tabelle 2.4 zeigt die Logik dieser Berechnung. Angenommen, in der Kontrollgruppe würden sich jeweils 100 Befragte über einen, zwei oder drei der abgefragten Punkte ärgern. Unsere Annahme ist, dass die Experimentalgruppe dasselbe Bild böte, sofern dieser auch nur die drei Alternativen vorgelegt würden. Das vierte Statement verzerrt aber wie

**Tab. 2.4** Logik des Listenexperiments

| Kontrollgruppe | | Experimentalgruppe Verteilung 1 | | Experimentalgruppe Verteilung 2 | | Experimentalgruppe Verteilung 3 | |
|---|---|---|---|---|---|---|---|
| Punkte | N | Punkte | N | Punkte | N | Punkte | N |
| 1 | 100 | 1 | 100 | 1 | 50 | 1 | 0 |
| 2 | 100 | 2 | 50 | 2 | 100 | 2 | 150 |
| 3 | 100 | 3 | 50 | 3 | 100 | 3 | 150 |
| 4 | 0 | 4 | 100 | 4 | 50 | 4 | 0 |
| $\bar{x}_{Kon} = 2$ | $\sum 300$ | $\bar{x}_{Exp} = 2{,}5$ | $\sum 300$ | $\bar{x}_{Exp} = 2{,}5$ | $\sum 300$ | $\bar{x}_{Exp} = 2{,}5$ | $\sum 300$ |

gesehen den Mittelwert um einen halben Punkt. Wie dies zustande kommen kann, zeigen exemplarisch die drei weiteren Spalten. Bei allen drei wandern insgesamt jeweils 150 Personen einen Punkt weiter. Es spielt dabei keine Rolle, ob dies diejenigen sind, die zuvor zwei oder drei Punkte angegeben haben (Verteilung 1), alle Gruppen gleichmäßig jeweils zu 50 % nach oben wandern (Verteilung 2) oder es die ursprünglich wenig Verärgerten sind (Verteilung 3). Es muss stets insgesamt die Hälfte der Mitglieder der Experimentalgruppe sein, die dem antisemitischen Statement zustimmen. Nur so lässt sich die Erhöhung des Mittelwerts um 0,5 erklären.[11]

Der große Vorteil von Listenexperimenten liegt darin begründet, dass sie korrekte Resultate für die Aggregatebene liefern, ohne dabei Individuen mit spezifischen Antworten in Verbindung bringen zu müssen (Gerring 2012, S. 178). Sie umgehen somit Effekte sozialer Erwünschtheit, welche eine direkte Messung verzerren würden. Daraus folgt, dass Listenexperimente v. a. für die Messung von komplexen, da von sozialen Konventionen determinierten Faktoren gewinnbringend eingesetzt werden können.

## 2.8.2  Split-Sample-Survey

Beim Split-Sample-Survey wird zwei randomisierten Gruppen bei einer Umfrage ein bis auf eine kleine Veränderung identischer Text vorgelegt und hierzu dann beiden Gruppen exakt dieselben Fragen gestellt. Beispielsweise haben Sniderman et al. (1991) auf diese Weise latente rassistische Vorurteile untersucht und herausgefunden, dass konservative Personen – entgegen den Annahmen der Theorie des „New Racisms" (Sniderman et al. 1991, S. 424, 431–432) – ihren schwarzen Mitbürgern sogar mehr staatliche Unterstützung zukommen lassen würden als Weißen. Das Treatment bestand in diesem Fall in der Charakterisierung einer Person beispielsweise als *schwarze*, alleinstehende Frau mit Kindern ohne Job. In der Kontrollgruppe fand sich entsprechend eine *weiße* alleinstehende Frau mit Kindern ohne Job. Zeigen sich nun Unterschiede im Ausmaß der staatlichen Unterstützungsleistungen zwischen den beiden Gruppen, so müssen diese – da die beiden

---

[11] Führt man sich die Extrembeispiele vor Augen wird dies noch klarer. Angenommen niemand würde dem vierten Statement zustimmen, dann bliebe auch der Mittelwert bei 2,0. Würden hingegen alle zustimmen, dann würden alle im Vergleich zur Kontrollgruppe um einen Punkt „weiterwandern" und der Mittelwert wäre entsprechend auch einen ganzen Punkt höher bei 3,0. Wie Listenexperimente methodisch noch ausgefeilter ausgewertet werden können zeigen Blair und Imai (2012) und Glynn (2013).

Gruppen ansonsten durch die Randomisierung ja identisch sind – darauf zurückzu-führen sein, ob es sich um eine weiße oder eine schwarze Person handelt, der die Unterstützungsleistungen gegeben werden sollten. Auch wenn das Split-Survey-Design besonders geeignet ist, wie in diesem Beispiel, große repräsentative Um-fragen um eine experimentelle Komponente zu ergänzen, kann ihre grundsätzliche Logik des kleinen unbewussten Treatments durchaus auch gut im Rahmen einer Abschlussarbeit, bei der nur eine kleinere Stichprobe an Befragten zur Verfügung steht,[12] zur Anwendung kommen. Zudem bietet das Internet die Möglichkeit, On-line-Umfragen durchzuführen und in diese Experimente einzubauen (Maier und Brettschneider 2009).

### 2.8.3  Framing- und Priming-Experimente

Eine Form experimenteller Designs, die sich in den letzten Jahren gestiegener Be-liebtheit erfreut, sind Experimente zu den Effekten von Framing und Priming. Bei Framing wird untersucht, inwiefern eine veränderte Formulierung eines Sachver-halts dazu führt, dass dieser von den Rezipienten unterschiedlich wahrgenommen wird. Beispielsweise konnte gezeigt werden, dass wohlfahrtsstaatliches Retrench-ment von der Bevölkerung eher befürwortet wird, wenn Empfänger von wohl-fahrtsstaatlichen Leistungen so dargestellt werden, als hätten sie diese Leistungen eigentlich nicht verdient (Slothuus 2007). In der Kontrollgruppe wird bei einem solchen Design zumeist ein alternativer Frame getestet. Im genannten Beispiel würde den Teilnehmern vor der Frage, ob sie Retrenchment positiv oder nega-tiv gegenüberstehen, beispielsweise ein manipulierter Zeitungsartikel vorgelegt, in dem im einen Fall (Experimentalgruppe) von *Sozialstaatsschmarotzern* und im anderen Fall von Arbeitslosen berichtet wird, die nur durch die staatliche Unter-stützung ihr Leben wieder in den Griff bekommen haben (Kontrollgruppe).[13]

Beim Priming werden die Versuchspersonen einem bestimmten Reiz ausge-liefert, welcher sich dann oftmals unbewusst im weiteren Verhalten der Person niederschlägt. Ein interessantes Priming-Beispiel aus der politischen Psychologie

---

[12] Um signifikante Gruppenunterschiede feststellen zu können, müssen die Gruppen natür-lich schon eine ausreichende Größe aufweisen. Mit 100–200 Befragten sollten aber in vielen Fällen bereits gut zu arbeiten sein.

[13] Solche Framing-Experimente, die untersuchen, wie politische Kommunikation funktio-niert, bzw. sie bei den Wählern ankommt, sind aktuell in der politikwissenschaftlichen For-schung stark präsent. Auch Parteien selbst testen auf diese Weise mit welchen Argumenten sie bei ihrer Wählerschaft punkten oder eventuell sogar neue Wählerschichten erschließen können.

kommt von Weinberger und Westen (2008). Die beiden können nachweisen, dass auch Reize, die unterhalb der eigentlichen Wahrnehmungsschwelle liegen, Auswirkungen auf die Zuweisung bestimmter Kompetenzen zu Politikern haben können. Sie blendeten bei einer Online-Befragung vor dem Bild eines unbekannten Politikers für eine extrem kurze Zeitspanne – so dass es nicht direkt wahrnehmbar war – entweder das Wort „RATS" oder andere Worte mit ebenfalls vier Buchstaben ein. Die Personen, denen das Wort „RATS" gezeigt wurde, bewerteten die im Anschluss gezeigte Person im Durchschnitt deutlich negativer auf Dimensionen wie Kompetenz, Ehrlichkeit oder Vertrauenswürdigkeit.[14]

## 2.9  Fazit

Dieses Kapitel hat gezeigt, dass experimentelle Designs in all den unterschiedlichen Ausprägungen, in denen sie in der Politikwissenschaft vorkommen, oftmals eine gute Alternative zu klassischen Forschungsdesigns darstellen und es vielfach sogar nur durch Experimente möglich ist bestimmte Fragestellungen passgenau zu beantworten. Der eindeutig größte Vorteil der experimentellen Methode ist darin zu sehen, dass durch sie – im Gegensatz beispielsweise zu reinen Observationsstudien – vergleichsweise einfach Kausalitäten nachweisbar sind. Hierfür muss das Experiment allerdings sauber durchgeführt werden, d. h. alternative Erklärungsfaktoren beispielsweise über eine randomisierte Zuteilung in Experimental- und Kontrollgruppe ausgeschlossen und die interessierende UV aktiv durch den Forscher manipuliert werden (Faas und Huber 2010, S. 725). Das Label „Experiment" alleine garantiert aber natürlich nicht für Qualität der Forschung. So können viele Experimente dafür kritisiert werden, dass beispielsweise die betrachtete Stichprobe in keiner Weise repräsentativ für eine größere Grundgesamtheit ist (z. B. Studierende als Teilnehmer in Laborexperimenten) oder dass die interne Validität durch eine mangelhafte externen Validität erkauft wird. Dies kann so weit gehen, dass ein unter Laborbedingungen erzieltes Ergebnis in dieser Form praktisch keinerlei Entsprechung in der realen Welt mehr hat. Allerdings sind Experimente, wenn die Versuchsanordnung klar beschrieben ist, gut replizierbar. Diese Eigenschaft lässt sich auch für Robustheitschecks ausnutzen. Hierfür werden die Ergebnisse mehre-

---

[14] Dieses Ergebnis zeigt, wie bereits minimale Reize zum Teil sogar unbewusst auf Personen wirken können. Unter anderem kann dies in der Einstellungsforschung relevant werden. Hier gilt es entsprechend darauf zu achten, dass Personen unter möglichst identischen Bedingungen befragt werden um etwaige verzerrende Effekte beispielsweise der Befragungssituation oder des Interviewers so weit wie möglich auszuschließen. Auch die Ansprache der Befragten sowie die Frageformulierung sollten aus diesem Grund möglichst standardisiert erfolgen.

rer Experimente verglichen, bei denen das Forschungsdesign jeweils systematisch leicht abgeändert wird. In diesem Sinne sind Experimente auch ein probates Mittel um wie Huber (2010, S. 215) schreibt den allzu häufig in der Politikwissenschaft noch betriebenen „one-shot-research" gegen einen „programmatic research" auszuwechseln, wodurch es möglich ist „to advance knowledge in political science more quickly and systematically and to cumulate such knowledge through the process of building on previous experimental work" (McDermott 2002, S. 57).

**Kommentierte Literaturempfehlung**

Druckman, James N., Donald P. Green, James H. Kuklinski und Arthur Lupia. 2006. The Growth and Development of Experimental Research in Political Science. *The American Political Science Review* 100 (4): 627–635.

Faas, Thorsten und Sascha Huber. 2010. Experimente in der Politikwissenschaft: Vom Mauerblümchen zum Mainstream. *Politische Vierteljahresschrift* 51 (4): 721–749.

Faas, Thorsten. 2009. Das Experiment – ein unbekanntes Wesen? In *Datenwelten: Datenerhebung und Datenbestände in der Politikwissenschaft,* Hrsg. Kai-Uwe Schnapp, Nathalie Behnke und Joachim Behnke, 72–93. Baden-Baden: Nomos.

McDermott, Rose. 2002. Experimental Methods in Political Science. *Annual Review of Political Science* 5 (1): 31–61.

Als ersten Einstieg in die experimentelle Forschung innerhalb der Politikwissenschaft eignen sich diese vier Überblicksartikel. In ihnen werden nicht nur die Grundlagen experimenteller Logik beschrieben, sondern sie zeigen auch in welchen Teilbereichen der Politikwissenschaft Experimente bereits fruchtbar angewandt werden und bieten damit Anregungen für eigene experimentelle Forschungsunterfangen.

Druckman, James N., Donald P. Green, James H. Kuklinski und Arthur Lupia, Hrsg. 2011. *Cambridge Handbook of Experimental Political Science.* Cambridge: Cambridge University Press.

Will man sich intensiver mit Experimenten beschäftigen, bietet sich ein Blick in dieses sehr umfassende Handbuch an, in dem auf mehr als 1000 Seiten nicht nur Spezifika des experimentellen Designs sowie der praktischen Forschungsarbeit sondern auch viele Beispiele aus den unterschiedlichsten politikwissenschaftlichen Teilbereichen präsentiert werden.

Box-Steffensmeier, Janet M., Henry E. Brady und David Collett, Hrsg. 2009. *The Oxford Handbook of Political Methodology.* Oxford: Oxford University Press.

Dieser allgemeine Sammelband zu Methoden der Politikwissenschaft enthält sehr gute Kapitel zum allgemeinen Vorgehen bei Experimenten sowie zu Feld- und natürlichen Experimenten.

# Sekundäranalyse von Umfragedaten: Faktorenanalyse und Indexkonstruktion

# 3

## Achim Hildebrandt

Dieses Kapitel vermittelt Grundlagen der Sekundäranalyse von Umfragedaten. Wir orientieren uns dabei an den tatsächlichen Arbeitsschritten in der empirischen Forschung: Zur Vorbereitung der Datenanalyse (3.1) müssen die theoretischen Konstrukte operationalisiert werden, der Umgang mit fehlenden Werten muss geklärt und gegebenenfalls müssen die Daten gewichtet werden. Die Operationalisierung der Konstrukte wird mithilfe einer Faktorenanalyse empirisch überprüft (3.2), auf dieser Basis werden danach Indizes konstruiert (3.3). Den Abschluss des Kapitels bildet ein kurzer Einblick in die Varianzanalyse (3.4), die sich in Einzelfällen als Vorstufe zur Regressionsanalyse anbietet. Die Regressionsanalyse von Umfragedaten wird dann im folgenden Kap. 4.1 behandelt, zunächst diskutieren wir den Sinn von Sekundäranalysen.

Allgemeine Bevölkerungsumfragen sind aufwändig und deshalb sehr teuer: Bei einer einstündigen, deutschlandweiten CAPI-Befragung[1] ist von Kosten im höheren sechsstelligen Bereich auszugehen. Sind die Daten jedoch erhoben, stehen sie mit einer gewissen zeitlichen Verzögerung meist kostenlos für nicht-kommerzielle Anwendungen der Wissenschaft zur Verfügung. Für sozialwissenschaftliche Masterarbeiten bietet sich eine solche Sekundäranalyse von bereits erhobenen und

---

[1] Computer Assisted Personal Interview, siehe Schnell 2012, S. 317–318.

© Springer Fachmedien Wiesbaden 2015
A. Hildebrandt et al., *Methodologie, Methoden, Forschungsdesign*
DOI 10.1007/978-3-531-18993-2_3

von anderen ausgewerteten Datensätzen an.[2] Die Tatsache, dass andere diese Umfragedaten schon analysiert haben, sollte für die Planung einer Masterarbeit nicht überbewertet werden: Denn erstens wird ein eigenständiger Beitrag zur Forschung erst von einer Promotion verlangt, Masterarbeiten hingegen sollen (wie in der Einleitung erwähnt) zeigen, dass Sie in der Lage sind, innerhalb einer vorgegebenen Frist eine Fragestellung methodisch korrekt selbstständig zu bearbeiten.[3] Zweitens enthalten die Umfragen eine große Anzahl an Variablen, sodass es leicht möglich ist, ein eigenes Thema zu finden. Tatsächlich bauen auch viele Promotionen auf der Sekundäranalyse von Umfragen auf, immer dann nämlich, wenn die Promotion nicht aus einem Drittmittelprojekt hervorgeht, im Rahmen dessen eine eigene Umfrage durchgeführt wurde.

Welcher Datensatz gewählt wird, hängt vom Untersuchungsdesign ab: Zielt die Fragestellung auf den Vergleich mehrerer Länder, bieten sich die gängigen internationalen Studien Eurobarometer, European Social Survey (ESS), International Social Survey Programme (ISSP) und World Values Survey (WVS) an.[4] Sollen hingegen Einstellungen und Verhaltensweisen nur in Deutschland untersucht werden, ist vor allem die Allgemeine Bevölkerungsumfrage der Sozialwissenschaften (ALLBUS) von Interesse.[5] ALLBUS-Daten werden seit 1980 alle zwei Jahre erhoben, wobei Schwerpunktthemen in regelmäßigen Abständen wiederholt werden. Dadurch ist es möglich, nicht nur einzelne Einstellungen oder Verhaltensweisen zu einem bestimmten Zeitpunkt im Querschnitt zu analysieren, sondern auch ihre Entwicklung im Zeitverlauf darzustellen (Schmitt-Beck et al. 2004). Die Analyseschritte werden im Folgenden am Beispiel von ALLBUS-Daten vorgestellt.

---

[2] Daneben besteht auch die Möglichkeit eine kleinere Umfrage selbst durchzuführen: Da es in der Regel nicht möglich ist, eine repräsentative Stichprobe zu ziehen, kann stattdessen eine Vollerhebung einer kleineren Gruppe angestrebt werden, beispielsweise der Absolventen des eigenen Studiengangs. Wer sich von dem erheblichem Mehraufwand für die Konstruktion des Fragebogens, die Datenerhebung und Dateneingabe nicht abschrecken lassen möchte, findet in Porst (2009) einen praxisorientierten Einstieg in die Fragebogenkonstruktion. Die im Folgenden vorgestellten Schritte der Analyse von Umfragedaten gelten natürlich auch für die Analyse selbsterhobener Daten.

[3] Das ist der Regelfall, Sie sollten das allerdings anhand der Prüfungsordnung ihres Studiengangs überprüfen.

[4] Zugriff auf die Daten erhalten Sie über die Webseiten der Programme (http://www.europeansocialsurvey.org/, http://www.worldvaluessurvey.org/) beziehungsweise über das GESIS – Leibniz-Institut für Sozialwissenschaften (http://www.gesis.org/das-institut/kompetenzzentren/fdz-internationale-umfrageprogramme/).

[5] Siehe: http://www.gesis.org/allbus. Zudem können auch die Daten des Sozio-Ökonomischen Panels (SOEP) analysiert werden (http://www.diw.de/de/soep).

# 3.1 Vorbereitung der Datenanalyse

## 3.1.1 Operationalisierung und erste deskriptive Analysen

Die Auswahl eines konkreten Datensatzes richtet sich nach dem Kausalmodell, das Ihrer Arbeit zugrunde liegt: In jedem Fall muss eine adäquate Messung Ihrer abhängigen Variable vorhanden sein. Zudem sollte der Datensatz Indikatoren für möglichst viele der theoretischen Konstrukte enthalten, die in der Literatur zur Erklärung Ihrer abhängigen Variable herangezogen werden. Jedem theoretischen Konstrukt werden in der Regel mehrere Indikatoren zugeordnet.[6] Diese Indikatoren werden im Verlauf der Datenanalyse zu Indizes zusammengefasst. Indizes sind Variablen, „deren Werte sich aus einer Rechenoperation mehrerer anderer Variablen ergeben" (Diekmann 2012, S. 240). Bei der Rechtsextremismusskala (siehe Abb. 3.1) z. B. weist Falter (2000) jeder der fünf Dimensionen des Konzepts je-

Nationalismus

Ich bin stolz ein Deutscher zu sein.

Wir sollten endlich wieder Mut zu einem starken Nationalgefühl haben.

Pluralismus und Demokratie

Gruppen- und Verbandsinteressen sollten sich bedingungslos dem Allgemeinwohl unterordnen.

Unter bestimmten Umständen ist eine Diktatur die bessere Staatsform.

Haltung gegenüber dem Nationalsozialismus

Der Nationalsozialismus hatte auch seine guten Seiten.

Ohne die Judenvernichtung würde man Hitler heute als großen Staatsmann ansehen.

Einstellung gegenüber Ausländern

Die Bundesrepublik ist durch die vielen Ausländer in einem gefährlichen Maß überfremdet.

Ausländer sollten grundsätzlich ihre Ehepartner unter ihren eigenen Landsleuten auswählen.

Antisemitismus

Auch heute noch ist der Einfluss von Juden zu groß.

Die Juden haben einfach etwas Besonderes und Eigentümliches an sich und passen daher nicht recht zu uns.

Die Items werden auf einer Skala von –2 (überhaupt nicht zustimmen) bis +2 (voll und ganz zustimmen) bewertet.

**Abb. 3.1** Rechtsextremismusskala nach Falter (2000, S. 429)

---

[6] Es sei denn, es sind manifeste Variablen (Behnke et al. 2010, S. 98) wie Alter oder Geschlecht, die direkt erfasst werden können.

weils zwei Indikatoren zu. Immer dann, wenn ein Konzept mehrere Dimensionen hat, ist die Operationalisierung mit mehreren Indikatoren zwingend erforderlich. Aber auch eindimensionale Konzepte werden in der Regel mit mehr als einem Indikator operationalisiert, aufgrund von Messfehlern und um das Konzept mit ausreichender Genauigkeit und Breite zu messen (Raithel 2008, S. 103)[7] – deswegen verwendet Falter auch zwei Indikatoren pro Dimension. Die Befragten bewerten alle zehn Items auf einer Skala von $-2$ (überhaupt nicht zustimmen) bis $+2$ (voll und ganz zustimmen). Zur Konstruktion des Index werden alle Antworten addiert, so dass sich ein Merkmalsspielraum von $+20$ bis $-20$ ergibt. Wir werden im weiteren Verlauf auf die verschiedenen Verfahren der Indexkonstruktion und ihre notwendigen Voraussetzungen eingehen.

Die konkrete Operationalisierung Ihrer theoretischen Konstrukte entwickeln Sie bei der Durchsicht und kritischen Auseinandersetzung mit den empirischen Studien, die zu Ihrer Fragestellung publiziert wurden.[8] Mit der Zusammenstellung sozialwissenschaftlicher Items und Skalen (ZIS) (Glöckner-Rist 2012) liegt zudem ein technisches Hilfsmittel für die Operationalisierung vor.[9] In ZIS ist es möglich, einzelne Fragen, die einem Fragebogen entnommen wurden, als Suchphrase einzugeben, um dadurch Informationen zu der zugehörigen Itembatterie zu erhalten: ZIS informiert, welches Konstrukt durch die Batterie operationalisiert wird, erläutert den theoretischen Hintergrund und verweist auf weitere Literatur. Alternativ dazu kann man in einer Liste von Instrumenten nach der Operationalisierung von Konstrukten wie Politisches Vertrauen oder Rechtsextremismus suchen. Wichtiger als die Orientierung an dem Bestand etablierter Messungen ist jedoch die inhaltlich-theoretisch motivierte Auseinandersetzung mit dem Forschungsstand.

Nachdem Sie den Konstrukten Items zugewiesen haben, sollten Sie sich einen ersten Überblick über diese Items verschaffen, hierzu berechnen Sie Häufigkeitsauszählungen und Histogramme aller Variablen, die für Sie in Betracht kommen. Wenn Sie eine ländervergleichende Analyse planen, sollten Sie die Häufigkeiten getrennt für die einzelnen Staaten betrachten, um sicherzugehen, dass eine Frage tatsächlich in allen Ländern gestellt wurde, die Gegenstand Ihrer Untersuchung sind. So kann es zum Beispiel vorkommen, dass in Autokratien nur sehr begrenzt Fragen zu politischen Einstellungen gestellt werden.

---

[7] Schnell, Hill und Esser (1999, S. 121–160) diskutieren die Messfehlerproblematik ausführlich.

[8] Siehe dazu etwa Trüdinger (2006).

[9] Siehe: http://www.gesis.org/unser-angebot/daten-erheben/zis-ehes/.

## 3.1.2 Item non-response

Zudem muss geklärt werden, wie viele Angaben zu einzelnen Variablen fehlen (*item non-response*) und ob diese fehlenden Werte bereits im Datensatz definiert sind.[10] Fehlende Werte treten etwa auf, wenn Befragte sich weigern zu antworten, etwa bei der Frage nach dem Einkommen (das wird in den Datensätzen meist als „keine Angabe" bzw. „no answer" verzeichnet). Oder wenn sie angeben, dass sie eine Frage nicht beantworten können („weiß nicht" bzw „don't know"). Fehlende Werte treten auch auf, wenn eine Frage nicht allen Teilnehmer der Umfrage gestellt wurde. Beispielsweise dann, wenn sich eine Fragenbatterie mit der Zufriedenheit im Berufsleben beschäftigt und vorab die Frage gestellt wird, ob der Befragte berufstätig ist. Wird diese Frage verneint, springt der Interviewer zum nächsten Thema, die ausgelassenen Fragen werden als „trifft nicht zu" bzw. „not applicable" gekennzeichnet.[11]

Bei dieser eher technischen Ursache entfällt die Frage, warum jemand nicht geantwortet hat. Für die übrigen Formen von *item-non response* hat Rubin (1976) drei Muster unterschieden, die im Folgenden anhand der Beispiele von Arzheimer (2002, S. 221) erläutert werden: Fehlende Werte sind *missing completely at random* (MCAR), wenn das Fehlen unabhängig vom wahren Wert und von anderen Variablen ist – als Beispiel nennt Arzheimer einen Übertragungsfehler beim Eingeben der Fragebögen (2002, S. 221). *Missing at random* (MAR) liegt beispielsweise dann vor, wenn niedriges Interesse an Politik zu Ausfällen bei Fragen führt, die sich auf Politik beziehen: Das Fehlen ist abhängig von einer anderen Variable, aber unabhängig vom wahren Wert. Wenn aber gutverdienende Befragte sich weigern, ihr Einkommen anzugeben, wird dieser Ausfall vom wahren Wert beeinflusst. Er wird deshalb als *not missing at random* (NMAR) oder als *non-ignorable* (NI) bezeichnet.

Welches Verfahren für den Umgang mit fehlenden Werten geeignet ist, hängt davon ab, ob sie MCAR, MAR oder NMAR sind.[12] Traditionell wird ein Fall aus allen Analysen ausgeschlossen, der bei mindestens einer der zu analysierenden Variablen einen fehlenden Wert aufweist. Für diesen listenweisen Fallausschluss hat

---

[10] Von dieser *Item-Nonresponse* ist die *Unit-Nonresponse* zu trennen. Sie liegt dann vor, wenn eine Person aus der Stichprobe nicht an der Befragung teilnimmt (Schnell et al. 1999, S. 286) – sei es, weil die Person nicht erreichbar oder krank ist, die Teilnahme verweigert, oder aus einem anderem Grund. Diekmann (2012, S. 421) bietet anhand eines Beispiels einen Überblick über Ausmaß und Ursachen von *Unit-Nonresponse*.

[11] Das können Sie auch der Filterführung des Fragebogens entnehmen.

[12] Die Annahme, dass fehlende Werte MCAR sind, kann durch den Nachweis von signifikanten Zusammenhängen mit beobachteten Variablen zurückgewiesen werden. Ob die fehlenden Werte allerdings MAR oder NMAR sind, kann auf Basis der beobachteten Werte nicht entschieden werden.

sich im Deutschen die englische Bezeichnung *listwise deletion* etabliert, manchmal wird auch der Ausdruck „*complete-case analysis*" (Schafer und Graham 2002, S. 155) verwendet. Bei *listwise deletion* gehen mit den wenigen Nicht-Antworten allerdings sehr viele Antworten verloren: „This discards too many babies with just a bit of bathwater" (King et al. 1998, S. 1). Zudem ist *listwise deletion* statistisch gesehen nur dann zulässig, wenn die fehlenden Werte MCAR sind, dann entsprechen die übrig gebliebenen, vollständigen Fälle einer einfachen Zufallsstichprobe aus der ursprünglichen Stichprobe (Spieß 2008, S. 14). Wenn die Fälle hingegen paarweise ausgeschlossen werden (*pairwise deletion*, bzw. „*available-case analysis*" (Schafer und Graham 2002, S. 155)) gehen weniger Informationen verloren: Bei einer empirischen Analyse wird für jeden Zusammenhang zwischen zwei Variablen fallweise überprüft, ob Informationen zu diesen beiden Variablen vorliegen. Für jedes Variablenpaar variiert deshalb die Fallzahl, was den Vergleich der Ergebnisse erschwert, da sie auf jeweils unterschiedlichen Stichproben beruhen.

Alternativ zum Ausschluss fehlender Werte können sie auch durch geschätzte Werte ersetzt (imputiert) werden. Bei der Mittelwertimputation werden die fehlenden Werte einer Variable durch den Mittelwert der beobachteten Werte dieser Variable ersetzt.[13] Infolgedessen wird die Varianz der Variable und auch die Kovarianz mit anderen Variablen unterschätzt, da die imputierten Werte mit dem Mittelwert identisch sind (Spieß 2008, S. 15). Bei der Regressionsimputation werden die Zusammenhänge zwischen einigen Prädiktoren und den bekannten Werten einer Variable mithilfe einer linearen Regression analysiert. Auf Basis der Regressionsgleichung werden dann die fehlenden Werte geschätzt. Damit geht das Verfahren von einer deterministischen Beziehungen aus (King et al. 1998, S. 8): Es wird unterstellt, dass die imputierten Werte mit der gleichen Sicherheit bekannt sind wie die beobachteten Werte. Dadurch werden Standardfehler unterschätzt, was wiederum in Regressionsanalysen dazu führt, dass Koeffizienten fälschlicherweise als signifikant ausgewiesen werden (Spieß 2008, S. 18).

An diesem Problem setzt das Verfahren der multiplen Imputation an, bei dem für jeden fehlenden Wert mehrere Schätzungen vorgenommen werden. In der Variation dieser Werte spiegelt sich die mit der Schätzung verknüpfte Unsicherheit wider (Spieß 2010, S. 117).[14] Die multiple Imputation hat sich in der deutschen

---

[13] Gegebenenfalls können die Werte durch die Mittelwerte von Subgruppen ersetzt werden. Wenn man beispielsweise feststellt, dass sich die beobachtbaren Werte einer Variablen systematisch zwischen Männern und Frauen unterscheiden, ist der Mittelwert der Männer bzw. der Frauen eine bessere Schätzung für fehlende Werte als der Gesamtmittelwert.

[14] Die multiple Imputation setzt voraus, dass die fehlenden Werte MAR oder MCAR sind. Verweise auf Verfahren für die Kompensation fehlender Werte, die NMAR sind, finden sich bei Spieß 2010, S. 119.

Politikwissenschaft noch nicht durchgängig als Standard durchgesetzt. Sie ist technisch vergleichsweise komplex und der Zwang sich zwischen verschiedenen Optionen zu entscheiden, setzt eine eingehende Beschäftigung voraus, um eine informierte Wahl zu treffen. Aus diesen Gründen kann die multiple Imputation in einer Masterarbeit nicht vorausgesetzt werden. Wenn Sie allerdings Zeit und Lust dazu haben, können Sie sich in das Verfahren einarbeiten.[15] Wenn Sie planen, in dem Bereich der Einstellungs- und Verhaltensforschung zu promovieren, sollten Sie das früher oder später tun – es ist davon auszugehen, dass sich die multiple Imputation in den nächsten Jahren immer stärker durchsetzen wird.

Was empfehlen wir den Lesern, die keine Promotion in dem Feld planen, nur wenig Zeit bis zur Abgabe haben oder von weniger methodischem Ehrgeiz geplagt sind? Gehen Sie zunächst von *listwise deletion* aus und versuchen Sie die Anzahl fehlender Werte möglichst gering zu halten. Beispielsweise, in dem Sie additive Indizes konstruieren, in die auch Fälle eingehen, bei denen nicht alle Items beantwortet wurden (siehe unten). Manchmal kann es zudem sinnvoll sein, die Operationalisierung zu überdenken: Ist es beispielsweise möglich das Einkommen (19,4 % fehlende Werte im ALLBUS 2012) durch die subjektive Schichteneinstufung (0,9 % fehlende Werte) zu ersetzen?[16] Die einfache Regressionsimputation kann in Einzelfällen ein geeignetes Verfahren sein, wenn Sie mit Ihren Prädiktoren eine relativ gute statistische Erklärung erzielen können ($R^2 > 0,40$). In der Arbeit sollten dann die empirischen Analysen mit den imputierten Fällen systematisch mit den Analysen verglichen werden, die auf einem listweisen Fallausschluss beruhen. In jedem Fall ist es empfehlenswert, sich vorab mit dem Prüfer über das Verfahren zum Umgang mit fehlenden Werten zu verständigen.

### 3.1.3  Datengewichtung

Schließlich sollten Sie sich frühzeitig mit den im Datensatz vorhandenen Gewichten vertraut machen. Im Regelfall handelt es sich dabei um sogenannte Designgewichte. Sie kommen dann zum Einsatz, wenn nicht alle Elemente der Grund-

---

[15] Zum Einstieg in die Thematik sind insbesondere Spieß 2008 und 2010 sowie Graham 2009 geeignet.

[16] Diese Frage lässt sich einfach empirisch beantworten: Führen Sie die gleiche Analyse für alle Fälle, bei denen Informationen zum Einkommen vorliegen, zweimal durch: Einmal mit dem Einkommen und einmal mit der subjektiven Schichteneinstufung. Wenn sich die Ergebnisse hinsichtlich Richtung und Signifikanz des Effekts nicht und hinsichtlich der Stärke des Effekts nur gering unterscheiden, können Sie die subjektive Schichteneinstufung verwenden.

gesamtheit die gleiche Chance haben, in der Stichprobe berücksichtigt zu werden, und diese ungleichen Wahrscheinlichkeiten bekannt sind (Diekmann 2012, S. 427). In diesem Fall wird die Inverse der Auswahlwahrscheinlichkeit als Gewicht benutzt: Elemente mit einer geringen Auswahlwahrscheinlichkeit erhalten ein hohes Gewicht und umgekehrt (Gabler und Ganninger 2010, S. 147). Designgewichte werden (a) zum Ausgleich überproportionaler Teilstichproben und (b) als Transformationsgewichte verwendet, die die Auswirkungen unterschiedlicher Verfahren der Stichprobenziehung ausgleichen.

a.  Da weiterhin teils erhebliche Unterschiede zwischen den Einstellungen der Ost- und Westdeutschen bestehen, werden in der Regel Teilstichproben für Ost- und Westdeutschland erhoben. Um aussagefähige Fallzahlen für getrennte Analysen zu gewährleisten, werden mehr Personen in Ostdeutschland befragt, als es dem relativen Bevölkerungsanteil entspricht. Für Analysen auf gesamtdeutscher Ebene muss diese überproportionale Berücksichtigung Ostdeutschlands herausgerechnet werden. Im ALLBUS 2012 gibt es dazu das personenbezogene Ost-West-Gewicht (v743), das alle 2358 Befragte aus Westdeutschland mit dem Faktor 1,2108 und alle 1122 aus Ostdeutschland mit dem Faktor 0,5568 gewichtet. Ähnliche Gewichte gibt es beispielsweise in den Eurobarometer-Umfragen: Wenn man eine Aussage über die Einstellungen der Bürger der Europäischen Union (und nicht der Bürger einzelner Länder) treffen will, muss man die nationalen Stichproben nach der Bevölkerungsgröße gewichten.

b.  Auch die Transformationsgewichte werden anhand des ALLBUS erläutert: Der ALLBUS wurde von 1980 bis 1992 und noch einmal 1998 nach dem ADM-Stichprobendesign erhoben, bei dem alle Haushalte im Erhebungsgebiet theoretisch die gleiche Chance haben, in die Stichprobe zu gelangen (Diekmann 2012, S. 411). Innerhalb der Haushalte wird die zu befragende Person nach dem Zufallsprinzip bestimmt. Die Auswahlchance eines Haushaltsmitglieds hängt deshalb von der Anzahl der Haushaltsmitglieder ab, je mehr Personen in einem Haushalt leben, desto geringer ist die Auswahlchance jedes Mitglieds.[17] Der ALLBUS stellte deshalb in diesen Umfragen ein Transformationsgewicht für die Umrechnung von der Haushalts- auf die Personenebene bereit. Terwey (2012) empfiehlt, Häufigkeitsauszählungen für alle interessierenden Variablen mit und ohne Transformationsgewicht miteinander zu vergleichen. Ergeben sich keine nennenswerten Differenzen so kann „von einer im Prinzip ange-

---

[17] Die höhere Auswahlchance von allein lebenden Personen wird in der Praxis durch einen gegenteiligen Effekt partiell konterkariert. Alleinlebende Personen sind deutlich schwieriger zu kontaktieren und deshalb in Umfragen tendenziell unterrepräsentiert (Terwey 2012, S. xi).

brachten, aber praktisch oft problematischen Gewichtung schlicht abgesehen werden" (Terwey 2012, S. xi).[18]

Von diesen theoretisch-statistisch gut begründeten Designgewichten (Rothe und Wiedenbeck 1994) ist das sogenannte Redressment durch Anpassungsgewichte zu unterscheiden. Dabei werden die Verteilungen in der Stichprobe durch Gewichtungen an bekannte Verteilungen in der Grundgesamtheit angepasst. Sind beispielsweise mehr Frauen als Männer in der Stichprobe vertreten, so werden die Männer nachträglich hoch- und die Frauen heruntergewichtet, bis das aus der amtlichen Statistik bekannte Verhältnis von Frauen zu Männern von 53:47 erreicht ist (Diekmann 2012, S. 428). Diese Praxis ist nicht unumstritten (Diekmann 2012, S. 428), wir raten Ihnen Anpassungsgewichte nur nach Absprache mit Ihrem Betreuer zu verwenden. In vielen wissenschaftlichen Umfragen sind Anpassungsgewichte ohnehin nicht enthalten.

Um die Gewichtungen in Ihrem Datensatz kennen zu lernen, sollten Sie die Dokumentation des Datensatzes sorgfältig studieren – Umfang und Qualität dieser Dokumentation sind ein wichtiges Kriterium dafür, wie vertrauenswürdig ein Datensatz ist. Zudem sollten Sie wie beim Beispiel des Ost-West-Gewichts eigene explorative Auswertungen (Häufigkeitsauszählungen, Kreuztabellen, Mittelwertvergleiche) mit den Gewichtungsvariablen durchführen, um zu verstehen, wie die Gewichte konstruiert sind. Diese Auswertungen werden nicht in der Masterarbeit berichtet, sie dienen allein ihrer Sicherheit bei der Interpretation der empirischen Ergebnisse.

## 3.1.4 Datenaufbereitung

Nachdem die Indikatoren für die Operationalisierung der theoretischen Konstrukte ausgewählt wurden, muss 1.) die Richtung der Indikatoren und 2.) die Anzahl ihrer Merkmalsausprägungen überprüft werden. (1) Bei längeren Itembatterien besteht die Gefahr, dass die Befragten unabhängig vom Inhalt den Items zustimmen. Um dieser Zustimmungstendenz zu begegnen, werden häufig einzelne Items gegenläufig im Sinne der Skala formuliert, wie etwa in dieser vierstufigen Rechtsext-

---

[18] Die ALLBUS-Erhebungen der Jahre 1994 und 1996 sowie ab dem Jahr 2000 sind hingegen Personenstichproben auf Basis der Einwohnermelderegister. Auch hier stehen Transformationsgewichte für die Umrechnung auf die Haushaltsebene zur Verfügung. Diese werden in der Regel nur selten gebraucht. Wenn aber Ihr Forschungsinteresse „auf die haushaltsbezogene Verteilung von Merkmalen wie Haushaltsgröße Haushaltseinkommen, Familientypologie oder Haushaltstypologie" (Terwey 2012, S. xiv) abzielt, ist die Verwendung dieser Transformationsgewichte laut Terwey für die meisten Analysen dringend anzuraten.

remismus-Skala, bei der die Befragten 23 Aussagen anhand der Vorgaben „völlig richtig = 4", „teilweise richtig = 3", „eher falsch = 2", „völlig falsch = 1" bewerten: „[…] 01. Wir sollten wieder einen Führer haben, der Deutschland zum Wohle aller mit starker Hand regiert, 02. Die nationalen Kräfte werden heute in der Bundesrepublik unterdrückt […], 08. Der Nationalsozialismus hat dem deutschen Volk von Anfang an geschadet […]" (Sinus GmbH 2012). Befragte mit rechtsextremen Einstellungen sollten den ersten beiden Items zustimmen und das achte ablehnen. Für die Indexkonstruktion ist es daher nötig, das achte Item umzukodieren: $4 = 1$, $3 = 2$, $2 = 3$, $1 = 4$.

Für die fehlerfreie Konstruktion des Index ist es *zwingend erforderlich*, dass die Items in die gleiche Richtung weisen. Für die Interpretation von empirischen Analysen ist es zudem *wünschenswert*, dass hohe Werte bei allen Items ein hohes Ausmaß des jeweiligen Konstruktes anzeigen. Um diesen Punkt zu verdeutlichen, gehen wir vorab schon einmal auf die Regressionsanalyse ein: Das Vorzeichen des Regressionskoeffizienten zeigt die Richtung des jeweiligen Zusammenhangs an: Ein positiver (gleichgerichteter) Zusammenhang liegt vor, wenn hohe Werte der einen Variable mit hohen Werten der anderen einhergehen. Bei einem negativen (wechselgerichteten) Zusammenhang führen hohe Werte der einen Variable zu niedrigen Werten der anderen Variable. Diese einfache und eingängige Interpretation wird unnötig erschwert, wenn hohe Werte einer Variable (z. B. Rechtsextremismus-Index) ein niedriges Ausmaß des Konstruktes (geringe oder keine rechtsextreme Einstellungen) anzeigen.

Die Bedeutung der Anzahl der Merkmalsausprägungen (2) lässt sich anhand eines Beispiels verdeutlichen, bei dem aus drei Items ein additiver Index konstruiert wird: Die Items haben einen Merkmalsspielraum von 1–5, 1–4 und 1–3. Durch Aufsummieren erhält man einen Index, der Werte von 3 bis 12 annehmen kann. In diesen Index gehen die Items mit einem unterschiedlichen Gewicht ein – nicht aufgrund theoretischer Überlegungen zur unterschiedlichen Bedeutung der einzelnen Items für das zugrundeliegende Konstrukt, sondern einzig aufgrund der rechnerischen Tatsache, dass die Items eine unterschiedliche Anzahl von Ausprägungen annehmen können. Um diese ungewollte, implizite Gewichtung[19] zu verhindern, müssen alle Variablen vor der Konstruktion eines additiven Index so umkodiert werden, dass sie eine gleiche Anzahl von Merkmalsausprägungen annehmen können: Dazu wird als niedrigster Wert 0 gesetzt: (a) 1–5 → 0–4, (b) 1–4 → 0–3 und (c) 1–3 → 0–2. Danach werden die einzelnen Variablen jeweils durch die höchste Ausprägung geteilt, sie können dann die folgenden Werte annehmen: (a) 0; 0,25;

---

[19] Die Frage einer expliziten und theoretisch motivierten Gewichtung wird weiter unten diskutiert.

0,5; 0,75; 1; (b) 0; 0,33; 0,67; 1; (c) 0; 0,5; 1.[20] Anschließend können die drei so rekodierten Variablen aufsummiert werden. Vor der Indexkonstruktion wird jedoch noch eine Faktorenanalyse berechnet: Die Operationalisierung der Konstrukte durch die Indikatoren beruhte bislang nur auf theoretischen Überlegungen, die Faktorenanalyse fügt diesen Überlegungen eine empirische Evidenz hinzu.

## 3.2  Faktorenanalyse

Im Folgenden wird die Faktorenanalyse an einem Beispiel aus dem ALLBUS verdeutlicht. Operationalisiert werden soll die Ablehnung von Ausländern. Dazu wird eine Itembatterie herangezogen, in der die Befragten auf einer Skala von 1 („überhaupt nicht zustimmen") bis 7 („voll und ganz zustimmen") die folgenden vier Aussagen bewerten:

A Die in Deutschland lebenden Ausländer sollten ihren Lebensstil ein bisschen besser an den der Deutschen anpassen.
B Wenn Arbeitsplätze knapp werden, sollte man die in Deutschland lebenden Ausländer wieder in ihre Heimat zurückschicken.
C Man sollte den in Deutschland lebenden Ausländern jede politische Betätigung in Deutschland untersagen.
D Die in Deutschland lebenden Ausländern sollten sich ihre Ehepartner unter ihren eigenen Landsleuten auswählen.

Alle vier Items weisen in die gleiche Richtung, zudem zeigen hohe Werte ein hohes Ausmaß an Ausländerablehnung an und alle vier Items haben die gleiche Anzahl von Merkmalsausprägungen. Bevor der Index allerdings konstruiert werden kann, muss die Zuweisung von Indikatoren zu dem Konstrukt „Ablehnung von Ausländern" mithilfe einer Faktorenanalyse empirisch überprüft werden. Die Faktorenanalyse soll dabei eine dreifache Fragestellung beantworten: Haben die Befragten tatsächlich ein Einstellungsmuster, das man mit „Ausländerablehnung" umschreiben kann? Ist die Zuordnung von Indikatoren korrekt, also die Messung des Konstrukts? Welcher Indikator misst das Konzept am besten? Die Faktorenanalyse beantwortet diese Fragen auf Basis der Beziehungen unter den Variablen: Gleiche Antworten deuten darauf hin, dass die Variablen miteinander in Beziehung stehen, ein Befragter mit ausländerfeindlichen Einstellungen sollte also tendenziell allen vier Items zustimmen.

---

[20] Alternativ dazu können die Ursprungsvariablen z-transformiert werden, so dass sie alle einen Mittelwert von 0 und eine Standardabweichung von 1 aufweisen.

Die exploratorische Faktorenanalyse (auch explorative Faktorenanalyse genannt) setzt daher an den Korrelationen der Items an und versucht, sie auf mehrere Variablenbündel (oder Faktoren) zu reduzieren. Diese Faktoren sind als hinter den Variablen stehende Größen zu betrachten. Die Variablen eines Faktors korrelieren möglichst hoch miteinander und möglichst gering mit den Variablen eines anderen Faktors. Die exploratorische Faktorenanalyse ist somit ein strukturentdeckendes Verfahren, aus der Korrelationsmatrix werden die Anzahl der Faktoren und die Beziehungen der Variablen zu den Faktoren errechnet.[21] Weil die exploratorische Faktorenanalyse auf der Korrelationsmatrix aller einbezogenen Variablen beruht, können ungeeignete Variablen, die nur wenig Bezug zu den übrigen Variablen haben, das Ergebnis deutlich beeinflussen. Das macht es erforderlich, gegebenenfalls ungeeignete Variablen auszuschließen (siehe unten).

## 3.2.1  Faktorenextraktion

Das gängige Verfahren für die Faktorenextraktion in der Umfrageforschung ist die Hauptkomponentenanalyse,[22] bei der der erste Faktor – bzw. die erste Komponente – so konstruiert wird, dass er die Variablen erfasst, die am stärksten miteinander korrelieren. Infolgedessen bindet (‚erklärt') die erste Komponente einen größtmöglichen Anteil der Streuung aller Variablen. Die zweite Komponente erklärt danach den größtmöglichen Teil der nicht-erklärten Reststreuung. Das Verfahren wird so lange fortgesetzt, bis genauso viele Faktoren wie Variablen extrahiert worden sind, wobei die durch jeden zusätzlichen Faktor erklärte Varianz kontinuierlich sinkt. Damit wird aber das Ziel verfehlt, die Variablen zu einer begrenzten Anzahl von Faktoren zusammenzufassen. Somit stellt sich die Frage, wie viele Faktoren in der Analyse berücksichtigt werden sollen. Sie kann entweder auf Basis theoretischer

---

[21] Bei der konfirmatorischen Faktorenanalyse hingegen wird vor der Datenanalyse die Anzahl der Faktoren und die Zuordnung der Variablen zu ihnen festgelegt. Die konfirmatorische Faktorenanalyse ist daher deutlich besser für die Überprüfung der Operationalisierung geeignet, sie setzt jedoch beträchtliche statistische Kenntnisse voraus und wird deshalb in der Regel nicht in Master-Arbeiten verwendet. Daher wird sie hier auch nicht näher betrachtet, siehe zur Einführung: Urban und Mayerl 2014, S. 29–33, 117–158.

[22] Backhaus et al. (1996, S. 223) fasst die Fragestellung bei der Interpretation einer Hauptkomponentenanalyse folgendermaßen zusammen: „Wie lassen sich die auf einen Faktor hoch ladenden Variablen durch einen Sammelbegriff (Komponente) zusammenfassen?" Das alternative Verfahren der Faktorenextraktion, die Hauptachsenanalyse, zielt hingegen auf eine Kausalbeziehung: „Wie läßt sich die Ursache bezeichnen, die für die hohen Ladungen der Variablen auf diesem Faktor verantwortlich ist" (Backhaus et al. 1996, S. 224).

**Tab. 3.1** Faktorenanalyse der Indikatoren zur Messung der Ablehnung von Ausländern. (Hauptkomponentenanalyse, Quelle: Eigene Berechnung auf Basis von ALLBUS 2012)

| | Faktorenanalyse 1 | | Faktorenanalyse 2 | |
|---|---|---|---|---|
| | Faktor 1 | Kommunali-täten | Faktor 1 | Kommunali-täten |
| Lebensstil anpassen | 0,583 | 0,339 | – | – |
| Bei knappen Arbeitsplätzen in die Heimat zurückschicken | 0,820 | 0,673 | 0,832 | 0,692 |
| Politische Betätigung untersagen | 0,815 | 0,665 | 0,833 | 0,693 |
| Unter den eigenen Landsleuten heiraten | 0,736 | 0,542 | 0,782 | 0,612 |
| Eigenwerte | 2,219 | | 1,997 | |
| Anteil erklärter Varianz | 55,5% | | 66,6% | |
| N | 3199 | | 3207 | |

Überlegungen entschieden werden, nach denen man eine bestimmte Anzahl von Faktoren vor der Analyse festlegt, oder auf Basis von statistischen Kriterien, wie bei dem Kaiser-Kriterium (Maier et al. 2000, S. 121). Dem Kaiser-Kriterium zufolge werden nur Faktoren extrahiert, deren Eigenwert über 1 liegt. Der Eigenwert errechnet sich aus der Summe der quadrierten Faktorladungen eines Faktors. Die Faktorladungen sind die Korrelationen der einzelnen Variablen mit dem Faktor: Je höher der Betrag der Faktorenladungen ist, desto größer ist die Beziehung zwischen Variable und Faktor. In Faktorenanalyse 1 in Tabelle 3.1 sind unter „Faktor 1" die Faktorenladungen der Variablen sowie unterhalb des Strichs der Eigenwert des Faktors angegeben. Ein Eigenwert von eins ist die Grenze, unterhalb der es aus statistischer Sicht keinen Sinn ergibt, einen weiteren Faktor zu extrahieren.[23] Zumeist empfiehlt es sich, die Faktorenanzahl zunächst nach dem Kaiser-Kriterium festlegen zu lassen. Von dieser Lösung kann dann gegebenenfalls abgewichen werden, falls dies aus theoretischer Sicht sinnvoll erscheint. Anhand der Faktorenanalyse in Tabelle 3.2 wird diese Frage weiter unten noch einmal aufgegriffen.

---

[23] Vor der Berechnung der Faktorenanalyse werden die einbezogenen Variablen z-transformiert, so dass sie, wie bereits erwähnt, eine Standardabweichung von 1 besitzen. Die gesamte zu erklärende Streuung in der Faktorenanalyse 1 in Tabelle 3.1 beträgt deshalb bei 4 beteiligten Variablen 4. Faktor 1 hat einen Erklärungsanteil (Eigenwert) von 2,219 und erklärt deshalb 55,5% der Varianz ((2,219/4)\*100). „Wenn der Eigenwert eines Faktors kleiner als 1 ist, erklärt dieser Faktor einen geringeren Betrag der Gesamtstreuung als jede einzelne der beobachteten Variablen, denn jede Variable erklärt ja immerhin sich selbst und damit eine Streuung von 1" (Brosius 2004, S. 786).

Faktorenanalyse 1 in Tab. 3.1 enthält die vier Items, die das Konzept „Ableh-
nung von Ausländern" messen sollen. Ein erstes Kriterium für die Beurteilung der
Analyse bietet das *measure of sampling adequacy* (MSA), das häufig auch als
Kaiser-Meyer-Olkin-Kriterium bezeichnet wird. Es zeigt an, „in welchem Umfang
die Ausgangsvariablen zusammengehören und dient somit als Indikator dafür, ob
eine Faktorenanalyse sinnvoll erscheint oder nicht" (Backhaus 1996, S. 206). Das
MSA kann Werte zwischen 0 und 1 annehmen, im Fall der Faktorenanalyse 1 in
Tabelle 3.1 beträgt es 0,738.[24] Nach einer gängigen Faustregel gilt das als „midd-
ling", also ziemlich gut (siehe Backhaus 1996, S. 206 mit der vollständigen Bewertung der unterschiedlichen MSA-Werte). Kaiser (1970, S. 405) zufolge ist ein
MSA von mindestens 0,8 wünschenswert – dieser Wert wird jedoch nur selten erzielt, so dass in der Forschungspraxis bereits Werte oberhalb von 0,6 als akzeptabel
gelten. Nach dem Kaiser-Kriterium wird nur ein Faktor extrahiert, der einen Eigenwert von 2,219 hat. Das entspricht auch der theoretischen Erwartung, der zufolge
die vier Items gemeinsam ein Konstrukt abbilden.

### 3.2.2  Interpretation der Faktorenanalyse

Die Faktorenanalyse errechnet eine bestimmte Anzahl von Faktoren, welche inhaltliche Bedeutung diese Faktoren haben, bleibt der Interpretation der Faktorenladungen überlassen. Die Variablen mit den höchsten Faktorenladungen repräsentieren das theoretische Konstrukt „Ablehnung von Ausländern" am besten, in diesem
Fall sind das die Items „Bei knappen Arbeitsplätzen in die Heimat zurückschicken"
und „Politische Betätigung untersagen". Die Forderung nach Anpassung des Le-
bensstils lädt hingegen deutlich schwächer – ein erster Hinweise darauf, dass der
Indikator nicht geeignet ist, um das Konstrukt zu erfassen, weshalb er letztlich
verworfen wird (vgl. Faktorenanalyse 2 in Tab. 3.1), nachdem auch die Ergebnisse
der Itemanalyse in diese Richtung deuten (vgl. Abschn. 3.3). Neben den Faktorladungen sind die Kommunalitäten aufgelistet, sie sind die Summe der quadrierten
Faktorladungen einer Variable – und zeigen somit an, welcher Anteil der Streuung
einer Variablen durch alle Faktoren gemeinsam statistisch erklärt werden kann.
Generell gilt, je höher die Kommunalität ist, desto eher wird eine Variable von

---

[24] Der Wert wurde in der Tabelle nicht ausgewiesen.

den extrahierten Faktoren erfasst.[25] Bei einer Lösung mit nur einem Faktor haben die Kommunalitäten nur einen begrenzten zusätzlichen Informationswert – interessanter sind sie bei Lösungen mit mehreren Faktoren, die wir anhand eines zweiten Beispiels diskutieren. In diesem Beispiel sollen extrinsische, intrinsische und soziale Berufswerte gemessen werden anhand einer Itembatterie aus dem ALLBUS 2010, bei der die Befragten gebeten wurden, Merkmale hinsichtlich ihrer Wichtigkeit für den Beruf einzuschätzen. Extrinsische Berufswerte sollen mit den Antwortvorgaben „Hohes Einkommen" und „Gute Aufstiegsmöglichkeiten" operationalisiert werden und intrinsische Werte mit „Interessante Tätigkeit" und „Eine Tätigkeit, bei der man selbstständig arbeiten kann". Die sozialen Werte schließlich werden mit den Antwortvorgaben „Ein Beruf, bei dem man anderen helfen kann" und „Ein Beruf, der für die Gesellschaft nützlich ist" erfasst (Braun und Borg 2004). Wir erwarten also drei Faktoren, nach dem Kaiser-Kriterium werden jedoch nur zwei Faktoren extrahiert (Faktorenanalyse 1 in Tab. 3.2). Den Faktorladungen zufolge repräsentiert die zweite Komponente die extrinsischen Berufswerte: Die Items „Hohes Einkommen" und „gute Aufstiegschancen" laden hoch auf dieser Komponente und haben nur eine geringe Nebenladung auf Komponente 1. Spiegelbildlich dazu laden die beiden Indikatoren der sozialen Berufswerte hoch auf der Komponente 1 und niedrig auf Komponente 2. Die Indikatoren der intrinsischen Dimension schließlich laden deutlich schwächer auf Komponente 1 und haben eine vergleichsweise hohe Nebenladung auf Komponente 2. Die niedrigen Kommunalitäten für diese beiden Items weisen zudem daraufhin, dass sie von den beiden Faktoren nur schlecht repräsentiert werden. Daher wurde in der Faktorenanalyse 2 in der Tabelle 3.2 von dem Kaiser-Kriterium abgewichen. Stattdessen wurde die theoretisch postulierte Anzahl von drei Faktoren vor der Analyse festgesetzt: Auf der neu hinzugekommenen dritten Komponente laden ausschließlich die beiden Indikatoren der intrinsischen Werte hoch, alle Nebenladungen auf allen drei Komponenten sind schwach bis sehr schwach. Auch die deutlich gestiegenen Kommunalitäten der beiden Items der intrinsischen Werte zeigen an, dass diese Items nun wesentlich besser von den extrahierten Faktoren erfasst werden. Deshalb ist diese Analyse eindeutig vorzuziehen.

---

[25] Dieses Kriterium sollte man allerdings nicht orthodox handhaben, wie an einem hypothetischen Beispiel erläutert werden kann: Variable A lädt auf Faktor 1 mit 0,7 und auf den Faktoren 2 und Faktoren 3 jeweils mit 0,1, die Kommunalität beträgt deshalb 0,51. Variable B lädt auf Faktor 2 mit 0,6 und auf den beiden übrigen Faktoren mit 0,4. Variable B hat deshalb eine Kommunalität von 0,68. Trotz der niedrigeren Kommunalität ist das Ergebnis der Faktorenanalyse für Variable A aus theoretischer Sicht eindeutig vorzuziehen, da es einfacher und gehaltvoller zu interpretieren ist: A lädt relativ hoch auf einem Faktor und hat auf den beiden übrigen Faktoren nur eine geringe Nebenladung, A lässt sich somit einem Konstrukt zuweisen, B hingegen nicht, da es auf allen Faktoren nahezu gleichermaßen lädt.

**Tab. 3.2** Faktorenanalyse der Indikatoren zur Messung von Berufswerten (Hauptkomponentenanalyse mit Oblimin-Rotation). ($N = 2800$) Quelle: Eigene Berechnung auf Basis von ALLBUS 2010)

| | Faktorenanalyse 1 | | | Faktorenanalyse 2 | | | |
|---|---|---|---|---|---|---|---|
| | F1 | F2 | Komm | F1 | F2 | F3 | Komm |
| Hohes Einkommen | −0,109 | 0,855 | 0,686 | −0,032 | 0,912 | 0,088 | 0,779 |
| Gute Aufstiegschancen | 0,104 | 0,774 | 0,659 | 0,051 | 0,763 | −0,126 | 0,684 |
| Interessante Tätigkeit | 0,536 | 0,272 | 0,451 | 0,041 | −0,006 | −0,825 | 0,706 |
| Selbstständige Tätigkeit | 0,483 | 0,312 | 0,424 | −0,037 | 0,012 | −0,862 | 0,727 |
| Anderen Helfen | 0,850 | −0,115 | 0,675 | 0,887 | 0,002 | 0,006 | 0,783 |
| Nützlich für die Gesellschaft | 0,851 | −0,115 | 0,677 | 0,885 | 0,000 | 0,001 | 0,782 |
| Eigenwerte | 2,452 | 1,120 | | 2,452 | 1,120 | 0,888 | |
| Korrelation F1 mit … | 1 | 0,31 | | 1 | 0,24 | −0,38 | |
| Korrelation F2 mit.. | | 1 | | | 1 | −0,31 | |
| Anteil erklärter Varianz | 40,9% | 18,7% | | 40,9% | 18,7% | 14,8% | |
| Anteil erklärter Varianz (gesamt) | 59,6% | | | 74,4% | | | |

In vielen Publikationen werden Faktorenladungen mit einem Absolutwert unterhalb von 0,2 oder 0,25 nicht ausgewiesen, um die übrigen Faktorenladungen deutlicher sichtbar zu machen. Dagegen spricht jedoch, dass auch der Betrag der niedrigen Faktorenladungen von Interesse ist, und deshalb nicht verschwiegen werden sollte. Alternativ dazu können Faktorenladungen ab einer gewissen Größe (z. B. Absolutwerte > 0,5) fett hervorgehoben werden.

### 3.2.3  Rotation der Faktorenladungen

Die Faktorladungen in Tabelle 3.2 wurden rotiert; eine Rotation ist eine Transformation der Faktorenanalyse, die die Werte der Faktorladungen so verändert, dass sie leichter interpretierbar sind, d. h. sich klarer zwischen den einzelnen Faktoren unterscheiden:[26] „Der Begriff der Rotation erklärt sich aus der Vorstellung, dass sich die Faktorladungen auch in einem Koordinatensystem darstellen lassen und die Transformation, der die Ladungsmatrix unterworfen wird, einem ‚Drehen der Achsen' dieses Koordinatensystems gleichkommt" (Brosius 2004, S. 790).[27] Voraussetzung einer Rotation ist, dass mehr als ein Faktor extrahiert wurde. Grundlegend wird zwischen einer orthogonalen (rechtwinkligen) und einer schiefwinkligen Rotation differenziert. Bei der orthogonalen Rotation werden die Achsen im Raum gedreht, stehen aber weiter im rechten Winkel zueinander, d. h. die Faktoren bleiben unkorreliert. Bei der schiefwinkligen Rotation werden hingegen Korrelationen zwischen den Faktoren zugelassen, so dass sie nicht mehr senkrecht zueinander stehen. Für die schiefwinklige Rotation spricht, dass sie realitätsnäher ist: Man muss in den Sozialwissenschaften davon ausgehen, dass die einzelnen theoretischen Konstrukte, die von den Faktoren repräsentiert werden, nicht vollständig unabhängig voneinander sind. Gegen die schiefwinklige Rotation spricht jedoch, dass sie im logischen Widerspruch zu dem Verfahren der Faktorenextraktion steht: Jeder weitere Faktor einer Hauptkomponentenanalyse wird „aus der durch die zuvor extrahierten Faktoren nicht erklärten Gesamtvarianz der Meßvariablen gebildet. Damit sind die Faktoren per Definition voneinander unabhängig, denn das Residuum eines Faktors korreliert nicht mit dem Faktor selbst. Rotiert man nun die miteinander unkorrelierten Faktoren nach den Vorgaben der schiefwinkligen Rotation, so ergibt sich zumindestens das logische Problem, daß die vorgenommene Definition eines Faktors und somit die Grundkonzeption der Faktorenanalyse verworfen wird" (Maier et al. 2000, S. 129). Die empirischen Ergebnisse zeigen, dass eine klarere Struktur der Faktorenladungen erreicht wird, wenn die Restriktion der Unabhängigkeit der Faktoren aufgegeben wird (Bortz 1985, S. 665).

Zwar erscheint die klarere Struktur der Faktorladungen bei einer schiefwinkligen Rotation prinzipiell vorteilhaft, dagegen kann jedoch eingewendet werden, dass die Nebenladungen durch das Zulassen der Korrelationen zwischen den Faktoren quasi versteckt werden, und somit das Ergebnis geschönt wird. Zudem

---

[26] Die Rotation verändert nur die Lage der Faktoren und somit die Ladungen der Variablen auf ihnen. Die Kommunalitäten, Eigenwerte und die Anteile der erklärten Varianz bleiben von der Rotation unberührt.

[27] Siehe dazu die graphische Darstellung in Backhaus et al. 1996, S. 210 ff.

wird häufig der Einwand formuliert, dass die Interpretation der Faktoren bei einer schiefwinkligen Rotation erschwert wird, da die Faktoren durch die Korrelationen nicht mehr trennscharf sind (Brosius 2004, S. 794). Es sprechen also Argumente für und gegen beide Arten der Rotation. In jedem Fall sollte die Faktorenlösung rotiert werden, da andernfalls die Faktorladungen nur schwer zu interpretieren sind. In Tabelle 3.2 wurde das gängigste Verfahren der schiefwinkligen Rotation (Oblimin) verwendet.[28]

## 3.2.4   Zusammenfassende Hinweise

Das bestmögliche Ergebnis einer Faktorenanalyse liegt dann vor, wenn nach dem Kaiser-Kriterium genauso viele Komponenten (Faktoren) extrahiert werden wie theoretische Konstrukte angenommen wurden. Und wenn zudem alle Indikatoren eines Konstruktes auf dem gleichen Faktor hoch laden und auf allen anderen Faktoren niedrig. Häufig wird dieser Idealfall jedoch nicht erreicht.[29] Wenn die Anzahl der extrahierten Faktoren von der Erwartung abweicht, bietet es sich an, zusätzlich eine Faktorenanalyse mit einer vorgegebenen Anzahl von Faktoren zu rechnen.

Bei der Interpretation der Faktorenladungen sollten nur Werte ab 0,5 berücksichtigt werden, generell konzentriert sich die Interpretation auf die zwei (höchstens drei) Variablen mit den höchsten Ladungen auf einem Faktor, diese Variablen repräsentieren den Faktor relativ am besten. Nebenladungen sollten, damit sie als unproblematisch angesehen werden können, nicht höher als 0,3 sein. Höhere Nebenladungen – vor allem solche über 0,4 und 0,5 – deuten darauf hin, dass der Indikator mehr als ein Konstrukt misst und deshalb für die Operationalisierung ungeeignet ist.[30] Der Ausschluss von Variablen sollte aber keinesfalls rein mechanisch nach statistischen Kennziffern erfolgen, sondern bedarf immer der theoretischen Reflexion und Begründung! Das werden wir im Folgenden an dem vorigen Beispiel, der Ablehnung von Ausländern diskutieren (vgl. Tab. 3.1).

---

[28] Bei einer schiefwinkligen Rotation werden üblicherweise die Korrelationen zwischen den Faktoren in der Ergebnispräsentation berichtet (siehe Tab. 3.2). Siehe Brosius 2004, S. 792 zu weiteren Verfahren der Rotation.

[29] Beispielsweise bildet ein einzelnes Item so gut wie nie einen eigenen Faktor, auch wenn es allein ein theoretisches Konstrukt abbildet.

[30] Als Beispiel hierfür dient das Item „ein Beruf, der anerkannt und geachtet wird". Fügt man dieses Item der Faktorenanalyse 2 in Tabelle 3.2 hinzu, so lädt es annähernd gleich hoch auf der sozialen und auf der extrinsischen Komponente. Offensichtlich bildet das Item partiell beide Konstrukte ab.

## 3.3   Itemanalyse und Indexkonstruktion

Auf Basis der theoretischen Überlegungen zur Operationalisierung und der Ergebnisse der Faktorenanalyse werden Indizes konstruiert. Um einen Index für die Ablehnung von Ausländern zu erhalten, müssen die einzelnen Items durch eine mathematische Operation zusammengefasst werden. Auch Skalen werden aus einzelnen Indikatoren gebildet, von den übrigen Indizes unterscheiden sie sich dadurch, dass die Skalierungsverfahren spezifische Anforderungen an ein Item stellen, damit es Bestandteil einer Skala sein kann. Ob ein Item Bestandteil einer Skala sein sollte oder nicht, lässt sich somit empirisch überprüfen (Schnell et al. 1999, S. 175). Die Messung der Ausländerablehnung mit den vier Items ist die Basis einer Likert-Skala. Sie ist der am häufigsten gebrauchte Skalentyp in der empirischen Sozialforschung.[31] Bei der Likert-Skala äußern die Befragten in mehreren Abstufungen Zustimmung bzw. Ablehnung zu einer Reihe von Aussagen, die sich auf einen Sachverhalt beziehen. Diese einzelnen Bewertungen werden aufaddiert, die Likert-Skala wird deshalb auch als „Technik der summierten Einschätzungen" (Diekmann 2012, S. 240) bezeichnet. Die Entscheidung, ob ein Item in die endgültige Likert-Skala aufgenommen wird, wird auf Basis des Trennschärfekoeffizienten getroffen. Er gibt an, wie hoch ein Item mit einer Skala korreliert, die jeweils aus allen übrigen Items additiv gebildet wird.

Zusätzlich sollte bei jeder Indexkonstruktion Cronbachs Alpha berechnet werden. Cronbachs Alpha ist ein Maß der internen Konsistenz, das darüber informiert, inwiefern die Indikatoren das gleiche Konstrukt messen.[32] Tabelle 3.3 zufolge beträgt Alpha bei der Skala mit allen vier Items 0,73. Alpha kann prinzipiell Werte von 0 bis 1 annehmen, wobei hohe Werte ein hohes Ausmaß an interner Konsistenz anzeigen. Brosius (2004, S. 810) und Schnell, Hill und Esser (1999, S. 147) geben als generelle Faustregel einen Wert von mindestens 0,8 an. Dieser Wert wird jedoch häufig nicht erreicht, so dass Schnell et al. (1999, S. 147) zufolge in der Praxis meist noch weit niedrigere Koeffizienten akzeptiert werden. Das Alpha von 0,73 kann daher als akzeptables Ausmaß an interner Konsistenz betrachtet werden. Das gilt umso mehr, wenn man berücksichtigt, dass die Skala nur vier Items enthält, und Alpha tendenziell mit der Anzahl der Items einer Skala ansteigt (Bühner 2011, S. 167). Die dritte Spalte in Tabelle 3.3 gibt an, wie sich Cronbachs Alpha verändern würde, wenn jeweils ein Item aus der Skala ausgeschlossen würde. Bei

---

[31] Weitere Skalentypen wie die Guttman- oder Thurstone-Skalen werden hier aus Platzgründen nicht näher behandelt (siehe dazu Schnell et al. 1999, S. 173 ff.).

[32] Cronbachs Alpha beruht auf der durchschnittlichen Korrelation aller möglichen Testhälften (Bühner 2011, S. 166).

**Tab. 3.3** Analyse der Ausländerablehnungs-Skala. (Quelle: Eigene Berechnungen auf Basis von ALLBUS 2012)

| Item | Skala mit vier Items | | Skala mit drei Items | |
|---|---|---|---|---|
| | Trennschärfe-koeffizient | Cronbach's Alpha ohne dieses Item | Trennschärfe-koeffizient | Cronbach's Alpha ohne dieses Item |
| Lebensstil anpassen | 0,37 | 0,75 | – | – |
| Bei knappen Arbeits-plätzen in die Heimat zurückschicken | 0,62 | 0,61 | 0,60 | 0,64 |
| Politische Betätigung untersagen | 0,61 | 0,62 | 0,60 | 0,64 |
| Unter den eigenen Landsleuten heiraten | 0,51 | 0,68 | 0,53 | 0,71 |
| Cronbach's alpha | 0,73 | | 0,75 | |
| N | 3199 | | 3207 | |

dem Verzicht auf das Item „Die in Deutschland lebenden Ausländer sollten ihren Lebensstil ein bisschen besser an den der Deutschen anpassen" würde Alpha leicht ansteigen. Dieses Item ist bereits bei der Faktorenanalyse durch eine vergleichs-weise schwache Faktorladung aufgefallen (vgl. Faktorenanalyse 1 in Tab. 3.1), die Veränderung von Alpha ist der zweite empirische Hinweis darauf, dass das Item partiell etwas anderes misst als die drei übrigen Indikatoren. Einen dritten Hinweis darauf liefert der Trennschärfekoeffizient. Er zeigt an, dass dieses Item nur ver-gleichsweise schwach mit einem Index korreliert, der aus den drei übrigen Items gebildet wird. Fisseni (1997, S. 124) zufolge kann der Trennschärfekoeffizient von 0,37 noch als „mittel" eingeschätzt werden, als niedrig bezeichnet er Werte unter-halb von 0,3, als hoch Werte oberhalb von 0,5. Die niedrige Faktorladung, der An-stieg von Alpha bei Ausschluss des Items und der mittlere Trennschärfekoeffizient, der deutlich niedriger als die übrigen ist, weisen gemeinsam daraufhin, dass dieses Item nicht in die Skala aufgenommen werden sollte. Zu den statistischen Kenn-ziffern tritt die theoretische Begründung. Das Item „Lebensstil anpassen" misst offensichtlich partiell etwas anderes: Während die anderen drei Items eine prinzi-pielle Ablehnung von Ausländern ausdrücken, fordert dieses Item ihre Assimila-tion. Daher wird auf dieses Item verzichtet.

In einem ersten Schritt wird nun die Faktorenanalyse noch einmal für die drei verbliebenen Items berechnet (Analyse 2 in Tab. 3.1). Die durch die Faktoren ge-bundene Varianz hat sich deutlich erhöht und auch die Faktorenladungen der Items sind gestiegen.[33] Der Faktor repräsentiert die Variablen nun deutlich besser. In Tabelle 3.3 wird schließlich noch einmal die Skala mit den verbliebenen drei Items analysiert. Es zeigt sich, dass weitere Veränderungen nicht mehr sinnvoll sind. Die Trennschärfekoeffizienten aller drei Variablen sind weiterhin hoch und Alpha würde jeweils nach Ausschluss einer Variablen absinken. Der Indexkonstruktion gehen somit Faktorenanalyse und Itemanalyse voraus.

Zur Indexkonstruktion werden die Werte der drei Variablen aufaddiert – gegebenenfalls könnte man sie noch durch drei teilen, um den Merkmalsspielraum der Ursprungsvariablen wiederherzustellen[34] (andernfalls kann der Index Werte von 3 bis 21 annehmen). Dadurch erhält man einen einfachen additiven Index, der in der Methodenliteratur von den gewichteten additiven Indizes unterschieden wird. Streng genommen enthält ein einfacher additiver Index bereits eine Entscheidung über die Gewichtung: Indem Sie auf eine ungleiche Gewichtung der einzelnen Indikatoren verzichten, treffen Sie implizit die Entscheidung, dass alle drei Items gleichermaßen wichtig sind für die Messung des Konstrukts „Ablehnung von Ausländern". Bei einem einfachen additiven Index ist es möglich, Fälle, bei denen nicht alle Indikatoren beantworten wurden, dennoch in die Indexbildung aufzunehmen, indem man die Summe der Merkmalsausprägungen durch die Anzahl der von einem Befragten tatsächlich beantworteten Items teilt. Man verliert dabei deutlich weniger Fälle als bei *listwise deletion* (siehe oben). Es stellt sich jedoch die Frage, wie viele Items fehlen dürfen: „Eine beliebte (Quick and Dirty-) Faustregel ist, das mindestens 50 % der Beobachtungen vorhanden sein sollten" (Micheel 2010, S. 50).

Bei einem gewichteten additiven Index wird aufgrund theoretischer Überlegungen den einzelnen Items ein unterschiedliches Gewicht zugewiesen. Davon ist in der Regel abzuraten, da es schwer zu begründen ist, warum beispielsweise die Ablehnung der Ehen zwischen Partnern aus verschiedenen Ländern anderthalbmal, doppelt oder dreimal so wichtig sein soll für das Konstrukt „Ablehnung von Ausländern" wie die Verweigerung von politischen Rechten. Ein gelungenes Beispiel für theoretisch begründete Gewichte bei der Indexbildung ist das Nettoäquivalenzeinkommen nach der modifizierten OECD-Skala (Micheel 2010, S. 50). Es berechnet sich als Einkommen eines Haushalts dividiert durch die gewichtete Summe der Haushaltsmitglieder: Der oder die Hauptbeziehende des Einkommens erhält ein Gewicht von 1,0, alle Haushaltsmitglieder über 14 Jahren gehen mit 0,5 und

---

[33] Der Eigenwert ist hingegen gesunken, weil er sich jetzt nur noch aus der Summe von drei anstelle von vier quadrierten Faktorenladungen zusammensetzt.

[34] Das kann für die Interpretation des unstandardisierten Regressionskoeffizienten hilfreich sein. Er gibt bekanntlich die prognostizierte Veränderung der abhängigen Variable an, wenn die unabhängige Variable um eine Einheit ansteigt (vgl. Kap. 4). Und diese prognostizierte Veränderung lässt sich besser interpretieren, wenn sie sich auf die ursprüngliche Verteilung von 1 bis 7 statt von 3 bis 21 bezieht.

die jüngeren mit 0,3 in die Berechnung ein.[35] Alternativ zu der theoretischen Begründung von Gewichten können diese auch empirisch durch die Faktorenanalyse
bestimmt werden: „Die Gewichte geben dabei die Stärke der Beziehung zwischen
dem jeweiligen Index und der zugehörigen latenten Variable wieder. Damit werden
diejenigen Indikatoren stärker gewichtet, die am stärksten mit dem Gesamtindex
zusammenhängen" (Schnell et al. 1999, S. 167). Schnell, Hill und Esser wenden
gegen dieses Verfahren ein, dass die Ergebnisse der Faktorenanalyse durch eine
Reihe von Entscheidungen des Analysierenden beeinflusst werden, und somit die
resultierenden Gewichte mehr oder minder willkürlich verändert werden können
(Schnell et al. 1999, S. 167).

Bei einem multiplikativen Index schließlich werden – wie der Name verrät – die
Indikatoren miteinander multipliziert. Wenn ein Indikator den Wert null hat, nimmt
infolgedessen der Index ebenfalls den Wert null an. Ein multiplikativer Index ist
immer dann sinnvoll, wenn ein theoretisches Konstrukt jedes der einzelnen Bestandteile erfordert. Ein Beispiel hierfür ist Fuchs' Messung der subjektiven Qualität von Demokratien: Fuchs geht von drei Modellen der Demokratie aus, wobei die
direkte Demokratie als normativ anspruchsvollstes Modell die liberale Demokratie
voraussetzt, welche wiederum eine elektorale Demokratie voraussetzt. Dementsprechend definiert Fuchs die subjektive Qualität einer liberalen Demokratie folgendermaßen: „If a liberal democracy is fully institutionalized then the quality
of this liberal democracy is the higher, the more citizens are in favor of electoral
democracy and at the same time approve of the most important characteristics of
liberal democracy" (Fuchs 2013, S. 9). Voraussetzung ist also die Zustimmung zur
elektoralen *und* zur liberalen Demokratie. Diese Idee wird technisch umgesetzt
durch eine dichotome Messung der Bewertung der elektoralen und der liberalen
Demokratie, bei der der Ablehnung der Wert 0 und der Zustimmung der Wert 1
zugewiesen wird (Fuchs 2013, S. 22 f.). Diese Maße werden dann miteinander
multipliziert.[36]

---

[35] Die Berechnung lässt sich anhand einer Familie erläutern, bei der die Frau 4500 € Einkommen erzielt. Ihr Mann kümmert sich um die Erziehung der 15, 11 und 7 Jahre alten Kinder. Das Nettoäquivalenzeinkommen beträgt $= 4500/(1+0,5+0,5+0,3+0,3) = 1731$ €. Bei
dem Nettoäquivalenzeinkommen handelt es sich um eine Kombination aus einem gewichteten
additiven und einem multiplikativen Index.

[36] Dieser Abschnitt widmete sich ausschließlich der Indexkonstruktion in der Einstellungs-
und Verhaltensforschung. Indizes finden allerdings auch in der Makroforschung Verwendung. Siehe dazu am Beispiel der Messung von Performanz Roller (2005) sowie am Beispiel
der Demokratiemessung den klassischen Aufsatz von Munck und Verkuilen (2002) und die
neuere Arbeit von Jäckle et al. (2012). Die Indexkonstruktion in der politikwissenschaftlichen Makroforschung behandeln auch die Gastbeiträge von Engler und Escher, welche Sie
im Anschluss an Kapitel 4 finden.

## 3.4   Einfaktorielle Varianzanalyse

Die Überprüfung des Kausalmodells Ihrer Arbeit erfolgt in der Regel durch eine Regressionsanalyse, bei der der Einfluss aller Prädiktoren simultan geschätzt wird (vgl. Kap. 4). Die Regressionsanalyse verdichtet die Information über den Zusammenhang zwischen den Variablen auf die geschätzten Parameter. Der Preis für diese Kondensation ist eine relativ geringe Anschaulichkeit. Deshalb kann es sinnvoll sein, vor der Regressionsanalyse mit ausgewählten Prädiktoren eine einfaktorielle Varianzanalyse durchzuführen, die wesentlich anschaulichere Ergebnisse erzielt und somit das Verständnis für die Zusammenhänge im Datensatz fördert. Zudem kann man überprüfen, ob der Zusammenhang linear ist. Bei einer einfaktoriellen Varianzanalyse werden die Mittelwerte einer (quasi-)metrischen abhängigen Variablen zwischen den Merkmalsausprägungen einer kategorialen unabhängigen Variablen verglichen.[37]

Tabelle 3.4 weist die Mittelwerte des Ausländerablehnungs-Indizes für die zehn Ausprägungen der Links-Rechts-Selbsteinstufung aus. Der Index hat einen Merk-

**Tab. 3.4** Rechts-Links-Selbsteinstufung und die Ablehnung von Ausländern (Varianzanalyse). (Quelle: Eigene Berechnungen auf Basis von ALLBUS 2012)

| | Ablehnung von Ausländern | | | | | |
| | Ost | | | West | | |
| | Mittelwert | Standard-abweichung | N | Mittelwert | Standard-abweichung | N |
|---|---|---|---|---|---|---|
| 1 Links | 2,31 | 1,63 | 47 | 2,36 | 1,79 | 41 |
| 2 | 2,42 | 1,38 | 57 | 1,66 | 0,98 | 73 |
| 3 | 2,15 | 1,25 | 138 | 1,91 | 1,32 | 244 |
| 4 | 2,37 | 1,36 | 146 | 1,79 | 1,03 | 247 |
| 5 | 2,91 | 1,57 | 377 | 2,20 | 1,37 | 675 |
| 6 | 3,02 | 1,74 | 197 | 2,21 | 1,27 | 389 |
| 7 | 3,57 | 1,72 | 62 | 2,50 | 1,37 | 213 |
| 8 | 3,24 | 1,55 | 33 | 2,89 | 1,38 | 97 |
| 9 | 3,33 | – | 1 | 3,87 | 2,04 | 34 |
| 10 Rechts | 5,50 | 1,50 | 10 | 3,54 | 2,02 | 28 |
| Gesamt | 2,78 | 1,60 | 1068 | 2,21 | 1,38 | 2041 |
| F | | 11,07*** | | | 18,40*** | |
| Eta | | 0,29 | | | 0,28 | |

$*p<.05$, $**p<.01$, $***p<0.01$ (zweiseitig)

---

[37] Bei einer mehrfaktoriellen Varianzanalyse wird mehr als eine unabhängige Variable berücksichtigt (siehe dazu: Maier et al. 2000, S. 86 ff.).

malsspielraum von 1 bis 7, wobei hohe Werte ein hohes Ausmaß an Ablehnung von Ausländern anzeigen. Bei einem linearen Zusammenhang sollten die Werte kontinuierlich ansteigen, je rechter die Befragten sich selbst einstufen. Aufgrund der bereits erwähnten Unterschiede zwischen den Einstellungen der Ost- und Westdeutschen wird die Analyse getrennt für beide Landesteile durchgeführt. In beiden Landesteilen steigt das Ausmaß der Ablehnung von Ausländern, je weiter rechts die Befragten sich selbst einschätzen – von dieser generellen Tendenz gibt es nur wenige Ausnahmen, wie etwa die überdurchschnittliche Ablehnung von Ausländern durch die ganz linken Westdeutschen (Wert 1). Angesichts der geringen Fallzahlen an den Rändern der Links-Rechts-Skala sind diese Mittelwerte jedoch nur mit Vorsicht zu interpretieren. Einen Extremfall stellt der einzige Ostdeutsche mit dem Wert neun dar. Im Durchschnitt haben die Befragten in Ostdeutschland mehr Vorbehalte gegenüber Ausländern als die Befragten in Westdeutschland (0,57 Punkte auf der 7er-Skala). Auch die Standardabweichung ist in Ostdeutschland größer als in Westdeutschland. Daraus kann jedoch nicht geschlossen werden, dass sich die Befragten in Ostdeutschland stärker in ihren Einstellungen zu Ausländern unterscheiden. Denn die Höhe der Standardabweichung hängt vom Betrag des Mittelwerts ab. Zum Vergleich sollte daher der Variationskoeffizient V gebildet werden, der sich als Standardabweichung geteilt durch den Mittelwert errechnet: Anhand von V zeigt sich, dass die Antworten der Befragten in Westdeutschland ($V = 1,38/2,21 = 0,62$) etwas breiter streuen als in Ostdeutschland ($V = 1,60/2,78 = 0,58$).

Immer dann wenn nicht mehrere Populationen miteinander verglichen werden (wie in diesem Fall Befragte in Ost- und Westdeutschland), bietet es sich an, die Werte der abhängigen Variable als Differenz vom Gesamtmittelwert auszuweisen (Mittelwertzentrierung). Für Westdeutschland ergeben sich beispielsweise die folgenden Werte von 1 (links) bis 10 (rechts): 0,15; −0,55; −0,30; −0,42; −0,01; 0,00; 0,29; 0,68; 1,66; 1,33. Die Werte lassen sich einfach untereinander vergleichen, ein Vergleich zwischen einzelnen Populationen ist dann allerdings nicht mehr möglich, da die Werte jeweils von dem Mittelwert der Population subtrahiert werden.

Die einfaktorielle Varianzanalyse diente an dieser Stelle ausschließlich dazu, einen Überblick über die Verteilung zu gewinnen. Die Stärke und Signifikanz der Zusammenhänge werden anschließend in der multiplen Regression geschätzt. Deshalb sind die entsprechenden Parameter der Varianzanalyse an dieser Stelle nur von untergeordneter Bedeutung. Der Vollständigkeit halber werden sie dennoch erwähnt: Eta zeigt die Stärke des Zusammenhangs an, es variiert zwischen 0 und 1. Ein Eta von 0,28 bzw. 0,29 kann in der Individualdatenanalyse als moderat starker bis starker Zusammenhang angesehen werden. Der F-Test bezieht sich auf die Nullhypothese, dass in der Grundgesamtheit keine Unterschiede hinsichtlich der

Ablehnung von Ausländern zwischen den einzelnen Kategorien der Links-Rechts-Selbsteinstufung bestehen.[38]

**Kommentierte Literaturempfehlung**

Backhaus, Klaus, Bernd Erichson, Wulff Plinke und Rolf Weiber. 2011. Multivariate Analysemethoden. Eine anwendungsorientierte Einführung. 13. überarbeitete Auflage. Berlin/ New York: Springer.

Die Autoren schildern ausführlich die graphische Darstellung von Faktoren im Raum.

Trüdinger, Eva-Maria. 2006. Vom Wert der Werte. Erklärungsmodelle für Einstellungen politischer Toleranz. Frankfurt am Main: Peter Lang.

Trüdinger zeigt in ihrer als Monographie erschienenen Diplomarbeit beispielhaft die theoriegeleitete Operationalisierung sowie die Darstellung und Diskussion der Faktorenanalyse.

Tacq, Jacques. 1997. Multivariate Analysis Techniques in Social Science Research. From Problem to Analysis. London: Sage.

Das einschlägige Kapitel führt komprimiert und anwendungsorientiert in die Varianzanalyse ein.

---

[38] Siehe zu eta Benninghaus (2007, S. 228–249) und zum F-Test Backhaus et al. (1996, S. 58–66).

# Lineare und logistische Regression

## Achim Hildebrandt

Das Kapitel behandelt die lineare Regression in der Einstellungs- und Verhaltensforschung (4.1) und in der makroquantitativen Forschung (4.2) sowie die binäre logistische Regression (4.3).

## 4.1 Lineare Regression in der Mikroforschung

Das folgende Kapitel über die lineare OLS-Regression[1] setzt basale Kenntnisse voraus, die üblicherweise ein Gegenstand von Einführungsbüchern sind, welche in Lehrveranstaltungen der Bachelor-Studiengänge verwendet werden. Wir gehen deshalb nicht noch einmal auf die Darstellung der Regressionsgleichung und die Streuungszerlegung in einem bivariaten Streudiagramm ein und konzentrieren uns stattdessen auf die multiple Regression. Wer die Grundlagen noch einmal auffrischen will, findet eine kompakte Darstellung in Gehring und Weins (2009, S. 177 ff.)

Die lineare Regression analysiert lineare oder linearisierbare Zusammenhänge zwischen Variablen. Als linearisierbar werden Zusammenhänge bezeichnet, die nach Transformation der Variablen mithilfe einer linearen Regression geschätzt werden können.[2] Mit dieser Vorgabe zwingt die lineare Regression dem zuvor auf-

---

[1] OLS ist die Abkürzung der englischen Bezeichnung *Ordinary Least Squares* für die Kleinste-Quadrat-Schätzmethode. Bei der Schätzung wird die Summe der quadrierten Abweichungen zwischen den geschätzten Werten und beobachteten Werten minimiert.

[2] Wir verdeutlichen das im weiteren Verlauf des Kapitels anhand eines Beispiels.

© Springer Fachmedien Wiesbaden 2015
A. Hildebrandt et al., *Methodologie, Methoden, Forschungsdesign*
DOI 10.1007/978-3-531-18993-2_4

gestellten Theoriemodell eine konkrete Annahme auf, bei der häufig „unspezifisch
gelassene ,Wirkungszusammenhänge' im Theoriemodell zu ,linearen Wirkungs-
zusammenhängen' im Statistikmodell werden" (Urban und Mayerl 2011, S. 20).
Hier gilt es im Einzelfall zu überprüfen, ob tatsächlich von linearen Zusammenhängen auszugehen ist, bzw. ob sie durch eine geeignete Transformation der Variablen linearisierbar sind.

Die OLS-Regression wurde von Legrende (1805) und Gauß (1811) entwickelt,
um die Umlaufbahnen der Planeten um die Sonne anhand von astronomischen Beobachtungen zu bestimmen. Sie benötigt prinzipiell kontinuierlich verteilte Daten
auf metrischem Skalenniveau als abhängige Variable. Angesichts dessen stellt sich
die Frage, ob dieses Verfahren geeignet ist, um Zusammenhänge zwischen ordi-
nalskalierten, kategorialen Variablen aus der Umfrageforschung zu analysieren:

> Im der empirischen Sozialforschung werden auch Regressionsanalysen mit likert-ska-
> lierten, kategorialen Variablen durchgeführt, die dann als metrisch skalierte Variablen
> definiert werden. Als Mindestvoraussetzungen gelten die folgenden Bestimmungen:
> 1.) die Variablen haben mindestens fünf Ausprägungen bzw. Kategorien (je mehr
> Kategorien umso besser), 2.) die Variablenkategorien sind geordnet skalierbar bzw.
> haben ein ordinales Messniveau, 3.) die Abstände zwischen den Kategorien können
> als gleich groß interpretiert werden (in der semantischen Bedeutung und durch nume-
> rische Wertzuweisung), 4.) die Kategorien können als Wertintervalle von kontinuier-
> lichen latenten Variablen interpretiert werden. (Urban und Mayerl 2011, S. 275)[3]

Darüber hinaus werden in der Praxis auch häufig Variablen mit nur vier Ausprägungen in die Regressionsanalyse aufgenommen. Ein Beispiel hierfür ist eine
Skala, bei der verschiedene Formen abweichenden Verhaltens als „sehr schlimm",
„ziemlich schlimm", „weniger schlimm" oder „überhaupt nicht schlimm" bewertet
werden. Generell können dichotome Variablen wie Geschlecht als unabhängige
Variablen in die lineare Regression aufgenommen werden, dichotome abhängige
Variablen (beispielsweise: Teilnahme an der Wahl ja oder nein) erfordern hingegen
eine logistische Regression, die im Abschnitt 4.3 vorgestellt wird.

Im Folgenden werden die verschiedenen Bestandteile der Regressionsanalyse
anhand der Erklärung der Ablehnung von Ausländern eingeführt. Neben der bereits
im Abschnitt 3.4 erwähnten Links-Rechts-Selbsteinstufung werden die folgenden
Prädiktoren verwendet: In der bisherigen Forschung zeigte sich, dass interethni-
sche Kontakte die Einstellungen gegenüber Ausländern verbessern (Coenders und
Scheepers 2004), wir verwenden deshalb einen additiven Index aus Kontakten zu
Ausländern in vier sozialen Bereichen: innerhalb der Familie, am Arbeitsplatz, in
der Nachbarschaft und im Freundes- und Bekanntenkreis. Die Einschätzung der

---

[3] Siehe Kap. 3 zur Likert-Skala und zu latenten in Abgrenzung zu manifesten Variablen.

eigenen wirtschaftlichen Situation und subjektive Ausdrucksformen sozialer Anomie[4] (Srole 1956) werden in das Modell integriert, da Minderheiten wie Ausländer
häufig für ökonomische Probleme und Entfremdungsgefühle verantwortlich gemacht werden (Terwey 2000). Die Ablehnung von Ausländern ist häufig auch eine
Folge autoritärer Einstellungen, weshalb ein additiver Index für Autoritarismus in
das Modell aufgenommen wurde.[5] Des Weiteren wird ein Effekt des Lebensalters
in Jahren postuliert, der auf der ethnozentristischen Erziehung in der Vergangenheit beruht. Der Schulabschluss wird schließlich als näherungsweise Messung für
Reflexionswissen (wie etwa Differenzierungsvermögen) und Liberalität betrachtet, die wiederum das Ausmaß von Ausländerablehnung reduzieren (Urban und
Mayerl 2006, S. 60). Für den Schulabschluss stehen die folgenden Antwortvorgaben im ALLBUS zur Verfügung: ohne Abschluss, Volks- oder Hauptschule, Mittlere Reife, Fachhochschulreife, Hochschulreife.[6]

Diese Variable kann so nicht in die Regressionsanalyse aufgenommen werden,
da offensichtlich keine gleichen Abstände zwischen den Merkmalsausprägungen
vorliegen. Stattdessen werden die Informationen über den Schulabschluss in neu
konstruierte dichotome Variablen überführt, bei denen der Wert eins das Vorliegen
eines Merkmals bezeichnet und null seine Abwesenheit; solche Variablen werden
als Dummy-Variablen bezeichnet. Dummy-Variablen können auf unterschiedliche
Art konstruiert werden, beispielsweise könnte man eine einzige Dummy-Variable
bilden, die den Wert eins für die Abiturienten annimmt und null für alle übrigen
Schulabschlüsse. Dadurch würde jedoch sehr viel Information verloren gehen. Alternativ dazu könnte man für jeden einzelnen Schulabschluss einen Dummy bilden,
dass würde jedoch eine relativ hohe Komplexität in das Regressionsmodell einfüh-
ren. Wir haben in diesem Fall einen Mittelweg gewählt und drei Dummy-Variablen
für niedrige, mittlere und höhere Schulabschlüsse gebildet (vgl. Tab. 4.1).

---

[4] Als subjektive Ausdrucksformen sozialer Anomie werden „Gefühle der Einsamkeit, der
Isoliertheit, der Fremdheit, der Orientierungslosigkeit sowie der Macht- und Hilflosigkeit"
(Klima 2011, S. 37) bezeichnet. Das Konstrukt wird durch einen additiven Index aus den
folgenden vier Items abgebildet: „Egal, was manche Leute sagen: Die Situation der einfachen Leute wird nicht besser, sondern schlechter", „So wie die Zukunft aussieht, kann
man es kaum noch verantworten, Kinder auf die Welt zu bringen", „Die meisten Politiker
interessierten sich in Wirklichkeit gar nicht für die Probleme der einfachen Leute" und „Die
meisten Menschen kümmern sich in Wirklichkeit gar nicht darum, was mit ihren Mitmen-
schen geschieht".

[5] Der Index basiert auf den beiden Items „Wir sollten dankbar sein für führende Köpfe, die
uns genau sagen können, was wir tun sollen und wie" und „Im Allgemeinen ist es einem
Kind im späteren Leben nützlich, wenn es gezwungen wird, sich den Vorstellungen seiner
Eltern anzupassen".

[6] Die wenigen Befragten, die noch Schüler sind oder einen anderen Abschluss angeben, wurden als fehlende Werte definiert.

**Tab. 4.1** Konstruktion der drei Dummy-Variablen für die Messung des Schulabschlusses. (Quelle: Eigene Berechnung auf Basis von ALLBUS 2012)

| Höchster Schulabschluss | N | Niedriger Schulabschluss | Mittlerer Schulabschluss | Höherer Schulabschluss |
|---|---|---|---|---|
| Ohne Abschluss | 61 | 1 | 0 | 0 |
| Volksschule/Hauptschule | 1132 | 1 | 0 | 0 |
| Mittlere Reife | 1131 | 0 | 1 | 0 |
| Fachhochschulreife | 245 | 0 | 0 | 1 |
| Hochschulreife | 860 | 0 | 0 | 1 |
| N | 3429 | 1193 | 1131 | 1105 |

Zwischen den drei Dummies besteht eine perfekte lineare Abhängigkeit: Wenn man den Wert eines Befragten für zwei der drei Dummies kennt, lässt sich der dritte exakt vorhersagen. Würde man alle drei Dummies in ein Regressionsmodell aufnehmen, so könnte die Schätzung aufgrund der perfekten linearen Abhängigkeit der drei Dummies nicht erfolgen. Deshalb können nur zwei Dummies in das Modell integriert werden, wir haben uns für den mittleren und den höheren Schulabschluss entschieden.

### 4.1.1 Standardisierte und unstandardisierte Regressionskoeffizienten

Die Regressionskoeffizienten geben die Einflussstärke einer unabhängigen Variable wieder unter Kontrolle, d. h. „unter statistisch hergestellte[m] Nicht-Einfluss" (Urban und Mayerl 2011, S. 81) aller übrigen im Modell berücksichtigten unabhängigen Variablen. Diese Kontrolle erfolgt dadurch, dass die unabhängigen Variablen um die Anteile bereinigt werden, die durch lineare Effekte der anderen unabhängigen Variablen bestimmt werden.[7] Der unstandardisierte Regressionskoeffizient (B) gibt somit an, welche Veränderung der abhängigen Variable erwartet werden kann, wenn die betreffende unabhängige Variable um eine Einheit steigt und alle anderen unabhängigen Variablen konstant gehalten werden.

Eine Besonderheit betrifft die Interpretation der Koeffizienten der Dummy-Variablen: Der Anstieg um eine Einheit entspricht dem Sprung von 0 auf 1, d. h. dem Vergleich zwischen dem Vorliegen und dem Nicht-Vorliegen eines Merkmals. Die Koeffizienten der Dummy-Variable werden immer im Vergleich zu der Referenzkategorie interpretiert, die nicht in die Regressionsanalyse aufgenommen wurde.

---

[7] Siehe dazu mit ausführlichem Rechenbeispiel: Urban und Mayerl 2011, S. 85 ff.

**Tab. 4.2** Determinanten der Ausländerablehnung in Ost- und Westdeutschland (multiple Regression). (Quelle: Eigene Berechnungen auf Basis von ALLBUS 2012)

|  | Ost | | West | |
|---|---|---|---|---|
|  | B (SE) | Beta | B (SE) | Beta |
| Autoritarismus | 0,22 (0,03) | 0,20*** | 0,16 (0,02) | 0,16*** |
| Anomie | 0,30 (0,05) | 0,21*** | 0,14 (0,03) | 0,12*** |
| Links-Rechts-Selbsteinstufung | 0,22 (0,03) | 0,22*** | 0,14 (0,02) | 0,18*** |
| Kontakte zu Ausländern | −0,24 (0,05) | −0,16*** | −0,18 (0,03) | −0,17*** |
| subjektive wirtschaftliche Lage | −0,16 (0,06) | −0,08* | −0,17 (0,04) | −0,10*** |
| Alter | 0,00 (0,00) | 0,05 | 0,00 (0,00) | 0,06* |
| Mittlerer Schulabschluss | −0,22 (0,12) | −0,07 | −0,41 (0,07) | −0,14*** |
| Höherer Schulabschluss | −0,50 (0,15) | −0,13** | −0,71 (0,08) | −0,25*** |
| Korrigiertes $R^2$ | 0,27 | | 0,28 | |
| Standardfehler des Schätzers | 1,39 (49,5 % von $\bar{y}$) | | 1,16 (52,5 % von $\bar{y}$) | |
| N | 932 | | 1719 | |

$*p < 0{,}05$, $**p < 0{,}01$, $***p < 0{,}001$ (zweiseitig)

In diesem Fall ist das die Kategorie „niedriger Schulabschluss". Für die Befragten mit höherem Schulabschluss in Westdeutschland wird somit im Vergleich zu den Befragten mit niedrigem Schulabschluss eine um 0,71 Skalenpunkte niedrigere Ausprägung der Ablehnung von Ausländern vorhergesagt (vgl. Tab. 4.2).

Der Prognosewert des unstandardisierten Koeffizienten hat nur eine begrenzte Relevanz in der politikwissenschaftlichen Forschung, denn politikwissenschaftliche Theorien treffen im Gegensatz zu ökonomischen Theorien nahezu keine Aussagen über marginale Effekte, sondern über die Richtung und Stärke von Effekten. Der unstandardisierte Koeffizient kann zur Visualisierung der Stärke eines Zusammenhangs eingesetzt werden, das ist vor allem in der Makroforschung sinnvoll, wenn etwa der prognostizierte Anstieg des Defizits pro Einwohner bei einem Anstieg der Arbeitslosenquote um ein Prozent angegeben wird. Die Visualisierung stößt allerdings in der Umfrageforschung an ihre Grenzen angesichts der Abstraktheit der Skalenpunkte. Dennoch kann eine Visualisierung in Einzelfällen sinnvoll sein, wenn man die gesamte Skalenbreite berücksichtigt: So bedeutet ein unstandardisierter Koeffizient von 0,22 bei einer Zehnerskala für die Links-Rechts-Selbsteinstufung, dass ein Unterschied von 2,2 Skalenpunkten auf einer Siebenerskala der Ausländerablehnung zwischen den ganz Linken (Wert 1) und ganz Rechten (Wert 10) prognostiziert wird.

Vor allem aber sind die Werte des unstandardisierten Regressionskoeffizienten bekanntlich abhängig von der Skalenbreite der unabhängigen Variablen.[8] Daher ist der standardisierte Regressionskoeffizient (Beta) von deutlich größerer Bedeutung in der Umfrageforschung als der unstandardisierte Regressionskoeffizient. Den standardisierten Regressionskoeffizient erhält man, wenn man den Regressionskoeffizienten mit der Standardabweichung der unabhängigen Variablen multipliziert und durch die Standardabweichung der abhängigen Variablen dividiert:

$$\text{beta}_{yx} = b_{yx} * \frac{s_x}{s_y}$$

Der standardisierte Koeffizient (Beta) ist skalenunabhängig und eignet sich deshalb zum Vergleich der Wirkung mehrerer unabhängiger Variablen in einem Modell. Beta hat einen Merkmalsspielraum von $-1$ bis $+1$,[9] wobei das Vorzeichen die Richtung und der absolute Betrag der Abweichung von null die Stärke des Zusammenhangs anzeigen. In der Umfrageforschung kann ab einem Wert von 0,1 von einem schwachen Zusammenhang gesprochen werden, ab 0,2 von einem moderat starken und ab 0,3 von einem starken Zusammenhang. Da der standardisierte Koeffizient mit den Standardabweichungen der abhängigen und unabhängigen Variablen verteilungsspezifische Informationen enthält, darf er nicht zwischen unterschiedlichen Populationen verglichen werden. Das lässt sich anhand der Einflussstärke des Kontakts zu Ausländern verdeutlichen: Bei den Befragten in Ostdeutschland errechnet sich der Wert folgendermaßen: $\text{beta}_{yx} = -0{,}237 * 1{,}133/1{,}634 = -0{,}164$.[10] In Westdeutschland ergibt sich der folgende Wert $\text{beta}_{yx} = -0{,}181 * 1{,}255/1{,}366 = -0{,}166$. Obwohl die Effektstärke in Ostdeutschland

---

[8] Der Effekt einer zusätzlichen Einheit der unabhängigen Variablen hängt selbstverständlich davon ab, wie viele Einheiten die unabhängige Variable einnehmen kann. In diesem Modell variiert die Skalenbreite der Prädiktoren stark, wie man an drei Beispielen sieht: Die binäre Messung des Schulabschlusses, die zehnstufige Links-Rechts-Selbsteinstufung und das Alter in Jahren, das in diesem Datensatz empirische Werte zwischen 18 und 96 aufweist.

[9] In Ausnahmefällen kann der standardisierte Regressionskoeffizient auch Werte oberhalb von 1 bzw. unterhalb von $-1$ einnehmen. Das ist in der Regel ein starkes Anzeichen für massive Multikollinearität, d. h. eine starke lineare Abhängigkeit der unabhängigen Variablen (siehe unten). Ansonsten kann es auch vorkommen, „wenn b sehr hoch ist und die Standardabweichung von X im Vergleich zu derjenigen von Y mehr als doppelt so groß ist" (Urban und Mayerl 2011, S. 74).

[10] Die Standardabweichungen der abhängigen Variable weichen minimal von den in der Varianzanalyse (vgl. Tab. 3.4 in Abschn. 3.4) berichteten Werten ab, da die Fallzahl bei beiden Analysen nicht identisch ist. Durch *listwise deletion* sind bei der Regressionsanalyse noch einmal Fälle verloren gegangen.

größer ist, ergeben sich in beiden Landesteilen nahezu identische standardisierte Koeffizienten, weil die geringere Effektstärke in Westdeutschland durch eine niedrigere Standardabweichung der abhängigen Variable (Nenner) und eine höhere Standardabweichung der unabhängigen Variable (Zähler) kompensiert wird![11]

Unstandardisierte Koeffizienten werden hingegen von der Varianz der Variablen nicht beeinflusst, sie werden daher zum Vergleich der Einflussstärke einer unabhängigen Variablen in unterschiedlichen Populationen genutzt – vorausgesetzt natürlich, sie wurden auf der gleichen Skala gemessen. Die Interpretation erfolgt in diesem Falle nur nach der Höhe des unstandardisierten Koeffizienten, sie wird nicht im Sinne einer marginalen Prognose (siehe oben) vorgenommen: Der höherer Betrag des unstandardisierten Regressionskoeffizienten zeigt, dass autoritäre Einstellungen die Ablehnung von Ausländern in Ostdeutschland stärker beeinflussen als in Westdeutschland.

## 4.1.2  Signifikanztest und Standardfehler des Regressionskoeffizienten

Für den Signifikanztest wird eine Nullhypothese aufgestellt, der zufolge in der Grundgesamtheit kein Zusammenhang zwischen unabhängiger und abhängiger Variable besteht und der beobachtete Effekt durch zufällige Schwankungen bei der Stichprobenziehung entstanden ist. „Mithilfe der Wahrscheinlichkeitsrechnung können wir für jede gemachte Beobachtung die (bedingte) Wahrscheinlichkeit angeben, mit der sie eintreten würde, wenn die Nullhypothese denn wahr wäre" (Behnke et al. 2010, S. 417).[12] Nun stellt sich die Frage, wie gering die Wahrscheinlichkeit für die Nullhypothese sein muss, um sie verwerfen zu dürfen. Gemäß einer gängigen Konvention muss die Nullhypothese mit einer Sicherheit von

---

[11] Auch beim Vergleich der Einflussstärke von zwei Prädiktoren innerhalb eines Modells ist die Verwendung des standardisierten Koeffizienten nicht unproblematisch: Hier bleibt die Standardabweichung der abhängigen Variable (Nenner) konstant, aber die Standardabweichungen der unabhängigen Variablen (Zähler) werden in der Regel nicht identisch sein. Der standardisierte Koeffizient erfasst also nicht nur unterschiedliche Effektstärken, sondern auch unterschiedliche Varianzen der Prädiktoren! Das ist umso problematischer, je stärker die Standardabweichungen differieren: In dem Regressionsmodell für Westdeutschland beträgt die Standardabweichung für Alter (in Jahren) 17,39, für den Autoritarismus-Index (7er-Skala) 1,41 und für mittlere Schulbildung (Dummy) 0,46. Wir lassen an dieser Stelle die prinzipielle Frage außer Acht, inwiefern es sinnvoll ist, die Standardabweichung für eine Variable zu berechnen, die nur die Werte 0 und 1 annehmen kann.

[12] Siehe zur Logik des Signifikanztests Behnke et al. 2010, S. 414–431, sowie für eine grundsätzliche Kritik an der Verwendung von Signifikanztests: Ziliak und Mc Closkey 2008.

mindestens 95 % verworfen werden, was im Umkehrschluss als fünfprozentiges Signifikanzniveau bezeichnet wird. Koeffizienten, die dieses Niveau nicht erreichen, werden als insignifikant bezeichnet und bei der Interpretation vernachlässigt. Da der Signifikanztest stark von der Größe der Stichprobe beeinflusst wird, muss diese Interpretation aber jeweils an die konkrete Fallzahl angepasst werden (siehe unten).

Für die Berechnung des Signifikanztests wird der Regressionskoeffizient durch seinen Standardfehler geteilt. Als Faustregel gilt, dass ein Regressionskoeffizient das fünfprozentige Signifikanzniveau erreicht, wenn er doppelt so groß ist wie sein Standardfehler. Der Standardfehler ist eine Schätzung über die Streuung des Koeffizienten in einer Vielzahl von wiederholten Regressionsschätzungen. Je größer der Standardfehler ist, desto weniger exakt ist die Schätzung. Die Standardfehler wurden in Tabelle 4.2 in Klammern neben die Regressionskoeffizienten geschrieben, wobei die Abkürzung SE für die englische Bezeichnung *standard error* verwendet wurde. Durch diese Darstellung kann die Punktschätzung für die Koeffizienten vor dem Hintergrund ihrer Streuung interpretiert werden. Der Standardfehler des Regressionskoeffizienten sinkt (und damit sinkt auch die Irrtumswahrscheinlichkeit bei der Zurückweisung der Nullhypothese), je stärker der Zusammenhang von unabhängiger und abhängiger Variable und je größer die Stichprobe ist.[13] Beide Elemente substituieren sich wechselseitig: Je größer die Stichprobe ist, desto schwächere und somit unbedeutendere Effekte werden noch signifikant. Statistische Signifikanz darf deshalb nicht mit der alltagssprachlichen Bedeutsamkeit verwechselt werden![14]

Mithilfe des Standardfehlers lässt sich ein Konfidenzintervall berechnen, das angibt in welchem Wertebereich sich der Regressionskoeffizient mit einer zu bestimmenden Wahrscheinlichkeit befindet, üblicherweise wird eine Wahrscheinlichkeit von 95 % gewählt. Dieses Konfidenzintervall wird zumeist nicht in Regressionstabellen angegeben, es kann aber für die graphische Darstellung von Regressionsergebnissen verwendet werden (vgl. Abb. 4.1).

In Abbildung 4.1 werden für den Zusammenhang von Nationalstolz und der Ablehnung von Steuerhinterziehung der unstandardisierte Regressionskoeffizient

---

[13] Der Signifikanztest beruht auf der Annahme, dass es sich um eine Zufallsstichprobe handelt.

[14] Bei einer allgemeinen Bevölkerungsumfrage mit einer vierstelligen Anzahl von Befragten sollten die Effekte das 1 %-prozentige oder besser noch das 0,1 %-prozentige Signifikanzniveau erreichen. Bei einer makroquantitativen Analyse von 25 Industriestaaten ist es hingegen akzeptabel, ein 10 %-prozentiges Signifikanzniveau auszuweisen. Inwiefern die Verwendung von Signifikanztests bei makroquantitativen Analysen überhaupt sinnvoll ist, diskutieren wird in Abschnitt 4.2.

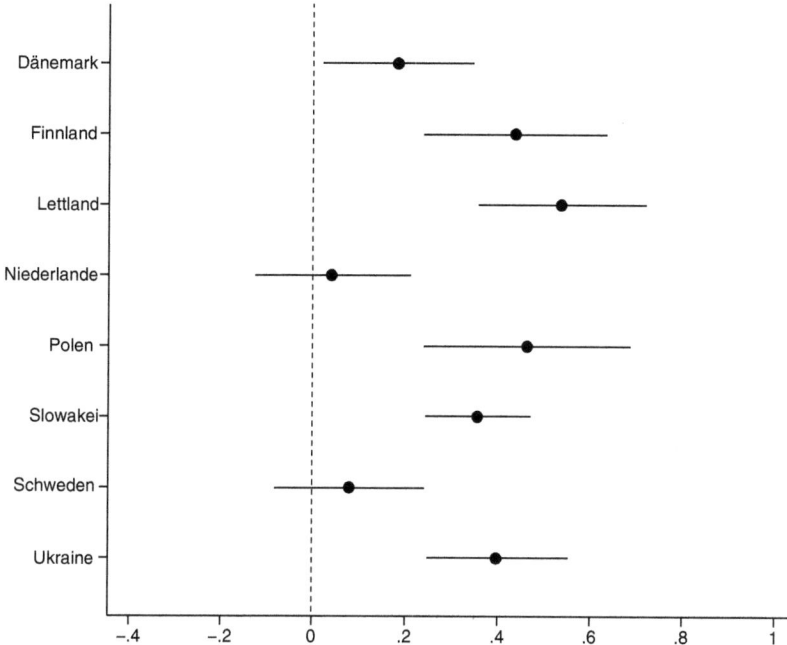

**Abb. 4.1** Der Zusammenhang von Nationalstolz und Ablehnung von Steuerhinterziehung (Die Daten wurden aus der 4. Welle des World Values/European Values Survey (1999/2000) entnommen, siehe Trüdinger und Hildebrandt 2013)

(als Punkt) und das 95-prozentige Konfidenzintervall (als Balken) für acht europäische Länder ausgewiesen.[15] Schließt das Konfidenzintervall den Nullpunkt mit ein, so kann die Nullhypothese nicht mit mindestens 95-prozentiger Sicherheit zurückgewiesen werden, und der Effekt ist insignifikant. Diese graphische Darstellung ermöglicht es, Regressionskoeffizienten in mehreren Populationen auf einen Blick miteinander zu vergleichen: In allen Ländern ist der Effekt positiv: Je stolzer die Befragten auf ihre Nationalität sind, desto stärker lehnen sie Steuerhinterziehung ab. In den Niederlanden und Schweden ist der Effekt allerdings schwach und insignifikant, generell scheint er in den postkommunistischen Ländern größer zu sein als im Westen (eine Ausnahme bildet hier jedoch Finnland). Möglicherweise beeinflusst eine Eigenschaft der Population (kommunistische Vergangenheit ja/ nein) die Zusammenhänge auf der Individualebene, derartige *cross-level-interactions* können mithilfe einer Mehrebenenanalyse untersucht werden (siehe Kap. 6).

---

[15] Siehe dazu und zu weiteren Darstellungsmöglichkeiten: Kastellec und Leoni 2007.

Abschließend noch ein Hinweis zur Interpretation der Regressionskoeffizienten, sie sollte immer im Hinblick auf die Hypothesen erfolgen und Richtung, Stärke und Signifikanz thematisieren: Wie theoretisch postuliert, sinkt in beiden Landesteilen die Ablehnung von Ausländern mit steigender Anzahl von Kontakten zu Ausländern, der Effekt ist moderat stark[16] und hochsignifikant. In Ostdeutschland haben die interethnischen Kontakte einen noch etwas stärkeren Effekt als in Westdeutschland.[17]

### 4.1.3  Korrigiertes $R^2$ und Standardschätzfehler

Die Gesamterklärungskraft des Regressionsmodells wird üblicherweise mit $R^2$ berichtet. $R^2$ gibt den Anteil der (statistisch) erklärten Varianz an der gesamten Varianz der abhängigen Variable wieder: Da die substantielle Erklärung durch die Theorie und nicht durch die Schätzung von Zusammenhängen in der Regressionsanalyse erfolgt, ziehen es manche Forscher vor, Formulierungen wie „den Anteil der ausgeschöpften Varianz" oder der „gebundenen Varianz" zu verwenden. Die Verwendung von $R^2$ ist nicht unumstritten, da wie bei den standardisierten Regressionskoeffizienten auch,[18] neben der Einflussstärke auch die Varianzen der Variablen in die Berechnung eingehen (Urban und Mayerl 2011, S. 60 ff.). Zudem steigt das $R^2$ mit jeder zusätzlichen unabhängigen Variable an, auch wenn diese theoretisch und empirisch weitgehend bedeutungslos ist.[19] Daraus resultiert die Gefahr, dass ein Regressionsmodell mit einer Vielzahl von mehr oder minder irrelevanten Prädiktoren aufgebläht wird, um die statistisch erklärte Varianz zu maximieren. Eine solche Vorgehensweise verstößt selbstverständlich gegen das wissenschaftstheoretische Kriterium der Sparsamkeit. Um dieser Gefahr entgegenzuwirken, sollte das korrigierte $R^2$ (englisch: *adjusted* $R^2$) verwendet werden. Es korrigiert den Wert von $R^2$ um die Anzahl der unabhängigen Variablen nach unten.

$$R^2_{korrigiert} = R^2 - \frac{K}{N-K-1}\,(1-R^2)$$

mit K = Anzahl der unabhängigen Variablen und N = Anzahl der gültigen Fälle.

---

[16] An dieser Stelle wird der standardisierte Koeffizient interpretiert.

[17] Hier wird nun Bezug auf den unstandardisierten Koeffizient genommen.

[18] Die Verwandtschaft von $R^2$ und dem standardisierten Regressionskoeffizienten zeigt sich auch daran, dass bei der bivariaten Regression $R^2$ dem Quadrat des standardisierten Koeffizienten entspricht.

[19] Nur wenn die zusätzliche unabhängige Variable und die abhängige Variable vollständig unkorreliert sind, steigt $R^2$ nicht an, sondern bleibt unverändert.

Wie ist die Höhe des (korrigierten) $R^2$ zu interpretieren? In der Umfrageforschung gilt bereits ein $R^2$ von 0,10 als akzeptabel, ein $R^2$ von 0,30 ist schon sehr gut. Weit darüber hinausgehende Werte bieten eher Anlass zur Skepsis als zur Freude:[20] Ein sehr hoher Anteil an statistisch erklärter Varianz entsteht häufig durch einen trivialen Zusammenhang oder durch eine Tautologie. Dann nämlich, wenn zwei Variablen stark miteinander korrelieren, weil sie das gleiche Konstrukt messen.

Ergänzend zu dem korrigierten $R^2$ wird hier der Standardschätzfehler ausgewiesen (häufig als SEE abgekürzt vom englischen *Standard Estimation Error*). Er berichtet den durchschnittlichen Schätzfehler bei der Verwendung der Regressionsgleichung und ist vor dem Hintergrund des Mittelwerts der abhängigen Variable zu interpretieren. Mit der Regressionsgleichung in Tabelle 4.2 verschätzt man sich in Westdeutschland im Durchschnitt um 1,16 Punkte auf der siebenstufigen Skala, das sind 52,5 % der durchschnittlichen Ausprägung ausländerablehnender Einstellungen.[21]

## 4.1.4   Residuenanalyse

Bestandteil jeder Regressionsanalyse ist die Entdeckung und Beseitigung von Verstößen gegen die Modellannahmen der Regression. Einen ersten Hinweis auf mögliche Probleme bietet die graphische Analyse der Residuen, auf die wir im Folgenden näher eingehen. In Abschnitt 4.2 erläutern wir den Umgang mit Ausreißern und Multikollinearität, da diese Probleme vor allem in der makroquantitativen Forschung relevant sind. Diese Abschnitte bilden zusammengenommen einen ersten Überblick über den Umgang mit Modellverstößen. Vor Ihrer eigenen Analyse empfehlen wir Ihnen jedoch, das einschlägige Kapitel in Urban und Mayerl (2011, S. 177–273) durchzuarbeiten.

Als Residuen werden die Distanzen zwischen den beobachteten und den in der Regressionsanalyse geschätzten Werten bezeichnet. In Abbildung 4.2 werden die standardisierten Residuen der Regressionsanalyse in Westdeutschland (vgl. Tab. 4.2) auf der Y-Achse abgetragen und die unstandardisierten Vorsagewerte des Regressionsmodells auf der X-Achse. Positive Werte der Residuen zeigen an, dass das Regressionsmodell das Ausmaß ausländerfeindlicher Einstellungen eines

---

[20] Diese Faustregeln gelten nur für die Einstellungs- und Verhaltensforschung, in der makroquantitativen Forschung wird häufig ein deutlich höherer Anteil der Varianz (statistisch) erklärt (siehe Kap. 4.2).

[21] Die Signifikanz des gesamten Regressionsmodells wird durch den F-Test geschätzt. Da die Modelle in den allermeisten Fällen höchstsignifikant sind, kann auf die Angabe des F-Tests verzichtet werden.

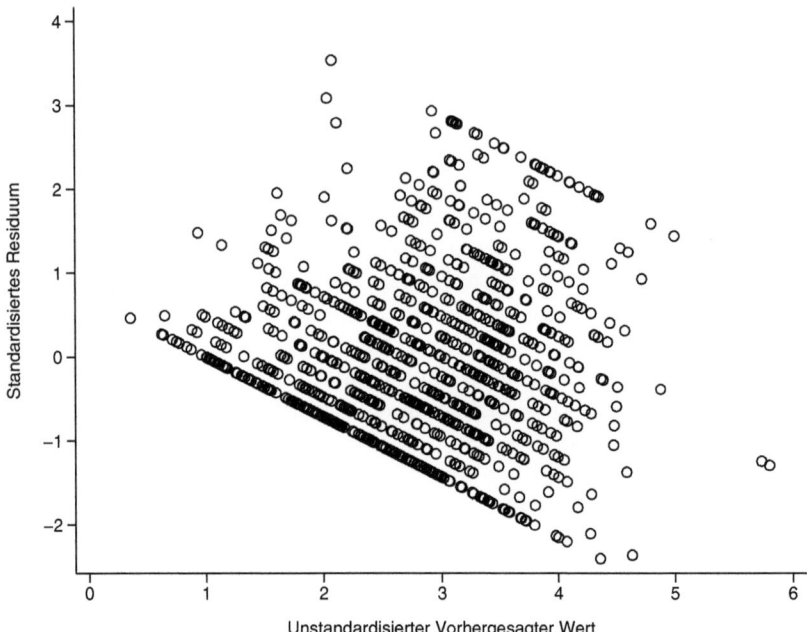

**Abb. 4.2** Streudiagramm der standardisierten Residuen und der Vorsagewerte des Regressionsmodells in Ostdeutschland (vgl. Tab. 4.2)

Befragten unterschätzt (empirischer Wert > Schätzwert). Negative Residuen liegen hingegen vor, wenn ein zu großes Ausmaß ausländerfeindlicher Einstellungen prognostiziert wurde (empirischer Wert < Schätzwert). In dem Schaubild sollten die standardisierten Residuen „links und rechts ihres Mittelwertes ohne erkennbare Regelmäßigkeit platziert sein und dabei zumindest innerhalb der Grenzen ihrer doppelten Standardabweichung ($+/-2{,}00$) liegen" (Urban und Mayerl 2011, S. 179). Beide Gütekriterien werden eindeutig verletzt: Zum einen liegen die standardisierten Residuen im positiven Wertebereich deutlich oberhalb der Grenze von zwei Standardabweichungen. Zum anderen und wichtiger noch, lässt sich ein eindeutiges Muster erkennen: In dem Bereich niedriger Vorhersagewerte wird das tatsächliche Ausmaß an Ausländerfeindlichkeit systematisch unterschätzt. Je höher die Vorhersagewerte sind, desto niedriger fällt die Unterschätzung aus. Das Streudiagramm liefert einen klaren Hinweis darauf, dass das Theoriemodell unzureichend spezifiziert wurde. Anhand des Forschungsstandes müssen nun weitere Prädiktoren identifiziert werden, die die Erklärungsleistung des Modells verbessern können. Unter Umständen wurde auch fälschlich von einer linearen Wirkung der Prädiktoren ausgegangen, möglicherweise liegt stattdessen ein kurvilinearer oder interaktiver Effekt vor (Urban und Mayerl 2011, S. 200–207).

Zusätzlich sollten Streudiagramme für die partiellen Residuen im Bezug zu den jeweiligen Prädiktoren betrachtet werden, auch dabei sollten die Residuen ohne erkennbares Muster um ihren Mittelwert 0 streuen. Sind hingegen Muster im Streudiagramm zu erkennen, lässt dies auf Streuungsungleichheit (Heteroskedaszität) der Residuen schließen.[22] Heteroskedaszität verzerrt die Standardfehler der Regressionskoeffizienten, infolgedessen werden die Ergebnisse der Signifikanztests unzuverlässig. Zur Beseitigung der Heteroskedaszität sollte wie bereits erwähnt, die Spezifikation des Modells verändert werden. Wenn die Respezifikation nicht zum Erfolg führen sollte, können Sie robuste Standardfehler verwenden (Wooldridge 2013, S. 270–274).[23]

## 4.1.5   Ein Beispiel einer linearisierbaren Funktion: Quadratische Zusammenhänge in der Regressionsanalyse

Auch nicht-lineare Zusammenhänge zwischen Variablen können mithilfe einer linearen Regression geschätzt werden, nachdem die Variablen in geeigneter Weise transformiert wurden. Als Beispiel greifen wir eine gängige These auf, der zufolge die nachwachsende Generation sich von der stärker alternativ geprägten Elterngeneration abwendet und in Teilen wieder Wertvorstellungen vertritt, die eher für die Generation ihrer Großeltern typisch waren (Klein 2003). Wir überprüfen diese These anhand des Einflusses des Lebensalters auf die Bewertung von Ehebruch. Es wird ein Funktionsverlauf postuliert, bei dem die Bewertung mit steigendem Alter zunächst positiver wird, bis in den mittleren Jahren ein Maximum erreicht wird, ab dem die Beurteilung wieder negativer wird – ein solcher Funktionsverlauf kann mithilfe der quadrierten unabhängigen Variable geschätzt werden. Die Bewertung des Ehebruchs wird mit der folgenden Frage operationalisiert: „Bitte sagen Sie mir jeweils mit Hilfe dieser Liste, ob Sie persönlich das beschriebene Verhalten für sehr schlimm, ziemlich schlimm, weniger schlimm oder für überhaupt nicht schlimm halten […] Ein verheirateter Mann hat mit einer anderen Frau ein Verhältnis." Niedrige Werte zeigen somit eine negative Bewertung des Ehebruchs an.

Der Effekt eines Lebensjahres auf die vierstufige Bewertung von Ehebruch ist so klein, dass der b-Koeffizient als null ausgewiesen werden würde. Um den

---

[22] Ergänzend zu der visuellen Residuenanalyse treten statistische Tests zur Ermittlung von Heteroskedaszität, siehe: Cohen et al. 2003, S. 133.

[23] Siehe zur Umsetzung in STATA: Wenzelburger et al. 2014, S. 31.

b-Koeffizienten interpretieren zu können, ist also zunächst eine Variablentransformation notwendig. Die Beobachtungswerte werden durch hundert geteilt, das Lebensalter wird somit in 100 Jahren angegeben, eine 18-jährige Befragte erhält deshalb den Wert 0,18. Danach wird die Variable an ihrem Mittelwert zentriert (0,4911) und anschließend quadriert. Die Mittelwertzentrierung ist notwendig, weil zwischen der einfachen und der quadrierten Variable eine sehr hohe lineare Abhängigkeit besteht ($r = 0{,}98$). Diese Multikollinearität[24] beeinträchtigt die Schätzung der Regressionskoeffizienten (siehe Abschn. 4.2). Prinzipiell unterscheidet man zwischen essentieller und nicht-essentieller Multikollinearität (Cohen et al. 2003, S. 202–204). Essentielle Multikollinearität entsteht, wenn zwei Prädiktoren aus inhaltlichen Gründen hoch miteinander korrelieren, z. B. wenn Länder mit einem hohen Bruttoinlandsprodukt eine niedrige Geburtenrate aufweisen. Nicht-essentielle Multikollinearität entsteht, wenn ein Prädiktor aus einem oder aus mehreren anderen Prädiktoren berechnet wird – so etwa der quadratische Term oder ein multiplikativer Term, der zur Modellierung einer interaktiven Beziehung verwendet wird (siehe unten). Nicht-essentielle Multikollinearität lässt sich durch die Mittelwertzentrierung der Prädiktoren beseitigen, die zur Berechnung des weiteren Prädiktors herangezogen werden: Die mittelwertzentrierte Altersvariable korreliert mit ihrem Quadrat nur mit $r = 0{,}06$.

Die Regressionsanalyse wird sequentiell durchgeführt, im ersten Schritt wird nur der lineare Effekt getestet, im zweiten Schritt wird zu dem linearen Effekt der quadratische Effekt hinzugefügt (Tab. 4.3). Diese Schritte ändern sich nicht, auch wenn noch weitere Prädiktoren in das Modell aufgenommen werden. Im Gegensatz zu dem Modell in Tabelle 4.2 wird nun auch die Konstante[25] ausgewiesen, da sie für die Berechnung des geschätzten Hochpunkts benötigt wird. Das erste Modell zeigt, dass es keinen linearen Effekt des Alters auf die Bewertung von Ehebruch gibt. Im zweiten Modell hingegen ist der quadratische Effekt hochsignifikant und zeigt ein negatives Vorzeichen, infolgedessen ist die geschätzte Parabel wie theoretisch postuliert nach unten geöffnet: Mit steigendem Alter wird Ehebruch zunächst positiver bewertet, bis ein Maximum erreicht ist, ab dem die Beurteilung wieder negativer wird. Der Regressionskoeffizient des einfachen Terms hingegen ist nur von untergeordneter Bedeutung, er verschiebt die Parabel im Raum – der Betrag des Koeffizienten verschiebt sie in Richtung der Y-Achse, sein Vorzeichen in Richtung der X-Achse. Funktionsplotter wie http://rechneronline.de/funktionsgraphen/

---

[24] Streng genommen müsste von Kollinearität gesprochen werden, da für Multikollinearität eine lineare Abhängigkeit zwischen mehr als zwei Prädiktoren in einem Regressionsmodell existieren muss.

[25] Die Konstante gibt den Prognosewert für die abhängige Variable an, wenn alle unabhängigen Variablen den Wert null annehmen.

**Tab. 4.3** Der Einfluss des Alters auf die Bewertung von Ehebruch in Westdeutschland. (Quelle: Eigene Berechnung auf Basis von ALLBUS 2012)

| | 1 | | 2 | |
|---|---|---|---|---|
| | B (SE) | Beta | B (SE) | Beta |
| Konstante | 2,004*** (0,018) | | 2,089*** (0,024) | |
| Alter in hundert Jahren | 0,016 (0,099) | 0,00 | 0,042 (0,098) | 0,01 |
| Alter in hundert Jahren$^2$ | – | – | −2,656*** (0,524) | −0,11 |
| $R^2$ | 0,00 | | 0,01 | |
| $R^2$ (Änderung) | 0,00 | | 0,01 | |
| F (Änderung) | 0,026 | | 25,685*** | |
| Standardfehler des Schätzers | 0,851 (42,6 % von $\bar{y}$ ) | | 0,846 (42,3 % von $\bar{y}$ ) | |
| N | 2311 | | 2311 | |

$*p<0{,}05$, $**p<0{,}01$, $***p<0{,}001$ (zweiseitig)

helfen bei der Interpretation der Regressionsgleichung. Durch Variation der Beträge und Vorzeichen der Koeffizienten im Funktionsplotter erlangt man recht schnell ein intuitives Verständnis.

Bei der Interpretation des quadratischen Effekts sollte man sich jedoch keineswegs auf Vorzeichen und Signifikanz allein verlassen. Möglicherweise wird ein signifikanter quadratischer Effekt geschätzt, dessen Maximum jedoch außerhalb des Wertebereichs der unabhängigen Variablen in der Stichprobe liegt. Die Parabelform würde in diesem Fall nicht die Zusammenhänge in der Stichprobe beschreiben. Deshalb sollte man zusätzlich ein Streudiagramm interpretieren, bei dem die nicht-quadrierten Werte der unabhängigen Variable den prognostizierten Werten der abhängigen Variable gegenüber gestellt werden (siehe Abb. 4.3).

Abbildung 4.3 zeigt, dass der Hochpunkt innerhalb des Wertebereichs liegt, er befindet sich in der Nähe des Nullpunkts (d. h. bei dem Mittelwert der Altersvariable).[26] Der Abbildung zufolge wird für die sehr Alten eine noch negativere

---

[26] Zusätzlich kann vergleichsweise einfach der geschätzte Hochpunkt mit der folgenden Formel errechnet werden: $x = -\dfrac{b_1}{2b_2}$. In unserem Beispiel ergibt sich $x = -\dfrac{0,042}{2 \times -2,656}$ und somit ein Wert von 0,0079. Das prognostizierte Maximum liegt somit bei 0,0079 * hundert Jahre, also 0,79 Jahre oberhalb des Mittelwerts und beträgt deshalb 49,9 Jahre. Um den prognostizierten Wert der abhängigen Variable für den Hochpunkt zu erhalten, muss man den errechneten x-Wert in die Regressionsformel einsetzen: $\hat{y} = 2,089 + 0,042 \times 0,0079 - 2,656 \times 0,0079^2 = 2,09$ (Hamilton 1992, S. 152).

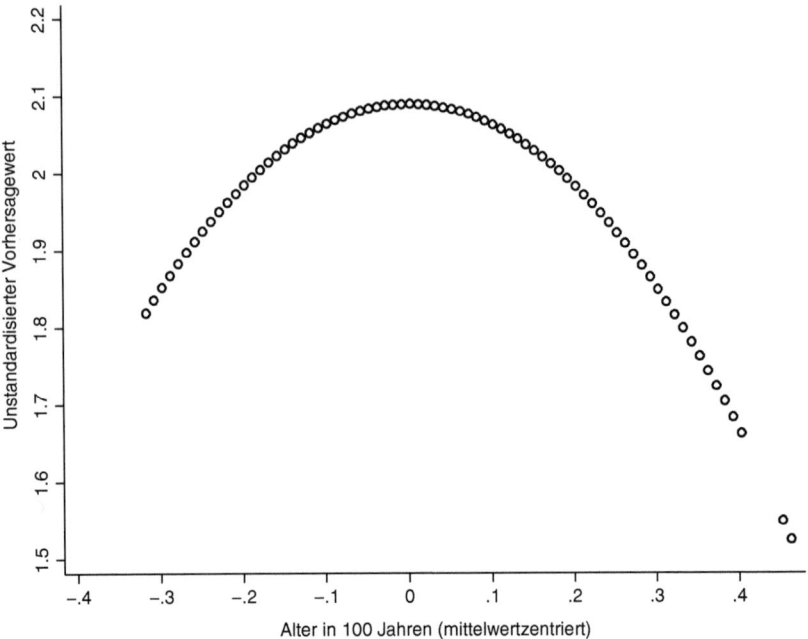

**Abb. 4.3** Streudiagramm der unstandardisierten Vorhersagewerte und der unabhängigen Variable in Westdeutschland (vgl. Tab. 4.3)

Bewertung des Ehebruchs geschätzt als für die ganz Jungen. Das ist allerdings der Tatsache geschuldet, dass nur Volljährige befragt wurden und somit das mittelwertzentrierte Alter keine kleineren Werte als $-0,31$ annehmen kann.[27] Spiegelbildlich dazu wird eine noch negativere Bewertung für die Befragten vorhergesagt, die Werte $\geq 0,32$ aufweisen, also die Befragten von 81 Jahren an aufwärts. Das sind jedoch nur 74 der 2311 Befragten in der Regressionsanalyse! Generell sollte man mit der Interpretation der Werte am obersten bzw. untersten Ende vorsichtig sein, da dort meist nur noch wenige Fälle vorhanden sind (Cohen et al. 2003, S. 207).

Der quadratische Effekt ist zwar hochsignifikant, bindet aber nur 1 % der Varianz der abhängigen Variable. Das ist jedoch an dieser Stelle nur von untergeordneter Bedeutung, da das Ziel nicht war, die Bewertung des Ehebruchs möglichst

---

[27] Der Mittelwert beträgt 49 Jahre bzw. 0,49 hundert Jahre, die jüngsten Befragten erreichen deshalb den Wert $0,18-0,49=-0,31$.

umfassend zu erklären. Bedeutsamer als das Niveau von $R^2$ ist die Frage, ob $R^2$ durch den quadratischen Term signifikant ansteigt.[28]

Nach der gleichen Methode kann auch ein kubischer Term $x^3$ in die Regressionsgleichung aufgenommen werden, die beiden Terme niederer Ordnung ($x^2$ und $x$) müssen dann ebenfalls in der Gleichung enthalten sein. Das sollte aber nur dann getan werden, wenn ein substanzielles theoretisches Argument für einen solchen Kurvenverlauf spricht.[29] In Urban und Mayerl (2011, S. 211–212) findet sich eine Übersicht über die gängigen linearisierbaren Funktionen, eine vertiefte Darstellung der einzelnen Funktionen bieten Cohen et al. (2003, S. 193 ff.) und Hamilton (1992, S. 145 ff.).

### 4.1.6 Interaktionseffekte

Abschließend gehen wir kurz auf Interaktionseffekte in der linearen Regression ein. Wir erläutern nur die grundsätzliche Logik des Verfahrens, weiterführende Literatur finden Sie am Ende des Kapitels. Mit der Verwendung von Interaktionseffekten beschäftigt sich auch der Erfahrungsbericht von Fabian Engler.

Zur Erläuterung des Interaktionseffekts kommen wir auf unser Beispiel der Erklärung ausländerfeindlicher Einstellungen zurück. In Tabelle 4.2 wurde unabhängig voneinander ein Effekt rechter politischer Orientierung und der Bewertung der eigenen wirtschaftlichen Situation getestet. Dagegen könnte eingewendet werden, dass nicht alle Personen gleichermaßen dazu tendieren, Ausländer für eigene wirtschaftliche Probleme verantwortlich zu machen. Linke beispielsweise könnten dafür eher das kapitalistische Wirtschaftssystem in der Verantwortung sehen. Somit würde der Zusammenhang von subjektiver Wirtschaftslage und Ausländerfeindlichkeit von der politischen Orientierung einer Person abhängen. Die politische

---

[28] Zum F-Test beim Vergleich mehrerer Regressionsmodelle: Urban und Mayerl 2011, S. 315.

[29] Ein solches Argument ist beispielsweise die erweiterte Kuznets-Kurve für den Zusammenhang von Wohlstand und Einkommensungleichheit. Die ursprüngliche Kuznetskurve geht davon aus, dass beim Wandel von der agrarischen Gesellschaft zur Industriegesellschaft die Einkommensungleichheit zunächst ansteigt und dann wieder absinkt (Kuznets 1955). Die erweiterte Kuznets-Kurve postuliert, dass im Übergang zur postindustriellen Gesellschaft die Einkommensungleichheit erneut ansteigt (Roller 2005, S. 53): Während im Zeitverlauf der Wohlstand (mehr oder minder) kontinuierlich ansteigt, steigt, sinkt und steigt dann wieder die Einkommensungleichheit. Die erweiterte Kuznets-Kurve ist bislang eher eine plausible Hypothese (Roller 2005, S. 53).

**Tab. 4.4** Die Wirkung von politischer Orientierung und wirtschaftlicher Lage auf die Ablehnung von Ausländern in Westdeutschland. (Quelle: Eigene Berechnung auf Basis von ALLBUS 2012)

|                                                                  | 1            |           | 2            |           |
| ---------------------------------------------------------------- | ------------ | --------- | ------------ | --------- |
|                                                                  | B (SE)       | Beta      | B (SE)       | Beta      |
| Subjektive wirtschaftliche Lage (mittelwertzentriert)            | −0,274 (0,038) | −0,154*** | −0,281 (0,038) | −0,158*** |
| Rechts-Links-Selbsteinstufung (mittelwertzentriert)              | 0,193 (0,017)  | 0,237***  | 0,196 (0,017)  | 0,240***  |
| Subjektive wirtschaftliche Lage * Rechts-Links-Selbsteinstufung  |              |           | −0,044 (0,022) | −0,042    |
| $R^2$                                                            | 0,074        |           | 0,076        |           |
| Standardfehler des Schätzers                                     | 1,33 (60,1 % von $\bar{y}$ ) |  | 1,33 (60,1 % von $\bar{y}$ ) | |
| N                                                                | 2039         |           | 2039         |           |

$*p<0,05$, $**p<0,01$, $***p<0,001$ (zweiseitig)

Orientierung moderiert dieser Argumentation zufolge die Beziehung der beiden anderen Variablen (Tab. 4.4).

Solche Moderatoreffekte lassen sich durch einen Interaktionsterm überprüfen, dazu werden die beiden Variablen zunächst mittelwertzentriert um nicht-essentielle Multikollinearität zu vermeiden (siehe oben) und danach miteinander multipliziert. Die Mittelzentrierung erleichtert zudem die Interpretation der Interaktionseffekte, weil dem Wert null mit dem Mittelwert eine sinnvolle Bezugsgröße zugewiesen wird (siehe unten). Neben dem multiplikativen Term müssen auch die Variablen, aus denen er konstruiert wurde, als direkte Effekte in das Regressionsmodell aufgenommen werden.[30] Wie bei den kurvilinearen Modellen auch werden die Interaktionseffekte sequentiell geschätzt. Zunächst wird ein Modell ohne Interaktionseffekt geschätzt, dem das Modell mit Interaktionseffekt gegenüber gestellt wird, um die Stabilität der Effekte und die Veränderung der Gesamterklärungskraft beurteilen zu können.

Zur Interpretation wird der Interaktionseffekt gemeinsam mit dem direkten Effekt betrachtet (Kam und Franzese 2007, S. 22): −0,281 (subjektive wirtschaftliche Lage) −0,044 (subjektive wirtschaftliche Lage * Links-Rechts-Selbsteinstufung)*Links-Rechts-Selbsteinstufung. Der direkte Effekt der subjektiven wirtschaftlichen Lage entspricht somit dem gesamten Effekt, wenn die Moderatorvaria-

---

[30] Der Einfachheit halber werden hier die übrigen Prädiktoren aus Tabelle 4.2 nicht berücksichtigt.

ble Links-Rechts-Selbsteinstufung den Wert Null annimmt. Aufgrund der Mittelwertzentrierung ist das genau beim Durchschnitt der Fall. Bei einer durchschnittlichen Position auf der Links-Rechts-Skala sinkt die Ablehnung von Ausländern um 0,281 Punkte, wenn die subjektive wirtschaftliche Lage um einen Skalenpunkt besser bewertet wird. Mit jeder zusätzlichen Einheit auf der Links-Rechts-Skala (und das heißt mit jedem Schritt weiter rechts, den sich ein Befragter positioniert) steigt der negative Effekt der subjektiven wirtschaftlichen Lage um 0,044 Punkte. Wie theoretisch postuliert, ist somit der Effekt der subjektiven wirtschaftlichen Lage auf die Ablehnung von Ausländern bei Linken schwächer als bei Rechten.

Aus dem Beispiel wird ersichtlich, dass die Interpretation der Koeffizienten bei Interaktionseffekten vergleichsweise unanschaulich ist. Deshalb sollten Interaktionseffekte immer graphisch dargestellt werden, für die Interaktion von zwei metrischen Variablen bietet sich ein *marginal effect plot* an (Brambor et al. 2006, Wenzelburger et al. 2014, S. 52–53). Er bildet den marginalen Effekt eines Prädiktors in Abhängigkeit von der Ausprägung der Moderatorvariable ab und weist zudem das Konfidenzintervall für diesen Effekt aus. In Abbildung 4.4 kann der

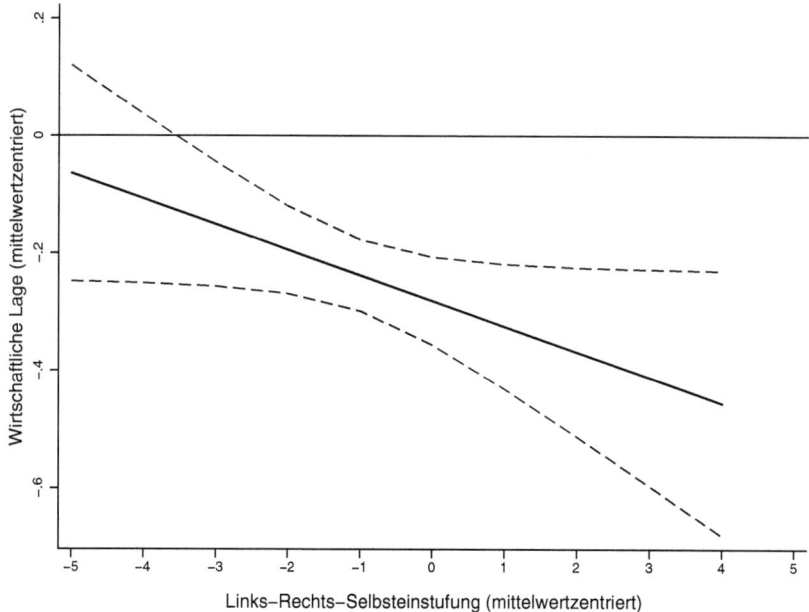

**Abb. 4.4** Marginaleffekt der subjektiven wirtschaftlichen Lage auf die Ausländerablehnung in Abhängigkeit von der Links-Rechts-Selbsteinstufung

bereits beschriebene Effekt auf den ersten Blick erfasst werden: Je weiter rechts die Befragten sich einstufen, desto stärker ist die Wirkung der subjektiven wirtschaftlichen Lage auf die Ablehnung von Ausländern. Bei sehr linken Befragten ist der Effekt hingegen so schwach, dass er nicht mehr signifikant ist: Ab einem Wert von $-3,5$ beinhaltet das Konfidenzintervall den Wert null.

## 4.2  Lineare Regression mit kleinen Fallzahlen in der makroquantitativen Forschung

Die lineare Regression findet in der makroquantitativen Forschung vielfach Verwendung – beispielsweise bei der Analyse der Leistungsfähigkeit westlicher Demokratien (Roller 2005) oder der Liberalisierung der Politiken gegenüber Lesben und Schwulen im weltweiten Vergleich (Frank und McEneaney 1999). Auch auf substaatlicher Ebene werden lineare Regressionen verwendet (Knack 2002; Vatter 1998). In allen diesen Fällen wird eine Vollerhebung angestrebt, auch wenn diese aus Gründen mangelnder Datenverfügbarkeit nicht immer erreicht wird – im Gegensatz zur Surveyforschung ist der Gegenstand der Analyse somit nicht eine Zufallsstichprobe aus einer größeren Grundgesamtheit. Damit stellt sich die Frage, ob und wenn ja, warum Signifikanztests in einer makroquantitativen Analyse verwendet werden sollen. Broscheid und Gschwend (2003) führen dazu aus:

> Die Tatsache, dass unsere Theorien gegenüber der Wirklichkeit unzureichend sein müssen, zwingt uns dazu, unsere Schätzungen als unvollkommen anzusehen. Diese Unvollkommenheit schlägt sich in stochastischen Ergebnissen nieder, die Varianzen und Standardabweichungen unserer Schätzwerte messen die Unvollkommenheit unserer Theorie. Deshalb müssen sie integraler Bestandteil empirischer Tests unserer Theorien sein, selbst wenn wir Daten aus Vollerhebungen benutzen. (Broscheid und Gschwend 2003, S. 13).[31]

Signifikanztests setzen die Punktschätzung eines Koeffizienten ins Verhältnis zur Varianz der Schätzung. Dieses Verhältnis kann als Passgenauigkeit der Schätzung interpretiert werden. Insofern kann der Signifikanztest auch bei Vollerhebungen als Gütekriterium für die Schätzung verwendet werden – er hat jedoch eine niedrigere Bedeutung als bei der Analyse von Zufallsstichproben, seine „Fallbeilfunktion" (Wolf 2006, S. 157) entfällt. Wie in Abschnitt 4.1 ausgeführt, wird ein Zusammen-

---

[31] Siehe zur Kritik an der Verwendung von Signifikanztests bei Vollerhebungen Behnke 2005.

hang umso eher signifikant, je größer die Fallzahl ist.[32] Angesichts von geringen Fallzahlen wird in der makroquantitativen Forschung deshalb auch häufig das 10-prozentige Signifikanzniveau ausgewiesen.

Die lineare Regression mit kleinen Fallzahlen sieht sich einer Reihe von Problemen gegenüber, deren Bearbeitung wir im Folgenden anhand eines Beispiels erläutern, der Analyse der $CO_2$-Emmissionen der EU-Mitgliedstaaten.[33] Auf die Probleme von Regressionen mit kleinen Fallzahlen geht auch der Erfahrungsbericht von Romy Escher ein. In unserem Beispiel werden als Prädiktoren das Bruttoinlandsprodukt pro Kopf, der Anteil der Industrie am Bruttoinlandsprodukt, das durchschnittliche Umweltbewusstsein in einem Land[34] und eine Dummy-Variable für die postkommunistischen Länder in das Erklärungsmodell aufgenommen. Für die Emissionen, das Bruttoinlandsprodukt und den Anteil der Industrie wird der Durchschnitt der Jahre 2002 bis 2011 verwendet, für das Umweltbewusstsein liegen die Daten nur für das Jahr 2008 vor.

### 4.2.1 Datenverfügbarkeit und Datenqualität in der Makroforschung

Im Gegensatz zur Surveyforschung bei der vollständige Datensätze zur Analyse bereitstehen, müssen in der makroquantitativen Forschung in der Regel Daten recherchiert und in einem neuen Datensatz zusammengestellt werden. In unserem Beispiel wurden Daten von Eurostat, der Weltbank und aus dem Eurobarometer verwendet. Den ersten Ansatzpunkt für die Suche sind die Datenquellen der Artikel, die zu einer Fragestellung bereits veröffentlicht wurden. Eine Vielzahl von bewährten Makrodaten bieten zudem der Macro Data Guide der Norwegian Social Science Data Services[35] sowie die Datensätze des Quality of Government Institute der Universität Göteburg.[36] Viele Makrodaten werden von staatlichen Stellen gesammelt. Welche Daten erfasst werden und wie die jeweiligen Konstrukte konkret operationalisiert werden, beruht dabei auf politischen und administrativen

---

[32] Genauer gesagt, je höher die Anzahl der Freiheitsgrade ist (siehe unten).

[33] Ich danke Alexander Geisler, Elena Rinklef, Sarah Sanz-Janßen, Miriam Schwarz und Denis Schuster für die Bereitstellung der Daten.

[34] Das Umweltbewusstsein wurde mit dem nationalen Durchschnitt der Antworten auf die Frage nach der Bereitschaft umweltfreundliche Produkte zu kaufen, auch wenn sie etwas teurer sind, gemessen. Die Antwortvorgaben reichen von 1 „überhaupt nicht" bis 4 „voll und ganz", hohe Werte zeigen somit ein hohes Ausmaß an Umweltbewusstsein an (vgl. Europäische Kommission 2012).

[35] http://www.nsd.uib.no/macrodataguide/.

[36] http://www.qog.pol.gu.se/.

Entscheidungen, die von Land zu Land unterschiedlich ausfallen und sich auch im Zeitverlauf ändern können. Das kann zu Problemen für die wissenschaftliche Forschung führen, was sich an einem Beispiel aus der Medizinstatistik verdeutlicht lässt, der Erfassung von Totgeburten. „In den USA zählt ein Fötus von der 20. Schwangerschaftswoche an als Totgeburt, in Großbritannien von Woche 24 an. In Deutschland muss ein Baby 500 g auf die Waage bringen (bis 1994 waren es 1000 g), in der Schweiz muss es 30 cm lang sein."[37] Ein sinnvoller Vergleich im Querschnitt zwischen den einzelnen Ländern ist nicht möglich, und auch im Längsschnitt können die Zahlen innerhalb von Deutschland vor und nach 1994 nicht miteinander verglichen werden.

Das ist jedoch ein Extrembeispiel. In der Regel sorgen internationale Organisationen (wie die OECD), die Daten sammeln und bereitstellen, für ein Mindestmaß an Vergleichbarkeit. Es ist jedoch unerlässlich, sich genau mit der jeweiligen Operationalisierung der Konstrukte auseinanderzusetzen und mögliche Verzerrungen und Fehlerquellen in der Arbeit offenzulegen. Eine elegante Lösung für Messprobleme bietet sich an, wenn Sie eine systematische Komponente identifizieren und messen können, die die Messung der abhängigen Variable verzerrt. In diesem Fall können Sie diese Komponente als weiteren Prädiktor in das Erklärungsmodell aufnehmen, so etwa den Beamtenanteil an den Lehrkräften als Prädiktor für die Bildungsausgaben der Bundesländer (Wolf 2006).[38] Auch bei den Makrodatensätzen liegen unter Umständen nicht für alle Variablen bei allen Fällen Werte vor, so dass sich auch hier die Frage des Umgangs mit fehlenden Werten stellt (vgl. Kap. 3.1). Ein Beispiel für die Verwendung der Regressions- und der Mittelwertimputation ist Rollers Studie (2005, S. 143–145), ein Beispiel für die Verwendung der multiplen Imputation Ross (2006).

## 4.2.2   Ausreißer und einflussreiche Datenpunkte

Angesichts der geringen Fallzahl in der makroquantitativen Forschung können Regressionsausreißer einen starken Einfluss auf das Ergebnis der Schätzung nehmen. Fox definiert einen Regressionsausreißer folgendermaßen:

---

[37] http://www.zeit.de/2003/03/M-Totgeburten.

[38] Der Beamtenanteil an den Lehrkräften wirkt verzerrend, weil die Altersvorsorge- und Beihilfeleistungen für Beamte in einer gesonderten Haushaltsfunktion gebucht werden, während die Sozialversicherungsbeiträge für die Angestellten in die Bildungsausgaben einfließen (Wolf 2006, S. 89).

In simple regression, an outlier is an observation whose dependent variable value is unusual given the value of the independent variable. In contrast, a univariate outlier is a value of y or x that is unconditionally unusual; such a value may or may not be a regression outlier (Fox 1991, S. 21).

Wie stark der Einfluss eines Regressionsausreißers ist, hängt davon ab, ob er sich im Zentrum oder am Rand der Verteilung der unabhängigen Variablen befindet, wie sich an den Abbildung 4.5 und 4.6 verdeutlichen lässt. In Abbildung 4.5 weicht Luxemburg deutlich von der übrigen Verteilung ab, es hat einen sehr viel höheren $CO^2$-Ausstoß als alle übrigen EU-Staaten (univariater Ausreißer) und dieser Wert ist auch angesichts der Verteilung des durchschnittlichen Umweltbewusstseins der Bevölkerung unüblich (Regressionsausreißer). Um den Einfluss Luxemburgs auf die Regressionsschätzung zu erfassen, wird die Analyse mit (durchgezogene Linie in Abb. 4.5) und ohne Luxemburg (gestrichelte Linie in Abb. 4.6) durchgeführt. Die beiden Schätzgleichungen weichen nicht sehr stark voneinander ab. Entgegen der theoretischen Annahme steigt der $CO^2$–Ausstoß bei wachsendem Umweltbe-

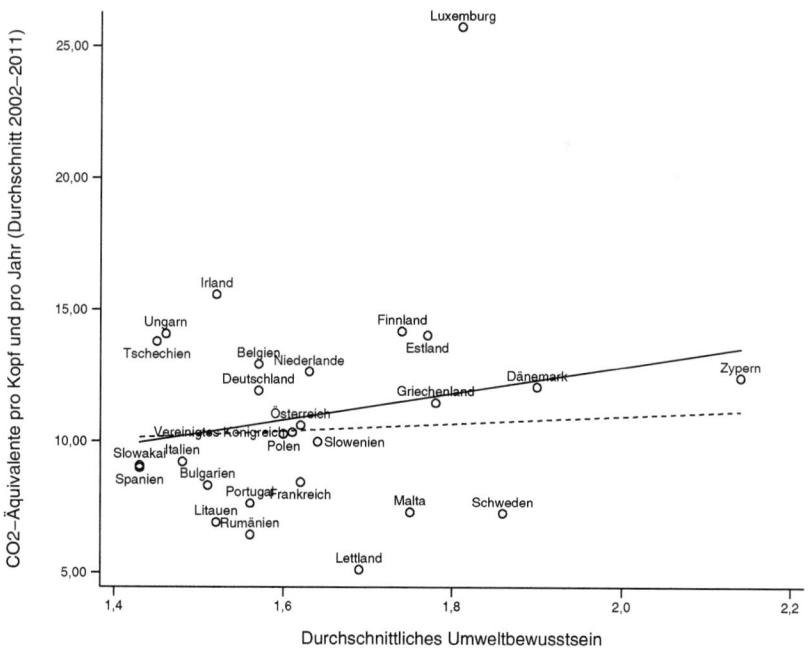

**Abb. 4.5** Durchschnittliches Umweltbewusstsein und $CO^2$-Ausstoß in den EU-Staaten

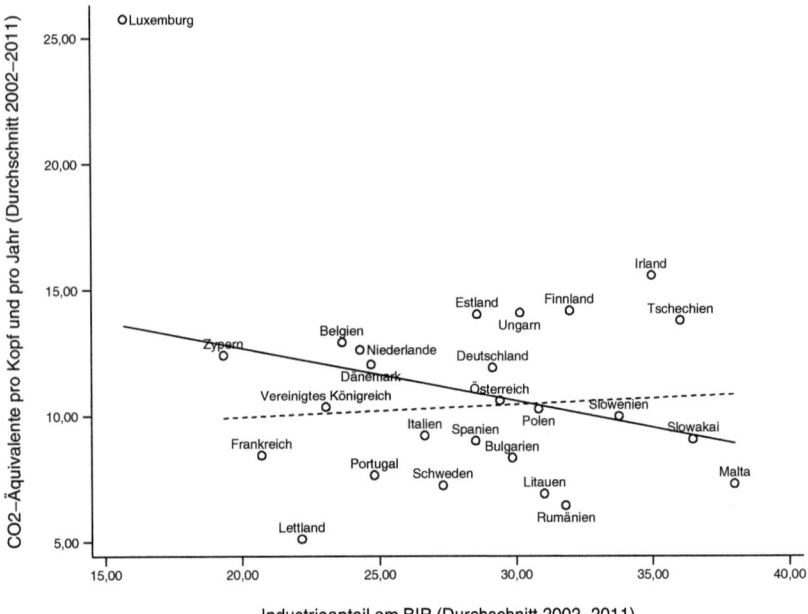

**Abb. 4.6** Anteil des Industriesektors am Bruttoinlandsprodukt und $CO_2$-Ausstoß in den EU-Staaten

wusstsein in der Bevölkerung leicht an, der Effekt ist nach Ausschluss Luxemburgs noch schwächer.

Der Einfluss Luxemburgs ist deutlich stärker bei der Regression des $CO_2$-Ausstoßes auf die relative Größe des Industriesektors (Abb. 4.6). Der Regressionsschätzung zufolge sinkt der $CO_2$-Ausstoß bei einem wachsenden Anteil des Industriesektors am Bruttoinlandsprodukt eines Landes. Dieses überraschende Resultat ist jedoch ein Artefakt des Regressionsausreißers Luxemburg, ohne Luxemburg wird ein schwach positiver Effekt geschätzt. An dem Beispiel in Abbildung 4.6 lässt sich das Problem von Regressionsausreißern verdeutlichen. Wir führen eine Regressionsanalyse durch, um die Zusammenhänge zwischen Variablen bezogen auf alle Fälle zu beschreiben. Wenn aber die Regressionsschätzung von einem einzigen Fall so stark beeinflusst wird, wird sie diesem Ziel nicht mehr gerecht.

In Abbildung 4.6 konnte der Regressionsausreißer eine so große Wirkung entfalten, weil er am Rand der Verteilung der unabhängigen Variable liegt: Je weiter sich ein Regressionsausreißer im Zentrum der Verteilung der unabhängigen Variable befindet, desto geringer ist seine Wirkung auf den Regressionskoeffizienten (Fox 1991, S. 21). Ausreißer sind also nicht per se das Problem, sondern einflussreiche Datenpunkte. Sie werden von Belsley, Kuh und Welsch folgendermaßen definiert:

An influential observation is one which, either individually or together with several other observations, has a demonstrably larger impact on the calculated values of the various estimates (coefficients, standard errors, t-values, etc.), than is the case for most of the other observation. (Belsley et al. 1980, S. 11)

Die Wirkung eines Ausreißers bzw. einflussreichen Datenpunkts zeigt sich unter anderem beim Vergleich der Regressionskoeffizienten bei der Analyse *mit* und *ohne* den betreffenden Fall. Dieser Vergleich lässt sich in einer Kennziffer verdichten, dem standardisierten df-Beta:[39]

$$\text{DFBETAS}_{ij} \text{ (standardisiert)} = \frac{b_j - b_{j(i)}}{SE_{b_{j(i)}}}$$

mit:  $b_j$ Regressionskoeffizient;  $b_{j(i)}$ Regressionskoeffizient bei Ausschluss des Falles i;  $SE_{b_{j(i)}}$ Standardfehler von  $b_{j(i)}$

Die DFBETAs sollten immer vor dem Hintergrund von Streudiagrammen interpretiert werden, um zu überprüfen, in welcher Hinsicht ein Fall ungewöhnliche Werte aufweist. Üblicherweise wird die Analyse mit und ohne Ausreißer durchgeführt und die beiden Ergebnisse werden nebeneinander gestellt und vergleichend interpretiert, wobei die Frage beantwortet wird, ob die Ergebnisse auch nach dem Ausschluss von Ausreißern stabil bleiben.[40] Einer geläufigen Faustregel zufolge werden bei kleinen Fallzahlen, wie sie in der makroquantitativen Forschung üblich sind, Fälle mit einem standardisierten DFBETA oberhalb von │1│ als Ausreißer definiert (Urban und Mayerl 2011, S. 189).[41] Wenn ein Fall aus der Analyse ausgeschlossen wird, verändert sich dadurch selbstverständlich die Regressionsgleichung, infolgedessen kann bei einem anderen Fall das standardisierte DFBETA über │1│ steigen, worauf auch dieser Fall aus der Analyse ausgeschlossen wird. Mit anderen Worten die Ausreißerkontrolle muss sequentiell erfolgen. Das standardisierte DFBETA wird für jede einzelne unabhängige Variable berechnet, bei einer multiplen Regression müssen somit mehrere Werte interpretiert werden. Für den Fall, dass diese Werte stark voneinander abweichen, bzw. deutlich ober- und unterhalb von │1│ liegen, lässt sich keine generelle Regel anführen. Eine entsprechende Regel sollten Sie in diesem Fall in Kenntnis ihres Datensatzes entwickeln, in Ihrer Arbeit dokumentieren und konsistent anwenden.

---

[39] Weitere Kennziffern und Verfahren zum Aufspüren von einflussreichen Datenpunkten werden in Jann (2006) beschrieben.

[40] Es geht also darum, die Stabilität der Effekte nachzuweisen, und NICHT darum, durch den gezielten Ausschluss einzelner Fälle ein gewünschtes Ergebnis zu erhalten.

[41] Somit würde Luxemburg in beiden Analysen als Ausreißer gelten, in Abbildung 4.5 mit einem DFBETA von 1,08 und in Abbildung 4.6 mit einem DFBETA von 2,48.

Es sollte unbedingt recherchiert werden, warum ein Fall so ungewöhnliche Werte aufweist und das sollte auch in der Arbeit dokumentiert werden. Qualitative Analysen zu Ausreißern können zu neuen Erkenntnissen über den Forschungsgegenstand führen (siehe dazu Kap. 13). In unserem Beispiel liegt die Ursache in der niedrigen Mineralölsteuer Luxemburgs, wegen der Autofahrer aus den Nachbarländern zum Tanken dorthin fahren. Dieser Tanktourismus ist für fast 40 % der Treibhausgasemissionen des kleinen Landes verantwortlich (European Environmental Agency 2005, S. 470). Diese erstaunliche Tatsache wirft ein Licht auf ein grundsätzliches Problem: In sehr kleinen Ländern werden *policy outputs* und *outcomes*, die häufig Gegenstand makroquantitativer Analysen sind, stark durch externe Einflüsse geprägt. Wenn diese externen Faktoren nicht gemessen und in das Erklärungsmodell aufgenommen werden können, stellt sich die Frage, ob die Untersuchung dieser Länder sinnvoll ist. In einigen makroquantitativen Studien werden deshalb Staaten mit weniger als einer halben Million Einwohnern nicht berücksichtigt.

### 4.2.3  Multikollinearität

Mit Multikollinearität bezeichnet man die lineare Abhängigkeit zwischen den Prädiktoren eines Regressionsmodells. Da nicht zu erwarten ist, dass die Prädiktoren vollständig unabhängig voneinander sind, stellt sich die Frage, wie hoch die unvermeidliche Multikollinearität ist und ob sie die Koeffizientenschätzung beeinträchtigt. Multikollinearität wird üblicherweise durch den Toleranz-Wert der Prädiktoren nachgewiesen. Dazu wird jeweils eine unabhängige Variable mithilfe einer linearen Regression durch alle übrigen unabhängigen Variablen statistisch erklärt. Das daraus resultierende $R^2$ wird von 1 abgezogen. Der so berechnete Toleranzwert gibt den Varianzanteil eines Prädiktors an, der von den übrigen Prädiktoren unabhängig ist. Er variiert zwischen 0 und 1, wobei niedrige Werte ein hohes Ausmaß an Multikollinearität anzeigen. Urban und Mayerl (2011, S. 232) nennen 0,20 bis 0,25 als Schwellenwert für ein problematisches Ausmaß an Multikollinearität, wobei häufig auch ein weicheres Kriterium von 0,10 verwendet wird.

Multikollinearität kann viele Probleme auslösen, so etwa dass die standardisierten Koeffizienten Werte oberhalb von + bzw. − 1 annehmen können, dass Effekte aufgrund sehr großer Standardfehler nicht signifikant werden und das $R^2$ infolgedessen hohe Werte erreicht, obwohl die einzelnen Regressionskoeffizienten nicht signifikant sind. Zudem kann sich die Instabilität der Schätzungen daran zeigen, dass die Einflussrichtungen der Effekte (die Vorzeichen der Koeffizienten) leicht veränderlich sind und die Koeffizienten starke Veränderungen zeigen, wenn ein Prädiktor in das Regressionsmodell aufgenommen oder ausgeschlossen wird (Urban und Mayerl 2011, S. 228 f.).

In Abschnitt 4.1 hatten wir die Unterscheidung von essentieller und nicht-essentieller Multikollinearität eingeführt.[42] In der makroquantitativen Forschung existiert häufig ein relativ hohes Ausmaß an essentieller Multikollinearität, weil die Prädiktoren aus einem gemeinsamen Kontext hervorgehen: In den postkommunistischen Ländern beispielsweise ist das Bruttoinlandsprodukt niedriger und der wirtschaftliche Strukturwandel ist noch nicht so weit vorangeschritten, weshalb der Anteil des Industriesektors am Bruttoinlandsprodukt höher liegt. Während nicht-essentielle Multikollinearität durch eine Mittelwertzentrierung beseitigt werden kann (vgl. Abschn. 4.1), gibt es für die essentielle Multikollinearität keine einfache technische Lösung: Häufig wird empfohlen, eine oder mehrere Prädiktoren aus dem Regressionsmodell auszuschließen. Dieses Verfahren kann allerdings nur dann empfohlen werden, wenn sich die Prädiktoren auch inhaltlich so stark überlappen, dass eine oder mehrere von ihnen als überflüssig angesehen werden können. Mit anderen Worten, man sollte auf keinen Fall quasi-automatisch auf Basis der Toleranzwerte vorgehen![43] Alternativ dazu können mehrere hoch-korrelierende Variablen zu einem Index zusammengefasst werden, wenn man eine gemeinsame Dimension hinter diesen Variablen postulieren kann (weitere Verfahren zur Beseitigung von Multikollinearität werden in Urban und Mayerl 2011, S. 236 ff. beschrieben).

### 4.2.4   Eine geringe Anzahl von Freiheitsgraden

In unserem Beispiel zeigt sich mit vier Prädiktoren bei nur 27 Fällen das in der makroquantitativen Forschung bekannte Problem einer Vielzahl von Erklärungsfaktoren bei einer vergleichsweise geringen Zahl von Fällen. In statistischer Hinsicht bedeutet das eine geringe Anzahl von Freiheitsgraden: „Die Freiheitsgrade, die mit einem Kennwert verbunden sind, entsprechen der Anzahl der Werte, die bei seiner Berechnung frei variieren können" (Bortz und Schuster 2010, S. 121). In der Regressionsanalyse stehen die Freiheitsgrade bei der Berechnung des Standardfehlers der Regressionskoeffizienten im Nenner eines Bruchs (Berry und Feldman 1985, S. 13): Je geringer die Anzahl der Freiheitsgrade ist, desto größer ist deshalb der Standardfehler des Regressionskoeffizienten. Zudem steht auch der Toleranzwert

---

[42] Nicht-essentielle Multikollinearität entsteht, wenn ein Prädiktor aus einem oder aus mehreren anderen Prädiktoren berechnet wird. Essentielle Multikollinearität beruht hingegen darauf, dass Prädiktoren aus inhaltlichen Gründen hoch miteinander korrelieren.

[43] Nach Ausschluss einer oder mehrerer Variablen steigt zwar der Toleranzwert. Unabhängig davon schlägt sich jedoch ein *omitted variable bias* (Cohen et al. 2003, S. 143, sowie siehe unten) in der neuen Regressionsschätzung nieder. Der Effekt der ausgeschlossenen Variable spiegelt sich in den Koeffizienten der korrelierenden Prädiktoren wieder.

$(1 - R_i^2)$ im Nenner dieses Bruchs: Je höher die Multikollinearität, desto niedriger ist der Toleranzwert, desto größer ist infolgedessen der Standardfehler des Regressionskoeffizienten und desto instabiler ist somit die Schätzung. Eine niedrige Zahl von Freiheitsgraden *und* eine hohe Multikollinearität führen somit zu instabilen Regressionsschätzungen. In der makroquantitativen Forschung, können deshalb aufgrund der geringen Fallzahl schon bei Toleranzwerten oberhalb von 0,25 instabile Schätzungen auftreten.

Welche Schlussfolgerungen sind daraus für die Forschungspraxis zu ziehen? Ausgangspunkt sind immer die bivariaten Regressionen. Bei 20 bis 30 Fällen wie in unserem Beispiel testet man danach alle möglichen Kombinationen von Modellen mit zwei Prädiktoren und abschließend mit drei Prädiktoren. Man erhöht also sukzessive die Komplexität des Modells und beobachtet die Veränderungen der Schätzergebnisse. Zudem gilt es mögliche Regressionsausreißer aufzuspüren und die Analysen mit und ohne Ausreißer durchzuführen. Es sind also in jedem Fall mehrere Regressionsanalysen notwendig, welche dann im Haupttext und welche im Anhang präsentiert werden, gilt es im Einzelfall zu entscheiden.

In unserem Beispiel haben wir die in Tabelle 4.5 ausgewiesenen Analysen durchgängig ohne den Ausreißer Luxemburg durchgeführt. Den Ausgangspunkt

**Tab. 4.5** Determinanten des $CO_2$-Ausstosses in den EU-Staaten. (Quelle: Eigene Berechnung)

|  | Bivariat B (SE) Beta | (1) B (SE) Beta | (2) B (SE) Beta | (3) B (SE) Beta | (4) B (SE) Beta | (5) B (SE) Beta |
|---|---|---|---|---|---|---|
| BIP pro Kopf in 1000 $ | 0,10 (0,05) 0,40** | 0,12 (0,05) 0,48** | 0,10 (0,05) 0,41* | 0,20 (0,08) 0,80** | 0,22 (0,08) 0,90** | 0,20 (0,08) 0,81** |
| Industrie-sektor | 0,05 (0,12) 0,09 | 0,14 (0,11) 0,24 |  |  | 0,09 (0,11) 0,16 |  |
| Umwelt-bewusstsein | −1,39 (3,46) −0,08 |  | 0,33 (3,37) 0,02 |  |  | −0,95 (3,37) −0,06 |
| Post Kommunismus | −0,98 (1,15) −0,17 |  |  | 2,79 (1,83) 0,49 | 3,08 (2,03) 0,53 | 2,93 (1,93) 0,51 |
| $R^2$ Standard-fehler des Schätzers | − − | 0,22 2,64 (25,4% von $\overline{Y}$ ) | 0,16 2,68 (25,7% von $\overline{Y}$ ) | 0,24 2,55 (24,5% von $\overline{Y}$ ) | 0,29 2,57 (24,7% von $\overline{Y}$ ) | 0,24 2,61 (25,0% von $\overline{Y}$ ) |

$*p < 0,10$, $**p < 0,05$, $***p < 0,01$ (zweiseitig); $N = 26$ (ohne Luxemburg)

bilden die bivariaten Analysen, in den Modellen 1 bis 3 wird der stärkste Prädiktor aus den bivariaten Analysen, das Bruttoinlandsprodukt, mit jeweils einem weiteren Prädiktor getestet. Die drei weiteren Regressionsmodelle mit jeweils zwei Prädiktoren ohne Bruttoinlandsprodukt werden hier nicht ausgewiesen, sie erbringen nur schwache und insignifikante Zusammenhänge. Die höchste Erklärungskraft zeigt Modell 3, in den beiden folgenden Modellen 4 und 5 wird es jeweils um einen weiteren Prädiktor ergänzt.[44]

Werden die bivariaten Ergebnisse mit dem Modell 3 verglichen, so fällt auf, dass nach Kontrolle um das Bruttoinlandsprodukt der Einfluss der kommunistischen Vergangenheit die Richtung wechselt, für postkommunistische Länder werden nunmehr höhere $CO_2$-Emissionen vorhergesagt. Die Ursache hierfür ist ein negativer Zusammenhang zwischen kommunistischer Vergangenheit und dem Bruttoinlandsprodukt: In den postkommunistischen Ländern liegt das Bruttoinlandsprodukt im Durchschnitt deutlicher niedriger als in den westlichen Ländern. Dem positiven direkten Zusammenhang zwischen der kommunistischen Vergangenheit und den $CO_2$-Emissionen steht somit ein negativer indirekter Zusammenhang vermittelt über das Bruttoinlandsprodukt gegenüber, der zudem stärker ist als der direkte Zusammenhang. Wie theoretisch postuliert, führt ein höheres Wohlstandsniveau zu mehr $CO_2$-Emissionen, davon unabhängig stoßen postkommunistische Länder tendenziell mehr Kohlendioxid aus als westliche Länder, beispielsweise aufgrund von vergleichsweise veralteten Produktionsstrukturen. Dieser Effekt wird jedoch dadurch verdeckt, dass die postkommunistischen Länder ein niedrigeres Wohlstandsniveau haben.[45]

Die bivariate Schätzung des Zusammenhangs von kommunistischer Vergangenheit und dem $CO_2$-Ausstoß ist somit durch einen *omitted variable bias* verzerrt: Die Erklärungskraft eines relevanten Prädiktors, der nicht in das Erklärungsmodell aufgenommen wurde, schlägt sich in den Koeffizienten der vorhandenen Prädiktoren nieder, die mit ihm korrelieren: „As a consequence, linear regression coefficients are notoriously unstable – even minor changes in the model specification can lead to coefficient estimates that bounce around like a box full of gerbils on methamphetamines" (Schrodt 2010, S. 3). Aus dieser Instabilität können drei

---

[44] Alle weiteren Kombinationen von Prädiktoren und der Vergleich der Analyse mit und ohne den Ausreißer Luxemburg müssten in einer Masterarbeit selbstverständlich im Anhang ausgewiesen werden.

[45] Kontrolliert man den gegenläufigen Effekt der kommunistischen Vergangenheit verdoppelt sich der Effekt des Bruttoinlandsproduktes im Vergleich zu der bivariaten Regression (siehe Modell 3 in Tab. 4.5).

allgemeine Schlussfolgerungen für Regressionen in der makroquantitativen Forschung gezogen werden:

- Es sollten immer mehrere Regressionsmodelle miteinander verglichen werden,
  so dass man die Stabilität der Schätzergebnisse vergleichend beurteilen kann,
  eine Darstellung wie in Tabelle 4.5 erleichtert diesen Vergleich, da die Regressionskoeffizienten und ihre Standardfehler innerhalb einer Zeile abgelesen werden können.
- Absolut unzulässig ist es, auf Basis der bivariaten Regressionen eine Auswahl
  darüber zu treffen, welche Prädiktoren in den multiplen Regressionen getestet
  werden (indem man etwa nur die Prädiktoren mit einem signifikanten bzw. hinreichend starken bivariaten Effekt auswählt). Aufgrund des *omitted variable
  bias* ist es möglich, dass der Effekt einer unabhängigen Variablen nur bei Kontrolle um eine andere unabhängige Variable sichtbar wird.
- Auf keinen Fall sollte eine schrittweise Variablenauswahl durchführen werden,
  da deren Ergebnisse durch die Korrelation der Prädiktoren stark beeinflusst
  werden können.[46]

## 4.3   Logistische Regression

### 4.3.1   Das Modell der logistischen Regression

In den letzten beiden Abschnitten haben wir die lineare Regression vorgestellt, die
den Einfluss der Prädiktoren auf eine metrische bzw. quasi-metrische abhängige
Variable analysiert. Die lineare Regression dient dazu, Hypothesen der Form „je
größer x, desto größer/kleiner y" zu überprüfen. Sie wird für eine große Zahl von
politikwissenschaftlichen Fragestellungen verwendet, stößt jedoch an ihre Grenzen, wenn es darum geht, die Zugehörigkeit eines Falls zu einer Gruppe vorher-
zusagen. Derartige Fragestellungen sind beispielsweise: Nimmt ein Befragter an
einer Wahl teil oder nicht? Hat ein Befragter einen Hochschulabschluss erworben

---

[46] Bei der schrittweisen Variablenauswahl entscheidet das Statistikprogramm über die
Aufnahme von Prädiktoren in das Regressionsmodell. Als Kriterium wird dabei zugrunde
gelegt, ob sich $R^2$ durch die Aufnahme eines Prädiktors signifikant erhöht. Wenn bei der
schrittweisen Variablenauswahl über die Aufnahme einer unabhängigen Variable entschieden wird, die mit einer unabhängigen Variable, die bereits in dem Modell ist, hoch korreliert,
„erhöht sich $R^2$ nur unwesentlich. Denn der größte Teil der ausgeschöpften Varianz wurde
schon im Schritt zuvor berücksichtigt und einseitig einer anderen X-Variable zugerechnet.
Der Vergleich der $R^2$ als Entscheidungskriterium für eine Verbesserung der Schätzung wird
somit unbrauchbar" (Urban und Mayerl 2011, S. 114).

oder nicht?[47] Bei diesen Fragestellungen liegt eine binäre abhängige Variable vor, bei welcher der Wert eins die Zugehörigkeit zu einer Gruppe bzw. den Eintritt eines Ereignisses markiert und der Wert null das Gegenteil. Die Hypothesen haben dann die folgende Form: „Je größer x, desto höher/niedriger ist die Wahrscheinlichkeit, dass y eintritt".[48] Solche Hypothesen werden mithilfe einer binären, logistischen Regression untersucht.[49] Wie bei der linearen Regression wird die Beziehung der unabhängigen zur abhängigen Variable mithilfe einer Gleichung geschätzt. Im Fall der logistischen Regression gibt diese Gleichung an, welchen Einfluss die Veränderung einer unabhängigen Variablen auf die Wahrscheinlichkeit des Auftretens der abhängigen Variablen hat. Diese Wahrscheinlichkeit P(Y = 1) variiert zwischen 0 und 1, zur Berechnung sollte sie allerdings zwischen $-\infty$ und $+\infty$ variieren. Deshalb ist eine zweifache Transformation notwendig, die die Beschränkung des Wertebereichs nach oben und unten aufhebt. Im ersten Schritt wird anstelle der Wahrscheinlichkeit die Chance (englisch: *odds*) berechnet, dazu wird die Wahrscheinlichkeit des Auftretens durch die Gegenwahrscheinlichkeit dividiert:

$$Odds = \frac{P(Y = 1)}{1 - P(Y = 1)}$$

Die Chance stellt somit die Eintrittswahrscheinlichkeit ins Verhältnis zur Gegenwahrscheinlichkeit. Sie ist unserem Alltagsverständnis eher unvertraut, am ehesten ist sie noch aus Sportwetten bekannt.

Anhand der Beispiele in Tabelle 4.6 lassen sich zwei Eigenschaften der Chance verdeutlichen: Die Transformation ist nicht linear, wie sich an den Chancen für eine Wahrscheinlichkeit von 0,90 und 0,99 zeigt. Und die Chance variiert im Bereich von 0 bis $+\infty$, zur Verdeutlichung können Sie ergänzend die Chance bei einer Wahrscheinlichkeit von 0,001, 0,0001, 0,00001 berechnen, sowie bei einer Wahrscheinlichkeit von 0,999, 0,9999 und 0,99999. Um auch die Begrenzung des Wertebereichs nach unten aufzuheben, werden die Chancen logarithmiert (Logit).

$$Logit = \ln\left(\frac{P(Y = 1)}{1 - P(Y = 1)}\right)$$

---

[47] Wir greifen an dieser Stelle wieder auf Beispiele aus der Umfrageforschung zurück, da die Schätzung der logistischen Regression bei kleinen Fallzahlen Probleme bereiten kann (Wenzelburger et al. 2014, S. 64). Wenn die logistische Regression in der makroquantitativen Forschung Verwendung findet, dann in der Regel entweder im weltweiten Vergleich (Hildebrandt 2014) oder im Rahmen einer gepoolten Zeitreihenanalyse (siehe Kap. 5).

[48] Best und Wolf (2010, S. 828 f.) zeigen ausführlich, warum die lineare Regression zur Analyse dieser Fragestellungen nicht geeignet ist.

[49] Zur multinominalen und ordinalen logistischen Regression siehe Urban (1993, S. 75 ff.).

**Tab. 4.6**  Wahrscheinlichkeiten, Chancen und Logits im Vergleich (ausgewählte Beispiele).

| Wahr-scheinlichkeit | 0,01 | 0,10 | 0,20 | 0,50 | 0,80 | 0,90 | 0,99 |
|---|---|---|---|---|---|---|---|
| Chance | 0,01 | 0,11 | 0,25 | 1 | 4 | 9 | 99 |
| Logit | −4,61 | −2,21 | −1,39 | 0 | 1,39 | 2,20 | 4,60 |

Wie aus Tabelle 4.6 ersichtlich führen Wahrscheinlichkeiten unter 50 % bzw. Chancen kleiner 1 zu einem negativen Logit. Die Logits werden nun in der Regressionsgleichung mithilfe einer linearen Kombination von Prädiktoren geschätzt.[50]

$$\widehat{\ln}\left( \frac{P(Y=1)}{1-P(Y=1)} \right) = a + b_1 x_1 + b_2 x_2 + b_3 x_3 \ldots + b_j x_j$$

Die Regressionsfunktion ist somit linear in Bezug auf die Logits aber nicht linear in Bezug auf die Wahrscheinlichkeit (siehe Abb. 4.7): Verändert man eine unabhängige Variable um eine Einheit im Bereich sehr hoher bzw. sehr niedriger Werte, resultiert daraus nur eine geringe Veränderung der bedingten Wahrscheinlichkeit für das Auftreten der abhängigen Variable. Veränderungen im mittleren Wertebereich einer unabhängigen Variable hingegen lösen eine starke Veränderung aus.

Wir wollen das an einem Beispiel verdeutlichen, der Wahrscheinlichkeit einer Stimmabgabe für die CDU in Abhängigkeit von der Selbsteinstufung auf der Links-Rechts-Skala, die von (1 = links) bis (10 = rechts) reicht: Bei der Veränderung von 1 zu 2, bzw. von 9 zu 10 ändert sich die prognostizierte Wahrscheinlichkeit für die Wahl der CDU nur gering, während sie in der Mitte des Spektrums bei einer Veränderung von 5 auf 6 vergleichsweise stark ansteigt. Die logistische Funktion gilt daher als eine realistischere Beschreibung von Wahrscheinlichkeitsverläufen als die lineare Funktion: Bei ihr würde sich die prognostizierte Wahrscheinlichkeit der Stimmabgabe für die CDU mit jeder zusätzlichen Einheit auf der Links-Rechts-Skala um einen konstanten Betrag verändern. Der Nachteil der logistischen Regression besteht darin, dass ihre Ergebnisse nicht sehr anschaulich und intuitiv

---

[50] Konkret wird die Gleichung mithilfe einer Maximum-Likelihood-Schätzung bestimmt, sie „wählt im Zuge einer schrittweisen Annäherung diejenigen Koeffizienten als optimale Schätzwerte aus, die, unter der Annahme sie wären identisch mit den wahren Parametern in der Grundgesamtheit, die beobachteten Stichprobenwerte mit der größten Wahrscheinlichkeit hervorbringen können" (Urban und Mayerl 2011, S. 327).

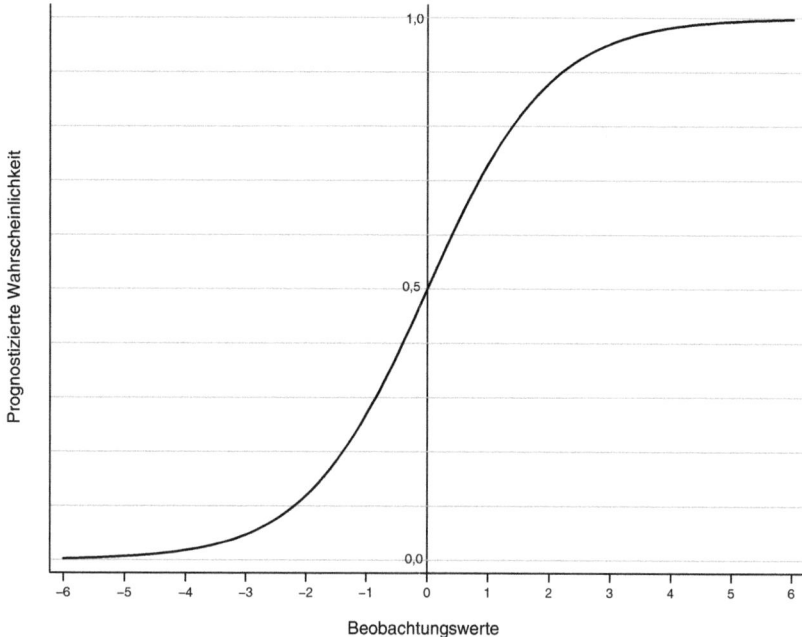

**Abb. 4.7** Logistische Funktionskurve

wenig zugänglich sind.[51] Wie die lineare Regression erfordert sie metrische bzw. quasi-metrische oder binäre, 0/1-kodierte unabhängige Variablen.

## 4.3.2 Die Interpretation der logistischen Regression

Im Folgenden stellen wir die einzelnen Parameter der logistischen Regression anhand einer Analyse der Determinanten der Kriminalitätsfurcht in Ostdeutschland vor. Wir nutzen dazu einen Standardindikator, der periodisch Bestandteil des ALLBUS ist. Im Jahr 2008 antworteten in Ostdeutschland auf die Frage „Gibt es eigentlich hier in der UNMITTELBAREN Nähe – ich meine so im Umkreis von einem

---

[51] Deshalb sollten vorab unbedingt die Zusammenhänge zwischen der abhängigen Variable und den einzelnen unabhängigen Variablen mit einfachen Auswertungen veranschaulicht werden. Für Prädiktoren mit nur wenigen Ausprägungen sind Kreuztabellen geeignet. Für Prädiktoren mit einer höheren Anzahl von Ausprägungen (z. B. Links-Rechts-Selbsteinstufung, Alter in Jahren) bieten sich einfaktorielle Varianzanalysen an (siehe Abschn. 3.4).

Kilometer – irgendeine Gegend, wo Sie nachts nicht alleine gehen möchten?"[52]
225 Befragte (21,2 %) „Ja, gibt es hier" und 835 (78,8 %) „Nein, gibt es nicht".
Zur Erklärung der Kriminalitätsfurcht werden zum einen sozio-demographische
Faktoren herangezogen, die das wahrgenommene Viktimisierungsrisiko und die
wahrgenommenen negativen Konsequenzen einer Viktimisierung als die beiden
Komponenten von Kriminalitätsfurcht erfassen sollen (Kreuter 2002, S. 28 ff.).
Das wahrgenommene Viktimisierungsrisiko ist höher in Großstädten und bei vergleichsweise armen Bevölkerungsgruppen (Pantazis und Gordon 1998). Wir erfassen das mit zwei Dummy-Variablen für Befragte, die in Städten mit mehr als
100.000 Einwohnern leben („Großstadt") und für Personen, die sich bei der Frage
nach der subjektiven Schichteneinstufung zur Unter- bzw. Arbeiterschicht zählen.
Die wahrgenommenen Konsequenzen einer Viktimisierung sind besonders negativ
für alte Menschen (Dummy-Variable „Personen ab 65 Jahren"), da sie verletzlicher
sind, sowie für Frauen, „da sie bei den antizipierten Kosten eines Verbrechens stets
sexuelle Übergriffe mit einkalkulieren" (Kreuter 2002, S. 38) – das gilt umso mehr
bei einer Messung der abhängigen Variable, die auf (nächtliche) Straßenkriminali-
tät fokussiert. Als alternative Erklärung wird die Generalisierungsthese verwendet,
der zufolge die Kriminalitätsfurcht nicht eine spezifische Reaktion auf Krimina-
litätsrisiken ist, sondern eine Projektion allgemeiner Lebensängste (Hirtenlehner
2006). Zur Operationalisierung verwenden wir den in Abschnitt 4.1 vorgestellten
fünfstufigen Anomie-Index sowie eine Dummy-Variable, die fehlendes soziales
Vertrauen erfasst.[53]

Der b-Koeffizient kann im Hinblick auf sein Vorzeichen und auf die Signifikanz
interpretiert werden. Bei einem positiven Vorzeichen führt ein Ansteigen der unabhängigen Variable zu einer höheren Wahrscheinlichkeit für das Vorliegen der abhängigen Variable, bei einem negativen Vorzeichen sinkt diese Wahrscheinlichkeit
beim Ansteigen der unabhängigen Variable: Frauen, Personen, die sich zur Arbei-
ter- oder Unterschicht zählen, 65-Jährige und Ältere, Großstadtbewohner und Befragte ohne soziales Vertrauen haben – wie theoretisch postuliert – mehr Angst vor
Kriminalität als die jeweiligen Referenzgruppen (vgl. Tab. 4.7). Zudem steigt die
Furcht vor Kriminalität mit wachsender subjektiver Anomie, wobei allerdings Anomie und die Schichtzugehörigkeit keinen signifikanten Effekt entfalten.

---

[52] Zur Problematik des Indikators siehe Kreuter 2002, S. 47–51.

[53] Die zugehörige Frage lautet „Manche Leute sagen, dass man den meisten Menschen trau-
en kann. Andere meinen, dass man nicht vorsichtig genug sein kann im Umgang mit anderen
Menschen. Was ist ihre Meinung dazu?" Den Wert 1 erhalten alle, die antworteten „Man
kann nicht vorsichtig genug sein". Mit 0 werden die Antworten „Den meisten Menschen
kann man trauen" und „Das kommt darauf an" erfasst.

Da die Prädiktoren nur auf die Logits einen linearen Effekt haben nicht aber auf die Wahrscheinlichkeiten, kann aus den b-Koeffizienten ohne mathematische Transformation kein Prognosewert abgeleitet werden.[54] Zum Vergleich der relativen Effektstärke eignet sich der b-Koeffizient nur bei Prädiktoren, die gleich skaliert sind. Demzufolge können die b-Koeffizienten der fünf Dummy-Variablen direkt miteinander verglichen werden, es zeigt sich, dass Geschlecht („Frauen") den mit deutlichem Abstand stärksten Effekt auf die Kriminalitätsfurcht hat. Zum Vergleich der Effektstärke unterschiedlich skalierter Prädiktoren wird in der linearen Regression ein standardisierter Regressionskoeffizient berechnet. Dazu wird der b-Koeffizient mit dem Quotienten aus der Standardabweichung der betreffenden unabhängigen Variable und der Standardabweichung der abhängigen Variablen multipliziert ($b*\frac{s_x}{s_y}$). In der logistischen Regression stellt sich das Problem, dass die Logit-Werte nicht empirisch gemessen wurden und infolgedessen ihre Standardabweichung nicht zu berechnen ist (Urban und Mayerl 2011, S. 339). Deshalb werden die Koeffizienten der logistischen Regression nur teilstandardisiert ($b*s_x$). Unterschiedlich skalierte Prädiktoren können anhand der teilstandardisierten Koeffizienten verglichen werden: Je höher die absolute Abweichung von null ist, desto größer ist die relative Effektstärke eines Prädiktors: Anomie hat somit nur einen relativ schwachen Effekt, der in etwa vergleichbar ist mit dem ebenfalls insignifikanten Effekt der Zugehörigkeit zur Unter- bzw. Arbeiterschicht.

**Tab. 4.7** Determinanten der Kriminalitätsfurcht in Ostdeutschland (logistische Regression). (Quelle: Eigene Berechnung auf Basis von ALLBUS 2008)

| | B (SE) | Sig. | Exp(B) | B*sx |
|---|---|---|---|---|
| Frauen | 1,13 (0,17) | *** | 3,11 | 0,57 |
| Arbeiter-/Unterschicht | 0,25 (0,17) | | 1,28 | 0,13 |
| Großstadt | 0,60 (0,18) | ** | 1,82 | 0,26 |
| Personen ab 65 Jahre | 0,51 (0,17) | ** | 1,66 | 0,23 |
| Anomie | 0,13 (0,10) | | 1,14 | 0,12 |
| Fehlendes soziales Vertrauen | 0,49 (0,17) | ** | 1,63 | 0,25 |
| −2 Log Likelihood | 932,18 | | | |
| Chi² | 89,50 | *** | | |
| Nagelkerke Pseudo-R² | 0,14 | | | |

$*p<0,05$, $**p<0,01$, $***p<0,001$ (zweiseitig), $N=971$

---

[54] Wenzelburger et al. (2014, S. 76–82) zeigen, wie sich die bedingten Wahrscheinlichkeiten aus den b-Koeffizienten errechnen lassen und wie sie für die verschiedenen Ausprägungen des Prädiktors graphisch dargestellt werden können. Solche Graphiken bieten sich ergänzend zu der tabellarischen Darstellung für ausgewählte Indikatoren an.

In Tabelle 4.7 werden zusätzlich die Effektkoeffizienten Exp(b) ausgewiesen, sie werden durch die Entlogarithmierung der b-Koeffizienten errechnet. Der Effektkoeffizient beschreibt „die Veränderung der Chance für das Ereignis $Y = 1$, wenn sich im Regressionsmodell ein Prädiktor um eine empirische Einheit erhöht" (Urban und Mayerl 2011, S. 343). Scheinbar bieten sich die Effektkoeffizienten besonders für die Interpretation der Wirkung von Dummy-Variablen an, die ja nur zwei Ausprägungen haben, welche zudem inhaltlich klar definiert sind. Faktisch bedeutet der Effektkoeffizient von 3,11 in Tabelle 4.7, dass das Wahrscheinlichkeitsverhältnis (die Chance) zwischen Kriminalitätsfurcht und der Abwesenheit von Kriminalitätsfurcht bei Frauen 3,11-mal so hoch ist wie bei Männern. Es handelt sich also um „Verhältnisse von Wahrscheinlichkeitsverhältnissen" (Best und Wolf 2010, S. 832), die üblicherweise mit dem englisch Begriff *Odds-Ratios* bezeichnet werden: Da „praktisch niemand ein Alltagsverständnis von Odds hat (geschweige denn von Odds-Ratios) ist zu befürchten, dass sie beim Lesen implizit als Wahrscheinlichkeitsverhältnisse (bzw. als ‚so etwas ähnliches') aufgefasst werden" (Best und Wolf 2010, S. 852). Trotz dieser berechtigten Kritik werden die *Odds-Ratios* üblicherweise berichtet. Wir empfehlen Ihnen das auch zu tun, aber extrem sorgfältig bei der Interpretation vorzugehen.

Um die Güte des gesamten Regressionsmodells zu testen, wird ein Likelihood-Ratio-Test durchgeführt. Der Test überprüft, ob die Modellschätzung mit den Prädiktoren eine signifikant bessere Anpassung an die Daten erzielt als eine Modellschätzung bei der nur die Konstante zur Vorhersage von $P(Y = 1)$ verwendet wird (Nullmodell). Dazu wird die Differenz der $-2$ Log-Likelihood-Werte des Nullmodels und des Prädiktoren-Modells gebildet und einem Chi-Quadrat-Test unterzogen. In Tabelle 4.7 ist diese Differenz hochsignifikant, die Nullhypothese, der zufolge alle im Modell spezifizierten Effekte bedeutungslos sind, kann deshalb mit hinreichender Sicherheit zurückgewiesen werden (Urban und Mayerl 2011, S. 345 ff.).[55] Das $R^2$ nach Nagelkerke schließlich berichtet die prozentuale Verbesserung der Schätzung durch das Prädiktoren-Modell im Vergleich zum Nullmodell. Ein Betrag von 0,14 in Tabelle 4.7 bedeutet somit, dass die Schätzung der Kriminalitätsfurcht um 14 % verbessert werden kann, wenn das Prädiktoren-Modell anstelle des Nullmodells herangezogen wird. Nagelkerkes $R^2$ vergleicht somit nur zwei Regressionsschätzungen und sagt nichts aus über den Anteil (statistisch)

---

[55] In Tabelle 4.7 werden der $-2$ Log-Likelihood-Wert des Prädiktoren-Modells (-2 LL) und die Differenz zum $-2$ Log-Likelihood-Wert des Nullmodells (Chi$^2$) ausgewiesen.

erklärter Varianz. Es wird daher genauso wie das verwandte Cox&Snell $R^2$ als Pseudo-$R^2$ bezeichnet.[56]

**Kommentierte Literaturempfehlung**

Urban, Dieter und Jochen Mayerl. 2011. *Regressionsanalyse: Theorie, Technik und Anwendung.* 4. überarbeitete und erweiterte Auflage. Wiesbaden: VS-Verlag für Sozialwissenschaften.

Jann, Ben. 2006. Diagnostik von Regressionsschätzungen bei kleinen Stichproben. In *Methoden der Sozialforschung. Sonderheft 44 der Kölner Zeitschrift für Soziologie und Sozialpsychologie,* Hrsg. Andreas Diekmann, 421–452. Wiesbaden: VS Verlag für Sozialwissenschaften.

Für die lineare Regressionsanalyse sollte das vorzügliche Buch von Urban und Mayerl konsultiert werden, als Ergänzung für makroquantitative Analysen bietet sich Jann (2006) an.

Hamilton, Lawrence C. 1992. *Regression with Graphics. A Second Course in Applied Statistics.* Belmont (California): Duxburry Press.

In dem Buch von Hamilton finden sich weitere Informationen zum Umgang mit kurvilinearen Zusammenhängen.

Wenzelburger, Georg, Sebastian Jäckle und Pascal König. 2014. *Weiterführende statistische Methoden für Politikwissenschaftler: Eine anwendungsbezogene Einführung mit Stata.* Oldenbourg: De Gruyter.

Brambor et al. 2006. Understanding interaction models: Improving empirical analyses. *Political Analysis* 14 (1): 63–82.

Kam, Cindy D. und Robert J. Jr. Franzese. 2007. *Modeling and Interpreting Interactive Hypotheses in Regression Analysis.* Ann Arbor: The University of Michigan Press.

Als Einstieg in die Berechnung und Interpretation von Interaktionseffekten bietet sich das einschlägige Kapitel aus Wenzelburger et al. an, zur Vertiefung sollten Brambor et al. und Kam und Franzese gelesen werden.

Best, Henning und Christof Wolf. 2010. Logistische Regression. In *Handbuch der sozialwissenschaftlichen Datenanalyse,* Hrsg. Christof Wolf und Henning Best, 827–854. Wiesbaden: VS-Verlag für Sozialwissenschaften.

Zum Einstieg in die logistische Regression empfehlen wir neben Wenzelburger et al. den Aufsatz von Best und Wolf.

---

[56] Häufig wird die Güte des Gesamtmodells auch an dem prozentualen Anteil der korrekt klassifizierten Fälle bemessen. Das ist jedoch ein relativ grober Indikator der Modellgüte, auf den wir hier nicht weiter eingehen (Urban und Mayerl 2011, S. 348).

**Erfahrungsbericht**
**Der Einfluss politischer Faktoren auf den Wandel des Interventionsstaates.**
**Parteieneffekte im Lichte eines neuen Index staatlicher Interventionen in**
**19 OECD-Staaten zwischen 1980 und 2007**

*Fabian Engler*

1. *Vorspann*

Meine Arbeit beschäftigte sich mit wirtschafts- und sozialpolitischen Interventionen in 19 OECD-Staaten zwischen 1980 und 2007. Zu beantworten waren zwei Fragen: Unterliegt der Interventionsstaat als Ganzes einem Wandel? Welchen Beitrag leisten politische Parteien zur Erklärung dieses Wandels?

Die Besonderheit der Arbeit lag erstens in der Erfassung staatlicher Interventionen im Aggregat – in Abgrenzung zur Literatur, die Indikatoren wirtschafts- und sozialpolitischer Staatstätigkeit größtenteils einzeln analysiert. Der Frage der Konstruktion eines Index zur Aggregation solcher Indikatoren kam daher große Aufmerksamkeit zu. Eine zweite Besonderheit lag darin, dass Faktoren einbezogen wurden, die den Effekt von Parteien moderieren. So finden sich in der Literatur Argumente, warum verschiedene politische oder ökonomische Determinanten die Umsetzbarkeit von Parteienpräferenzen erschweren sollten – im Mittelpunkt einer systematischen empirischen Überprüfung standen diese bislang allerdings selten.

Zur Beantwortung der ersten Forschungsfrage wurde auf Basis einer Reihe wirtschafts- und sozialpolitischer Indikatoren ein Index staatlicher Interventionen konstruiert und anschließend dessen Entwicklung deskriptiv analysiert. Die Beantwortung der zweiten Forschungsfrage folgte dem klassischen Verlauf aus theoretischen Argumenten, Vorstellung des methodischen Vorgehens und Diskussion der empirischen Ergebnisse, welcher dem fortgeschrittenen Leser dieses Buches bekannt sein sollte und nicht weiter ausgeführt wird.

2. *Masterarbeit?! – Worüber bloß schreiben?*

Das Thema meiner Arbeit war ein Produkt aus fachlichen Interessen und im Studienverlauf erworbenen Vorkenntnissen. Ausgangspunkt war zum einen die kritische Auseinandersetzung mit einem Vorschlag zur Aggregation staatlicher Interventionen in der Literatur (Höpner et al. 2011) und die eigene Unzufriedenheit mit demselben sowie zum anderen die Parteiendifferenztheorie, die an meinem Studienort Heidelberg einen prominenten Platz einnimmt und die auch mein Studium der Staatstätigkeit westlicher Industrienationen geprägt hat. Da sich das Thema nicht nur mit einer politikwissenschaftlichen Dauerfrage (Do Parties Matter?) beschäftigte, sondern auch die (bislang nicht zufriedenstellend unternommene) Aggregation wirtschafts- und sozialpolitischer Interventionen und deren Verknüpfung mit dieser klassischen Fragestellung zum Ziel hatte, konnte ich an eine Lücke in der existierenden Literatur andocken, wodurch das Thema an wissenschaftlicher Aktualität wie Relevanz gewann. Dies wiederum erleichtert grundsätzlich die ‚Vermarktung' eines Themenvorschlags gegenüber potentiellen Prüfern.

3. *Bearbeitungsverlauf – Besonderheiten und Probleme*

Bei der Bearbeitung nahm die Indexerstellung einen großen Raum ein. Sie war von einem Abwägungsprozess zwischen einem möglichst großen Ländersample innerhalb des gewünschten Untersuchungszeitraums einerseits und einer möglichst breiten Indikatorenpalette andererseits geprägt, wobei ich mich zugunsten einer großen Zahl an Länderfällen entschieden habe. Trotz aller (den Daten mehr oder weniger Gewalt zufügenden) Versuche, Datenlücken zu schließen[57], hatte dies zur Folge, dass aufgrund zu umfangreicher Lücken im Quer- und/oder Längsschnitt auf mehrere theoretisch relevante Indikatoren verzichtet werden musste. Der Anspruch, mit dem Index wirtschafts- und sozialpolitische Interventionen vollständig zu erfassen, wurde somit nicht vollumfänglich eingelöst.

Dass solch folgenschwere Entscheidungen immer auch Einfallstore für Kritik von Seiten der Prüfer bieten, steht außer Frage. In meinem Fall war dies Kritik an der Validität der Indexzusammensetzung. Dieser wurde versucht zu begegnen, indem zum Teil weniger valide Alternativen zu fehlenden Indikatoren verwendet wurden und indem zu Vergleichszwecken eine zweite Indexversion konstruiert wurde, die die zuvor fehlenden Indikatoren berücksichtigte – mit der Folge des zurückgestellten Anspruchs auf vollständigen Untersuchungszeitraum und großes Ländersample.[58] Alle erwartbare Kritik an gewichtigen Entscheidungen entlässt den Leser jedoch nicht aus der Verantwortung, auch in der Niederschrift der eigenen Arbeit offen mit Abwägungsprozessen und Problemen umzugehen, schließlich selbstständig Entscheidungen zu treffen und Lösungsversuche zu unternehmen und diese wiederum nachvollziehbar nach außen zu begründen.

Außerdem ein Hinweis zur Konstruktion des Index: Im Unterschied zur in der Literatur gängigen Datenstandardisierung mittels z-Transformation wurde aus

---

[57] Zum Schließen solcher Lücken wurde im Falle eines einzelnen Länderjahres mit dem Mittelwert aus Vor- und Folgejahr gearbeitet, bei mehreren Jahren wurde zwischen dem letzten und dem nächsten vorhandenen Datenpunkt linear interpoliert und in einem Fall mussten unter der Annahme, dass ein Land dem durchschnittlichen Ländertrend folgt, für die fehlenden ersten zehn Jahre des Zeitraums die Daten einer Variable für ein Land zurückgerechnet werden.

[58] Die erste Version des Index umfasste folgende Indikatoren: Indikatoren zur Produktmarktregulierung, Subventionsquote, Lohnersatzraten des Arbeitslosengeldes und der Rente sowie öffentliche Gesundheitsausgaben. Die zweite Version ergänzte diese Indikatoren um Daten zum Umfang öffentlichen Unternehmertums sowie des Kündigungsschutzes.

Gründen der besseren Interpretierbarkeit eine einfache Veränderung des Wertebereichs bevorzugt. Die Daten jedes Indikators wurden so standardisiert, dass jeweils ein empirischer Wertebereich von 0 bis 100 vorlag, wobei hohe Werte immer ein hohes Ausmaß staatlicher Interventionen abbildeten. Anschließend erfolgte die Aggregation der Daten, indem für jeden Länderjahr-Datenpunkt das ungewichtete Mittel aller standardisierten Indikatorenwerte berechnet wurde.

Zur Erfassung der theoretischen Argumente zu konditionalen Effekten wurde mit multiplikativen Interaktionstermen gearbeitet (vgl. z. B. Brambor et al. 2006). Hierfür waren neue Variablen zu erstellen, die jeweils das Produkt des Indikators einer Parteienfamilie und des Indikators einer konditionierenden Variable darstellten. Um die konditionalen Effekte angemessen zu interpretieren, wurden diese nach Schätzung der Regressionen graphisch aufbereitet. Besonders sinnvoll ist hierbei die Darstellung des marginalen Effekts des einen konstituierenden Terms in Abhängigkeit vom Niveau des anderen Terms.[59] Diese Darstellungsweise ist ungleich intuitiver als der bloße Blick auf den Regressionsoutput und erlaubt es sehr viel besser, Aussagen über die Gültigkeit eines theoretischen Arguments zu treffen.

Eine weitere Besonderheit war die eher ungewöhnliche Untersuchungseinheit: Während weite Teile der Literatur Länder oder Länderjahre analysieren, wurden Regierungen als Untersuchungseinheiten verwendet, wobei immer dann eine neue Regierung kodiert wurde, wenn sich die parteipolitische Zusammensetzung einer Regierung geändert hatte.[60] Aus der Entscheidung für diese Untersuchungseinheit resultierten zwei Probleme: Erstens die ungleiche Gewichtung einzelner Länder und einzelner Regierungen. So fanden sich im Datensatz Unterschiede, die von zwei bis zehn Regierungen je Land und die von zwei bis 24 Jahren Regierungsdauer reichten. Mit diesem Problem musste jedoch gelebt werden, da es der bewussten Entscheidung für Regierungen und gegen Länder(-jahre) als Untersuchungseinheit geschuldet war. Zweitens ist das Problem der Verletzung einer zentralen Annahme des OLS-Regressionsverfahrens, die Unabhängigkeit der Untersuchungsfälle, zu nennen. So ist davon auszugehen, dass Regierungen innerhalb eines Landes eben nicht unabhängig

---

[59] Als empfehlenswerte haben sich die Anleitungen und Hinweise von Matt Golder erwiesen: https://files.nyu.edu/mrg217/public/interaction.html.

[60] Auf den Wechsel des Regierungschefs oder Parlamentswahlen als weitere, in der Literatur bekannte Kriterien zur Abgrenzung von Regierungen wurde verzichtet. Beide erschienen für das Forschungsinteresse der Analyse von Parteieneffekten als weniger geeignet. So wäre bei jedem Regierungschefwechsel oder nach jeder Parlamentswahl eine neue Regierung zu zählen, obwohl die parteipolitische Regierungszusammensetzung möglicherweise konstant bliebe.

voneinander sind. Diesem Problem wurde dadurch versucht zu begegnen, dass die Regressionsmodelle zum Teil um Länderdummies ergänzt wurden, um Länderspezifika zu erfassen.

Der Vollständigkeit wegen folgen allgemeine Hinweise zum methodischen Vorgehen: Bei den Regressionsmodellen handelte es sich um einen Querschnitt im OLS-Verfahren, der über alle Regierungen berechnet wurde. Jedes Modell umfasste einen Interaktionsterm, dessen konstituierende Terme, eine Reihe von Kontrollvariablen sowie zum Teil Länderdummies. Außerdem wurden in den Modellen mit Länderdummies über die Länderfälle geclusterte Standardfehler (vgl. z. B. Arellano 1987) und ansonsten robuste Standardfehler verwendet.

4. *Die unfertige Arbeit anderen zeigen?! – Raus aus dem Elfenbeinturm!*
Natürlich ist es möglich, sich mit den genannten Schwierigkeiten in sein Zimmer einzuschließen und alleine grübelnd nach Lösungen zu suchen. Wissenschaftliches Arbeiten konstituierend ist aber immer auch die diskursive Auseinandersetzung über die eigene Forschung mit anderen. Dies ist eigentlich eine Selbstverständlichkeit, ist jedoch den eher unsicheren Zeitgenossen unter den Lesern ebenso in Erinnerung zu rufen wie den notorischen Perfektionisten.

Gerade weil ich selbst wohl zur letztgenannten Gruppe gezählt werden muss und meine Arbeit erst sehr spät in Kolloquien vorgestellt habe, möchte ich diesen Punkt prominent machen. Sicherlich ist nicht jeder Hinweis aus einer Kolloquiumsaussprache sinnvoll oder gar notwendig für das Gelingen der Arbeit, nichtsdestotrotz liefern sie zuweilen wichtige Anregungen zur Lösung angesprochener Probleme und für die Nachvollziehbarkeit des Arbeitsaufbaus insgesamt. Ich selbst durfte außerdem die Erfahrung machen, dass die härtesten Kritiker manchmal nicht in Kolloquien sitzen, sondern dass es ausgewiesene Fachmänner (und -frauen) unter meinen Kommilitonen waren, die in langen Gesprächen und auch im privaten Beisammensein ihre Finger tief in die skizzierten Wunden legten. Auch diese Form der Zurdebattestellung der eigenen Arbeit lohnt es sich zu ergreifen, wann immer Gelegenheit dazu besteht.

5. *Abspann*
Um die Vorstellung der Masterarbeit zunächst inhaltlich abzurunden: Die Beantwortung der beiden Fragestellungen war vom fachtypischen ‚Ja, aber' geprägt. Ja, der Interventionsstaat befindet sich im Wandel, gekennzeichnet durch einen Rückzug des Staates. Aber, der Blick auf eine niedrigere Aggregationsebene zeigte zugleich, dass die Entwicklungspfade von Wirtschafts- und Sozialpolitik uneinheitlich verlaufen. Und ja, politische Parteien liefern einen Erklärungsbeitrag für diesen Wandel, wenngleich ihr Effekt allen voran von institutionellen Schranken, der Fragmentierung innerhalb der Regierung und wirtschaftlicher Globalisierung konditioniert wird. Aber, dies gilt nicht für alle Parteienfamilien,

sondern es sind ganz maßgeblich Parteien konservativer Provenienz, die den Wandel des Interventionsstaates systematisch mitgestalten.

Die vorangegangene Diskussion meiner Erfahrungen lässt sich sodann in drei Ratschlägen für jeden Studenten in der Planungs- und Bearbeitungsphase seiner Masterarbeit kondensieren:

*Ratschlag (1)*: Lassen Sie sich bei der Suche nach einem Thema von einer ausgewogenen Mischung aus Leidenschaft (Interesse) und Pragmatismus (Vorkenntnisse) leiten!

*Ratschlag (2)*: Legen Sie beim Auftreten von Problemen – seien sie nun technischer oder welcher Natur auch immer – Offenheit und Pragmatismus an den Tag! Zeigen Sie, dass Sie sich der Schwächen bewusst sind, gehen Sie zugleich aber auch selbstständig damit um, begründen Sie Ihr Vorgehen und vertreten Sie dieses schließlich selbstbewusst nach außen!

*Ratschlag (3)*: Verstecken Sie sich mit der eigenen Arbeit nicht im Elfenbeinturm, sondern stellen Sie Struktur wie Inhalt bereits im Frühstadium zur Diskussion!

Sind diese Ratschläge eingehalten, so ist mein abschließendes Plädoyer: Gelassenheit! Wichtige Voraussetzungen für das Gelingen der Masterarbeit sind erfüllt und – ungeachtet der alltäglich auftretenden kleinen Widrigkeiten – sollte dem erfolgreichen Abschließen der Arbeit nichts mehr im Wege stehen.

**Erfahrungsbericht**
**Politische Bestimmungsfaktoren ökonomischer Ungleichheit in Latein-
amerika**

*Romy Escher*

Lateinamerika zeichnet sich seit Beginn der statistischen Aufzeichnungen
im weltweiten Vergleich, neben Subsahara Afrika, als diejenige Region mit der
höchsten ökonomischen Ungleichheit aus (vgl. Lustig et al. 2013, S. 129). Allerdings bestehen Niveau-Unterschiede zwischen den Ländern Lateinamerikas
(vgl. Barozet 2011, S. 7). In meiner Masterarbeit habe ich mich damit beschäftigt, inwiefern diese auf unterschiedliche Politiken der Regierungen in Bezug
auf die Umverteilung von Einkommen zurückzuführen sind. Es liegen nur begrenzt Daten zu den Sozialpolitiken lateinamerikanischer Regierungen vor.
Deshalb habe ich theoretische Ansätze herangezogen, die sich mit der Erklärung von Politikinhalten beschäftigen. Ich habe auf die politisch-institutionalis-
tische Theorie und die Machtressourcentheorie Bezug genommen, da sie sich
zur Erklärung der Niveau-Unterschiede ökonomischer Ungleichheit zwischen
den Industrieländern empirisch bewährt haben. Innerhalb dieser und anschließend an die Resultate bisheriger empirischer Arbeiten zur Fragestellung (vgl.
Huber und Stephens 2012; Huber et al. 2006) können der politische Regimetyp im Sinne eines Demokratie-Autokratie-Vergleichs und die relative Stärke
linker Parteien als politische Determinanten staatlicher Umverteilung herausgearbeitet werden. Deshalb habe ich in meiner Analyse primär diese beiden
Erklärungsfaktoren für die Varianz der ökonomischen Ungleichheit[61] zwischen
den Ländern Lateinamerikas betrachtet.

Zur Beantwortung der Fragestellung wurden lineare Regressionen berechnet. Untersuchungsfälle sind die Länder Lateinamerikas. Abhängige Territorien
und Länder mit weniger als 500.000 Einwohnern wurden nicht in die Grundgesamtheit aufgenommen. Es ist anzunehmen, dass die staatlichen Autoritäten
abhängiger Gebiete im Vergleich zu den Regierungen unabhängiger Staaten in
ihrem Handlungsspielraum erheblich eingeschränkt sind. Zudem wird argumentiert, dass sich politische Prozesse in sehr kleinen Ländern erheblich von
denen in anderen Ländern unterscheiden (vgl. Katzenstein 2003, S. 10). Die
verbliebenen Länderunterschiede in Bezug auf die Bevölkerungsgröße wurden
durch die Aufnahme dieser Variable als Kontrolle in den Regressionsmodellen
berücksichtigt. Der Untersuchungszeitraum wurde aufgrund der Datenverfüg-

---

[61] Die abhängige Variable ökonomische Ungleichheit habe ich als die Höhe der Ungleichheit in der Verteilung des verfügbaren Einkommens zwischen den Individuen in einem Land
definiert.

barkeit auf 1980 bis 2008 festgelegt. Da ich von einem langfristigen Effekt des politischen Regimetyps und der relativen Stärke linker Parteien auf die ökonomische Ungleichheit ausgegangen bin, habe ich die langfristigen Durchschnittswerte der Indikatoren über den gesamten Untersuchungszeitraum verwendet. Seit Ende der 1990er haben sich die Ansichten vieler linker Parteien in Lateinamerika bezüglich des angemessenen Verhältnisses zwischen Staat und Markt zur Steuerung der Wirtschaft grundlegend verändert. Während den 1980ern und 1990ern teilten sie den Washingtoner Konsensus, demzufolge staatliche Eingriffe in die Wirtschaft dysfunktional für wirtschaftliches Wachstum sind, welches langfristig zur Reduktion der Ungleichheit beitragen würde (vgl. Roberts 2012, S. 8). Dagegen vertreten sie seit Ende der 1990er die Position, dass Ungleichheit ein Ergebnis von Marktversagen ist und der Staat zu ihrer Reduktion redistributiv in Wirtschaftsprozesse eingreifen muss (vgl. Roberts 2012, S. 13, 18; Roberts et al. 2007, S. 10). Damit kann erwartet werden, dass linke Parteien während den 1980ern und 1990ern weniger redistributiv tätig waren als seit Ende der 1990er. Anhand wiederholter Querschnittsregressionen der Durchschnittswerte des Zeitraums von 1980 bis 1997 und des Zeitraums von 1998 bis 2008 habe ich die Abhängigkeit des Effekts der relativen Stärke linker Parteien von ihren wandelnden ideologischen Positionen getestet.

Kriterien zur Auswahl der Daten waren die Datenverfügbarkeit und -vergleichbarkeit für alle Länder der Grundgesamtheit im Untersuchungszeitraum. Dafür wurden Daten internationaler Organisationen – UNCTAD-STAT und Weltbank – und internationaler Forschungsprojekte – Huber et al. (2012) und Solt (2009) – verwendet. Zur Messung ökonomischer Ungleichheit habe ich auf den Gini-Index zurückgegriffen (0 – größtmögliche Gleichheit – bis 1 – größtmögliche Ungleichheit in der Einkommensverteilung), der auch in den meisten anderen Arbeiten zum Thema Verwendung findet (vgl. Mills 2009, S. 2; Solt 2009, S. 234). Da Gini-Daten aufgrund unterschiedlicher Einkommensdefinitionen und unterschiedlicher Bezugseinheiten selten zwischen Ländern und teilweise auch nicht innerhalb von Ländern über die Zeit vergleichbar sind, wurden die standardisierten Gini-Daten von Solt herangezogen (vgl. Solt 2009, S. 233). Da eine dichotome Kodierung in Demokratie bzw. Autokratie nicht für alle Länder über den gesamten Untersuchungszeitraum möglich ist, habe ich den politischen Regimetyp mittels des aggregierten Freedom-House-Index operationalisiert. Für die Länder Lateinamerikas liegen keine genauen Angaben über die Kabinettssitzanteile der Regierungsparteien vor. Deshalb bin ich auf Parlamente ausgewichen und habe dort die Präsenz linker Parteien betrachtet. Es kann davon ausgegangen werden, dass rechte Parteien in Parlament und Regierung den Sozialpolitiken linker Parteien entgegenwirken. Um dies zu berücksichtigen wurde der ‚Legislative Partisan Balance of Power' Index nach Cusack und Fuchs (nach Huber et al. 2006, S. 954) verwendet. Zur Indexbildung werden die prozentualen Sitzanteile linker Parteien mit einer positiven Zahl gewichtet – linke Parteien mit ‚1' und Zentrum-Links Parteien mit ‚0,5' – und die relativen Sitzanteile rechter Parteien mit einer negativen Zahl – rechte Parteien mit ‚−1' und Zentrum-Rechts Parteien mit ‚−0,5'. Der Indexwert ergibt sich aus der Summe der gewichteten prozentualen Sitzanteile linker und rechter Parteien im Parlament. Je höher der Indexwert, desto mehr überwiegen im Parlament linke im Vergleich zu rechten Parteien. Für die Kontrolle ökonomischer und demographischer Erklärungsfaktoren, die alternative Erklärungsansätze ökonomischer Ungleichheit identifizieren und/oder sich in bisherigen empirischen Arbeiten bewährt haben, wurden weitgehend die Standardindikatoren verwendet.[62] Ein Problem war die Datenverfügbarkeit. Daher wurden vor der Aggregation der Daten der Indikatoren anhand des Mittelwerts für die Untersuchungszeiträume Datenschätz- und -ersatzverfahren angewendet. Es wurde nach Roller (2005, S. 143 f.) vorgegangen: Fehlende Werte zwischen zwei Messzeitpunkten wurden anhand einer linearen Regression geschätzt (1). Bei fehlenden Werten eines Falles – am Beginn oder am Ende des Gesamtuntersuchungszeitraums eines Indikators – wurde der langfristige Trend des Falles anhand einer linearen Regression ermittelt und die fehlenden Werte auf Basis dieser Regression geschätzt (2). Fehlt ein Indikator für ein Land komplett, oder liegt nur ein einziger Messzeitpunkt für ein Land vor wurde der Mittelwert aller Länder, für die Daten verfügbar sind, verwendet (3).

Aufgrund der Fallanzahl (N = 24) habe ich den Effekt des politischen Regimetyps und des relativen Anteils linker Parteien im Vergleich zu rechten Parteien im Parlament zunächst anhand von bivariaten Regressionen analysiert. Vor Berechnung der multivariaten Regressionen wurde zur Kontrolle auf Multikollinearität die Höhe der bivariaten Korrelationen der Prädiktoren berechnet. In multivariaten Regressionen wurde dann im paarweisen Vergleich mit den ökonomischen und demographischen Kontrollvariablen die Stabilität der bivariaten Effekte des politischen Regimetyps und des Anteils linker Parteien im Vergleich zu rechten Parteien im Parlament analysiert. Die bi- und multivariaten Regressionsmodelle wurden jeweils für die Länderdurchschnitte ökonomischer Ungleichheit von 1980 bis 1997 und von 1998 bis 2008 gerechnet. Die Regressionsmodelle wurden auch unter Ausschluss von potentiell einflussrei-

---

[62] BIP pro Kopf, Bevölkerungswachstum, relativer Anteil von Personen mit weiterführendem Schulabschluss an allen Personen im offiziellen Schulalter, relativer Anteil kumulierter ausländischer Direktinvestitionen am BIP, relativer Anteil von Exporten und Importen am BIP.

chen Fällen[63] berechnet. Auf Basis der Regressionsmodelle wird vorläufige Bestätigung dafür gefunden, dass der politische Regimetyp und der relative Anteil
linker Parteien im Parlament neben ökonomischen und demographischen Faktoren zur Erklärung ökonomischer Ungleichheit in Lateinamerika beitragen: Je
höher der Demokratiegrad und je höher der Anteil linker Parteien im Vergleich
zu rechten Parteien im Parlament, desto geringer die Ungleichheit. Die Resultate sind weitgehend auch nach dem Ausschluss von Ausreißern stabil. Sie sind
allerdings periodenspezifisch. Für den Zeitraum von 1980 bis 1997 wird ein
negativer Effekt des Demokratiegrads auf Ungleichheit festgestellt, nicht aber
für den Zeitraum von 1998 bis 2008. Dies ist erwartbar, da in dem Zeitraum von
1998 bis 2008 fast alle Länder Lateinamerikas als mindestens elektorale Demokratien bezeichnet werden können. Es wird für den Zeitraum von 1998 bis 2008
ein signifikanter negativer Effekt des relativen Anteils linker Parteien im Vergleich zu rechten Parteien im Parlament auf Ungleichheit festgestellt. Für den
Zeitraum von 1980 bis 1997 können dagegen keine Parteieneffekte festgestellt
werden. Dies entspricht der theoretischen Erwartung, dass linke Parteien in den
1980ern und 1990er Jahren weniger redistributive Politiken verfolgt haben als
seit dem Ende der 1990er Jahre.

---

[63] Es wurden Fälle ausgeschlossen, deren Residuum +/−2 Standardabweichungen von der
Regressionsfunktion entfernt liegt. Ebenfalls ausgeschlossen wurden Fälle mit standardisierten DFBETA-Werten größer als +/−1, Fälle mit einem Cooks'D größer +/−1 sowie Fälle mit
einem Leverage-Indexwert größer als 3k/N (k – Anzahl der Prädiktoren, N – Fallanzahl).

# Regressionsanalyse gepoolter Zeitreihen

**5**

## Frieder Wolf

Sofern es die Datenverfügbarkeit[1] zulässt, und wenn ein theoretisches Interesse an Zusammenhängen über Raum und Zeit hinweg (also an der Querschnitts- ebenso wie an der Längsschnittsvariation) besteht, kommt auch die – zumindest vermeintliche – Königsdisziplin der Makro-Regressionen in Betracht, die Analyse gepoolter Zeitreihen.[2] Sie ist auch unter dem Kürzel TSCS (time-series cross-section)

---

[1] Viele Anbieter von politikwissenschaftlich interessanten (Makro-)Daten stellen diese leicht zugänglich im entsprechenden Format zur Verfügung. Doch Vorsicht! Gefahren lauern in bzw. hinter den technischen Erläuterungen. Häufig bestehen methodologische Brüche in der Erfassung der Daten, sodass beispielsweise die Arbeitslosenquoten für 1993 nicht unmittelbar mit denen für 1998 vergleichbar sind. Das muss uns nicht zwingend von der Analyse dieser Daten abhalten, sollte uns aber für die „statistische Hypothese" (vgl. Wolf 2006, S. 88 ff.) sensibilisieren, der zufolge die jeweilige Variation nicht unmittelbar die Realität abbildet, sondern zumindest teilweise von unseren Messverfahren abhängt. Insofern wir Hinweise darauf haben, dass diese Messprobleme systematische Komponenten aufweisen, können diese evtl. als weitere erklärende Variablen in unsere Modelle aufgenommen werden (im Falle von Wolf 2006 ging es etwa um den Effekt des Beamtenanteils an den Lehrkräften auf systematisch unterschätzte Bildungsausgaben). Ein weiteres Problem stellt der Umgang mit Datenlücken dar. Oft wird hier die lineare Intrapolation empfohlen, d. h. das Auffüllen der Lücken mit dem arithmetischen Mittel aus dem Datenpunkt vor und nach der Lücke. Während einer der Autoren des vorliegenden Bandes gesteht, dies auch schon so gehandhabt zu haben (selbstverständlich unter Nennung der entsprechenden Lücken sowie des Verfahrens in einer Fußnote), wird damit ein Teil der Linearität, die die Regressionsmodelle dann später feststellen, überhaupt erst künstlich erzeugt.

[2] An dieser Bezeichnung ist abzulesen, dass die Methode aus den Wirtschaftswissenschaften in die Politikwissenschaft gelangt ist, war Erstere doch primär weitaus stärker an Längsschnitten interessiert und begann dann, diese zu poolen, während die meisten politikwis-

© Springer Fachmedien Wiesbaden 2015
A. Hildebrandt et al., *Methodologie, Methoden, Forschungsdesign*
DOI 10.1007/978-3-531-18993-2_5

bekannt und wird zuweilen auch unter dem Rubrum ‚Panel-Analyse'[3] abgehandelt. Im Folgenden stellen wir zunächst ihr Grundprinzip vor, diskutieren dann die Modellauswahl[4] und stellen schließlich Ideen dazu vor, wie diese eher anspruchsvolle und zeitaufwändige Methode für eine Master-Arbeit realistischerweise in Frage kommt. Im Anschluss daran wird exemplarisch eine mögliche Anwendung der Makroregression über Raum und Zeit im Erfahrungsbericht von Tobias Rommel vorgestellt, der diese Methode in seiner Masterarbeit verwendet hat. Zuvor sei aber festgehalten, dass bivariate Korrelationen sowie multivariate Regressionen (siehe Kap. 4) der einzelnen den Pool konstituierenden Quer- oder auch Längsschnitte eine ideale Vorstufe zu gepoolten Analysen darstellen, da man mithilfe Ersterer ein Gefühl[5] für den Datensatz gewinnen und die Verteilung der Gesamtvariation und ihrer Erklärung auf die räumliche und die zeitliche Dimension besser einschätzen kann, was für die gepoolten Analysen sehr hilfreich sein kann.

## 5.1  Grundprinzip

Eine schöne Zusammenfassung des Potenzials gepoolter Analysen liefert Stimson (1985, S. 916):

> Pooling data gathered across both units and time points can be an extraordinarily robust research design, allowing the study of causal dynamics across multiple cases, where the potential cause may even appear at different times in different cases. Many of the possible threats to valid inference are specific to either cross-sectional or time-serial design, and many of them can be jointly controlled by incorporating both space and time into the analysis. As students of research design, we must appreciate pooled designs.

Der besondere Reiz der Analyse gepoolter Zeitreihen lag für viele Anwender überdies zunächst in der weitaus größeren Zahl von Freiheitsgraden, die die Möglich-

---

senschaftlichen Fragestellungen analytisch ursprünglich von der Querschnittsdimension ausgingen.

[3] In einem typischen Panel werden allerdings sehr viele (oft $N > 1000$) Befragte in wenigen (oft $T < 5$) Wellen befragt, sodass die Übertragung des Begriffs auf gepoolte Makro-Analysen eher missverständlich ist, da bei diesen vergleichsweise wenige Fälle (oft 15–30) über einen langen Zeitraum (z. B. 20–50 Jahre) betrachtet werden.

[4] Die oben in Kap. 4 diskutierten dichotomen Modelle sind selbstverständlich grundsätzlich ebenso in gepoolten Designs anwendbar wie die in Kap. 6 vorgestellte Mehrebenenanalyse. Diese Varianten werden hier aber nicht eigens besprochen.

[5] Wem dies ein zu weicher Begriff ist, der mag von einem Grundlageneindruck sprechen. Doch die wenigsten Anwender quantifizierender Methoden können jeden explorativen Zwischenschritt ihrer Analysen anders als mit Intuition begründen.

keit zur Analyse umfangreicherer und komplexerer Regressionsmodelle versprach. Doch dies erwies sich alsbald als ein *mixed blessing*, und zwar in zweierlei Hinsicht: Zum einen potenziert sich dadurch das von Sala-i-Martin (1997) in seinem auch mit dem Titel zitierwürdigen Artikel „I Just Ran Two Million Regressions" am Beispiel der Erklärungsfaktoren des Wirtschaftswachstums demonstrierte Problem der Eingrenzung der geeigneten Modellspezifikation im Hinblick auf die Kombination der zahlreichen in der Theoriedebatte vorgeschlagenen potenziell erklärungskräftigen Größen. Das größte Problem dabei ist, dass mit der Inklusion oder Exklusion einzelner Variablen oft die Werte von anderen sprunghaft variieren (Sala-i-Martin 1997, S. 178). Unterstrichen wird durch diese Erkenntnis die Notwendigkeit, sich nicht auf ein Modell allein zu kaprizieren, sondern die Robustheit der Ergebnisse für die einzelnen erklärenden Größen in verschiedenen Modellspezifikationen zu überprüfen.[6] Zum anderen erhöht die Pool-Struktur der Daten die Gefahr, dass Grundannahmen der Regressionsanalyse verletzt werden, was zu verzerrten oder ineffizienten (Schätz-)Ergebnissen führen kann.[7] Nun hält sich weder die Realität selbst noch ihre messtechnische Erfassung kaum je an diese rigiden Anforderungen (siehe auch die grundsätzliche Diskussion der Gauss-Markov-Annahmen in Kap. 3 und 4). Von daher ist die in der Praxis interessierende Frage nicht diejenige, ob solche Verletzungen vorliegen, sondern diejenige, ab welcher Schwere der Verletzung neben der selbstverständlichen möglichst genauen Offenlegung und Abschätzung dieser Probleme entweder Schritte zur Behandlung derselben nötig sind oder die Ergebnisse keine hinreichende Belastbarkeit mehr aufweisen und daher zum Theorientest unbrauchbar sind. Letzteres wird zumindest nicht so oft der Fall sein, dass die Befassung mit der Methode nicht mehr lohnte. Doch diejenigen modelltechnischen Anpassungen, die zum Umgang mit Annahmeverletzungen in gepoolten Designs vorgeschlagen worden sind und im folgenden Unterkapitel diskutiert werden, zehren oft den durch das Poolen erzielten Zugewinn an Freiheitsgraden wieder auf, und sie führen häufig auch dazu, dass eine anders akzentuierte Fragestellung als die ursprüngliche beantwortet wird. Dadurch vergrößern sie die Lücke zwischen theoretischem und statistischem Modell zuweilen erheblich.

Warum wir dennoch die gepoolte Zeitreihenanalyse für eine lohnenswerte Methode halten? Weil auf ihrer Basis zumindest in Bezug auf manche Forschungsfra-

---

[6] Zudem plädiert Sala-i-Martin mit einigem Recht dafür, Robustheit bzw. Nicht-Robustheit nicht als binäre Kategorien zu sehen, sondern graduell zu verstehen. Zur Bedeutung von Robustheitsanalysen siehe auch Kittel (2003, S. 392).

[7] „One doesn't need pooled data to violate either the constant variance or uncorrelated error assumptions, but it clearly increases the likelihood of violation. Two particular violations are likely to accompany stacked pooled data. The cases, first, are not independent along the time dimension within units. [...] Second, a particular form of heteroscedasticity is inherent in stacked pooled data. For a variety of reasons [z.B. Größenunterschiede], some units are inherently more variable than others at all times" (Stimson 1985, S. 918 f.).

gen höchst aufschlussreiche Aussagen über räumliche und zeitliche Manifestationen von Kausalverhältnissen möglich werden, die anderweitig nicht zu erschließen sind. Vorab für sich klären sollte jeder Anwender den eigenen Anspruch an seine Analysen: Wer Rückschlüsse auf (tatsächliche oder hypothetische) übergeordnete Grundgesamtheiten oder sonstige Generalisierungen auf andere Kontexte anstrebt, muss im Hinblick auf die asymptotischen Eigenschaften bzw. die Verletzung von damit korrespondierenden Grundannahmen strikter vorgehen als derjenige, der Freedmans Charakterisierung von Regressionsanalysen als „helpful summaries of the data" (zitiert aus Shalev 2005, S. 10) teilt. Shalev nennt Letzteres an gleicher Stelle eine ‚Herangehensweise niedriger Erwartungen'; damit ist der Versuch gemeint, herauszufinden, was über die Tendenzen im Datensatz gesagt werden kann, und dass offen gelegt wird, welche Unsicherheiten verbleiben. Wir Autoren des vorliegenden Bandes verhehlen nicht eine gewisse Sympathie für diese Grundhaltung, wollen Sie als Leser aber nicht von höheren Ambitionen abhalten, sondern Ihnen im Folgenden *en passant* Hinweise darauf geben, was Sie berücksichtigen müssen, wenn Sie diese einlösen wollen.[8]

## 5.2   Welches Modell?

### 5.2.1   Das ‚fully pooled model'

Ausgangspunkt von gepoolten Regressionsanalysen ist in der Regel das sogenannte ‚fully pooled model' (gegebenenfalls in verschiedenen Variationen der inkludierten erklärenden Variablen) für die Bestandsgrößen[9]:

---

[8] Verschiedene Autoren bieten oder diskutieren sogenannte Poolbarkeitstests (vgl. Hsiao 1986, S. 11; Hsiao und Sun 2000, S. 181 ff.; Kittel und Winner 2002, S. 3; Maddala und Hu 1995). Im Grunde geht es dabei immer um die Frage, ob die Heterogenität innerhalb des potenziellen Pools so groß ist, dass die Berechnung einheitlicher Koeffizienten nicht mehr als erhellend gilt. Während die Befassung mit den in diesem Literaturstrang vorgetragenen Argumenten sicher das eigene Nachdenken über die Entscheidung für oder gegen das Poolen befruchten kann, sollte diese Entscheidung unseres Erachtens nicht zumindest nicht alleine vom Ergebnis eines solchen eher holzschnittartigen Tests bzw. der damit begründeten binären Konvention abhängig gemacht werden

[9] Dabei bezeichnet $y$ die abhängige Variable, a den y-Achsenabschnitt (vulgo die Konstante), b den Vektor der partiellen Regressionskoeffizienten (b in der unstandardisierten, ß in der standardisierten Version), $X$ die Matrix der erklärenden Variablen und e den Vektor der Residuen (vulgo Stör- oder Fehlerterm, also die Abweichung der Vorhersagewerte des Modells von den tatsächlich gemessenen Datenpunkten). Die Subskripte i durchlaufen die Fälle von 1 bis $N$, die Subskripte t die Perioden von 1 bis $T$. (Man beachte, dass ein nicht kursiv gesetztes

$$y_{i,t} = a + bX_{i,t} + e_{i,t} \qquad (5.1)$$

Dessen Koeffizienten werden in der Regel mit dem OLS-Verfahren (OLS steht für ordinary least squares, gewöhnliche kleinste Quadrate) geschätzt.[10]

Insofern für die in (5.1) beschriebene Modellspezifikation, die den Einfluss der Bestände der erklärenden Variablen auf die Bestände der zu erklärenden Variable untersucht, Nicht-Stationarität[11] oder Autokorrelation[12] festgestellt wird, kommen

---

N für die Anzahl der Beobachtungen, im Pool also $N * T$, steht.) Wer tiefer in die Matrix-Algebra einsteigen möchte, dem seien die Werke von Assenmacher 2002, Chatterjee und Price 1995, Greene 2011, Gujarati 2009, Verbeek 2012 und Wooldridge 2010 anempfohlen (Achtung: Für Normalverbraucher Frustrations-, für NERDs Suchtgefahr!)

[10] Anzutreffen ist in der Literatur leider immer noch auch das GLS-Schätzverfahren (generalized least squares, generalisierte kleinste Quadrate). Beim GLS-Verfahren wird die Schätzung der partiellen Regressionskoeffizienten mit der Inverse der Varianz-Kovarianz-Matrix V der Residuen gewichtet (formal: $b = (X'V^{-1}X)^{-1}(X'V^{-1}y)$). Das bedeutet nichts anderes, als dass die Daten der einzelnen Beobachtungseinheiten antiproportional zu ihrer Residuenvarianz in die Schätzung eingehen – d. h. es wird ein abgemilderter Realitäts-Check durchgeführt, bei dem diejenigen Untersuchungseinheiten, deren Werte der abhängigen Variable sich durch die inkludierten unabhängigen Variablen am besten erklären lassen, höher gewichtet werden als diejenigen, die nicht so gut zu den Erwartungen passen. Logischerweise lassen sich dadurch signifikantere (und daher wohl leichter publizierbare) Ergebnisse generieren, doch kann ein solches Vorgehen nur dadurch gerechtfertigt werden, dass man annimmt, die Hypothesen des Forschers dürften von davon abweichender Realität nicht ungebremst in Frage gestellt werden. Eine derartige Grundhaltung lehnen wir ab, denn sie hat einen wissenschaftstheoretischen Preis, den die effizienteren Schätzergebnisse gegenüber dem OLS-Verfahren niemals aufwiegen können. Diese Ablehnung des GLS-Verfahrens bedeutet auch, dass selbiges aus unserer Sicht nicht wie häufiger anzutreffen zur ‚Korrektur' von eventuell in den OLS-Modellen festgestellter Heteroskedastizität (s. u.) verwendet werden sollte.

[11] Nicht-Stationarität bedeutet, dass die Zeitreihen einen Trend aufweisen, anstatt um einen konstanten Wert zu variieren. Testen kann man auf Nicht-Stationarität in Pools mit Hilfe des Levin-Lin-Chu-Tests (in Stata: Befehl *levinlin*, der über die Websuche-Funktion zu finden und zusätzlich zu installieren ist; beachten Sie, dass nicht alle Tests dieselbe Struktur aufweisen, d. h. manchmal ist das Vorliegen der störenden Eigenschaft die Nullhypothese und manchmal ihre Abwesenheit, weshalb vor einer Entscheidung über das test-Ergebnis das entsprechende help-File gründlich zu lesen ist), es empfiehlt sich aber auch der Augenschein der einzelnen Zeitreihen, wie ihn z. B. Stata mit der by-Option zu Streudiagrammen (Scatterplots) ermöglicht.

[12] Autokorrelation bedeutet, dass aufeinander folgende Messwerte (hoch) miteinander korreliert sind. Da diese kaum je durch (andere) erklärende Variable (als den jeweiligen Vorperiodenwert) besser vorhergesagt werden können, folgt aus Autokorrelation der Beobachtungswerte meist auch Autokorrelation der Residuen. In der Literatur werden diese unterschiedlichen, aber eng verwandten Phänomene meist nicht differenziert behandelt. Die

als Alternativen verschiedene Veränderungs-Spezifikationen in Betracht. Im Falle der Nicht-Stationarität ist es zwingend, auf ein dynamisches Modell umzusatteln, da sie zu verzerrten Schätzern führt. Im Falle der Autokorrelation werden die Schätzer nur mehr oder weniger ineffizient, d. h. Sie erhalten weniger signifikante Effekte als unter Idealbedingungen möglich, aber es kommt zu keinen Verzerrungen, weshalb bei begrenzten Autokorrelationsproblemen auch Modell (5.1) manierlich ausfällt und nicht zwingend zu verwerfen ist.

## 5.2.2  Dynamische Spezifikationen

Die erste dynamische Spezifikation untersucht den Effekt der Bestände der erklärenden Größen auf die (meist jährlichen, aber die Schrittlänge kann selbstverständlich variiert werden) Veränderungen der abhängigen Variable:

$$y_{i,t} - y_{i,t-1} = a + bX_{i,t-1} + e_{i,t} \qquad (5.2)$$

Die zweite Variante nimmt den Effekt der Veränderungen der unabhängigen Variablen auf die Veränderungen der zu erklärenden Variable in den Blick[13]:

$$y_{i,t} - y_{i,t-1} = a + b(X_{i,t} - X_{i,t-1}) + e_{i,t} \qquad (5.3)$$

Im Falle von Autokorrelation (nicht aber Nicht-Stationarität!) ist außerdem das LDV-Modell sehr populär. LDV steht für lagged dependent variable, dabei wird der Vorjahreswert der abhängigen Variable als erklärende Größe in (5.1) mit einbezogen:

---

Gauss-Markov-Grundannahmen der Regressionsanalyse beziehen sich aber auf die Autokorrelation der Residuen, welche hier ebenfalls gemeint ist, wenn der Begriff ohne weitere Präzisierung verwendet wird. Getestet wird auf Autokorrelation deshalb nicht an der Variable, sondern am jeweils konkreten, bereits getesteten Modell, und zwar üblicherweise mit dem Wooldridge-Test (in Stata implementiert im post estimation-Befehl *xtserial*). Für eine anschauliche Darstellung der Autokorrelationsproblematik (und von der hier verfochtenen Linie abweichende Ratschläge) vgl. Wenzelburger et al. (2014).

[13] Eine äquivalente Spezifikation zu (5.2), die die jährlichen Anpassungen aber im Residuenterm modelliert, ist das AR1-Modell. Das ARDL-Modell kombiniert auf der rechten Seite der Gleichung Effekte von Beständen und Veränderungen. (AR1 steht für autoregressives Modell erster Ordnung, ARDL für autoregressive distributed lag; zur formalen Notation vgl. jeweils Wolf 2006, S. 165.)

$$y_{i,t} = a + ry_{i,t-1} + b_1 X_{i,t} + e_{i,t} \tag{5.4}$$

Bei der Interpretation dieses Modells ist erstens zu beachten, dass meist der allergrößte Teil der erklärten Varianz auf das Konto des Vorjahreswert der abhängigen Variable geht, weshalb unbedingt auch standardisierte partielle Regressionskoeffizienten berechnet werden sollten, um die relative Bedeutung der substanziell interessierenden unabhängigen Variablen einschätzen zu können. (Für die Inklusion des Vorjahreswerts der abhängigen Variable gibt es ja in Abwesenheit einer starken Pfadabhängigkeitshypothese keine theoretische, sondern lediglich eine modelltechnische Begründung.) Zweitens bildet im LDV-Modell $b_1 X_{i,t}$ entgegen dem ersten formalen Augenschein bei hoher Autokorrelation, also r nahe 1, nicht den Effekt des Bestands der erklärenden Größen, sondern den ihrer Veränderung auf die Veränderung der unabhängigen Variable ab:[14]

> Because the regression coefficient of the lagged dependent variable approximates 1.0, all other coefficients on the right hand side of the regression equation [...] can be regarded as estimates of the extent to which the predictors influence the change [...] compared to the previous year. (Schmidt 1997, S. 162)

Absolut unerlässlich ist beim Umstieg von der Bestands-Analyse auf eine der Veränderungs-Betrachtungen die Reflexion darüber, dass dann eine andere Frage beantwortet wird als die ursprüngliche. Viele Theorien sind allgemein genug, um beides abzudecken, da Veränderungs-Variationen auf längere Frist mit Bestands-Variationen korrespondieren[15], und viele Hypothesen können daher unschwer angepasst werden. Aber dies ist nicht zwingend immer der Fall, und selbst wenn es zutrifft, werden die nötigen Anpassungen und Erläuterungen auch von prominenten Autoren allzu oft vernachlässigt.

Angemerkt sei hier, dass es in der einschlägigen Literatur eine lebhafte Debatte darüber gibt, welche Betrachtungsweise (grundsätzlich oder für bestimmte Forschungsfragen) die angemessenere ist. Huber und Stephens (2001, S. 57ff.) lehnen die Fokussierung auf jährliche Veränderungen mit der Begründung dezidiert ab, dass jährliche Veränderungen zu stark von zufälligen Einflüssen, die die eigentlichen, längerfristigen Wirkungszusammenhänge verschleierten, überlagert

---

[14] Die Kombination von AR1 und LDV in einem Modell ist nicht angezeigt, da dies (sogar asymptotisch) zu verzerrten Koeffizientenschätzern führt.

[15] Pontusson (2007, S. 328) erläutert dies am Beispiel der Parteiendifferenz: „[I]f we believe that government partisanship is a cause of cross-national differences in levels of social spending, then we must also believe that government partisanship affects changes in social spending in ways that do add up. In other words, time-series variation is just as relevant to the proposition that government partisanship matters as cross-sectional variation."

würden. Kittel und Obinger (2003, S.29; siehe auch 31 zur ‚presumed stickiness')
dagegen widersprechen dem mit dem Argument, die Analyse jährlicher Veränderungen sei vor allem deshalb von großem theoretischem Interesse, weil Politiker
meist nur inkrementelle Veränderungen vornehmen könnten. Kittel und Winner
(2002, S. 20) betonen erstens, dass langfristige Veränderungen gerade bei Ausga-
benprogrammen in der Regel schlicht das Ergebnis kumulierter kurzfristiger Veränderungen seien und zweitens, dass die eigentliche theoretische Herausforderung
darin bestehe, kürzer- und längerfristige Veränderungen analytisch miteinander zu
verknüpfen. Achen (2000, S. 14; vgl. hierzu auch Scharpf 2002, S. 217) erläutert
ausführlich, warum gelagte abhängige Variablen die Erklärungskraft anderer unabhängiger Variablen unterdrücken können:

> In the presence of heavy trending in exogenous variables and disturbances, lagged
> dependent variables will dominate the regression and destroy the effect of other
> variables whether they have any true causal power or not.

Dies gelte unabhängig von der Plausibilität der Kausalwirkung der gelagten abhängigen Variable (die er bei Staatshaushaltszahlen kurioserweise verneint); sogar Vorzeichenwechsel bei anderen erklärenden Variablen könnten aus denselben
Gründen entstehen (Achen 2000, S. 20). Wawro (2002, S. 27) weist dagegen in
seiner Diskussion des Für und Widers der Inklusion gelagter Variablen auf einen
weiteren Vorteil hin:

> Because dynamic panel models explicitly include variables to account for past beha-
> vior and time-invariant individual-specific effects, they enable us to understand bet-
> ter what factors drive behavior over time, differentiating between ‚true' dynamics
> and factors that vary across, but not within, individuals [für Makro-Anwendungen zu
> ersetzen durch: units, Anm. der Verf.] over time, even though such factors are unob-
> servable. (Wawro 2002, S. 27)

Plümper et al. (2005, S. 335) wiederum schließen sich der Kritik an der Inklusion
einer LDV an: Diese „may absorb large parts of the trend without actually explaining it if the dependent variable exhibits a general time trend". Zudem bestehe die
Gefahr, dass alle anderen Effekte nach unten verzerrt würden, jener der gelagten
abhängigen Variable aber nach oben. Ein weiteres Problem entstehe, weil die LDV
als eine Funktion der anderen erklärenden Variablen beschrieben werden könne,
dadurch implizit auch deren Dynamik modelliere (und so implizit die Annahme getroffen werde, dass die Dynamik aller unabhängigen Variablen identisch sei), und

schließlich drohe ein ‚mismatch' zwischen Theorie und Methodologie (Plümper et al. 2005, S. 335 ff.).[16]

## 5.2.3 Der Beck/Katz-Standard in der Diskussion

In der Folge des äußerst einflussreichen Artikels von Beck und Katz (1995) – er lieferte, worauf die Disziplin wartete, nämlich eine recht einfache und klar formulierte Anleitung für die Anwendung einer komplexen Methode – über „What to Do (and Not to Do) with Time-Series-Cross-Section Data in Comparative Politics" und seines Updates von 1996 (Beck und Katz 1996) entwickelte sich in der Vergleichenden Politikwissenschaft der sogenannte Beck/Katz-Standard: Die Modellspezifikation ‚OLS mit LDV und PCSE[17]' galt für nahezu ein Jahrzehnt als die beste Lösung der Probleme in der Regressionsanalyse gepoolter Zeitreihen. Während es sicherlich oft gute Gründe für die Anwendung dieser Spezifikation gibt, sollte sie nicht als die allein seligmachende Variante verstanden werden. Kritik daran wurde inzwischen auf mehr oder weniger harsche Art und Weise geübt. Sehr negativ äußern sich Wilson und Butler (2005, S. 1):

> Even though this influential paper largely ignored the extensive literature on panel data methods, the simple B&K prescriptions rapidly became the new orthodoxy for practitioners. Our assessment of the intellectual aftermath of this paper, however, does not inspire confidence in the conclusions reached during the past decade. The 135 papers we review show a widespread failure to diagnose and treat common problems of time-series, cross-section (TSCS) data (such as unit heterogeneity), to consider alternative dynamic specifications, to account for autocorrelation, and to acknowledge the unpleasant fact that reliable small-sample methods of estimating dynamic models with unit heterogeneity (which characterizes *most* TSCS analysis in political science) *do not yet exist*. Furthermore, we replicate eight papers in promi-

---

[16] Ein theoretisch gesprochen leeres Modell, das nur die LDV und Länderdummies (s. u.) beinhalte, sei gemäß den „various goodness of fit indicators" oft nicht schlechter als theoretisch elaborierte Modelle, z. B. bei Garrett und Mitchell, aber es ‚erkläre' im Grunde nichts (Plümper et al. 2005, S. 338).

[17] PCSE steht für panel corrected standard errors. Diese von Beck und Katz entwickelte Form der Standardfehlerberechnung nimmt im Gegensatz zur herkömmlichen Berechnungsweise Anpassungen an die Poolstruktur der Daten vor und ist deshalb dem Anspruch der Autoren zufolge nicht wie diese „either too confident or insufficiently confident" (Beck und Katz 1995, S. 636). In Stata sind diese oft, aber beileibe nicht immer größer ausfallenden Standardfehler im Befehl *xtpcse* implementiert. Aus unserer Sicht schadet ihre Anwendung nicht, sie machen aber einen wesentlich Unterschied, als der Hype um den Beck-Katz-Standard vermuten ließe.

nent journals and find that simple alternative specifications often lead to drastically different conclusions.

Diese wiederum nicht ganz unumstrittene Einschätzung legt nahe, dass Artefakte, also durch die Methoden, bzw. genauer: ihre unsachgemäße Anwendung, produzierte Scheinergebnisse, in der Disziplin erschreckend weit verbreitet sind.

Maddala (1998, S. 60 f.) zufolge trifft die Kritik von Beck und Katz 1995 und 1996 an der zuvor üblichen Praxis vollkommen zu. Nur kehre leider ihr Lösungsvorschlag die Hauptprobleme unter den Teppich. Kittel und Winner stören sich mehr an der ihres Erachtens mangelhaften theoretischen Fundierung der Anwendung des Beck/Katz-Standards bei vielen Arbeiten als an deren Rezept selbst (Kittel und Winner 2002, S. 2): „Consequently, the combination of weak theoretical reasoning and an ambivalent statistical foundation results in highly problematic conclusions."

## 5.2.4   Fixed effects-Modelle

Doch kommen wir nun zu drei weiteren Modell-Alternativen, den *fixed effects* (FE)-Varianten. Sie beruhen auf der Grundidee, Koeffizienten berechnen zu wollen, die frei von Sondereffekten einzelner Untersuchungseinheiten und/oder -perioden sind.[18] Die erste ist auf die Kompensation für die eben im Wilson und Butler-Zitat angesprochene Heterogenität der Untersuchungseinheiten zugeschnitten, die oft zu Heteroskedastizität[19] der Residuen führt. (Dieser Zungenbrecher führt wie die Autokorrelation zu ineffizienten Schätzern, ist also kein K.O.-Kriterium bei ansonsten wohlerzogenen Modellen, sondern verringert lediglich die Wahrscheinlichkeit signifikanter Befunde und senkt tendenziell den am Determinations-

---

[18] Von den Koeffizienten für die erklärenden Variablen abgebildet werden dann im Grunde relative Abweichungen von den Durchschnitten und nicht mehr die absoluten Werte der abhängigen Variable, was einen durchaus gewichtigen Unterschied darstellt und bei der Interpretation der Ergebnisse unbedingt angesprochen werden sollte.

[19] Heteroskedastizität ist die nicht-konstante Variation der Residuen über die Ausprägungen einer unabhängigen Variable (vgl. Wagschal 1999, S. 239). Im Gegensatz zum reinen Querschnittsdesign kann Heteroskedastizität im gepoolten Design auch auf unterschiedlichen Dynamiken in den verschiedenen Untersuchungseinheiten beruhen. Getestet wird auf Heteroskedastitität i.d. R mit dem modifizierten Wald-Test (in Stata: *xttest3*). Graphisch kann man Heteroskedastizität an einer keilförmigen Verteilung der Residuen in einem Streudiagramm der Residuen gegen die Vorhersagewerte des jeweiligen Modells erkennen (in Stata: *rvfplot*) – der Erklärungserfolg des Modells steigt oder fällt dann über den Wertebereich der abhängigen Variable.

koeffizienten bemessenen aggregierten Erklärungserfolg.) Es enthält eine Schar von Dummy-Variablen[20] für die einzelnen räumlichen Untersuchungseinheiten (z. B. Staaten). Dies wird ersichtlich an dem im Vergleich zu Modell (5.1) der Konstante beigefügten Index i:

$$FE\left(C^{21}\right): y_{i,t} = a_i + bX_{i,t} + e_{i,t} \qquad (5.5)$$

Man kann sich das Verfahren also auch so versinnbildlichen, dass man eine Schar von $N$ parallelen (also von α abgesehen identischen) Regressionsgeraden mit unterschiedlichen y-Achsenabschnitten für jede Einheit berechnet.[22] Modell (5.5) wird in der Literatur auch ‚within'-Modell genannt, weil die Dummies die Variation zwischen den Einheiten absorbieren und die Koeffizienten b für die erklärenden Variablen $X$ nurmehr die Variation innerhalb der Untersuchungseinheiten abbilden. Das FE(C)-Modell ist insofern also ein auf die Variation der Bestände der abhängigen Variablen über die Zeit ausgerichtetes. Auch dies sollten Sie bei der Interpretation der Ergebnisse Ihrer entsprechenden Modelle unbedingt ansprechen.

Das Gegenstück dazu stellt, gewissermaßen um 90 Grad gedreht, das auch ‚between'-Modell genannte Modell mit Periodendummies dar:

$$FE\ (T): y_{i,t} = a_t + bX_{i,t} + e_{i,t} \qquad (5.6)$$

Da die Periodendummies die Besonderheiten der einzelnen Untersuchungsperioden abdecken (was die FE(T)-Spezifikation zu einem weiteren möglichen Mittel zum Umgang mit Autokorrelation macht), stehen die partiellen Regressionskoeffizienten hier für die Effekte der erklärenden Variablen $X$ auf die Variation zwischen den Untersuchungseinheiten.

---

[20] Eine Dummy-Variable kann nur die Werte 0 oder 1 annehmen; im Fall von Modell (5.5) erhält die Dummy-Variable zu Einheit i für alle Messzeitpunkte dieser Einheit den Wert 1, sonst 0. Von der Inklusion dieser Dummies stammt der für FE-Modelle ebenfalls gebräuchliche Name ‚least squares dummy variables approach' (LSDV).

[21] C steht hier für country (als der üblichen Untersuchungseinheit), und das in Modell (5.6) folgende T für time, also die Zeitperiode.

[22] Die einfachste technische Umsetzung besteht in der Aufnahme von i Dummy-Variablen als unabhängige Variablen in ein Modell ohne Konstante (Stata-Option *nocon*; Stata kennt überdies die fe-Option, diese ist aber mit einer Entscheidung für bestimmte weitere Modifikationen des Schätzverfahrens verbunden, die nicht unbedingt empfehlenswert sind, und überdies erhalten Sie im Output dann keine Angaben zu den $a_i$, welche Sie ja womöglich substanziell interpretieren möchten – womöglich ist es ja besonders interessant für sie, dass die Gerade für Norwegen wesentlich höher liegt als die für Irland).

Und schließlich können beiderlei Arten von *fixed effects* auch miteinander kombiniert werden[23]:

$$\text{FE (CT): } y_{i,t} = a_{i,t} + bX_{i,t} + e_{i,t} \text{ mit } a_{i,t} = u_i + l_t \tag{5.7}$$

Die Entscheidung für die Inklusion von *fixed effects* kann grundsätzlich auf zwei verschiedenen Begründungen basieren: Zum einen kann man schlicht an den bereinigten Effekten (oder auch an den Koeffizienten für die einzelnen Dummies) interessiert sein, zum anderen können Heteroskedastizitäts- und/oder Autokorrelationsprobleme[24] sie nahelegen. Festzuhalten ist aber, dass die Länder- bzw. Periodendummies dafür keine substanzielle Lösung bieten, d. h. sie erklären nichts[25], solange sie nicht theoretisch unterfüttert – oder, besser, durch bislang nicht berücksichtigte erklärende Variablen ersetzt – werden können. Die wichtigste Spezifikationsentscheidung ist und bleibt also die Auswahl der inkludierten erklärenden Variablen, und beim Auftreten von deutlichen Gauss-Markov-Annahmeverletzungen sollte eine Anpassung hierbei immer der erste Lösungsversuch sein – allerdings wäre es unrealistisch, eine perfekte Kombination von erklärenden Variablen anzustreben, die alle statistischen Unannehmlichkeiten beseitigt.

Des Weiteren ist zumindest fraglich, ob die von Einheits- und/oder Periodenbesonderheiten ‚befreite' Variation, auf die sich die Koeffizienten der erklärenden Variablen dann beziehen, der politikwissenschaftlich interessante Teil der Gesamtvariation oder ein eher esoterisches Substrat sind. Ersteres kann wiederum nur behauptet werden, wenn überräumliche und -zeitliche Wirkungsgesetze postuliert

---

[23] Oft wird in (5.5) und (5.6) anstelle von $a_i$ $u_i$ bzw. anstelle von $a_i$ $l_t$ formuliert. Dies lenkt nach Ansicht des Verfassers aber davon ab, dass es sich jeweils um den y-Achsenabschnitt handelt. Die Differenzierung des α-Terms in (5.7) ist dagegen notwendig, um den Beitrag der Koeffizienten für die einzelnen Einheiten und Perioden unterscheiden zu können, sofern man diese Information interpretieren oder sonstwie weiterverwenden will.

[24] Ein drittes, poolspezifisches Problem, gegen das *fixed effects*-Modelle wirken können, ist das der sogenannten *cross-sectional correlation*. Sie entsteht durch alle Fälle gleichzeitig erfassende externe Schocks wie etwa die Öl- oder Finanzkrise.

[25] Sayrs (1989, S. 5 f., 28; Hervorhebung im Original) urteilt: „[S]uch dummy variables are substantively meaningless, and greatly reduce the degrees of freedom, with a corresponding loss of statistical power. [...] *The intercept is not an explanation for the between-unit variance or the variance over time.* The intercept is simply a characterization of the variance that attempts to minimize the bias in the ‚true' explanation. The intercept is thus what Maddala (1977) calls ‚specific ignorance', in contrast to our general ignorance, which is captured in the error". Womöglich kann aber immerhin die Identifikation von derlei spezifischer Ignoranz schon einen Fortschritt gegenüber dem bisherigen Forschungsstand darstellen!

werden.[26] Es ist aber nicht einmal unumstritten, ob unter dieser Grundannahme in FE-Modellen den erklärenden Größen Gerechtigkeit widerfährt:

> Adding n-1 fixed country dummies and t-1 fixed time dummies, in a pool of n countries and t time periods, threatens to give interpretive credit to these mystery variables when some or all of that credit is due to the behavioural variables already under study. In history's laboratory, part of the effect of income, age, or voting takes a form that is fixed for a country or for a time period. The influence of income, age, or voting is often embodied in, not competitive against, fixed attributes of country and time. There is the danger of underrating these behavioural forces by crediting them only with the part not fixed by country or time in the historical laboratory we are given. (Lindert 2004, S. 72 f.)

In der Zeitschrift *International Organization* hat sich 2001 über die Frage der Inklusion von *fixed effects* eine lebhafte Debatte zwischen Green et al. und Beck und Katz entsponnen, die die involvierten Aspekte exemplarisch zusammenfasst. Green et al. (2001, S. 442) teilen die Sorge von Beck und Katz über verzerrte Schätzergebnisse bezüglich der Standardfehler bei OLS-Regressionen. Sie sehen aber ihres Erachtens weitaus grundsätzlichere Probleme: „We contend that analyses of pooled cross-section data that make no allowance for fixed unobserved differences between dyads often produce biased results." Die drei Autoren betrachten auf den fortfolgenden Seiten verschiedene Studien anderer Autoren und zeigen auf, dass je nach Spezifikation in puncto *fixed effects* die Ergebnisse variieren, und kommen zu der Schlussfolgerung, dass *fixed effects*-Spezifikationen unbedingt Teil seriöser Analysen sein müssten. Beck und Katz (2001, S. 487 ff.) antworten, dass Fixed-Effects-Modelle sicher oft Sinn ergäben, aber andererseits auch prob-

---

[26] „Garrett and Mitchell [...] decide to interpret the country intercepts as an 'equilibrium' level of spending. We see little reason to object to this approach if a substantive meaning can be attributed to the intercepts. This is the case if they can be read as long-term, steady-state solutions" (Kittel und Winner 2002, S. 7). Dafür sehen die beiden letzteren Autoren allerdings keinen Anlass. Plümper et al. urteilen, dass weder die Hoffnungen Ersterer noch die Befürchtungen Letzterer durch die Inklusion von *Fixed effects* voll erfüllt würden (Plümper et al. 2005, S. 331). Neben dem Problem mit zeitinvarianten erklärenden Variablen stellt sich ihres Erachtens noch ein weiteres: „Secondly, the unit dummies estimate the effect of average differences in levels of all independent variables *plus* the effect of omitted variables. Hence, Garrett and Mitchell's interpretation of dummy coefficients as capturing the historical fabric of a country is highly problematic" (Plümper et al. 2005, S. 332). Andererseits gelte: „Abstention from running a *fixed effects* model comes with the risk of explaining variance in the dependent variable that existed *prior* to the period under observation with the variance in the mean of the independent variable *in* the period under observation" (Plümper et al. 2005, S. 332).

lematisch sein könnten. Das Heilmittel *fixed effects* kuriere eine nicht besonders ernste Krankheit und habe dafür starke Nebenwirkungen. Massive Kritik ernteten Beck und Katz für ihre Zurückweisung der Green/Kim/Yoon-Kritik von Wilson und Butler (2004, S. 33): „[T]hey are in effect saying that ‚accounting for omitted variables is foolish because your significant results might go away.‘"

Und zur Frage der *fixed effects* selbst bemerken sie:

> We definitely agree that unit effects ‚soak up‘ the explanatory power of sluggish variables, but in our view this – to the extent that following conservative norms of inference is desirable – is a good thing, not a ‚cost.‘ (Wilson und Butler 2004, S. 18)

Aus unserer Sicht steht das Duell zwischen FE-Modell-Befürwortern und Kritikern auf abstrakter Ebene wegen gewichtiger Argumente auf beiden Seiten unentschieden – falls überhaupt, dann kann uns nur die konkrete Anwendung im jeweiligen Einzelfall einem Urteil näher bringen.[27] Ebenfalls eine empirische Frage, die im Einzelfall zu klären ist, ist ob *fixed effects* in einer Veränderungs-Spezifikation nötig sind (vgl. Kittel und Winner 2002, S. 21). Bei der Kombination von FE(C) mit LDV tritt allerdings die Komplikation einer Verzerrung der Schätzer um $1/T$ auf (Kittel 2005, S. 105), was sich bei eher kurzen Zeitreihen relativ stark auswirkt.[28]

Trotz aller hier nur in relativer Kürze diskutierbarer Schwierigkeiten: Die räumliche und zeitliche Dimension in einem Analyseinstrument zusammenzuführen, bietet eine „possibility of insights into the political world" (Stimson 1985, S. 945), die sich durch vorsichtige Beschränkung auf einfachere Designs vorschnell zu verbauen schwer zu rechtfertigen ist. Die Generalkritik an der naiv-technizistischen Nutzung gepoolter Analysen im Bereich der ‚comparative politics‘ (etwa bei Kittel 1999, S. 245 ff. und Shalev 2005, S. 22 f.[29]) darf dabei allerdings nicht

---

[27] In der ökonometrischen Panel-Literatur werden als Alternative zu *fixed effects* auch Random Effects (RE) verwendet, welche als normalverteilt angenommen werden. Diese sind für (ländervergleichende) Vollerhebungen jedoch ungeeignet: „Hsiao shows that *fixed effects* are appropriate if one wants to make inferences to the observed units, whereas the random effects model (which assumes the effects are drawn from some distribution) is appropriate if one thinks of the observed units as a sample from a larger population and if one wants to make inferences about the larger population" (Beck 2001, S. 284). Für eine luzide Erläuterung hierzu siehe auch Wooldridge (2002, S. 265 ff).

[28] Für die Schätzung und Korrektur dieser Verzerrung aber bräuchte man mindestens zwanzig (hintereinander geschaltete) Querschnitte (Kittel 1999, S. 105 ff.).

[29] Shalev (2005, S. 42 ff.) nennt drei Strategien im Umgang mit den Schwächen der gepoolten Regressionsanalyse: ‚refinement‘ (also technische Verfeinerung), ‚triangulation‘ (also Kombination mit anderen Methoden und Analyseperspektiven – siehe Kap. 13 des vorliegenden Bandes) und ‚substitution‘ (also das Ersetzen durch andere Untersuchungsformen).

ignoriert werden, sondern sollte in analytische Sorgfalt und interpretative Zurückhaltung münden. Welche Entscheidungen Sie dabei im Einzelnen treffen, sollten Sie idealerweise nie alleine unter Berufung auf Autoritäten in der Literatur begründen, sondern durch die reflektierte wie selbstbewusste Formulierung eines eigenen Standpunktes – der je nach Phase Ihrer Ausbildung natürlich als mehr oder weniger vorläufig gekennzeichnet werden darf oder gar sollte.

Tabelle 5.1 illustriert nun anhand von Daten zu den Bildungsausgabenquoten (Bildungsausgaben in Prozent des BIP) der Bundesländer, was Kittel und Winner (2002, S. 18) wie folgt ausdrücken: „In general, panel data inferences are sensitive to model specification."

Der Datenpool selbst weist kein nennenswertes Nicht-Stationaritätsproblem auf[30], Modell (5.1) aber ein größeres mit Autokorrelation[31] und ein erhebliches mit Heteroskedastizität[32]. Erinnert sei aber daran, dass Autokorrelation und Heteroskedastizität im Gegensatz zur Nicht-Stationarität lediglich zu ineffizienten, nicht aber zu verzerrten Parameterschätzern führt. Das bedeutet, dass unter diesen Bedingungen ceteris paribus schlicht weniger signifikante Ergebnisse auftreten als im Idealfall.

Eine Interpretation der Ergebnisse könnte nun besonders auf die Gemeinsamkeiten der Modelle (5.1) und (5.6) abheben: Die Effekte aller erklärenden Variablen sind sowohl im ‚fully pooled model' als auch im FE(T)-Modell signifikant und ihre gemeinsame wie individuelle Erklärungskraft nicht unbefriedigend. Die Befunde aus den dynamischen Spezifikationen (inklusive des ‚within'/FE(C)-Modells) deuten indes darauf hin, dass die Querschnittsvariation wesentlich besser als die Längsschnittsvariation erklärt werden kann – die Determinationskoeffizienten der Modelle (5.2) und (5.3)[33] sind recht gering, und im LDV- wie im FE(C)-Modell stammt der hohe (vermeintliche) Erklärungserfolg fast ausschließlich aus der Inklusion des Vorjahreswerts der abhängigen Variable bzw. der Dummy-Variablen.

---

[30] Der Levin-Lin-Chu-Test auf Nicht-Stationarität gibt hinsichtlich der Bildungsausgabenquote Entwarnung – sie kann als stationär angesehen werden (Fehlerwahrscheinlichkeit beim Verwerfen der Nullhypothese, nach der Nicht-Stationarität besteht: 0,0000).

[31] Der Wooldridge-Test ergibt eine nur 0,8-prozentige Fehlerwahrscheinlichkeit beim Verwerfen der Nullhypothese, nach der KEINE Autokorrelation besteht. Der (Auto-)Korrelationskoeffizient zwischen den Residuen und ihren Vorjahreswerten beträgt $r = 0,95$.

[32] Der modifizierte Wald-Test ergibt eine 0,000-prozentige Fehlerwahrscheinlichkeit beim Verwerfen der Nullhypothese, nach der KEINE Heteroskedastizität besteht. Man beachte auch überdies die Keilform in Abb. 5.1.

[33] Zu diskutieren wäre in Bezug auf die Modelle 5.2 und 5.3 indes, ob ein (größerer) time-lag zwischen zumindest manchen erklärenden Größen und der zu erklärender Variable angezeigt wäre.

**Tab. 5.1** Eine Anwendung der Modellvarianten (5.1) bis (5.7) auf die Bildungsausgabenquoten der Bundesländer 1992–2002

| | (1) | | (2) | | (3) | | (4) | | (5) | | (6) | | (7) | |
|---|---|---|---|---|---|---|---|---|---|---|---|---|---|---|
| BIP pro Kopf | $-7\text{e}-5^{**}$ (1.2e−5) | −0.41 | $8.3\text{e}-6^{*}$ (3.5e−6) | 0.33 | $-1\text{e}-4^{**}$ (3e−5) | −0.43 | 6.8e−7 (3.6e−6) | 0.004 | $-1\text{e}-4^{**}$ (2e−5) | −0.65 | $-6\text{e}-5^{**}$ (1.2e−5) | −0.36 | $1.0\text{e}-4^{**}$ (2.4e−5) | −0.60 |
| 6-24-Jährige | $0.18^{**}$ (0.04) | 0.31 | 0.003 (0.011) | 0.04 | $0.14^{**}$ (0.05) | 0.22 | 0.02 (0.01) | 0.03 | $0.16^{**}$ (0.03) | 0.28 | $0.15^{**}$ (0.04) | 0.25 | $0.16^{**}$ (0.03) | 0.27 |
| Steuereinnahmen | $0.06^{**}$ (0.01) | 0.21 | 0.001 (0.004) | 0.03 | 0.002 (0.007) | 0.02 | 0.008 (0.004) | 0.03 | −0.02 (0.008) | −0.08 | $0.09^{**}$ (0.02) | 0.33 | $-0.04^{**}$ (0.01) | −0.15 |
| SPD-KSA | $-0.005^{**}$ (0.001) | −0.18 | 6e−4 (3.7e−4) | 0.13 | −0.001 (0.001) | −0.09 | 5.1e−5 (3.6e−4) | 0.002 | 6.6e−4 (8.1e−6) | −0.02 | $-0.006^{**}$ (−0.001) | −0.21 | −0.0003 (0.0009) | −0.01 |
| LDV | | | | | | | $0.90^{**}$ (0.02) | 0.95 | | | | | | |
| Konstante | 0.55 (1.10) | | −0.34 (0.32) | | −0.0006 (0.015) | | −0.18 (0.30) | | | | | | | |
| BW-DUMMY | | | | | | | | | $2.18^{*}$ | 0.48 | | | $-0.96^{**}$ | −0.21 |
| BY-DUMMY | | | | | | | | | $1.87^{*}$ | 0.41 | | | $-1.27^{*}$ | −0.28 |
| BE-DUMMY | | | | | | | | | $3.08^{**}$ | 0.67 | | | 0.05 | 0.01 |
| BB-DUMMY | | | | | | | | | $1.90^{*}$ | 0.42 | | | −1.03 | −0.23 |
| HB-DUMMY | | | | | | | | | $2.89^{**}$ | 0.63 | | | −0.24 | −0.05 |
| HH-DUMMY | | | | | | | | | $3.29^{**}$ | 0.72 | | | *Von Stata entfernt* | |
| HE-DUMMY | | | | | | | | | $1.99^{*}$ | 0.44 | | | $-1.20^{**}$ | −0.26 |
| MV-DUMMY | | | | | | | | | $2.19^{**}$ | 0.48 | | | −0.71 | −0.16 |
| NS-DUMMY | | | | | | | | | $1.84^{*}$ | 0.40 | | | $-1.27^{**}$ | −0.28 |
| NW-DUMMY | | | | | | | | | $1.97^{*}$ | 0.43 | | | $-1.17^{**}$ | −0.26 |
| RP-DUMMY | | | | | | | | | $1.74^{*}$ | 0.38 | | | $-1.36^{**}$ | −0.30 |
| SL-DUMMY | | | | | | | | | $1.98^{**}$ | 0.43 | | | $-1.08^{**}$ | −0.24 |
| SN-DUMMY | | | | | | | | | $2.28^{**}$ | 0.50 | | | −0.63 | −0.14 |

**Tab. 5.1** (Fortsetzung)

| | (1) | | (2) | | (3) | | (4) | | (5) | | (6) | | (7) | |
|---|---|---|---|---|---|---|---|---|---|---|---|---|---|---|
| SA-DUMMY | | | | | | | | | 3.01** | 0.66 | | | 0.10 | 0.02 |
| SH-DUMMY | | | | | | | | | 1.73* | 0.38 | | | −1.38** | −0.30 |
| TH-DUMMY | | | | | | | | | 3.82** | 0.84 | | | 0.92 | 0.20 |
| 1992-DUMMY | | | | | | | | | | | 1.12 | 0.29 | | 0.80 |
| 1993-DUMMY | | | | | | | | | | | 1.22 | 0.32 | | 0.83 |
| 1994-DUMMY | | | | | | | | | | | 1.11 | 0.29 | | 0.79 |
| 1995-DUMMY | | | | | | | | | | | 0.82 | 0.21 | | 0.85 |
| 1996-DUMMY | | | | | | | | | | | 0.80 | 0.21 | | 0.86 |
| 1997-DUMMY | | | | | | | | | | | 0.80 | 0.21 | | 0.85 |
| 1998-DUMMY | | | | | | | | | | | 0.73 | 0.19 | | 0.84 |
| 1999-DUMMY | | | | | | | | | | | 0.69 | 0.18 | | 0.85 |
| 2000-DUMMY | | | | | | | | | | | 0.58 | 0.15 | | 0.84 |
| 2001-DUMMY | | | | | | | | | | | 0.66 | 0.17 | | 0.83 |
| 2002-DUMMY | | | | | | | | | | | 0.63 | 0.16 | | 0.82 |
| N | 176 | | 160 | | 160 | | 160 | | 176 | | 176 | | 176 | |
| $R^2_{korr}$ | 0.72** | | 0.08** | | 0.16** | | 0.98** | | 0.99** | | 0.97** | | 0.99** | |

Die linke Spalte des jeweiligen Modells beinhaltet die unstandardisierten partiellen Regressionskoeffizienten β und darunter in Klammern die dazu gehörigen Standardfehler [auf die bei den Dummies aus Platzgründen verzichtet wird], die rechte Spalte die standardisierten partiellen Regressionskoeffizienten b. * Signifikanzniveau >= 95 %; ** >= 99 %. 6-24-Jährige als Anteil an der Bevölkerung, Steuereinnahmen nach Finanzausgleich in Prozent des BIP, KSA steht für Kabinettssitzanteile. Beim FE(CT)-Modell (5.7) muss aufgrund von Kollinearität von der Statistiksoftware ein Dummy entfernt werden, damit das Modell geschätzt werden kann. Er übernimmt dann eine Quasi-Baseline-Funktion

Immerhin legen die Modelle (5.3) und (5.5) aber nahe, dass das BIP pro Kopf und der Anteil der besonders bildungsrelevanten Altersgruppe für die Veränderung der Bildungsausgaben durchaus relevant sind; der Unterschied zwischen Modell (5.2) und (5.3) beim BIP pro Kopf könnte Anlass dazu bieten, hier vertieft über den Unterschied zwischen Wohlstands- und Wachstumseffekten nachzudenken. Das FE(CT)-Modell (5.7) schließlich deutet darauf hin, dass die Auswirkungen sozial-demokratischer Regierungsbildung auf die Bildungsausgabenquote stärker raum-zeitlich gebunden sind als diejenigen der übrigen drei unabhängigen Variablen.[34] Was die Heteroskedastizität bzw. den über die Bundesländer stark variierenden Erklärungserfolg von Modell (5.1) anbetrifft, sind die stark variierenden Koeffizi-enten zu den Länder-Dummies aus Modell (5.4) – man beachte z. B. den Wert für Thüringen im Vergleich zu den übrigen – ebenso instruktiv wie der Residuenplot (siehe Tab. 5.1 weiter unten). Diejenigen Ergebnisse, die sich nun über verschie-dene Modellspezifikationen hinweg als recht robust erwiesen haben, können – im Kontext der ergänzenden Diskussion zum Heteroskedastizitätsproblem – mit grö-ßerem Verlässlichkeitsanspruch verbunden werden.

### 5.2.5 Vektordekomposition und Modellierung räumlicher Nachbarschaft

Zwei weitere besonders spannende, jüngere Modellvarianten sollen im Folgenden anhand konkreter Anwendungen aus der Literatur vorgestellt werden: Die Vektor-dekomposition nach Plümper und Tröger (2007) widmet sich dem Problem, dass die Effekte von relativ zeitinvariaten Variablen (wie vielen politischen Institutio-nen, aber auch manchen soziokulturellen Konstellationen) in FE(C)-Modellen ten-denziell unterschätzt werden, weil diese Variablen recht hoch mit den Länderdum-mies korrelieren. Die Lösung dieses Problems erfolgt in drei Schritten (Plümper und Tröger 2007, S. 127 ff.): Zunächst wird ein FE(C)-Modell ohne die zeitinva-riaten Variablen geschätzt (Schritt 1). Darauf folgt eine Regression der unit-Effekte aus diesem FE(C)-Modell auf die (beinahe) zeitinvariaten Variablen (Schritt 2). Und schließlich wird das Modell aus Schritt 1 dergestalt modifiziert, dass die zeit-inivariaten erklärenden Variablen hinzutreten und die *fixed effects* durch die Resi-

---

[34] Vertiefte Analysen in Wolf (2006) zeigen, dass insbesondere SPD-Regierungen in ost-deutschen Bundesländern dafür verantwortlich sind. Auffallend ist an Modell (5.7) überdies, dass hier im Gegensatz zu den Modellen (5.5) und (5.6) die Jahres-Dummies signifikant und manche Länderdummies insignifikant werden. Letztere sind die zu den neuen Ländern und den Stadtstaaten, deren Bildungsausgabenquoten über die Zeit wesentlich stärker variieren als diejenigen der westlichen Flächenländer.

duen aus Schritt 2 ersetzt werden (Schritt 3[35]). Empirische Analysen insbesondere institutionalistischer Theorien können von diesem Verfahren enorm profitieren. Zu bedenken ist allerdings ein Preis dieses Zusatznutzens: Es existiert ein Trade-off zwischen der Exaktheit der Schätzung der Effekte von zeitvariaten und zeitinvariaten Variablen (Plümper und Tröger 2007, S. 129). Wer die relative Bedeutung von zeitvariaten und relativ zeitinvariaten Variablen analysieren möchte, dem bleibt also eine (naturgemäß etwas vagere, aber aus unserer Sicht immer noch hochspannende) Zusammenschau des Vektordekompositions-Modells mit herkömmlichen Spezifikationen.[36]

Wesentlich mehr Anwendungen gibt es bereits für Verfahren, die die räumliche Nähe der Untersuchungseinheiten als potenzielle Erklärungsgröße modellieren (für eine vielzitierte Pionierstudie vgl. Franzese und Hays 2007). Eine besonders anschauliche solche Analyse liefert Volden (2013), der sich dafür interessiert, inwiefern räumliche Nachbarschaft neben parteipolitischer Nähe die Diffusion der Abschaffung bestimmter wohlfahrtsstaatlicher Politikinstrumente in den US-Bundesstaaten beeinflusst. Im Ergebnis zeigt sich, dass die entsprechenden Effekte positiv, aber nicht-signifikant sind, was im Lichte des weiteren Befunds (Volden 2013, S. 29) zu sehen ist, dass politisches Lernen von US-Bundesstaaten vermehrt innerhalb der jeweiligen parteipolitischen Lager stattfindet. Technisch gesprochen können solche räumlichen Modelle entweder mit sogenannten ‚spatial lags', also dem räumlichen Äquivalent zur LDV, arbeiten, oder mit dyadischen Dummy-Variablen nach dem Prinzip Nachbarschaft/Nicht-Nachbarschaft, oder aber mit graduellen Distanzwerten (etwa der Kilometer-Distanz zwischen den Hauptstädten). Der Charme solcher Analysen steigt offenkundig mit der Intensität und Plausibilität der theoretischen Vorüberlegungen zur politischen Manifestation der räumlichen Nähe, etwa in Austauschgremien oder informellen Kontakten, aber auch überlappenden Medienlandschaften.

Nicht verkneifen möchten wir uns dieses Unterkapitel abschließend die Bemerkung, dass nicht alle technisch anspruchsvollen und hochtrabend betitelten Verfahren, die auf dem Felde der Regressionsanalyse gepoolter Zeitreihenanalysen kursieren, in unseren Augen sinnhaft sind. Zu eher alchemistisch anmutenden

---

[35] Hinweis zur Interpretation: Im Schritt 3-Modell beziehen sich dann die Effekte der zeitinvariaten Variablen auf die Abweichung vom Gruppendurchschnitt, die zeitvariaten auf die gesamte Variation (Quelle: Gespräch von Frieder Wolf mit Thomas Plümper bei einem Methodenworkshop in Heidelberg). Ein weiterer Knackpunkt ist die Definition bzw. Schwellenwertsetzung für die relativ zeitinvariaten Variablen bzw. ‚rarely changing variables'. Eine Plümper'sche Daumenregel liegt bei 2,5-mal größerer Querschnitts- als Längsschnittsvariation, aber gewiss sind auch engere und weitere Abgrenzungen begründbar.

[36] Für eine kritische Diskussion des Verfahrens vgl. Breusch et al. (2011).

‚Korrekturverfahren‘[37] zur Herbeiführung erwünschterer Schätzereigenschaften, bei denen häufig Operationen mit den Ausgangsdaten vorgenommen werden, die im Hinblick auf die untersuchten Zusammenhänge kaum sinnvoll interpretierbar sind[38], zählt etwa das sogenannte ‚Bootstrapping‘ (bezeichnenderweise benannt nach der Münchhausen-Episode, in der der Lügenbaron sich an den eigenen Schnürsenkeln [verbreiteter, aber metaphorisch äquivalent ist zugegebenermaßen die Fassung, in der es die eigenen Haare sind] aus dem Sumpf zieht), bei dem durch das Ziehen zahlreicher Zufalls-Stichproben aus dem Datensatz und anschließende Durchschnittsbildung über Regressionsanalysen derselben hinweg künstlich die Verlässlichkeit der Schätzung erhöht zu werden vorgegeben wird. Außerdem ist die jeweilige ärgerniserzeugende Eigenschaft der Basisdaten durch die Korrektur ja nicht beseitigt, sondern das geschätzte Modell bezieht sich dann auf einen durch diverse Transformationen veränderten Datenpool. Ob dieser näher an der Realität liegt als die Ausgangsdaten, ist letztlich bestenfalls eine Glaubensfrage.

Eine Low Tech-Alternative zum Umgang mit ungleichmäßig verteilter (Residuen-)Variation ist dagegen das sogenannte ‚Jackknife‘-Verfahren[39], bei dem reihum

---

[37] Zu den Gefahren von ‚constructed data‘ bemerkt King (1990, S. 11): „I propose a new statistical criterion that we should consider as important as any of the more usual ones. We should ask of every new estimator: ‚What did it do to the data?‘ Statistical criteria such as consistency, unbiasedness, minimum mean square error, admissibility, etc., are all very important […]. However, in the end, statistical analyses never involve more than taking a lot of numbers and summarizing them with a few numbers. Knowing that one's procedures meet some desirable statistical criterion is comforting but insufficient. We must also fully understand (and communicate) just what was done to the data to produce the statistics we report. In part, this is just another call for full reporting of statistical procedures, but it is also a suggestion that we hold off using even those statistical procedures that meet the usual statistical criteria until we can show precisely and intuitively how the data are summarized. Developing estimators that are robust, adaptive, nonparametric, semiparametric, distribution free, heteroskedasticity-consistent, or otherwise unrestrictive is important, but until we clarify just what estimators like these do to our data, they are not worth using.“

[38] Maddala (1998, S. 81 f.) liefert aus ökonometrischer Sicht eine Kritik der Übernahme von deren Methoden (vor allem zur dynamischen Panelanalyse) durch die Politikwissenschaft: „Political methodology has been quick in adopting econometric methods, rather too uncritically. But economic methodology has far outstripped empirical applications and has acquired a life of its own. Much of what goes on in econometric methods is practically useless and can be characterized by the quotation at the beginning [of] this article. [‚The gods love the obscure and hate the obvious.‘ Brihadaranyaka Upanishad (Pre-1000 B.C.)] I do not think the uncritical adoption of econometric methods in political methodology is a good development. I hope that researchers working in political methodology take econometric methods with a grain of salt and use them only if they are expected to accomplish something useful and adapt them suitably to their problems.“

[39] Unglücklicherweise existiert ein weiteres, dem eben diskutierten ‚Bootstrapping‘ ähnliches Verfahren, das zuweilen ebenfalls als ‚Jackknife‘ bezeichnet wird und hier nicht gemeint ist.

abwechselnd die einzelnen Untersuchungseinheiten (oder auch -perioden) aus dem Modell ausgeschlossen werden.[40] Deutliche Unterschiede, die sich bei den einzelnen Ergebnissen zwischen den reduzierten Modellen und zwischen diesen und dem Modell mit allen Ländern ergeben, müssen dann im Hinblick auf den Erklärungsanspruch des Letzteren bei der Interpretation berücksichtigt werden.

### 5.2.6 (Wie) Ist die Analyse gepoolter Zeitreihen für eine Master-Arbeit handhabbar zu halten?

Auch viele Studierende, die sich grundsätzlich die Durchführung einer Regressionsanalyse gepoolter Zeitreihen vorstellen können, dürften sich nach der Lektüre der vorangegangenen Passagen zur Modellauswahl fragen, ob diese Methode vom Zeitaufwand her überhaupt für eine Master-Arbeit geeignet ist. Wir möchten Sie gerne darin bestärken, diesen Versuch zu wagen, allerdings nicht ohne einige altväterliche Ratschläge dazu, wie die Vorbereitung und Durchführung so gestaltet werden kann, dass das Projekt nicht ins Uferlose führt und Sie nicht gezwungen werden, die Bereitschaft des zuständigen Prüfungsamts zur Bewilligung von zweiten und dritten Verlängerungsanträgen zu testen.

Vorab ist sicherlich der Erwerb von Grundkenntnissen eines statistischen Softwarepakets angezeigt – Stata ist unter den Praktikern der Methode mit Abstand am verbreitetsten, weil es dem Anwender erlaubt, nutzerprogrammierte Routinen (etwa den neuesten Standardfehler-Schätzer oder Hilfen für die Ausgabe mehrerer Regressionsmodelle in Tabellenform) aus der einschlägigen Community unschwer im Netz zu finden oder per Newsletter zu abonnieren und der eigenen lizenzierten Version kostenfrei hinzuzufügen.[41] Der Besuch von einschlägigen Methodenschulungen an der Heimatuniversität oder im Rahmen einer Summer School wie der traditionsreichsten in Colchester (www.essex.ac.uk/summerschool/) oder denjenigen der ECPR in Ljubljana (http://ecpr.eu/methodschools/summerschools.aspx) und Bamberg (http://ecpr.eu/methodschools/WinterSchools.aspx) hingegen ist zweifellos hilfreich, aber gewiss keine zwingende Voraussetzung.

Sodann ist es in bestimmten Phasen des akademischen Werdegangs klug, sich als fröhlichen Zwerg auf die Schultern eines Riesen zu stellen. Was das heißen soll?

---

[40] Ergeben sich für mehrere Länder starke Abweichungen, können ergänzend auch Modelle geschätzt werden, in denen mehrere gleichzeitig ausgeschlossen werden.

[41] Falls Sie die Investition in eine eigene (übrigens im Gegensatz zu manchen Konkurrenzprodukten infinite) Lizenz scheuen: Die Rechenzentren vieler Universitäten bieten Remote-Desktopverbindungen zu ihren Lizenzen an, und womöglich können Sie den EDV-Administrator an Ihrem Institut davon überzeugen, den einen oder anderen öffentlich zugänglichen Rechner damit auszustatten, falls dies nicht ohnehin schon der Fall ist.

Viele, insbesondere angelsächsische und US-amerikanische Politikwissenschaftler stellen in vorbildlicher Transparenz die Datensätze und oft auch die Stata-Do-Files (d. h. Textdateien die die komplette Syntax der Analysen enthalten) zu ihren Publikationen ins Netz. Es wäre nicht der geringste Beitrag einer Master-Arbeit, auf einer Re-Analyse einer solchen Publikation aufbauend theoriebasiert weitere Erklärungsfaktoren einzubringen und/oder auf der Basis Ihrer Kenntnis jüngerer methodologischer Innovationen wie der oben angesprochenen weitere Modellspezifikationen zu testen. Selbstverständlich ist die Verwendung solcher Quellen genau zu dokumentieren, und in Ihrer Arbeit ist dann präzise darzulegen, bis zu welcher Stelle Ergebnisse aus der Literatur reproduziert werden und ab wann eigene Erkenntnisse hinzutreten. Eine lebendige (Politik-)Wissenschaftskultur lebt davon, dass wir in einen Dialog über unsere Analysen und deren Ergebnisse eintreten, und Taagepera (2008, S. 82 ff.; man beachte die provokative Kapitelüberschrift ‚Why Most Numbers Published in Social Sciences Are Dead on Arrival') ist darin zuzustimmen, dass die Politikwissenschaft tendenziell daran krankt, dass sie ihre Befunde allzu oft schlicht nebeneinander ins Regal stellt. Und Sie werden verblüfft sein, wie häufig eine E-Mail mit Informationen über Ihr Vorhaben und einigen Fragen an einen einschlägigen Autoren – zumindest im englischsprachigen Raum – auf freundlich-konstruktives Interesse stößt.

Allerdings wird nicht für jede spannende Forschungsfrage bereits eine Publikation vorliegen, an der man dergestalt andocken könnte. Dann sollten Sie sich klar machen, dass eine Master-Arbeit zwar ein sehr wichtiger Schritt der Weiterqualifikation und der Ausweis der Fähigkeit zu selbständigem wissenschaftlichem Arbeiten sein soll, keineswegs aber alle oder letztgültige Antworten produzieren muss. Vielmehr ist es ein Ausweis Ihrer (politik-)wissenschaftlichen Reife – und, falls Sie daran Interesse haben, nicht die schlechteste Anbahnung eines Promotionsvorhabens (für alles Nähere und Weitere vgl. Wolf und Wenzelburger 2010) – wenn Sie im Fazit Ihrer Master-Arbeit darlegen, welche zusätzlichen Analyseschritte bei größerem Zeitbudget angezeigt wären, um Ihre Befunde zu arrondieren oder abzusichern. Sie dürfen sich also in einer Pionier-Studie auf bislang unerforschtem Gelände – natürlich idealerweise in Absprache mit Ihrem Betreuer/Ihrer Betreuerin – bewusst auf eine begrenzte Zahl an Modellspezifikationen beschränken, solange Sie die Implikationen dieser Beschränkung für die Robustheit Ihrer Ergebnisse offen darlegen.

Sowohl in derlei grundständigen als auch in vorliegende Analysen weiterentwickelnden Arbeiten (aber auch in der einschlägigen Literatur) werden bislang die Möglichkeiten der Residuendiagnostik und insbesondere ihrer graphischen Veranschaulichung noch (zu) selten genutzt. Selbiges gilt für die „moving windows analysis" nach Pontusson (2007, S. 328), bei der die Modelle jeweils nicht nur für den gesamten Pool, sondern auch für (separate oder überlappende) Ausschnitte

**Abb. 5.1** Streudiagramm der Residuen und Vorhersagewerte zu Modell (1) aus Tab. 5.1

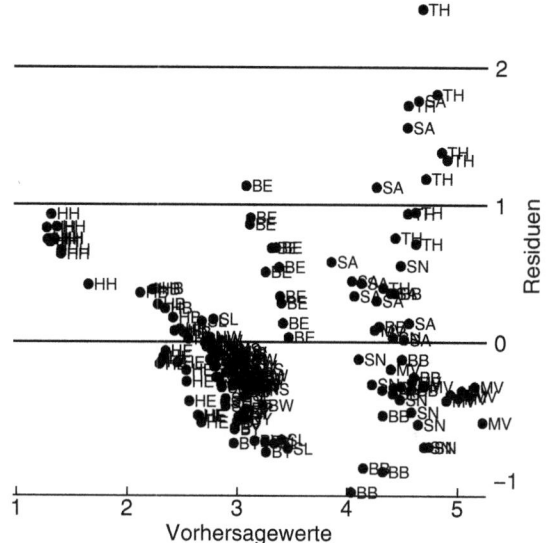

desselben getestet werden, etwa einmal nur für die mittelosteuropäischen Transformationsstaaten und einmal für die EU-15, einmal für die Jahre vor 1990 und einmal für die danach o. ä. Dabei streut der Erklärungserfolg von gepoolten Regressionsmodellen fast immer erheblich über Raum und Zeit, und es sind wenige Forschungskontexte vorstellbar, in denen Zusatzinformationen wie im folgenden Beispiel bei der Interpretation der Regressionsbefunde nicht interessant wären.

Abbildung 5.1 greift das Heteroskedastizitätsproblem aus den oben diskutierten Beispielmodellen zu den Bildungsausgabenquoten der Bundesländer auf. Der Residuenplot zeigt erstens eine klare Keilstruktur, in diesem Falle mit höherer Streuung der Residuen und damit geringerem Erklärungserfolg des Modells in höheren Bereichen der Prognosewerte der abhängigen Variable auf der Basis von Modell (5.1) aus Tab. 5.1. Anhand der Länderkürzel lässt sich sowohl die Sonderposition einzelner Länder (etwa Thüringens oder Berlins) als auch eine Gruppenbildung (etwa der westlichen Flächenländer in dem vor lauter Punkten und Labeln kaum mehr lesbaren Bereich links unten) ablesen.[42]

Eine solche graphische Residuendiagnostik kann zum einen in methodenverbindenden Forschungsdesigns (siehe Kap. 7) zur Auswahl besonders typischer

---

[42] Verwendet man alternativ die Jahreszahlen als Datenlabel, zeigt sich z. B. bei den Berliner und Thüringer Punkten ein klarer Abwärtstrend, d. h. im Verlaufe des Untersuchungszeitraums passt das Modell immer besser.

oder außergewöhnlicher Fälle für vertiefte qualitative Untersuchungen dienen. Zum anderen kann sie mit parametrischen Formen der Residuen- und Regressionsdiagnostik verbunden werden, wie sie in Kap. 4 diskutiert worden sind. Bei beschränktem Zeitbudget gegen Ende des Bearbeitungszeitraums einer Master-Arbeit kann sie aber auch einfach als hübsches und Versiertheit demonstrierendes Illustrationsmittel dienen.

**Kommentierte Literaturempfehlung**

Stimson, James A. 1985. Regression in space and time: A statistical essay. American Journal of Political Science 29 (4): 914–947.

Sayrs, Lois W. 1989. Pooled time series analysis. Newbury Park: Sage Publications.

Beide Texte sind eingängige frühe Darlegungen des Grundprinzips gepoolter Analysen, die in dieser Hinsicht keineswegs überholt sind.

Beck, Nathaniel und Jonathan N. Katz. 1995. What to do (and not to do) with time-series cross-section data in comparative politics. American Political Science Review 89 (3): 634–647.

Beck, Nathaniel und Jonathan N. Katz. 1996. Nuisance vs. substance: Specifying and estimating time-series cross-section models. Political Analysis 6 (1): 1–36.

Kittel, Bernhard. 1999. Sense and sensitivity in pooled analysis of political data. European Journal of Political Research 35 (2): 225–253.

Wilson, Sven E. und Daniel M. Butler. 2004. The promise and peril of panel data in political science. http://www.stanford.edu/class/polisci353/2004spring/reading/ Wilson_Butler.pdf. Letzter Zugriff: 22.11.2004. [2007 in überarbeiteter Form erschienen in: Political Analysis 15 (1): 101–123]

Am Besten wechselseitig aufeinander bezogen zu lesen sind die ersteren beiden Artikel von Beck und Katz als überaus erfolgreiche (wie problematische) Standardsetzer für die Disziplin einerseits und die letzteren beiden von Kittel sowie Wilson und Butler als den größten Kritikern der Elche.

Wenzelburger, Georg, Sebastian Jäckle und Pascal König. 2014. *Weiterführende statistische Methoden der Politikwissenschaft*. München: Oldenbourg.

Wenzelburger et al. (2014) bieten im einschlägigen Kapitel eine ausführliche, praxisorientierte Sichtung des ‚state of the art' mit anschaulichen Grafiken. Gerade weil ihre Ratschläge zuweilen von den hier gegebenen abweichen, kann der geneigte Leser sich unter Abwägung der beiden Positionen ein eigenes Urteil bilden.

**Erfahrungsbericht**
**Politische Regime und ausländische Direktinvestitionen**

*Tobias Rommel*

„Lieber den Spatz in der Hand als die Taube auf dem Dach." – Auf den ersten Blick erscheint dieses Sprichwort nicht wirklich geeignet, eine angemessene Arbeitseinstellung beim Anfertigen einer Abschlussarbeit adäquat zu beschreiben, da ambitionierte Ziele im Grunde von Vornherein ausgeschlossen werden. Allerdings kann die Orientierung am Tenor dieses Sprichworts auch einen gewissen Nutzen für das Verfassen einer Abschlussarbeit entfalten, wie im Folgenden argumentiert wird. In diesem Zusammenhang liefert dieser Erfahrungsbericht neben allgemeinen Ratschlägen zum Verfassen einer Abschlussarbeit vermittels eines Überblicks über die eigene Abschlussarbeit auch einige Hinweise bezüglich des (ungeübten) Umgangs mit regressionsanalytischen Verfahren für über Raum und Zeit vorliegende Daten.

Grundlegend gilt für jede Abschlussarbeit: Alles beginnt mit einer Idee! Ansprechende Ideen für eine Masterarbeit kommen zumeist nicht am Arbeitsplatz, sondern genau dann, wenn Stift und Papier nicht zur Hand sind. Dies bedeutet gleichzeitig, dass man sich nach Ablegen der letzten studienbegleitenden Prüfung nicht einfach auf den akademischen Hosenboden setzen sollte, um auf die heilsbringende Erleuchtung zu warten.[43] Vielmehr entspringen die besten Ideen immer noch einer Mischung aus Interessen (den bisherigen Studienschwerpunkten), Wissen (das weit verbreitete „Lesen, lesen, lesen") und Kreativität (dem Erkennen von Forschungslücken). In diesem Zusammenhang ist oftmals zu beobachten, dass das Ausmaß der Zuschreibung von Originalität zu einer Idee mit zunehmendem Wissen sinkt, da das Gefühl entsteht, das gesamte Forschungsfeld sei schon komplett (üb)erforscht. Daher lautet der erste Hinweis: Jede zunächst als alltäglich erscheinende Idee (ein Spatz), kann sich zu einer wissenschaftlich spektakulären Fragestellung (eine Taube) weiterentwickeln, ganz gleich wie umfangreich der bisherige Forschungsstand ist. Da dies mit einer gewissen Portion Arbeit verbunden ist, ist es ratsam, die Themenfindung nicht mit der Aussage „Ich möchte etwas über die Grundwasserversorgung in Uganda schreiben" für beendet zu erklären, sondern mit einer präzise formulierten Forschungsfrage abzuschließen.

---

[43] Natürlich gilt auch weiterhin Schneiders Aussage: „Even in the darkest corner […], some hope remains that an idea or thought, at some unspecified time, will nevertheless come about" (2011, S. 343). Allerdings ist diese Aussage gleichzeitig trivial und wenig empfehlenswert, da Zeitrestriktionen eine allzu lange Wartezeit oftmals nicht erlauben.

In meiner Abschlussarbeit beschäftigte ich mich mit einem alten Hut der Politikwissenschaft; nämlich der Frage, ob politische Regime ökonomische Performanz beeinflussen. Im Zuge der Aufarbeitung der aktuellen Literatur kristallisierten sich drei Forschungslücken heraus: Erstens wurden zentrale Bestandteile der Weltmarktöffnung von Staaten bisher lediglich randständig regimevergleichend untersucht; insbesondere ausländische Direktinvestitionen. Zweitens konzentrierten sich bisherige Studien vor allem auf den aggregierten Vergleich demokratischer und autokratischer Regime und ließen damit die theoretisch nachvollziehbare Varianz zwischen autokratischen Subtypen außer Acht. Drittens, verbunden mit dem vorangegangenen Kritikpunkt, ist oftmals eine Unvereinbarkeit der theoretischen Konzeption politischer Regimetypen und deren empirischer Operationalisierung zu beobachten. Im Bewusstsein dieser Forschungslücken standen daher folgende Forschungsfragen im Fokus: Hat der politische Regimetyp einen Einfluss auf die Attraktivität eines Staates für ausländische Direktinvestitionen? Und sind im Besonderen autokratische Regimesubtypen unterschiedlich attraktiv für ausländische Direktinvestitionen?

Die Konzentration auf ausländische Direktinvestitionen ist aus theoretischer Perspektive vor allem dahingehend interessant, da selbige langfristig angelegten Investitionen entsprechen, welche von der Vielzahl an möglichen Facetten ökonomischer Performanz am ehesten mit dem zeitkonstanten Charakter politischer Regime korrespondieren sollten. Daher können ausländische Direktinvestitionen als *most likely* Phänomene für den Effekt politischer Regime auf ökonomische Performanz angesehen werden. Aufgrund der Tatsache, dass unterschiedliche theoretische Zugänge divergierende Hypothesen nahelegen[44], war die Beantwortung der Forschungsfrage schlussendlich ein empirisches Problem. Wichtig ist in diesem Zusammenhang, dass das theoretische Argument für das Design quantitativer Studien in dreierlei Hinsicht eine zentrale Rolle spielt.

Erstens: Das theoretische Argument beeinflusst die empirische Modellierung! Regressionsanalysen im Querschnitt sehen sich verstärkt mit dem Problem einer Verzerrung der Ergebnisse durch ausgelassene Variablen konfrontiert (der sogenannte *omitted variable bias*), was zu falschen Inferenzschlüssen führen kann. Dies ist dann der Fall, wenn theoretisch wirkmächtige Variablen

---

[44] Um einen kurzen Einblick zu geben: Beispielsweise können aus den von der Regimestabilität ausgelösten Anreizen zur Sicherung von Eigentumsrechten Vorteile monarchischer Regime abgeleitet werden. Andererseits spricht insbesondere die durch Handlungsschranken ausgelöste Politikstabilität für eine hohe Attraktivität von Partei- oder Militärregimen. Demgegenüber besteht die Möglichkeit, dass personalistische Regime multinationalen Unternehmen aufgrund der hohen Flexibilität bei der Implementation von Politiken besonders attraktive Investitionsanreize anbieten können.

unbeobachtbar sind und daher nicht in das Regressionsmodell integriert werden können. Sofern nachvollziehbar argumentiert werden kann, dass diese ausgelassenen Faktoren zeitkonstant sind, kann diesem Problem mit über Raum und Zeit vorliegenden Datenstrukturen begegnet werden. Die Auswahl von Daten über Raum und Zeit zur Implementation von Panelregressionen stellt aber keineswegs eine magische Erhöhung der Freiheitsgrade im Regressionsmodell dar. Sie ist vielmehr eine Möglichkeit, methodische Probleme zu beheben; in vielen Fällen aber auch eine theoretische Notwendigkeit. Hierbei ist zu beachten, dass nicht die Methode die Theorie bestimmt, sondern das theoretische Argument die methodische Modellierung. Im Rahmen einer Abschlussarbeit hat dies den Vorteil, dass eine ganze Reihe möglicher Analysemethoden von Vornherein ausgeschlossen wird.

In meiner Masterarbeit habe ich auf zwei Regressionsspezifikationen für über Raum und Zeit vorliegende Daten fokussiert: Zunächst erfolgte der Rückgriff auf eine lineare OLS-Regression mit fixen Ländereffekten (in der Literatur als *entity fixed effects* bekannt) sowie heteroskedastizitäts- und autokorrelationsrobusten Standardfehlern zurückgegriffen. Mithilfe dieser Modellspezifikation wird die systematisch auftretende Varianz der abhängigen Variable zwischen den einzelnen Untersuchungseinheiten heraus gerechnet, was wiederum bedeutet, dass der Einfluss zeitkonstanter, nicht im Regressionsmodell enthaltener Ländercharakteristika (beispielsweise klimatische Bedingungen) herausgerechnet wird und die Parameterschätzungen (zumindest in Bezug auf zeitkonstante *omitted variables*) unverzerrt sind. Trotz der Tatsache, dass diese Modellierung eine hohe interne Validität aufweist, sind im Rahmen der vorliegenden Forschungsfrage zwei Bestandteile problematisch: Einerseits ist der politische Regimetyp äußerst zeitkonstant, was im Rahmen dieses Modells dahingehend ein Problem ist, da es zwingend auf Varianz im Längsschnitt angewiesen ist. Andererseits impliziert diese Modellspezifikation, dass die Veränderung der unabhängigen Variable im Jahr t lediglich eine Veränderung der abhängigen Variable in einem darauf folgenden Jahr t+x hat. Speziell diese Annahme ist im Rahmen einiger präsentierter theoretischer Argumente äußerst unplausibel, weshalb auf eine zweite Spezifikation zurückgegriffen wurde: Hierin wird das oben dargestellte Modell mit fixen Ländereffekten ohne die Regimevariablen neu berechnet. Diesem Modell werden die Schätzungen der fixen Effekte entnommen. Selbige entsprechen der zeitkonstanten, systematisch auftretenden und vom Längsschnitteffekt der Kontrollvariablen befreiten Varianz ausländischer Direktinvestitionen. Dementsprechend wurden diese fixen Effekte in einem zweiten Schritt als abhängige Variable in ein *between effects* Modell einbezogen, mithilfe dessen der Effekt politischer Regimetypen identifiziert wurde. Insgesamt kennzeichnet sich diese doppelte Modellierung allerdings durch einen zentralen Nachteil: Es besteht die Möglichkeit, dass sich die Schlussfolgerungen aus beiden Spezifikationen grundlegend widersprechen. In meinem Fall war dies insbesondere bei monarchischen Regimen der Fall. Während die *fixed effects* Spezifikation eine hohe Attraktivität von Monarchien für ausländische Direktinvestitionen nahelegt, liefert die *between effects* Spezifikation gegenteilige Ergebnisse. In so einem Fall ist die genaue Kenntnis der Daten nützlich. Da die *fixed effects* Spezifikation nur Veränderungen der Variablen erfasst und nur in einem Fall (aufgrund einiger fehlender Daten) ein Regimewechsel zu einem monarchischen Regime stattfand (für alle Interessierten: Nepal), kann den Ergebnissen dieses Modells in Bezug auf diesen Regimetyp nicht besonders stark vertraut werden. Deshalb ein weiterer Hinweis: Auch bei makro-vergleichenden Studien mit einer hohen Anzahl an Datenpunkten ist eine gewisse „Kenntnis der Fälle" nicht ohne Nutzen.

Zweitens: Das theoretische Argument bestimmt die Fallauswahl! Auch quantitativ-statistische Verfahren sehen sich mit Problemen der Auswahl der Fälle, des Untersuchungszeitraums und der Untersuchungseinheit konfrontiert. Drei Faktoren sollten selbige maßgeblich bestimmen: Zum ersten grenzt der Geltungsbereich des theoretischen Arguments (über sogenannte *scope conditions*) zumeist den Umfang an relevanten Untersuchungsfällen ein. Zum zweiten sollte der Untersuchungszeitraum in theoretischer Hinsicht von der oben angesprochenen Zeitkonstanz möglicher Hintergrundvariablen beeinflusst werden, um dadurch die Homogenität der Fälle über die Zeit gewährleisten zu können. Zum dritten werden sowohl die Anzahl der Untersuchungsfälle als auch der Umfang des Untersuchungszeitraums von der Datenverfügbarkeit beschränkt.

Der empirischen Analyse meiner Masterarbeit liegen Daten im Zeitraum zwischen 1970 und 2010 für insgesamt 148 Staaten zugrunde. Die theoretisch angestrebte Vollerhebung aller souveränen Staaten seit Ende des Zweiten Weltkriegs konnte insbesondere aus Gründen der Datenverfügbarkeit und in kleinen Teilen aufgrund der Datenqualität nicht realisiert werden. Besonders wichtig ist in diesem Zusammenhang die Frage, ob die Datenlücken einem Muster folgen und somit nicht zufällig auftreten. Im vorliegenden Fall konnte kein Staat mit weniger als einer Million Einwohnern einbezogen werden, da keine Daten über den politischen Regimetyp vorliegen. Dies entspricht zwar einer einseitigen Verzerrung, kann aber insofern relativiert werden, als dass kleine Volkswirtschaften aufgrund der Größe ihres Binnenmarktes in der Tendenz viel stärker in den Weltmarkt eingebunden sind und daher ein Einbezug dieser Staaten die Ergebnisse sogar verzerren könnte. Da solche Aussagen aber immer mit äußerster Vorsicht zu genießen sind, sollten solche eindeutigen Datenlücken immer diskutiert und diesen Umstand vor allem bei der Ableitung von Schlussfolgerungen kritisch Rechnung getragen werden.

Drittens: Das theoretische Argument beeinflusst die Auswahl an möglichen Kontrollvariablen! Selbige werden einbezogen, um das angesprochene Problem des *omitted variable bias* abzuschwächen. Bezieht man allerdings solche Kontrollvariablen ein, welche zentraler Bestandteil des postulierten Kausalmechanismus zwischen der unabhängigen und der abhängigen Variable sind, besteht eine hohe Wahrscheinlichkeit, dass kein Effekt gefunden werden kann, da selbiger durch die Konstanthaltung des Wirkmechanismus im Regressionsmodell verhindert wird. Die Spezifikation eines Basismodells bedarf daher der Rückbindung an das theoretische Argument.

Aus eigener Erfahrung kann berichtet werden, dass methodisches Selbststudium funktioniert – zu Anfang aber oftmals verwirrend ist. Drei Faktoren tragen zum effektiven Gelingen bei: 1) Einmal wieder „Lesen, lesen, lesen"[45], 2) Gespräche mit methodisch Erfahreneren und 3) eine gesunde Portion Misstrauen gegenüber allem Geschriebenen und Gesagten. Zum dritten sollte man sich im Vorfeld Gedanken über die Annahmen der jeweiligen Modelle machen und durch eine zielführende Diskussion im Methodenkapitel der Arbeit rechtfertigen, warum ein bestimmtes Modell benutzt wird, welche Annahmen dahinter stecken und inwiefern diese mit dem theoretischen Modell vereinbar sind sowie welche Probleme nicht behoben werden können, beziehungsweise inwiefern die Ergebnisse dadurch verzerrt werden.

In Bezug auf meine Masterarbeit konnten folgende Schlussfolgerungen gezogen werden: Der in vielen Studien postulierte Vorteil demokratischer Regime gegenüber autokratischen Regimen im Allgemeinen konnte auch für ausländische Direktinvestitionen bestätigt werden. Die Ergebnisse für Monarchien sind uneindeutig, allerdings scheint der stark positive Effekt auf FDI-Zuflüsse (ausländische Direktinvestitionen) im Längsschnittvergleich nicht vertrauenswürdig zu sein. Parteiregime und Militärregime sind im Vergleich unattraktiv für Investitionen multinationaler Unternehmen, personalistische Regime nehmen eine Mitteposition ein. Insgesamt liefern die Ergebnisse daher empirische Hinweise auf die theoretisch hergeleitete Unterschiedlichkeit in der ökonomischen Performanz autokratischer Subtypen.

---

[45] Wärmstens ans Herz zu legen ist darüber hinaus auch der YouTube-Kanal von StataCorp (http://www.youtube.com/user/statacorp).

# Mehrebenenanalyse

# 6

## Sebastian Jäckle

Die Mehrebenenanalyse (MEA) ist ein statistisches Instrumentarium, welches in den letzten Jahren in der Politikwissenschaft vermehrt anzutreffen ist. Dies liegt daran, dass viele politikwissenschaftlich interessante Phänomene von Natur aus auf mehreren unterschiedlichen Ebenen stattfinden und sich die einzelnen Ebenen auch gegenseitig beeinflussen können. Ein offensichtliches Beispiel hierfür ist der Bereich der politischen Einstellungsforschung. Hier kann oftmals angenommen werden, dass Einstellungen oder beispielsweise auch Wahlabsichten von Personen nicht ausschließlich durch Charakteristika des Individuums selbst, sondern auch durch übergeordnete Aggregatmerkmale geprägt werden – auf eine Person also gewisse Sozialisationseffekte wirken, die nicht nur sie selbst, sondern auch andere um sie herum erfahren[1]. So kann sich zum Beispiel eine nationalstaatliche Kultur prägend auf die Einstellungen eines Individuums auswirken. Um eine solche Situation mit Hilfe einer MEA auswerten zu können muss die abhängige Variable immer auf der untersten Ebene (auch bezeichnet als Level-1, Mikro- oder Individual-Ebene) liegen.

---

[1] Aus theoretischer Perspektive sind solche kontextuellen Effekte nichts Unbekanntes in der Politikwissenschaft. Lange Zeit beschränkten sich Analysen, insbesondere solche, die auf Umfragen gründen, jedoch darauf, individuelle Merkmale abzutesten. Das rief schon früh Kritiker wie Barton auf den Plan, eine rein individualistische Ausrichtung ohne Bezug auf das soziale Umfeld des Befragten bei diesen Arbeiten zu kritisieren: „But as usually practiced, using random sampling of individuals, the survey is a sociological meatgrinder, tearing the individual from his social context and guaranteeing that nobody in the study interacts with anyone else in it. It is a little like a biologist putting his experimental animals through a hamburger machine and looking at every hundredth cell though a microscope; anatomy and physiology get lost, structure and function disappear, and one is left with cell biology" (Barton, 1968: 1).

© Springer Fachmedien Wiesbaden 2015
A. Hildebrandt et al., *Methodologie, Methoden, Forschungsdesign*
DOI 10.1007/978-3-531-18993-2_6

Die erklärenden Variablen können dagegen sowohl auf Ebene-1 wie auch auf höheren Aggregatebenen (Level-2 oder Makroebenen) angesiedelt sein. Zudem lassen sich auch Interaktionen zwischen den Ebenen modellieren. Eine solche Cross-Level-Interaktion läge beispielsweise vor, wenn eine Level-1-Variable in einzelnen nationalen Kontexten (Level-2) einen positiven in anderen einen negativen Effekt aufweist.

Unabdingbar für alle Mehrebenenanalysen ist, dass die Daten in einer klaren hierarchischen Struktur vorliegen, was bedeutet, dass sich alle zu untersuchenden Einheiten auf der untersten betrachteten Ebene eindeutig jeweils einer einzigen Aggregateinheit auf höherer Ebene zuordnen lassen. Nur wenn eine solche ineinander verschachtelte Baumstruktur vorliegt, lassen sich MEA sinnvoll einsetzen.[2] Die betrachteten Ebene-1-Einheiten müssen dabei trotz der Bezeichnung *Individualebene* nicht zwangsläufig Individuen im Sinne von einzelnen Personen sein, sondern sie können auch selbst Aggregatniveau besitzen. Einzig relevant ist, dass es noch mindestens eine höhere Ebene gibt, in die sie sich einordnen lassen. Beispielsweise könnten die Kommunen in Deutschland auf diese Weise als Individuen begriffen werden, welche sich in die 41 Regierungsbezirke auf Aggregatebene einsortieren lassen. Generell lassen sich beliebig viele Ebenen im Rahmen einer MEA modellieren, sofern eine klare hierarchische Struktur gegeben ist.[3] Die folgende Methodendeskription konzentriert sich jedoch auf den einfachsten Fall einer Zwei-Ebenen-Analyse. Dessen grundlegende Logik lässt sich dann auch problemlos auf Modelle mit drei oder noch mehr Ebenen übertragen. Als Beispiel wird auf eine Untersuchung der Einstellungen zur Atomenergie im europäischen Vergleich zurückgegriffen, bei der die zweite Ebene aus den im Eurobarometer enthaltenen Staaten besteht (Jäckle und Bauschke 2012).

## 6.1    Welche Zusammenhänge lassen sich mit einer MEA analysieren?

Um ein Verständnis dafür zu entwickeln, welche Kausalzusammenhänge überhaupt mittels einer Mehrebenenregression modellierbar sind, bietet es sich zunächst an, sich alle potentiell möglichen Effekte zu vergegenwärtigen, die auf bzw. zwischen

---

[2] Drei Alternativen zur Schätzung einer MEA lassen sich bei Vorliegen von hierarchischen Daten grundsätzlich denken: die Aggregation der Mikro-Daten auf Makro-Level, die Disaggregation der Makro-Level Variablen auf die Mikro-Ebene sowie die Berechnung separater Regressionsmodelle für alle Level-2-Gruppen. Aufgrund teils gravierender Probleme, die diese Verfahren mit sich bringen, eignet sich jedoch keines wirklich als Ersatz für eine MEA (s. Wenzelburger et al. 2014, S. 94–95).

[3] In der Bildungsforschung können etwa die vier Ebenen Schüler, Klassen, Schulen und Bundesländer herangezogen werden. Ein weiteres Beispiel für mehr als zwei Ebenen liefern Dülmer und Ohr (2008), die die Wahlabsicht für rechtextremistische Parteien über die drei Ebenen der Befragten, der Landkreise und der Bundesländer betrachten.

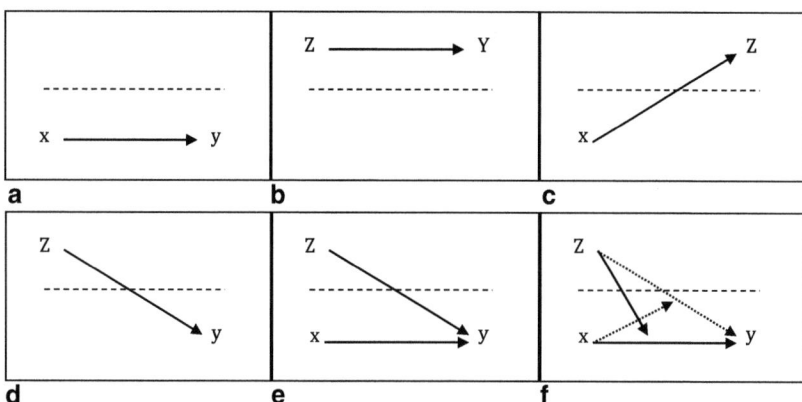

**Abb. 6.1** a-f Zusammenhänge zwischen Mikro- und Makro-Ebene

Mikro- und Makro-Ebene vorkommen können. Die folgenden Schaubilder stellen diese schematisch in Anlehnung an Snijders und Bosker (2012) dar – Großbuchstaben stehen dabei für Aggregatmerkmale, Kleinbuchstaben für Individualmerkmale.

Die ersten beiden Abb. (6.1a und b) zeigen reine Mikro- bzw. Makro-Ebenen-Zusammenhänge. Bei ersterem beeinflusst die Makro-Ebene nur über die Auswahl der Stichprobe die Analyse. Wählt man beispielsweise über eine Zufallsauswahl 10 europäische Länder aus, in denen man dann auf Basis von Umfragedaten den Effekt des Alters (x) auf die Einstellung zur Atomenergie (y) untersucht, so erhält man unverzerrte Ergebnisse, wenn sich der Effekt, den das Alter ausübt, nicht zwischen den einzelnen Ländern unterscheidet. Wenn dem jedoch nicht so ist, würde eine reine Mikro-Modellierung immer ein gewisses Maß an unerklärtem Rauschen mit sich bringen. Nur mit einem ME-Design ließe sich dieser Varianzanteil adäquat erklären: denn auch ganz ohne einen erklärenden Faktor auf der Makroebene in das Modell einfließen zu lassen, berücksichtigt man so doch die hierarchische Struktur der Daten.

Bei reinen Makro-Ebenen-Zusammenhängen ist ein ME-Design dann überflüssig, wenn es sich bei Z und Y um zwei per se auf der Aggregatebene zu messende globale Merkmale handelt, beispielsweise wenn der Einfluss des Demokratisierungsgrades auf die wirtschaftliche Entwicklung eines Landes bestimmt werden soll. Werden die betrachteten Merkmale aber auf der Mikroebene beobachtet und erst durch Aggregation zu Aggregatmerkmalen, dann muss man die der Stichprobe eigentlich inhärente mehrstufige Zufallsauswahl beachten. Will man beispielsweise den Einfluss der Arbeitslosenrate in Städten auf das wirtschaftliche Wachstum dort untersuchen, wobei die Arbeitslosenrate als Aggregat eines auf der Mikro-Ebene gemessenen Merkmals zu betrachten ist, dann könnte eine einfache Zufallsauswahl der Städte zu verzerrten Ergebnissen führen. Abb. 6.1c stellt einen Effekt der Mikro- auf die Makroebene dar. Dies ist klassischerweise der letzte Schritt im Badewannen-Modell von Coleman. Beispielsweise kann man hier an Bürger denken, die ihre Parteipräferenz bei einer Wahl abgeben, diese individuellen Parteipräferenzen (x) werden dann moderiert durch das jeweilige Wahlsystem zum Sitzanteil im Parlament aggregiert (Y). Ein solcher Effekt, bei dem die abhängige Variable auf der höheren Ebene liegt, lässt sich mit einem ME-Design nicht testen.

Anders dagegen die drei folgenden Schaubilder, die alle als Anwendungsfelder der MEA gelten können. Beim einfachsten Fall eines Makro-Mikro-Zusammenhangs (Abb. 6.1d) wirkt sich eine Variable auf der Aggregatebene auf eine abhängige Variable auf Individualebene aus. Beispielsweise lässt sich so testen, ob die Einstellung einer Person gegenüber Atomenergie (y) davon abhängt, inwieweit die nationale Gesellschaft, der die betreffende Person angehört, durch grüne Parteien geprägt ist (Z). Zusätzlich zu dem direkten Effekt der Makro-Ebene können auch weitere direkte Individualeffekte (x) dazukommen – zum Beispiel Alter oder Geschlecht der Person (Abb. 6.1e). Diese Situation lässt sich auch begreifen als Test einer Makro-Variable unter Kontrolle einer Mikro-Variable, bzw. umgekehrt.

Variablen können aber auch einen konditionierenden und damit indirekten Einfluss ausüben und zwar auf den Effekt, den eine weitere, auf einer anderen Ebene angesiedelte Variable hat. Dies bezeichnet man als Cross-Level-Interaktion (Abb. 6.1f). Beispielsweise könnte der Effekt, den das Alter einer Person (x) auf deren Einstellung zum Thema Atomenergie (y) hat vom Postmodernismusgrad der Gesellschaft (Z)[4] konditioniert werden. Die Cross-Level-Interaktion kann auch umgedreht mit der Mikro-Variable als konditionierendem Effekt gedacht werden (gepunktete Pfeile): In diesem Fall würde der Effekt, den der Postmodernismusgrad der Nation auf die Einstellung des Individuums zur Atomenergie ausübt, dadurch konditioniert, wie alt die betreffende Person ist.

---

[4] An diesem Beispiel sieht man, dass nicht nur solche Variablen als Aggregatmerkmal verwendet werden können, die von sich aus auf der Aggregatebene angesiedelt sind (wie z. B. das Regierungssystem eines Landes), sondern durchaus auch Variablen, die erst durch Aggregation von Individualmerkmalen auf die Makro-Ebene gelangen. Wichtig hierbei ist jedoch, dass man von einem Effekt dieser neu gebildeten Aggregatvariable ausgehen kann, der über den Effekt der Individualvariable hinausgeht, aus der heraus sie gebildet wurde. Im obigen Beispiel ginge man entsprechend davon aus, dass zusätzlich zu der Position, die eine Person auf der Postmodernismusskala einnimmt, der durchschnittliche Postmodernismusgrad der gesamten Gesellschaft sich auch noch auf die Einstellung der Person zur Atomenergie auswirkt.

## 6.2 Wann ist ein Mehrebenenmodell statistisch notwendig bzw. zumindest sinnvoll?

Zunächst sollte man selbstverständlich immer dann eine MEA schätzen, wenn aus der Theorie konkrete Hypothesen abgeleitet werden können, die sich nur mittels dieses statistischen Instruments überprüfen lassen. Geht man beispielsweise von einem Effekt einer Aggregatvariable oder einer Cross-Level-Interaktion aus – beides Dinge die sich mit anderen statistischen Verfahren nicht adäquat testen ließen – so ist der Rückgriff auf eine MEA unausweichlich. Neben diesen inhaltlichen Begründungen kann die Verwendung von Mehrebenenmodellen aber zusätzlich auch über die vorliegenden Daten statistisch gerechtfertigt werden.

Generell lässt sich sagen, dass sobald die gesamte Varianz zwischen den betrachteten Individuen zu einem relevanten Anteil auf Unterschiede zwischen den Makro-Level-Einheiten zurückzuführen ist, es Sinn ergibt, dies aktiv über eine MEA zu modellieren.[5] Der Intraklassenkorrelationskoeffizient (IKK) hilft bei der Beantwortung der Frage, wie groß dieser Anteil ist. Er berechnet sich als der Anteil der Gesamtvarianz der abhängigen Variable, welcher durch die Gruppierung erklärt wird.[6] Je nachdem, ob man theoretisch von einer schwachen oder starken Intraklassenkorrelation ausgeht, werden Richtwerte von 0,05 bzw. 0,3 für den IKK angegeben, ab denen es statistisch notwendig sei, ein ME-Modell zu rechnen (Hox 2010). Der IKK ist eine einfache Option, um zu testen, inwieweit eine MEA aus statistischer Warte betrachtet notwendig, sinnvoll oder nur eine methodische Spielerei ohne nennenswerten analytischen Mehrwert ist. Deshalb sollte er stets zu Beginn einer Analyse berechnet und in dieser auch berichtet werden.

---

[5] Das Vorliegen von signifikanten Mittelwertunterschieden zwischen den Gruppen in der abhängigen Variable ist zwar ein Indiz dafür, dass eine MEA sinnvoll sein kann, aber als Begründung diese Methode zu verwenden doch ungeeignet. Theoretisch ist es auch möglich, dass sich diese Unterschiede zu 100 % über die Charakteristika der Individuen erklären lassen. Erst wenn ein gewisser Anteil an der Gesamtvarianz nicht alleine über die Mikro-Variablen erklärt werden kann – von denen angenommen wird, dass sie in allen Gruppen exakt denselben Effekt aufweisen – ist eine statistische Begründung für die Verwendung von MEA gegeben. Aus diesem Grund sollte für die Entscheidung, ob eine MEA oder eine normale Regression berechnet wird auf den IKK zurückgegriffen werden.

[6] Alternativ kann man den IKK auch als die Korrelation von zwei zufällig ausgewählten Individuen innerhalb einer zufällig ausgewählten Gruppe begreifen. Je höher diese Intraklassenkorrelation, desto größer ist der Anteil der Gesamtvarianz, der auf die Unterschiede zwischen den Gruppen zurückzuführen ist.

Alternativ zu den IKK-Daumenregeln kann man auch die gruppenspezifischen Residuen betrachten,[7] oder mit Hilfe eines Likelihood-Ratio-Chi-Quadrat-Tests (auch Devianztest genannt) überprüfen, ob es einen signifikanten Unterschied zwischen dem Nullmodell auf der Individualebene und dem Mehrebenen-Nullmodell gibt, welches die Gesamtvarianz in die Teilvarianzen zwischen und innerhalb der Gruppen aufteilt.[8] Mit Hilfe des Devianztests lassen sich allgemein sämtliche ineinander geschachtelten Mehrebenenmodelle vergleichen. So kann beispielsweise getestet werden, ob das Hinzufügen einer weiteren Variable die Passgenauigkeit des Modells verbessert oder die Aufnahme eines Cross-Level-Interaktionseffekts statistisch gerechtfertigt ist.[9]

Hier sei jedoch nochmals angemerkt, dass eine MEA natürlich auch dann gerechnet werden sollte, wenn zwar die statistische Notwendigkeit nicht gegeben ist, das theoretische Forschungsinteresse es aber verlangt. Zudem ist eine MEA in

---

[7] Bei diesen handelt es sich um die Abweichungen der Gruppenmittel vom Gesamtmittelwert. Hierzu greift man auf das ME-Nullmodell (ein ME-Modell bei dem außer der Gruppierungsvariable keine erklärenden Kovariate enthalten sind) zurück und lässt sich die Residuen für die einzelnen Level-2-Einheiten ausgeben. Die Gruppen-Residuen werden aufgelistet oder geplottet um auf diese Weise diejenigen Gruppen zu identifizieren, für die ein signifikant höherer oder niedrigerer Wert geschätzt wird als im Mittel für alle Gruppen. Ist dies bei vielen Gruppen der Fall, ist eine MEA angebracht. Wenn die Residuen der Gruppen sich hingegen nicht sonderlich voneinander unterscheiden, ist eine normale OLS ausreichend.

[8] Die Teststatistik berechnet sich als: $2 \cdot (LL_{\text{Mehrebenen}} - LL_{\text{Individual}})$ Diesen empirischen Wert vergleicht man mit einem theoretischen Wert aus einer Chi-Quadrat-Tabelle. Man findet die gesuchte Zelle in der Chi-Quadrat-Tabelle anhand des gewünschten Vertrauenswahrscheinlichkeitsniveaus sowie der Anzahl der zwischen den beiden Modellen veränderten Parameter (=Anzahl der Freiheitsgrade). Dasjenige Modell, welches den vom Betrag her niedrigeren Log-Likelihood-Wert hat, kann bei signifikantem Testergebnis als das besser angepasste Modell gelten (Pötschke 2006, S. 173).

[9] Da der Betrag des Log-Likelihood-Wertes automatisch mit kleiner werdender Fallzahl sinkt, muss man bei der Aufnahme neuer Variablen darauf achten, dass diese nicht durch fehlende Werte die in die Regression eingehende Fallzahl reduzieren. Denn hierdurch würde fälschlicherweise eine Signifikanz beim Likelihood-Ratio-Chi-Quadrat-Test generiert. Man würde also annehmen, dass die aufgenommene Variable das Modell signifikant verbessert, in Wirklichkeit wäre es jedoch die geringere Fallzahl die den Test signifikant werden ließ (Hadler 2004, S. 70). Um diese Problematik komplett zu vermeiden, bietet es sich an, über eine Filtervariable den Datensatz auf diejenigen Fälle zu begrenzen, für die keinerlei fehlende Werte in den aufzunehmenden Variablen vorliegen. Daneben ist darauf zu achten, dass Modelle, die sich in ihren fixen Teilen (d. h. unabhängigen Variablen unterscheiden) mittels Devianztest nur sinnvoll zu vergleichen sind, sofern sie mit normaler Maximum Likelihood geschätzt wurden und nicht mittels Restricted Maximum Likelihood (REML). Devianztests sind bei REML-Schätzungen nur erlaubt, sofern sich die Modelle ausschließlich in ihren Zufallskomponenten unterscheiden (Snijders und Bosker 2012, S. 97).

diesen Fällen – selbst wenn die Varianz der AV nur marginal über die Gruppierung erklärt würde – per se kein falsches Modell. Einzig wenn man Probleme mit der Zahl der Freiheitsgrade hat, sollte man sich in diesem Fall überlegen evtl. doch auf ein einfacheres, keine Mehrebenenstruktur annehmendes Regressionsmodell umzusteigen.

## 6.3 Wie viele Fälle braucht man für eine Mehrebenenanalyse?

Das Vorhandensein einer ausreichenden Fallzahl stellt bei der MEA, wie auch bei anderen Regressionsmethoden, einen limitierenden Faktor dar. Nach Snijders ist für die Analyse von Level-1-Effekten primär die Gesamtzahl der Level-1-Einheiten von Relevanz (Snijders 2005). Da die politikwissenschaftlich zu analysierenden ME-Datensätze (z. B. Eurobarometer, WVS) oftmals sehr viele Level-1-Einheiten enthalten, dürfte es hier nur relativ selten zu Problemen kommen. Problematischer dürfte sich zumeist die Anzahl an Level-2-Gruppen gestalten, die Snijders als den am stärksten limitierenden Faktor für ME-Designs betrachtet. Die durchschnittliche Gruppengröße sei hingegen nicht so wichtig für die Stärke des Modells (Snijders 2005). Allerdings ist in der Forschung durchaus umstritten wie viele Level-2-Einheiten benötigt werden, um aussagekräftige Ergebnisse mittels einer MEA zu erzielen: Diverse Daumenregeln nennen Größen von 30 bis 100 Makro-Einheiten (für einen Überblick s. Braun et al. 2010).[10] Neuere Ergebnisse von Stegmüller (2013) mahnen allerdings zu stärkerer Vorsicht als die bisherigen Daumenregeln. Er zeigt mittels Monte-Carlo-Simulationen, dass insbesondere wenn komplexere ME-Designs getestet werden (z. B. mit Inklusion von Level-2-Variablen und Cross-Level-Interaktionen (s. u.)), eine vergleichsweise geringe Gruppenanzahl

---

[10] An dieser Stelle sollte natürlich auch erwähnt werden, dass es für Forscher aus dem Bereich der Pädagogik weitaus einfacher sein dürfte, bei einer zu geringen Fallzahl auf Level-2 Daten zu einigen weiteren Schulen zu erheben, wohingegen es für den vergleichenden Umfrageforscher in der Regel sehr schwer sein dürfte weitere Länder in sein sample zu inkludieren. Zudem zeigt ein Blick in die empirische Forschungslandschaft, dass auch mit deutlich weniger Level-2-Einheiten ME-Modelle gerechnet werden (Peffley und Rohrschneider 2003; Rosar 2003). Insbesondere, wenn die Schätzung mittels Restricted Maximum Likelihood (REML) durchgeführt wird, seien auch Analysen mit relativ wenigen Level-2-Gruppen möglich (Browne und Draper 2000; Maas und Hox 2004).

(unter 20) zu verzerrten Schätzern und vor allem zu falsch ausgewiesenen Konfidenzintervallen führt.[11]

Zusammenfassend kann man bezüglich der Fallzahl also festhalten, dass insbesondere die Anzahl der Level-2-Einheiten als limitierender Faktor nicht übersehen werden darf. Sollten in den Daten etwa nur 20 Level-2-Einheiten vorhanden sein – wie dies in der politikwissenschaftlichen Forschung beispielsweise bei Analysen der OECD-Welt oftmals der Fall ist – sind nur solche ME-Modelle sinnvoll schätzbar, die nur wenige Variablen auf Aggregatebene aufweisen und die v. a. nur wenige oder gar keine Cross-Level-Interaktionen testen. Kurz gesagt: je schlanker das Modell, desto geringer sind die Probleme durch geringe Fallzahlen. Gleichzeitig stellt sich an dieser Stelle dann natürlich die Frage, ob das Ziel eines möglichst sparsamen Modells, das statistisch betrachtet sauberere Ergebnisse generiert, im Angesicht der Komplexität sozialer und politischer Phänomene, mit denen wir es zu tun haben, wirklich um jeden Preis verfolgt werden sollte.

Als weitere pragmatische Antwort auf die Analyse von Stegmueller kann gesagt werden, dass man bei eher geringen Fallzahlen auf Level-2 auf die angegebenen Konfidenzintervalle immer noch einen gewissen Aufschlag dazurechnen sollte bzw., wenn man eigentlich ein Signifikanzniveau von 95 % anstrebt, die Schätzung mit einem Signifikanzniveau von 99 % durchführen sollte. Gleichzeitig dürften Analysen mit weniger als zehn Level-2-Einheiten in den seltensten Fällen noch sinnvolle Ergebnisse liefern. Hier sind die berichteten MLE-Konfidenzintervalle laut Stegmueller oftmals um bis zu 15 Prozentpunkte zu schmal (2013, S. 753), was jegliche ernsthafte Interpretation unterminiert. Damit sich der Leser ein Bild davon machen kann, wie schwerwiegend die Fallzahlproblematik ist, sollte es selbstverständlich sein, die Fallzahlen auf jeder einzelnen Ebene und im besten Fall auch die durchschnittliche Gruppengröße (und deren Spannweite) in einer ME-Publikation anzugeben.

---

[11] Laut Stegmueller stellt auch die REML Methode keine wirkliche Alternative dar. Sie generiert zwar im Fall von einfachen ME-Designs geringfügig bessere Konfidenzintervalle als die klassische, von ihm verwendete MLE. Bei komplexeren Designs hingegen ergäben sich „quite drastic noncoverage problems" (Stegmueller 2013, S. 751). Er empfiehlt vielmehr auf eine bayesianische Schätzung auszuweichen. Diese würde einerseits etwas weniger Bias bei den Punktschätzern generieren und v. a. deutlich passendere Konfidenzintervalle erzeugen. Diese wären zudem, im Gegensatz zu den von der MLE erzeugten Konfidenzintervallen, eher zu lang als zu kurz, weshalb man sagen kann, dass „researchers using Bayesian multilevel models put their hypotheses to more rigid tests than their colleagues relying on ML estimates!" (Stegmueller 2013, S. 759). Da bayesianische ME-Modelle aber noch die absolute Ausnahme in der Politikwissenschaft darstellen und sich zudem ihre Schätzung deutlich von klassischen Regressionsverfahren unterscheiden, sollen diese hier nicht weiter verfolgt werden. Einen Einstig in die Welt der Bayesianischen MEA bieten Hamaker und Klugkist (2011).

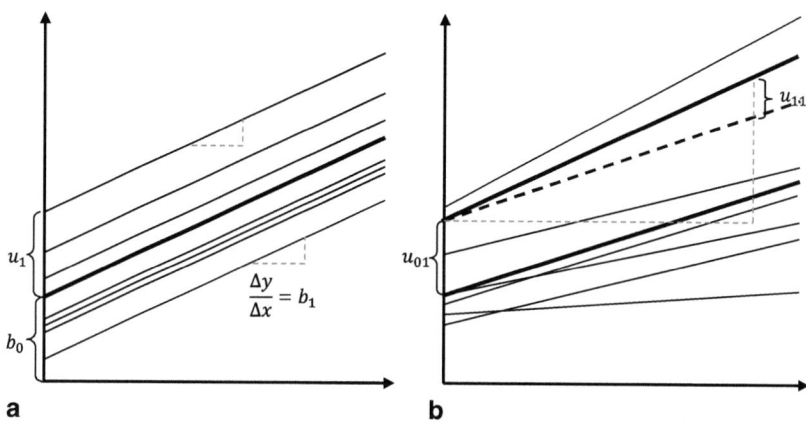

**Abb. 6.2** Random-Intercept-Modell (**a**) und Random-Slope-Modell (**b**)

## 6.4 Modellierungsstrategien in Mehrebenen-Situationen

Wie die Abb. 6.1a–f gezeigt haben, können Varianzen zwischen wie auch inner-halb von Gruppen auf unterschiedliche Effekte zurückgehen. Die MEA bietet die Möglichkeit diese Level-1-, Level-2- sowie Cross-Level-Interaktionseffekte zu modellieren.

### 6.4.1 Level-1-Effekte

In Bezug auf Level-1-Effekte besteht der Vorteil der MEA gegenüber einer nor-malen OLS darin, dass je nach Gruppe ein unterschiedlicher Effekt angenommen werden kann und man entsprechend nicht davon ausgehen muss, dass eine Variable über alle Gruppen hinweg denselben Effekt auf die in der Gruppe enthaltenen In-dividuen ausübt. Dabei können zwei unterschiedlich flexible Modelle unterschie-den werden: das Random-Intercept- und das Random-Slope-Modell. Bei ersterem (formal: $y_{ij} = b_0 + b_1 x_{ij} + u_j + e_{ij}$)[12] wird ausschließlich der Achsenabschnitt (In-tercept) als variabel angenommen. Dieser variiert für jede Gruppe um $u_j$ um den mittleren Intercept aller Gruppen $b_0$ (vgl. Abb. 6.2a). Die Steigung $b_1$ hingegen wird für alle Länder als gleich angenommen. Insofern unterscheiden sich im *Ran-*

---

[12] Der Index $i$ steht für ein Individuum in der Gruppe $j$.

*dom-Intercept-Modell* die Effekte der Level-1-Variablen ausschließlich entsprechend ihres Niveaus, nicht jedoch in ihrer Steigung.

Aus Gründen der besseren Interpretierbarkeit des Achsenabschnitts empfiehlt
es sich oftmals Level-1-Variablen am Gesamtmittelwert zu zentrieren (*grand mean
centering*).[13] In einem Random-Intercept-Modell entspricht der Intercept, genau
wie in einer einfachen linearen Regression ohne mehrere Analyseebenen, demjenigen Wert, den die abhängige Variable annimmt, wenn alle unabhängigen Variablen
gleich Null sind. Ist Null jedoch kein sinnvoller, in der Realität auffindbarer Wert
für eine unabhängige Variable, so ist auch der Wert für den Achsabschnitt nicht
sinnvoll interpretierbar. In unserem Beispiel wäre dies definitiv beim Alter der
Fall, da offensichtlich davon auszugehen ist, dass ein Neugeborenes noch keine
Einstellung zum Thema Atomenergie haben kann. Es sollte stets an Mittelwerten
zentriert werden, die sich entsprechend des Skalenniveaus der Variable sinnvoll
interpretieren lassen: d. h. metrische Variablen am arithmetischen Mittel, ordinale
am Median. Dummy-Variablen werden nicht zentriert. Berechnet man beispielsweise ein Modell mit den beiden Variablen Geschlecht (0 = weiblich, 1 = männlich)
und Alter – letztere zentriert – ließe sich der Achsenabschnitt hingegen als Einstel-
lungswert zum Thema Atomenergie für eine Frau mittleren Alters interpretieren.

Nimmt man an, dass sich die Level-1-Effekte nicht nur im Niveau zwischen
den Gruppen unterscheiden, sondern dass eine Level-1-Variable wirklich unterschiedliche Effekte – d. h. unterschiedliche Steigungen in unterschiedlichen Gruppen – aufweist, lässt sich dies über ein *Random-Slope-Modell* schätzen (formal:
$y_{ij} = b_0 + b_1 x_{ij} + u_{0j} + u_{1j} x_{ij} + e_{ij}$ ). Der Effekt, den eine Level-1-Variable hat, wird
relativ zum mittleren Effekt über alle Gruppen betrachtet. Der Unterschied zum
Random-Intercept-Modell ist die Annahme, dass sich die Gruppen in Bezug auf
einen Level-1-Faktor nicht nur in ihren Achsenabschnitten $u_{0j}$, sondern auch in
ihren Steigungen $u_{1j}$ unterscheiden. Anschaulich sieht das folgendermaßen aus

---

[13] Beim *grand mean centering* wird der über alle in der Analyse enthaltenen Individuen
gebildete Gesamtmittelwert einer Variable von den konkreten Realisationen abgezogen und
die Fälle so auf den *grand mean* zentriert. Von einer Zentrierung am Gruppenmittelwert
(*group mean centering*), wie sie Raudenbush (1989) noch generell empfohlen hat, wird zumeist abgeraten, da diese Form der Zentrierung das Basis-Modell so verändert, dass es nicht
mehr äquivalent zum nicht-zentrierten Modell ist (Kreft et al. 1995). Hierdurch kann es vorkommen, dass man allein durch das Zentrieren am Gruppenmittelwert ein komplett anderes
Modell schätzt, als man eigentlich im Auge hatte (Paccagnella 2006). Nur bei spezifischen
Fragestellungen eignet sich eine Zentrierung am Gruppenmittel: Beispielsweise um den
sogenannten „frog-pond"-Effekt nachzuweisen, bei dem die relative Positionierung eines
Falles im Vergleich zu den anderen Fällen seiner Gruppe die Ausprägung der abhängigen Variable mit determiniert (Hox 2010, S. 69). Für einen guten Überblick über die Konsequenzen
der unterschiedlichen Zentrierungsverfahren s. Bickel (2007, S. 134–144).

(vgl. Abb. 6.2b): Vergleicht man die Gerade für Gruppe 1 (obere dickgedruckte Linie) mit der mittleren Gerade über alle Individuen (untere dickgedruckte Linie), zeigt sich für diese Gruppe ein größerer Intercept ($u_{01}$), aber eben auch eine größere Steigung ($u_{11}$) als im Mittel.[14] Der Output eines Random-Slope-Models – hier das Beispiel Einstellungen zur Atomenergie im Stata-Output – lässt sich folgendermaßen lesen (vgl. Tab. 6.1): Der Koeffizient gibt den mittleren Effekt für die betreffende Variable an. In unserem Beispiel verringert ein zusätzliches Jahr im Alter den geschätzten Atomeinstellungswert um 0,0412. Allerdings variiert bei 95 % Vertrauenswahrscheinlichkeit diese Steigung zwischen den Ländern innerhalb eines Intervalls von $0,0412 \pm 1,96\sqrt{0,00867} = \{-0,1412; 0,2237\}$. Im Vergleich zum Random-Intercept-Modell kommen im Output weitere Zeilen für die Zufallseffekte hinzu. Hier sind es zwei zusätzliche: var(z_alter) gibt die Varianz zwischen den Steigungen an und cov(z_alter,_cons) ist die Kovarianz zwischen der Steigung und dem Intercept, die wir mit $\sigma_{u01}$ bezeichnen wollen. Die Intercept-Slope-Kovarianz gibt an, ob sich die Steigungen auffächern (*fanning out*) oder konvergieren (*fanning in*). Allerdings müssen, um dies festzustellen, neben der Intercept-Slope-Kovarianz auch die Vorzeichen von Intercept $b_0$ und Steigung $b_1$ betrachtet werden. Zudem ist es hier erneut wichtig, dass die unabhängigen Variablen zentriert werden, falls Null für diese keinen sinnvollen Wert darstellt. Abbildung 6.3 illustriert die unterschiedlichen Kombinationsmöglichkeiten. Angewendet auf das von uns berechnete Modell, in dem $b_0 > 0$, $b_1 < 0$ und $\sigma_{u01} > 0$ ist[15], zeigt sich, dass sich der im Durchschnitt aller Länder negative Effekt des Alters auffächert: junge Personen haben über die Länder hinweg eine vergleichsweise ähnliche Einstellung zur Atomenergie, wohingegen die Variation zwischen den Ländern bei älteren Personen größer ausfällt.

## 6.4.2 Level-2Effekte

Neben den Level-1-Effekten, die sich wie gesehen auch von Level-2-Einheit zu Level-2-Einheit unterscheiden können, kann es auch noch Effekte geben, die direkt von Level-2 aus auf die abhängige Variable wirken. So könnte sich beispiels-

---

[14] Zusätzlich muss man bei Random-Slope-Modellen angeben, ob eine Kovarianz zwischen der Höhe der Intercepts und der Steigung angenommen werden soll oder ob diese als unkorreliert betrachtet werden sollen. Dadurch lässt sich die Frage beantworten, ob sich die Steigungen auffächern (*fanning out*) oder konvergieren (*fanning in*). Dazu genauer weiter unten.

[15] Im Stata-Output findet sich der Intercept $b_0$ unter „_cons", die einfache Steigung der Variable Alter – unser $b_1$ – unter „z_alter" und die Kovarianz zwischen Intercept und Steigung unter „cov(z_alter,_cons)".

**Tab. 6.1** Random-Slope-Output

```
Mixed-effects REML regression              Number of obs      =      25940
Group variable: countrycode                Number of groups   =         27

                                           Obs per group: min =        486
                                                          avg =      960.7
                                                          max =       1551

                                           Wald chi2(3)       =    1757.53
Log restricted-likelihood = -109604.74     Prob > chi2        =     0.0000

-----------------------------------------------------------------------------
atomeinste~g |    Coef.    Std. Err.      z     P>|z|    [95% Conf. Interval]
-------------+---------------------------------------------------------------
    z_alter  |  -.0412774   .0188765   -2.19   0.029   -.0782747    -.00428
  geschlecht |  -4.717329   .2108257  -22.38   0.000   -5.130539   -4.304118
   z_wissen  |  -1.405688   .0458174  -30.68   0.000   -1.495489   -1.315888
       _cons |   55.57006   1.274639   43.60   0.000    53.07181    58.06831
-----------------------------------------------------------------------------


-----------------------------------------------------------------------------
  Random-effects Parameters  |   Estimate   Std. Err.    [95% Conf. Interval]
-----------------------------+-----------------------------------------------
countrycode: Unstructured    |
              var(z_alter)   |   .0086669   .0026822    .0047254    .0158961
              var(_cons)     |   43.32735   12.11487    25.04699    74.94949
           cov(z_alter,_cons)|   .412654    .1515054    .1157089    .7095991
-----------------------------+-----------------------------------------------
              var(Residual)  |   271.8936   2.389989    267.2494    276.6185
-----------------------------------------------------------------------------
LR test vs. linear regression:        chi2(3) =   3285.05   Prob > chi2 = 0.0000
```

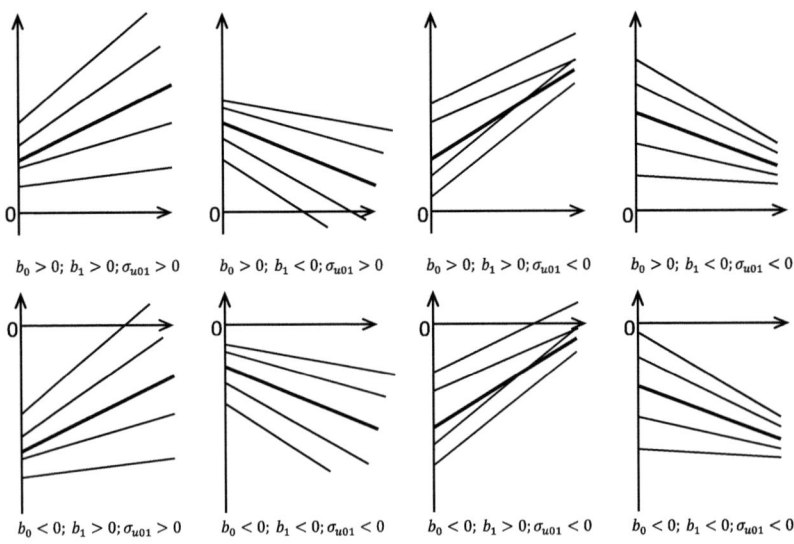

Row 1 (left to right): $b_0 > 0; b_1 > 0; \sigma_{u01} > 0$   $b_0 > 0; b_1 < 0; \sigma_{u01} > 0$   $b_0 > 0; b_1 > 0; \sigma_{u01} < 0$   $b_0 > 0; b_1 < 0; \sigma_{u01} < 0$

Row 2 (left to right): $b_0 < 0; b_1 > 0; \sigma_{u01} > 0$   $b_0 < 0; b_1 < 0; \sigma_{u01} < 0$   $b_0 < 0; b_1 > 0; \sigma_{u01} < 0$   $b_0 < 0; b_1 < 0; \sigma_{u01} < 0$

**Abb. 6.3** Fanning out (linke vier Grafiken) und fanning in (rechte vier Grafiken)

weise die Arbeitslosenquote in einem Land auf die Einstellung der Bevölkerung zum Thema Arbeitslosengelderhöhung auswirken und dies unabhängig davon, ob die befragte Person selbst arbeitslos ist oder nicht. Um solche Sozialisations- oder Kontexteffekte adäquat zu modellieren, ist ein Rückgriff auf ME-Modelle notwendig. Level-2-Variablen können direkt, wie andere Variablen auch, in das ME-Modell integriert werden.

### 6.4.3 Cross-Level-Interaktionen

Neben den Haupteffekten können Level-1- und Level-2-Variablen auch in Form von Interaktionseffekten auf die abhängige Variable einwirken. Besonders interessant in dieser Hinsicht ist der Fall von Cross-Level-Interaktionen zwischen einer Level-1- und einer Level-2-Variable (vgl. Abb. 6.1f). Die um den Interaktionseffekt erweiterte Modellgleichung schreibt sich folgendermaßen: $y_{ij} = b_0 + b_1 x_{1ij} + b_2 X_{2j} + b_3 x_{1ij} * X_{2j} + u_{0j} + u_{1j} x_{1ij} + e_{ij}$. Die Darstellung der Cross-Level-Interaktionseffekte sollte sinnvollerweise – wie auch bei anderen Interaktionen üblich – entweder über vorhergesagte Werte (dabei auf einen sinnvoll zu interpretierenden Wertebereich achten) oder über marginale Effekte erfolgen (Preacher et al. 2006).

Als Beispiel für eine Cross-Level-Interaktion soll hier ein Interaktionseffekt zwischen dem Alter der Befragten und dem durchschnittlichen Sitzanteil grüner Parteien in den letzten zehn Jahren angenommen werden. Dabei gehen wir davon aus, dass der sozialisierende Effekt grüner Parteien stärker bei jüngeren Menschen wirkt als bei älteren, deren Weltbild bereits gefestigt ist. Der Stata-Output (Tab. 6.2) zeigt, dass der Interaktionseffekt „alter_grüne" signifikant und negativ ist, während die Variable „grüne" signifikant und positiv ist und die Altersvariable keinen signifikanten Effekt mehr aufweist. Dieser zuletzt genannte Koeffizient gibt den Effekt des Alters unter der Bedingung an, dass der Stimmenanteil grüner Parteien in einem Land null beträgt. Der Interaktionseffekt drückt aus, dass mit zunehmender Stärke grüner Parteien der negative Effekt von Alter auf die Ablehnung von Atomenergie zunimmt. Um diesen bedingten Zusammenhang graphisch darzustellen berechnet man für unterschiedliche Kombinationen von „alter" und „grüne" die Prognosewerte durch Einsetzen in die Regressionsgleichung. Mit Excel lässt sich so auf einfache Weise eine Tabelle der vorhergesagten Werte erstellen. Hier wurde dies für null, fünf und zehn Prozent Grüne im Parlament gemacht (vgl. Tab. 6.3).

In ein Streudiagramm eingetragen zeigt sich der Interaktionseffekt (s. Abb. 6.4). Unsere Hypothese bestätigt sich: je jünger der Befragte ist, desto stärker wirkt sich eine Sozialisierung durch grüne Parteien auf dessen ablehnende Haltung gegen-

**Tab. 6.2**  Output eines Random-Slope-Modells mit Cross-Level-Interaktion

```
Mixed-effects REML regression              Number of obs    =     25940
Group variable: countrycode                Number of groups =        27

                                           Obs per group: min =       486
                                                          avg =     960.7
                                                          max =      1551

                                           Wald chi2(5)     =   1779.24
Log restricted-likelihood = -109600.96     Prob > chi2      =    0.0000

------------------------------------------------------------------------
atomeinste~g |    Coef.   Std. Err.      z    P>|z|    [95% Conf. Interval]
-------------+----------------------------------------------------------
       alter |  -.0090613  .0222686   -0.41   0.684   -.052707    .0345845
   geschlecht | -4.713248   .2107964  -22.36   0.000   -5.126402  -4.300095
      wissen |  -1.405964   .0457915  -30.70   0.000   -1.495714  -1.316214
       grüne |   .9467126   .2618613    3.62   0.000    .433474   1.459951
  alter_grüne | -.0133202   .0056128   -2.37   0.018   -.0243212  -.0023193
       _cons |  62.56172   1.065795   58.70   0.000    60.4728   64.65064
------------------------------------------------------------------------


------------------------------------------------------------------------
  Random-effects Parameters |  Estimate   Std. Err.    [95% Conf. Interval]
-----------------------------+------------------------------------------
countrycode: Unstructured    |
                 var(alter)  |  .0073323   .0023604    .0039014   .0137804
                 var(_cons)  |  15.46812    5.11058    8.094785   29.55764
           cov(alter,_cons)  |  .1196102   .0778031   -.0328811   .2721016
-----------------------------+------------------------------------------
               var(Residual) | 271.8881   2.389898    267.2441   276.6128
------------------------------------------------------------------------
LR test vs. linear regression:        chi2(3) =  3099.31   Prob > chi2 = 0.0000
```

**Tab. 6.3**  Prognosewerte für die Cross-Level-Interaktion

| Alter | 20 | 30 | 40 | 50 | 60 | 70 | 80 | 90 |
|---|---|---|---|---|---|---|---|---|
| Grüne 0% | 62,38 | 62,29 | 62,20 | 62,11 | 62,02 | 61,93 | 61,84 | 61,75 |
| Grüne 5% | 65,78 | 65,03 | 64,27 | 63,51 | 62,76 | 62,00 | 61,24 | 60,49 |
| Grüne 10% | 69,18 | 67,76 | 66,34 | 64,92 | 63,49 | 62,07 | 60,65 | 59,23 |

über der Atomenergie aus. Alternativ kann man den Interaktionseffekt auch anders herum lesen: Der Alterseffekt, nach dem ältere Personen eine positivere Einstellung zur Atomenergie aufweisen als jüngere, wäre damit besonders stark für Länder in denen grüne Parteien einen politisch bedeutsamen Anteil der Parlamentssitze einnehmen.

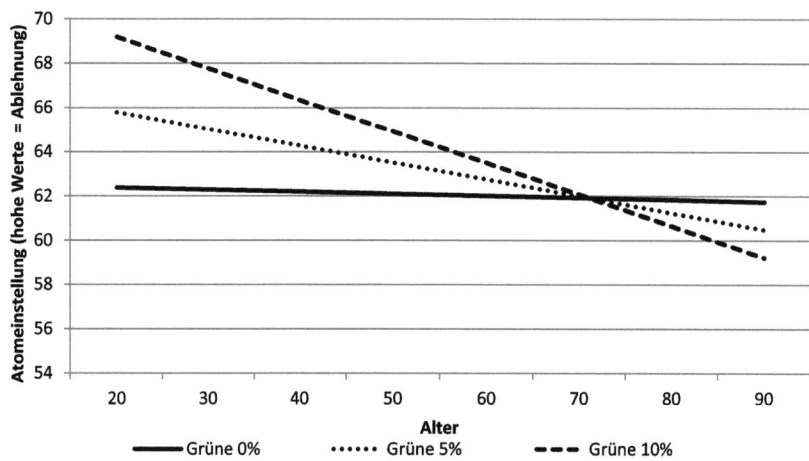

**Abb. 6.4** Cross-Level-Interaktion zwischen Alter und Sitzanteil grüner Parteien

## 6.4.4   Zunächst testen, ob nicht ein weniger flexibles Modell ausreicht

Auch wenn die Flexibilität, welche Random-Slope-Modelle und Cross-Level-Interaktionen bieten, verführerisch sein kann, sollten Forscher stets bedenken, dass jede Erweiterung des Modells durch zusätzliche Parameter immer auch auf Kosten der Modellschätzung geht. Insbesondere bei MEA gilt deshalb, dass die Modelle zwar so genau wie nötig, aber eben auch so sparsam wie möglich gehalten sein sollten. Deshalb sollten Forscher stets zuerst testen, ob die Freisetzung einer Level-1-Varianz oder die Inklusion einer Cross-Level-Interaktion die Modellschätzung signifikant verbessern und damit wirklich sinnvoll sind. Hierzu wird zumeist auf Devianz-Tests (Likelihood-Ratio-Chi-Quadrat-Tests) zurückgegriffen.[16] Alternativ können, um die Güte von zwei Modellen zu vergleichen, auch das Akaike Information Criterion (AIC) oder das Bayesian Information Criterion (BIC) herangezogen werden. Im Gegensatz zur Devianz bestrafen diese beiden eher die Aufnahme weiterer Variablen, weshalb sie im Sinne einer möglichst sparsamen Modellbildung einem Devianztest vorzuziehen sind. Das BIC bestraft zusätzlich eine hohe Fallzahl und stellt damit in der Regel einen noch härteren Test als das AIC dar (Hox 2010, S. 50). Ein Vorteil dieser Testmaße ist, dass sie nicht nur auf ineinander geschachtelte Modelle anwendbar sind – wie beim Devianztest der Fall

---

[16] Zu deren Logik s. Fußnote 8 oben.

– sondern mit ihrer Hilfe beispielsweise auch Modelle mit komplett unterschiedlichen erklärenden Variablen miteinander verglichen werden können. Einzig die
Fallzahl der beiden Modelle muss identisch sein.

## 6.4.5  Gütemaße

Als erstes Gütemaß für MEA kann die bereits angesprochene Devianz dienen, welche sich als 2 * der Log-Likelihood-Wert berechnet. Je näher dieser Wert an Null
ist, desto besser passt das Modell auf die Daten. Allerdings ist der Absolutwert der
Devianz abhängig von der Fallzahl und lässt sich dadurch nicht direkt interpretie-
ren. Erst im direkten Vergleich zweier ineinander geschachtelter Modelle sind die
Devianzwerte aussagekräftig: Ist ihre Differenz signifikant (Test mittels Chi-Quadrat-Verteilung), so kann dasjenige Modell mit dem absolut betrachtet niedrigeren
Devianzwert als signifikant besser angepasst gelten als das andere (Snijders und
Bosker 2012). Die Devianz lässt damit nur Aussagen über die relative Güte eines
ME-Modells im Vergleich zu einem i. d. R sparsamer ausgestalteten Modell zu.
Bei AIC und BIC, die auch als Gütemaße verwendet werden können, weisen nied-
rige Werte auf einen besseren Fit des Modells hin (Raftery 1995, S. 134). Auch
hier lässt sich allerdings der Absolutwert nicht sinnvoll interpretieren, sondern
ausschließlich die Differenz der AIC- bzw. BIC-Werte zweier Modelle $M_0$ und
$M_1$. Differenzwerte größer zehn weisen dabei sehr stark darauf hin, dass $M_1$ einen
besseren Fit aufweist als $M_0$ (Raftery 1995, S. 140).

Devianz-, AIC und BIC-Tests eignen sich, um im direkten Vergleich mit anderen Modellen die am besten passende Modellspezifikation zu ermitteln. Ein absolutes Maß für die Erklärungskraft eines ME-Modells stellen sie jedoch nicht dar.
Hierfür schlagen Snijders und Bosker für ein Zwei-Ebenen-Modell zwei getrennt
zu berechnende $R^2$ vor, ein $R^2_{mikro}$ und ein $R^2_{makro}$. Insbesondere das erste, welches
die „proportionale Fehlerreduktion für ein individuelles Outcome" (Snijders und
Bosker 2012, S 111 [eigene Übersetzung]) angibt, ist wichtig und dürfte für die
meisten politikwissenschaftlichen Analysen sinnvoll zu berichten sein. Das $R^2$ auf
der Makroebene gibt hingegen an, um wie viel Prozent sich die Varianz zwischen
den Level-2-Gruppen, d. h. zwischen den Gruppenmittelwerten, reduzieren lässt.
Dies ist in den meisten Fällen von geringerem Interesse als das $R^2_{mikro}$ (Snijders
und Bosker 2012, S. 111). Für die Berechnung greift man auf die Varianzen der
Residuen zurück, die zwischen ($\tau$) sowie innerhalb der Level-2-Gruppen ($\sigma$)
vorliegen und vergleicht dabei das interessierende Modell ($M_1$) stets mit dem ME-
Nullmodell ($M_0$). Formal sieht dies folgendermaßen aus (Snijders und Bosker
1999, S. 102–103):

$$R_{mikro}^2 = 1 - \frac{\sigma_{M_1} + \tau_{M_1}}{\sigma_{M_0} + \tau_{M_0}}; R_{makro}^2 = 1 - \frac{\tau_{M1}}{\tau_{M0}};$$

Diese Formeln sind für Random-Intercept-Modelle geeignet. Bei Random-Slope-Modellen ist die Berechnung komplizierter (Snijders und Bosker 1994). Da sich die $R^2$-Werte aber meist nur marginal ändern, sobald Zufallsparameter in das Modell aufgenommen werden, plädieren Snijders und Bosker dafür, ihr $R^2$ stets auf Basis des entsprechenden Random-Intercept-Modells zu berechnen.[17] Es gibt also durchaus Möglichkeiten, die Güte eines ME-Modells entweder für sich genommen oder im Vergleich zu anderen Modellen in den Blick zu nehmen. Entsprechende Angaben zur Modellgüte sollten deshalb Standard sein.

## 6.5 Erweiterungsmöglichkeiten und Schnittstellen zu anderen Verfahren

Das in diesem Kapitel verwendete Beispiel einer Zwei-Ebenen-Regression mit einer metrisch skalierten abhängigen Variable lässt sich problemlos übertragen bzw. erweitern auf Drei- und Mehr-Ebenenmodelle sowie auf Fälle von dichotomen abhängigen Variablen, die mittels Mehrebenenlogit geschätzt werden können (Goldstein 2011; Snijders und Bosker 2012, S. 289). Daneben zeigen Hox und Goldstein zum Teil formal-statistisch recht anspruchsvoll die breite Palette an weiteren Anwendungsoptionen für Mehrebenenanalysen und v. a. die Schnittstellen zu anderen statistischen Verfahren: Beispielsweise zur Mehrebenen-Survival-, -Pfad- oder -Faktoranalyse (Goldstein 2011; Hox 2010). Insbesondere sei hier jedoch noch auf die enge Verbindung zwischen hierarchischen Mehrebenen-

---

[17] Sofern Kovarianzen zwischen den unabhängigen Variablen in dem Modell angenommen werden, lassen sich die $R^2$-Werte nach Snijders und Bosker nicht mehr sinnvoll interpretieren. Pötschke (2006, S. 174) schlägt in diesen Fällen die Verwendung des Pseudo-$R^2$ nach Maddala vor, welches grundsätzlich bei allen nach dem Maximum Likelihood Verfahren geschätzten Modellen berechnet werden kann:

$$Maddala\ R^2 = 1 - \exp\left(\frac{-2\log Likelihood_{M1} - \left(-2\log Likelihood_{M0}\right)}{n}\right). \text{ Der sich ergebende}$$

Wert gibt an, wie viel Prozent der Varianz die im Vergleich zum Nullmodell hinzugefügten Variablen erklären können, wobei diese Erklärungskraft sich sowohl auf „Varianzen der unabhängigen Variablen als auch […] Kovarianzen zwischen unabhängigen Variablen" (Pötschke 2006, S. 174) beziehen kann.

modellen und gepoolten Zeitreihenanalysen ( *Time-Series-Cross-Section*) verwiesen (vgl. Kap. 5). Beide Verfahren können als mögliche Lösung für das in der Politikwissenschaft häufige, insbesondere bei Querschnittsanalysen anzutreffende small-N-Problem gesehen werden. Mehrebenenanalysen erhöhen dabei die Zahl an Beobachtungen durch ihren Fokus auf hierarchisch untergeordnete Ebenen, was laut King, Keohane und Verba (1994, S. 219–221) eine Option darstellt, wenn die empirische Datenvielfalt auf der übergeordneten Ebene nicht ausreicht, um eine sinnvolle Inferenz zu erzeugen. Gepoolte Zeitreihenanalysen schaffen dies dadurch, dass sie eine Gruppe an Einheiten über einen längeren Zeitraum im Panel betrachten. Die gepoolte Zeitreihenanalyse kann damit als eine spezifische Unterart des allgemeineren Mehrebenenmodells betrachtet werden. Auch bei dieser liegt eine gruppierte Datenstruktur vor: Hier werden die Einzelbeobachtungen ( = Zeitpunkte) in einen zumeist nationalstaatlichen Kontext eingegliedert (Tiemann 2009, S. 213–214). Allerdings sollten beide Verfahren nicht ausschließlich als Werkzeuge zum Umgehen des small-N-Problems betrachtet werden, sondern beide „prüfen dezidiert dynamische Effekte, kontrollieren statische Kontexte und bestimmen die Interaktion von Modell und Kontext" (Tiemann 2009, S. 231). In dieser Hinsicht sind Mehrebenenmodelle mit ihren Möglichkeiten, Random-Intercepts, Random-Slopes sowie komplizierte Residuenstrukturen zu modellieren, letztlich flexibler als gepoolte Zeitreihenanalysen, die oftmals durch die Verwendung fixer Effekte die Komplexität der empirischen Daten nur schwerlich fassen können.

## Kommentierte Literaturempfehlung

Bickel, Robert. 2007. Multilevel Analysis for Applied Research – It's Just Regession! New York: The Guilford Press.

Für den ersten Einstieg in die Welt der Mehrebenenregressionen geeignete Einführung. Sehr ausführliche Erklärungen der statistischen Formeln, sowie viele verständliche Beispiele (allerdings – wie in den meisten Lehrbüchern – aus dem Bereich der Erziehungswissenschaften) kennzeichnen dieses Buch. Die enthaltenen SPSS-Routinen, die es dem Leser ermöglichen sollten das praktische Vorgehen bei einer Mehrebenenanalyse am konkreten Beispiel nachzuvollziehen sind allerdings nur bedingt nützlich, da die verwendeten Beispieldatensätze nicht zur Verfügung gestellt werden.

Hox, Joop J. 2010. Multilevel Analysis: Techniques and Applications. New York: Routledge.

Snijders, Tom und Roel Bosker. 2012. Multilevel Analysis: An Introduction to Basic and Advanced Multilevel Modeling. 2. Auflage. London: Sage.

Diese beiden bereits in zweiter Auflage erschienen Standardwerke sind empfehlenswerte Einführungslehrbücher, die die relevanten grundlegenden Konzepte und vor allem das praktische Vorgehen beim Schätzen von Mehrebenenmodellen gut erklären.

Rabe-Hesketh, Sophia und Anders Skrondal. 2012a. Multilevel and Longitudinal Modeling Using Stata – Volume 1: Continuous Responses. College Station: Stata Press.

Rabe-Hesketh, Sophia und Anders Skrondal. 2012b. Multilevel and Longitudinal Modeling Using Stata – Volume 2: Categorical Responses, Counts, and Survival. College Station: Stata Press.

Insbesondere für fortgeschrittene Anwender dürften diese beiden Bände hilfreich sein, in denen sehr ausführlich auf grundlegende aber vor allem auch auf weiterführende Fragen zu Mehrebenenanalysen eingegangen wird und insbesondere aufgezeigt wird, wie sich diese in Stata berechnen lassen.

Hox, Joop J. und J. Kyle Roberts, Hrsg. 2011. Handbook of Advanced Multilevel Analysis. New York: Routledge.

Sammelband mit Beiträgen zu weiterführenden Analysetechniken und speziellen Schätzproblemen. Behandelt werden unter anderem Multilevel Latent Variable Modeling (LVM), Mehrebenenmodelle für longitudinale Daten, Bootstrapping, der Umgang mit omitted variable bias und multipler Imputation in Mehrebenenmodellen sowie deren bayesianische Schätzung.

**Erfahrungsbericht**
**Einstellungen zum Verhältnis von Religion und Politik in 78 Ländern – Auswirkungen von Religionszugehörigkeit, individueller Werteorientierung und Demokratie**

*Nathalie Ferré*

### 1. Fragestellung

Seit den 1980er Jahren finden sich in der Wissenschaft wie im Alltagsdiskurs vermehrt Auseinandersetzungen, die auf die Beziehung zwischen Religion und Politik abzielen. Als Beispiele, welche die Brisanz dieser Thematik verdeutlichen, können unter anderem die Revolution im Iran, die massive Ausbreitung der Pfingstbewegungen in Südamerika, aber auch die Anschläge vom 11. September 2001 und die darauf folgenden Reaktionen des Westens gelten (Smith 2009, S. 219). Meine Bachelor-Arbeit beleuchtet einen konkreten Teilaspekt der Beziehung zwischen Religion und Politik. Ihre Fragestellung lautet: Welche Einstellungen haben Menschen weltweit zum Verhältnis zwischen Religion und Politik und wie lassen sich diese Einstellungen erklären?

Ich gehe grundlegend von zwei Einflusslinien aus, die die Einstellungen zum Verhältnis zwischen Religion und Politik determinieren. Ich nehme an, dass die Einstellungen erstens von individuellen Werteorientierungen und persönlichen Eigenschaften abhängen, wobei ich religiöse Zugehörigkeit als zentrale Größe erachte. Diese wird in der Literatur als ein Merkmal angesehen, das die Ansichten der Menschen grundlegend prägt. Insbesondere nach den Ereignissen des Arabischen Frühlings und dem Wahlerfolg islamischer Parteien wird häufig vereinfacht dargelegt, dass im Islam eine engere Verbindung zwischen Religion und Politik vorhanden ist als in anderen Religionen. Zweitens gehe ich davon aus, dass die Einstellungen zum Verhältnis zwischen Religion und Politik vom kulturellen und politischen Kontext, in dem eine Person lebt, abhängen. Insofern sollten Variablen auf der Makroebene, die diesen Kontext zumindest ansatzweise erfassen können, ebenfalls erklärungskräftig für die Varianz der Einstellungen sein.

### 2. Datenverfügbarkeit, Operationalisierung und Umsetzung der Methode

Zur Beantwortung meiner Fragestellung habe ich eine Mehrebenenanalyse auf Basis der Daten des European und World Values Survey (EVS/WVS) mit Hilfe des Statistikprogramms Stata geschätzt. Ein Problem, dem ich bereits früh gegenüberstand, waren fehlende Werte: Für einige der Länder im Sample liegen bei einem Teil der untersuchten Variablen keine Werte vor. Da die Daten nicht selbst erhoben wurden, lässt sich die Ursache dieses Problems praktisch nicht nachvollziehen und auch nicht überprüfen, ob die Werte systematisch oder zufällig fehlen. Würden alle betroffenen Länder aus der Analyse ausgeschlossen, könnten jedoch viele mehrheitlich muslimische Länder nicht untersucht werden. Gerade der Vergleich zwischen den Einstellungen von Muslimen und Anhängern anderer Religionen ist im Lichte der Forschungsdiskussionen jedoch von besonderem Interesse. Aus diesem Grund habe ich mich dazu entschieden, auch Länder mit vergleichsweise vielen fehlenden Werten in die Analyse aufzunehmen, wohl wissend, dass es dabei einen Trade-Off zwischen Größe des Datensatzes und Qualität der Daten zu beachten gilt.

Die Operationalisierung der Variablen auf der Individualebene erfolgte anhand des Fragenkatalogs des World Values Survey. Das WVS enthält insgesamt vier Fragen bezüglich der Ansichten der Menschen zur Verbindung zwischen Religion und Politik. Sie decken dabei zwei verschiedene Dimensionen ab: 1) inwiefern befürworten Menschen religiöse Politiker und 2) inwiefern akzeptieren Menschen eine Einflussnahme religiöser Akteure auf Wahlen und Regierungsentscheidungen. Anhand der Fragen habe ich zwei Indizes für beide Dimensionen gebildet. Diese stellen die abhängigen Variablen der Analyse dar. Die Mehrebenen-Analyse wurde separat für beide Indizes durchgeführt. Für die unabhängigen Variablen wurden ebenfalls Fragen des WVS benutzt, um die Auswirkung von persönlichen Werteorientierungen und Eigenschaften zu testen. Für den Test der Kontextfaktoren auf der Makroebene wurde insbesondere auf die Demokratiequalität, gemessen anhand des Freedom-House-Index, zurückgegriffen.

Für beide abhängigen Variablen wird in gleicher Weise vorgegangen. Zuerst habe ich die Verteilung der Mittelwerte der abhängigen Variablen nach Weltregion und Religionszugehörigkeit durch einfache Diagramme untersucht, um mir einen ersten Einblick über die Zusammenhänge zwischen den Variablen zu verschaffen. Zunächst wird der Intraklassen-Korrelationskoeffizient (IKK) über ein Nullmodell berechnet. Der IKK liegt bei 0,35 für die erste abhängige Variable. 35 % der Gesamtvarianz ist also auf die Länderebene zurückzuführen, was bedeutet, dass eine Mehrebenenanalyse für die Erfassung des Kontexts sinnvoll ist. Der IKK liegt bei 0,06 für die zweite abhängige Variable. Hier ist also nur ein geringerer Teil der Gesamtvarianz auf die Länder zurückzuführen. Insgesamt ist die Erklärungskraft meiner Modelle trotz signifikanter Regressionskoeffizienten eher niedrig. Die Zugehörigkeit zu einer Religion sowie die weiteren Kontextmerkmale besitzen keine nennenswerte Erklärungskraft für die Ansichten der Menschen zur Frage, ob die Einflussnahme religiöser Akteure auf Wahlen und Regierungsentscheidungen zu akzeptieren sei.

3. *Forschungsverlauf: Untersuchung der Auswirkung der Religionszugehörigkeit Protestantisch*

Die ersten Ergebnisse der Mehrebenenanalyse in Bezug auf die Auswirkung der Religionszugehörigkeit auf die Befürwortung religiöser Politiker (Dimension 1), konnte ich weder theoretisch erklären, noch standen diese im Einklang mit früheren empirischen Studien: Meine Analyse zeigte, dass Protestanten eine ähnlich starke Befürwortung religiöser Politiker aufweisen wie Muslime. Frühere Studien hatten beispielsweise einfach „Muslime" und „Christen" gegenübergestellt und somit nicht weiter zwischen den christlichen Religionsgemeinschaften differenziert, wodurch die Unterschiede unter den christlichen Religionen ausgeblendet wurden (siehe zum Beispiel Breznau et al. 2011).

Um den hohen positiven Einfluss des Protestantismus auf die Präferenzen für religiöse Politiker zu erklären, habe ich weiter untersucht, inwiefern Protestant zu sein sich je nach Land anders auf die Präferenzen auswirkt. Methodisch gesprochen wurde hierzu ein Random-Slope-Modell berechnet. Die Signifikanz der Random-Slope-Variable zeigte, dass die Variable „Protestant" je nach Land eine unterschiedliche Wirkung auf die abhängige Variable hat. Des Weiteren habe ich die Länder in verschiedene Weltregionen gegliedert und eine Variable für jede Weltregion gebildet. Es wurde dann getestet, ob Crosslevelinteraktionen zwischen den verschiedenen Regionen und der Religionszugehörigkeit Protestant bestehen. Für Südamerika konnte ich eine solche Crosslevelinteraktion nachweisen. Dies bedeutet also, dass in Südamerika lebende Protestanten eine erhöhte Wahrscheinlichkeit aufweisen, religiöse Politiker zu befürworten. Betrachtet man qualitative Studien über die massive Ausbreitung des evangelikalen Protestantismus in Südamerika, erscheint dieser Befund durchaus plausibel.

Für mich war diese Forschungserfahrung relevant, da sie mir zeigte, inwiefern Entscheidungen im Forschungsverlauf wie die Operationalisierung der Variablen und die Kategorienbildung die Ergebnisse und deren Interpretation bedingen. Gerade statistisch anspruchsvollere Methoden wie die Mehrebenenanalyse können schnell den Eindruck einer höheren Zuverlässigkeit und Wissenschaftlichkeit vermitteln. Genau wie bei qualitativen Studien muss jedoch auch hier genau über die Kategorien, mit denen man arbeitet, nachgedacht werden. Zudem hat sich in meiner Arbeit gezeigt, dass es sinnvoll sein kann, nicht mit einem zu starren – aus der bisherigen Forschung abgeleiteten Theoriengerüst zu starten, sondern wenn sich im Forschungsverlauf unerwartete Ergebnisse auftun, diesen gezielt nachzugehen. Die Ergebnisse meiner Analyse relativieren insofern nicht nur die Behauptung, dass die Präferenzen von Muslimen für eine engere Beziehung von Staat und Religion sich stark von anderen Konfessionen unterscheiden. Vielmehr habe ich gezeigt, dass die Prämisse, nach der eine breite Religionskategorie wie „Christ" oder „Muslim" ausreiche, um die Ansichten von Menschen zu erklären, stark hinterfragt werden muss. Erstens kann meinen Ergebnissen zu folge nicht davon ausgegangen werden, dass eine Konfession eine einheitliche Wirkung hat und zweitens stellt sich auch die Frage, ob die Unterschiede zwischen Religionen wirklich die entscheidenden Differenzen oder ob nicht die Unterschiede innerhalb einer Religion weitaus relevanter sind. Ich war durch die ersten Ergebnisse verunsichert und kam auf erste Erklärungsansätze erst nach viel Experimentieren. Während dieses Prozesses habe ich versucht, mich nicht ausschließlich von meinen eigenen theoretischen Erwartungen und den Literaturquellen leiten zu lassen. Auf diese Weise konnte ich zu alternativen Erklärungsansätzen gelangen, auf die ich anders wohl nicht gekommen wäre.

# Event-History-Analyse

**7**

## Sebastian Jäckle

Die Event-History-Analyse (EHA)[1] ist eine statistische Methode, welche auf den Wechsel von Untersuchungsobjekten von einem Zustand in einen anderen fokussiert. Ein solcher Zustandswechsel wird als Ereignis bezeichnet. Relevant ist zudem die Dauer, die ein Objekt in einem bestimmten Zustand verweilt, bis es ein Event erfährt. In der Medizin will man beispielsweise nicht nur wissen, ob ein Patient überlebt, sondern wie lange er überlebt und ob eine bestimmte Therapieform seine Überlebensdauer verlängert (Ziegler et al. 2004, S. 1). Die abhängige Variable ist dort entsprechend die Dauer, die die Person überlebt, bis ihr das Ereignis Tod, widerfährt. Untersucht wird also der Zustandswechsel von „lebendig" zu „tot". Um Transitionsprozesse sinnvoll untersuchen zu können, müssen drei Bedingungen erfüllt sein: erstens muss sich jedes Untersuchungsobjekt auf eine bestimmte Anzahl an möglichen Endzuständen zubewegen, zweitens müssen diese Zustandswechselereignisse generell zu jedem Zeitpunkt eintreten können und drittens geht man davon aus, dass es bestimmte zeitkonstante und/oder zeitvariable Faktoren gibt, die das Eintreten der Ereignisse beeinflussen (Coleman 1981, S. 6–7).

Seit den 1980er Jahren wird die EHA auch in den Sozialwissenschaften vermehrt eingesetzt. Dies ist insoweit verständlich, als dass es gerade hier viele Fragestellungen gibt, die sich nur unter Berücksichtigung der Zeit als relevantem Faktor adäquat angehen lassen. Zur Untersuchung sozialer Prozesse wird deshalb

---

[1] Die EHA wird auch in anderen Disziplinen verwendet, dort jedoch zum Teil unter anderen Namen: In der Medizin spricht man von Überlebenszeit- bzw. Survival-Analyse, in der Soziologie von Ereignisdaten- oder Transitionsanalyse, in den Ingenieurswissenschaften von Failure Time Models sowie Reliability Engineering.

© Springer Fachmedien Wiesbaden 2015
A. Hildebrandt et al., *Methodologie, Methoden, Forschungsdesign*
DOI 10.1007/978-3-531-18993-2_7

verstärkt deren Geschichte (Event History) herangezogen, die dann mit Hilfe von EHA erforscht werden kann (Kertzer 1994, S. 1289). Für die Sozialwissenschaften interessante, auf diese Weise zu untersuchende Transitionsprozesse umfassen dabei unter anderem Heirats-, Scheidungs- und Fertiliätsmuster, Übergänge auf dem Arbeitsmarkt (z. B. von arbeitslos zu erwerbstätig) sowie soziale Mobilitätsprozesse. In der Politikwissenschaft wurden Survival-Methoden bislang u. a. in der Konfliktforschung (Box-Steffensmeier et al. 2003) sowie der Analyse von Regierungsdauern (Jäckle 2011; Warwick 1994) und der politischen Elitenforschung (Dowding und Dumont 2009) eingesetzt.[2]

Im Folgenden klären wir zentrale Begrifflichkeiten, unterscheiden verschiedene Typen von Event-History-Modellen und geben einen kurzen Einblick in die statistischen Grundlagen dieser Methode, bevor wir dann diskutieren, auf was man bei der praktischen Durchführung einer EHA achten muss.

## 7.1  Zentrale Begrifflichkeiten der EHA

Entsprechend der EHA-Nomenklatur versteht man unter einem *Ereignis* oder *Event* den Wechsel von einem Zustand in einen anderen. Neben dem rein dichotom zu kodierenden Eintreten eines Ereignisses interessiert darüber hinaus, wie lange ein Untersuchungsobjekt in Zustand A war, bis es in Zustand B übergewechselt ist. Für diese Periode haben sich die Begriffe der *Verweildauer* oder auch *Überlebenszeit* eingebürgert. In vielen Studien können bestimmte Ereignisse nur eintreten, sofern das Untersuchungsobjekt bereits in einem bestimmten Ausgangszustand ist. Beispielsweise kann man erst geschieden werden, wenn man schon verheiratet ist. Singles befinden sich demzufolge nicht in der Menge an Personen, welche dem Risiko unterliegen geschieden zu werden. Sie gehören damit nicht zum sogenannten *Risk Set*. Entsprechend dieser Unterscheidung zwischen Risikoperioden und Perioden, während derer ein Objekt nicht dem Risiko eines Zustandswechsels unterliegt, lässt sich die Methode der Survival-Analyse nach Yamaguchi dementsprechend auch auf zwei Arten definieren: Erstens „as the analysis of the *duration* for the nonoccurrence of an event *during the risk period*" oder zweitens „as the analysis of *rates* of the occurrence of the event *during the risk period*" (1991, S. 3 [Hervorhebungen im Original]).

---

[2] Eine umfangreiche Auflistung an möglichen Anwendungsgebieten und bereits durchgeführten Survival-Studien von der Kriminologie bis hin zu Sozialpolitikstudien findet sich bei Blossfeld et al. (2007, S. 1–3). Aktuelle, nicht übertrieben stark formalisierte und dabei auf politikwissenschaftliche Fragestellungen fokussierende Einführungsartikel zu Survivalanalyse finden sich bei Box-Steffensmeier und Sokhey (2009) sowie Golub (2008).

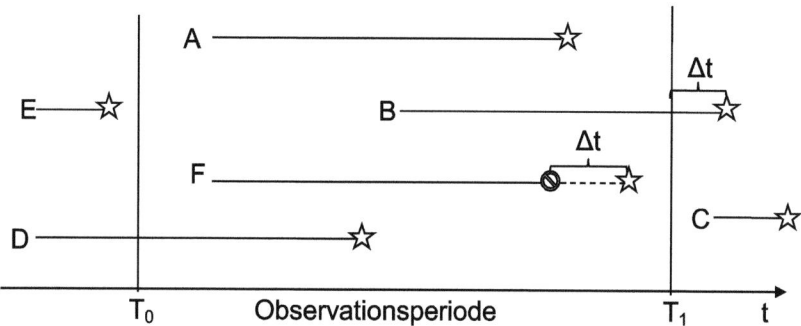

**Abb. 7.1** Arten von Zensierungen. (*Anmerkungen*: Dargestellt sind die sechs Observationen *A, B, C, D, E* und *F*. Ein Stern am rechten Ende der Linie, welche die Risikoperiode repräsentiert, indiziert ein Ereignis von Interesse für den Forscher. Der durchgestrichene Kreis hingegen weist auf ein anderes nicht interessierendes Event hin. Eigene Darstellung nach Yamaguchi (1991, S. 4)).

Diese Raten, welche einem spezifischen Zeitpunkt *t* zuzuordnen sein müssen, werden als *Transitions-* oder *Hazard-Raten* bezeichnet. Das Fundament einer jeden EHA ist immer die Beobachtung der Dauer, die ein Untersuchungsobjekt in einem bestimmten Zustand verweilt. Sobald diese jedoch aus unterschiedlichen Gründen keine vollständigen Informationen liefert, spricht man von *Zensierung* (*Censoring*). Es lassen sich verschiedene Arten unterscheiden (vgl. Abb. 7.1).

Fall A repräsentiert, aus Sicht des Forschers, den Idealzustand: Sowohl der Anfangspunkt wie auch die Zustandsänderung durch das Ereignis liegen innerhalb der Observationsperiode [$T_0$; $T_1$]. Die vollständige Information über den Transitionsprozess kann damit in das Modell einfließen. Die Observation der Objekte B und D hingegen bietet jeweils nur partielle Informationen. Bei B liegt ein Fall von Rechtszensierung vor, da zwar der Startpunkt observiert werden kann, das Ereignis aber erst nach Ablauf des Untersuchungszeitraums eintritt. Von einer Linkszensierung spricht man dagegen in einem Fall wie D, wenn ein Ereignis für einen Fall beobachtet werden kann, dessen Event History bereits vor dem Beginn der Observationsperiode beginnt. Während Linkszensierungen oftmals dadurch umgangen werden können, dass man die Observationsperiode für sämtliche betrachteten Objekte erst mit deren Eintritt in das Risk Set beginnen lässt, lassen sich rechtszensierte Daten hingegen schwieriger umgehen. Die grundlegende Event-History-Modellierungsstrategie für zensierten Daten ist simpel: Bei den zensierten Fällen wird der nicht observierte Teil der Verweildauer (Δt) über die Verweildauer der komplett observierten Fälle abgeschätzt – hier zeigt sich bereits, dass ein hoher Anteil an zensierten Beobachtungen durchaus problematisch für die Schätzung ist.

Observation F unterscheidet sich in Bezug auf Modellierung nicht von klassischen rechtszensierten Fällen, auch wenn der Endzeitpunkt hier innerhalb des Observationsraums liegt und somit durchaus bekannt ist. Der Grund für eine von Fall A abweichende Behandlung liegt in der Art des Ereignisses begründet. Das Event, welches Observation F beendet, ist nicht das den Forscher eigentlich interessierende, weshalb die observierte Verweildauer auch nicht diejenige ist, die in das Modell einfließen sollte. Beispielsweise würde man bei einer Studie zu den Gründen vorzeitiger Ministerrücktritte einen Minister der während seiner Amtszeit stirbt (Fall F) genauso rechtszensieren wie seinen Kollegen, der am Ende der Observationsperiode noch im Amt ist (Fall B). Minister, die aufgrund von politischen Erwägungen zurücktreten (Fall A), stellen hingegen reguläre Beobachtungen dar. Bei dem verstorbenen Minister ginge man wie bei einer klassischen Rechtszensierung davon aus, dass dessen observierte Amtsdauer nicht diejenige ist, die in das Modell übernommen werden sollte. Denn es ist anzunehmen, dass er, falls er nicht gestorben wäre, noch eine gewisse Zeit ($\Delta t$) im Amt verblieben wäre, bis er aus politischen Gründen zurückgetreten wäre.

Allgemein bedeutet dies, dass es wichtig ist, bei EHA bereits konzeptionell klar zwischen den eigentlich interessierenden Endereignissen und sonstigen Endereignissen zu unterscheiden. Während erstere so wie sie observiert werden komplett in das Modell aufgenommen werden, wird bei zweiteren angenommen, dass das Untersuchungsobjekt noch länger im Ausgangszustand verblieben wäre, wenn es nicht aufgrund eines anderen, uns als Forscher nicht interessierenden Endereignisses, aus dem Risk Set herausgefallen wäre. Hier zeigt sich, dass die Frage der Rechtszensierung kein rein technisches Problem ist, sondern stets theoretisch unterfüttert sein will.

Die beiden verbliebenen Observationen aus Abb. 7.1 stellen Fälle dar, von denen weder der Anfangszeitpunkt der Risikoperiode noch der Eintrittszeitpunkt des Ereignisses bekannt sind, da das Event entweder vor Beginn der Observationsperiode liegt (Fall E) oder die Risikoperiode erst nach Ablauf des Untersuchungszeitraums beginnt (Fall C). In solchen Fällen spricht man von *Trunkierungen*. Ein trunkierter Fall unterscheidet sich dadurch von einer Zensierung, dass er nicht nur teilweise nicht-observierbare Dauern aufweist, sondern es teilweise gar nicht bekannt ist, dass dieser Fall als solcher überhaupt existiert oder er zumindest gänzlich nicht observiert wird. Wüsste man beispielsweise nur von der Existenz von Fällen, die bereits eine gewisse Altersgrenze überschritten haben, würde dies über Trunkierungen erfasst.[3] Aus statistischer Perspektive ist mit Trunkierungen anders umzugehen als mit Zensierungen. Dies liegt an der grundlegend verschiedenen

---

[3] Aus Gründen des Datenschutzes stehen beispielsweise oftmals nur Daten von Volljährigen zur Verfügung. Personen unter 18 würden damit trunkiert.

Logik der beiden Phänomene: „Whereas censoring is a model of missing observations [...], truncation is a model of selection bias [...]. Therefore, estimation using truncated data is naturally based on methods for selection bias models" (Mandel 2007, S. 322).[4]

Insgesamt kann festgehalten werden, dass Zensierungen zwar aufgrund der unvollständigen Informationen, die sie über den Ereignisprozess zur Verfügung stellen, allgemein ein Problem für die Modellspezifikation darstellen, die EHA aber im Vergleich zu klassischen Regressionsansätzen deutlich besser in der Lage ist, hiermit umzugehen. Deren sehr eingeschränkte Möglichkeiten zur Behandlung von zensierten Fällen – wie der komplette Ausschluss dieser Fälle aus der Analyse oder das Festlegen einer arbiträren Zeitspanne, die eine jede zensierte Observation noch gelebt hätte, wäre sie nicht zensiert worden – würden dagegen unweigerlich zu einem nicht unerheblichen Bias führen (Yamaguchi 1991, S. 8). Wichtig für die Analyse ist indes, dass die Gründe für Zensierung oder Trunkierung unabhängig vom interessierenden Endereignis sind.

## 7.2  Typen von EHA

Zieht man Lehrbücher zu Statistik heran, zeigt sich, dass es eine ganze Reihe an Modellen gibt, welche sich auf je spezifische Art und Weise dem Problem widmen, wie die Komponente Zeit in die statistische Modellierung integriert werden kann. Unter dem Oberbegriff EHA lassen sich denn auch unterschiedliche statistische Verfahren subsumieren. Abbildung 7.2 gibt einen Überblick:

Die grundlegendste Unterscheidung kann hinsichtlich der abhängigen Variable durchgeführt werden: Die Anzahl der möglichen Zustände, in die das Untersuchungsobjekt übergehen kann, ist entweder genau abzählbar oder, wie bei kontinuierlich-quantitativen abhängigen Variablen der Fall, stetig und damit nicht näher bestimmbar. In der Regel befasst man sich in den Sozialwissenschaften mit einer diskreten Anzahl an möglichen Endzuständen.[5] Diese Modelle lassen sich weiter entsprechend der folgenden drei Kriterien differenzieren (Vermunt 1996, S. 3–4):

1. Unterscheiden lassen sie sich zunächst danach, ob die Zustandswechsel nur zu bestimmten Zeitpunkten stattfinden (*diskrete Zeit-Modelle*) oder jederzeit ein-

---

[4] Genauer zum Umgang mit Zensierungen und Trunkierungen vgl. Klein und Moeschberger (2003).

[5] Beispiele, wie primär aus einer soziologischen Perspektive heraus mit einer stetigen Anzahl an Zuständen umgegangen werden kann, liefern Tuma und Hannan (1984, S. 331–527) sowie Allison (1990).

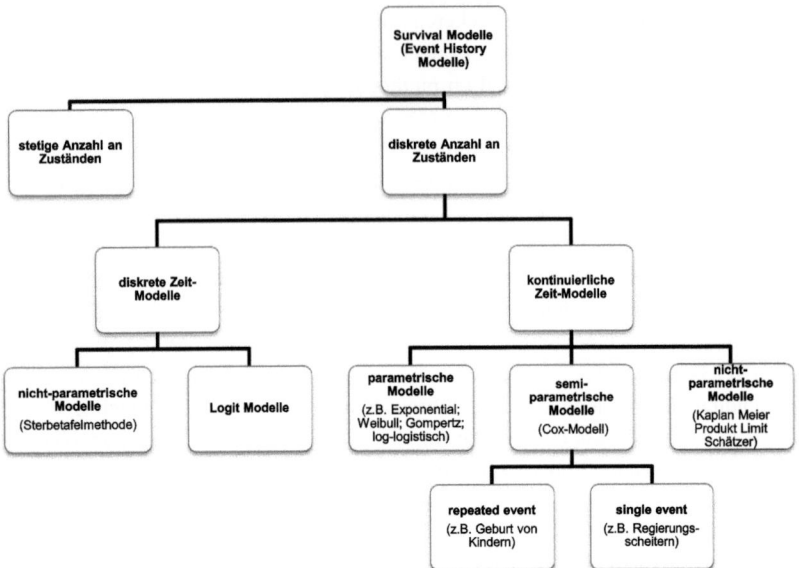

**Abb. 7.2** Typen von Event-History-Modellen. (Eigene Darstellung nach Vermunt (1997), Yamaguchi (1991) sowie Reimer und Barrot (2007))

treten können (*kontinuierliche Zeit-Modelle*). Da es sich bei den meisten in den Sozialwissenschaften anzutreffenden Prozessen genuin um kontinuierliche Prozesse handelt, bietet es sich an, diese auch über ein kontinuierliches Modell zu schätzen. Der Fokus dieses Kapitels liegt entsprechend auf diesen stetigen Zeit-Modellen. Zu diskreten Zeit-Modellen, die zumeist in Form von Logit- oder Probit-Analysen geschätzt werden vgl. Box-Steffensmeier und Jones (2004, S. 69–83) sowie Yamaguchi (1991, S. 15–45). Die fehlende Möglichkeit, den Faktor Zeit adäquat in solche Modelle einzubringen, unterminiert allerdings ihre Anwendbarkeit (Bennett 1999, S. 259).[6]

---

[6] Nach Vermunt (1996, S. 90–92) und Yamaguchi (1991, S. 9) lassen sich vier Argumente ausmachen, weshalb einfache Logit-Modelle für die Analyse von Ereignisdaten nur sehr bedingt geeignet sind: 1) Dadurch, dass einzig die Information einfließt, ob ein Ereignis innerhalb der Observationsperiode stattgefunden hat, gehen sämtliche Informationen über den genauen Zeitpunkt des Ereignisses innerhalb der Untersuchungsperiode verloren; auch sind keine Informationen über Ereignisse bzw. deren zeitliches Vorkommen nach Ablauf der Observationsperiode vorhanden; 2) der einfache Logit-Ansatz erlaubt keine sich über die Zeit ändernden Kovariablen, welche jedoch für ein dynamisches Modell vonnöten wären; 3)

2. Desweiteren kann unterschieden werden zwischen *single event Modellen*, in denen ein Untersuchungsobjekt nur einmal einen einzigen Zustandswechsel erfahren kann (beispielsweise der Tod eines Patienten) und *repeated event Modellen*, in denen ein Objekt nach dem Eintreten eines Ereignisses im Untersuchungs-Sample verbleibt und damit weiterhin dem Risiko unterliegt, erneut ein Event zu erfahren. Ein Beispiel hierfür wäre die Geburt eines Kindes, die im Gegensatz zum eigenen Tod ein für die Mutter durchaus wiederholbares Ereignis darstellt. In den meisten politikwissenschaftlichen Anwendungsfällen handelt es sich jedoch um single events. Im Folgenden werden deshalb ausschließlich solche single event Ansätze besprochen. Zur statistisch anspruchsvolleren Analyse von repeated events vgl. Box-Steffensmeier und Jones (2004, S. 155–182).

3. Ein drittes Unterscheidungskriterium für Survival-Ansätze bildet die Trichotomie *nicht-parametrischer*, *semi-parametrischer* und *parametrischer* Modelle (Reimer und Barrot 2007, S. 295–305). Während erstere keinerlei Annahmen über die funktionale Verteilung der Eintrittszeitpunkte der Ereignisse machen, ist diese Verteilungsfunktion bei den parametrischen Modellen genau spezifiziert (beispielsweise in Form einer exponentiellen, Weibull-, Gompertz- oder log-logistischen Verteilung). Als semi-parametrisch wird das Cox-Modell bezeichnet, welches zwar grundlegend von einer zeitlichen Abhängigkeit des Eintretens der Ereignisse und damit einer vorhandenen funktionalen Verteilung ausgeht, die genaue funktionale Form jedoch nicht wie bei den parametrischen Modellen a priori festlegt (Yamaguchi 1991, S. 101–102). Konkrete Ausgestaltungen nicht-parametrischer, parametrischer und des semiparametrischen Cox-Modells werden weiter unten näher erläutert. Zunächst soll jedoch die statistische Basis von EHA-Analysen kurz dargelegt werden.

---

daneben können auch die Effekte der Kovariablen in diesem Modell nicht variieren, d. h. es können keine Interaktionsterme zwischen verstrichener Zeit und Kovariablen integriert werden, da die Schätzergebnisse in einem solchen Modell abhängig von der Länge der arbiträr gewählten Observationsperiode wären; 4) die Handhabung von Observationen, welche nur partielle Informationen enthalten (Zensierungen), ist bei einfachen Logit-Modellen ebenfalls problematisch: Diese Observationen werden entweder aus dem Sample ausgeschlossen, wodurch man gewisse Informationen verliert, oder sie werden so behandelt als wäre kein Ereignis eingetreten, wodurch nicht vorhandene Information dem Modell hinzugefügt wird, nämlich die Information, dass diese Observationen in der untersuchten Periode auch kein Event mehr erfahren werden. Insgesamt zeigt sich also, dass es durchaus Sinn ergibt, einfache Logit-Modelle zur Analyse von Ereignisprozessen durch differenziertere Modelle zu ersetzen, welche besser in der Lage sind, die Fülle der durch Ereignisprozesse generierten Informationen adäquat zu verarbeiten.

## 7.3  Die statistischen Grundlagen der EHA

Zwei Funktionen sind für eine jede EHA elementar: Erstens die *Wahrscheinlich-keitsdichtefunktion* $f(t)$, welche die nicht bedingte und unmittelbare Wahrscheinlichkeit beschreibt, dass ein Ereignis während des infinitesimal kurzen Intervalls, das durch die Zeitpunkte $t$ und $t + \Delta t$ begrenzt ist, stattfinden wird:

$$f(t) = \lim_{\Delta t \to 0} \frac{\Pr(t \le T \le t + \Delta t)}{\Delta t}.$$

Dabei ist $T$ eine kontinuierliche, nicht negative Zufallsvariable, welche die Zeitspanne angibt, nach der das Ereignis stattgefunden hat, $t$ ist eine konkrete Realisation dieser Variable. Mit der Wahrscheinlichkeitsdichtefunktion geht die Verteilungsfunktion $F(t)$ einher, welche angibt, bei wie vielen Fällen, kumuliert über die Zeit betrachtet, ein Ereignis relativ zu allen Fällen eingetreten ist:

$$F(t) = \Pr(T \le t) = \int_0^t f(u) \, d(u).$$

Die zweite relevante Funktion ist die *Überlebensfunktion S(t)*, welche die Wahrscheinlichkeit angibt, dass ein Ereignis bis zur Zeit $t$ noch nicht eingetreten ist:

$$S(t) = 1 - F(t) = 1 - \Pr(T \le t) = \Pr(T \ge t) = \int_t^\infty f(u) d(u).$$

Die Überlebensfunktion fällt monoton ab. Sie hat ihr Maximum von Eins bei $t = 0$ und nimmt für $t \to \infty$ ihr Minimum von Null an: Zu Beginn der Observation sind noch alle Untersuchungseinheiten im Risk Set, mit fortschreitender Zeit scheiden kumulativ betrachtet immer mehr Einheiten aus dem Sample aus, bis, sofern man die Studie ins Unendliche fortsetzen würde, die Wahrscheinlichkeit für ein Untersuchungsobjekt im Risk Set zu verbleiben, gleich Null wäre.

Die Kombination dieser beiden Funktionen stellt das zentrale Konzept in der EHA dar und wird als Hazard-Rate $\lambda(t)$ bezeichnet (Yamaguchi 1991, S. 9–10):

$$\lambda(t) = f(t) / S(t).$$

Die Hazard-Rate gibt, anders ausgedrückt, das unmittelbare Risiko an, dass ein Ereignis im infinitesimal kleinen Zeitraum $\Delta t$ stattfindet, unter der Bedingung, dass es bis $t$ noch nicht stattgefunden hat. Entsprechend lässt sich die Hazard-Rate formal auch schreiben als:

$$\lambda(t) = \lim_{\Delta t \to 0} \frac{\Pr(t \leq T < t + \Delta t \,|\, T \geq t)}{\Delta t}.$$

Angewandt auf das weiter oben bereits eingeführte Beispiel der Analyse von Ministerrücktritten gäbe die Überlebensfunktion an, wie viele der betrachteten Minister nach einer bestimmten Zeitspanne noch im Amt sind, wohingegen die Hazard-Rate das konkrete Risiko bemisst dass ein Minister zu einem Zeitpunkt X (bzw. formal sauber ausgedrückt: während eines sehr kurzen Intervalls beginnend mit $t = X$) zurücktritt, unter der Bedingung, dass er bis dahin noch nicht zurückgetreten war.

Nachdem die statistische Basis gelegt ist[7], wird in den folgenden Abschnitten erläutert, wie man eine EHA praktisch durchführt und worauf es dabei zu achten gilt.

## 7.4   Für den Anfang: nicht-parametrische Methoden

Um einen ersten Überblick über Transitionsprozesse zu erlangen, eignen sich insbesondere nicht-parametrische Verfahren wie die Sterbetafelmethode, die für gruppierte Überlebensdauern angewendet wird, oder der von Kaplan und Meier entwickelte Produkt-Limit-Schätzer, der für exakte Zeiten konzipiert ist. Bei der *Sterbetafel* wird der Untersuchungszeitraum in kleinere Intervalle eingeteilt, für die dann jeweils die empirische Überlebensrate berechnet wird (Elandt-Johnson und Johnson 1980, S. 83–93; Lawless 1982, S. 52–68).[8] Eine graphische Darstellung ist dabei in der Regel einer tabellarischen vorzuziehen, auch da auf diese Weise die Überlebensfunktionen mehrerer Gruppen direkt miteinander verglichen werden können. Abbildung 7.3 zeigt dies am Beispiel der Amtsdauern von deutschen Landesministern (Jäckle 2012, 2013). Die Funktion gibt an, wie viel Prozent der Minister nach 30, 60, 90, … Tagen noch im Amt sind. Die empirische Überlebenskurve für ostdeutsche Minister liegt dabei deutlich unterhalb der für ihre Kollegen aus dem Westen. So sind nach 2000 Tagen noch etwa 65 % der westdeutschen Minister im Amt, während es in den neuen Ländern nur ca. 45 % sind.

---

[7] Dieser Abschnitt hat die grundlegenden Funktionen kontinuierlicher Zeit-Modelle beschrieben. Diskrete Zeit-Modelle unterscheiden sich von diesen letztlich nur insofern, als T bei diesen keine stetige, sondern eine diskrete Zufallsvariable ist, weshalb der „Umweg" über $\lim_{\Delta t \to 0}$ unnötig ist.

[8] Die Ergebnisse sind damit immer auch von der letztlich arbiträr zu bestimmenden Anzahl und Länge der Intervalle abhängig. Zudem ist eine relativ große Anzahl an Fällen nötig, um reliable Ergebnisse zu erzielen.

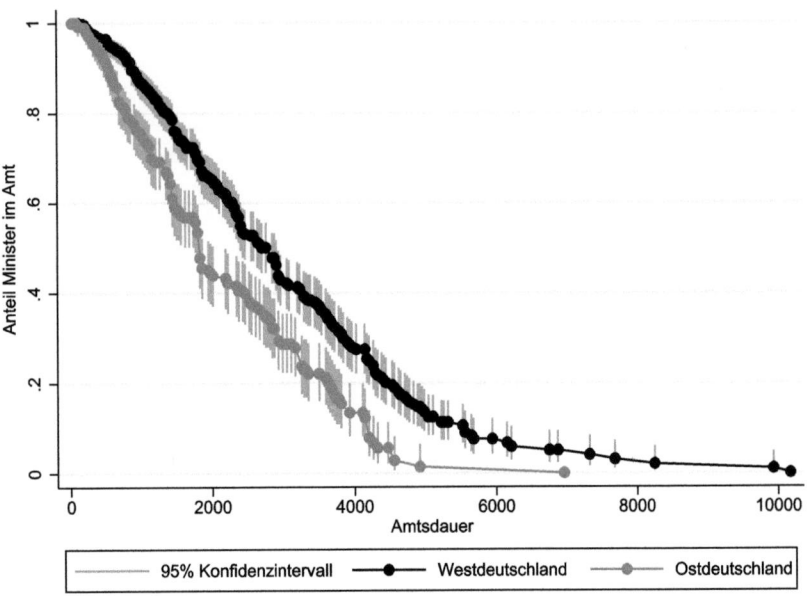

**Abb. 7.3** Empirische Überlebensfunktion aus Sterbetafel

Der *Kaplan-Meier-Schätzer* berechnet zu jedem Zeitpunkt, an dem ein Objekt
empirisch ein Event erfährt, die Risikomenge, d. h. diejenige Anzahl an Objekten,
welche noch dem Risiko unterliegen, dass ihnen ein Ereignis widerfahren kann.[9]
Er ist damit unabhängig von einer arbiträren Intervalleinteilung wie bei der Sterbetafel. Die Interpretation des tabellarischen oder graphischen Outputs erfolgt jedoch
analog zu dieser. Wie bei der Sterbetafel, verändern zensierte Fälle auch beim Kaplan-Meier-Schätzer die Überlebensfunktion zwar nicht direkt, da eine indirekte
Beeinflussung aber durchaus gegeben ist, sollten Zensierungen – so vorhanden
– stets in den Kaplan-Meier-Kurven vermerkt werden. Erst durch die Angabe, ob
und wenn ja zu welchen Zeitpunkten wie viele Fälle zensiert werden, lassen sich
diese sinnvoll interpretieren. Abbildung 7.4 zeigt dieses Problem an einem einfachen Beispiel: Es liegt ein Datensatz mit 50 Observationen vor, von diesen erfahren zehn ein *event of interest*. Eine nach einer Zeiteinheit, eine nach zwei, bis hin
zu einer nach zehn Zeiteinheiten. 40 weitere Fälle werden nach fünf Zeiteinheiten

---

[9] Genauer zur Berechnung vgl. Elandt-Johnson und Johnson 1980, S. 172–174; Kalbfleisch
und Prentice 2002, S. 10–16; Lawless 1982, S. 71–74.

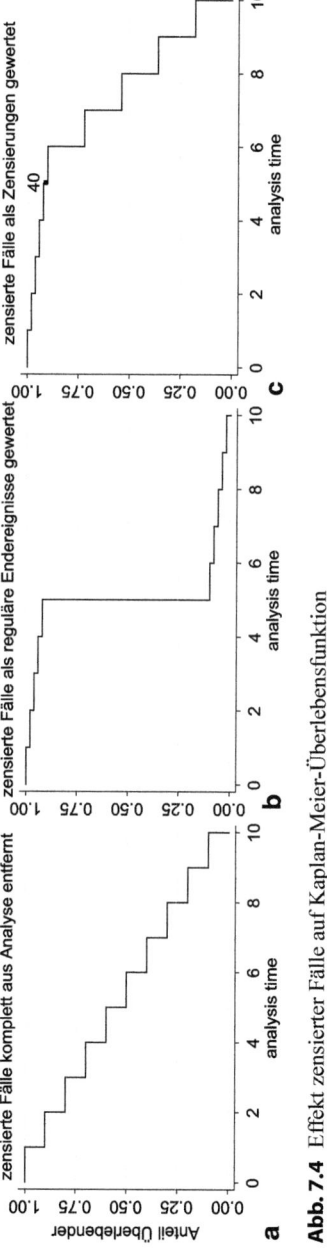

**Abb. 7.4** Effekt zensierter Fälle auf Kaplan-Meier-Überlebensfunktion

zensiert. Die resultierende Kaplan-Meier-Kurve sieht entsprechend unterschiedlich aus, je nachdem, wie mit den zensierten Fällen verfahren wird. Hier zeigt sich deutlich, wie wichtig es ist, zu wissen, ob zensierte Daten vorliegen und wann die Zensierung stattfindet (im rechten Plot durch die kleine 40 oberhalb der Kurve gekennzeichnet). Andernfalls würde man bei diesem Beispiel wohl zunächst von einer nur geringen Wahrscheinlichkeit ausgehen, dass ein Ereignis eintritt und ab Zeiteinheit sechs annehmen, dass deutlich mehr Observationen ein Endereignis erfahren als zuvor.

Wie bei der Sterbetafel eignen sich auch Kaplan-Meier-Schätzungen gut, um Subgruppen bezogen auf ihre Überlebenswahrscheinlichkeit zu vergleichen.[10] Allerdings funktioniert diese Vorgehensweise nur bei ausreichend vielen Observationen pro Subgruppe und einer insgesamt deutlich begrenzten Anzahl an Subgruppen, da sich die Plots sonst nur mehr schwer interpretieren lassen. Aus diesem Grund müssen, um nicht-parametrische Verfahren sinnvoll anwenden zu können, metrische oder kategoriale Variablen mit einer Vielzahl an Ausprägungen zunächst in dichotome oder kategoriale Variablen mit wenigen Ausprägungen umgewandelt werden. Durch das höhere Aggregationsniveau gehen allerdings unweigerlich Informationen verloren. Über die bloße Inspektion der Kurven lässt sich zudem die genaue Höhe des Einflusses einer Variablen nicht ausmachen. Darüber hinaus sind komplexere multivariate Modelle über Kaplan-Meier-Schätzer bzw. Sterbetafeln so gut wie gar nicht erfassbar.

## 7.5  Wenn die zeitliche Abhängigkeit interessiert: parametrische Verfahren

Im Gegensatz zu nicht-parametrischen Modellen sind parametrische Modelle, mit Ausnahme der zu schätzenden Parameter, komplett spezifiziert. Insbesondere definieren sie die funktionale Form des Transitionsprozesses. Sie ergeben demzufolge vor allem dann Sinn, wenn a priori, theoretisch fundiert, von einer bestimmten Form der zeitlichen Abhängigkeit ausgegangen werden kann. Sofern die Modellgleichung entsprechend korrekt spezifiziert ist, liefern parametrische Modelle sehr gute Ergebnisse. Liegt jedoch eine falsche Parametrisierung vor, können sowohl die geschätzten Überlebenszeiten als auch die Parameterschätzer der Kovariablen

---

[10] Ob hier signifikante Unterschiede vorliegen, kann einerseits direkt aus den mit Konfidenzintervallen versehenen Kurven abgelesen oder über statistische Tests wie den Logrank-, oder den Wilcoxon-Breslow-Gehan-Test geprüft werden (Cleves et al. 2010, S. 123–126).

fehlerhaft sein (Box-Steffensmeier und Jones 2004, S. 21–22). Deshalb gilt es zu beachten, dass die gewählte funktionale Form des zeitlichen Einflusses sämtliche Ergebnisse determiniert und aus diesem Grund stets gut zu begründen und mit Bedacht zu wählen ist. Was die möglichen funktionalen Formen der zeitlichen Abhängigkeit anbelangt sind der Phantasie des Forschers so gut wie keine Grenzen gesetzt. Vier häufig verwendete Parametrisierungen werden hier kurz vorgestellt: Das Exponentielle, das Weibull-, das Gompertz- und das log-logistische Modell.

Die einfachste Parametrisierung erhält man, sofern man davon ausgeht, dass das Eintreten der Ereignisse einem rein stochastischen Prozess folgt, d. h. die Wahrscheinlichkeit für ein Event in allen Zeitintervallen gleich groß ist. Wählt man kleine Intervalle, stellt die Poisson-Verteilung eine gute Näherung für die zufällig verteilten Überlebensdauern dar. Der Poisson-Charakter des Prozesses impliziert dabei eine negativ exponentielle Verteilung der Überlebensdauern. Das erkennt man an der Überlebensfunktion, die sich bei konstanter Hazard Rate $\lambda$ auf eine negativ exponentielle Funktion reduziert:

$$S(t) = e^{-\lambda t},$$

Eine ausschließliche Abhängigkeit von der Zeit – nicht aber von weiteren Kovariaten – wie sie diese Funktion unterstellt, ist jedoch den meisten politikwissenschaftlichen Fragestellungen nicht angemessen. Aus diesem Grund gehen parametrische Modelle in der Regel davon aus, dass der Ereignisprozess nicht nur von einer grundlegenden, rein zeitlichen Abhängigkeit, die in Form einer Baseline-Hazard $\beta_0$ beschrieben werden kann, determiniert wird, sondern, dass darüber hinaus auch Kovariablen Einfluss ausüben. Die Hazard-Rate eines solchen kombinierten exponentiellen Modells schreibt sich dann folgendermaßen:

$$\lambda = e^{(-\beta_0)} \, e^{\beta' x}.$$

Die $\beta$-Koeffizienten lassen sich hieraus über eine Maximum-Likelihood-Schätzung (MLE) bestimmen. Um zu überprüfen, ob dieses Modell eine signifikante Verbesserung gegenüber dem rein exponentiellen Modell ohne unabhängige Variablen (Nullmodell) darstellt, kann zudem ein Likelihood-Ratio-Chi-Quadrat-Test durchgeführt werden.[11]

---

[11] LR-Tests sind immer dann möglich, wenn zwei Modelle verglichen werden, die ineinander geschachtelt sind (vgl. Kap. 6 zur Mehrebenenanalyse).

Wünscht man sich eine von der rein exponentiellen Überlebensfunktion abweichenden Basisfunktion, kann auf Weibull-, Gompertz- und log-logistische Modelle zurückgegriffen werden. Mögliche Funktionsverläufe dieser drei Modelle zeigt Abb. 7.5.[12]

Beim Weibull-Modell kann die Baseline-Hazard entweder monoton steigen oder monoton sinken.[13] Für den Fall, dass sie konstant bleibt, reduziert es sich auf das exponentielle Modell, was auch anhand der Formel für die Weibull-Hazard-Rate zu erkennen ist:

$$\lambda(t) = ab^a t^{a-1}.$$

Dabei sind $a$ und $b$ zwei positive Parameter, von denen $a$ die Form des Hazards bestimmt (*shape parameter*).[14] Die Kovariablen haben keinerlei Einfluss auf $a$, wohingegen sie den *scale parameter* $b$ und damit die Höhe des Hazards determinieren. Die Parametrisierung von $b$ verläuft dabei entweder über ein *Accelerated Failure Time* (AFT) oder ein *Proportional Hazard*-Modell.[15]

---

[12] Für weiterführende, vor allem mathematisch ausführlichere Darstellungen dieser und weiterer parametrischer Modelle sei auf die Werke von Blossfeld et al. (2007, S. 182–215), Box-Steffensmeier und Jones (2004, S. 21–46) sowie Hosmer und Lemeshaw (2008) verwiesen. Für die Applikation dieser Modelle ist zudem das Stata Handbuch zu Survival Analysis (2007, S. 303–332) sowie Cleves et al. (2010, S. 245–282) zu empfehlen.

[13] Politikwissenschaftliche Anwendungsbeispiele für das Weibull-Modell finden sich unter anderem in der Konfliktforschung (u. a. Bennett und Stam 1996, 1998; Werner 1999) sowie der Überlebensdauer von politischen Führern (Bueno de Mesquita und Siverson 1995) und Regierungen (Alt und King 1994).

[14] Für $a < 1$ sinkt die Hazard-Rate monoton, für $a > 1$ steigt sie monoton und für $a = 1$ ist sie konstant (Blossfeld et al. 2007, S. 196).

[15] Bei der Proportional Hazards (PH) Parametrisierung wird ein multiplikativer Effekt der Kovariate auf die Hazard-Rate angenommen. Diese schreibt sich entsprechend als Baseline-Hazard mal den Exponent des Vektors aus Kovariaten und den dazugehörigen Koeffizienten: $\lambda(t_j) = \lambda_0(t) \cdot \exp(x_j \beta)$. Beim AFT-Modell hingegen wird der Logarithmus der Überlebenszeit als lineare Funktion der Kovariate beschrieben: $\ln(t_j) = x_j \beta + z_j$. Die funktionale Form des Fehlerterms $z_j$ determiniert, ob es sich beispielsweise um ein exponentielles, ein Weibull oder ein log-logistisches Modell handelt. In der Interpretation der Koeffizienten unterscheiden sich AFT- und PH-Modelle. Bedeutet ein positiver Koeffizient bei der PH-Parametrisierung, dass die Hazard-Rate steigt und damit die Überlebensdauer sinkt, so indiziert ein positiver Koeffizient bei der AFT-Parametrisierung eine Verlangsamung des Ereignisprozesses, was gleichbedeutend ist mit einer längeren geschätzten Überlebensdauer bis zum Eintritt des Events. Da die meisten sozialwissenschaftlichen Fragestellungen eher darauf abzielen zu erklären, wie sich das Risiko des Eintreten eines Events in Abhängigkeit von Kovariaten verändert, als dass konkrete Vorhersagen für Überlebenszeiten angestrebt würden, werden die meisten Modelle mit PH-Parametrisierung geschätzt. AFT-Parametrisierungen finden sich beispielsweise im *reliability engineering*. Vergleichend zu PH- und AFT-Parametrisierung s. Mills (2011, S. 116–117).

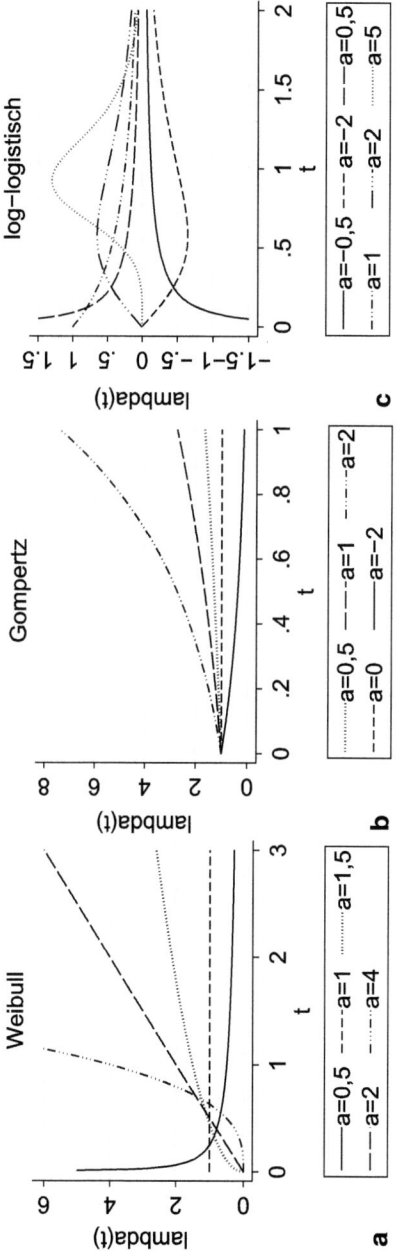

**Abb. 7.5** Hazard-Raten für Weibull, Gompertz und log-logistisches Modell bei unterschiedlichen Shape-Parametern a (b=1)

Das Weibull-Modell zählt genau wie das später noch zu besprechende Cox-Modell, zur Klasse der Proportional Hazard-Modelle (Box-Steffensmeier und Zorn 2001, S. 985–986).Konkret bedeutet dies, dass sich der Effekt einer Kovariable nicht über die Analysezeit verändern darf. Angenommen, eine Variable $X$ beeinflusst den Transitionsprozess nur bis zum Zeitpunkt $t$ und hätte danach keinerlei Einfluss mehr, dann hätte man es eindeutig mit einem Beispiel für nicht-proportionale Hazards zu tun. In diesem Fall würde ein Cox-Modell einen zu geringen Effekt von $X$ vor $t$ und einen zu großen Effekt nach dem Zeitpunkt $t$ schätzen. Die Annahme proportionaler Hazards gilt es aus diesem Grund stets zu testen. Für das Weibull-Modell stehen dafür allerdings deutlich weniger Testmöglichkeiten als für das Cox-Modell zur Verfügung. Eine Option beschreibt Collett: Zunächst teilt man die Observationen nach ihrer Überlebensdauer in Gruppen ein (z. B. in zwei Gruppen nach der Medianüberlebensdauer), dann schätzt man für jede Gruppe ein separates Weibull-Modell, zählt die log-Likelihood-Werte für alle einzelnen Gruppenmodelle zusammen und vergleicht diese Summe mit dem log-Likelihood-Wert des Gesamt-Weibull-Modells, in dem alle Observationen Verwendung finden. Diese Differenz folgt einer Chi-Quadrat-Verteilung mit Gruppenanzahl – 1 Freiheitsgraden (Box-Steffensmeier und Zorn 2001, S. 986).[16]

Daneben gilt es zumindest annähernd zu testen, ob ein Weibull-Modell von der funktionalen Form her zu den Daten passt und damit den Transitionsprozess sinnvoll beschreiben kann. Eine einfache Möglichkeit hierzu besteht darin, das Weibull-Modell mit einem stufenweise exponentiellen Modell zu vergleichen (Cleves et al. 2010, S. 260–261).

Ähnlich dem Weibull-Modell kann die Überlebensfunktion auch beim Gompertz-Modell ausschließlich monoton verlaufen (s. Abb. 7.5b). Anders als das Weibull-Modell findet man diese Modelle allerdings nur selten in sozialwissenschaftlichen Analysen[17] – ganz im Gegenteil zu den Naturwissenschaften und der Medizin, wo Gompertz-Modelle weit verbreitet sind.

Noch flexibler als die bislang präsentierten Parametrisierungsoptionen ist das log-logistische Modell. Neben monoton fallenden, und monoton steigenden Hazard-Raten sind auch glockenförmige Kurven möglich (s. Abb. 7.5c). Vor allem

---

[16] Sollte sich die Proportionalitätsannahme als nicht haltbar herausstellt, kann über die Inklusion von Interaktionstermen zwischen der oder den potentiell nicht-proportionalen Kovariaten und der Überlebenszeit versucht werden die exakte Form sowie das Ausmaß der Nicht-Proportionalität genauer zu ergründen. Ein solches Vorgehen führt jedoch mit recht hoher Wahrscheinlichkeit zu Multikollinearitätsproblemen, weshalb man dieses Mittel auch nicht überstrapazieren sollte (Box-Steffensmeier und Zorn 2001, S. 986).

[17] Ausnahmen sind eine Analyse zu Dekolonialisierungsverläufen (Strang 1991) oder eine Arbeit zu Regierungsdauern (Ferris und Voia 2009).

diese Fähigkeit macht diese Modellklasse für demographische bzw. unternehmens-demographische Studien interessant (vgl. Blossfeld 1995; Brüderl 1991a, b; Carroll und Hannan 2000; Diekmann 1989).[18]

## 7.5.1 Anwendungsprobleme parametrischer Modelle

Das grundlegende Problem parametrischer Modelle ist, dass deren Schätzungen nur dann gut sind, wenn die angenommene funktionale Form der zeitlichen Abhängigkeit zumindest annähernd korrekt spezifiziert ist. Allerdings ist gerade dies sehr schwierig zu testen, da sich die Baseline-Hazard-Rate, also die um den Einfluss der Kovariablen bereinigte Hazard-Rate, nur schwer a priori bestimmen lässt. Zudem kann es grundsätzlich zwei Ursachen für eine Zeitabhängigkeit geben: nicht observierte Heterogenität in den Daten sowie eine wirkliche genuine zeitliche Abhängigkeit.

Im ersten Fall stellt die Zeitabhängigkeit einen Proxy für nicht zu messende, weitere Kovariablen dar (Blossfeld et al. 2007, S. 184).[19] Box-Steffensmeier und Jones plädieren dafür, die zeitliche Abhängigkeit in Survival-Modellen größtenteils als eine solche statistische Störung zu interpretieren, für die es sehr schwierig sein dürfte, a priori eine korrekte funktionale Form zu finden. Es sollte vielmehr versucht werden diese unechte zeitliche Abhängigkeit durch eine passgenaue Modellspezifikation insbesondere in Bezug auf über die Zeit variierende Kovariablen zu reduzieren und nur wenn dies nicht gelingt, die verstrichene Zeit als Proxy für die nicht direkt messbaren Variablen einzusetzen.

---

[18] Ausführlicher zum log-logistischen Modell s. Blossfeld (2007, S. 204–209).

[19] Hat man es beispielsweise mit einer Gruppe von Individuen zu tun, die kollektiv betrachtet einen konstanten Hazard aufweist, jedoch aus zwei Sub-Samples besteht, von denen das eine Individuen mit sehr hohen, das andere solche mit sehr niedrigen Hazards beinhaltet, so scheitern mit fortschreitender Zeit besonders diejenigen aus der Gruppe mit den hohen Hazards, was dazu führt, dass das Sample immer mehr aus Individuen mit niedrigen Sterbenswahrscheinlichkeiten besteht. Augenscheinlich führt nicht observierte Heterogenität in den Daten – selbst wenn sie nicht mit den observierten Kovariablen korreliert (Vermunt 1997, S. 189) – somit immer zu einer negativen zeitlichen Abhängigkeit, da diejenige Gruppe mit den hohen Hazards früher scheitert als diejenige Gruppe mit den niedrigen Hazards. Sofern ein Modell nicht zwischen diesen beiden Gruppen unterscheidet, ergibt sich damit zwangsläufig eine negative Abhängigkeit von der verstrichenen Zeit (Zorn 2000, S. 368).

Lässt sich die zeitliche Abhängigkeit hingegen wirklich auf einen genuin zeitlich determinierten Prozess zurückführen, so lässt sich eine theoretische Herleitung des Funktionsverlaufs eher realisieren, sie bleibt aber theoretisch anspruchsvoll.[20]

Ist eine theoretische Herleitung der Baseline Hazard-Rate nicht möglich, kann man auch versuchen diese über die observierte empirische Gesamt-Hazard-Rate zu approximieren. Inwiefern die Baseline-Hazard-Rate jedoch wirklich mit dem funktionalen Verlauf des Gesamt-Hazards übereinstimmt, hängt von den einbezogenen Kovariablen und deren potentieller zeitlicher Abhängigkeit ab. Der Verlauf des Gesamt-Hazards kann damit zwar als Indiz für den Verlauf der Baseline Hazard-Rate gewertet werden, eine wirklich verlässliche Methode, diese zu bestimmen, stellt das aber nicht dar.

Zusammenfassend lässt sich damit sagen, dass das größte Hindernis für die Anwendung parametrischer Modelle die Bestimmung der grundlegenden, von den Attributseinflüssen bereinigten, zeitlichen Abhängigkeit darstellt (Box-Steffensmeier und Jones 2004, S. 85–87). Da jedoch bei vielen sozialwissenschaftlichen Fragestellungen weder eine theoretische Herleitung, noch ein Vergleich mit empirisch observierten Hazard-Raten eine exakte Bestimmung dieser Baseline-Hazard-Funktion ermöglichen[21], raten die meisten Experten eher davon ab, parametrischen Modelle zu schätzen. Wenn sie doch berechnet werden, so sollten aber zumindest ihre Ergebnisse mit Vorsicht interpretiert werden (Blossfeld et al. 2007, S. 186; Box-Steffensmeier und Jones 2004, S. 21–22). Als gute Alternative bietet sich zumeist das Cox-Modell an (Golub 2008, S. 543).

---

[20] In der Soziologie geht man beispielsweise bei der Untersuchung von Eheschließungen von einer solchen genuinen Abhängigkeit vom Alter aus: Mit steigendem Alter treten immer mehr Personen in die Ehe ein, wodurch die verbleibenden Unverheirateten gleichzeitig einen verstärkten sozialen Druck verspüren, ebenfalls zu heiraten. Auf der anderen Seite nimmt jedoch sowohl die soziale Attraktivität als auch die Wahrscheinlichkeit, Unverheiratete und damit potentielle Ehepartner zu treffen, mit fortschreitender Zeit ab. Damit ergibt sich für Eheschließungen eine glockenförmige Transitionsrate, für die ein log-logistisches Modell als Parametrisierung wohl den besten Dienst leistet (Diekmann 1989; Hernes 1972).

[21] Blossfeld, Golsch und Rohwer präsentieren eine weitere, eher pragmatisch anmutende Alternative, für den Fall dass die genaue funktionale Form der Parametrisierung nicht theoretisch bestimmbar ist. Sie schlagen vor, eine Reihe unterschiedlicher Parametrisierungen zu berechnen und zu betrachten, inwiefern die Schätzergebnisse für die interessantesten Kovariablen stabil bleiben. Bei dieser Methode handelt es sich, wie die Autoren auch selbst zu bedenken geben, um eine rein heuristische Vorgehensweise, die bestenfalls dazu geeignet ist, grobe Hinweise zu geben, welche Klasse von Modellen vorzuziehen ist, die aber nicht als eindeutiger Test einer spezifischen Parametrisierung verwendet werden sollte. Außerdem ließe sich im Falle abweichender Ergebnisse bei den Schätzern wiederum nicht bestimmen, welche der Parametrisierungsoptionen die korrekte ist, sofern überhaupt eine der getesteten Optionen passen sollte (Blossfeld et al. 2007, S. 215–223).

## 7.6   Fast schon das Standardverfahren für EHA: das Cox-Modell

Im Gegensatz zu parametrischen Verfahren eignet sich das Cox-Modell primär, wenn man sich mehr für die Effekte einzelner unabhängiger Variablen auf die Hazard Rate und weniger für die genaue zeitliche Funktion des Transitionsprozesses interessiert. Das liegt daran, dass das von David Cox entwickelte semi-parametrische Proportional-Hazards-Modell zwar eine grundlegende zeitliche Abhängigkeit annimmt – und den Faktor Zeit damit im Gegensatz zu klassischen Regressionsverfahren in die Schätzung inkludiert – die Zeitabhängigkeit aber nicht wie bei parametrischen Modellen in ihrer Form exakt spezifiziert werden muss. Dies lässt sich gut an der Hazard-Funktion erkennen:

$$\lambda_i(t) = \lambda_0(t)\exp(\beta_1 x_{1i} + \beta_2 x_{2i} + \ldots + \beta_{ki}).$$

Im Gegensatz beispielsweise zur exponentiellen Funktion findet sich hier keine Konstante $\beta_0$ da dieser Term von der nicht weiter spezifizierten Baseline Hazard-Funktion $\lambda_0(t)$ absorbiert wird. Aber auch ohne deren genaue Form zu kennen, können Parameterschätzer gefunden werden. Hierfür macht man sich die Annahme der proportionalen Hazards zunutze. Die Schätzung der $\beta$-Koeffizienten erfolgt mittels der von Cox entwickelten Partial Likelihood-Methode (Cox 1975), die von der für parametrische Modelle verwendeten Maximum Likelihood Estimation (MLE) insofern abweicht, als sie nur einen Teil der in Ereignisdaten verfügbaren Informationen verwendet.[22]

Weitere Vorteile von Cox-Modellen sind, dass diese gut geeignet sind mit unvollständigen Informationen umzugehen, die aus Zensierungen resultieren und man mit ihnen über stratifizierte Modelle auch auf kategoriale Variablen kontrollieren kann, deren zeitliche Abhängigkeit auf andere Weise nicht erfassbar wäre. Diesen Vorteilen stehen auch einige Nachteile gegenüber (Yamaguchi 1991, S. 102–103):

1. Das Cox-Modell verwendet, wie im Folgenden noch zu zeigen sein wird, ausschließlich Informationen über die relative Reihenfolge der Überlebenszeiten und nicht die exakten Zeitpunkte, an denen Ereignisse wie auch Zensierungen eintreten. Dieser Informationsverlust kann theoretisch zu einer Verzerrung der Ergebnisse führen. Problematisch dürfte dies aber nur bei sehr kleinen Samples sein, bei größerem N hingegen ist dieses Problem zu vernachlässigen (Coleman 1981, S. 178; Efron 1977; Oakes 1977; Wong 1986, S. 116–118).

---

[22] Genauer zu PL-Funktion und deren Schätzung s. Box-Steffensmeier und Jones (2004, S. 51–54).

2. Die Schätzung des Cox-Modells basiert auf der Reihenfolge des Eintretens der Events. Wenn diese nach derselben Überlebensdauer eintreten oder aufgrund einer zu ungenauen Messung nicht zeitlich voneinander unterscheidbar sind kann die Reihenfolge nicht exakt bestimmt werden. Generell gilt: je ungenauer die Überlebenszeit gemessen wird, desto größer ist die Problematik solcher Tied Events. Es gibt zwar Approximationsmethoden für die Partial Likelihood[23], bei sehr vielen Ties gelangen diese aber an ihre Grenzen, wodurch die Schätzungen extrem ungenau werden. In solchen Fällen böten sich parametrische Modelle, insbesondere wenn diese über diskrete Zeit-Verfahren berechnet werden, mehr an.

3. Da das Cox-Modell die Baseline-Hazard-Rate nicht spezifiziert, ist es auch nicht in der Lage, Fragen der zeitlichen Abhängigkeit direkt anzugehen, wie dies parametrische Modelle tun. Sofern in erster Linie die exakte Form des Baseline-Hazards von Interesse ist, ist das Cox-Modell daher weniger geeignet. Es gibt aber immerhin die Möglichkeit, die Baseline Hazard-Funktion approximativ a posteriori aus einem Cox-Modell heraus zu bestimmen (vgl. Kalbfleisch und Prentice 2002, S. 115).

4. Nach Yamaguchi hat das Cox-Modell eine im Vergleich zu parametrischen Modellen schwächere theoretische Basis. Dies äußert sich vor allem darin, dass, auch wenn bei ausreichend großem Sample die Parameterschätzer aus der Partial Likelihood effizient sind, Vorsicht bei der Modellauswahl auf Grundlage von Chi-Quadrat Teststatistiken (*Likelihood-Ratio, Score Test, Wald Test*) geboten ist. Er empfiehlt mehrere unterschiedliche Testverfahren (für Modellgüte wie Residuendiagnostik) durchzuführen und über deren interne Kongruenz ein Reliabilitätsmaß für die Tests zu erhalten (Yamaguchi 1991, S. 109–110).

Insgesamt stellen diese vier Punkte allerdings keine allzu großen Hindernisse für die Anwendung des Cox-Modells bzw., umgekehrt formuliert, keine wirklich relevanten Vorteile parametrischer Modelle dar: entweder sind ihre Auswirkungen per se nicht sonderlich gravierend oder sie können durch Modellierungsstrategien deutlich abgemildert werden.

---

[23] Die in den meisten Statistikprogrammen als Standard eingestellte Breslow-Methode ist am ungenauesten (Prentice und Farewell 1986, S. 44), die Efron-Methode etwas genauer, dafür aber auch rechenintensiver. Am exaktesten ist die Averaged Likelihood-Methode (Box-Steffensmeier und Jones 2004, S. 54–56).

## 7.6.1   Auf was gilt es bei der Berechnung von Cox-Modellen zu achten? 10 Dos and Don'ts

Auf den folgenden Seiten werden nun 10 wichtige Hinweise für die Arbeit mit Cox-Modellen gegeben. Diese Liste ist keineswegs als abgeschlossen zu betrachten, kann aber als Startpunkt beispielsweise für Masterarbeiten dienen.

1.  Die Schätzergebnisse von Cox-Modellen sollten am besten in Form von Hazard-Ratios angegeben werden, da diese direkt prozentual und damit einfacher zu interpretieren sind als Partial-Likelihood-Koeffizienten. Hat eine Variable eine Hazard-Ratio von 0,8 (1,4) bedeutet dies beispielsweise, dass eine Erhöhung dieser Variable um eine Einheit eine Reduzierung (Erhöhung) der Hazard-Rate um 20 (40)% mit sich bringt. Um solche Aussagen treffen zu können, wäre bei Partial-Likelihood-Koeffizienten immer erst eine Umformung auf Basis der e-Funktion nötig (Box-Steffensmeier und Jones 2004, S. 60).

2.  Die Dauer sollte stets so exakt wie möglich gemessen werden, da hierdurch das Problem der Tied Events minimiert werden kann. Ist dies nicht möglich und liegen vergleichsweise viele Fälle vor, die exakt dieselbe Überlebensdauer aufweisen, so sind die genaueren Approximationsmethoden wie die Averaged Likelihood-Methode den oftmals als Standardverfahren in Statistikpaketen eingestellten ungenaueren Methoden wie der Breslow- oder Efron-Methode vorzuziehen.

3.  Die Berechnung stratifizierter Modelle kann oftmals sehr nützlich sein. Diese Modelle nehmen an, dass Kovariate in unterschiedlichen Gruppen denselben Effekt auf die Hazard-Rate ausüben, sich gleichzeitig aber die zugrunde liegenden Baseline-Hazards unterscheiden können. Würde man die Stratifizierungsvariable hingegen alternativ als Kovariate in das Modell aufnehmen, stünde die Annahme hinter der Schätzung, dass die Baseline-Hazards für die Gruppen (d. h. Ausprägungen der Kovariate) zwar nicht identisch sein müssen, aber doch die selbe Form aufweisen und damit proportional zu sein haben. Um zu testen, ob die Baseline-Hazards für die Gruppen sich nicht doch auch in ihrer Form unterscheiden, könnte man auch getrennte Modelle für jede Gruppe berechnen. Problematisch an diesem Vorgehen ist jedoch, dass man neben den (gewünscht) unterschiedlichen Baseline-Hazards zusätzlich auch separate Schätzungen für die Effekte der weiteren Kovariate erhält (was oftmals nicht gewünscht ist). Ein stratifiziertes Modell ist hier oftmals die bessere Lösung.

4.  Die für das Cox-Modell zentrale Annahme proportionaler Hazards, welche besagt, dass der Effekt der Kovariablen über die Analysezeit hinweg konstant zu sein hat, sollte stets getestet werden (Box-Steffensmeier und Jones 2004,

S. 131). Würde beispielsweise eine Kovariable das Überleben nur bis zum Zeitpunkt $t_1$ beeinflussen und danach keinen Einfluss mehr ausüben, wäre dies ein klarer Fall nicht-proportionaler Hazards. Das Cox-Modell würde hier einen zu geringen Effekt für diese Variable vor $t_1$ und einen zu großen Effekt nach $t_1$ schätzen. Für den Test gibt es graphische Verfahren (Log-Log-Plots, Kaplan-Meier vs. Cox-Plots und Plots von skalierten Schoenfeld Residuen) sowie einen von Therneau und Grambsch entwickelten statistischen Test. Am besten wendet man die Verfahren kombiniert an, da die graphischen Methoden damit zu kämpfen haben, dass ihre Interpretation nur in drastischen Fällen eindeutig ist. Gleichzeitig erkennt der Grambsch-Therneau-Test nicht alle Formen von Nichtproportionalität: einen quadratischen Funktionsverlauf von $\beta(t)$ würde er beispielsweise nicht identifizieren. Hier wäre wiederum die Plot-Methode vorzuziehen. Wenn man Anzeichen von Nicht-Proportionalität findet, sollte man zunächst relativ skeptisch sein und sich zwei Fragen stellen: „does it matter" und „is it real" (Therneau und Grambsch 2000, S. 142), denn häufig stelle sich bei einer genaueren Untersuchung heraus, dass keine gesonderte Behandlung der beanstandeten Kovariablen erforderlich ist.[24] Falls die Nichtproportionalität jedoch relevant und real ist muss man diese aktiv angehen. Hierzu können entweder stratifizierte Modelle berechnet werden, zweitens kann man auch die Zeitachse z. B. anhand der Medianüberlebenszeit unterteilen und über die so entstehenden Gruppen getrennte Cox-Modelle berechnen. Beides bringt spezifische Probleme mit sich.[25] Die bessere Alternative dürfte zumeist die aktive

---

[24] Bei großen Datensätzen reagiert der Grambsch-Therneau Test oft zu sensitiv, sodass dieser Nichtproportionalität ausweist, obgleich diese keine relevanten Auswirkungen hat und das Modell eigentlich ohne weitere Adaption gerechnet werden kann. Zweitens können auch wenige Ausreißer ursächlich für die Nichtproportionalität sein. In diesem Fall kann man von keiner realen, den ganzen Datensatz betreffenden Nichtproportionalität sprechen. Hier wäre es sinnvoller, die Ausreißer gesondert zu behandeln.

[25] Die Stratifizierung birgt drei Nachteile: 1) Geschichtete Modelle sind weniger effektiv; 2) es gibt keine unmittelbaren Signifikanztests für die Nullhypothese einer nicht vorhandenen Beziehung zwischen dem Schichtungsfaktor und dem Überleben; 3) Stratifizierung funktioniert problemlos bei kategorialen Variablen, die Überführung stetiger Variablen in willkürlich zu wählende diskrete Skalen führt jedoch zu Problemen bei der Berechnung geschichteter Modelle (Therneau und Grambsch 2000, S. 145). Bei der Zeitachsenunterteilung geht man davon aus, dass die Effekte einer Variable wenn schon nicht über die gesamte Überlebenszeiten so doch über einzelne Abschnitte konstant sein können. Da dies jedoch nicht zwangsweise so sein muss, löst diese Vorgehensweise auch nicht in jedem Fall das Problem der Nichtproportionalität. Zudem wird die Interpretation der Effekte dadurch verkompliziert, dass für jede Gruppe ein extra Modell mit potentiell auch voneinander abweichenden Koeffizienten geschätzt wird.

Modellierung der zeitlichen Abhängigkeit darstellen. Hierzu wird ein Interaktionsterm aus der Kovariable, die die Nichtproportionalität verursacht hat und der Zeit (oder einer bestimmten Funktion der Zeit) in das Modell eingebracht (Box-Steffensmeier und Jones 2004, S. 136–137).

5. Nicht jedes Ereignis, das ein Objekt aus dem Risk Set herausbefördert, muss gleichzeitig ein den Forscher interessierendes Endereignis sein. Um nicht Äpfel mit Birnen zu vergleichen, ist es wichtig, im Modell zwischen regulären und zensierten Fällen zu unterscheiden. Das verwendete Zensurregime bedarf dabei einer sauberen theoretischen Verankerung, da es sich beim Zensieren eben nicht nur um ein statistisches, sondern immer auch um ein konzeptionelles Thema handelt.

6. In diesem Zusammenhang sollte man sich auch Gedanken machen, ob es für die Fragestellung nicht sinnvoll ist, zwischen unterschiedlichen Typen von interessierenden Endereignissen zu unterscheiden, d. h. davon auszugehen, dass die betrachteten unabhängigen Variablen auf unterschiedliche Endereignisse unterschiedliche Effekte ausüben. Wenn es sich dabei um konkurrierende, d. h. sich gegenseitig ausschließende Endereignisse handelt (sogenannte Competing Risks) ist es sinnvoll, diese nicht undifferenziert so zu behandeln, als wären sie alle dasselbe Endereignis (Box-Steffensmeier und Jones 1997, S. 1437). Vielmehr können im Rahmen eines Competing Risks Ansatzes getrennte Modelle für jedes einzelne Endereignis berechnet werden. Eine an dieser Stelle nicht differenzierende Analyse würde real vorhandene Effekte eventuell verschleiern.[26] Technisch funktioniert der Competing Risks Ansatz über das Zensieren all derjenigen Endereignisse, mit Ausnahme des interessierenden.[27]

---

[26] Beispielsweise wird in der Forschung zur Beständigkeit von Regierungen oftmals zwischen Ersetzungen während der laufenden Legislaturperiode (Replacements) und vorgezogenen Neuwahlen (Early Elections) unterschieden. Competing Risks Ansätze können für diese beiden Endereignisse, auf die eine jede Regierung theoretisch zusteuern kann, nachweisen, dass z. B. eine hohe parlamentarische Fragmentierung die Wahrscheinlichkeit von Ersetzungen erhöht, die von vorgezogenen Neuwahlen aber verringert. Eine gepoolte Analyse, in der undifferenziert beide Typen von Ereignissen als Endereignis gewertet werden, würde hier evtl. gar keinen Effekt feststellen, da sich die beiden Effekte gegenseitig aufheben (Jäckle 2011, S. 295).

[27] Für elaborierte Beschreibungen des Competing Risks Ansatzes vgl. Kalbfleisch und Prentice (2002, S. 163–187) sowie die Werke von Blossfeld et al. (2007, S. 169; 1986, S. 59 und S. 165–167).

7. Auch wenn zumeist die zugrunde liegende Form der zeitlichen Abhängigkeit weniger von Interesse ist als die Effekte der Kovariablen, lässt sich diese im Anschluss an die eigentliche Modellschätzung approximativ bestimmen.[28] Generell gibt der Baseline-Hazard die Werte der Hazard-Funktion an, wenn alle Kovariate den Wert null annehmen. Aus diesem Grund muss für die Bestimmung der Baseline-Hazard-Rate der Wert null für alle unabhängigen Variablen ein sinnvoll zu interpretierender Wert sein. Variablen bei denen dies nicht der Fall ist (z. B. Alter) sollten zentriert werden. Das ändert an den geschätzten Effekten nichts, ermöglicht aber eine sinnvolle Interpretation der Baseline-Hazard-Rate.

8. EHA bieten die Möglichkeit auf relativ einfache Art Variablen in das Modell zu inkludieren, die sich während der Observationsdauer verändern (Time Varying Covariates). Dies gilt sowohl für Variablen, die einer kontinuierlichen Veränderung unterliegen (z. B. die Dauer der Parteimitgliedschaft), wie auch für Variablen, die nur zu diskreten Zeitpunkten ihre Werte ändern (z. B. die jeweils für ein Quartal angegebene Arbeitslosenquote). Für den Test solcher Variablen muss die Struktur des Datensatzes modifiziert werden. Für jeden Zeitpunkt, zu dem eine zeitlich sich verändernde Variable einen anderen Wert annehmen könnte, wird nun eine extra Zeile generiert. Abgesehen von dem hierdurch sich deutlich vergrößernden Datensatz, der auch die Dauer der Berechnungen im Statistikprogramm in die Höhe schnellen lässt, unterscheidet sich die eigentliche Schätzung nicht von dem Fall ohne Time Varying Covariates.

9. Für das Cox-Model existiert kein Gütemaß, das im Sinne eines $R^2$ einer OLS-Regression den Anteil erklärter Varianz angeben würde. Mit Harrells C und Cox-Snell-Plots bestehen allerdings zwei Möglichkeiten auf die Güte eines Cox-Models zu testen. Harrell et al. (1982) schlagen ein Vorgehen anhand von Paarvergleichen vor: Zunächst werden über alle Fälle, bei denen keine Tied Events vorliegen und bei denen mindestens einer der Fälle wirklich ein Endereignis erfahren hat, Paare gebildet. In einem zweiten Schritt wird untersucht, bei wie viel Prozent dieser Paare diejenige Observation mit der auf Basis des Cox-Modells geschätzt längeren Überlebenszeit auch realiter die längere aufweist. Dieser als Harrell's C bekannt gewordene Prozentwert konkordanter Paare kann als Gütemaß für die Passgenauigkeit des Cox-Modells gelten.

---

[28] Ausführlichere Beschreibungen dieses Vorgehens finden sich bei Box-Steffensmeier und Jones (2004, S. 64–65), Kalbfleisch und Prentice (2002, S. 114–118) sowie Collett (2003, S. 95–100). Von nicht zu unterschätzender Relevanz für die letztlich ausgegebene Baseline-Hazard ist die Frage, über welches Kerndichteschätzverfahren die Kurve geglättet wird. Hier sollte man v. a. auf eine gewisse Robustheit der Ergebnisse achten.

Eine graphische Option die Passgenauigkeit eines Cox-Modells zu überprüfen bieten Cox-Snell-Residuen (Cox und Snell 1968). Ein gut passendes Modell zeichnet sich dadurch aus, dass der Plot der Cox-Snell-Residuen gegen die, mit Hilfe des Kaplan-Meier- oder des Aalen-Nelson-Schätzers berechnete, empirische kumulierte Hazard-Funktion einer Geraden mit Steigung 1 möglichst nahe kommt (Stata 2007, S. 170–171).[29] Weicht die Kurve ausschließlich im rechten oberen Teil des Plots von der Referenzgeraden ab, ist dies in der Regel zu tolerieren und indiziert keinen schlechten Modellfit.[30]

10. Wie bei anderen regressionsstatistischen Verfahren gilt es auch bei Cox-Modellen auf Spezifika zu testen, die die Schätzergebnisse potentiel verzerren könnten. Hierfür gibt es eine Reihe residuendiagnostischer Vefahren. *Martingale Residuen* sind geeignet, um die korrekte funktionale Form zu identifizieren, in der eine Kovariable in das Modell eingebracht werden sollte. Angenommen, bei den Tests der Proportionalitätsannahme fällt eine Kovariable durch, weshalb sie zusätzlich in Form eines die Zeit inkorporierenden Interaktionsterms in das Modell aufgenommen werden sollte. Die Frage, nach welcher Funktion die Zeit mit der Kovariable interagieren soll, kann von den Martingalen Residuen beantwortet werden. Darüber hinaus können sie auch andere Fehlspezifikationen identifizieren. Sollte eine Variable beispielsweise besser logarithmiert in das Modell einfließen, würden die Plots der Martingalen Residuen hierauf ebenfalls Hinweise geben (Box-Steffensmeier und Jones 2004, S. 125–127).[31] *Deviance-Residuen*, bei denen es sich um normalisierte Martingale Residuen handelt (Therneau und Grambsch 2000, S. 83), eignen sich vor allem zum Auffinden von Ausreißern, also von Fällen, deren Schätzwerte weit von den realen empirischen Observationen entfernt liegen. Das ist insofern wichtig, als eine zu große Menge an Observationen, welche schlecht durch das Modell vorhergesagt werden, zu irreführenden Schlüssen bezüglich der Hazard-Rate oder der Überlebenszeiten führen kann. Hohe absolute Werte der Deviance-Residuen indizieren potentielle Ausreißer. Die Residuen werden entweder gegen die Observationsnummer oder die Überlebenszeit abge-

---

[29] Für die genauen funktionalen Zusammenhänge vgl. Cox und Oakes (1984, S. 107–109) sowie Box-Steffensmeier und Jones (2004, S. 120 und S. 124–125).

[30] Im oberen rechten Bereich des Plots herrscht immer eine höhere Unsicherheit über die Schätzer vor. Diese rührt daher, dass aufgrund von bereits zuvor ausgeschiedenen Observationen die effektive Samplegröße mit ansteigender Überlebenszeit immer kleiner wird, wodurch die Baseline Hazard-Rate variabler ausfällt (Stata 2007, S. 171).

[31] Für einen umfassenden Überblick dieser und weiterer Möglichkeiten, die korrekte funktionale Form von Kovariablen zu ermitteln, vgl. das entsprechende Kapitel in Therneau und Grambsch (2000, S. 87–126).

tragen (Stata 2007, S. 167 und 173–174). Mit den kovariablenspezifischen *Score Residuen* kann schließlich überprüft werden, ob einzelne Observationen einen übermäßig starken Einfluss auf die Schätzwerte ausüben und damit das gesamte Modell verzerren. Dies ist wichtig, da auf diese Weise auch etwaige Mess- oder Kodierfehler aufgedeckt werden können. Diese Residuen bieten damit eine Alternative zu der für solche Fragestellungen oftmals angewendeten Jackknife-Methode (Box-Steffensmeier und Jones 2004, S. 123). Mit ihrer Hilfe ist es möglich, diejenige skalierte Veränderung eines Beta-Koeffizienten graphisch sichtbar zu machen, die sich ergäbe, wenn eine der Observationen nicht mit geschätzt würde. In dieser Hinsicht können die Score-Residuen auch als funktionales Äquivalent zu den dfbetas der klassischen Regression verstanden werden (Box-Steffensmeier und Jones 2004, S. 128).

**Kommentierte Literaturempfehlung**
Box-Steffensmeier, Janet M. und Bradford S. Jones. 2004. *Event History Modeling.* Cambridge: Cambridge University Press.
Yamaguchi, Kazuo. 1991. *Event History Analysis.* Newbury Park: Sage Publications.
Als Einstieg in die Welt der EHA geeignete Lehrbücher, die einen guten Überblick über die wichtigsten Verfahren geben, wobei sie in ihrer Darstellung soweit wie möglich auf Formeln verzichten. Stattdessen verwenden sie gut nachvollziehbare Beispiele aus der soziologischen oder politikwissenschaftlichen Forschung.
Mills, Melinda. 2011. *Survival and Event History Analysis.* Los Angeles: Sage.
Auch für EHA-Anfänger geeignet gibt dieses Buch eine schrittweise Einführung in die Überlebenszeitanalyse anhand des Statistikprogramms R. Die Autorin geht dabei neben den Grundlagen der EHA aber auch auf die praktische Anwendung fortgeschrittener Verfahren wie *shared frailty* Modellen oder angrenzender Methoden wie der Sequenzanalyse ein.
Blossfeld, Hans-Peter, Katrin Golsch und Götz Rohwer. 2007. *Event History Analysis with Stata.* Mahwah: Lawrence Erlbaum Associates.
Cleves, Mario Alberto, Roberto G. Gutierrez, William Gould und Yulia V. Marchenko. 2010. *An Introduction to Survival Analysis Using Stata.* College Station, TX Stata Press.
Wenzelburger, Georg, Sebastian Jäckle und Pascal König. 2014. Weiterführende statistische Methoden für Politikwissenschaftler: Eine anwendungsbezogene Einführung mit Stata. Oldenbourg: De Gruyter: 161–209.
Für diejenigen, die selber Ereignisanalysen mit Stata rechnen möchten bietet sich ein Blick in diese drei Werke an. In ihnen finden sich Beschreibungen für die Berechnung sämtlicher auch in diesem Kapitel angesprochenen EHA-Verfahren

und Residuendiagnostiken. Darüber hinaus helfen die von Wenzelburger et al. zur Verfügung gestellten Beispiel-Do-Files, einen schnellen Einstieg in die konkrete Analyse von EHA-Modellen in Stata zu finden.

Kalbfleisch, John D. und Ross L. Prentice. 2002. *The Statistical Analysis of Failure Time Data.* Hoboken: Wiley-Interscience.

Lawless, Jerald F. 1982. Statistical Models and Methods for Lifetime Data. New York: Wiley.

Therneau, Terry M. und Patricia M. Grambsch. 2000. *Modeling Survival Data. Extending the Cox Model.* New York: Springer.

Wer tiefer in die statistischen Grundlagen der Ereignisdatenanalyse einsteigen möchte wird in den ersten beiden Werken fündig, wer sich für Analysetechniken über das grundlegende Cox-Modell hinaus interessiert oder beispielsweise eine intensive Diskussion der möglichen Testverfahren für die Homogenitätsannahme sucht, dem sei das Buch von Therneau und Grambsch ans Herz gelegt. An dieser Stelle sei aber angemerkt, dass die Lektüre dieser drei Werke durchaus fortgeschrittene Statistikkenntnisse voraussetzt.

# QCA

Sebastian Jäckle

Die Zahl an Publikationen, die eine der Varianten der *Qualitative Comparative Analysis* (QCA) verwenden, stieg insbesondere in den letzten zehn Jahren deutlich an (Rihoux et al. 2013). Die QCA hat sich damit einen festen Platz im sozialwissenschaftlichen Werkzeugkasten erobert, aber auch in anderen Disziplinen, wie beispielsweise den Wirtschaftswissenschaften, finden sich vermehrt QCA-Anwendungen. Oftmals wird die von Charles Ragin Ende der 1980er Jahre entwickelte Methode als eine Brücke zwischen klassisch-qualitativen Vergleichsanlagen (aufbauend auf Mills Differenz- und Konkordanzmethode) und quantitativ-statistischen Ansätzen bezeichnet. Diese Einordnung ist jedoch nur bedingt hilfreich. Richtig ist zwar, dass die QCA gerade für mittlere Fallzahlen gut geeignet ist, bei denen klassische Vergleichsdesigns einerseits schnell an ihre Grenzen stoßen und andererseits für aussagekräftige statistische Analysen zu wenige Freiheitsgrade zur Verfügung stehen (Schneider und Wagemann 2007, S. 19–27). Analysen der 16 deutschen Bundesländer, oder auch der 27 europäischen Staaten weisen eine solche mittlere Fallzahl auf, die typischerweise mittels QCA gut bearbeitet werden kann. Von der Forschungslogik her greift die Brückenmetapher jedoch zu kurz, denn die QCA ist methodisch betrachtet kein Mittelweg zwischen Inferenzstatistik und qualitativem Vergleich. Vielmehr basiert sie auf einem mengentheoretischen Verständnis sozialer Phänomene, welches sich auch in Form von notwendigen und

© Springer Fachmedien Wiesbaden 2015
A. Hildebrandt et al., *Methodologie, Methoden, Forschungsdesign*
DOI 10.1007/978-3-531-18993-2_8

hinreichenden Bedingungen ausdrücken lässt.[1] Verfechter der QCA betonen, dass diese Sichtweise oftmals angebrachter ist, wenn es gilt, der kausalen Komplexität sozialwissenschaftlicher Untersuchungsgegenstände gerecht zu werden (Schneider und Wagemann 2012, S. 3–4). Grundlegend für eine mengentheoretische Herangehensweise an soziale Phänomene sind laut Schneider und Wagemann drei Dinge:

Erstens werden Fälle entsprechend ihrer Mitgliedschaft in Gruppen bzw. Mengen wahrgenommen. So ist Deutschland Mitglied der Menge europäischer Staaten, wohingegen Kanada dies nicht ist. Deutschland würde entsprechend ein Mengenmitgliedschaftswert (*set membership score*) von 1, Kanada einer von 0 zugewiesen. Neben einer solchen dichotomen Unterscheidung zwischen Vollmitgliedschaft und Nichtmitgliedschaft erweitert die sogenannte Fuzzy-Set-Theorie das mengentheoretische Gerüst um die Option der teilweisen Mitgliedschaft (Pennings 2009, S. 350). So könnte man beispielsweise die Schweiz sicherlich aus vielerlei Hinsicht als europäischen Staat betrachten (z. B. geographisch, historisch), politisch hingegen ist sie als Nicht-EU-Mitglied sicherlich weniger europäisch als beispielsweise Deutschland. Die Schweiz würde entsprechend einen Mitgliedschaftswert kleiner 1 aber größer 0 bekommen. Teilweise Mitgliedschaft in einer Menge oder *Fuzzyness* geht dabei nicht auf eine ungenaue Messung zurück, sondern rührt daher, dass bereits das Konzept „Europäisches Land" keine klaren Grenzen aufweist. Solche zumindest in Teilen unklaren Konzepte sind laut Schneider und Wagemann in den Sozialwissenschaften keineswegs die Ausnahme, sondern vielmehr die Regel. Die Fuzzy-Set-Theorie liefert das geeignete mathematische Instrumentarium um diese Konzepte in ihrer Uneindeutigkeit adäquat zu beschreiben (Schneider und Wagemann 2012, S. 3–4).

Zweitens werden Zusammenhänge zwischen sozialen Phänomenen als mengentheoretische Relationen aufgefasst. Die Aussage „alle Grünen-Wähler beziehen Öko-Strom" lässt sich entsprechend auch mengentheoretisch interpretieren und in Form eines Venn-Diagramms wie in Abb. 8.1 darstellen (Berg-Schlosser und De Meur 2009):

---

[1] Ein kleines ornithologisches Beispiel erleichtert hier das Verständnis: Angenommen, wir haben die beiden Aussagen X: „Der Vogel ist schwarz" und Y: „Der Vogel ist ein Rabe". So können wir X als notwendige Bedingung für Y auffassen, da Raben immer schwarz sind. X ist jedoch nicht hinreichend für Y, denn es könnte sich bei dem schwarzen Vogel ja auch um eine Amsel handeln. Aussagenlogisch hängen hinreichende und notwendige Bedingungen zudem zusammen. Konkret heißt dies, dass wenn X notwendige Bedingung für Y ist, dann ist Y eine hinreichende Bedingung für X (und umgekehrt). In unserem Beispiel ist es entsprechend ausreichend (hinreichend) zu wissen, dass es sich bei dem Vogel um einen Raben handelt, um sagen zu können, dass dieser schwarz ist. Genaueres zu diesen beiden aussagenlogischen Konzepten sowie Erweiterungen die auf der Kombination von notwendigen und hinreichenden Bedingungen aufbauen findet sich weiter unten (s. Tabelle 8.3).

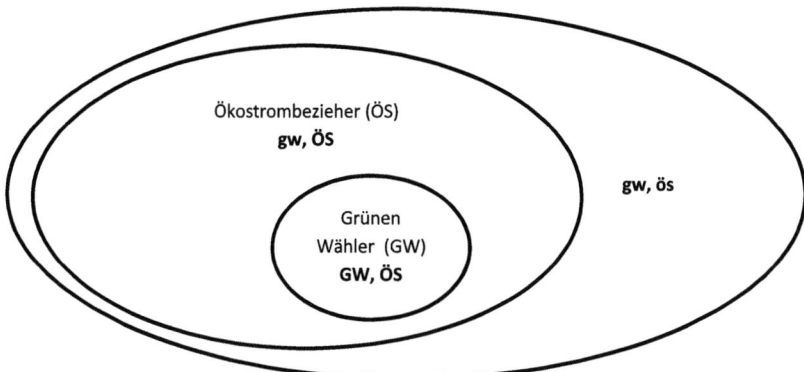

**Abb. 8.1** Venn-Diagramm

Die Menge der Grünen Wähler (GW) – Großbuchstaben geben in dieser Schreibweise die positive Ausprägung, d. h. das Vorhandensein eines Merkmals an, Kleinbuchstaben hingegen das Fehlen – befindet sich komplett innerhalb der Menge der Ökostrombezieher (ÖS). Außerhalb liegt die Menge derjenigen, die keinen Ökostrom beziehen und die gleichzeitig auch nicht die Grünen wählen. Man sieht auch, dass es keine Grünenwähler gibt, die keinen Ökostrom beziehen – diese Menge ist leer.

Die dritte Bedingung dafür, dass soziale Phänomene gewinnbringend über eine mengentheoretische Herangehensweise analysiert werden können, ist die Interpretation mengentheoretischer Beziehungen als notwendige und hinreichende Bedingungen. In obigem Beispiel ist das Beziehen von Ökostrom eine notwendige Bedingung dafür, die Grünen zu wählen. Gleichzeitig ist grün zu wählen eine hinreichende Bedingung dafür, Ökostrom zu beziehen.

Über mengentheoretische Herangehensweisen lassen sich so komplexe deterministische Kausalstrukturen und Interaktionsmuster darstellen. Allerdings ist für die Auswertung dieser vielschichtigen mengentheoretischen Zusammenhänge, die oftmals noch durch Interaktionsbeziehungen verkompliziert werden, ein standardisiertes Analyseinstrumentarium von Nöten – eine einfache Betrachtung von Venn-Diagrammen reicht hier oftmals nicht mehr aus. Rihoux und Ragin sprechen an dieser Stelle deshalb auch von „configurational comparative analysis" um klarzumachen, dass eine systematische vergleichende Analyse komplexer Fälle nur möglich ist, so diese in Konfigurationen überführt werden (Rihoux und Ragin 2009, S. xix). Die Qualitative Comparative Analysis (QCA) liefert ein solches Werkzeug. Sie baut auf der Logik klassischer Vergleichsanalgen auf, formalisiert diese jedoch und macht sie damit auch für größere Datensätze mit mehr Fällen und

UV (unabhängigen Variablen) anwendbar. Gleichzeitig soll das intensivere Wissen über die Analysefälle, welches qualitative Forschung auszeichnet, weiterhin Verwendung finden. Der grundlegende Unterschied zu quantitativen regressionsanalytischen Verfahren besteht darin, dass die QCA keine Homogenität in der Ereignisstruktur, sondern Äquifinalität annimmt.[2] D.h. während Regressionsansätze davon ausgehen, dass es nur einen einzigen kausalen Pfad von der oder den UV zur AV(abhängigen Variable)[3] geben kann, bei dem dann allerdings die Effekte, die die einzelnen UV auf die AV ausüben, variieren können, geht man bei der QCA davon aus, dass gänzlich unterschiedliche Pfade zu demselben Ergebnis führen können.[4] Ziel einer QCA ist es zunächst, alle diese Pfade, d. h. alle logisch möglichen Bedingungen für ein Outcome zu identifizieren, um hierdurch die grundlegende Kausalstruktur eines Phänomens zu beschreiben. Ausgehend von einer sogenannten Wahrheitstafel, die sämtliche Kombinationen der Bedingungsfaktoren enthält (gleich ob sie zu dem interessierenden Phänomen führen, oder nicht) wird dann versucht, mit Hilfe der Booleschen Algebra eine maximal sparsame und zugleich logisch äquivalente Lösung zu finden, die alle empirisch zu einem Outcome führenden Pfade abdeckt (Schneider und Wagemann 2012, S. 9). Ragin und andere Vertreter der QCA betonen allerdings, dass man die QCA keineswegs nur auf die-

---

[2] Äquifinalität bezeichnet allgemein die Eigenschaft offener Systeme, dass dort ein bestimmter Endzustand auf unterschiedliche Art und Weise zustande kommen kann, wohingegen in geschlossenen Systemen eine einzige direkte kausale Beziehung zwischen dem Anfangszustand und dem Endzustand existiert. Ein solches geschlossenes System liegt beispielsweise vor, wenn man einen Lichtschalter umlegt. Dann wird der Stromkreis geschlossen und die Lampe geht an – hier ist eine alternative Erklärung für den Endzustand der brennenden Lampe nicht möglich. Biologische aber auch soziale und politische Systeme können hingegen häufig als zu ihrer Umwelt offen mit Schnittstellen zu anderen Systemen begriffen werden und eben nicht abgeschlossen wie der Stromkreis. In ihnen kann eine Vielzahl an unterschiedlichen Ausgangsbedingungen vorliegen, die sich zudem auch gegenseitig beeinflussen können und trotzdem ist es möglich, dass diese unterschiedlichen Ausgangslagen allesamt in ein und denselben Endzustand münden.

[3] In der QCA-Notation wird zumeist nicht von UV und AV, sondern von Bedingung und Outcome gesprochen.

[4] Weitere Formen kausaler Komplexität, die sich mittels QCA gut analysieren lassen sind Interaktionseffekte („conjunctural causation") sowie das Vorliegen asymmetrischer Kausalitätsbeziehungen. Bei ersterem zeigt eine Bedingung nur dann eine Wirkung, wenn gleichzeitig noch andere Bedingungen vorliegen. Asymmetrische Kausalität bedeutet, dass jeder kausale Effekt, der einer Variable zugeschrieben wird, immer nur für das Vorhandensein oder das Nicht-Vorhandensein des Merkmals gilt. Aus diesem Grund sollte auch das Nicht-Outcome immer getrennt vom Outcome analysiert werden, da die Bedingungen, die für das Vorliegen des Outcomes relevant sind, für dessen Negation nicht von Relevanz sein müssen (Schneider und Wagemann 2012, S. 78). Die Möglichkeit nicht-symmetrische Kausalbeziehungen zu erfassen, ist ein weiteres Unterscheidungsmerkmal von QCA und Regressionsanalyse.

sen Minimierungsalgorithmus reduzieren darf, sondern, dass sie ein ganzheitlicher sozialwissenschaftlicher Ansatz ist, der mehr umfasst als nur das letztliche Datenanalysewerkzeug (Schneider und Wagemann 2009, S. 387–388). Insbesondere sei wie auch bei anderen qualitativen Verfahren, der iterative Prozess der Datensammlung – bei dem immer wieder Rückkopplungsschleifen zur Theorie eingebaut sein sollten – ein zentrales Element einer jeden QCA. Dazu kommt noch ein weiterer Schritt, der die QCA von anderen qualitativen aber auch quantitativen Verfahren unterscheidet: Um Aussagen über Zusammenhänge zwischen Mengen anstellen zu können, müssen die Untersuchungseinheiten zunächst zu bestimmten Mengen zugewiesen werden. Man spricht von Kalibrierung der Rohdaten. In den folgenden Abschnitten werden zunächst Optionen dargestellt, wie diese Kalibrierung erfolgen kann. Im Anschluss werden die weiteren Schritte einer QCA vom Aufstellen der Wahrheitstafel, bis hin zum Auffinden der Minimierungslösung sowie deren Interpretation im Sinne von notwendigen und hinreichenden Bedingungen erläutert. Dies wird am Beispiel der klassischen Crisp-Set-QCA geschehen, die mit der Dichotomie Vollmitgliedschaft – Nichtmitgliedschaft arbeitet. Die grundlegende Logik der Crisp-Set-QCA lässt sich auch auf die Fuzzy-Set-QCA übertragen. Am Ende dieses Abschnitts wird auf Spezifika hingewiesen auf die es speziell bei der Fuzzy-Set-Variante zu achten gilt. Den Abschluss des Kapitels bildet eine Diskussion möglicher Probleme, mit denen die QCA zu kämpfen hat und wie man als Anwender der QCA auf diese reagieren kann, sowie zwei Weiterentwicklungen der QCA. Fragen der Robustheit, der mangelnden empirischen Vielfalt sowie der möglichen Konstruktion von Ergebnissen stehen hierbei im Vordergrund.

## 8.1 Kalibrierung der Daten

Bei der Kalibrierung werden den Untersuchungsfällen Mitgliedschaftswerte zu Mengen zugewiesen. Dies muss für alle Variablen, d. h. sämtliche Bedingungsfaktoren wie auch das betrachtete Outcome durchgeführt werden. Bei der Crisp-Set-QCA wird ein Fall entweder der Menge derjenigen Objekte zugeordnet, die eine Eigenschaft aufweisen (Wert 1), oder derjenigen Menge, die diese Eigenschaft nicht besitzen (Wert 0). Bei der Fuzzy-Set-Variante sind neben dem qualitativen Unterschied zwischen Mitgliedschaft und Nichtmitgliedschaft, der bei einem Fuzzy-Mitgliedschaftswert von 0,5 verortet wird, auch noch weitere quantitative Unterscheidungen zwischen mehr oder weniger Mitgliedschaft (bzw. Nichtmitgliedschaft) zu treffen. Hierzu ist es nötig Grenzwerte festzulegen, ab denen von Mitgliedschaft, bzw. Nichtmitgliedschaft (oder deren Abstufungen bei Fuzzy-Sets) gesprochen werden kann. Dies gilt sowohl für Variablen, deren Rohdaten auf nominalem, ordinalem, wie metrischem Skalenniveau messen. Wie lassen sich diese

Grenzen bestimmen? Ragin gibt zunächst den allgemeinen Hinweis, dass dabei auf eine Kombination aus theoretischer Überlegungen und empirischer Evidenz („theoretical and substantive knowledge" (Ragin 2000, S. 160)) zurückgegriffen werden sollte. Für die praktische Forschungsarbeit ist es wichtig, dass die Festlegung der Schwellenwerte wohlbegründet und v. a. nachvollziehbar erfolgt. In der Regel ist es zudem angebracht, weitere externe Quellen heranzuziehen, um den Rohdaten die Mengenmitgliedschaftswerte zuzuordnen. Dabei kann es sich um Erkenntnisse aus Sekundärquellen, qualitativen wie quantitativen Inhaltsanalysen, Interviews o.ä handeln, die im Zusammenhang mit den einzuteilenden Variablen stehen (Schneider und Wagemann 2012, S. 32). Ein ausschließlicher Rückgriff auf die Verteilung der Rohdaten dieser interessierenden Variablen ist hingegen nicht zu empfehlen.[5] D. h. bei metrischen Daten sollten nicht einfach der Median oder das arithmetische Mittel der Rohdaten als Grenzwert für die Kalibrierung verwendet werden (Schneider und Wagemann 2007, S. 174). Denn bei der Kalibrierung handelt es sich eben nicht um einen rein technischen Vorgang, der automatisiert bei Vorliegen einer spezifischen Datenstruktur auf immer dieselbe Art und Weise zu erfolgen hat, sondern der Forscher sollte bei jeder von ihm verwendeten Variable inhaltlich begründen können, wo er die Grenzwerte gesetzt hat. Hierfür bedarf es einer ebenso intensiven Beschäftigung mit dem Forschungsfeld wie es in der qualitativen Forschung generell nötig ist. Auch kann es keine universelle, stets gültige Einteilungsregel geben. Die Zuordnung erfolgt vielmehr immer in Bezug auf die jeweilige Forschungsfrage und die betrachteten Fälle. Will man beispielsweise innerhalb der OECD-Welt Staaten bezüglich ihres Demokratiegrades unterscheiden, so würde die Türkei mit Sicherheit aufgrund vielfältiger demokratischer Defizite eher in die Menge der vergleichsweise undemokratischen Staaten eingeordnet. Sofern die Untersuchungsgesamtheit jedoch aus den muslimisch geprägten Staaten des Nahen und Mittleren Ostens sowie des Maghreb bestünde, dann würde die Türkei als „Musterdemokratie" in dieser Gruppe gelten und einen Mengenmitgliedschaftswert von 1 für die Menge der Demokratien erhalten. Der Mengenmitgliedschaftswert (gleich ob 0/1 bei Crisp-Set-QCA oder weiter unterteilt bei Fuzzy-Set-QCA) ist somit eine Größe, die immer nur relativ in Bezug auf die Untersuchungsfrage und die Untersuchungsobjekte zu interpretieren ist. Für die Kalibrierung von intervallskalierten Rohdaten in Fuzzy-Sets hat Ragin daneben zwei weitere Varianten vorgeschlagen (Ragin 2008, S. 85–105). Bei der direkten

---

[5] Gleichzeitig beinhaltet die Verteilung der Daten oftmals doch wichtige Informationen. Handelt es sich beispielsweise um eine bimodale Verteilung mit einer Lücke zwischen den beiden Modi, ist es bei einer Crisp-Set-Kalibrierung oftmals sinnvoll, in diese Lücke auch den Schwellenwert für die Unterscheidung der beiden Mengen festzulegen. Dies muss aber nicht immer der Fall sein! Wichtiger als die empirische Verteilung der Rohdaten ist immer, dass es eine gute externe Begründung für die Zuweisung zu den Mengen gibt.

**Abb. 8.2** Boolesche Algebra und Mengenbeziehungen

Kalibrierungsmethode legt der Forscher zunächst die drei wichtigen Ankerpunkte fest: wo soll die Vollmitgliedschaft beginnen, die Nichtmitgliedschaft aufhören und wo der Indifferenzpunkt zwischen den beiden liegen? Die Rohdaten werden dann mit einer logistischen Funktion zwischen diese Anker *gefittet*. Bei der indirekten Methode werden zunächst grobe Mitgliedschaftswerte vergeben. Diese werden über ein „fractional logit model" auf die Rohwerte regressiert. Die sich ergebenden Vorhersagewerte dienen dann als Mengen-Mitgliedschaftswerte (vgl. Schneider und Wagemann 2012, S. 35–36). Auch bei diesen beiden Kalibrierungsverfahren gilt jedoch, dass die Zuweisung zu den Mengen letztlich v. a. durch die qualitativen Anker bestimmt wird, deren Positionierung vom Forscher auf Basis von weiteren externen Informationen durchzuführen ist. Die direkte und indirekte Kalibrierungsmethode ersetzen damit keineswegs eine konzeptionelle Durchdringung des Forschungsgegenstandes sowie die intensive Beschäftigung mit den Daten.

## 8.2 Auffinden der Minimierungslösung bei Crisp-Set-QCA

Sind alle Variablen kalibriert, kann die eigentliche Analyse beginnen. Ziel ist es dabei, diejenigen kausalen Pfade zu identifizieren, die zu dem beobachteten Outcome führen sowie kausal irrelevante Variablen als Erklärungsfaktoren auszuschließen. Hierzu betrachtet man die Mengenzugehörigkeiten all derjenigen Fälle, die das interessierende Outcome aufweisen.[6] Dargestellt werden können diese Kausalstrukturen als Schnitt- bzw. Vereinigungsmengen oder formal mit Hilfe der booleschen Algebra (vgl. Abb. 8.2). So würde „GW · ÖS" bedeuten, dass es sich um eine Per-

---

[6] Bei Fuzzy Sets werden alle Fälle, die beim Outcome einen Mitgliedschaftswert größer 0,5 haben betrachtet. Generell werden zur Konstruktion der Wahrheitstafel Fuzzy-Werte oberhalb des 0,5-Punktes zum Idealtypus Vollmitgliedschaft=1 und die unterhalb dieser Grenze zu Nichtmitgliedschaft=0 gezählt. Aus diesem Grund sollte bei der Kalibrierung auch der Wert 0,5 selbst nicht vergeben werden, da dies zu unklaren Zuordnungen zu den Idealtypen führen würde (Schneider und Wagemann 2007, S. 188–195).

**Tab. 8.1** Wahrheitstafel

| Zeile | $S$ | $D$ | $B$ | $G$ | Fallzahl N |
|-------|-----|-----|-----|-----|------------|
| 1 | 1 | 1 | 0 | 0 | 12 |
| 2 | 1 | 1 | 1 | 0 | 4 |
| 3 | 1 | 0 | 0 | 1 | 1 |
| 4 | 1 | 0 | 1 | 1 | 2 |
| 5 | 0 | 1 | 0 | 0 | 3 |
| 6 | 0 | 1 | 1 | 1 | 1 |
| 7 | 0 | 0 | 0 | 0 | 22 |
| 8 | 0 | 0 | 1 | 1 | 5 |

son handelt, die sowohl die Grünen wählt, als auch Ökostrom bezieht. „GW+ÖS" hieße hingegen, dass es sich entweder um einen Grünenwähler handelt, oder jemanden, der Ökostrom bezieht, oder eine Person, für die beides gleichzeitig gilt.[7]

Jede QCA beginnt mit dem Aufstellen der Wahrheitstafel. Im Folgenden wollen wir beispielhaft an hypothetischen Daten untersuchen, welche Faktoren dazu führen, dass jemand die Grünen wählt ($G$).[8] Als potentiell relevante Faktoren werden drei Variablen getestet: Der Bezug von Ökostrom ($S$), die Teilnahme an Anti-Kriegs-Demonstrationen ($D$) sowie das überwiegende Einkaufen von Bio-Lebensmitteln ($B$). Bei drei Bedingungen sind theoretisch $2^3$ Merkmalskombinationen möglich. Die Wahrheitstafel listet nun alle theoretisch möglichen Kombinationen auf. Dabei spielt es keine Rolle, ob eine Kombination nur einmal oder 100 Mal vorzufinden ist – was einzig zählt, ist die Tatsache, dass sie einen kausalen Pfad zum Outcome darstellt. Für unser Beispiel gehen wir von einem Datensatz mit insgesamt 50 befragten Wahlberechtigten aus, bei denen alle theoretisch möglichen Kombinationen von Merkmalsausprägungen auch wirklich auffindbar sind. Besonders häufig ist der Fall, dass eine Person, die keinen Ökostrom bezieht, an keinen Anti-Kriegs-Demonstrationen teilnimmt und auch keine Bio-Lebensmittel kauft nicht die Grünen wählt ($N=22$). Die Fallzahlen spielen für die weitere QCA, d. h. das Auffinden der Minimierungslösung, allerdings keine Rolle (Tab. 8.1).

Aus der Wahrheitstafel entnimmt man nun alle Kombinationen, die zum Outcome „Grüne wählen" geführt haben. Diese vier Pfade schreibt man in Form einer

---

[7] Einen guten Überblick über mögliche Operationen und Notation bei der booleschen Algebra und eine Erläuterung, wie diese mit mengentheoretischen Beziehungen zusammenhängen, bieten Schneider und Wagemann (2012, S. 42–55), sowie Berg-Schlosser und Cronqvist (2012, S. 138–141).

[8] Aus Gründen der Übersichtlichkeit werden Outcome und Bedingungen ab hier nur noch mit je einem Buchstaben abgekürzt.

Gleichung – Großbuchstaben stehen wieder für das Vorhandensein eines Merkmals:

$$Sdb + SdB + sDB + sdB \Rightarrow G$$

Der erste Minimierungsschritt besteht nun darin, die einzelnen Pfade paarweise miteinander zu vergleichen. Wenn sich zwei Pfade nur in der Ausprägung einer Bedingung unterscheiden, kann diese bei Konstanz der anderen Bedingungen als irrelevant angesehen werden und man kann sie aus der Gleichung streichen. Die beiden Pfade $Sdb$ und $SdB$ unterscheiden sich beispielsweise nur in $B$. Die Minimierungslösung, die auch als Hauptimplikante bezeichnet wird, würde hier entsprechend $Sd$ lauten. Inhaltlich heißt dies, dass eine Person die Grünen wählt, wenn sie Ökostrom bezieht und nicht zu Anti-Kriegs-Demonstrationen geht. Und dies ganz gleich ob sie Bio-Lebensmittel kauft, oder nicht. Auf dieselbe Art und Weise lassen sich auch die weiteren Pfade paarweise vergleichen: $sDB$ und $sdB \rightarrow sB$; $SdB$ und $sdB \rightarrow dB$.
Die Hauptimplikantengleichung lautet also:

$$Sd + sB + dB \Rightarrow G$$

In einem zweiten Minimierungsschritt untersucht man nun, inwiefern einzelne der Hauptimplikanten logisch redundant und damit ohne Informationsverlust aus der Gleichung entfernbar sind. Dies ist für eine Hauptimplikante der Fall, wenn alle ursprünglichen Pfade komplett über die anderen Hauptimplikanten abgedeckt werden. Eine sogenannte Hauptimplikantentabelle, bei der die die ursprünglichen Pfade gegen die gefundenen Hauptimplikanten abgetragen werden, erleichtert diese Arbeit (vgl. Tab. 8.2).
In unserem Beispiel werden sämtliche Pfade bereits durch die beiden Hauptimplikanten $Sd$ und $sB$ abgedeckt, $dB$ ist damit logisch redundant und kann aus der Gleichung gestrichen werden:

$$Sd + sB \Rightarrow G$$

**Tab. 8.2** Hauptimplikantentabelle

|        | Hauptimplikanten | | |
|--------|------|------|------|
| Pfade  | $Sd$ | $sB$ | $dB$ |
| $Sdb$  | X    |      |      |
| $Sdb$  | X    |      | X    |
| $sDB$  |      | X    |      |
| $sdb$  |      | X    | X    |

**Tab. 8.3** Interpretation von QCA-Ergebnissen in Form von notwendigen und hinreichenden Bedingungen

| X ist für das Outcome Y… | …wenn… | Formal: |
|---|---|---|
| …notwendig und hinreichend… | …X als einzige Variable das Outcome erklärt. | $X \Rightarrow Y$ |
| …notwendig aber nicht hinreichend… | …X in allen Pfaden enthalten ist, die zu Y führen, aber immer nur in Kombination mit anderen Variablen zum Outcome führt. | $Xa + XB + Xc =$ $X\,(a + B + c) \Rightarrow Y$ |
| …hinreichend aber nicht notwendig… | …das Vorliegen von X zwar alleine zum Outcome führen kann, Y aber auch noch durch andere Pfade erzielt werden kann in denen X nicht enthalten ist. | $X + Ab + C \Rightarrow Y$ |
| …eine INUS-Bedingung… | …X nur in Kombination mit anderen Faktoren das Outcome Y bewirkt, gleichzeitig aber noch andere Pfade zu Y führen, die X nicht enthalten. X ist also ein „*I*nsufficient but *N*ecessary part of a condition which is itself *U*nnecessary but *S*ufficient for the result" (Mackie 1965, S. 245). | z. B.  $Xa + bC \Rightarrow Y$ |
| …eine SUIN-Bedingung… | …X ein hinreichender Bestandteil einer Bedingungskombination ist, die als solche eine notwendige, aber nicht hinreichende Bedingung für das Outcome darstellt: "*S*ufficient, but *U*nnecessary part of a factor that is *I*nsufficient, but *N*ecessary for the result" (Mahoney et al. 2009, S. 126–127). | $(X + a) \cdot (b + C) \Rightarrow Y$ |

*Anmerkungen:* zu notwendigen und hinreichenden Bedingungen s. Schneider (2006, S. 278), zu den Kombinationen in Form von INUS und SUIN-Bedingungen s. Mahoney (2008, S. 418–420) und Blatter et al. (2007, S. 278) sowie Schneider (2006, S. 273–285) und Blatter et al. (2007, S. 202)

Die gefundene Gleichung stellt die logische Minimallösung dar. Inhaltlich lässt sie sich folgendermaßen interpretieren: Eine Person wählt die Grünen, entweder wenn sie der Menge derjenigen angehört, die Ökostrom beziehen, sie aber gleichzeitig nicht Mitglied der Menge der Anti-Kriegs-Demonstranten ist, oder wenn sie keinen Ökostrom bezieht, sie aber Bio-Lebensmittel einkauft. Die Interpretation der gefundenen Minimierungslösung kann wie eingangs erwähnt nicht nur auf mengentheoretische Weise erfolgen, sondern auch im Sinne von notwendigen und hinreichenden Bedingungen, bzw. als Kombination dieser beiden Konzepte. Tabelle 8.3 gibt einen Überblick über mögliche Kombinationsmöglichkeiten. Besonders sei hier auf die sogenannten INUS und SUIN-Bedingungen hingewiesen, die beide für sich genommen weder hinreichend noch notwendig sind, aber in Kombination mit anderen Bedingungen relevant werden. Diese beiden Konzepte ermöglichen v. a. ein tieferes Verständnis von Interaktionseffekten und anderen Phänomenen, deren Zustandekommen kausaler Komplexität geschuldet ist.

Entsprechend ist in unserem Beispiel keine der Variablen als allein hinreichende oder notwendige Bedingung dafür zu betrachten, dass jemand die Grünen wählt. Vielmehr gibt es jeweils zwei hinreichende Kombinationen bestehend aus jeweils zwei INUS-Bedingungen. Dabei zeigt sich, dass es davon abhängt mit welcher anderen Bedingung der Bezug von Ökostrom kombiniert wird, wie dieser Faktor wirkt. In Kombination damit, nicht an Anti-Kriegs-Demonstrationen teilzunehmen, ist es der Bezug von Ökostrom, der zur Grünenwahl führt, in Kombination mit dem Kauf von Bio-Lebensmitteln ist es hingegen gerade der Nichtbezug von Ökostrom, der dasselbe Outcome hervorruft. Dass eine solche Situation ausschließlich über die QCA analysierbar wäre, wie dies Blatter et al. (2007, S. 203) annehmen, ist freilich falsch. In einem quantitativen Regressions-Framework würde man an einer solche Stelle mit Interaktionseffekten operieren.

## 8.3  Vorgehen bei Fuzzy-Set-QCA

Das Vorgehen bei der Fuzzy-Set-Variante unterscheidet sich vor allem in der Aufstellung der Wahrheitstafel von der Crisp-Set-QCA. Hierbei gilt es drei Dinge zu beachten.[9]

1. Zunächst müssen alle Fälle den jeweiligen Idealtypen von Bedingungskombinationen zugeordnet werden. Bei drei Bedingungen (A, B, C) lässt sich dies gut über einen Würfel veranschaulichen (Schneider und Wagemann 2007, S. 193), der den Eigenschaftsraum sämtlicher möglicher Bedingungskombinationen abdeckt (s. Abb. 8.3). Ein Fall hat bei jeder der drei Bedingungen einen Fuzzy-Mitgliedschaftswert zwischen 0 und 1– er befindet sich also auf jeden Fall innerhalb des Würfels. Ziel ist es nun, jedem Fall diejenige idealtypischen Bedingungskombination zuzuordnen, der er am nächsten kommt. Diese Extrema finden sich in den acht Ecken des Würfels. Der gesamte Eigenschaftsraum kann anhand der 0,5-Grenzen (gestrichelte Linien) in acht kleinere Würfel unterteilt werden. Je nachdem, in welchem dieser kleineren Würfel

---

[9] Die Darstellung kann an dieser Stelle nur holzschnittartig erfolgen. Für eine ausführliche Beschreibung des Vorgehens sei auf die Bücher von Ragin (2000: v. a. S. 203–260, 2008: v. a. S. 124–144) sowie von Schneider und Wagemann (2007, S. 185–202, 220–228, 2012, S. 56–104) verwiesen.

**Abb. 8.3** Eigenschaftsraum bei einer Kombination
von drei Bedingungen

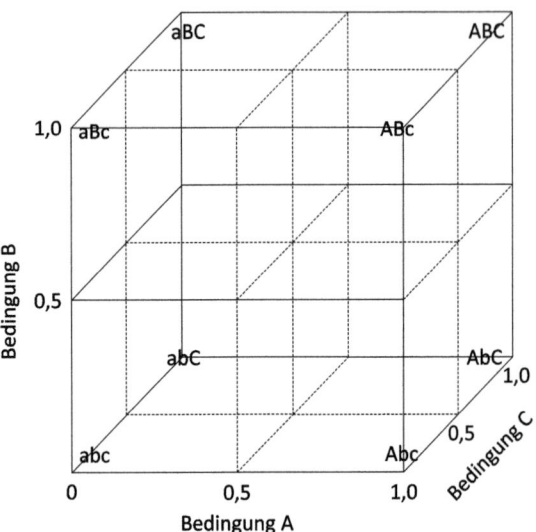

ein Fall liegt, wird er dem entsprechenden Idealtypus zugeordnet. Ein Fall mit
den Fuzzy-Werten $A = 0,8$; $B = 0,4$ und $C = 0,6$ würde entsprechend der hin-
teren Ecke rechts unten, d. h. dem idealtypischen Pfad AbC zugeordnet. In der
Wahrheitstafel werden dann alle auf diese Weise identifizierten idealtypischen
Bedingungskombinationen aufgelistet – und zwar nur diese. Pfade, die theoretisch denkbar, aber in der Realität nicht auffindbar sind (da alle Fälle anderen
idealtypischen Bedingungskombinationen zugeordnet werden), indizieren eine
begrenzte empirische Vielfalt (Schneider und Wagemann 2007, S. 195–196)
und werden für die weitere Analyse nicht verwendet.

2.  Für jeden Fall wird zudem sein (partieller) Mitgliedschaftswert in allen mög-
    lichen Bedingungskombinationen berechnet. Dies geschieht über das Mini-
    mum der Fuzzy-Mitgliedschaftswerte. Dabei muss man darauf achten, dass
    bei Kleinbuchstaben in den Bedingungskombinationen mit der Negation des
    ursprünglichen Fuzzy-Set-Wertes weiterzurechnen ist. In unserem Beispiel ist
    der Fuzzy-Wert für $B = 0,4$ also in einen Fuzzy-Wert für $b = 1 - 0,4 = 0,6$
    umzuwandeln. Das Minimum der Fuzzy-Werte von A, b, und C für diejenige
    idealtypische Bedingungskombination der unser Fall am nächsten kommt ist
    dann 0,6.[10] Auf dieselbe Weise werden auch die partiellen Mitgliedschafts-

---

[10] Generell berechnet sich der Fuzzy-Mitgliedschaftswert in komplexen Mengen bei multi-
plikativ verknüpften Faktoren (logisches *oder*) über das Minimum der Faktoren, bei additiv verknüpften Faktoren (logisches *und*) über deren Maximum. Auch bei der booleschen
Algebra gilt es dabei, zunächst Klammern aufzulösen. Angenommen ein Fall hat die fol-

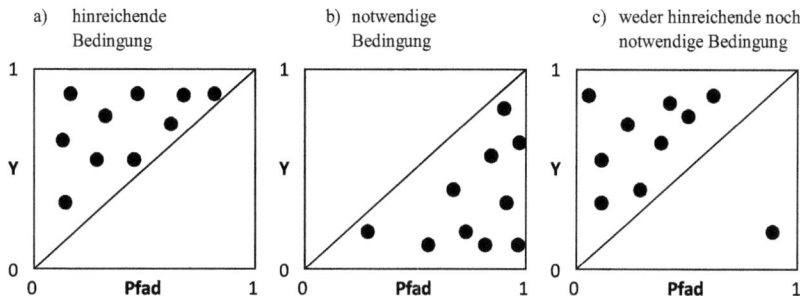

**Abb. 8.4** hinreichende und notwendige Bedingungen bei Fuzzy-Set-QCA

werte in den anderen Bedingungskombinationen berechnet (z. B. für ABC: min $\{0,8; 0,4; 0,6\} = 0,4$, oder für abC: min $\{0,2; 0,6; 0,6\} = 0,2$).

3. Bei der Crisp-Set-QCA wurden in der Wahrheitstafel diejenigen Zeilen mit einer 1 beim Outcome versehen, bei denen das Outcome vorliegt. Diese werden dann dem Minimierungsalgorithmus unterzogen. Bei der Fuzzy-Set-Variante wird hingegen eine Zeile in der Wahrheitstafel beim Outcome mit 1 versehen, so die Bedingungskombination hinreichend für das Outcome ist. Bildlich lassen sich notwendige und hinreichende Bedingungen bei der Fuzzy-Set-QCA über ein x-y-Streudiagramm darstellen, bei dem auf der y-Achse der Fuzzy-Wert des Outcomes und auf der x-Achse der eines Pfades (d. h. einer Bedingungskombination) abgetragen wird. Während eine hinreichende Bedingung in der dichotomen Crisp-Set-Logik dadurch gekennzeichnet wäre, dass die Fälle ausschließlich auf den drei Ecken links-unten, links-oben und rechts-oben liegen dürfen[11], erweitert die Fuzzy-Set-Logik den Raum der möglichen Punkte für eine hinreichende Bedingung auf das Dreieck links oberhalb der Hauptdiagonalen (vgl. Abb. 8.4a). Um also bei einer Fuzzy-Set-QCA von einer hinreichenden

---

genden Fuzzy-Mitgliedschaftswerte: A = 0,2; B = 0,6; C = 0,8; D = 0,3. Hat man nun den Ausdruck $A + B (c + d)$ gilt es zunächst das Maximum der Mitgliedschaftswerte von c und d zu bestimmen. Für c ist dies $1 - 0,8 = 0,2$, für d entsprechend $1 - 0,3 = 0,7$. Aufgrund der additiven Verknüpfung muss das Maximum der beiden Fuzzy-Werte genommen werden (*Max* $\{0,2; 0,7\} = 0,7$). Als nächstes gilt es aufgrund der additiven Verknüpfung $B (c + d)$, das Minimum von B = 0,6 und dem soeben berechneten Mitgliedschaftswert für die Klammer von 0,7 zu verwenden, was hier 0,6 ist. Zuletzt gilt es aufgrund des logischen *Oder* zwischen A und B hier den maximalen Fuzzy-Wert zu nehmen. Der betrachtete Fall hätte entsprechend in der komplexen Menge $A + B (c + d)$ einen partiellen Mitgliedschaftswert von 0,6. Genauer zur Berechnung von Mitgliedschaftswerten in komplexen Mengen vgl. Schneider und Wagemann (2012: 51).

[11] Eine hinreichende Bedingung ist ja dadurch gekennzeichnet, dass, wenn die Bedingung vorliegt, auch das Outcome vorliegen muss, gleichzeitig jedoch wenn die Bedingung nicht vorliegt, das Outcome vorliegen kann, aber nicht muss.

Bedingung sprechen zu können, müssen die Fuzzy-Werte des betrachteten Pfades für alle Fälle ≤ den Fuzzy-Werten des Outcomes sein. Man betrachtet deshalb für alle in Schritt 1) identifizierten, in der Wahrheitstafel vorkommenden Bedingungskombination, ob der Fuzzy-Mitgliedschaftswert einer Bedingungskombination für alle Fälle ≤ dem Fuzzy-Wert des Outcomes ist. Wenn dem so ist, dann wird für die betreffende Bedingungskombination, d. h. die Zeile in der Wahrheitstafel eine 1 beim Outcome vergeben. Die so generierte Wahrheitstafel entspricht denjenigen, die aus der Crisp-Set-QCA bekannt sind und kann auch auf dieselbe Weise minimiert werden. Aufgrund der komplexeren Arbeitsschritte bietet es sich insbesondere bei der Fuzzy-Set-QCA an, auf Computerprogramme zurückzugreifen (s. kommentierte Literaturempfehlung).

## 8.4   Vor- und Nachteile der QCA

Als Vorteile gegenüber anderen qualitativen wie quantitativen Verfahren führen die Verfechter der QCA vor allem die folgenden Punkte an (vgl. Schneider 2006; Blatter et al. 2007; Schneider und Wagemann 2009):

1. QCA ist zu empfehlen, wenn starke Hypothesen vorliegen, die den Zusammenhang zwischen zwei oder mehr Variablen in Form von hinreichenden und/oder notwendigen Bedingungen bzw. deren Kombinationen (INUS- SUIN-Bedingung) begreifen.[12]
2. Dadurch, dass neben dem Auftreten von Phänomenen auch das Nicht-Auftreten separat analysiert werden kann, können asymmetrische Kausalbeziehungen in den Blick genommen werden.
3. Insbesondere die Modellierung von kausal komplexen Wirkzusammenhängen, die über klassisch-statistische aber auch über qualitative Einzelfallstudien nur begrenzt möglich ist, kann als Vorzug der QCA betrachtet werden.

---

[12] Wenn Berg-Schlosser und De Meur schreiben, dass "für jede Bedingung eine klare Hypothese bezüglich ihrer Verbindung zum Outcome formuliert werden solle, wenn möglich, in Form einer Aussage über Notwendigkeit und/oder Hinreichendheit" (Berg-Schlosser und De Meur 2009, S. 28, eigene Übersetzung), so stellt dies die andere Seite des von Schneider und Wagemann genannten Vorteils der QCA dar. In der Forschungspraxis findet sich ein solch vorbildlicher Umgang mit der Auswahl der Bedingungen freilich nur sehr selten. So gibt Berg-Schlosser selber beispielsweise an anderer Stelle – er möchte dort die grundlegende Logik der QCA anhand von Vanhanens Theorie zur Entwicklung der Demokratie sowie Lipsets Theorie der Modernisierung erläutern – zwar die einzelnen zu testenden Bedingungen an, wie diese jedoch theoretisch im Sinne notwendiger und hinreichender Bedingungen zusammenhängen, dazu schweigt er (Berg-Schlosser 2012, S. 86–104).

Dem gegenüber werden die folgenden Punkte oftmals als Nachteile der QCA betrachtet:

1. Dadurch, dass jede Kombination als gleich relevant für die logische Minimierung angesehen wird, werden eventuell Ergebnisse produziert, die insofern unnötig komplex sind, als ein Großteil der Minimierungsgleichung nur für einen sehr kleinen Teil der Fälle benötigt wird, wohingegen die übergroße Anzahl an Fällen evtl. über sehr viel weniger Bedingungen zu erklären wäre. Letztlich ist dies die von Sartori (1991, S. 247–248) angesprochene Gefahr des Parochialismus, d. h. des Überbewertens von individuellen Besonderheiten eines Falles. Anders ausgedrückt: Die Ergebnisse einer QCA hängen noch viel stärker als die Ergebnisse bei quantitativen Methoden von der Fallauswahl ab. Sie können deshalb als weniger robust angesehen werden.
2. Weder Stärke noch Signifikanz eines Effektes lassen sich angeben.
3. Ein Großteil der theoretisch möglichen Kombinationen dürfte, insbesondere wenn vergleichsweise viele UV getestet werden, empirisch nicht vorfindbar sein (sog. *logical remainders*). Es gibt zwar einige Ansätze, wie mit diesem Problem der begrenzten empirischen Vielfalt umgegangen werden kann (Blatter et al. 2007, S. 210–211; Schneider und Wagemann 2012, S. 151–165) – letztlich überzeugend ist jedoch keiner. Das grundlegende Problem, dass man nicht wissen kann, wie sich eine empirisch nicht beobachtete Kombination auswirken würde, bleibt letzten Endes unlösbar.[13]
4. Problem der *contradictory cases*. Ein solcher widersprüchlicher Fall liegt vor, wenn die Merkmalsausprägungen der Bedingungen für zwei Fälle komplett identisch sind, das Outcome jedoch nicht gleich ist. Auch hier gibt es technische Lösungsvorschläge (Schneider und Wagemann 2007, S. 116–118, 2012, S. 120–123), die aber ebenfalls einen gewissen Beigeschmack der Ambiguität aufweisen bzw. zu neuen Problemen führen.[14]
5. Die für die Kalibrierung notwendige Festlegung von Grenzwerten bietet einen Ansatzpunkt für aktive Manipulation bzw. dafür *Wunschergebnisse* zu generieren.

---

[13] Verfechter der QCA sehen das allerdings grundlegend anders: „Thus the use of logical remainders by QCA is in fact a positive feature rather than a problem. Their use make it possible for researchers to find a creative solution to one of the greatest obstacles to systematic social inquiry – the problem of the limited diversity of human phenomena" (De Meur et al. 2009, S. 153–154).

[14] Das Auffinden von widersprüchlichen Fällen kann jedoch auch indizieren, dass eine entscheidende Bedingung nicht in die QCA eingeflossen ist. Als Forscher sollte man sich also bei Vorliegen von vielen *contradictory cases* die Frage stellen, ob es nicht doch noch weitere mögliche Erklärungsfaktoren gibt, die man in das Modell inkludieren sollte.

6. Alle Formen der QCA zielen stets auf eine vollständige Erklärung eines Phänomens ab. Die zu überprüfenden Hypothesen müssen daher in der Regel deter-
ministischer Natur sein, eine probabilistische Hypothese lässt sich mittels QCA
nur schwerlich testen.[15]

## 8.5 Antworten auf einige der genannten Kritikpunkte

Gegen den Einwand, es würden vergleichsweise irrelevante Fälle eventuell zu
stark betont, könnte man ein Konsistenzmaß (*consistency*) berechnen (Blatter et al.
2007, S. 212; Schneider und Wagemann 2012, S. 123–129), das den Prozentsatz
der Fälle angibt, die mit der letztlich gefundenen minimalen logischen Gleichung
konsistent sind, d. h. den Anteil der Fälle, die den Outcome zeigen, an allen Fällen
mit einer bestimmten Kombination von Bedingungen. Liegen keine *contradictory
cases* vor, ist dieser Wert zunächst 100. Nun kann man einzelne Teile der Minimierungslösung streichen und mit dem Konsistenzmaß überprüfen wie viel Prozent
der Fälle mit dieser reduzierten Gleichung noch erklärt werden. Auf diese Weise
können die aufgrund von wenigen nicht repräsentativen Fällen unnötig komplexen
Minimierungslösungen entschlackt werden. Zudem lässt sich mittels eines Abde-
ckungsmaßes (*coverage*) bestimmen, wieviel Prozent der Fälle, die den intendier-
ten Outcome aufweisen, über einen oder mehrere Pfade (Bedingungen) abgedeckt
werden (Grofman und Schneider 2009, S. 665–666; Schneider und Wagemann
2012, S. 129–139). Auch dieses Maß lässt sich dazu nutzen, vergleichsweise irrelevante Pfade auszumachen. Konsistenz- und Abdeckungsmaß bieten dabei auch
eine Möglichkeit, die rein deterministische Logik der QCA zumindest teilweise
zu durchbrechen und probabilistische Aussagen zu treffen. Anhand der folgenden
hypothetischen Wahrheitstabelle kann die Berechnung und Interpretation der beiden Maße nachvollzogen werden (Tab. 8.4).

Man erkennt schnell, dass die beiden Pfade, die zum Outcome Y führen *AB*
und *aB* sich auf *B* reduzieren lassen, *B* also als notwendige und hinreichende Bedingung betrachtet werden kann. Die Konsistenz dieser Lösung wird allerdings
durch die Zeile 4 geschmälert, die zwei *contradictory cases* enthält. Das Konsistenzmaß wäre entsprechend $\frac{5+3}{5+3+2} = 0{,}8$. Man könnte dies so interpretieren, dass

---

[15] Mahoney argumentiert allerdings, dass Variablen, die in statistischen Analysen „mean
causal effects" (2008, S. 427) zeigen im Sinne von INUS-Bedingungen interpretiert werden
können. Dies wäre insofern hilfreich, als man dadurch besser die theoretische Basis dafür
errichten könnte, wie ein Faktor in späteren Untersuchungen (seien es QCA oder statistische
Analysen) eingebracht werden müsste, um kombinatorische Kausalitäten testen zu können
(Mahoney 2008, S. 428).

**Tab. 8.4** Konsistenz- und Abdeckungsmaß

| Zeile | A | B | Y | Fallzahl N |
|---|---|---|---|---|
| 1 | 1 | 1 | 1 | 5 |
| 2 | 1 | 0 | 0 | 4 |
| 3 | 0 | 1 | 1 | 3 |
| 4 | 0 | 1 | 0 | 2 |
| 5 | 0 | 0 | 0 | 1 |

$B$ nur zu 80 % hinreichend für $Y$ ist. Abgedeckt wären durch die Minimierungslösung $B$ hingegen sämtliche Outcomes. Das Abdeckungsmaß wäre entsprechend $\frac{5+3}{5+3} = 1,0 \stackrel{\wedge}{=} 100$ Prozent.

Ob die Ergebnisse einer QCA robust sind, oder einzelne anders kalibrierte Bedingungsfaktoren zu einer grundlegend anderen Minimierungslösung geführt hätten (was auch die Möglichkeit der aktiven Manipulation eröffnen würde), lässt sich über Robustheitstests bestimmen (Skaaning 2011). Hierzu vergleicht man die Ergebnisse, nachdem man entweder die Kalibrierung verändert, Fälle aussortiert bzw. hinzugefügt, oder das herangezogene Konsistenzniveau abgeändert hat (Schneider und Wagemann 2012, S. 284–295). Generell sind QCA-Ergebnisse jedoch vergleichsweise robust und nur selten dürfte beispielsweise ein anders einsortierter Fall dazu führen, dass sich eine gänzlich andere Minimierungslösung ergibt.

Generell gelten für eine QCA dieselben Gütekriterien, die auch für andere Forschungsansätze gelten. Schneider und Wagemann (2009) haben hierzu einen Katalog an „Standards guter Praxis" erarbeitet.[16] Darin betonen sie die Notwendigkeit eines maximal transparenten Vorgehens, insbesondere bei den genannten Problemen der begrenzten empirischen Vielfalt und der *contradictory cases* für die es eben keine „Patentlösungen" gibt.

## 8.6 Varianten und Weiterentwicklungen

Neben der Fuzzy-Set-QCA hat Lasse Cronqvist (2007, S. 67–86) mit der Multi-Value-QCA (mvQCA) ein weiteres Verfahren vorgeschlagen, bei dem die Bedingungen mehr als nur zwei Werte annehmen können, das Outcome jedoch weiterhin

---

[16] Eine noch detailliertere Auflistung bezogen auf spezifische Fragen wie die Fallauswahl, die Dichotomisierung bei Crisp-Set-QCA, den Umgang mit Logical Remainders aber auch Hinweise auf die Verwendung der korrekten QCA-Terminologie finden sich in Form von insgesamt 13 „Good Practices"-Boxen in den einzelnen Kapiteln des von Rihoux und Ragin herausgegebenen Sammelbands *Configurational Comparative Methods* (2009).

dichotom kodiert sein muss. Im Vergleich der drei QCA-Typen wäre die Crisp-Set-QCA besonders für Situationen geeignet, bei denen vergleichsweise wenige Fälle vorliegen und bei denen die Dichotomisierung keinen sonderlichen Informationsverlust bedeuten würde. Die Fuzzy-Set-QCA hingegen besonders, wenn eine große Fallzahl vorliegt und die Reichhaltigkeit der in diesen Fällen enthaltenen Informationen nicht zu stark (durch eine Dichotomisierung) eingeschränkt werden soll. Die Multi-Value-QCA wäre entsprechend dazwischen anzusiedeln, d. h. bei einer mittelgroßen Fallzahl und einer nur mittelstark ausgeprägten Notwendigkeit, die Informationsdichte nicht zu reduzieren (Rihoux 2009, S. 370). Inhaltlich werden mit den genannten QCA-Varianten die unterschiedlichsten Themenfelder bearbeitet. Um einen kleinen, in keiner Weise Anspruch auf Repräsentativität erhebenden Überblick zu geben, sei auf die folgenden Analysen hingewiesen: Dirk Berg-Schlosser untersucht aus einer klassischen *comparative politics*-Perspektive mit einer mvQCA die Determinanten demokratischen Erfolges und Scheiterns von afrikanischen Staaten (Berg-Schlosser 2008); Steve Chan analysiert aus der theoretischen Warte der Friedens- und Konfliktforschung mittels QCA, welche Faktoren eine lange bzw. kurze Kriegsdauer verursachen (Chan 2003); Martino Maggetti hingegen betrachtet aus einer stärker verwaltungswissenschaftlichen Perspektive heraus unter anderem mittels Fuzzy-Set-QCA die Rolle von „independent regulatory agencies" im Policy-Making-Prozess (Maggetti 2009).

Sämtliche bislang besprochene QCA-Varianten sind ausschließlich für die Analyse von Querschnittsdaten geeignet. Diese Beschränkung hebt die sogenannte temporal QCA (tQCA) dadurch auf, dass sie die zeitliche Sequenz von Bedingungen und Outcome-Ereignissen mit betrachtet (Caren und Panofsky 2005; Ragin und Strand 2008). Allerdings erhöht die Inklusion der zeitlichen Reihenfolge deutlich die Komplexität der mengentheoretischen Beziehungen und damit deren Analyse. Schneider und Wagemann empfehlen die tQCA deshalb auch nur, wenn man als Forscher gute theoretische Gründe dafür hat, dass „einige wenige zeitliche Sequenzen, die eine begrenzte Anzahl an Ereignissen bedingen, kausal relevant sind" (Schneider und Wagemann 2012, S. 273; eigene Übersetzung). Gerade bei der Inklusion der Zeitkomponente zeigt sich allerdings, dass sicherlich für die Entwicklung der QCA hin zu einer universell einsetzbaren Methode noch ein gutes Stück Weg zu gehen ist, denn mit Ausnahme der beiden zitierten Methodendiskussionen finden sich bislang keinerlei praktische Anwendungen von tQCA.[17]

---

[17] Berg-Schlosser (2012, S. 210) diskutiert noch zwei weitere Optionen, die zeitliche Komponente in eine QCA einzubauen. Einerseits könne man Veränderungsraten in den Fokus der Analyse stellen, andererseits könne man aus in einer zeitlichen Abfolge stattfindenden Ereignissen eine neue Bedingung konstruieren, die dann in eine klassische QCA integrierbar ist (s. auch Berg-Schlosser und Cronqvist 2012, S. 193–197). Gerade durch den letztgenannten

**Kommentierte Literaturempfehlung**

Schneider, Carsten Q. und Claudius Wagemann. 2012. *Set-Theoretic Methods for the Social Sciences: A Guide to Qualitative Comparative Analysis (Strategies for Social Inquiry)*. Cambridge: Cambridge University Press.
Gut für den Einstieg geeignetes Lehrbuch, das den mengentheoretischen Charakter, der hinter sämtlichen QCA-Varianten steht, betont. Gleichzeitig machen die beiden Autoren aber auch sehr deutlich, auf welche Probleme man gefasst sein muss, sobald man mit der „neat formal logic" einer QCA an „noisy social science data" herantritt.

Ragin, Charles. 1989. *The Comparative Method – Moving Beyond Qualitative and Quantitative Strategies*. Berkley: University of California Press.

Ragin, Charles. 2000. *Fuzzy-Set Social Science*. Chicago: University of Chicago Press.

Ragin, Charles. 2008. *Redesigning Social Inquiry: Fuzzy Sets and Beyond*. Chicago: University of Chicago Press.
Die Texte von Charles Ragin, gewissermaßen dem „Erfinder" der QCA, sind durchweg sehr lesenswert. Sein ursprüngliches Buch von 1989 ist dies insbesondere deshalb, weil es die grundlegenden Unterschiede der QCA zu klassisch qualitativen und quantitativen Vorgehensweisen sehr gut aufzeigt. In seinen neueren Werken entwickelt Ragin seinen Ansatz weiter vor allem in Richtung von Fuzzy-Set-Analysen, was auch für fortgeschrittenere Anwender interessant sein dürfte.

Eine extrem hilfreiche Ressource bei der Suche nach QCA-Beiträgen ist die website www.compasss.org. Die dort geführte Datenbank beinhaltet mittlerweile insgesamt etwa 450 Artikel, von denen über 100 auf methodologische Weiterentwicklungen fokussieren. Die restlichen Abhandlungen sind praktische Anwendungen der unterschiedlichen QCA-Varianten. Für eine große Anzahl der gelisteten Artikel finden sich auch Daten in Form von Wahrheitstafeln, die zu Replikationszwecken verwendet werden können.

Für die praktische Forschungsarbeit bietet sich die Verwendung von QCA-Computerprogrammen an. Dabei kann man entweder auf das von Ragin selbst entwickelte Programm fs/QCA zurückgreifen (frei erhältlich mitsamt umfangreichem Handbuch unter http://www.u.arizona.edu/~cragin/fsQCA/), das ebenfalls mit grafischer Benutzeroberfläche ausgestattete Programm Tosmana von Lasse Cronqvist (2011), welches insbesondere für mvQCA, nicht aber für fsQCA geeignet ist (erhältlich unter http://www.compasss.org/software.htm#tosmana), auf das Stata-Programm „fuzzy" von Longest und Vaisey (2008), oder das R-Paket „QCA" von Thiem und Duşa (2013a/2013b), das aktuell die beste Funktionalität aufweist und beispielsweise auch sehr schöne Venn-Diagramme erstellt.

---

Ansatz lässt sich zwar auf die Sequenzialität bestimmter Bedingungen kontrollieren, eine wirkliche Analyse über die Zeit stellt dies aber sicherlich nicht dar.

**Erfahrungsbericht**
**Reif für die Homo-Ehe? Bestimmungsfaktoren für die Einführung von gleichgeschlechtlichen Partnerschaftsmodellen in 30 europäischen Ländern**

*Hendrik Johannemann*

1. *Herangehensweise*

In den vergangenen Jahren wurden in vielen Ländern westlicher Prägung gleichgeschlechtliche Partnerschaftsmodelle eingeführt, was oft auf internationale Einflüsse zurückgeführt wird (vgl. etwa Kollmann 2007; Chamie und Mirkin 2011). Meine Bachelor-Arbeit beleuchtet jedoch länderinterne Faktoren, die die rechtliche Anerkennung von Lebenspartnerschaften zwischen Lesben, Schwulen, Bi- und Transsexuellen beförderten, aber auch behinderten. Dabei betrachtete ich die (damals) 27 Mitgliedsstaaten der EU plus Norwegen, Island und die Schweiz, da hier vergleichbare Kontextbedingungen vorliegen und internationale Einflüsse weitestgehend konstant gehalten werden können. Als relevant für meine Analyse erachtete ich sowohl die Einführung von gleichgeschlechtlichen Partnerschaftsmodellen, welche oftmals noch keine vollständige Gleichstellung zur heterosexuellen Ehe vorsehen wie das deutsche Lebenspartnerschaftsgesetz, als auch die vollständige rechtliche Gleichstellung in Form der so genannten Homo-Ehe wie sie 2013 in Frankreich eingeführt wurde. Somit ergeben sich 37 Fälle, da in einigen Ländern zuerst ein „einfacheres" Partnerschaftsmodell beschlossen wurde, bevor dann eine vollständige Gleichstellung im Eherecht zustande kam.

2. *Struktur der Analyse und Datengrundlage*

Meine Untersuchung teilt sich in drei Abschnitte auf, die auch als drei distinkte Forschungsfragen angesehen werden können: 1) Welche unabhängigen Variablen führen zum interessierenden Outcome, also der Einführung der Homo-Ehe oder vergleichbaren Modellen? 2) Welche Faktoren verhindern oder verhinderten eine solche Einführung in den zehn betrachteten Ländern *ohne* solche gleichgeschlechtliche Partnerschaftsmodelle? 3) Welche Variablen führten zu einer noch weitergehenderen Öffnung, das heißt in Form der Homo-Ehe? Als Untersuchungsmethode wählte ich Crisp-set QCA, da sie für kleine bis mittlere Fallzahl geeignet ist, mehrere meiner angedachten erklärenden Variablen schon dichotom vorlagen und mir die bei QCA geforderte genauere Fallkenntnis zusagte, was in meinen Augen in anderen empirischen Forschungsbeiträgen oftmals zu kurz kommt.

Die Auswahl der unabhängigen Bedingungen bestritt ich unter Bezugnahme auf schon bestehende theoretische und analytische Beiträge zu diesem oder ähnlichen Themen mit Bezug auf Thematiken rund um Lesben, Schwule, Bi-, Trans- und Intersexuelle (vgl. etwa Jäckle und Wenzelburger 2011). Die Operationalisierung der abhängigen Variablen „Einführung gleichgeschlechtlicher Partnerschaftsmodelle" bereitete keine Probleme, ebenso wenig wie die binäre Einteilung der Variablen „Parteien des linken Spektrums als Befürworter", „kommunistische Vergangenheit" und „verfassungsrechtliche Festschreibung der Ehe als Verbindung zwischen Mann und Frau" (wobei von den beiden letzten ein negativer Einfluss angenommen wird). Bei den drei weiteren betrachteten unabhängigen Variablen war die Operationalisierung dagegen komplizierter: der gesellschaftliche Postmaterialismusgrad nach Ronald Inglehart (1977), die Religiosität und die Meinung über Homosexualität im Allgemeinen. Die Datengrundlage bildeten hier Umfragedaten des Eurobarometers (Europäische Kommission 2014) und des European Values Survey (EVS 2014).[18] Da nicht für jeden Beobachtungszeitpunkt für die jeweiligen Fälle passgenaue Daten vorlagen, mussten die am nächsten davorliegenden ausgewählt werden. Hier soll angemerkt werden, dass Kenntnisse von Statistikprogrammen wie SPSS unabdingbar sind, selbst wenn aus den Datensätzen „nur" Häufigkeitsverteilungen pro Land und Variable wie im Fall meiner Analyse aufgestellt werden sollen. Die Werte für den Postmaterialismusindex sind in den EVS-Datensätzen schon fertig ausgerechnet vorhanden; für die Religiosität bildete ich selbst eine Indexvariable aus den Fragen des EVS zur Kirchgangshäufigkeit und der Selbsteinschätzung der Befragten als religiöse Person, woraus ich dann den Durchschnitt bildete.

Die binäre Einteilung dieser intervallskalierten Daten gestaltete sich jedoch wie erwähnt problematisch, da auch Werte nah dem Schwellenwert (ich entschied mich für den Median) auftraten, so dass die Dichotomisierung mitunter willkürlich erschien. Diese Problematik hätte sich wahrscheinlich mit Fuzzy-set QCA umgehen lassen, barg aber nicht unbedingt eine Lösung für die ohnehin schon binär vorhandenen oben genannten Variablen. So blieb mir lediglich die klare Offenlegung meines Vorgehens. Die Darlegung der einzelnen Daten und der dichotomisierten Werte pro Fall bot mir zudem einen guten Überblick, um das eigene Vorgehen nochmals zu überprüfen und etwaige Unstimmigkeiten zu entdecken.

---

[18] Die Umfragedaten des Eurobarometers sind frei zugänglich unter http://ec.europa.eu/public_opinion/index_en.htm. Die Datensätze des European Values Survey sind nach kurzer, unkomplizierter Registrierung unentgeltlich verfügbar beim GESIS – Leibniz-Institut für Sozialwissenschaften: http://www.gesis.org/ (Stand: 17.4.2014).

Die Aufstellung der Wahrheitstafel erwies sich als ein weiterer kritischer Aspekt, da sich mit sechs in die Untersuchung integrierten erklärenden Variablen $2^6 = 64$ Wahrheitstafelzeilen ergeben, aber überhaupt nur 37 Fälle betrachtet wurden. Hier entschied ich mich für ein „konservatives Vorgehen" wie von Schneider und Wagemann (2007, S. 106 f.) empfohlen, vernachlässigte also in der Analyse alle Zeilen ohne vorhandene Fälle. Das Computerprogramm fs/QCA von Charles Ragin[19] bietet zwar die Möglichkeit für die nicht vorhandenen Wahrheitstafelzeilen Ergebnisse für die Outcomespalte per Zufallsprinzip zu generieren, jedoch erschien mir dies die empirische Wirklichkeit zu sehr zu verzerren.

3. *Analyse*

Im ersten Schritt untersuchte ich, welche Faktoren allgemein zur Einführung von gleichgeschlechtlichen Partnerschaftsmodellen führten, egal ob nur teilweise oder vollkommen gleichberechtigt zur heterosexuellen Ehe. Hier ergab sich als einzige notwendige Bedingung die Abwesenheit eines Verfassungsartikels, der die Ehe als Verbindung zwischen Frau und Mann festschreibt, was aber auch logisch denkbar war. Diese Bedingung erwies sich jedoch als relativ trivial, da sie zwar bei allen Fällen mit dem interessierenden Outcome vorhanden war, aber auch bei fast allen *ohne* die abhängige Variable. Dies zeigt, dass man seine Datengrundlage bei QCA, aber auch anderen methodischen Zugängen stets im Auge behalten sollte. Für die hinreichenden Bedingung(skombination)en erzeugte das Computerprogramm fs/QCA mehrere Erklärungspfade. Hier erwiesen sich eine linke Partei als Beschlussorgan und eine positive gesellschaftliche Meinung über Homosexualität als besonders relevant, aber auch andere Kombinationen, die hier nicht allesamt dargelegt werden sollen.

Im zweiten Analyseschritt betrachtete ich, welche Faktoren die Einführung von gleichgeschlechtlichen Partnerschaftsmodellen eher verhinderten. Sowohl als notwendige als auch hinreichende Bedingungen waren in diesem Fall eine eher homophobe gesellschaftliche Einstellung und die Abwesenheit linker Parteien als Beschlussorgane wirksam. Letzteres ist allerdings ebenfalls nicht erstaunlich, da schließlich noch gar keine erfolgreiche Abstimmung in dem jeweiligen Land zu dem Thema stattgefunden hatte.

Im letzten Teil meiner Untersuchung wollte ich schließlich herausfinden, welche Variablen zur weitergehenderen Gleichstellung in Form der Homo-Ehe führten. Hier stellte ich die Fälle mit gleichgeschlechtlicher Ehe (dem Outcome) jenen mit einem was die rechtliche Ausstattung betrifft „geringerwertige-

---

[19] Frei erhältlich unter http://www.u.arizona.edu/~cragin/fsQCA/software.shtml (Stand 18.4.2014).

ren" Partnerschaftsmodell gegenüber. Dabei ergab sich allerdings das Problem widersprüchlicher Wahrheitstafelzeilen. Es traten also Bedingungskombinationen auf, die sowohl zum Outcome als auch zu dessen Negation führten. An dieser Stelle zeigte sich die große Flexibilität von QCA. Wie in den Standards guter Praxis von Schneider und Wagemann empfohlen (2009, S. 404) löste ich dieses Problem durch die Integration einer weiteren erklärenden Variable, nämlich, dass ein schon vorher vorhandenes Partnerschaftsmodell die Einführung der vollständig gleichberechtigten Ehe im Sinne einer Pfadabhängigkeit positiv beeinflusst. Diese erwies sich als signifikant und ermöglichte auch die Generierung weiterer Lösungspfade, was aufgrund der widersprüchlichen Zeilen mit QCA zuvor nicht funktioniert hätte.

Um mithilfe von QCA aussagekräftige Ergebnisse zu erhalten, erschienen mir zwei Aspekte wichtig. Erstens sollte man auf jeden Fall stets das Konsistenz- und Abdeckungsmaß für die einzelnen Lösungspfade angeben. So kann gezeigt werden, wie relevant das einzelne Ergebnis ist. Damit einhergehend sollte man die Lösung explizit machen, also die Fälle aufführen, die den jeweiligen Lösungspfad aufweisen. So können hier nochmal Vergleiche angestellt werden und Ausreißer näher betrachtet werden. In meiner Untersuchung erwies sich beispielsweise Spanien insofern als besonderer Fall, dass es als einziges Land einen bestimmten Pfad aufwies, bei dem ein geringer Postmaterialismusgrad und hohe Religiosität dennoch zum Outcome der Einführung der gleichgeschlechtlichen Ehe führten. So konnte ich diesen Fall innerhalb meiner Analyse noch einmal näher betrachten. Zweitens ist es meines Erachtens nicht unbedingt hilfreich ausschließlich die am weitesten vereinfachten Lösungsformeln anzugeben, sondern auch die *intermediate solution*, wie Ragin sie nennt, die zwar komplexer, aber dafür auch am ehesten interpretierbar ist (vgl. Ragin 2008, S. 70).

4. *Fazit*

Insgesamt bestätigten sich in dieser Untersuchung die durch die unabhängigen Variablen implizierten hypothetischen Annahmen zur Richtung des Einflusses. So zeigten sich etwa Parteien des linken Spektrums als zentrale Akteure für die Einführung gleichgeschlechtlicher Partnerschaftsmodelle; ebenso wirkten sich eine positive gesellschaftliche Haltung zu Homosexualität und höhere Postmaterialismuswerte positiv aus. Der Mehrwert von QCA liegt für mich nun darin, dass explizit Bedingungs*kombinationen* aufgezeigt werden können, die zum Outcome führen, was Vergleiche erleichtert und die Bedingungen in einen Zusammenhang zueinander setzt. Wenn sich auch klare „Trends" zeigten, so ermöglichte die bei QCA unabdingbare genaue Fallkenntnis auch das Ausmachen von Ausreißern. So führten beispielsweise in den Ländern Belgien und

Schweden bürgerlich-konservative Parteien die Homo-Ehe ein, und eben nicht linke Parteien. Auf diese Weise macht QCA deutlich, wo womöglich folgende Fallstudien interessante Ergebnisse hervorbringen könnten.

QCA birgt jedoch auch Fallstricke, wenn zum Beispiel begrenzte empirische Vielfalt oder widersprüchliche Zeilen auftreten. Hier muss man sorgsam vorgehen und seine Entscheidungen zum Vorgehen klar offenlegen. Sehr hilfreich zum Umgang mit diesen Problematiken erschienen mir die Standards guter Praxis für QCA von Schneider und Wagemann (2009).

# Prozessanalysen und (vergleichende) Einzelfallstudien

## 9

Frieder Wolf, Andreas Heindl und Sebastian Jäckle

> *This mode of analysis is closely analogous to a detective attempting to solve a crime by looking at clues and suspects and piecing together a convincing explanation, based on fine-grained evidence that bears on potential suspects' means, motives and opportunities to have committed the crime in question.*
> (Bennett 2010, S. 208)

Die tiefe Sehnsucht nach Erzählungen, die die Gewordenheit der vorfindlichen Welt erhellen, kann zumindest von anthropologischen Laien als eine allgemein menschliche Basiseigenschaft angesehen werden. Davon zeugen vielfältige Befunde der *oral history* oder Schöpfungsgeschichten wie die beiden alttestamentarischen in 1. Mose 1 und 1. Mose 2 oder die nordische *Gylfaginning*. Sie geben mehr oder weniger befriedigende Antworten auf Fragen wie: Warum ist überhaupt etwas und nicht Nichts? Welchen Sinn und welche Ursache hat das Böse, haben die Schattenseiten der *conditio humana*?

In der akademischen Politikwissenschaft geht es nur wenig prosaischer zu. Wie kam es zur Europäischen Integration? Warum brechen Revolutionen und Kriege aus? Weshalb sind Frauen in Kommunalparlamenten unterrepräsentiert? Was hat es damit auf sich, dass einen Sommer lang eine allgemeine Straßenbenutzungsgebühr in Deutschland diskutiert wird?

Die Prozessanalyse, die in der politikwissenschaftlichen Methodenlehre oft auch unter der englischen Bezeichnung Process Tracing geführt wird, bietet zur Beantwortung eine angewandte Hermeneutik und eine Darstellungsform an, welche primär auf Singularitäten (z. B. die Französische Revolution, das Kostendämp-

© Springer Fachmedien Wiesbaden 2015
A. Hildebrandt et al., *Methodologie, Methoden, Forschungsdesign*
DOI 10.1007/978-3-531-18993-2_9

fungsgesetz) fokussiert, darauf aufbauend aber auch die Analyse von Regelmäßigkeiten und gelegentlich sogar Gesetzmäßigkeiten des Politischen erlaubt (mehr
dazu später und in den folgenden drei Kapiteln). Diese hermeneutischen Wurzeln
weisen bereits auf enge Verbindungen zu den Nachbardisziplinen der Geschichts-
wissenschaft, von der wir uns Wesentliches zum Umgang mit Primärquellen ab-
schauen dürfen, der Analytischen Philosophie mit ihrer Betonung des logischen
Denkens sowie, was die möglichst plausible Darstellung betrifft, der Rhetorik hin.

In ihren schwächeren Manifestationen kann die Prozessanalyse dem Grund-
schulaufsatz-Schema des ‚und dann und dann und dann und dann' ähneln. Doch sie
hat allemal das Potenzial zum ‚und dann und dann und dann und dann – plus'. Sie
ist weniger eine Einzelmethode mit einem feststehenden Repertoire an Verfahren
oder kanonisierten Instrumenten, sondern vielmehr eine Strategie, um den kausalen Zusammenhang oder die kausalen Prozesse zwischen einem oder mehreren Erklärungsfaktoren (unabhängigen Variablen) auf der einen Seite und einem zu erklärenden Phänomen (abhängige Variable) auf der anderen Seite zu identifizieren und
zu überprüfen (vgl. Schimmelfennig 2006, S. 263). Die Herangehensweise sowie
die Art und Weise des Schlussfolgerns sind dabei im Kern mit dem Vorgehen eines
Detektives oder eines Arztes vergleichbar: Ein Kriminalist versucht, ein Verbrechen durch die Kombination von Fakten, den Ausschluss alternativer Erklärungen
und logische Schlussfolgerung aufzuklären (vgl. Bennett 2010, S. 208); ein Medi-
ziner wiederum versucht, eine Diagnose auf der Basis der Krankengeschichte, der
Symptome und einzelner Testverfahren zu stellen, um den Patienten behandeln zu
können (vgl. Gill et al. 2005).

Der Sozialwissenschaftler setzt die Prozessanalyse analog ein, indem er anhand empirischer Beobachtungen, verschiedener Tests und logischer Schlussfolgerungen versucht, die kausalen Mechanismen oder die Kausalkette zwischen zwei
Variablen zu identifizieren. Wie bei einem Detektiv oder Arzt bestimmt aber der
einzelne Fall die Wahl der methodischen Instrumente. Eine Herausforderung für
den geneigten Anwender, insbesondere den fortgeschrittenen Studierenden, besteht dementsprechend darin, die Verfahren flexibel an die Spezifika des jeweiligen Untersuchungsgegenstandes anzupassen (vgl. Gerring 2007, S. 172–178). Die
Prozessanalyse lässt sich sowohl ergänzend zu anderen Methoden und Forschungsdesigns einsetzen (siehe Kap. 13) oder aber als ein eigenständiges Vorhaben im
Rahmen einer (Einzel-)Fallstudie verwenden. Zudem kann die Prozessanalyse
unterschiedliche analytische Ziele verfolgen: Sie kann entweder theorietestend
oder theoriegenerierend angelegt sein (vgl. Beach und Pedersen 2013, S. 14–18,
George und Bennett 2005, S. 207–210). Wird die Prozessanalyse als Ergänzung zu
anderen Methoden – wie etwa statistischen oder vergleichenden Verfahren – genutzt, lassen sich beispielsweise mögliche Kausalmechanismen, die zu einer empirisch beobachtbaren Korrelation zwischen zwei Variablen führen, kleinschrittig
nachzeichnen und damit plausibilisieren. Auch können im Rahmen einer Prozess-

analyse konkurrierende Erklärungsmodelle gegenübergestellt und damit überprüft sowie die beispielsweise durch eine Regressionsanalyse nicht gut zu erklärenden abweichenden Fälle (*deviant cases*) näher untersucht werden. Des Weiteren können Prozessanalysen auch theorietestend zur fallspezifischen Erklärung bestimmter einzelner Ereignisse (*outcomes*) herangezogen werden (Beach und Pedersen 2013, S. 18–21). Wird das Process Tracing als ein eigenständiger Ansatz genutzt, können umgekehrt neuartige theoretische Hypothesen und Theorien über Kausalzusammenhänge entwickelt werden, die sich wiederum mithilfe anderer Methoden überprüfen lassen (vgl. Schimmelfennig 2006, S. 265–267). Tabelle 9.1 fasst die Anwendungsmöglichkeiten von Prozessanalysen anhand der zwei Dimensionen ‚Theoriebezug' und ‚Zentralität der Prozessanalyse im Untersuchungsdesign' zusammen.

Insbesondere im Vergleich zu quantitativen Analysen wird der (ergänzende) Mehrwert von Prozessanalysen deutlich. Sind Forscher, die ihre Erkenntnisse ausschließlich auf Basis von Korrelationen gewinnen, doch oftmals gefährdet, hierbei Fehlschlüsse verschiedenster Art zu ziehen. Ein Beispiel hierfür sind Scheinkorrelationen, bei denen eine oder mehrere nicht observierte Drittvariable(n) die be-

**Tab. 9.1** Anwendungsmöglichkeiten der Prozessanalyse. (Quelle: Darstellung nach Schimmelfennig (2006, S. 266) mit eigenen Ergänzungen)

| | | Zentralität der Prozessanalyse im Untersuchungsdesign | |
| --- | --- | --- | --- |
| | | Zentral | Ergänzend |
| Theoriebezug | Theorie-testend | Einzelfallerklärung (z. B. eines *outcomes*) | Prüfung eines theoretisch vermuteten Zusammenhangs, den man aufgrund eines vorhandenen (statistischen) Zusammenhangs zwischen UV und AV annehmen könnte |
| | Theorie-generierend | Entdecken eines (evtl. verallgemeinerbaren) kausalen Mechanismus auf Basis der Einzelfallerklärung | Entdecken eines kausalen Mechanismus, der eine theoretisch bislang unerklärte, empirisch aber auffindbare Korrelation zwischen UV und AV erklären kann |

obachtete Korrelation von zwei Variablen erklären können, zwischen denen ansonsten keine direkte Kausalität vorliegt. So lässt sich beispielsweise der oftmals zitierte Zusammenhang zwischen dem Rückgang der Storchenpopulationen und sinkenden Geburtenraten auf die Hintergrundvariable der Verstädterung zurückführen, die sowohl den Lebensraum der Störche immer weiter beschneidet, als auch einen Wandel der familiären Lebensformen hin zu Single-Haushalten und Ein-Kind-Ehen begünstigt.[1] Weitere Fehlschlüsse können darin liegen, dass man aus einer Korrelation eine Kausalität ableitet, obgleich der Zusammenhang in Wirklichkeit rein zufälliger Natur ist[2], oder die Kausalität in Wirklichkeit in umgekehrter Form verläuft. Sorgfältiges Process Tracing, bei dem versucht wird, die genaue Sequenzialität einer Ereigniskette sauber zu erfassen, kann Antworten auf solche Endogenitätsprobleme zu liefern und beispielsweise Hinweise darauf geben, ob ein Rüstungswettlauf einen Krieg ausgelöst hat oder vielmehr die Antizipation des Krieges den Rüstungswettlauf erst verursachte (vgl. Bennett 2010, S. 209). Prozessanalysen können allgemein bei diesen Fehlschlussgefahren Abhilfe verschaffen, da sie eine potentielle Kausalität zwischen UV und AV, wie sie das Ergebnis einer Korrelationsanalyse nahelegen kann, weiter zu plausibilisieren helfen, aber eben auch dazu im Stande sind, eine solche angenommene Kausalität zu verwerfen. Dann nämlich, wenn sich die AV eindeutig nicht durch einen kausalen Prozess auf die UV zurückführen lässt, kann davon ausgegangen werden, dass die empirisch beobachtete Korrelation auf einen der erwähnten Fehlschlüsse zurückzuführen ist. Daneben erwähnt Schimmelfennig einen weiteren Vorteil der Prozessanalyse vor quantitativen Analysen. Während letztere stets auf regelmäßige Beobachtungen angewiesen sind, um aus diesen heraus generalisierende Schlussfolgerungen zu ziehen, können Prozesse auch an Einzelfällen betrachtet und daraus Hinweise auf Kausalitäten abgeleitet werden (Schimmelfennig 2006, S. 264).

---

[1] Auch wenn es sich hierbei um keine politikwissenschaftliche Publikation handelt sei an dieser Stelle doch auf den lesenswerten Artikel von Höfer et al. (2004) verwiesen, der unter dem Titel „New Evidence for the Theory of the Stork" auf amüsante Art und Weise aufzeigt, wie „Studien basierend auf verbreiteten Ansichten und unbegründeten Theorien, ergänzt durch Quellenangaben minderer Qualität und unterstützt durch zufällige statistische Zusammenhänge zu scheinbarer wissenschaftlicher Bestätigung führen können" (Höfer et. al, S. 88, eigene Übersetzung).

[2] Ein schönes Beispiel hierfür liefert Messerli (2012), der in einem humoristisch angehauchten Artikel im New England Journal of Medicine eine signifikante Korrelation zwischen dem jährlichen pro Kopf Schokoladenverbrauch in einem Land und der Anzahl der Nobelpreisträger (standardisiert auf die Bevölkerungszahl), die ein Land hervorgebracht hat, feststellt und daraus ableitet, dass man nur genug Schokolade essen muss, um auch selbst ein genialer Wissenschaftler zu werden.

Im weiteren Verlauf dieses Kapitel werden nun in einem ersten Schritt (Abschn. 9.1) die verschiedenen Ansatzpunkte und die Grundlagen der Prozessanalyse abstrakt dargestellt und teilweise auch problematisiert, bevor in einem weiteren Schritt (Abschn. 9.2) anhand eines archetypischen Beispiels in Form einer Gesetzesstudie einige konkretere Hinweise zur praktischen Umsetzung der Methode gegeben werden. Darauf folgt eine vertiefte Diskussion der jeweiligen Reize des Fokussierens auf einen einzelnen Fall und der vergleichenden Analyse mehrerer Fälle (vergleichendes Fallstudiendesign) mittels Process Tracing (Abschn. 9.3). Abschließend werden die zentralen Elemente und methodischen Überlegungen der Prozessanalyse zusammengefasst und ermutigende Zurüstungen in Bezug auf die Forschungspraxis ausgesprochen (Abschn. 9.4).

## 9.1 Grundlagen der Prozessanalyse

Das zentrale Interesse des Process Tracing gilt der Erklärung kausaler Zusammenhänge oder Effekte und der Identifikation von kausalen Mechanismen zwischen einer oder mehreren unabhängigen Variablen auf der einen Seite und einer abhängigen Variable auf der anderen Seite. Dabei geht es vor allem um das Öffnen der *black box* zwischen den beiden Variablen, indem die Kausalkette bzw. der Mechanismus, der den kausalen Effekt bewirkt, rekonstruiert wird (vgl. King et al. 1994, S. 85–87, 224–228). In Abb. 9.1 ist beispielhaft dargestellt, welchen Mehrwert sich ein Forscher vom Öffnen der *black box* durch das Process Tracing im Zuge einer Einzelfallstudie erhofft.[3]

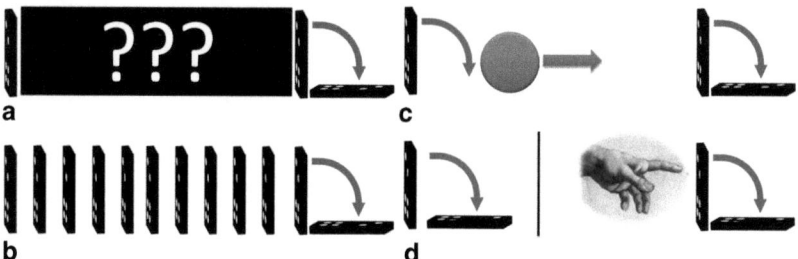

a

b

c

d

**Abb. 9.1** Öffnen der black box beim Process Tracing

---

[3] Die Metapher der Dominosteine wurde bereits von Bennett und George in einem ihrer ersten Papiere zum Thema Process Tracing verwendet (Bennett und George 1997). Wir greifen hier an dieser Stelle gerne darauf zurück, da sie ein intuitives Verständnis der Problematik erlaubt.

Fall A ist die häufig anzutreffende Situation, in der beobachtet wird, dass eine bestimmte Ausgangslage vorliegt (der Dominostein links steht) und ein bestimmter Effekt eintritt (der Dominostein rechts fällt). Eventuell ist zwischen den beiden Beobachtungen auch noch eine gewisse Zeit verstrichen, sodass zumindest diese Minimalanforderung an eine vorliegende Kausalität zwischen den beiden Beobachtungen gegeben ist. Der Forscher weiß jedoch eigentlich nicht, wie die beiden Beobachtungen zusammenhängen. Entsprechend quantitativer Logik (siehe Kap. 3 und 4) würde man versuchen, die beiden Beobachtungen möglichst häufig unter kontrollierten Bedingungen zu replizieren, um letztlich mit einer bestimmten Wahrscheinlichkeit sagen zu können, dass wenn anfangs der linke Dominostein steht, am Ende der Effekt eintritt, dass der rechte Stein fällt. Ein quantitativer Forscher würde sich oftmals mit dieser Erkenntnis zufrieden geben und gar nicht versuchen, den kausalen Prozess, der dazwischen stattfinden muss, genauer nachzuzeichnen – er würde letztlich den anfangs stehenden Stein als kausal ursächlich für das Eintreten des Effekts begreifen. Ist man jedoch nicht nur an den Ausgangsbedingungen interessiert, sondern vielmehr daran, wie diese mit dem Effekt am Ende des Prozesses verknüpft sind, reicht so eine quantitative Strategie nicht aus. In einem solchen Fall bietet es sich an, über Einzelfallstudien den stattfindenden kausalen Prozess selbst ins Auge zu nehmen. Dabei kann sich herausstellen, dass eine bestehende Theorie sich bestätigt (in unserem Fall würde man wahrscheinlich von einer Kette von Dominosteinen ausgehen, die den Impuls zum Fallen weitergibt wie in Fall B dargestellt). Genauso gut ist es aber auch möglich, dass eine a priori nicht erwartete intervenierende Variable die Verknüpfung zwischen UV und AV herstellt (vgl. Fall C) oder eventuell sogar gar keine kausale Beziehung zwischen den beiden Beobachtungen vorliegt und der Effekt durch eine Drittvariable erzeugt wird, die ursprünglich durch die *black box* verdeckt wurde (vgl. Fall D). Insbesondere die letzten beiden Fälle zeigen, weshalb es oftmals sehr sinnvoll sein kann, in den kausalen Prozess genauer hineinzuschauen. Dabei handelt es sich beim Process Tracing nicht um eine rein deskriptive, möglichst genaue Nacherzählung eines Prozesses, die seine Singularität in den Vordergrund stellen würde, sondern im Mittelpunkt steht die Theorie-orientierte kausale Erklärung von Phänomenen.

Die Prozessanalyse ist somit eine Strategie, um die Richtung der Kausalität und den „intervening causal process" (George und Bennett 2005, S. 206) zwischen korrelierenden Variablen aufzuspüren. In dieser Hinsicht sollte die Prozessanalyse nicht als singuläre Technik oder Methode aufgefasst werden, sondern vielmehr als eine „allgemeine Erklärungsstrategie [..., die] mit ganz unterschiedlichen Datentypen – kognitive Zustände, verbale Äußerungen und Prozessdaten, Zwischenereignisse und -ergebnisse – und Methoden der Datenerhebung vereinbar" (Schimmelfennig, S. 266) ist. Sie ermöglicht es dabei, alternative Kausalpfade, die ein und denselben Effekt bewirken (Äquifinalität)[4], zu identifizieren sowie unterschiedliche Erklärungsmöglichkeiten entweder zu bestätigen oder zu verwerfen. Dabei ist hervorzuheben, dass durch das Process Tracing bei entsprechender Fallauswahl – trotz der Beschränkung auf einen Einzelfall – eine Generalisierung der theoretischen Befunde über den einzelnen Fall in begrenztem Umfang durchaus möglich sein kann (vgl. Gerring 2007, S. 178–179).

Die Schwierigkeit der Prozessanalyse besteht darin, die kausalen Mechanismen korrekt zu identifizieren sowie die Kausalkette folgerichtig, insbesondere aber vollständig und lückenlos zu erfassen. Insbesondere der auf den Querschnittsvergleich von Institutionen fokussierende Strang der Politikwissenschaft hat sich lange mit Momentaufnahmen begnügt. Pierson (2004) plädiert leidenschaftlich dafür, immer wieder auch zu bewegten Bildern der „politics in time" zu wechseln. Anwender der Prozessanalyse muss man sich dabei wie hermeneutische Videoanalysten vorstellen, die entscheidende Sequenzen immer und immer wieder in Slow Motion betrachten, um bislang unzureichend beschriebenen Kausalmechanismen auf die Spur zu kommen. Dabei kann – um im Bild zu bleiben – der Film sowohl vorwärts (von den angenommenen Ursachen hin zu dem darauf folgenden Outcome) oder auch rückwärts (von den beobachteten Outcomes zu den potentiellen Ursachen) abgespielt werden. Man hangelt sich als Forscher also gewissermaßen von einem einzelnen Standbild zum nächsten bzw. eben vorangegangenen. Auf beide Arten lassen sich bislang unberücksichtigte mögliche Erklärungsfaktoren und Kausalmechanismen identifizieren (Bennett 2010, S. 209). Mahoney (2003) bietet auf der Basis einer Diskussion diverser alternativer Vorschläge eine synthetisierte Definition eines Kausalmechanismus: „I choose to define causal mechanisms as unobserved entities, processes, or structures that generate outcomes and that do not themselves require explanation. Causal mechanisms are hypothetical ‚ultimate causes'" (Mahoney 2003, S. 1; eine alternative Definition des Begriffs Kausalmechanismus und für sie spezifische sowie allgemeine Probleme diskutieren wir in Kap. 13). Mahoney verschiebt damit den Fokus weg von der v. a. in quantitativen Studien insbesondere jenseits des Atlantiks lange Zeit praktizierten positivistischen Herangehensweise an politikwissenschaftliche Themen hin zu einer Betrachtungsweise, die versucht durch geradezu mikroskopisch genaue Betrachtung die Grenze der Unbeobachtetheit möglichst weit zu verschieben. Hierdurch ließe sich eben doch

---

[4] Unter Äquifinalität wird die Möglichkeit verstanden, den einen bestimmten Effekt auf alternativen Wegen, durch verschiedene Mittel oder von unterschiedlichen Ausgangspunkten aus zu erreichen. Äquifinalität setzt offene Systeme – wie etwa biologische oder soziale Systeme – voraus.

eine ganze Menge beobachten, was bislang (gerade in quantitativen Übungen des – wie Klaus von Beyme zu sagen pflegt – ‚über die Fälle hinweg Rechnens‘) unbeobachtet geblieben ist. In einer konkreten Untersuchung wird sich zudem im Auge des Betrachters bzw. im kritischen Diskurs der Leserschaft entscheiden müssen, was keiner weiteren Erklärung mehr bedarf und somit plausiblerweise als letzter Grund anzusehen ist.

Grundlage jeder Prozessanalyse ist also die „careful description" (Collier 2011, S. 823) als Basis für die Ordnung der Beobachtung und die Sequenzierung der unabhängigen, der abhängigen und intervenierenden Variablen. Es können unterschiedliche Komplexitätsniveaus der Beschreibung der Kausalkette bzw. der kausalen Mechanismen differenziert werden. Eine erste, sehr einfache Option besteht darin, ein detailliertes Narrativ in Form einer Chronik zu entwickeln, in der mehr oder weniger alle Stationen eines Prozesses dargestellt werden. Zwar ist diese Art der Prozessanalyse explizit deskriptiv und atheoretisch angelegt und in ihrem analytischen Wert stark begrenzt; dennoch kann eine detaillierte Chronik einen sehr hilfreichen oder sogar einen notwendigen Schritt bei der Entwicklung theorieorientierter Prozessanalysen darstellen. Mit der zweiten Form des Process Tracings, die – zumindest teilweise – kausale Hypothesen und Variablen inkludiert, welche sehr spezifisch auf den (historischen) Einzelfall bezogen sind, wird ein wichtiger Abstraktionsschritt unternommen – weg von der reinen Beschreibung hin zu Ansätzen einer erklärenden Politikwissenschaft. Erst die dritte Form des Process Tracings ist in der Lage auf systematische Art und Weise, eine vergleichsweise umfassende analytische und theoretisch fundierte Erklärung eines Prozesses zu leisten, da klare, theoretisch fundierte Hypothesen formuliert sowie die vielfältigen, oft kleinteiligen Beobachtungen in ein Erklärungsmodell einbezogen werden. Die vierte Variante des Process Tracings versucht ebenfalls, eine umfassende Kausalerklärung zu entwickeln, allerdings wird dabei stärker von einzelnen Beobachtungen abstrahiert (vgl. George und Bennett 2005, S. 210–212).

Alle vier Varianten stehen vor dem Problem, Anfangspunkt, Ende und den relevanten Kontext der Untersuchung abzugrenzen. Die eingangs angesprochenen Schöpfungsmythen zeugen von der Versuchung, hier im wahrsten Sinne bei Adam und Eva anzufangen, was einer substantiellen Erklärung in den allermeisten Fällen nicht zuträglich ist. So könnte man versucht sein, die Wurzeln des Streits um die Straßenmaut in Deutschland im Sommer 2014 womöglich nicht nur in den Profilierungsversuchen einiger bayerischer CSU-Politiker oder im öffentlichen Investitionsstau seit der Wiedervereinigung zu suchen, sondern bis zur Erfindung der Autobahn oder gar des Rades zurückzublicken. Ebenso ist ein Reformwerk kaum je abgeschlossen, wovon beispielsweise das Thema Re-regulierung zeugt, und der relevante Kontext mag nach dem Schmetterlingseffekt[5] auch weit entfernte und scheinbar völlig unbedeutende Ereignissen einschließen. King, Keohane und Verba kritisieren entsprechend an Prozessanalysen vor allem auch deren inhärente Tendenz eines „infiniten Regresses" (King et al. 1994, S. 86), d. h. eine schier nicht enden wollende und mit jedem Analyseschritt sich nochmals erweiternde Liste zusätzlich noch zu untersuchender Zwischenschritte und möglicher kausaler Bindeglieder zwischen UV und AV. Pragmatische Master-Studierende beherzigen hier einen Ratschlag, den Katharina Holzinger in ihrem Gastbeitrag zu Wolf und Wenzelburger (2010, S. 112) angehenden Doktoranden der Politikwissenschaft gegeben hat: „Arbeiten Sie vom Zentrum nach außen". Damit ist gemeint, sich anfangs auf die Kernelemente Ihres Interesses zu konzentrieren. Ausweiten können Sie den Fokus, so genügend Zeit ist, immer noch – aber Vieles wird im Rahmen der durch die Prüfungsordnung definierten Frist auch bei Ausnutzung der maximalen Verlängerungszeit nicht mehr zu realisieren sein, und vielleicht ist das ja bei Lichte besehen auch ganz gut so. Sie sollten sich entsprechend bereits zu Beginn Ihrer Arbeit Gedanken machen, welche Aspekte und Elemente Sie aus theoretischer Sicht für wichtig genug halten, dass sie auf keinen Fall in der Untersuchung fehlen dürfen. Dies schützt auch davor sich auf – zugegebenermaßen oftmals durchaus interessanten – Nebenkriegsschauplätzen festzufahren und darüber die wirklich wichtigen Faktoren aus den Augen zu verlieren.

Zur Fülle der potenziell relevanten Informationen und ihrem Verhältnis zueinander hält Starke (2015, 464) fest:

> In der Praxis ist eher der Überfluss und die ungeordnete Form der verfügbaren Daten problematisch, die erst in Evidenz umgewandelt werden müssen. […] Weder müssen diese Beobachtungen unabhängig voneinander sein – was bei Prozessen ohnehin widersinnig ist – noch sind sie gleichgewichtig. Im Gegenteil, in Prozessanalysen erhalten häufig einige wenige Beobachtungen ein besonderes Gewicht für die Argumentation.

Dies ist einer der grundsätzlichsten Hauptunterschiede zwischen qualitativ-historiographischer und quantifizierender Sozialforschung (mit Ausnahme problematischer Verfahren wie GLS, siehe Kap. 5). Wer im Rahmen von Prozessanalysen das Netz weit auswirft, um in einer von Starke verwendeten Metapher zu bleiben, der darf, bzw. der muss es vielleicht sogar zu einem späteren Zeitpunkt wieder enger zusammenziehen und bestimmte Informationen (theoriegestützt oder theoriegenerierend) priorisieren. Van Evera (1997) hat eine Typologie von vier unterschied-

---

[5] Der Schmetterlingseffekt bezeichnet die Tatsache, dass gerade in komplexen dynamischen Systemen bereits sehr kleine Unterschiede in den Ausgangsbedingungen zu komplett unterschiedlichen Endergebnissen führen können. So könnte bereits der Flügelschlag eines Schmetterlings in Deutschland zu einem Wirbelsturm in Australien führen.

lichen Test aufgestellt, mit deren Hilfe dies geschehen kann. Diese Tests wurden in der Literatur kritisch und kontrovers diskutiert. Für besonders erhellend halten wir Starkes (2015, 467) interpretierende Zusammenfassung, die wir im Folgenden um einige Verweise, insbesondere auf die hier zu weit führende bayesianische Interpretation, gekürzt dokumentieren.

**Van Everas vier Tests zur Priorisierung von Daten in der Interpretation durch Starke (2015, 467)**

„Die vier Tests unterscheiden sich im Grad der ‚Gewissheit' (*certainty*), d. h. der Wahrscheinlichkeit mit der eine Hypothese stimmt, wenn gewisse Evidenz vorliegt, sowie im Grad ihrer ‚Trennschärfe' (*uniqueness*), d. h. der Wahrscheinlichkeit, mit der bei Nichtvorliegen automatisch die alternative Hypothese korrekt ist. Letzteres hängt davon ab, ob die empirischen Vorhersagen von mehreren Theorien gleichzeitig gemacht werden. Diese Typologie klingt zunächst einmal verwirrend, was insbesondere damit zu tun hat, dass in einigen Fällen das Vorliegen und das Nicht-Vorliegen von Evidenz unterschiedlich starke Schlussfolgerungen begründen kann. Daher gehe ich im Folgenden etwas genauer auf die vier unterschiedlichen ‚Tests' ein. Wichtig ist zu beachten, dass sich Gewissheit und Trennschärfe jeweils auf mehr als eine alternative Erklärung/Hypothese eines Outcomes beziehen. Man kann die beiden Dimensionen zudem auch in der Terminologie von notwendiger und hinreichender Bedingung verstehen.

Der ‚*straw-in-the-wind test*' ist der schwächste der vier Tests, da er sich weder durch Gewissheit noch durch Trennschärfe auszeichnet. Van Evera (1997, S. 32) nennt hier als Beispiel das Fehlen eines schriftlichen Führerbefehls zum Holocaust. Weder ist ein solches Dokument notwendig, um zu argumentieren, dass Hitler persönlich den Holocaust befahl; noch erlaubt seine Abwesenheit automatisch starke Schlüsse darüber, dass Hitler ihn nicht unterstützte oder über alternative historische Ursachen für die nationalsozialistische Vernichtungspolitik. Würde man ein solches Dokument finden, so hätte es sicher seinen Platz in der Argumentation, würde aber nicht ausreichen, um alternative Erklärungen zu entkräften.

Beim ‚*hoop test*' sind Beobachtungen gewiss, aber nicht trennscharf. Negative Evidenz kann eine Hypothese zwar entkräften, aber positive Evidenz hat nur sehr geringe Aussagekraft.[6] Das Beispiel hier ist etwa die Anwesen-

---

[6] Die Analogie ist hierbei der Reifen (*hoop*), durch den ein Zirkuslöwe springen können muss.

heit des Verdächtigen in der Stadt, in der ein Verbrechen stattfand. Kann ein Beschuldigter beweisen, dass er außer Landes war, so ist er wohl unschuldig, seine Anwesenheit selbst beweist aber nur, dass es ihm möglich war, die Tat zu begehen, nicht, dass er sie begangen hat.

Bei einem „*smoking gun test*" verhält es sich genau anders herum. Geringe Gewissheit und hohe Trennschärfe eines solchen Tests bewirken, dass zwar ein positiver Nachweis entscheidend sein kann, eine Hypothese ihren Alternativen vorzuziehen, ein negativer Befund jedoch nicht. Der Verdächtige mit dem rauchenden Colt war wohl der Täter. Nur, weil ein Verdächtiger keinen rauchenden Colt in der Hand hält, kann er allerdings noch nicht als entlastet gelten.

Der „*doubly-decisive*" Test ist vergleichbar mit Aufnahmen eines Verbrechens (z. B. eines Banküberfalls) durch eine Überwachungskamera. Einerseits ist positive Evidenz (z. B. ein deutlich erkennbares Gesicht) in hohem Maße inkriminierend (=hohe Gewissheit), andererseits kann sie als entlastend gelten, wenn der Beschuldigte nicht zu sehen ist (=Trennschärfe). [...]

Das Ziel einer Prozessanalyse ist nun, geeignete Evidenz für möglichst starke Tests zu finden, also z. B. gescheiterte „*hoop tests*", positive „*smoking gun tests*" und vielleicht sogar einen „*doubly decisive test*".[7] Dafür wiederum ist es unerlässlich, dass die empirischen Implikationen alternativer Erklärungen (inklusive ihrer Mechanismen!) systematisch herausgearbeitet und miteinander verglichen werden, um ihre theoretische Einzigartigkeit zu erfassen. Was sind die empirischen Erwartungen, wenn Theorie A stimmt? Aber auch: Was dürfte *nicht* zu beobachten sein? Wie überraschend sind bestimmte Beobachtungen? Gibt es einzelne Beobachtungen, mit denen klar zwischen Theorie A und B diskriminiert werden kann? Je systematischer und transparenter solche Fragen behandelt werden, desto besser."

Bennett führt als Beispiele dafür, wie diese Tests auch in Kombination miteinander genutzt werden können, um das Maximum an Erklärungskraft aus einer Prozessanalyse herauszubekommen, drei Studien aus dem Bereich der Internationalen Beziehungen an (Bennett 2010, S. 211–219). Eine davon sei hier zum besseren Verständnis der grundlegenden Logik und Vorgehensweise ebenfalls kurz dargestellt.

---

[7] Dies bedeutet nicht, dass „*straw-in-the-wind tests*" wertlos seien. Allerdings muss hier die fehlende Stärke des Tests durch die Anzahl der empirischen Beobachtungen ausgeglichen werden.

Schultz (2001) untersucht, weshalb es im Jahr 1898 bei der Konfrontation zwischen den Kolonialmächten Großbritannien und Frankreich um das obere Niltal im heutigen Südsudan (die sogenannte Faschoda-Krise) nicht zu einem Krieg gekommen ist. Dabei verwirft er zunächst die von Neorealisten vorgebrachte Hypothese, dass es die schiere (Militär-)Macht Großbritanniens war, die das schwächere Frankreich zum Rückzieher bewogen habe. Schultz zeigt überzeugend, dass sich die *balance of power* zwischen den beiden Staaten seit Beginn der Krise nicht verändert hat. Damit lässt sich aber nicht erklären, weshalb sich die Krise überhaupt entwickelt hat und warum sie sich zudem noch soweit verschärft hat, dass ein Krieg wirklich kurz bevorstand. Wenn Frankreich doch von Beginn an wusste, dass es Großbritannien im Falle eines Krieges deutlich unterlegen wäre, dann hätte es sich doch niemals auf eine solche Eskalation eingelassen (Schultz 2001, S. 177). Damit besteht die neorealistische Hypothese den *hoop-test* nicht und kann damit als mögliche Erklärung ausgeschlossen werden. Schultz nimmt selbst einen anderen zugrundeliegenden Kausalmechanismus an. Er geht davon aus, dass es Großbritannien insbesondere durch sein nach außen hin einheitliches Auftreten besser gelang, eine glaubhafte Drohkulisse gegenüber Frankreich aufzubauen. Er untermauert seine Hypothese mit einem *smoking gun test*. Hierzu zeigt er, dass nicht nur die Regierung in London, sondern auch die Oppositionsparteien und in der Folge die gesamte Öffentlichkeit ein starkes Commitment an den Tag legten, die Kontrolle über die umstrittene Region zu erlangen. Der französischen Regierung gelang eben dies hingegen nicht. Die Opposition wie auch die Bevölkerung in Frankreich zeigte Großteils keinerlei Interesse oder war einem möglichen Krieg um das obere Niltal sogar abgeneigt (Schultz 2001, S. 188–193). Dieses *signalling* der beiden Akteure führte laut Schultz letztlich zum Rückzieher Frankreichs. Bennet resümiert: „In sum, the close timing of these events, following in the sequence predicted by Schultz's theory, provides *smoking gun* evidence for his explanation; this, combined with the alternative explanations' failure in *hoop tests*, makes Schultz's explanation of the Fashoda case convincing" (Bennet 2010, S. 212).

Das Beispiel zeigt auch, dass es bei Prozessanalysen nicht darauf ankommt, eine möglichst große Anzahl an Evidenzen zu sammeln, sondern solche Evidenzen für die Analyse auszuwählen, die einen möglichst großen Beitrag dazu leisten zwischen alternativen Hypothesen zu diskriminieren. Für die Identifikation dieser für den Prozess wirklich relevanten Aspekte können die erwähnten vier Tests sehr hilfreich sein.[8]

---

[8] Eine extrem hilfreiche, umfassende Darstellung der vier Tests anhand eines Sherlock Holmes-Beispiels liefert Collier (2011).

Die Analyse der Zeitdimension sollte wie bereits angesprochen über eine bloße Chronologie der Ereignisse hinausgehen. Anspruchsvolle Varianten des analytischen Umgangs mit der Zeitdimension sind die folgenden beiden: Büthe (2002) fordert dazu auf (und leitet dazu an), kausale Prozesse explizit zu modellieren und sie im Rahmen historischer Narrative systematisch mit Daten zu konfrontieren. Diese Technik charakterisiert er explizit nicht als ärmere Schwester statistischer Analysen: „A preference for narratives, then, is due not to the unavailability of analytical techniques that lead to other forms of presenting our results, but to particular strengths of the narrative form" (Büthe 2002, S. 486). Damit diese Stärken realisiert werden können, ist allerdings Sorgfalt angezeigt: „At the same time, narratives must not revert to untheorized historical accounts, invoking extraneous factors in an ad hoc fashion, because such accounts are not useful as a test of the causal propositions. How can we avoid this problem? The model itself can help us write narratives that are useful as a test of the argument" (Büthe 2002, S. 487). Grzymala-Busse (2011) führt anhand von Beispielen des postkommunistischen Institutionenwandels aus, wie bestimmte seltener beachtete Temporalitätsaspekte, insbesondere verschiedene Tempi und Be- sowie Entschleunigungen, analytisch fassbar gemacht werden können. Instruktiverweise (und für zeitgenössische Bildungsdiskurse zur Pflichtlektüre gereichend) assoziiert sie Lernprozesse mit Entschleunigung (Grzymala-Busse 2011, S. 1276). Auch die Analyse von Privatisierungspolitik könnte von ihrer Beobachtung wechselnder Geschwindigkeiten von Entstaatlichung und spezifischer mit solchen Tempowechseln verbundener Kausalmechanismen, z. B. Panik, (Grzymala-Busse 2011, S. 1287) profitieren.

Wie jede realweltliche Methode hat auch die Prozessanalyse ihre Schwächen. Den Hauptkritikpunkt an ihr illustriert ein Druckfehler, von dem Ingo Rohlfing uns aus dem Fahnenstadium zu seinem bereits zitierten Buch von 2012 berichtet hat. Durch eine (Freud'sche?) Autokorrektur hieß das Opus plötzlich „Case Studies and Casual Inference". Auch wenn ‚Smart Casual' im akademischen Milieu womöglich der erfolgversprechendste Dresscode ist, dass man seine Schlussfolgerungen auf lässige Art und Weise ziehe, möchte man sich in der Regel dann doch nicht nachsagen lassen. Deshalb ist es für seriöse Prozessanalysen unerlässlich, sie auf einem soliden theoretischen Fundament aufzubauen (ohne sich möglichen Überraschungen zu verschließen), gründlich und ausdauernd detektivisch an den Primärquellen zu arbeiten und mit den Begrenzungen der Methode insofern gelassen umzugehen, als man die begrenzte Übertragbarkeit und Belastbarkeit der gewonnen Erkenntnisse proaktiv kommuniziert. Eine beispielgebende Anwendung stellen wir im folgenden Unterkapitel vor. Daneben könne man die Gefahren des infiniten Regresses sowie des atheoretischen Storytellings zumindest zum Teil durch eine klare theoretische Fokussierung der Prozessanalyse und eine bewusst selektierende Auswahl der Prozessmerkmale vermeiden, so Schimmelfennig (2006, S. 267). Sofern der Forscher bereits vor der eigentlichen Analyse ein klares Bild davon hat, über welche kausalen Pfade die UV und die AV laut seiner Theorie zusammenhängen sollten (Pfadmodelle und Flussdiagramme leisten hier bei der Veranschaulichung gute Dienste), müssen auch nur diese für die Theorie interessierenden Elemente der Kausalkette observiert und analysiert werden.

## 9.2    Praktische Anwendung der Prozessanalyse: ein Beispiel

Bislang haben wir die Lehramtskandidaten unter unseren Lesern sträflich vernachlässigt. Zwei der drei Autoren dieses Kapitels können als langjährige Studienberater für Staatsexamensangelegenheiten nicht ruhig schlafen, ohne hier einmal explizit zu sagen, dass auch in Zulassungsarbeiten regelmäßig exzellent Politikwissenschaft betrieben wird. Ein Beispiel dafür wollen wir hier nun vorstellen, und zwar Michael Hofers Gesetzesstudie ‚Die Rentenreform 2001 in der Bundesrepublik Deutschland – zwischen Systemerhalt und Innovation' aus dem Jahr 2007. Nicht nur in Heidelberg zählen Gesetzesstudien zu den klassischen Realisationen von Prozessanalysen, an denen sich sowohl deren Kerneigenschaften als auch ihr Anschlusspotenzial zu anderen Methoden veranschaulichen lassen.

Die Ausgangssituation war folgende: Im wiedervereinigten Deutschland der 1990er Jahre herrschte einerseits ein Krisendiskurs über die langfristige Tragfähigkeit der im Umlageverfahren finanzierten öffentlichen Beitragsrente im Lichte der Herausforderungen des demographischen Wandels und der Globalisierung vor. Andererseits hatte die Regierung Kohl mit der Einführung der Pflegeversicherung das Sozialversicherungsprinzip vehement bekräftigt. Mit dem Regierungswechsel zu Rot-Grün war zunächst kein Pfadwechsel zu erwarten, nach dem Rücktritt von Finanzminister Oskar Lafontaine entstand jedoch ein Klima der finanz- und sozialpolitischen Innovationen. Tatsächlich enthielt die vielfach mit dem Namen des Arbeitsministers Walter Riester assoziierte Rentenreform von 2001 dann einige Elemente, die Vertreter der klassischen Parteiendifferenzhypothese überraschen mussten.

Michael Hofer diskutiert diese und ebenso Theoreme der sozioökonomischen und –demographischen Determination in seinen Erläuterungen zum theoretischen Rahmen zwar, entscheidet sich dann aber für einen Ansatz, der besonders geeignet scheint, die institutionellen und akteursbasierten Erklärungsfaktoren für Stillstand wie Wandel besonders trennscharf zu erfassen: den modifizierten Vetospieleransatz. So gerüstet seziert der Verfasser die institutionellen Machtpositionen und politisch-persönlichen, inhaltlichen Standpunkte und Situationsdeutungen, wie sie in der Politikformulierungs- und der Entscheidungsphase der Rentenreform 2001 wirksam wurden. Dies geschieht anhand eines ausdifferenzierten Katalogs von Hypothesen, von denen eine beispielhaft zitiert sei:

> Hypothese (2): Hinsichtlich einer Liberalisierung des bundesdeutschen Alterssicherungsstaats war das Konfliktniveau zwischen Regierung und Opposition deutlich geringer als zwischen der Regierung und den Gewerkschaften. (Hofer 2007, S. 13)

Diese begründete Vermutung warf natürlich die Folgefrage auf, wie dies angesichts einer sozialdemokratisch geführten Bundesregierung mit einem vormaligen Gewerkschaftsführer als Arbeitsminister möglich sein kann. Diese inhaltliche Klärung ist für uns nun indes weniger von Interesse als das methodische Vorgehen Michael Hofers. Dieses verbindet elegant die Mikro- und die Makro-Perspektive: Die „mikroskopische programmspezifische Betrachtungsweise" (Hofer 2007, S. 8) basiert auf der detaillierten Analyse von „Artikel[n] aus der Tagespresse, Drucksachen aus der Gesetzesdokumentation des Deutschen Bundestages, sowie veröffentlichte Stellungnahmen der Akteure, um den Entscheidungsprozess zur Rentenreform gründlich reflektieren zu können" (Hofer 2007, S. 7). Diese wird ergänzt um ein makroskopisches Element, das die Sekundärliteratur zum gesamten deutschen Sozialstaat im internationalen Vergleich zu Rate zieht, um die weitere paradigmatische Bedeutung der einzelnen Reformelemente und ihrer Summe einordnen zu können. Hier zeigt sich, dass bei Prozessanalysen eine Vielzahl an unterschiedlichsten Datenarten analysiert werden können und gerade dies auch sinnvoll ist, um ein vollständiges Bild des zugrundeliegenden kausalen Prozesses zeichnen zu können.

In der Darstellung seiner Befunde entgeht Michael Hofer der typischen Versuchung, eine Prozessanalyse im ‚und dann und dann und dann und dann'-Schema aufzubereiten. Selbstverständlich wird an prominenter Stelle die Chronologie des Gesetzgebungsverfahrens (auch graphisch) aufgeschlüsselt. In weiteren, dicht verwobenen Kapiteln werden dann jedoch beispielsweise die Entwicklung der normativen Positionen in den Regierungs- und Oppositionsparteien (unter anderem unter der Zwischenüberschrift „Innovation durch Elitenwechsel") systematisiert, das Verhältnis von öffentlicher und veröffentlichter Meinung kritisch reflektiert und der langsame, schmerzhafte Abschied von den „Gewerkschaften als Mitregenten" ausgedeutet. Auf dieser Basis kann Hofer ein reichhaltiges Fazit ziehen, dessen Highlights lauten:[9]

---

[9] Zahlreiche Literaturverweise Hofers, die für die hier verfolgten didaktischen Zwecke uninteressant sind, haben wir stillschweigend entfernt.

Erstens: Auch wenn mit der Rentenreform 2001 in der Bundesrepublik Deutschland ein neuer innovativer Pfad in der Alterssicherungspolitik beschritten wurde, so reiht sie sich doch ein in die Tradition einer Politik der inkrementellen Trippelschritte. Radikale Kurswechsel sind in der Bundesrepublik eher unwahrscheinlich, und das obwohl ein Großteil des Reformpakets von den formellen politisch-institutionellen Hürden des ‚semi-souveränen Staats' bisher verschont blieb […].

Zweitens: Die Resistenz der bundesdeutschen Alterssicherungspolitik gegenüber radikalen liberalen Entwicklungen ist infolgedessen weniger mit politisch-institutionellen Blockademechanismen zu erklären, als vielmehr in der Begründung der normativen Präferenzen der Akteure, insbesondere in den Strategien zur Klientelbedienung, sowie der Befriedung der Öffentlichen Meinung, in den eigendynamischen Prozessen der komplexen Akteure und in Pfadabhängigkeitseffekten zu suchen, wobei die meisten Erklärungsfaktoren selbst in divergierende Richtungen wirken und den Widerspruch des ambivalenten Alterssicherungsstaats nach der Rentenreform 2001 in sich tragen.

Drittens: Das geringe Konfliktniveau und die ausgeprägte Konsensorientierung der beteiligten Akteure hatten die Selbstverstärkung der ambivalenten, normativen Präferenzen zur Folge. […] ‚Kann der Wohlfahrtsstaat überleben?' – so lautet die Frage eines scharfsinnigen Beobachters. Wenn man die Rentenreform 2001 isoliert betrachtet, müsste man diese Frage klar bejahen: So bringt der robuste bundesdeutsche Alterssicherungsstaat unter Inkaufnahme von hohen Transaktionskosten nur inkrementelle Reformen zustande. Andererseits bietet die kontextualisierende Perspektive aber einen Blick auf einen Umwälzungsprozess, der den Alterssicherungsstaat in seinen Grundfesten erschüttert.

[…]. Angesichts des demographischen Szenarios ist die rot-grüne Bundesregierung dem innovativen Pfad in der zweiten Legislaturperiode weiterhin konsequent gefolgt: Die Einführung eines Nachhaltigkeitsfaktors (2004) sowie der nachgelagerten Besteuerung (2004) implizierten eine weitere Niveausenkung. Und auch die formelle Große Koalition hat in der ersten Hälfte ihrer Regierungszeit formell gegen den erbitterten Widerstand der Gewerkschaften die Anhebung des Renteneintrittsalters auf 67 Jahre durchgesetzt. Eines scheint dabei klar: Diese Mechanismen des Wandels erster und zweiter Ordnung werden langfristig den Paradigmenwechsel weiter vorantreiben. Zwar hat auch die amtierende Große Koalition – abgesehen von der Ausweitung der staatlichen Riesterförderung – am Umfang der dritten Alterssicherungssäule nicht viel geändert. Doch schon die nächste Bundesregierung wird wohl – auch gezwungen durch das institutionelle rot-grüne Politikerbe des Widerspruchs zwischen dem Ziel der Beitragssatz-Stabilität und der Niveausicherungs-Klausel – weitere Kürzungsmaßnahmen einleiten und viel Überzeugungsarbeit bei den Wählern leisten müssen.

Das präsentierte Beispiel zeigt auch, wie sinnvoll es sein kann, Prozessanalysen nicht für sich allein stehen zu lassen, sondern sie in weitere methodenverbindende Designs einzubauen (siehe hierzu auch Kap. 13). Konkrete Anknüpfungsmöglichkeiten zu weiteren Methoden – insbesondere im Rahmen auf die Zulassungs- bzw. Master-Arbeit folgender, weiterqualifizierender Forschungsarbeiten – böten sich aus heutiger Sicht etwa in einer erweiterten Diskursanalyse zur Wahrnehmung des demographischen Wandels (den ja z. B. manche Gewerkschafter weiterhin für einen neoliberal missbrauchten Topos halten), einer fortgesetzten Inhaltsanalyse von Gesetzentwürfen zur privaten Altersvorsorge in Niedrigzinszeiten (man beachte die aktuellen Reregulierungen der Bewertungsreserven der Lebensversicherungen als einem beliebten Riester-Produkt) oder ein internationaler Vergleich von sozialdemokratischen Rentenreformen nach dem ‚Nixon goes to China'-Muster (Sozialabbau durch Sozialdemokraten, um den Sozialstaat zu retten – mit mehr oder weniger schmerzhaften elektoralen Konsequenzen; siehe hierzu auch die in Kap. 13 diskutierte Studie von Arndt). Letztere könnte entweder quantifizierend oder als vergleichende Fallstudie angelegt werden, was uns zum Thema des folgenden Unterkapitels führt.

## 9.3 Einer oder mehrere Fälle? Prozessanalysen als Vorstufe zu vergleichenden Fallstudien

Bislang gingen wir in unserer Diskussion von der Prozessanalyse eines einzelnen Falles aus. In diesem Unterkapitel betrachten wir nun die Vor- und Nachteile einer solchen Engführung und weiten den Blick hin zur vergleichenden Fallstudie. Zunächst rekapitulieren wir die Charakteristika der Einzelfall-Prozessanalyse, um sodann die Perspektive auszuweiten.

### 9.3.1 Genuine Vorteile und Nachteile von prozessanalytischen Einzelfallstudien

Als Vorteile von Einzelfalluntersuchungen heben deren Verfechter besonders hervor, dass sie insbesondere dazu geeignet sind, komplexe ursächliche oder abhängige Variable weitaus passgenauer zu erfassen als es Methoden könnten, die mehrere Fälle vergleichend analysieren. Zudem bieten *case studies* eine gute Basis, um auf induktivem Wege neue Hypothesen zu generieren, Typologien zu entwickeln und mögliche relevante Variablen erst einmal zu identifizieren, deren Test dann in einem späteren Schritt über andere Vergleichsmethoden erfolgen kann. Ein direkter Induktionsschluss vom Einzelfall auf eine allgemeine Theorie ist zwar selbst bei repräsentativen Einzelfallstudien schwierig und vor allem auch nur dann ansatzweise möglich, sofern der Forscher bereits eine intensive Vorstellung über die zugrundeliegenden theoretischen Zusammenhänge hat; ist dies der Fall sind *case studies* jedoch insbesondere gut geeignet, vorhandene Theorien weiterzuentwickeln. Hierbei wird vor allem darauf verwiesen, dass man mit Einzelfalluntersuchungen sehr viel tiefer und damit genauer in die kausale Struktur eines sozialen oder politischen Prozesses hineinblicken kann als mit anderen Methoden.

Als Nachteil von Einzelfallstudien wird auf die schlechte Generalisierbarkeit verwiesen, auch was die Falsifizierbarkeit von Theorien anbelangt. Denn auch wenn einer Theorie ihre absolute Allgemeingültigkeit abgesprochen werden kann, wenn ein Einzelfall sie widerlegt, so ist damit doch noch nicht zwangsläufig etwas über die generelle Gültigkeit dieser Theorie für die Mehrzahl der anderen Fälle gesagt. Sartori spricht in diesem Zusammenhang von der Gefahr des „Parochialismus" (Sartori 1994, S. 19), also der Gefahr, dass Besonderheiten und Spezifika eines Falles übermäßig stark bewertet werden und man darüber Erklärungsmuster, die sich in bisherigen Studien als relevant erwiesen haben, vorschnell gänzlich verwirft und anstelle dessen zu nichtssagenden Ad-hoc-Aussagen gelangt, denen es an analytischem Mehrwert in Bezug auf die Theoriebildung mangelt (vgl. Muno 2009, S. 121).

## 9.3.2 Der komparative Mehrwert von Einzelfallstudien und die Auswahl spezieller Fälle

Oftmals wird die vergleichende Methode als „Königsweg der Politikwissenschaft" (Massing 1974, S. 37) bezeichnet. Prozessanalysen können als allgemeine Erklärungsstrategie selbstverständlich auch einem vergleichenden Untersuchungsdesign folgen. Nach Giovanni Sartori ist die vergleichende Methode vor allem dazu geeignet, Aussagen zu kontrollieren, d. h. über den Vergleich können mögliche alternative Erklärungen ausgeschlossen werden und auf diese Weise kann der Forscher zu Generalisierungen über die eigentlichen Vergleichsobjekte hinaus gelangen (vgl. Sartori 1994). Der Vergleich kann dabei unterschiedlich hochgesteckte Ziele verfolgen: Vom simplen Auffinden von Gemeinsamkeiten, Unterschieden und Besonderheiten, über das systematische Ordnen empirischer Sachverhalte mittels Klassifikationen und Typologien, dem Abgleich der Realität mit theoretischen Vorstellungen (z. B. über Idealtypen) und der Identifikation konkreter, für die reale Politik relevanter Probleme bis hin zum Test bzw. der Neuformulierung von Theorien, die im besten Fall sogar eine gewisse Prognosefähigkeit besitzen sollten.

Auf den ersten Blick erscheint es als notwendige Voraussetzung, mindestens zwei Vergleichsobjekte zu haben, um einen Vergleich anstellen zu können. Insofern kann im engeren Sinne eine Einzelfalluntersuchung, wie sie im vorigen Abschnitt als häufige Variante der Prozessanalyse dargestellt wurde, auch nicht zu den vergleichenden Forschungsdesigns gezählt werden. Insbesondere ist keine Kontrolle der über die Analyse eines singulären Falls herausgefundenen Aussagen möglich, was nach Sartori ja das Hauptinteresse einer vergleichenden Untersuchung sein sollte. Allerdings schränkt Sartori seine Aussage insofern ein, als er Einzelfalluntersuchungen dann der vergleichenden Politikwissenschaft zurechnet, sofern sie einen *„comparative merit"* aufweisen. Einen solchen komparativen Mehrwert haben Einzelfalluntersuchungen, wenn sie dezidiert Theorie-orientiert sind. D. h. wenn aufbauend auf theoretisch-konzeptionellen Überlegungen gezielt spezielle und nicht irgendwelche, willkürlich ausgewählte Fälle analysiert werden und hierbei das Ziel verfolgt wird, einen Fall nicht nur in seiner historischen Singularität möglichst genau zu beschreiben (das wäre eine historische Herangehensweise), sondern gewisse Generalisierungen über politische und soziale Phänomene zu erzielen. Für die Auswahl dieser speziellen Fälle stehen unterschiedliche Optionen zur Verfügung. Fünf Typen spezieller Fälle sollen hier in Anlehnung an Hague, Harrop und Breslin (1998, S. 277) unterschieden werden (vgl. auch Muno 2008, S. 117): Repräsentative, prototypische, abweichende, entscheidende und archetypische Fälle.

### 9.3.2.1   Repräsentative/Typische Fälle

Ein Fall kann als repräsentativ angesehen werden, wenn er das Typische eines sozialen Phänomens oder eines theoretischen Modells in sich vereint. Ziel der Auswahl eines repräsentativen Falles ist es, über diesen zu Generalisierungen über andere Fälle zu gelangen oder allgemeinere Aussagen an diesem einen Fall zu testen, der repräsentativ auch für andere Fälle stehen sollte. Möchte man beispielsweise die Funktionslogik eines semipräsidentiellen Systems untersuchen, würde es sich anbieten, die fünfte Republik in Frankreich als *case study* zu verwenden, die von Maurice Duverger als Schablone für die von ihm entwickelte Kategorie des Semipräsidentialismus verwendet wurde und somit als repräsentativ für dieses Regierungssystem anzusehen ist. Die Auswahl eines typischen Falles kann zudem auf Grundlage einer quantitativen Analyse erfolgen. Geht man beispielsweise von einem bivariaten, linearen Zusammenhang aus, können diejenigen Fälle, die mehr oder weniger exakt auf der ermittelten Regressionsgerade liegen, als typisch für den Zusammenhang betrachtet werden.

### 9.3.2.2   Prototypische Fälle

Ein prototypischer Fall unterscheidet sich von einem repräsentativen Fall dadurch, dass er noch nicht als typisch anzusehen ist, jedoch schon die Anlagen zu einem solchen Fall in sich trägt. Entsprechend dieser noch nicht vollständig entwickelten, aber doch schon eindeutig erkennbaren Kennzeichen kann die zukünftige Entwicklung zu einem repräsentativen Fall bereits vorausgesehen werden. Damit stehen bei prototypischen Fallstudien insbesondere die auf die wesentlichen Aspekte reduzierten, sich erst ausbildendenden typischen Muster eines Falles im Vordergrund. Ein oftmals zitiertes Beispiel für eine prototypische Fallstudie ist Alexis de Tocqueville's Werk „Über die Demokratie in Amerika" aus dem Jahr 1835 (s. Lauth und Winkler 2010, S. 53). In diesem beschreibt er bereits einen Großteil der wesentlichen Funktionsmerkmale demokratischer Systeme auf Basis des zu seiner Zeit de facto demokratischsten Systems der Welt, den USA, welches aus heutiger Sicht jedoch sicherlich nur als eingeschränkt demokratisch gelten kann. Gleichzeitig zeigt er zudem Gefahren auf, die auch heute noch von demokratietheoretischer Relevanz sind, wie beispielsweise die Gefahr, dass die Demokratie in eine Tyrannei der Mehrheit entartet, wodurch Minderheiten systematisch benachteiligt werden. Nur durch im Regierungssystem institutionell verankerte Begrenzungen einer Zentralgewalt und die aktive Einbeziehung der Bevölkerung in die politische Entscheidungsfindung könne man laut Tocqueville dieser Gefahr wirkungsvoll begegnen. Ein gewisses Problem prototypischer Fallstudien ist, dass sie zwangsläufig immer eine gewisse Wette auf die Zukunft beinhalten, denn man kann sich niemals zu 100 % sicher sein, dass ein prototypischer Fall sich wirklich zu einem repräsentativen Fall weiterentwickelt.

### 9.3.2.3 Abweichende Fälle/Ausreißer

Ein dritter Typ spezieller Fälle sind Fälle, die gerade nicht repräsentativ oder typisch sind, sondern, die sich entgegengesetzt zum eigentlich theoretisch erwarteten Zusammenhang verhalten. Hat man beispielsweise die Theorie, dass der Wahlerfolg rechtsradikaler Parteien mit der Ausländerfeindlichkeit in einer Region positiv zusammenhängt, d. h. bei hoher Ausländerfeindlichkeit sollten rechtsradikale Parteien mehr Stimmen erhalten und bei niedriger sollten es weniger Stimmen sein, gäbe es entsprechend zwei unterschiedliche Arten von abweichenden Fällen: Regionen, in denen zwar die Ausländerfeindlichkeit hoch ist, aber der Wahlerfolg rechter Parteien gering und solche, in denen eine geringe Ausländerfeindlichkeit und ein großer Stimmenanteil rechtsradikaler Parteien zusammenkommen (s. Lauth und Winkler 2010, S. 53). Diese abweichenden Fälle lassen sich insbesondere dazu nutzen, die eingangs formulierte Theorie weiterzuentwickeln. Stellt sich beispielsweise heraus, dass in der Region mit niedriger Ausländerfeindlichkeit der größte Arbeitgeber (z. B. ein Kohlebergbaubetrieb) aufgrund ausbleibender staatlicher Subventionen schließen musste und im Anschluss daran erst die rechtsradikalen Parteien große Stimmenzuwächse erzielten, dann könnte dieser Erfolg eher auf politisch und ökonomisch enttäuschte Protestwähler zurückgeführt werden. Im anderen abweichenden Fall könnte es sein, dass eine ansonsten eher als konservativgemäßigt zu bezeichnende Partei in der Region mit hoher Ausländerfeindlichkeit dieses Thema stark besetzt und beispielsweise für eine radikale Abschiebepraxis gegenüber straftätigen Ausländern eintritt. Damit gelingt es dieser Partei, das eigentlich vorhandene Potential rechtsradikaler Wähler für sich selbst zu mobilisieren. Die ursprünglich formulierte Theorie, die den Wahlerfolg rechtsradikaler Parteien mit der Ausländerfeindlichkeit in einer Region in Zusammenhang bringt, müsste entsprechend der Erkenntnisse aus den Analysen der beiden abweichenden Fälle um die Faktoren wirtschaftliche Problemlage und Besetzung rechter Thematiken durch gemäßigte Parteien erweitert werden.

Ähnlich wie bei den repräsentativen Fällen können auch abweichende Fälle gut mittels quantitativer Analysen identifiziert werden. Trägt man beispielsweise in einem Streudiagramm für alle in der UNO vertretenen Länder den Demokratiegrad und das BIP/Kopf ab, so wird sich ein deutlich positiver Zusammenhang zwischen den beiden Variablen ergeben. Für einzelne Länder wird dieser Zusammenhang jedoch nicht gelten. Insbesondere finden sich einige Staaten, wie Singapur oder die Vereinigten Arabischen Emirate, die eine sehr hohe Pro-Kopf-Wertschöpfung aufweisen, die gleichzeitig jedoch ein sehr niedriges demokratisches Niveau haben. Auch hier würde eine gezielte Analyse dieser abweichenden Fälle helfen, den generellen Zusammenhang zwischen Demokratie und Wirtschaftskraft genauer zu qualifizieren. Besitzt man keine Informationen darüber, ob ein Fall bezüglich des interessierenden Zusammenhangs wirklich als abweichend zu charakterisieren ist, kann man sich eventuell darüber behelfen, die univariate Häufigkeitsverteilung einer der betrachteten Variablen heranzuziehen. Hätte man beispielsweise keine Informationen zum Demokratiegrad, könnte man die Extremwerte oder Ausreißer beim BIP/Kopf für die Einzelfalluntersuchung auswählen.

### 9.3.2.4  Entscheidende Fälle

Als entscheidende Fälle (engl. *crucial cases*) bezeichnet man solche, die einen besonders großen Erkenntnisgewinn versprechen. Hierfür gibt es zwei Optionen: *least-likely* und *most-likely*-Designs. Erstere zeichnen sich dadurch aus, dass eine Theorie entgegen eigentlich extrem ungünstigen Ausgangsbedingungen, die der Fall an sich bietet, trotzdem für diesen Fall zutrifft. Die Logik hinter der Analyse von *least-likely*-Fällen ist simpel: wenn eine Theorie sogar unter solch ungünstigen Bedingungen zutrifft, dann müsste sie erst recht für Fälle gelten, die eine günstigere Ausgangslage aufweisen. Ein klassisches Beispiel für ein *least-likely*-Design lieferte der deutsche Soziologe Robert Michels bereits Anfang des 20. Jahrhunderts. Michels ging davon aus, dass jegliche Organisation, gleich wie demokratisch ihre Grundstruktur sei, mit der Zeit oligarchische Herrschaftsstrukturen herausbildet und ihre Führungsspitze immer mehr eigenen Interessen, insbesondere dem Erhalt der eigenen Machtposition nachgeht. Um seine Theorie zu testen, untersuchte er die zu seinerzeit von ihrer Binnenstruktur her formal demokratischste Organisation, die er finden konnte, die Sozialdemokratische Partei Deutschlands. Da er sogar bei den Sozialdemokraten, also unter eigentlich ungünstigen Bedingungen, seine

Theorie bestätigt fand, ist deren Verallgemeinerbarkeit deutlich größer als wenn er beispielsweise eine konservative Partei untersucht hätte, bei der grundsätzlich eher von einer oligarchischen Struktur auszugehen wäre. Michels formulierte in Folge dessen seine Theorie als das „eherne Gesetz der Oligarchie" (Michels 1911), das in sämtlichen Organisationen gelte. Bei einem *most-likely*-Design hingegen wird ein Fall untersucht, bei dem die eigentlich sehr günstige Ausgangslage trotzdem nicht zu dem von der Theorie erwarteten Effekt führt. Ein solches Design ist demzufolge besonders gut geeignet, um Theorien maximal zu falsifizieren und damit zu testen, inwiefern die allgemeine Gültigkeit einer Theorie stimmig ist, denn wenn die Theorie noch nicht einmal unter eigentlich günstigen Bedingungen zutrifft, dann ist es sehr fraglich, ob sie das unter ungünstigeren Bedingungen täte.

### 9.3.2.5  Archetypische Fälle

Der fünfte Typ spezieller Fälle sind sogenannte archetypische Fälle. Diese zeichnen sich dadurch aus, dass sie ein besonderes theoretisches Potential besitzen. Archetypische Fallstudien lassen sich deshalb besonders gut theoriegenerierend einsetzen. Sie beschreiben Fälle, die mehr noch als repräsentative oder prototypische Fälle als Blaupause für die Entwicklung von Kategorien stehen, die später einmal repräsentative Fälle enthalten. Beispielsweise würde es nicht ausreichen, die Französische Revolution nur als prototypisch oder repräsentativ für weitere Revolutionen zu begreifen, sie kann vielmehr als Archetyp einer komplett neuen Kategorie von gesellschaftlichen Umwälzungen verstanden werden.

Wird für eine theorietestende, theoriegenerierende oder eine diszipliniert-konfigurative Studie[10] – also auf jeden Fall eine dezidiert an der Theorie orientierte Studie – auf die hier vorgestellten speziellen Fälle zurückgegriffen, so kann eine Einzelfallstudie einen wirklichen komparativen Mehrwert generieren. Analog gelten die von Sartori eingangs erwähnten Vorteile komparativer Designs natürlich erst recht für echte Vergleichsstudien, in denen mindestens zwei Fälle verglichen werden. Sollen eher wenige Fälle mit einer vergleichsweise großen Tiefe verglichen werden, bieten sich qualitative Methoden für solch komparative Analysen an. Die Anzahl der Fälle bewegt sich dabei zwischen mindestens zwei und einem Maximum von etwa sechs bis zehn Fällen. Bei einer solchen Anzahl ist ein sinnvolles Vergleichen unter Berücksichtigung zumindest der meisten relevanten Aspekte der Fälle noch möglich. Sobald eine mittlere (ca. 10–20) oder große Anzahl an Fällen ($<15$) verglichen werden soll, sind spezifische Methoden wie die QCA oder statistische Ansätze (s. Kap. 4 und 8) notwendig. Auf die verschiedenen zur Verfügung

---

[10] Eine solche enthält sowohl theorietestende wie –generierende Anteile (Muno 2009, S. 119–121).

stehenden Vergleichsdesigns für den qualitativen Vergleich soll an dieser Stelle nicht weiter eingegangen werden, da diese als Forschungsdesigns den Rahmen eines Methodenbuches sprengen würden.[11] Vielmehr soll im folgenden Abschnitt primär auf Spezifika des Process Tracing abgestellt werden, auf die es im Rahmen von vergleichenden Fallstudien zu achten gilt.

### 9.3.3 Eigenart und Mehrwert vergleichender Fallstudien auf Prozessanalyse-Basis

Das Process Tracing stellt für die Durchführung vergleichender Fallstudien ein elementar wichtiges Instrumentarium dar. Uns ist entsprechend auch keine Anwendung einer vergleichenden Fallstudie bekannt, in der die analytische Narrative der einzelnen Fallstudien nicht zumindest auch Prozessanalysen enthalten. Im vorliegenden Abschnitt möchten wir nun zunächst eine Reihe genuin methodischer Besonderheiten der Prozessanalyse im Rahmen vergleichender Fallstudien ansprechen, bevor wir zu einigen ausgewählten weiterführenden Anmerkungen zu einschlägigen Forschungsdesign-Aspekten kommen.

Parallele, auf eine synthetische Auswertung ausgerichtete Prozessanalysen stehen vor der Herausforderung, nicht nur den konkreten einzelnen Fällen gerecht werden zu müssen, sondern dies in vergleichbarer Weise zu tun. Entscheidungen über den Ausgangspunkt der Untersuchung, die Balance zwischen Mikro- und Makro-Analyse oder Art und Umfang des zu verwendenden Quellenmaterials etwa verkomplizieren sich nicht nur wegen des wesentlich größeren Zeitaufwands und eventueller Sprachbarrieren. Politische Prozesse in verschiedenen Arenen unterliegen oftmals einer asynchronen Taktung, und bei besserer Vertrautheit mit manchen der Fälle im Vergleich zu anderen liegen Gefahren der Projektion und des ‚concept stretching' (Sartori) nahe – die Selbstbezeichnung eines Akteurs als Liberaler etwa dürfte im US-amerikanischen Kontext etwas anderes bedeuten als im deutschen, und das erklärte Ziel der Schwächung des Einflusses von Gewerkschaften hat in Frankreich andere Implikationen als in Österreich. Hier liegt aber in einer zunehmend verflochtenen Welt auch eine große Chance: Gerade innerhalb der Europäischen Union, wo ‚Galtons Problem' zunehmend die Unabhängigkeit der Fälle durch supranationale Einwirkungen in Frage stellt (vgl. Quaglia und Ra-

---

[11] Die interessierte Leserin sei verwiesen auf Ganghof (2005, S. 76–93), der den Unterschied zwischen X- und Y-zentrierten Untersuchungsdesigns erläutert, auf den Originaltext von Przeworsky und Teune, (1970), die Most Similar und Most Different Systems Designs beschreiben sowie Jahn (2013, S. 236–241), der die beiden letztgenannten Designs von den Mill'schen Differenz- und Konkordanzmethoden abgrenzt.

daelli 2007), können in vergleichend angelegten Prozessanalysen Diffusions- und Lerneffekte herausgearbeitet werden. Anknüpfend an die im vorausgegangenen Kapitel vorgestellte Zulassungsarbeit Michael Hofers könnte etwa der Einfluss der offenen Koordinierungsmethode auf die Gewichtung privater Vorsorge in der Alterssicherungspolitik verschiedener EU-Mitgliedstaaten untersucht werden. Nachzuzeichnen, welcher Akteur wann welchen Textbaustein in Brüssel ins Gespräch oder aus Brüssel mit nach Hause gebracht hat und welche Rolle nationales und europäisches Lobbying dabei gespielt hat, wäre keine kleine Errungenschaft einer Master-Arbeit. Die europäische Ebene ist bei solchen Fragestellungen allerdings letztlich als eine weitere gesonderte Fallstudie auf höherer Ebene zu analysieren.

Was die Vergleichsanlage betrifft, weisen Blatter et al. (2007, S. 135–137) zu Recht darauf hin, dass gerade bei der Analyse relativ weniger Fälle die Gefahr des ‚selection bias' groß ist und daher u. a. die externe Validität meist eng begrenzt bleiben dürfte. Dies ist allerdings aus unserer Sicht solange kein Mangel, wie keine unhaltbaren Übergeneralisierungen getroffen werden, sondern der Schuster bei seinem Leisten der inneren Validität bleibt. Wertvolle Erkenntnisse zu Kausalmechanismen in den untersuchten Fällen können dann ja selbst oder von anderen später durchaus in breiter, aber eben weniger tiefschürfend angelegten quantifizierenden Analysen aufgegriffen und zur Grundlage von anspruchsvolleren Hypothesentests werden (Ausführlicheres hierzu folgt in Kap. 13). Gerade angesichts in der Regel über die verschiedenen untersuchten Fälle asymmetrisch verteilter Vorkenntnisse und zuweilen sicher auch (trotz allem gegenteiligen Bemühen) virulenter Vorurteile ist zwar eine strukturierte Herangehensweise essenziell, zu rigide Festlegungen in der Vorbereitungsphase können aber Erkenntnisse verschließen bzw. zu Fehlurteilen führen (Blatter et al. 2007, S. 174).

Das *pattern matching*, also die Suche nach systematischen Mustern in den politischen Prozessen verschiedener Vergleichseinheiten – die Fälle müssen nicht immer Staaten sein – wird erheblich dadurch verkompliziert, dass es sich nicht in allen Fällen um realisierte Prozesse handeln muss, sondern dass oft auch lediglich antizipierte Prozesse von Belang sind, die die Entscheidungsträger in manchen der Fälle davon abgehalten haben, einen bestimmten Pfad zu verfolgen (vgl. Rohlfing 2012, S. 153–160). Kontrafaktische Erwägungen sind natürlich auch in Einzelfallstudien eine vertrackte Plausibilitätsübung, beim Parallelschalten und Auswerten mehrerer Fallstudien kann sich der Schwierigkeitsgrad jedoch potenzieren – und mit ihm die Zahl womöglich ebenfalls plausibler Interpretationen des Quellenmaterials. Hier stehen wir einmal wieder an einem Punkt, an dem es zu realisieren gilt, dass Sozialwissenschaft keine Einzeldisziplin ist, sondern gerade vom produktiven Streit unter den Praktikern lebt, die einander im möglichst herrschaftsarmen und für das bessere Argument offenen Diskurs zu überzeugen streben, ohne notwendigerweise an einen verbindlichen oder auch nur alle Beteiligten befriedigenden Endpunkt zu gelangen.

Insofern man sich auch auf unvollkommener Grundlage (zu ,imperfect comparisons' vgl. ebenfalls Rohlfing 2012, S. 97 f.) an systematische Auswertungen der Fallstudienevidenz wagen mag, diskutieren wir in Kap. 13 eine von Drozdova und Gaubatz (2013) vorgeschlagene Alternative zur Regression, die auch bei geringen Fallzahlen anschauliche Ergebnisse zeitigt. Auch die in Kap. 6 beschriebene QCA mag bei einer solchen Ausgangslage hilfreich sein.

## 9.4 Zusammenfassung und Ausblick

Die Prozessanalyse ist gerade in ihrer Ausgestaltung als Einzelfallstudie unserer Einschätzung nach die in studentischen Abschlussarbeiten am häufigsten verwendete Methode. Profitieren könnte die durchschnittliche Master-Arbeit zum einen von einer stärkeren Reflexion ihrer Erfolgsbedingungen. Dazu zählen gut abgehangenes Kontextwissen, ein solider Theorie-Bezug, Freude an der kleinteiligen Detektivarbeit mit chronologisch wie theorieorientiert geordnetem Primärquellenmaterial und die Bereitschaft zu kontrafaktischem Denken (nach dem Schema ,Was hätte der Fall sein müssen, damit...'). Ebenso gehört unserer Meinung nach die Bereitschaft dazu, bei der Darstellung der Forschungsergebnisse weder in der Protokollierung der Einzelschritte des Forschungsprozesses noch in einer rein historischen Nacherzählung des kausalen Prozesses zu verharren, sondern eine inhaltliche Interpretation bzw. Analyse vorzulegen, ohne dabei die Nachprüfbarkeit der Befunde zu vernachlässigen. (Verschaffen Sie dem Leser Einblicke in die hermeneutische Achterbahn, aber nehmen Sie ihn nicht in jeden Looping mit.)

Zum anderen kann eine Prozessanalyse methodisch nur selten allein stehen. Sie wird oft entweder – wie in Unterkapitel 9.3 diskutiert – im Rahmen einer vergleichenden Fallstudie multipliziert und synthetisiert werden müssen und/oder sie bedarf gerade dann, wenn sie lediglich einen Fall vertieft beleuchtet, der Flankierung durch Experteninterviews (siehe Kap. 10) und Inhalts- und Diskursanalysen (siehe Kap. 11 und 12) oder eines methodenverbindenden Designs inklusive quantifizierender Methoden (siehe Kap. 13). Damit Sie sich mit Ihrer Master-Arbeit nicht übernehmen, raten wir in Kap. 13 aber auch zur strategischen Begrenzung – nicht alles muss in einer Arbeit erledigt werden. Deshalb ist auch in den genuin prozessanalytischen Teilen eine frühe Priorisierung entlang der Leitfragen ,Was interessiert mich am meisten?' und ,Wo bestehen die größten Forschungslücken?' sinnvoll. In Analogie zur Prozessanalyse ist schließlich auch Ihre Master-Arbeit eine Manifestation der ,politics in time', und unter den entsprechenden Knappheitsbedingungen ist das Erledigte dem Perfekten vorzuziehen und müssen manche Kausalmechanismen unbeobachtet bleiben, auch wenn sie vielleicht nur die vorletzten Ursachen sind.

**Kommentierte Literaturempfehlung**

Bennett, Andrew. 2010. Process tracing and causal interference. In *Rethinking social inquiry. Diverse tools, shared standards*, Hrsg. Henry E Brady und David Collier, 207–219. Lanham: Rowman and Littlefield.

Dieser Sammelbandbeitrag vermittelt einen ersten Einblick in die theoretischen und methodologischen Grundlagen, aber auch über mögliche Anwendungsfelder der Prozessanalyse.

George, Alexander L. und Andrew Bennett. 2005. Case studies and theory development in the social sciences. Cambridge/Mass.: MIT Press.

Gerring, John. 2007. *Case study research. Principles and practices.* Cambridge: Cambridge University Press.

Diese beiden Bücher, welche die Methode der Prozessanalyse im Zusammenhang mit Fallstudiendesigns diskutieren bieten eine erste Orientierung für das praktische Vorgehen in einer Abschlussarbeit

Rohlfing, Ingo. 2012. *Case studies and causal inference: An integrative framework.* Houndmills, Basingstoke: Palgrave Macmillan.

Rohlfing entwickelt einen integrierten Ansatz von Prozessanalysen in vergleichenden Fallstudien, wobei er unter anderem auf die Natur von Kausalitäten, die Rolle der Theorie sowie die Breite des möglichen Anwendungsbereichs eingeht.

Starke, Peter 2015. Prozessanalyse in der Policyforschung. In *Handbuch Policyforschung,* Hrsg. Reimut Zohlnhöfer und Georg Wenzelburger, 453–482. Wiesbaden: Springer VS.

Dieser Beitrag stellt den Stand der Diskussion in Bezug auf Anwendungen in der Policy-Analyse dar, ist aber auch für primär an anderen Teilbereichen der Politikwissenschaft interessierte Studierende lesenswert.

Beach, Derek und Rasmus Brun Pedersen. 2013. *Process tracing methods. Foundations and guidelines.* Ann Arbor: University of Michigan Press.

Dieses aktuelle Kompendium, in dem die Grundlagen und die Vorgehensweise der Prozessanalyse vorgestellt werden, vermittelt ebenfalls einen sehr guten Einblick in die Methode und deren Anwendung.

# Experteninterviews

# 10

## Achim Hildebrandt

Experteninterviews gehören zu den gängigen Erhebungsmethoden in den Sozial-wissenschaften. Gleichwohl wurde diese Methode lange Zeit nur selten in Lehr-büchern behandelt. Dennoch galt: „alle tun es, aber keiner spricht darüber" (Vogel 1995, S. 73). Dank neuerer Literatur hat sich das inzwischen geändert. Doch diese Literatur kann Einsteiger vor Probleme stellen, denn teilweise wird nicht klar ge-nug herausgearbeitet, dass es zwei Forschungstraditionen gibt, in denen Expertin-terviews Verwendung finden. In diesen beiden Traditionen haben die Interviews einen unterschiedlichen Stellenwert und müssen unterschiedlichen Standards ge-nügen, was zu teilweise widersprüchlichen Empfehlungen führt, je nachdem wel-cher Tradition sich die Autoren zurechnen. Das kann zumal beim ersten Blick in die Methodenliteratur Verwirrung stiften.

Die eine Tradition ist vor allem in der Politikwissenschaft, aber auch in Teilen der Soziologie beheimatet. In ihr werden Experten zu Themen befragt, die nicht oder nur begrenzt öffentlich zugänglich sind, beispielsweise Entscheidungsprozes-se in der Bildungspolitik (Wolf 2006) oder die Machtkämpfe innerhalb der CDU (Schmid 1995). Die Experteninterviews werden ergänzt durch die Analyse von Dokumenten, Statistiken und Zeitungsartikeln. Das Interview erfragt das „aus der Praxis gewonnene, reflexiv verfügbare und spontan kommunizierbare Handlungs-und Erfahrungswissen" (Bogner und Menz 2009b, S. 64 f.). Die Experten selbst stehen nicht im Zentrum des Forschungsinteresses, sie sind nur Zeugen des inte-ressierenden Sachverhalts (Gläser und Laudel 2010, S. 12). Es geht nicht um die persönlichen Ansichten der Gesprächspartnerinnen, sondern um die Informatio-nen, die sie über ihr Arbeitsfeld geben können. Aus der Sicht der konkurrierenden Tradition sprechen Bogner und Menz sarkastisch von einem archäologischen Mo-

© Springer Fachmedien Wiesbaden 2015
A. Hildebrandt et al., *Methodologie, Methoden, Forschungsdesign*
DOI 10.1007/978-3-531-18993-2_10

dell des Interviews, „das das Expertenwissen als möglichst kontaminationsfrei zu bergenden Schatz denkt" (Bogner und Menz 2009b, S. 63).

Diese konkurrierende Tradition entstammt der Wissenssoziologie; Sie fragt nach den impliziten Regeln des Routinehandelns, den ungeschriebenen Gesetzen und Entscheidungsmaximen, die im Arbeitskontext des Experten gelten (Bogner und Menz 2009b, S. 70): Wie denken Manager über die betriebliche Mitbestimmung (Trinczek 2009), welche Rolle spielt das Geschlecht bei der Auswahl von Auszubildenden in verschiedenen Branchen (Littig 2009)? In der Regel können die Gesprächspartner dieses Wissen nicht unmittelbar kommunizieren, es muss aus narrativen Passagen des Interviews rekonstruiert werden. Die Experten selbst stehen im Fokus des Interesses und die Interviews stehen im Zentrum des Forschungsprozesses, sie werden in der Regel nicht durch andere Methoden oder Quellen ergänzt.

Wir folgen hier dem politikwissenschaftlichen Verständnis und gehen auf die andere Tradition nur am Rande ein. Für welche politikwissenschaftlichen Fragestellungen können Experteninterviews relevant sein? Für die Erforschung der „Alltagspraxis politischer Institutionen aller Art (vom Alltag der Gemeindepolitik bis hin zu informellen Prozessen politischer Führung im zentralen Entscheidungssystem)" (Patzelt 1991, S. 55). Für alle Fragestellungen also, für die nur begrenzt öffentliche Informationen vorliegen. Experteninterviews können einerseits in rein qualitativen Untersuchungen Verwendung finden, wie in Schmids (1995) Analyse der föderalen Struktur der CDU. Sie können aber auch makroquantitative Analysen sinnvoll ergänzen, beispielsweise um die Kausalmechanismen aufzudecken, die hinter den statistisch beschriebenen Zusammenhängen stehen (siehe dazu auch Kap. 9 und 13): Quantitative Analysen zeigen beispielsweise, dass Länder mit einer hohen Arbeitslosenquote in der Regel auch hochverschuldet sind. Unklar bleibt jedoch, auf welchen Kausalwegen die Arbeitslosigkeit den öffentlichen Haushalt beeinflusst. Experteninterviews mit Vertreterinnen von Finanzministerien können hier Auskunft geben und auf weitere relevante Quellen und Dokumente hinweisen (Hildebrandt 2009). Zudem können Experteninterviews zum Verständnis von Ausreißern beitragen, von Fällen, die von den übrigen statistischen Zusammenhängen abweichen. Schließlich vertiefen sie das Verständnis für den Forschungsgegenstand auch über die unmittelbar verwertbaren Informationen hinaus.

## 10.1  Auswahl der Gesprächspartner

Wer ist Experte, wer soll befragt werden? In der wissenssoziologischen Tradition wird die Frage nach unterschiedlichen Formen der Expertise und dem Expertenstatus detailliert diskutiert (Meuser und Nagel 2009b, S. 37 ff.). In politikwissenschaftlichen Analysen hingegen, die auf die Erhebung von Informationen abzielen, ergibt sich die Auswahl der Gesprächspartner vergleichsweise unkompliziert aus der Fragestellung: In der ersten Phase des Forschungsprozesses muss anhand von Literatur geklärt werden, welche kollektiven Akteure (z. B. Parteien, Interessenverbände, Ministerialverwaltungen) vermutlich relevante Informationen über den Forschungsgegenstand besitzen. Im nächsten Schritt stellt sich die Frage, welche Konflikte und unterschiedlichen Sichtweisen zwischen diesen Akteuren bestehen, z. B. Arbeitgeber und Gewerkschaften, Pharmaindustrie und Krankenkassen. Wenn solche Konflikte existieren, ist es unerlässlich, jede Seite eines Konfliktes zu befragen, nach dem Motto *Audiatur et altera pars*, gehört werde auch der andere Teil. Generell sollte mehr als ein Repräsentant eines kollektiven Akteurs interviewt werden: „What one person has forgotten, another will often remember, and interviewees differ as to how thoughtful, articulate, knowledgeable, or open they are" (Rubin und Rubin 2012, S. 63). Inwieweit Sie dieser Forderung nachkommen können, hängt von den Ressourcen an Zeit und Geld ab, die Ihnen zur Verfügung stehen, sowie von dem Stellenwert, den die Experteninterviews in Ihrer Masterarbeit einnehmen. Je stärker sich Ihre Argumentation auf die Interviews stützt und je weniger die Interviews durch andere Quellen und Methoden ergänzt werden, desto mehr Interviews sollten Sie führen. Selbst wenn das der Fall sein sollte, erscheinen bei einer Bearbeitungszeit von vier Monaten deutlich mehr als zehn Interviews nicht möglich.

Im letzten Schritt gilt es dann zu klären, welcher konkrete Repräsentant der einzelnen kollektiven Akteure befragt werden soll. In der Regel stehen hier mehrere Funktionsträgerinnen zur Auswahl: Wer sich für die Landesverbände der CDU interessiert, kann die Landesgeschäftsführer, die Referenten der Landesgeschäftsstellen und die Mitglieder des Landesvorstandes befragen (Schmid 1995). Infolge dieser Auswahl können vergleichsweise einfach mehrere Vertreter einer Seite interviewt werden. Sollte hingegen die Teilnahmebereitschaft sehr niedrig sein, werden Sie in der Regel trotzdem noch einen Vertreter finden, der bereit ist, mit Ihnen zu sprechen.

Bei größeren Organisationen stellt sich die Frage, welche Hierarchieebene kontaktiert werden soll. Auf der Leitungsebene dieser Organisationen befinden sich eher „Generalisten, die nur selektiv über die für unsere Arbeit relevanten Informationen Bescheid wissen" (Krafft und Ulrich 1995, S. 28). In Ministerien befindet sich beispielsweise die gesuchte Expertise meist auf Ebene der Referatsleiterinnen (Hägele 1995, S. 69). Zudem ist in der Regel die Arbeitsbelastung von Leitungspersonen besonders hoch, weshalb sie eher weniger bereit sind, ihre Zeit für ein Interview zu opfern (Gläser und Laudel 2010, S. 117). Entweder kontaktiert man deshalb die Leitungsebene der Organisation und bittet um die Weiterleitung an einen kompetenten Gesprächspartner oder man versucht eine geeignete Gesprächspartnerin direkt anzuschreiben, beispielsweise, indem man sich das Organigramm eines Ministeriums besorgt.

Nach den ersten Interviews kann nach dem Schneeball-Prinzip verfahren werden, indem man die Interviewten nach weiteren relevanten Gesprächspartnern fragt. Dieses Verfahren ist besonders hilfreich, wenn man auf diesem Wege den Hintergrund möglicher Gesprächspartner bzw. Konfliktlinien in der untersuchten Organisation aufdecken kann, wie Schmid an einem Beispiel zeigt:

> Der Befragte nannte alle wichtigen Akteure im bildungspolitischen Netzwerk seiner Partei, inklusive ihre politischen Positionen, Konfliktlinien und Tagungsorte. Durch die Mitteilung der bildungspolitischen ,Freund-Feind-Verhältnisse' innerhalb der Partei war es daraufhin erheblicher einfacher, die ,richtige' Referenz bei der Kontaktaufnahme anzugeben, was die Gesprächsbereitschaft deutlich verbessert hat. (Schmid 1995, S. 316)

## 10.2 Die Kontaktaufnahme

Wir folgen an dieser Stelle den Empfehlungen von Gläser und Laudel (2010, S. 158 f.) und Rubin und Rubin (2012, S. 79–83). Die erste Kontaktaufnahme sollte schriftlich erfolgen, ein Brief strahlt dabei eine höhere Seriosität aus als eine E-Mail. In diesem Anschreiben skizzieren Sie in einigen Sätzen Ihr Forschungsvorhaben, erläutern, welchen Stellenwert das geplante Interview für die Beantwortung der Frage hat und begründen, warum der Adressat für das Interview angefragt wird.[1] Mit diesen Informationen motivieren Sie den potentiellen Gesprächspartner zur Teilnahme – insofern er die Fragestellung für relevant und interessant erachtet – und ermöglichen es ihm zugleich, sich auf das Gespräch einzustimmen und gegebenenfalls vorzubereiten. Kurz nachdem die angesprochene Person Ihren Brief erhalten hat, sollten Sie ihn oder sie anrufen, seine oder ihre Zustimmung zum Interview einholen und einen Termin für das Gespräch vereinbaren. Zugleich können Sie in dem Telefonat noch offene Fragen beantworten, Bedenken zerstreuen und noch einmal zur Teilnahme motivieren. Häufig werden Interviewanfragen aus Zeitmangel abgelehnt. Hier hilft es unter Umständen einen späteren Termin vorzuschlagen und die Interviewdauer zu reduzieren (Gläser und Laudel 2010, S. 164).[2] Mit anderen Worten, die Verabredung von Experteninterviews erfordert einen zeit-

---

[1] Rubin und Rubin (2012, S. 80–82) zeigen zwei hilfreiche Beispiele für solche Anschreiben.
[2] Dort werden auch weitere, häufig geäußerte Bedenken und Ablehnungsgründe genannt sowie Tipps zum Umgang mit ihnen gegeben.

lichen Vorlauf, deshalb sollten Sie damit unbedingt zum Beginn ihrer Bearbeitungszeit anfangen. In der Regel interviewt man Personen, die tatsächlich eine hohe Arbeitsbelastung haben. Darüber hinaus hat der Zeitmangel eine symbolische Bedeutung, er zeigt die Bedeutung des Gesprächspartners.

## 10.3   Was motiviert die Gesprächspartner?

Warum opfern sie trotzdem ihre Zeit? Unserer Erfahrung nach fühlen sich viele Gesprächspartner geschmeichelt, wenn ihr Arbeitsfeld wissenschaftliches Interesse auf sich zieht: „most people like to talk about themselves; they enjoy the sociability and the sense of accomplishment and are pleased that somebody is interested in what they have to say" (Rubin und Rubin 2012, S. 78). Dahinter steht häufig ein gemeinsam geteiltes Verständnis über die Bedeutung von Forschung und eine professionelle Neugier an dem Thema der Forschungsarbeit (Bogner und Menz 2009a, S. 9) sowie eine gewisse Hilfsbereitschaft – die Befragten sind bereit, etwas zum Gelingen einer Abschlussarbeit oder einer wissenschaftlichen Qualifikationsarbeit beizutragen.

Ein weiteres Motiv betrifft weniger studentische Qualifikationsarbeiten, die zumeist nicht veröffentlicht werden, sondern wissenschaftliche Publikationen: Die Gesprächspartnerinnen wollen ihre Organisation in einem möglichst guten Licht erscheinen lassen. Durch die Anfrage wird deutlich, dass die Organisation in das Interesse einer Wissenschaftlerin geraten ist, die Zusage eines Interviews ermöglicht es dem Angefragten auf die Darstellung in der Arbeit Einfluss zu nehmen – andernfalls würde die Wissenschaftlerin ihre Darstellung ausschließlich aus anderen Informationsquellen schöpfen – zum Beispiel aus den Interviews mit anderen, konkurrierenden Akteuren (Krafft und Ulrich 1995, S. 30).

Zudem ermöglicht das Interview dem Gesprächspartner Themen seines Arbeitsfeldes sozial folgenlos zu durchdenken und zu besprechen. Trinczek berichtet beispielsweise, dass Manager in den Interviews eine offene Selbstreflexion zeigen, die im strategisch ausgerichteten Kommunikationsstil ihres Arbeitsumfelds nicht möglich wäre (Trinczek 2009, S. 232). Das kann im Extremfall zu einem Katharsiseffekt führen (Vogel 1995, S. 81), bei dem das Interview eine kathartische (reinigende) Wirkung für die Befragten hat: „Was die Befragten schon immer einmal sagen wollten, bricht sich nun gegenüber einem geduldig zuhörenden Sozialforscher ungehindert Bahn" (Vogel 1995, S. 81). In einem solchen Interview kann der Leitfaden häufig nicht oder nur begrenzt abgearbeitet werden,[3] weil der Experte

---

[3] Wir gehen auf dieses Problem weiter unten ein.

zu beschäftigt ist, sich selbst und seine Probleme zu inszenieren. Im Gegenzug bietet der Redestrom des Befragten die Chance, einen anderen Blick auf den Untersuchungsgegenstand zu werfen oder Informationen zu gewinnen, die andernfalls nicht in den Blickwinkel der Untersuchung geraten wären.

## 10.4   „Muss ich da wirklich hinfahren?" – Das telefonische Interview als Alternative?

Telefonische Experteninterviews haben den Vorteil, dass man für sie kaum Zeit und gar keine Reisekosten aufwenden muss. Dem stehen jedoch gravierende Nachteile gegenüber (siehe zum Folgenden Christmann 2009): Zunächst einmal erzeugt die Anfrage für ein telefonisches Interview eine deutlich geringere Motivation zur Teilnahme. Offensichtlich wird die Bereitschaft, für ein Gespräch von ein bis zwei Stunden eine Reise auf sich zu nehmen, als höhere Wertschätzung wahrgenommen. Zudem gelingt es in einem Telefongespräch nur sehr begrenzt eine Vertrauensbasis herstellen, die nötig ist, um politisch sensible Informationen zu erhalten. Ein Telefongespräch ist zudem deutlich störanfälliger als ein Face-to-Face-Interview, denn mögliche Ablenkungen und Konzentrationsmängel können nicht kontrolliert werden – es ist der Qualität des Interviews abträglich, wenn der Gesprächspartner nebenbei Unterschriftenmappen abarbeitet oder seine Mails abruft. Schließlich stellt ein Telefoninterview sehr hohe Anforderungen an die Gesprächsführung: Alle nonverbalen Formen der Kommunikation wie Mimik und Körpersprache stehen dem Interviewer und seiner Gesprächspartnerin nicht zur Verfügung. Eine zugewandte Körperhaltung, Blickkontakt und Kopfnicken können nicht als Rezeptionssignal – als Zeichen der fortdauernden Aufmerksamkeit des Zuhörers – verwendet werden; es bleiben nur verbale Äußerungen wie „mhm" und „hm". Als besonders schwierig erweist sich Christmann zufolge, die Interpretation von Gesprächspausen der Befragten während des Telefonats: Handelt es sich um Denkpausen, die nicht unterbrochen werden sollten, oder sieht der Befragte seine Antwort als beendet an und wartet auf die nächste Frage?[4]

---

[4] Christmann (2009) belegt diese Probleme anhand von Transkripten ihrer telefonischen Interviews, die sie eingehend interpretiert. Trotz aller berechtigten Kritik können telefonische Interviews unter bestimmten Umständen sinnvoll eingesetzt werden: Wenn Sie einige weiterführende Fragen an eine Person stellen, mit der Sie bereits ein Interview geführt haben; wenn nur wenige, eng umgrenzte Fragen an eine Person gestellt werden sollen, die die Anreise zu einem persönlichen Gespräch nicht unbedingt notwendig erscheinen lassen oder wenn Face-to-Face-Interviews mangels Zeit und Geld überhaupt nicht in Frage kommen.In Zukunft könnten die Probleme des telefonischen Interviews durch die weitere Verbreitung von Skype reduziert werden.

Noch problematischer ist ein ‚Interview' per Mail, da hier nicht einmal mehr akustische Informationen vorliegen. Das Hauptproblem liegt allerdings darin, dass die Interviewpartner ihre Antworten aufschreiben müssen und sich deshalb möglichst kurz fassen werden (Gläser und Laudel 2010, S. 154). Deshalb empfehlen wir Ihnen das persönliche Gespräch, zu dem Sie anreisen. Im Regelfall findet das Interview in dem Büro des Interviewpartners statt, planen Sie dazu unbedingt genügend Zeit auch für das Suchen von Räumen in größeren Behörden ein. Das Büro bietet dem Gesprächspartner ein gewohntes Umfeld, dass ihm die ungewohnte Situation des Interviews erleichtert (Gläser und Laudel 2010, S. 165), zugleich ermöglicht es ihm während des Gesprächs spontan auf Unterlagen, Dokumente und Arbeitsmaterialien zuzugreifen, um einzelne Gesprächspunkte näher zu erläutern und konkrete Beispiele zu geben (Mieg und Näf 2006, S. 25).

## 10.5   Die Vorbereitung des Gesprächs

Eine intensive Vorbereitung auf das Gespräch ist unerlässlich, nicht nur um die begrenzte Zeit des Interviews optimal zu nutzen und die relevanten Fragen zu stellen, sondern auch, um von der Interviewten als kompetenter Gesprächspartner akzeptiert zu werden (Pfadenhauer 2009). Mangelnde Vorbereitung suggeriert mangelndes Interesse und senkt die Motivation der Gesprächspartnerin: „Your informed questions signal the interviewees that you have done your homework, made an effort, and have not just come to pick their brain. You have gone as far as you can go with the available material and now you need some help" (Rubin und Rubin 1995, S. 198). Darüber hinaus sind detaillierte Vorkenntnisse über das Themengebiet und den Handlungskontext des Gesprächspartners notwendig, um seine Aussagen einschätzen und bewerten zu können (Pickel und Pickel 2009, S. 454). Es ist davon auszugehen, dass jede Aussage im politischen Feld unter anderem interessengeleitet ist. Das Wissen um die Position des Gesprächspartners ermöglicht es Ihnen, Vermutungen über seine Interessen zu formulieren, die bei der Interpretation der Aussagen berücksichtigt werden können.

Was gehört zu einer guten Vorbereitung? Die wissenschaftliche Literatur und die aktuellen Medienberichte über den Kontext, in dem der Befragte arbeitet, sowie die geltenden Gesetzen und Vorschriften: „‚Erlaubt' sind Unkenntnisse, die Ereignisse betreffen, die sich innerhalb der jeweiligen Institution abgespielt haben" (Meuser und Nagel 2009a, S. 473). Am Abschluss der Vorbereitung steht ein genereller Gesprächsleitfaden, der gegebenenfalls für einzelne Interviews angepasst werden muss, im Hinblick auf unterschiedliche Schwerpunkte, die jeweils von Bedeutung sind. Der Leitfaden enthält alle Fragen, die während des Interviews gestellt werden sollen.[5] Im Gegensatz zu einem standardisierten Fragebogen ist weder die Reihenfolge der Fragen noch ihre exakte Formulierung vorgegeben.[6] Diese relative Offenheit ermöglicht es, den Gesprächsverlauf an den Interviewpartner anzupassen, also beispielsweise Nachfragen zu stellen, wenn etwas nicht hinreichend deutlich wurde, oder Fragen zu einem Thema zu stellen, das der Interviewpartner von sich aus anspricht: Es ist möglich, einzelne Fragen vorzuziehen oder nach hinten zu schieben, wenn sich das so ergibt: „So kommen Interviewpartner mitunter von selbst auf ein bestimmtes Thema zu sprechen, und es wäre unsinnig, sie von dort wieder wegzulenken, weil die zu diesem Thema gehörenden Fragen ‚noch nicht dran sind'" (Gläser und Laudel 2010, S. 42).

Der Leitfaden sollte knapp gehalten werden und übersichtlich sein, damit Sie während des Gesprächs nicht in Ihren Unterlagen suchen müssen. Die Länge des Leitfadens richtet sich nach der Interviewdauer, die Sie mit ihrer Gesprächspartnerin vereinbart haben. Gläser und Laudel nennen die Faustregel, dass man in einer Stunde 8 bis 15 Fragen behandeln kann, je nach Offenheit der Frage und Komplexität des Gegenstands (Gläser und Laudel 2010, S. 144). Sie müssen darauf vorbereitet sein, dass die Zeit nicht ausreicht, um alle Fragen zu stellen, so dass die Wichtigkeit der einzelnen Fragen vorab geklärt werden muss, um die Wichtigeren in der verbleibenden Zeit zu stellen (Gläser und Laudel 2010, S. 153).[7]

---

[5] Siehe generell zur Konstruktion des Leitfadens Gläser und Laudel (2010, S. 142 ff.). Hilfreich ist auch Helfferichs Schema des Sammelns, Streichens, Sortierens und Subsumierens von Fragen (Helfferich 2011, S. 182–189). Helfferichs Schema entstammt allerdings einer narrativ geprägten Interviewtradition und muss deshalb an die Besonderheiten eines themenzentrierten Experteninterviews angepasst werden. Helfferich warnt selbst davor, bei Experteninterviews offene und unspezifische Erzählaufforderungen zu verwenden, da sie nicht im Einklang mit den Erwartungen der Gesprächspartner stehen.

[6] Das Leitfaden-gestütze Experteninterview ist allerdings stärker vorstrukturiert als andere Befragungen wie etwa biographische Interviews. Experteninterviews nehmen daher hinsichtlich der Standardisierung eine mittlere Position in dem Kontinuum sozialwissenschaftlicher Befragungsformen ein (siehe dazu: Behnke et al. 2010, S. 244–257).

[7] Das ist viel weniger problematisch, als es zunächst erscheint: Wenn die Zeit nicht für alle Fragen ausreicht, haben Sie umfangreiche (und zumeist auch ertragreiche) Antworten erhalten (Rubin und Rubin 2012, S. 127). Vielleicht können Sie einen zweiten Gesprächstermin vereinbaren, um noch offene Fragen zu stellen oder Sie wenden sich mit diesen Fragen an einen anderen Gesprächspartner.

## 10.6   Tonband-Aufzeichnungen und die Verwendung des Interviews in der Arbeit

Sollte das Gespräch auf Tonband aufgezeichnet werden oder genügt es, sich während des Interviews Notizen zu machen, die man später in Reinschrift bringt? Die Antwort auf diese Frage hängt aus unserer Sicht wiederum vom Erkenntnisinteresse ab: Geht es um die Rekonstruktion von Vorstellungsinhalten des Befragten, ist eine Tonbandaufzeichnung unerlässlich, die nach dem Interview verschriftlicht[8] wird. Wenn es aber wie in den meisten politikwissenschaftlichen Analysen um die Erhebung von Informationen zu einem Gegenstandsbereich geht, reicht es zumeist aus, sich handschriftliche Notizen zu machen und sie unmittelbar nach dem Gespräch in einem Gedächtnisprotokoll zusammenzufassen. Dieses Verfahren ist weniger aufwändig und vor allem ist es den politisch umstrittenen Themenbereichen, mit denen sich Politikwissenschaftler in der Regel beschäftigen, weitaus angemessener. Ein mitlaufendes Aufnahmegerät hemmt häufig die Auskunftsfreude der Interviewpartner und sensible Informationen werden dann seltener weitergegeben.[9] Schmid berichtet sogar, dass selbst das handschriftliche Protokollieren während des Gesprächs die Befragten beeinflussen kann:

> Das Protokollieren von ‚interessanten' Aussagen ist aber in mehreren Fällen vom Gesprächspartner als Signal interpretiert worden und hat zu einer vorsichtigen und zurückhaltenden Ausdrucksweise mit entsprechendem Informationsverlust geführt. Um einen solchen Rückzug zu vermeiden, sind brisante Formulierungen erst mit einigen Minuten Verspätung notiert und der Eindruck erweckt worden, daß das Gesagte schon bekannt wäre und damit doch eher harmlos. (Schmid 1995, S. 317)[10]

Für die Aufzeichnung spricht, dass das gleichzeitige Protokollieren eine zusätzliche Anforderung an den Interviewer stellt, dessen Aufmerksamkeit eigentlich schon mit der Gesprächsführung ausgelastet ist. Zudem stellt das Gesprächspro-

---

[8] Siehe zur Transkription: Rubin und Rubin 2012, S. 190–192.

[9] Der Verfasser hat gute Erfahrungen damit gemacht, den Gesprächspartnern vorab mitzuteilen, dass sie nach dem Interview das Erinnerungsprotokoll zur Autorisierung vorgelegt bekommen. Keiner der Gesprächspartner hat bislang eine Änderung des Protokolls verlangt.

[10] Hier stellt sich die Frage, inwiefern Schmid seine Gesprächspartner in die Irre führt und wie das zu bewerten ist. Sie dürfen auf keinen Fall ihre Gesprächspartner schädigen, in den allermeisten Fällen haben Sie es allerdings mit Profis zu tun, die wissen, was sie in dem Interview erwähnen können und was nicht. Sie sind also nicht gezwungen, Ihre Gesprächspartner vor sich selbst zu schützen. Was Sie aber tun müssen, ist mit den Gesprächspartnern die Frage der Anonymität oder namentlichen Kennzeichnung der Aussagen explizit zu vereinbaren.

tokoll eine Rekonstruktion dar, die „ – wie alle anderen Rekonstruktionen auch – durch Auslassungen, Umdeutungen und Interpretation, retrospektive Rationalisierung usw. belastet" ist (Gläser und Laudel 2010, S. 157). Das ist allerdings aus unserer Sicht vor allem dann ein Problem, wenn man die Rekonstruktion von Sinngehalten anstrebt und nicht nur sachdienliche Informationen erheben will.

Wenn Sie das Gespräch aufzeichnen möchten, müssen Sie vor dem Interview das Einverständnis Ihres Gesprächspartners einholen. In jedem Fall muss die Frage geklärt werden, wie die Interviewaussagen in der Arbeit verwendet werden, auch hier ist die explizite Einwilligung des Gesprächspartners notwendig. Es ist eine Grundregel wissenschaftlichen Arbeitens, dass alle Aussagen belegt werden müssen, dementsprechend sollten Informationen, die Sie aus Interviews gewonnen haben, mit dem Namen des Gesprächspartners und dem Datum des Interviews als Beleg angeführt werden. Eine Ausnahme liegt jedoch vor, wenn Interviewpartner Ihnen besonders heikle Informationen geben unter der Bedingung, dass sie damit nicht zitiert werden möchten. Diese Zusage ist unter allen Umständen einzuhalten, daher müssen Sie diese Informationen mit anderen Quellen belegen – oder wenn dies nicht möglich ist, als Spekulation oder Vermutung ohne Beleg anführen.

Abweichend von diesem Postulat werden Experteninterviews in sozialwissenschaftlichen Untersuchungen häufig teilweise oder komplett anonymisiert. Bei einer teilweisen Anonymisierung werden die Gesprächspartner im Anhang der Arbeit namentlich erwähnt, ihnen werden jedoch im Text keine Aussagen zugeordnet, bei der vollständigen Anonymisierung werden die Befragten nur noch als Buchstaben oder Zahlen aufgeführt. Eine dritte Möglichkeit besteht darin, den Namen einer Befragten zu verschweigen, und stattdessen ihr Tätigkeitsfeld zu umschreiben, so kann ein Befragter beispielsweise als ehemaliger Wissenschaftsminister eines SPD-regierten westlichen Flächenlandes tituliert werden. Diese Beschreibung darf allerdings nicht so eng gewählt werden, dass auf die konkrete Person geschlossen werden kann. Egal für welches Verfahren Sie sich entscheiden, Sie müssen die Befragten darüber vor dem Interview aufklären und ihr Einverständnis einholen.[11] Das ist nicht nur eine forschungsethische Selbstverständlichkeit, sondern auch durch das Bundesdatenschutzgesetz zwingend vorgegeben.[12]

---

[11] Wenn Sie Ihre Gesprächspartnerin durch ihr Tätigkeitsfeld kennzeichnen möchten, so müssen Sie die exakte Bezeichnung mit Ihr vereinbaren.

[12] Wenn Sie den Befragten Anonymität zusichern, müssen Sie Ihre Arbeit oder Publikation so formulieren, dass nicht auf die Identität der Befragten geschlossen werden kann. Das gilt auch, wenn Sie einzelne Argumente aus einem Gespräch in späteren Interviews zitieren. Selbst wenn die Befragten einverstanden sind, dass sie mit vollem Namen in der Publikation erscheinen, sollten Sie wörtliche Zitate dem Interviewpartner zur Autorisierung vorlegen.

## 10.7 Der Ablauf des Gesprächs

Zum Einstieg sollten Fragen gewählt werden, die das Interesse des Interviewten wecken und ein mögliches Misstrauen zerstreuen. Durch Ihre ersten Fragen signalisieren Sie Ihrer Gesprächspartnerin zudem, über wie viel Fachwissen Sie verfügen und auf welchem Abstraktionsniveau sie infolgedessen antworten kann. Um es klar zu sagen: Wir meinen damit Fachwissen aus dem Arbeitsbereich Ihrer Gesprächspartnerin und nicht akademischen Jargon oder Sozialwissenschaftler-Deutsch – so etwas hat im Interview nichts zu suchen. Heikle Themen, wie etwa Fragen zu innerorganisatorischen Konflikten oder Themen, die das Ansehen der Organisation herabsetzen, sollten erst später angesprochen werden, da sie ansonsten die Auskunftsbereitschaft der Befragten gefährden könnten. Rubin und Rubin (2012, S. 65–66) geben Hinweise dazu, wie heikle Fragen formuliert werden können: In einer Evaluationsstudie ist beispielsweise die Frage nach den Problemen bzw. Hindernissen, denen sich ein Programm gegenübersah, zielführender als die direkte Frage, warum das Programm scheiterte. Nach der Einstiegsfrage gilt es die Interviewführung flexibel an den Gesprächsverlauf anzupassen und dem Interviewten die Gelegenheit zu geben die Punkte auszuführen, die ihm wichtig sind, „denn der Befragte sollte sich auch als kompetenter Gesprächspartner (Status!) von seinem Gegenüber ernst genommen fühlen" (Vogel 1995, S. 76). Zudem können durch eine offene Gesprächsführung Aspekte in den Blick des Forschers geraten, die bei einem sturen Abhaken von Fragen verborgen geblieben wären. Zugleich darf der Leitfaden nicht aus den Augen verloren werden, sodass am Ende (wenn möglich) alle Punkte abgearbeitet sind – die Anforderungen an die Interviewerin sind wie gesagt hoch. Hopf (1978, S. 111) spricht von einer „permanenten, spontanen Operationalisierung", die die Interviewerin leisten muss. Forschungsfragen müssen in konkrete Interviewfragen übersetzt werden und die Antworten der Gesprächspartner müssen auf Ihre Bedeutung hinsichtlich der Forschungsfragen bzw. des Erkenntnisinteresses beurteilt werden. Es gilt zu klären, ob eine Frage schon hinlänglich beantwortet wurde, oder ob Nachfragen gestellt werden müssen.

Thematisch zusammengehörige Fragen sollten in einem Block behandelt werden, um unnötige Brüche zu vermeiden und um nicht mehrfach auf den gleichen oder ähnlichen Sachverhalt zurückkommen zu müssen. Das verärgert die Befragten: „das haben Sie mich doch schon gefragt". Zum Abschluss des Gesprächs empfehlen Gläser und Laudel (2010, S. 149) die Frage, ob der Gesprächspartner aus seiner Sicht noch etwas hinzufügen möchte. Damit können zusätzliche Informationen gewonnen werden und die Gesprächspartnerin erfährt noch einmal Wertschätzung in ihrer Rolle als Expertin. Eine positive Stimmung am Ende eines Interviews macht es wahrscheinlicher, dass der Befragte späteren Gesprächspartnerinnen positiv von dem Interview berichtet und Ihnen damit den Weg bereitet. Zudem sollten Sie die Bitte anfügen, im weiteren Forschungsverlauf mit telefonischen Rückfragen auf Ihren Gesprächspartner zukommen zu dürfen.

## 10.8  Gesprächsführung

Es gibt zahllose Anweisungen für das korrekte Verhalten von Interviewern (etwa Helfferich 2011), die eine gewisse Befangenheit zumal bei Anfängern auslösen können. Für den Einstieg können Sie Gläser und Laudel (2010, S. 172–190) lesen, Sie sollten sich davon aber nicht übermäßig beeindrucken lassen: „Perhaps the single most important rule is – to quote from *The Hitchhiker's Guide to the Galaxy* – ‚DON'T PANIC'" (King 1994, S. 24, Hervorhebung im Original). Versuchen Sie authentisch zu bleiben und einen Interviewstil zu wählen, der Ihnen gemäß ist und einen angenehmen Umgang mit Ihrem Gesprächspartner ermöglicht.[13] Fehler sind unvermeidlich, häufig können Sie sie noch im Verlauf des Gesprächs korrigieren, wenn Sie aufmerksam gegenüber Ihrer Gesprächspartnerin sind und Ihr eigenes Verhalten reflektieren. Dennoch gelten einige Grundregeln: Verhalten Sie sich respektvoll gegenüber Ihrer Gesprächspartnerin! Sie nimmt sich die Zeit, Ihre Frage zu beantworten, gehen Sie davon aus, dass sie noch andere Dinge zu tun hat, als Ihnen bei der Abfassung Ihrer Masterarbeit zu helfen. Halten Sie sich mit Ihren eigenen Deutungen zurück! Sie führen das Interview, um Informationen von Ihrem Gesprächspartner zu erhalten, nicht um eine politische Diskussion mit ihm zu führen oder ihn von Ihren Positionen zu überzeugen! Das impliziert, dass Sie zu Themen, bei denen Sie entgegengesetzte Argumente nur schwer ertragen können, keine Interviews führen sollten (Rubin und Rubin 2012, S. 84).[14]

Wie aber soll man reagieren, wenn Ihr Gesprächspartner Sie explizit zu einer Stellungnahme auffordert und Sie seine Positionen überhaupt nicht teilen? Wie vermeiden Sie es dann, dass aus Ihrem Interview eine politische Debatte wird? Schmid (1995, S. 316) empfiehlt eine Notlüge – dem stehen nicht nur ethische Bedenken gegenüber, sondern auch ganz praktische: Wenn es Ihnen nicht gelingt, überzeugend zu schauspielern, zerstören Sie die Vertrauensbasis, die für ein erfolgreiches Interview notwendig ist. Rubin und Rubin hingegen empfehlen die eigene Position zu markieren und zum Interviewthema zurückzuleiten. Sie führen das am hypothetischen Beispiels einer Waffenlobbyistin aus, die nach der Meinung des Interviewers fragt: „you could say, ‚I grew up in a household where guns were considered evil, so I just accepted some negative ideas about them. This is the first time

---

[13] Zur Frage des persönlichen Interviewstils: Rubin und Rubin 2012, S. 35 und 73.

[14] Genauer gesagt sollten Sie solche Themen gar nicht erst als Forschungsgegenstand wählen, da Ihnen die nötige Distanz fehlt.

I am really hearing the other side.' Honesty, however, does not require you to blurt out everything you think or feel" (Rubin und Rubin 2012, S. 84). Diese Probleme treten aber sehr selten auf, da Politikerinnen und Interessenvertreterinnen gewohnt sind, dass es unterschiedliche Positionen zu Streitfragen gibt und nicht alle ihre Meinung teilen. In der Regel verspüren sie wenig Neigung, diese mit Studierenden zu diskutieren, die sie interviewen. In Gesprächen mit eher technischen Experten, wie Ministerialbeamtinnen, sollten solche Probleme überhaupt nicht vorkommen.

## 10.9   Die Auswertung

Auch bei der Frage der Auswertung unterscheiden sich die beiden Traditionen des Experteninterviews. In der wissenssoziologisch orientierten Forschung werden die transkribierten Interviewprotokolle eingehend interpretiert, häufig auch mit Verfahren der qualitativen Inhaltsanalyse (siehe Kap. 12). Bei den politikwissenschaftlichen Analysen reicht es in der Regel aus, einzelne ‚sachdienliche Informationen' aus den Interviewprotokollen zu entnehmen und sie an den entsprechenden Stellen in die Arbeit aufzunehmen. Je größer die Anzahl der Interviews ist, desto systematischer muss die Auswertung der Informationen erfolgen: Schmid beispielsweise erstellte eine Tabelle aus Landesverbänden und Themen, die die Ergebnisse übersichtlich zusammenfasst und zugleich Datenlücken aufzeigt (Schmid 1995, S. 321).

Die zentrale Fragestellung bei der Auswertung ist, inwiefern Sie Aussagen vertrauen können, die immer auch der Selbstdarstellung Ihrer Gesprächspartner in einem politisch umkämpften Feld dienen. Bei der Bewertung der Aussagen sollte daher das – von Ihnen unterstellte – Interesse des Gesprächspartners eine Rolle spielen. Zugleich sollten die Behauptungen und Realitätsdeutungen wenn möglich einer unabhängigen Quelle gegenüber gestellt werden. Das können Dokumente, Zeitungsartikel und öffentliche Statistiken sein oder ein Interview mit einem Vertreter einer konkurrierenden Organisation. Mit iterativen Experteninterviews (Voelzkow 1995) wird die Konfrontation mit konträren Aussagen bereits bei der Datenerhebung gezielt eingesetzt, das ist dann sinnvoll, wenn es sich um eine politisch umstrittene Fragestellung handelt. Im Verlauf der iterativen Interviews werden die Gesprächspartner mit Einschätzungen und Behauptungen konfrontiert, die aus vorangegangenen Interviews mit anderen Akteuren stammen.[15] Infolgedessen

---

[15] Diese Strategie setzt zwingend voraus, dass Ihre Gesprächspartner explizit auf die Anonymität verzichtet haben. Die Anonymität wird nicht dadurch gewahrt, dass man Argumente ohne namentliche Nennung anführt: In einem gemeinsamen Arbeitsgebiet können die Experten relativ einfach Argumente und Positionen einzelnen Akteuren zuweisen: Auf ein anonymes Zitat aus einem vorher gehenden Gespräch erhalten Sie dann Antworten, wie „Ah, Sie haben schon mit Frau XY gesprochen".

müssen sie anderslautende und gegenläufige Einschätzungen durch zusätzliche Informationen begründen, die sie ohne die Vorkenntnisse der Interviewerin unter Umständen nicht zur Verfügung gestellt hätten (Voelzkow 1995, S. 53). Im Laufe der wiederholten Gespräche kann sich somit mosaikartig ein Gesamtbild entwickeln, wie Krafft und Ulrich etwas optimistisch konstatieren: „Da jeder Experte etwas anderes zu verbergen hat, findet der Forscher am Ende doch heraus, was der einzelne Experte lieber im Dunkeln gelassen hätte" (Krafft und Ulrich 1995, S. 30 f.).

**Kommentierte Literaturempfehlung**

Schmid, Josef. 1995. Expertenbefragung und Informationsgespräch in der Parteienforschung: Wie föderalistisch ist die CDU? In *Politikwissenschaftliche Methoden. Grundriß für Studium und Forschung*, Hrsg. Ulrich von Alemann, 293–326. Opladen: Westdeutscher Verlag.

Gläser, Jochen und Grit Laudel. 2010. *Experteninterviews und qualitative Inhaltsanalyse*. 4. Auflage. Wiesbaden: VS-Verlag für Sozialwissenschaften.

Kaiser, Robert. 2014. Qualitative Experteninterviews. Konzeptionelle Grundlagen und praktische Durchführung. Wiesbaden: Springer VS.

Wie eingangs angesprochen, kann die methodische Literatur zu Experteninterviews zwei unterschiedlichen Traditionen zugeordnet werden. Als Einstieg in die für Politikwissenschaftler relevante Tradition, bietet sich der Aufsatz von Schmid an. Er vermittelt praxisorientiertes Wissen zu allen Phasen des Interviews und verdeutlicht den Stellenwert der Methode in einem Forschungsprojekt. Zur Vertiefung sollten die Bücher von Gläser und Laudel sowie Kaiser konsultiert werden, sie enthalten umfassende Informationen zu allen Aspekten des Experteninterviews.

Meuser, Michael, und Ulrike Nagel. 2009a. Das Experteninterview – konzeptionelle Grundlagen und methodische Anlage. In *Methoden der vergleichenden Politik- und Sozialwissenschaft. Neue Entwicklungen und Anwendungen,* Hrsg. Gert Pickel, Susanne Pickel, Hans-Joachim Lauth und Detlef Jahn, 465–479. Wiesbaden: VS-Verlag für Sozialwissenschaften.

Meuser, Michael und Ulrike Nagel. 2009b. Experteninterview und der Wandel der Wissensproduktion. In *Experteninterviews. Theorien, Methoden, Anwendungsfelder.* 3. Auflage, Hrsg. Alexander Bogner, Beate Littig und Wolfgang Menz, 35–60. Wiesbaden: VS-Verlag für Sozialwissenschaften.

Bogner, Alexander, und Wolfgang Menz. 2009b. Das theoriegenerierende Experteninterview. Erkenntnisinteresse, Wissensformen, Interaktion. In *Experteninterviews. Theorien, Methoden, Anwendungsfelder.* 3. Auflage, Hrsg. Alexander Bogner, Beate Littig und Wolfgang Menz, 61–98. Wiesbaden: VS-Verlag für Sozialwissenschaften.

Einen Einblick in die wissenssoziologische Tradition bieten die Aufsätze von Meuser und Nagel sowie Bogner und Menz.

Rubin, Herbert S., und Irene Rubin. 2012. *Qualitative Interviewing. The Art of Hearing Data.* 3. Auflage. London: Sage.

Das Buch von Rubin und Rubin ist eine praxisorientierte Einführung in qualitative Interviews, die für die konkrete Umsetzung in der Forschungspraxis sehr hilfreich ist. Diese Einführung geht zwar deutlich über das Gebiet der Experteninterviews hinaus, die Unterscheidung zwischen topical studies und cultural studies, die die Autoren treffen, lässt sich aber sinnvoll auf die beiden Traditionen der Experteninterviews beziehen.

# Diskursanalyse

11

## Andreas Heindl

*Ich wünschte mir, dass meine Bücher eine Art tool-box*
*wären, in der die anderen nach einem Werkzeug kramen*
*können, mit dem sie auf ihrem eigenen Gebiet etwas*
*anfangen können. (Foucault 2002, S. 651)*
*Schließlich glaube ich, dass ich, statt allmählich die so*
*schwimmende Bedeutung des Wortes ‚Diskurs‘ verengt*
*zu haben, seine Bedeutung vervielfacht habe: einmal*
*allgemeines Gebiet aller Aussagen, dann individualisierte*
*Gruppe von Aussagen, schließlich regulierte Praxis, die*
*von einer bestimmten Zahl von Aussagen berichtet.*
*(Foucault 2003a, S. 116)*

Der von Foucault ausgesprochene Wunsch nach methodischer Flexibilität und größtmöglicher Gegenstandsnähe der Diskursanalyse ist gleichzeitig eine Stärke wie auch eine Schwäche. Unter dem Schlagwort der Diskursanalyse wird dementsprechend ein kunterbunter Strauß von theoretischen Zugängen und methodischen Herangehensweisen zusammengefasst, dem weder ein kanonisch festgefügter Diskursbegriff noch ein kanonisiertes Instrumentarium für die Forschung zugrunde liegt. Der inflationäre Gebrauch des Diskursbegriffes und die extensive Auslegung der Forderung, die Diskursanalyse als einen Werkzeugkasten zu verwenden (vgl. Foucault 2002, S. 650–651), führen zu einem schwer durchschaubaren Wildwuchs theoretischer und methodischer Ansätze. Trotz dieser Unübersichtlichkeit lassen sich grob drei Strömungen der Diskursanalyse differenzieren (vgl. Keller 2006, S. 105–106; Kerchner 2006, S. 35–50):

257

© Springer Fachmedien Wiesbaden 2015
A. Hildebrandt et al., *Methodologie, Methoden, Forschungsdesign*
DOI 10.1007/978-3-531-18993-2_11

- *Normativ-kritische Strömung*: Diese Auslegung von Diskursen zielt im Anschluss an Habermas (1981) vor allem auf die Analyse von Geltungs- und Legitimitätsfragen in öffentlichen Debatten und politischen Diskussionsprozessen.
- *Analytisch-pragmatische Strömung*: Diese Interpretation des Diskursbegriffes bezieht sich auf verschiedene Theoriezugänge und ist etwa auf die Analyse kommunikativer Interaktion, kognitiver Strukturen oder sozialer Deutungsrahmen gerichtet.
- *Genealogisch-kritische Strömung*: Dieses Verständnis von Diskursen verfolgt im Anschluss an Foucault (2003a, b) insbesondere das Ziel, die Struktur und die Machtwirkung von Diskursen zu rekonstruieren.

Die Auseinandersetzung mit der Diskursanalyse wird zusätzlich auch dadurch erschwert, dass die Ausdrucksweise von Diskurstheoretikern oft komplizierter ist, als sie sein müsste, und so unnötige sprachliche Hürden aufgebaut werden. Zudem wird die Diskursanalyse – nicht zuletzt vor dem Hintergrund der variablenorientierten Forschung – mitunter als merkwürdig wahrgenommen, da der Untersuchungsgegenstand nur schwer erfassbar scheint, eine Standardisierung des Methodenrepertoires schwierig ist und die Forschungsergebnisse oft nicht den klassischen Gütekriterien genügen (können).

Die theoretische und methodische Unordnung, die sprachlichen Verwirrungen sowie die Vorbehalte gegenüber der Diskursanalyse verdecken jedoch den Blick auf die Stärken einer Forschungsperspektive, die in der Lage ist, der „language at use in the world" (Gee 2011, S. ix) nachzugehen sowie Auskunft über die Bedingungen des Sprachgebrauchs und die Wirkung gesellschaftlicher Sinnstrukturen zu geben. Das methodische Instrumentarium ist auf dieses Erkenntnisziel hin ausgerichtet und an die spezifischen Erfordernisse von Diskursen als Forschungsgegenstand angepasst. Dementsprechend ist auch in den meisten Fällen – eine Ausnahme bilden teilweise die analytisch-pragmatischen Ansätze – ein grundsätzlich anderes Vorgehen als bei empirisch-analytisch angelegten Untersuchungsdesigns nötig, um empirisch belastbare und gegenstandsangemessene Ergebnisse erzielen zu können.

Die Aufgabe dieses Kapitels besteht darin, in einem ersten Schritt die verschiedenen Vorstellungen von Diskursen und Diskursanalysen zu klären, bevor in einem zweiten Schritt mehrere Anwendungsbeispiele aus der politikwissenschaftlichen Forschung vorgestellt und erläutert werden. Daran anschließend werden in einem dritten Schritt unterschiedliche Anhaltspunkte für die methodische Umsetzung von Diskursanalysen diskutiert und anhand von empirischen Daten erläutert, bevor in einem vierten Schritt die Grounded Theory-Methodik als ein mögliches Verfahren für die Umsetzung von Diskursanalysen dargestellt wird. In einem abschließenden Schritt werden die zentralen Elemente der Diskursanalyse nochmals im Überblick dargestellt und im Hinblick auf die Forschungspraxis problematisiert.

## 11.1 Diskursanalyse als Forschungsperspektive

Der Begriff des Diskurses ist zu einem „Allerwelts- und Modewort" (Schalk 1997/1998, S. 56) geworden, das in der Alltagssprache ebenso verwendet wird wie in der politischen oder der akademischen Auseinandersetzung. Die wissenschaftliche Beschäftigung mit Diskursen macht jedoch eine genauere, vom Alltagsverständnis losgelöste Begriffsbestimmung erforderlich. Eine erste Einsicht besteht darin, Diskurse als eine über den einzelnen Satz bzw. den Text hinausgehende „social and interpersonal situation in which speech occurs" (Harris 1952, S. 2) aufzufassen. Das menschliche Erkenntnisvermögen, die Kommunikation zwischen Menschen sowie die gesellschaftliche Wirklichkeit sind auf diese Weise immer an sozial vorgeprägte, bestimmten Regeln folgende und veränderbare Sinnordnungen und Symbolsysteme gebunden. Eine zweite Einsicht besteht allerdings darin, dass die Konkretisierung des Diskursbegriffes – in Abhängigkeit von der jeweiligen theoretischen Position – teilweise erheblich variiert und sich somit nicht nur der Forschungsgegenstand, sondern auch die Fragestellungen von Diskursanalysen beträchtlich unterscheiden. Man kommt daher in wissenschaftlichen Arbeiten nicht umhin, das zugrundeliegende Diskursverständnis als Ausgangspunkt jeder empirischen Analyse zu definieren. Entlang der drei genannten Strömungen werden nun unterschiedliche Lesarten des Diskursbegriffes näher erläutert, wobei ein Schwerpunkt der Ausführungen auf dem an Foucault anknüpfenden genealogisch-kritischen Diskursverständnis liegt.

### 11.1.1 Normativ-kritischer Diskursbegriff

Eine erste prominente Auslegung des Diskursbegriffes wird durch Habermas (1981) vorgegeben, indem er Diskurse als „die durch Argumentation gekennzeichnete Form der Kommunikation ein[führt], in der problematisch gewordene Geltungsansprüche zum Thema gemacht und auf ihre Berechtigung hin untersucht werden" (Habermas 1984, S. 130). Im Grunde geht es dabei um Verfahrensvorschläge, mithilfe derer öffentliche Diskussionsprozesse sowie die politische Willensbildung offen und herrschaftsfrei gestaltet werden können, sowie um die Formulierung von normativen Maßstäben, die eine Beurteilung deliberativer Prozesse ermöglichen. Aus diesem Grunde wird dieser Ansatz oft nur als eine *Diskurstheorie* aufgefasst, die nicht der empirisch angelegten *Diskursanalyse* zugerechnet wird (vgl. Keller 2011b, S. 110–112). Dagegen lässt sich aber einwenden, dass der normativ-kritische Ansatz wichtige und vor allem empirisch verwertbare Anhaltspunkte für die Analyse von Diskursen – insbesondere von Legitimations- oder Rechtfertigungsstrategien – bereithält.

Für die politikwissenschaftliche Forschung ist die Diskursethik von Habermas vor allem deshalb interessant, weil sie transparente Entscheidungskriterien bereitstellt, um öffentliche Kommunikations- und Verhandlungsprozesse oder die Geltung von Argumenten normativ zu überprüfen. In der empirischen Forschung werden diese Ansatzpunkte genutzt, um etwa Legitimationsstrategien, deliberative Willensbildungsprozesse oder öffentliche und mediale Auseinandersetzungen empirisch zu betrachten und zu rekonstruieren. Als ein Beispiel für die Beschäftigung mit den Rechtfertigungsmustern politischer Entscheidungsprozesse ist eine Argumentationsanalyse von Schwab-Trapp zu nennen, in der die Debatte in der deutschen Öffentlichkeit sowie im Deutschen Bundestag zum Themenkomplex Krieg und Frieden empirisch untersucht wird (siehe unten) (vgl. Schwab-Trapp 2002). Diese Studie greift bei der empirischen Analyse vor allem auf Plenarprotokolle und Zeitungsartikel zurück, die mithilfe der Grounded Theory-Methodik (siehe 11.4) qualitativ ausgewertet werden.

## 11.1.2 Analytisch-pragmatischer Diskursbegriff

Ein zweiter Bedeutungshorizont des Diskursbegriffes wird durch eine Reihe unterschiedlicher Forschungsansätze beschrieben, die sich durch ein analytisch-pragmatisches Verständnis von Diskursen auszeichnen und die – je nach Fragestellung und theoretischer Position – unterschiedliche Sprach-, Kommunikations- und Öffentlichkeitstheorien produktiv und ohne große Berührungsängste miteinander verbinden (vgl. Kerchner 2006, S. 38–43). Dennoch lassen sich „three main dimensions, namely language use, cognition, and interaction in their sociocultural contexts" (van Dijk 1997, S. 32) als ein gemeinsamer Kern des analytisch-pragmatischen Diskursbegriffes benennen. Im Unterschied zur Diskursethik werden nicht nur der Sprachgebrauch und die kommunikative Interaktion, sondern auch die individuellen oder kollektiven Kognitionsmuster und die gesellschaftlichen Kontexte in die Analyse einbezogen. Abhängig vom Erkenntnisinteresse können sehr unterschiedliche Forschungsdesigns und methodische Instrumente gewählt werden, die von interpretativ-hermeneutischen Zugängen bis hin zu empirisch-analytischen Designs reichen und die qualitative Methoden ebenso einschließen wie quantitative Instrumente.

Für die Forschungspraxis eröffnet sich ein breites, sehr heterogenes Spektrum möglicher Einsatzgebiete: Neben linguistisch, psychologisch, ethnologisch oder soziologisch inspirierten Gesprächs- und Konversationsanalysen (vgl. Keller 2011a, S. 20–27) lassen sich auch vielfältige Anwendungsfelder in der Politikwissenschaft identifizieren – wie etwa im Bereich der Politikfeldanalyse (vgl. Nullmeier 2011). Als Beispiele sollen an dieser Stelle lediglich zwei Beiträge genannt werden. Auf der einen Seite ist der Advocacy Coalition-Ansatz von Sabatier, der sich mit der Rolle von Policy-Netzwerken auseinandersetzt und die Bedeutung von handlungsleitenden Orientierungen von Entscheidungsträgern (*belief systems*) sowie politischen Lernprozessen für den Policy-Wandel betont, hervorzuheben (vgl. Sabatier 1993; Sabatier und Jenkins-Smith 1999). Auf der anderen Seite kann die Arbeit von Schmidt genannt werden, die sich mit den Effekten gesellschaftlicher Deutungsrahmen beschäftigt (siehe Ausführungen unter 11.2) (vgl. Fischer 2003; Schmidt 2002). Die Analyse wird in beiden Fällen mithilfe verschiedener qualitativer oder quantitativer Methoden durchgeführt– wie etwa Experteninterviews (siehe Kap. 10), qualitativen bzw. quantitativen Inhaltsanalysen (siehe Kap. 12) oder anderen Methoden der Dokumenten- und Textanalyse.

### 11.1.3  Genealogisch-kritischer Diskursbegriff

Eine dritte Lesart des Diskursbegriffes orientiert sich an den Vorüberlegungen Foucaults. Zwar variiert auch die genealogisch-kritische Auslegung je nach theoretischem Standort, aber es lassen sich drei wesentliche Merkmale von Diskursen fixieren. *Erstens* sind Diskurse als „a specific ensemble of ideas, concepts, and categorizations" (Hajer 1997, S. 44) zu verstehen, in denen einzelne Sinneinheiten ihre Bedeutung erst aus der Relation zu anderen Sinneinheiten erhalten.[1] *Zweitens* sind Diskurse durch ein „particular set of practices" (Hajer 1997, S. 44) gekennzeichnet, das die Regeln formuliert, wer in legitimer Weise, von welchem Ort aus in einem Diskurs in Erscheinung treten darf und welche Inhalte, in welcher Form produziert werden dürfen (vgl. Keller 2011a, S. 66 f.).[2] *Drittens* können Diskurse

---

[1] Diese Art und Weise der Sinngenerierung, die ein wesentliches Merkmal des Strukturalismus darstellt, lässt sich folgendermaßen veranschaulichen: Der Begriff Baum erhält seine Bedeutung erst durch die Abgrenzung von anderen Begriffen wie beispielsweise Strauch, Blume oder Wiese.

[2] Die ordnende Wirkung von Regeln und Praktiken lässt sich folgendermaßen verdeutlichen: Durch den akademischen Diskurs werden die Rollen zwischen Dozenten und Studierenden differenziert (wer?) und die Universität als Ort der inhaltlichen Diskussion bestimmt (wo?) sowie die Standards des wissenschaftlichen Arbeitens formuliert (wie?) und die legitimen Forschungsgegenstände festgelegt (was?). Die einschränkende Wirkung von Regeln und Praktiken untersucht Foucault mithilfe eines als Genealogie bekannten Vorgehens (vgl. Foucault 2003b), das auf ein Charakteristikum des Poststrukturalismus verweist: Im Unterschied zum Strukturalismus werden nicht nur die Mechanismen der Sinngenerierung, sondern – oftmals in kritischer und emanzipatorischer Absicht – die Machteffekte von Diskursen näher betrachtet.

als Symbolsysteme aufgefasst werden, die „systematisch die Gegenstände bilden, von denen sie sprechen" (Foucault 2003a, S. 74) und „through which meaning is given to physical and social realities" (Hajer 1997, S. 44).[3] Ein zentraler Unterschied zu den vorangegangenen Definitionsansätzen besteht darin, dass mit dem genealogisch-kritischen Diskursbegriff die gesellschaftlichen Voraussetzungen, durch die deliberative Aushandlungsprozesse, kommunikative Interaktion und kognitive Schemata überhaupt erst möglich werden, sowie die Machtwirkungen von Diskursen in den Blick genommen werden. Mit diesem Diskursverständnis ist in der Regel ein schwacher Akteursbegriff verbunden, der Akteure weniger als bewusst und autonom handelnde Individuen, sondern vielmehr als diskursiv geformte Rollenträger, die bestimmte Subjekt- und Sprecherpositionen einnehmen, auffasst. Akteure produzieren, reproduzieren und transformieren zwar Diskurse, aber nur innerhalb der Grenzen, die ihnen der Diskurs auferlegt (vgl. Foucault 1983, S. 113–124).

Für die politikwissenschaftliche Forschung ist die (post-)strukturalistisch inspirierte Diskursanalyse vor allem deshalb interessant, weil sie – stärker noch als die Analyse von Deutungsrahmen – Möglichkeiten eröffnet, die kulturellen Bestimmungsfaktoren politischer Entscheidungen zu verstehen, langfristige und inkrementelle Veränderungen von Policies nachzuvollziehen oder die Wirkmächtigkeit und die Karriere von Begriffen nachzuzeichnen. Das methodische Repertoire der Diskursanalyse im Anschluss an Foucault ist in der Regel dem Paradigma der Textinterpretation (vgl. Riceur 1978, S. 99–117) verpflichtet, wobei grundsätzlich unterschiedliche Techniken – wie beispielsweise die qualitative Inhaltsanalyse (siehe Kap. 12) oder die Grounded Theory-Methodik (siehe 11.4) – für die methodische Umsetzung in Frage kommen. Als gute Beispiele für politikwissenschaftlich relevante genealogisch-kritische Diskursanalysen können der Beitrag von Hajer und die Studie von Nonhoff angeführt werden. Hajer vergleicht den britischen mit dem niederländischen Umweltdiskurs und untersucht dabei, welche Bedeutung diskursiven Konstruktionen – insbesondere Narrationen und *story-lines* – etwa bei der Entwicklung eines gemeinsamen Problemverständnisses zukommt (vgl. Hajer 1997, 2006). Er stützt sich dabei auf Interviews und die qualitative Auswertung von relevanten Dokumenten – wie etwa Parlamentsdebatten, Fachgutachten oder Zeitungsartikeln. Die Arbeit von Nonhoff interessiert sich wiederum für die Karriere des Begriffes ‚soziale Marktwirtschaft' und versucht, den Bedeutungshorizont, die hegemoniale Stellung sowie die Wirkmächtigkeit des Begriffes im deutschen

---

[3] Die Funktion der Bedeutungszuschreibung kann folgendermaßen illustriert werden: Ein Gebilde, das aus einer flachen Platte mit vier Stützen besteht, lässt sich als Tisch identifizieren. Je nachdem aber, in welchem Kontext sich ein Tisch befindet, unterscheidet sich dessen Bedeutung: In einem Bürogebäude handelt es sich meist um einen Schreibtisch, in einer Kirche wahrscheinlich um einen Altar.

Diskurs nachzuzeichnen (siehe Ausführungen unten) (vgl. Nonhoff 2006, 2007). Die empirische Analyse erfolgt anhand einer qualitativen Auswertung von Schlüsseltexten zur sozialen Marktwirtschaft. Anhand der beiden Studien kann auch sehr gut nachvollzogen werden, dass soziale Akteure einen Diskurs zwar hervorbringen und mitunter auch modifizieren, dass aber weder die Entwicklung der umweltpolitischen Narrationen und *story-lines* noch die Etablierung des hegemonialen Begriffes der sozialen Marktwirtschaft auf einen intentionalen und kreativen Akt eines bestimmten Akteurs zurückgeführt werden kann.

### 11.1.4 Perspektive der Diskursanalyse

Insgesamt nimmt die Diskursanalyse als Forschungsperspektive in allen drei Varianten eine konstruktivistische Grundhaltung ein, der die Prämisse zugrunde liegt, dass Wissen nicht auf der objektiven Wahrnehmung und Erfahrung der vorliegenden Realität, sondern auf sozialen Konstruktionsleistungen beruht (vgl. Keller 1997, S. 315). In Abb. 11.1 wird die Sichtweise der genealogisch-kritischen Diskursanalyse vereinfacht darstellt. Das Diskursive als „allgemeines Gebiet aller Aussagen" (Foucault 2003a, S. 116) umfasst dabei das gesamte Feld der sozialen Konstruktion von Wirklichkeit, innerhalb dessen Diskurse als „individualisierte Gruppe[n] von Aussagen" (Foucault 2003a, S. 116) voneinander abgegrenzt und einzelne Diskurse als eine eigenständige „regulierte Praxis, die von einer bestimmten Zahl von Aussagen berichtet" (Foucault 2003a, S. 116), bestimmt und unter-

**Vereinfachende Analogie zur Perspektive der Diskursanalyse**

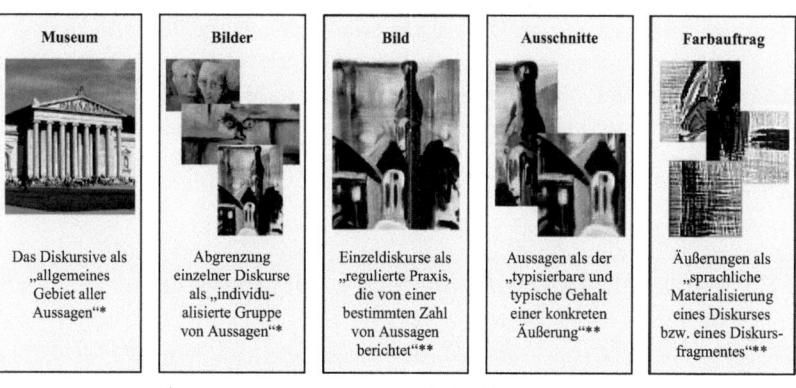

| Museum | Bilder | Bild | Ausschnitte | Farbauftrag |
|---|---|---|---|---|
| Das Diskursive als „allgemeines Gebiet aller Aussagen"* | Abgrenzung einzelner Diskurse als „individualisierte Gruppe von Aussagen"* | Einzeldiskurse als „regulierte Praxis, die von einer bestimmten Zahl von Aussagen berichtet"** | Aussagen als der „typisierbare und typische Gehalt einer konkreten Äußerung"** | Äußerungen als „sprachliche Materialisierung eines Diskurses bzw. eines Diskursfragmentes"** |

◄──────────────── Analyserichtung ────────────────►

**Abb. 11.1** Perspektive der Diskursanalyse. (*Anmerkungen*: Eigene Darstellung, eigenes Bildmaterial. Zitate: *Foucault (2003a, S. 116), **Keller (2011a, S. 68))

sucht werden können. Das Vorgehen der Diskursanalyse setzt wiederum an der „sprachliche[n] Materialisierung eines Diskurses bzw. eines Diskursfragmentes" (Keller 2011a, S. 68) an, um den „typisierbare[n] und typische[n] Gehalt einer konkreten Äußerung" (Keller 2011a, S. 68) zu rekonstruieren. Auf diese Weise lassen sich – ausgehend von einzelnen Texten, Bildern oder audiovisuellen Dokumenten – diskursive Zusammenhänge und Sinneinheiten sowie einzelne Diskurse rekonstruieren und beschreiben.

Die beschriebene und graphisch illustrierte Perspektive lässt sich – zumindest im Grundsatz – auch auf Diskursanalysen, die sich auf ein normativ-kritisches bzw. ein analytisch-pragmatisches Diskursverständnis stützen, anwenden. Diese Spielarten der Diskursanalyse interessieren sich im Kern ebenfalls – trotz zum Teil erheblicher inhaltlicher Differenzen – für die Analyse von Metastrukturen. Zudem ist auch die Richtung der empirischen Untersuchung ähnlich angelegt: Die Grundlage der Rekonstruktion deliberativer Prozesse, kommunikativer Interaktionen oder kollektiver Deutungsrahmen bildet eine mehr oder weniger große Zahl von Diskursfragmenten, die – bis auf wenige Ausnahmen im Bereich der analytisch-pragmatischen Diskursanalyse – mithilfe qualitativer Methoden ausgewertet und interpretiert werden, um diskursive Konstrukte oder Strukturen zu rekonstruieren. So geht es etwa bei der Analyse von Rechtfertigungsstrategien nicht um die Identifikation einer individuellen rhetorischen Strategie eines Textes, sondern um die Rekonstruktion der damit verbundenen überindividuellen Geltungsgründe und die Betrachtung der zugrunde liegenden kollektiven Erzählung. In ähnlicher Weise zielt die diskursanalytische Untersuchung kommunikativer Interaktionen nicht alleine auf den Austausch von Botschaften, sondern immer auch auf die strukturellen Bedingungen und die inhaltlichen Voraussetzungen kommunikativer Prozesse. Am klarsten tritt die Fokussierung auf Metastrukturen bei der Analyse von Kognitionsmustern oder Deutungsrahmen hervor, da die Rekonstruktion gesellschaftlicher Zusammenhänge im Mittelpunkt steht. Nachdem die unterschiedlichen Varianten des Diskursbegriffes besprochen wurden, werden im folgenden Kapitel exemplarisch einige Anwendungsfelder und mögliche Herangehensweisen von Diskursanalysen anhand verschiedener Beispiele aus der politikwissenschaftlichen Forschung vorgestellt.

## 11.2   Anwendungsbeispiele für Diskursanalysen

Die Darstellung der verschiedenen Diskursbegriffe ist zwar eine wichtige Vorbedingung für die Entscheidung, welche Art der Diskursanalyse für eine bestimmte Fragestellung geeignet ist, gleichzeitig bleiben theoretische Ausführungen

immer abstrakt und blutleer. Aus diesem Grunde werden nun drei Beispiele aus
der politikwissenschaftlichen Forschung näher betrachtet, um einen an der Praxis
orientierten Eindruck der Möglichkeiten der Diskursanalyse zu erhalten und eine
genauere Vorstellung von den Anwendungsgebieten, Fragestellungen und Vorgehensweisen zu entwickeln. Da Diskursanalysen oft mit dem Problem konfrontiert
sind, wie sich der Forschungsprozess und die Ergebnisse darstellen lassen, werden
im Folgenden jeweils die zentralen Inhalte und Befunde der Studien, das methodische Vorgehen sowie der Aufbau und die Präsentation der Resultate angedeutet.
Konkrete Beispiele für die Auswertung empirischer Daten werden im daran anschließenden Abschnitt vorgestellt und besprochen.

## 11.2.1  Beispiel für eine normativ-kritische Diskursanalyse

Das erste Beispiel für eine diskursanalytische Forschungsarbeit ist die normativ-
kritisch orientierte Argumentationsanalyse von Schwab-Trapp, in der die Rechtfertigungsstrategien politischer Eliten in Deutschland betrachtet sowie die Kon-
tinuität und die Veränderung im Diskurs über Krieg und Frieden zwischen 1991
und 1999 beleuchtet werden (vgl. Schwab-Trapp 2002). Zunächst lässt sich eine
schrittweise Umdeutung der zentralen Motive sowie eine nachhaltige Veränderung
der deutschen Basiserzählung, die insbesondere auf die deutsche Geschichte re-
kurriert, konstatieren. Den Wendepunkt markiert das Massaker von Srebrenica,
das zur Folge hatte, dass zwei zentrale Motive – ‚Nie wieder Auschwitz!' und ‚Nie
wieder Krieg!' – einer Neubewertung unterzogen wurden. Darüber hinaus identifiziert Schwab-Trapp die Legitimationsmuster der politischen Eliten, wenn er bei
der Verwendung der Basiserzählung die Strategien der Dramatisierung, Norma-
tivisierung, Neutralisierung oder Normalisierung voneinander unterscheidet. Auf
diese Weise werden auch die Geltungsgründe der Argumente für Krieg und Frieden
sowie die öffentliche Debatte einer normativen Beurteilung zugänglich gemacht
(vgl. Schwab-Trapp 2002, S. 355–390).

Das Vorhaben von Schwab-Trapp geht von der Hypothese aus, dass die Ta-
buisierung des Krieges im deutschen Diskurs durch die Kriege auf dem Balkan
aufgehoben oder zumindest abgeschwächt wurden (vgl. Schwab-Trapp 2010,
S. 11–18). Allerdings stellt diese Art der Hypothese – anders als etwa in empirisch-
analytischen Forschungsdesigns – keinen kausalen Zusammenhang zwischen zwei
Variablen her, der dann getestet wird, sondern sie leitet lediglich die explorativ angelegte Rekonstruktion der Argumentationsstrategien an. Der empirischen Analyse
ist ein ausführlicher theoretisch- methodischer Teil vorangestellt, in dem in einem
ersten Schritt die zentralen Begrifflichkeiten erläutert und das diskurstheoretische

Fundament und die diskursanalytische Perspektive der Studie expliziert werden. In einem zweiten Schritt führt Schwab-Trapp die Instrumente der Diskursanalyse, die als eine Art von Suchheuristik dienen und Aufschluss darüber geben, welche analytischen Fragestellungen an das Datenmaterial herangetragen werden, näher aus. In einem dritten Schritt werden die Datenbasis und die Auswertungsverfahren illustriert, aber auch die Probleme bei der Auswahl der Daten, bei der Interpretation des Textmaterials und Darstellung der Befunde diskutiert.

Schwab-Trapp entscheidet sich für die qualitativ-interpretative Auswertung von Debattenbeiträgen, die in Form von Parlamentsprotokollen oder Printmedientexten zugänglich sind und die von ausgewählten Entscheidungsträgern, Personen des öffentlichen Lebens oder Medienvertretern stammen (vgl. Schwab-Trapp 2002, S. 19–86). Auf dieser Basis werden die Resultate der Analyse – die den Vorschlägen der Grounded Theory-Methodik (vgl. Glaser und Strauss 2005; Strauss und Corbin 1996) folgt – in einem Ergebnisbericht zusammengefasst. Die Darstellung der Befunde stützt sich dabei insbesondere auf Ankerbeispiele, anhand derer sich die Schlussfolgerungen veranschaulichen, plausibilisieren und argumentativ untermauern lassen (vgl. Schwab-Trapp 2002, S. 87–354).

## 11.2.2  Beispiel für eine analytisch-pragmatische Diskursanalyse

Als ein zweites Beispiel für die Anwendung von Diskursanalysen in der Politikwissenschaft ist die analytisch-pragmatisch ausgerichtete Deutungsrahmenanalyse von Schmidt zu nennen, in der die gegenläufigen Antworten Großbritanniens, Frankreichs und Deutschlands auf die Herausforderungen der Globalisierung und Europäisierung untersucht und auf Unterschiede in den nationalen Diskursen zurückgeführt werden (vgl. Schmidt 2002). Die Globalisierungs- und Europäisierungsprozesse seit den 1980er Jahren führten zwar in allen drei Ländern zu einer Liberalisierung, aber die Reformschritte folgten trotz ähnlicher Rahmenbedingungen jeweils länderspezifischen Mustern. Interessant ist dabei, dass die wirtschaftspolitischen Unterschiede nicht – oder nur unzureichend – durch sozioökonomische, parteipolitische oder institutionelle Faktoren begründet werden können. Die Analyse zeigt, dass die Konfiguration der nationalen Diskurse als entscheidender Faktor für die Erklärung der individuellen Lösungsstrategien anzusehen ist, weil der jeweilige Deutungsrahmen, der die nationalen Werte und Normen abbildet, die Möglichkeiten, aber vor allem die länderspezifischen Eigenheiten für die Formulierung und Kommunikation politischer Optionen definiert (vgl. Schmidt 2002, S. 303–310).

Den Ausgangspunkt der Studie bildet die Annahme, dass Diskurse eine zentrale Rolle im politischen Prozess spielen und ein überprüfbarer Kausalzusammenhang zwischen Diskursen (unabhängige Variable) und dem Typ des Wirtschaftsmodells (abhängige Variable) besteht (vgl. Schmidt 2002, S. 1–9). Das Design der vergleichenden Fallstudie lehnt sich daher auch an das Vorgehen der empirisch-analytischen Forschung an, indem in mehreren aufeinander folgenden Schritten versucht wird, die kausal wirksamen Mechanismen nachzuvollziehen. In einem ersten Schritt werden die Effekte der Globalisierung und der Europäisierung erläutert, bevor daran anschließend die Anpassungsleistungen und die Dynamik der Reformprozesse untersucht werden (vgl. Schmidt 2002, S. 13–205). In einem weiteren Schritt werden Diskurse als analytisches Instrument eingeführt und ihre Effekte auf den politischen Prozess theoretisch begründet. Auf dieser Basis wird die Wirkung von Deutungsrahmen bei der Formulierung und Kommunikation politischer Lösungen empirisch analysiert (vgl. Schmidt 2002, S. 210–302). So lässt sich die marktliberale Wirtschaftspolitik in Großbritannien beispielsweise mithilfe der Formel „from a give-it-to-me to a do-it-yourself nation" (Zitat aus: Schmidt 2002, S. 261) veranschaulichen. Der wirtschaftspolitische Dirigismus in Frankreich wiederum kann sehr gut anhand der Rolle des Staates als „the only agent that can clear away or navigate around the arctic forces standing in the way of what society wants" (Zitat aus: Schmidt 2002, S. 286) illustriert werden. Die Anpassungen des deutschen Modells der sozialen Marktwirtschaft an die Herausforderungen der Globalisierung und Europäisierung lassen sich sehr gut an dem Imperativ, dass eine „go-ahead mentality and a new entrepreneurial spirit at all levels of society" (Zitat aus: Schmidt 2002, S. 299) entwickelt werden muss, ablesen.

Die forschungspraktische Umsetzung orientiert sich – implizit – am Vorgehen der Prozessanalyse, indem verschiedene Reform- und Anpassungsschritte in ihrer zeitlichen Abfolge und in ihrem kausalen Verhältnis zueinander rekonstruiert werden. Die einzelnen Beobachtungen und die Kausalmechanismen werden mithilfe einer Vielzahl unterschiedlicher Informationsquellen und Datenformate – wie etwa Äußerungen von Spitzenpolitikern, Interviews mit politischen Akteuren, Parteiprogramme und Zeitungsartikeln, einzelne Gesetzesvorhaben oder auch statistische Daten – argumentativ untermauert, plausibilisiert und illustriert (vgl. Schmidt 2002, S. 7 f.). Anders als bei Schwab-Trapp wird jedoch kein systematisches Datensample zusammengestellt, das nach einem einheitlichen Verfahren ausgewertet wird, sondern es werden pragmatisch die Informationen und Daten herangezogen, die eine bestimmte Beobachtung oder einen Kausalzusammenhang erklären können. Bei der Darstellung der Untersuchungsergebnisse greift Schmidt ebenfalls auf Ankerbeispiele sowie tabellarische oder graphische Darstellungsformen zurück.

### 11.2.3    Beispiel für eine genealogisch-kritische Diskursanalyse

Das dritte Beispiel ist die – im weitesten Sinne – genealogisch-kritische Hegemonieanalyse von Nonhoff, die sich mit dem Begriff der sozialen Marktwirtschaft
auseinandersetzt und dem Zusammenhang zwischen dominanten Diskursmustern
und gesellschaftlichen Macht- und Herrschaftsverhältnissen nachgeht (vgl. Nonhoff 2006, 2007). Die Studie zeigt, wie sich der Begriff der sozialen Marktwirtschaft in den wirtschaftspolitischen Debatten nach 1945 gegen alternative Wirt-
schaftsmodelle durchsetzen und diskursive Vorherrschaft erlangen konnte. Interessant ist dabei, wie ein zunächst inhaltsleerer Begriff durch seine Relation zu
anderen Sinneinheiten seine Bedeutung erhält: Die ‚soziale Marktwirtschaft' wird
einerseits mit äquivalenten Begriffen – wie etwa aktive Wirtschaftspolitik, Marktwirtschaft, Freiheit, Bedarfsdeckung oder Gesamtinteresse – positiv gleichgesetzt
und andererseits von konträren Begriffen – wie etwa Liberalismus, Wirtschafts-
lenkung, Unfreiheit, Mangelerscheinungen oder Verfehlung des Ganzen – negativ
abgegrenzt (vgl. Nonhoff 2006, S. 286). Anhand dieser diskursiven Struktur lassen
sich nicht nur die Bedeutung der sozialen Marktwirtschaft in Relation zu anderen
Sinneinheiten, sondern auch die Machtwirkungen des Begriffes und die Mechanismen der diskursiven Hegemonie erschließen (vgl. Nonhoff 2007).

Das Vorhaben von Nonhoff wird durch ein spezifisches Diskursverständnis bestimmt, das durch das Hegemoniekonzept von Laclau und Mouffe geprägt ist (vgl.
Laclau und Mouffe 1991). Zu Beginn der Arbeit wird dementsprechend ein umfangreicher hegemonietheoretischer Analyserahmen erarbeitet, der als Suchheuristik die Untersuchung anleitet und der geeignet ist, die Begriffskarriere der sozialen
Marktwirtschaft nachzuvollziehen. Die Analyse ist – ähnlich wie bei Schwab-
Trapp – explorativ auf die Rekonstruktion diskursiver Strukturen ausgerichtet und
– im Unterschied zu Schmidt – nicht an der Identifizierung kausaler Mechanismen
interessiert (vgl. Nonhoff 2006, S. 23–240).

Die forschungspraktische Umsetzung sowie die Auswahl und Auswertung der
Daten stützt sich zwar nicht auf ein kanonisiertes methodisches Instrumentarium,
die verschiedenen Erhebungs- und Analyseschritte werden aber dennoch transparent dargelegt. So wählt Nonhoff für die empirische Untersuchung Beiträge aus, die
von maßgeblichen Vertretern aus Wissenschaft und Politik stammen und die sich
thematisch auf die wirtschafts- und ordnungspolitische Debatte im Zeitraum zwischen 1946 und 1959 beziehen (vgl. Nonhoff 2006, S. 242–254). Mithilfe dieser
Textdaten versucht er unter anderem den Zusammenhang zwischen äquivalenten
und konträren Begriffen zu rekonstruieren und die Bedeutung der sozialen Marktwirtschaft nachzuzeichnen. So lässt sich etwa die Äquivalenz des Begriffes ‚soziale Marktwirtschaft' zu anderen wirtschaftlichen, politischen und gesellschaftlichen

Begrifflichkeiten anhand der Aussage, dass „auch im Wirtschaftlichen die persönliche Freiheit und die Menschenwürde wiederhergestellt" und ein „schnelle[r] und wirksame[r] Wiederaufbau des Zerstörten" sowie „soziale Gerechtigkeit und wirtschaftlicher Wohlstand erreicht werden" sollen, nachvollziehen (alle Zitate aus: Nonhoff 2006, S. 264).

Bei der Auswertung und Interpretation der Texte wird zunächst der historische Kontext jedes Beitrages erläutert, der diskursive Ort, von dem aus der jeweilige Diskursteilnehmer spricht, rekonstruiert sowie der Inhalt des Beitrages im Überblick dargestellt. Im Anschluss daran wird jeder Text systematisch entlang der Ansatzpunkte, die der hegemonietheoretische Analyserahmen vorgibt, analysiert. Die Resultate der Auswertung fasst Nonhoff in einem materialreichen Ergebnisbericht, der die Befunde durch zahlreiche Ankerbeispiele illustriert und argumentativ untermauert, zusammen (vgl. Nonhoff 2006, S. 245–378). Eine besondere Rolle bei der Plausibilisierung und Veranschaulichung der Ergebnisse kommt graphischen Darstellungsformen zu. So illustriert Nonhoff die vielschichtigen und komplexen Beziehungsmuster zwischen den verschiedenen Begriffen und Sinneinheiten anhand eines Pfeildiagrammes, in dem die Struktur zwischen den Begriffen abgebildet wird (vgl. Nonhoff 2006, S. 286).

### 11.2.4 Vorgehensweise von Diskursanalysen

Eine der zentralen Schlussfolgerungen aus der Darstellung der Forschungsbeispiele ist, dass für die Durchführung einer Diskursanalyse nicht nur das Diskursverständnis und das Erkenntnisinteresse zu klären, sondern auch die Herangehensweise sorgfältig zu wählen und das Forschungsdesign am Untersuchungsgegenstand auszurichten sind. In den meisten Fällen werden Diskursanalysen eingesetzt, um Kommunikationsprozesse, Legitimationsstrategien oder gesellschaftliche Wissensvorräte und kollektive Deutungsrahmen zu beschreiben. Fast immer ist das diskursanalytische Vorgehen dabei angelegt, um etwa empirische begründete Theorien (vgl. Glaser und Strauss 2005; Strauss und Corbin 1996) über ein Einzelphänomen oder einen Sachverhalt, der (noch) nicht durch eine formale Theorie erfasst wird, zu entwickeln. Diskursanalysen sind – wenn auch nicht so häufig – aber ebenfalls in der variablenorientierten Forschung einsetzbar, um beispielsweise die kausalen Effekte von Diskursen zu überprüfen. Die verschiedenen Forschungsdesigns deuten bereits an, dass unterschiedliche methodische Zugänge und Techniken für die Umsetzung eines bestimmten Vorhabens erforderlich sind. Wie Diskursanalysen methodisch realisiert und die Auswertung der Daten organisiert werden können, wird im folgenden Abschnitt näher ausgeführt.

## 11.3 Forschungspraktische Ansatzpunkte für Diskursanalysen

Wenn man nun einen genaueren Blick in die diskursanalytische Werkzeugkiste (Foucault 2002, S. 651) riskiert, ist die Enttäuschung zunächst groß: Die Werkzeugkiste ist scheinbar leer und enthält nur vage Beschreibungen möglicher Instrumente und Herangehensweisen für die Umsetzung von Diskursanalysen. Foucault beschreibt letztendlich nur ein methodologisches Programm, in dem er zwar den Horizont für – insbesondere genealogisch-kritisch angelegte – Diskursanalysen auslotet, aber keine konkreten Techniken für die Durchführung empirischer Untersuchungen von Diskursen vorgibt. Aus dem methodologische Programm Foucaults, das sich unter dem Begriff der interpretativen Analytik (vgl. Dreyfus und Rabinow 1987) erfassen lässt, können aber dennoch verschiedene Hinweise abgeleitet werden, die für die Gestaltung von Diskursanalysen instruktiv sind und die den diskursanalytischen Forschungsprozess „forschungsstrategisch organisier[en]" (Diaz-Bone 2006, S. 75). Im Folgenden werden zunächst die zentralen Elemente der interpretativen Analytik vorgestellt und ihre Bedeutung für die praktische Arbeit diskutiert, bevor daran anschließend einige Leitlinien zur Planung und zur Durchführung von Diskursanalysen vorgestellt werden.

### 11.3.1 Interpretative Analytik als Forschungsstrategie

Mit der interpretativen Analytik wird der Versuch unternommen, die vielfältigen und immer wieder variierten Ansatzpunkte, die Foucault für die Diskursanalyse entwickelt hat, zu systematisieren und zu ordnen. Die methodologischen Vorschläge sind insbesondere für die genealogisch-kritische Variante der Diskursanalyse von Interesse, es lassen sich aber auch Schlussfolgerungen für die anderen Spielarten diskursanalytischer Forschung ableiten. Es lassen sich sechs Ansatzpunkte identifizieren, die Hinweise für die praktische Umsetzung diskursanalytischer Vorhaben bereitstellen (vgl. Diaz-Bone 2006, S. 76–79).

1. *Distanz zur Alltagserfahrung*: Für die Interpretation von Textdaten sowie das Verständnis von Diskursen ist ein gewisses Maß an theoretischem Vorwissen und empirischem Wissen über lebensweltliche Zusammenhänge notwendig. Allerdings sind Diskursanalysen nicht als eine einfache Nacherzählung auf der Grundlage von Alltagserfahrungen zu verstehen, sondern sie zielen darauf ab, einen „epistemologischen Bruch" (Diaz-Bone 2006, S. 76) mit der Lebenswelt herbeizuführen, der es überhaupt erst ermöglicht, Diskurse von einer Außenposition aus zu beobachten und mit wissenschaftlichen Mitteln zu analysieren.

Dieser Bruch kann letztlich nur durch das ständige Hinterfragen der Ergebnisse und die bewusste Herstellung von Distanz zum Datenmaterial durch den Forscher selbst realisiert werden.[4]

2. *Ausblenden des subjektiven Sinns*: Bei allen Varianten der Diskursanalyse geht es nicht darum, den subjektiven Sinn einer Äußerung zu erfassen, sondern Metastrukturen – wie etwa die Geltungsgründe, den kollektiven Deutungsrahmen oder die strukturellen Bedingungen, die eine Aussage überhaupt erst ermöglichen und weitgehend unabhängig von intentional handelnden Akteuren bestehen – zu untersuchen. Bei der Aussage ‚Nie wieder Krieg!' interessieren beispielsweise nicht die persönlichen Beweggründe für die Äußerung, sondern die Funktion des Argumentes innerhalb einer politischen Debatte (z. B. Rechtfertigung pazifistischer Politik), der damit verbundene gesellschaftliche Deutungsrahmen (z. B. normative Verpflichtung und historische Verantwortung) oder die zugrunde liegende kollektive Narration (z. B. Pazifismus als Lehre aus der deutschen Vergangenheit).

3. *Analyse latenter Strukturmuster*: Diskursanalysen sind nicht als Textanalysen, die auf die Untersuchung manifester Texteigenschaften zielen, sondern als Analyseform, die auf die Rekonstruktion komplexer und latent vorhandener Sinnstrukturen ausgerichtet sind, zu verstehen. Dies bedeutet, dass Legitimations-, Kommunikations- und Kognitionsmuster sowie kollektive Wissensvorräte, die nie vollständig in einem einzelnen Diskursfragment abgebildet werden, nur durch die Auswertung umfangreicher Datensamples sowie die Interpretation und den Vergleich zahlreicher Textdaten erschlossen werden können. Diese Feststellung gilt wiederum für alle Spielarten der Diskursanalyse, da ein Diskurs nie vollständig in einem einzigen Text abgebildet wird und latente Strukturmuster – a priori – erst sichtbar werden können, wenn mehrere Datenpunkte analysiert und miteinander verglichen wurden.

---

[4] Bei der Interpretation von Daten und der Herstellung einer Außenperspektive sind mehrere Verfahrensweisen hilfreich. 1. Dekonstruktion: Durch die Zerstückelung und Dekontextualisierung des Datenmaterials wird der ursprüngliche Kontext ausgeblendet und so neue Deutungen möglich. 2. Komparative Differenzierung: Bei der Rekonstruktion der zerstückelten und dekontextualisierten Bestandteile sollte gezielt nach alternativen Deutungen gesucht werden, um das Alltagsverständnis zu hinterfragen. 3. Kontextuelle Sinnkonstituierung: Die Rekonstruktion des Kontextes kann sinnvollerweise erst nach der Dekonstruktion und der komparativen Differenzierung auf der Basis vieler Deutungsalternativen geleistet werden. 4. Extensive Sinnauslegung: Aufgrund der zeitintensiven Interpretationsarbeit, sollte der Forschungsprozess soweit wie möglich von Zeit- und Handlungsdruck entlastet sein. 5. Ergebnisprüfung: Die (vorläufigen) Ergebnisse müssen kontinuierlich – auch anhand neuer Daten – überprüft, die Auslegungsverfahren variiert sowie die Daten, die Verfahren und die Ergebnisse kritisch reflektiert werden (vgl. Froschauer und Lueger 2009, S. 129–137).

4. *Angemessenheit der methodischen Instrumente*: Der Variantenreichtum der Diskursanalyse ist kein methodischer Freifahrtschein, der den Einsatz jeder x-beliebigen Erhebungs- oder Auswertungsmethode rechtfertigt. Es ist zwar richtig, dass sehr unterschiedliche Zugänge bei diskursanalytischen Forschungsvorhaben möglich sind, aber jede Diskursanalyse bedarf – gerade aus diesem Grunde – einer ausführlichen Begründung der Werkzeuge. Die Methoden müssen sorgfältig an der Fragestellung und dem Untersuchungsgegenstand ausgerichtet sein sowie die jeweilige diskurstheoretische und methodologische Position reflektiert werden. Im Prinzip kommen für eine Diskursanalyse viele verschiedene qualitative, mitunter auch quantitative Methoden in Frage. Neben der Grounded Theory-Methodik (siehe Ausführungen in 11.4), die meist in normativ-kritischen oder genealogisch-kritischen Diskursanalysen verwendet wird, und qualitativen oder quantitativen Inhaltsanalysen (siehe Kap. 12), die – je nach Fragestellung und Forschungsdesign –in allen Varianten der Diskursanalyse verwendet werden können, bieten sich grundsätzlich auch andere Formen der Medien-, Dokumenten- oder Textanalyse für die empirische Untersuchung an.

5. *Dekonstruktion und Rekonstruktion*: Diskurse sind als soziale Phänomene, die bestimmten Regeln folgen und kommunikative, kognitive oder strukturelle Beziehungsmuster ausbilden, mithilfe hermeneutischer Verfahren nachvollziehbar. Diese Interpretationsarbeit wird durch zwei aufeinander bezogene Untersuchungsschritte bestimmt: In einem ersten Schritt werden die einzelnen Sinneinheiten dekonstruiert und auf diese Weise ihre manifeste, oberflächliche oder alltägliche Bedeutung hinterfragt, bevor in einem zweiten Schritt die zugrunde liegenden Regeln, Strukturen und Zusammenhänge rekonstruiert werden. Dieser Zweischritt aus Dekonstruktion und Rekonstruktion bei der Interpretation des empirischen Datenmaterials gilt für alle Varianten der Diskursanalyse, allerdings sind – je nach Erkenntnisinteresse –Unterschiede in Bezug auf das inhaltliche Ziel der Rekonstruktion feststellbar.

6. *Zirkularität der Analyse*: Interpretative Forschungsvorhaben stützen sich auf ein zyklisch angelegtes Auswertungsverfahren, bei dem die Zwischenergebnisse der Dekonstruktion und der Rekonstruktion immer wieder mit dem empirischen Datenmaterial konfrontiert werden. Die vorläufigen Befunde werden in einem kontinuierlichen Prozess anhand vorhandener oder zusätzlich erhobener Daten mehrfach überprüft, gegebenenfalls korrigiert und immer weiter verfeinert – bis zu dem Punkt, an dem kein Erkenntnisgewinn mehr aus den Daten erzielt werden kann und damit ein belastbares Endergebnis erreicht worden ist. Der Analyseprozess ist in vielen Fällen nicht nur zyklisch organisiert, sondern auch durch die iterative Abfolge von Datenerhebung, Datenauswertung sowie Ergebnisgenerierung gekennzeichnet.

Die methodologischen Ansatzpunkte, die Foucault für die Diskursanalyse vorgibt und die in der interpretativen Analytik zusammengefasst werden, bilden ein erstes Grundgerüst für die methodische Umsetzung von Diskursanalysen. Die Diskursanalyse lässt sich vor diesem Hintergrund als eine hermeneutische Praxis beschreiben, die auf die – meist explorativ angelegte – Dekonstruktion und Rekonstruktion latenter gesellschaftlicher Metastrukturen zielt. Zudem wird deutlich, dass ein aufwendiger und zeitintensiver Forschungsprozess erforderlich ist, um belastbare, glaubwürdige und sinnvolle Interpretationsergebnisse zu erzielen. Darüber hinaus ist ein großes Maß an Selbstdisziplin nötig, um ein einfaches ‚Drauflosinterpretieren' und ein vorschnelles Urteil zu vermeiden.

## 11.3.2 Durchführung von Diskursanalysen

Die interpretative Analytik stellt wichtige Ansätze bereit, die bei der Planung und Durchführung von Diskursanalysen von Bedeutung sind, allerdings fehlen klare praktische Handreichungen, welche die Forschungspraxis der Diskursanalyse – von der Planung über die Analyse bis hin zur Darstellung der Ergebnisse – anleiten. Aus diesem Grunde werden in Anlehnung an Keller einige Ansatzpunkte erarbeitet, die als eine Art ‚Drehbuch', zumindest aber als Anregung für die Gestaltung und Umsetzung unterschiedlicher diskursanalytischer Forschungsvorhaben genutzt werden können. Die einzelnen Vorschläge von Keller zur Untersuchungsplanung, zur Datenerhebung und zur Feinanalyse der Daten sowie zur Darstellung der Ergebnisse werden im Folgenden dargestellt und erläutert (vgl. Keller 2011a, S. 65–117).

**Schritt 1: Untersuchungsplanung** Die sorgfältige Planung ist – wie bei anderen Forschungsvorhaben auch – ein entscheidender Faktor für das Gelingen einer diskursanalytischen Untersuchung. Bei der Diskursanalyse kommt diesem Schritt vor allem deshalb eine zentrale Bedeutung zu, weil nicht nur das Erkenntnisinteresse fixiert wird, sondern auch die (diskurs-)theoretischen und methodologischen Fundamente der Forschungsarbeit geklärt werden. Auf diese Weise wird der inhaltliche Horizont eines Vorhabens abgesteckt und die theoretisch-methodische ‚Brille' für die empirische Untersuchung definiert.

1. *Formulierung einer Fragestellung*: Mit der Fragestellung wird das Erkenntnisinteresse konkret erfasst (siehe Kap. 1 Einleitung). Es bietet sich auch bei Diskursanalysen an, tatsächliche Fragen zu formulieren, um nicht nur ein vages Thema zu bearbeiten, sondern ein konkretes Ziel für die empirische Unter-

suchung vorzugeben. Dabei sind – je nach Diskursverständnis –verschiedene Fragestellungen denkbar, letztlich sind aber alle Varianten der Diskursanalyse auf die Untersuchung der symbolischen, semantischen und kognitiven Regelmäßigkeiten, die Praktiken und Strategien der Diskursteilnehmer und auf die politischen und gesellschaftlichen Effekte von Diskursen ausgerichtet (vgl. Keller 2006, S. 103).

2. *Erläuterung der (diskurs-)theoretischen Grundlagen*: Da die Diskursanalyse mit sehr unterschiedlichen Diskursbegriffen operiert, ist es wichtig, dass das Verständnis von Diskursen klar expliziert wird. Zudem können diese Ausführungen auch dazu dienen, einen theoretisch reflektierten Analyserahmen für die empirische Arbeit zu entwickeln, der als Suchheuristik vorgibt, welche Fragen bei der Analyse an die Daten gestellt werden und welche Phänomene für die Beantwortung der Fragestellung interessant sind. Ein derartiger theoretischer Analyserahmen ist für die diskursanalytische Arbeit von großem Vorteil, weil er – ohne die methodischen Imperative der interpretativen Analytik zu verletzen – theoretisch begründete ‚Abkürzungen‘ im Analyseprozess beschreibt und ein zielloses ‚Wühlen‘ in den Daten vermeiden hilft.

3. *Reflexion des methodologischen Fundaments*: Die Vielfalt der diskurstheoretischen und diskursanalytischen Ansätze macht es notwendig, die methodologische Position transparent darzustellen sowie mit dem Erkenntnisinteresse und dem theoretischen Rahmen zu verknüpfen. Zudem müssen die methodischen Verfahren, die für die Interpretation der Daten eingesetzt werden, benannt und erläutert werden. Je nach Fragestellung und theoretischem Zugang bieten sich unterschiedliche qualitative und quantitative Methoden an, die in der Lage sind, die Auswertung und Interpretation vor allem von Textdaten oder audiovisuellen Daten anzuleiten. Wie bereits erwähnt, werden für die empirische Analyse häufig die Grounded Theory-Methodik (siehe Ausführungen in 11.4) und Inhaltsanalysen (siehe Kap. 12) verwendet. Grundsätzlich sind aber auch andere methodische Verfahren möglich.

Am Ende des ersten Schrittes sollte klar ersichtlich sein, was das Ziel der Diskursanalyse ist, auf welches theoretisch-methodologische Fundament sich das Forschungsvorhaben bezieht und auf welche Weise die Erhebung bzw. die Auswertung der Daten im zweiten und dritten Schritt der Untersuchung organisiert werden (vgl. Keller 2011a, S. 69–81).

**Schritt 2: Auswahl und Erhebung der empirischen Daten** Diskursanalysen können aus forschungspraktischen Gründen in der Regel weder auf eine Vollerhebung noch auf eine repräsentative Stichprobe empirischer Daten zurückgreifen. Da aber die Datengrundlage einen entscheidenden Einfluss auf das Ergebnis der empirischen Untersuchung ausübt, ist die sorgfältige und vor allem theoretisch begründete Auswahl und Erhebung der Daten sowie die methodisch kontrollierte Zusammenstellung des Datensamples ein wesentlicher Schritt der Diskursanalyse. Wichtig ist, dass alle Auswahl- und Erhebungsentscheidungen nachvollziehbar und wohlbegründet sind. Grundsätzlich sind alle Entscheidungen am Maßstab, der durch das Erkenntnisinteresse und den theoretisch-methodischen Rahmen vorgegeben wird, zu prüfen.

1. *Auswahl des Datenformates*: Prinzipiell ist jedes soziale oder physische Phänomen ein möglicher Bedeutungsträger, der für die Diskursanalyse interessant sein könnte. Die Entscheidung, welcher Typ von Daten für ein diskursanalytisches Vorhaben herangezogen wird, ist von zwei Faktoren abhängig. Auf der einen Seite muss ein Datenformat geeignet sein, um eine bestimmte Fragestellung beantworten zu können und um nicht unter diskursiven Äpfeln nach diskursiven Birnen zu suchen. Auf der anderen Seite muss ein geeignetes Datenformat praktisch handhabbar sein. Dies bedeutet, dass die Daten leicht zugänglich sein und sich einfach archivieren, speichern und immer wieder abrufen lassen sollten. Vor allem aus forschungspraktischen Gründen werden in den meisten Fällen Textdaten oder audiovisuelle Datenformate für die Diskursanalyse verwendet. Diese Datentypen lassen sich auch mithilfe der gängigen Computerprogramme zur qualitativen Datenanalyse verarbeiten. Andere Datenarten – wie beispielsweise soziale Handlungen oder Artefakte – lassen sich durch technische Verfahren oft ebenfalls in einen Text (z. B. durch Transkription) oder in ein audiovisuelles Format (z. B. durch Video oder Foto) übertragen.

2. *Bildung des Datenkorpus*: Für die Zusammenstellung eines theoretisch reflektierten Datenkorpus ist eine Reihe weiterer Entscheidungen notwendig. In einem ersten Schritt müssen die Datenquellen definiert werden. Dies bedeutet, dass begründet werden muss, weshalb beispielsweise Reden von Politikern, Parlamentsprotokolle, Parteiprogramme oder – wie in den meisten Fällen – Zeitungsartikel und nicht andere Daten erhoben werden. In einem zweiten Schritt ist eine Selektion der Daten nach thematischen, sachlichen und zeitlichen Kriterien notwendig. So muss beispielsweise bei der Auswahl von Zeitungsartikeln begründet werden, aus welchen Printmedien (z. B. Qualitätszeitungen) welche Textsorten (z. B. Kommentare) nach welchen inhaltlichen Gesichtspunkten (z. B. bestimmten Schlagwörter) erhoben werden. Zudem muss auch der Zeitraum der Datenerhebung, der von einigen Monaten bis hin zu mehreren Jahrzehnten reichen kann, festgelegt werden. Da der Datenkorpus trotz vieler Auswahlentscheidungen meist immer noch zu groß ist, um eine Auswertung

aller Texte leisten zu können, kann nur ein Teil der Daten (z. B. Schlüsseltexte) einer Feinanalyse unterzogen werden.

Nach dem zweiten Schritt im Forschungsprozess sollte klar nachvollziehbar sein, wie die einzelnen Entscheidungen bei der Zusammenstellung des Datensamples und bei der Auswahl der empirischen Daten für die Feinanalyse begründet wurden. Die große Herausforderung dieses Schrittes besteht darin, einen pragmatischen, aber theoretisch begründbaren Ausgleich zwischen dem Anspruch einer möglichst vollständigen Datenanalyse einerseits und den beschränkten Ressourcen des Forschungsprozesses andererseits zu finden (vgl. Keller 2011a, S. 86–96). Eine Hilfestellung für die Erhebung und Auswahl der Daten bietet das Konzept des *theoretic sampling* (siehe Ausführungen unten), das – anders als quantitativ orientierte Verfahren – nicht auf statistische, sondern auf „konzeptuelle Repräsentativität" (Strübing 2004, S. 31) bei der Erhebung und Auswahl der Daten zielt.

**Schritt 3: Feinanalyse der empirischen Daten** Das Herzstück einer Diskursanalyse besteht aus der Feinanalyse der empirischen Daten, die mithilfe unterschiedlicher methodischer Herangehensweisen und Auswertungstechniken umgesetzt werden kann. Die Durchführung der Feinanalyse ist jeweils von der Fragestellung, vom Diskursverständnis, vom theoretischen und methodologischen Zugang, dem Analyserahmen sowie der Art der Daten abhängig und kann dementsprechend variieren. Grundsätzlich orientiert sie sich aber an den Vorgaben und der Forschungslogik der interpretativen Analytik (vgl. Dreyfus und Rabinow 1987). Die folgenden Anhaltspunkte für die Umsetzung der Feinanalyse zielen vor allem auf genealogisch-kritische Diskursanalysen. Allerdings lassen sich die Ansatzpunkte – gegebenenfalls in modifizierter Form – auch auf normativ-kritische und einzelne analytisch-pragmatische Diskursanalysen anwenden. Wie die Ergebnisse einer Feinanalyse aussehen könnten, wird anhand eines Beispiels im nächsten Abschnitt – Schritt 4: Darstellung der Ergebnisse – illustriert (Tab 11.1).

1. *Kontext einer Aussage*: Die Situiertheit und Materialität einer Äußerung oder Aussage geben Aufschluss über die gesellschaftlichen Kontextbedingungen eines diskursiven Ereignisses. Auf diese Weise werden erste Anhaltspunkte für die Rekonstruktion von Subjekt- und Sprecherpositionen oder die Identifikation von Orten und Praktiken der Diskursproduktion bereitgestellt. Zudem kann der Kontext wichtige Indizien für die politischen, ökonomischen, gesellschaftlichen und medialen Rahmenbedingungen und bestehende Machtverhältnisse vermitteln. Grundsätzlich können die zeitgeschichtlich-gesellschaftliche Kon-

textdimension, der institutionell-organisatorische Kontext sowie die situativen Bedingungen einer Äußerung oder Aussage differenziert werden. Insgesamt zielt die Analyse des Kontextes auf die Betrachtung der „regulierten Praxis" (Foucault 2003a, S. 116) eines Diskurses.

2. *Formale Struktur einer Aussage*: Die Diskursanalyse ist keine Textanalyse, die auf die Untersuchung rhetorischer Figuren zielt. Dennoch lassen sich aus der sprachlich-rhetorischen Struktur von Äußerungen und Aussagen wichtige Informationen über die diskursiven Konventionen bestimmter Textgattungen oder die formale Aufbereitung von Aussagen – wie beispielsweise die Argumentations- und Präsentationsweise oder die Dramatisierung und Emotionalisierung von Inhalten – gewinnen. Von besonderem Interesse für die Diskursanalyse sind insbesondere Sprachbilder und Metaphern, da diese in der Regel komplexe Zusammenhänge vereinfacht und anschaulich abbilden. Insgesamt zielt die Untersuchung der formalen Struktur sowohl auf die Regeln und Praktiken als auch auf die inhaltliche Dimension eines Diskurses.

3. *Interpretation der Inhalte*: Der Kern des diskursanalytischen Vorgehens bezieht sich auf die inhaltliche Dekonstruktion und Rekonstruktion der einzelnen Sinneinheiten sowie der übergreifenden diskursiven Struktur. Die Auswertung der einzelnen Texte sollte anhand von vorher bestimmten Interpretationsperspektiven, mithilfe von vorab festgelegten Fragestellungen und unter Verwendung geeigneter Hilfsmittel erfolgen. Diskursive Inhalte lassen sich in der Regel entlang der Dimensionen Phänomen- und Problemstruktur, Deutungsmuster und narrative Struktur analysieren. Diese drei theoretischen Perspektiven, die als eine allgemeine Suchheuristik dienen, erleichtern die Interpretationsarbeit erheblich und können auch an das Erkenntnisinteresse, den theoretisch-methodischen Zugang sowie den Analyserahmen einer bestimmten Studie angepasst werden. Die Auswertung der empirischen Daten kann in Ergänzung zu den verschiedenen Interpretationsperspektiven durch weitere Fragen – etwa nach den Themen, Begriffen, Sinnzuschreibungen oder Argumenten eines Textes – strukturiert und angeleitet werden. Die Interpretation der Diskursfragmente kann zudem von der Verwendung unterschiedlicher Hilfsmittel – wie beispielsweise tabellarischen bzw. graphischen Darstellungsformen, Paraphrasierungen von Textpassagen oder computergestützten Verfahren – profitieren. Da den Interpretationsperspektiven bei der Rekonstruktion eine zentrale Bedeutung zukommt, werden diese kurz vorgestellt.

   – *Phänomenstruktur*: Das Ziel dieser Perspektive ist es, ein Phänomen, das in einem Diskurs problematisiert wird, systematisch zu beschreiben. Die Rekonstruktion des Gegenstandes wird etwa durch Fragen nach den Ursachen und Kontextfaktoren eines Phänomens sowie den daraus folgenden Handlungsstrategien und Konsequenzen angeleitet (vgl. Strauss und Corbin 1996, S. 73–85). Die Analyse der Phänomenstruktur ist in der Regel der Ausgangspunkt für die beiden folgenden Interpretationsschritte.

- *Deutungsmuster*: Mit der zweiten Perspektive auf die Inhalte von Diskursen werden die kollektiven Interpretationsschemata, mithilfe derer ein bestimmtes Phänomen gedeutet wird, analysiert. Im Mittelpunkt der Rekonstruktion stehen insbesondere die Fragen, wie ein empirischer Sachverhalt wahrgenommen und wie ein konkretes Phänomen bewertet wird (vgl. Meuser und Sackmann 1991). Die Analyse von Deutungsmustern ist meist gleichbedeutend mit der Rekonstruktion gesellschaftlicher Deutungsrahmen und stellt in der Regel ein erstes wichtiges (Zwischen-)Ergebnis von Diskursanalysen dar.

- *Narrative Struktur*: Jede Aussage oder Äußerung beinhaltet – implizit oder explizit – ein erzählerisches Moment. Die dritte Perspektive zielt aus diesem Grunde auf die Rekonstruktion des ‚roten Fadens‘, durch den einzelne Sinneinheiten zu konsistenten Geschichten verbunden werden. Die Funktion von Narrationen besteht also darin, komplexe Phänomenstrukturen und Deutungsmuster ‚auf den Punkt‘ zu bringen, ohne alle Einzelheiten ausdrücklich benennen zu müssen. Zudem werden die Positionen und Rollen von Akteuren in einem Diskurs maßgeblich durch Narrationen definiert sowie erzählerisch plausibilisiert. Für die Interpretation sind insbesondere die episodische Einteilung von Ereignissen, der verbindende Handlungsstrang, die Rollenangebote und Verantwortungszuschreibungen an die Akteure oder die repräsentierten Werte und Deutungen interessant (vgl. Viehöver 2011, S. 205–217).

Am Ende des dritten Schrittes sollte ein Ergebnis stehen, das eine inhaltlich sinnvolle und empirisch wohlbegründete Antwort auf die zu Beginn des Forschungsprozesses formulierte Fragestellung gibt (vgl. Keller 2011a, S. 97–112). Wie das Ergebnis einer Feinanalyse aussehen könnte, wird anhand von zwei Texten aus dem irischen Europadiskurs veranschaulicht (Tab. 11.1). Die Ausschnitte stammen aus Zeitungsartikeln, die im Vorfeld der Volksabstimmung über den Vertrag von Lissabon 2009 erschienen sind. Die Interpretation der Textausschnitte kann in dieser Form natürlich nur auf der Grundlage einer breiten Kenntnis des Materials und auf der Basis der Analyse einer größeren Zahl von Daten geleistet werden. Aus diesem Grunde fließen in die Darstellung auch die Befunde der genealogisch-kritischen Diskursanalyse, in deren Rahmen die Textfragmente untersucht wurden, ein (vgl. Heindl 2014).

**Tab. 11.1** Darstellung der Feinanalyse anhand von Beispielen

| „The real difference between the two states [Irland und Island] is that we have full membership of the euro currency and are committed EU participants, whereas Iceland is a small, isolated island knocking on the door."[a] | „‚Competition laws and the liberalisation of financial services actively promoted by the EU are precisely what have led us to the catastrophe of the economic crisis we now face', he said."[b] |
|---|---|
| *Ansatzpunkt* | *Rekonstruktion und Interpretation* |
| Kontext-bedingungen | Finanz- und Wirtschaftskrise, von der Irland in besonderem Maße betroffen ist | Finanz- und Wirtschaftskrise, von der Irland in besonderem Maße betroffen ist |
| | Kolumne in einer irischen, an der politischen Mitte ausgerichteten Tageszeitung | Bericht in einer irischen, redaktionell linksliberal ausgerichteten Tageszeitung |
| | Beitrag eines bekannten Journalisten und ehemaligen irischen Spitzenpolitikers | Zitat eines Politikers und Aktivisten auf einer Pressekonferenz von Europagegnern |
| Formale Struktur | Wendepunkt der Kolumne, durch den die Argumente der Gegner entkräftet werden | Aussage als ein Motiv in einer Aufzählung verschiedener Argumente der Gegner |
| | Island als Symbol für die Folgen der Krise und für pessimistische Zukunftsaussichten | Europäische Union als Symbol für den Neoliberalismus und die Ursachen der Krise |
| | Emotionalisierung durch Personalisierung Islands und das Bild der Verlassenheit | Dramatisierung der ökonomischen Situation Irlands durch das Bild der Katastrophe |
| Phänomen-struktur | Finanz- und Wirtschaftskrise als Ursache für die sozioökonomischen Probleme Irlands | Neoliberale Politik der Europäischen Union als Ursache der Finanz- und Wirtschaftskrise |
| | Einbindung Irlands in die Europäische Union und den Euro als Kontextfaktoren | Einbindung Irlands in die Europäische Union und den Euro als Kontextfaktoren |
| | Vertiefung als Handlungsstrategie für die solidarische Hilfe der europäischen Partner | Ablehnung des Vertrages als Strategie für die Veränderung der Wirtschaftspolitik |
| | Finanzielle Unterstützung und Abwendung des isländischen Szenarios als Konsequenz | Neujustierung der Wirtschaftspolitik und Vermeidung von Krisen als Konsequenz |
| Deutungs-muster | Wirtschafts- und Finanzkrise als Bedrohung für die irische Wirtschaft und Gesellschaft | Neoliberalismus als wirtschaftliche, aber auch politische und gesellschaftliche Gefahr |
| | Europäische Union als Absicherung gegen externe Schocks und als nützliche Institution | Mitverantwortung der Europäischen Union für die Wirtschafts- und Finanzkrise |
| | Vertiefung als Festigung der politischen und wirtschaftlichen Solidarität in Europa | Vertiefung als Fortführung verfehlter und gefährlicher neoliberaler Wirtschaftspolitik |

**Tab. 11.1** (Fortsetzung)

| Narrative Struktur | Wirtschafts- und Finanzkrise als Bedrohung, wobei die Solidarität in der Europäischen Union als Schutzmechanismus gegen die Effekte externer Schocks fungiert | Neoliberale Wirtschaftspolitik als Ursache der Wirtschafts- und Finanzkrise, wobei die Europäische Union nicht eine Lösung, sondern ein Teil des Problematik ist |
|---|---|---|
| | Inszenierung der Europäischen Union als Retter in der Not, Befürworter als rationale, verantwortungsvolle Menschen, Gegner als unvernünftige, fahrlässige Querulanten | Inszenierung der Europäischen Union als Krisenverursacher, Gegner als redliche, alternativ denkende Menschen, Befürworter als unaufrichtige, böswillige Erpresser |
| | Motiv der Solidarität im Mittelpunkt | Motiv der Bedrohung im Mittelpunkt |

*Anmerkungen*: Eigene Darstellung und Interpretation unter Einbeziehung der Forschungsergebnisse von Heindl (2014)
[a] Irish Examiner vom 17. September 2009
[b] The Irish Times vom 9. September 2009

Anhand dieser beiden Textausschnitte lassen sich zwei gegenläufige Motive des irischen Europadiskurses im Kontext der zweiten Abstimmung über den Vertrag von Lissabon und unter dem Eindruck der weltweiten Wirtschafts- und Finanzkrise systematisch rekonstruieren und interpretieren. Interessant ist dabei vor allem, wie unterschiedliche Konstruktionen des Phänomens zu gegenläufigen Deutungen und konkurrierenden Erzählungen führen. Während die Befürworter einer Vertiefung der europäischen Integration vor dem Hintergrund der Krise das Motiv der (wechselseitigen) Solidarität hervorheben, betonen die Europagegner das Motiv der Bedrohung. Mithilfe dieser Erkenntnisse lassen sich die zentralen Argumente des irischen Europadiskurses rekonstruieren und mit anderen Europadiskursen vergleichen. Auf diese Weise können Rückschlüsse über die Wirkmächtigkeit einzelner europapolitischer Argumente oder den Erfolg bestimmter europapolitischer Motive gezogen werden (vgl. Heindl 2014).

Eine der großen Herausforderungen bei der Feinanalyse besteht angesichts der üblicherweise großen Datenmengen darin, den Diskurs vor lauter Daten nicht aus den Augen zu verlieren. Als nützliche Hilfsmittel erweisen sich in der Forschungspraxis vor allem Kodierprozeduren, die an die Vorschläge der Grounded Theory-Methodik (siehe Ausführungen in 11.4) oder die Vorgaben der qualitativen bzw. quantitativen Inhaltsanalyse (siehe Kap. 12) anknüpfen. Zudem wird die Interpretationsarbeit, die Auswertung der Daten sowie die Organisation des Forschungsprozesses durch qualitative Datenanalysesoftware – wie etwa MAXQDA oder ATLAS.ti – erheblich vereinfacht (siehe Kap. 1). Allerdings können

Computerprogramme die eigentliche Analysearbeit und die Interpretation des empirischen Datenmaterials nur erleichtern, aber keinesfalls ersetzen (vgl. Diaz-Bone und Schneider 2010).

**Schritt 4: Aufbereitung und Darstellung der Ergebnisse** Die Aufgabe des letzten Arbeitsschrittes besteht darin, den gesamten Forschungsprozess von der Fragestellung über die Entwicklung des theoretischen und methodischen Rahmens bis hin zu den Befunden der Feinanalyse darzustellen und die Resultate in einem Ergebnisbericht zu plausibilisieren. Das Hauptproblem bei der Präsentation diskursanalytischer Auswertungs- und Interpretationsprozesse besteht darin, dass aufgrund der großen Datenmengen und der Materialfülle eine umfassende Darstellung aller Interpretationsschritte und aller Einzel- oder Zwischenergebnisse unmöglich ist. Daher hat die Aufbereitung des Ergebnisberichtes letztlich immer nur einen „illustrativen Charakter" (vgl. Keller 2011a, S. 117).

Bei der Präsentation der Resultate sind unterschiedliche Strategien denkbar. Das Grundgerüst des Ergebnisberichtes wird in der Regel durch eine ausführliche Erläuterung des Vorgehens und durch die Darstellung der Befunde vorgegeben. Die einzelnen Resultate sollten durch Belege aus den empirischen Daten – wie etwa Textausschnitte, Bilder, Transskripte – dokumentiert und untermauert werden. Zudem sollten die Auswertungs- und Interpretationstechniken sowie das Analyseverfahren insgesamt anhand ausgewählter Daten exemplarisch dargestellt werden. Für die Veranschaulichung diskursiver Zusammenhänge bieten sich darüber hinaus auch tabellarische oder graphische Darstellungsformen an. So können beispielsweise die einzelnen Elemente einer Narration in einer Tabelle überblicksartig zusammengefasst oder diskursive Strukturmuster zwischen verschiedenen Sinneinheiten durch Abbildungen – wie etwa Pfeildiagramme oder *mindmaps* – illustriert werden. Die computergestützte Auswertung von empirischen Daten eröffnet weitere Möglichkeiten zur Dokumentation, Visualisierung und Plausibilisierung des Forschungsprozesses und des Analyseergebnisses. So können nicht nur Kodesysteme oder Memos zum Zweck der Dokumentation des Analyseprozesses exportiert werden, sondern es lassen sich zur Illustration der Forschungsergebnisse beispielsweise auch Häufigkeitsverteilung von Kodes darstellen, verschiedene Diskursfragmente miteinander vergleichen oder Beziehungen zwischen unterschiedlichen Kodes oder Daten visualisieren (vgl. Keller 2011a, S. 113–117).

Am Ende des vierten Schrittes sollte ein – meist materialreicher – Text stehen, in dem die Resultate umfassend dargestellt, angemessen belegt und argumentativ begründet werden. Anhaltspunkte für die Anfertigung des Ergebnisberichtes stellen dabei auch die Gütekriterien der empirischen Sozialforschung bereit. Neben den ‚klassischen' Kriterien der Validität, Reliabilität und Objektivität, die – wenn überhaupt – nur in modifizierter Form angewendet werden können (vgl. Lamnek 2005, S. 148–180), sind als spezifische Maßstäbe der qualitativen Forschung vor allem die sorgfältige Dokumentation des Forschungsprozesses, die argumentative Absicherung der Interpretation, die regelgeleitete Vorgehensweise, die Nähe zum Untersuchungsgegenstand, die kommunikative Validierung sowie die Triangulation zu nennen (vgl. Mayring 2002, S. 140–148).[5] Für eine erste Auseinandersetzung mit den Standards der qualitativen Sozialforschung und der Anwendbarkeit bzw. Modifikation der ‚klassischen' Gütekriterien empfiehlt sich Lamnek (2005, S. 142–187). Eine Möglichkeit, die Qualität einer diskursanalytischen Untersuchung zu erhöhen, besteht insbesondere darin, das methodische Instrumentarium noch weiter zu konkretisieren und offenzulegen. Im folgenden Abschnitt wird aus diesem Grunde die Grounded Theory-Methodik als eine Herangehensweise und eine Auswertungs- und Interpretationstechnik vorgestellt und diskutiert.

## 11.4   Grounded Theory als Methode

In der empirischen Sozialforschung stehen viele verschiedene qualitative und quantitative Verfahren und Techniken zu Verfügung, die in die vielzitierte diskursanalytische „tool-box" (Foucault 2002, S. 651) passen und die geeignete Instrumente für die Untersuchung textförmiger oder audiovisueller Daten bereitstellen. Wie bereits mehrfach angedeutet sind – je nach Erkenntnisinteresse und zugrunde liegenden Diskursbegriff –vor allem qualitative oder auch quantitative Inhaltsanalysen und die Grounded Theory-Methodik für die verschiedenen Formen der Diskursanalyse interessant. Während die inhaltsanalytischen Ansätze gesondert besprochen werden (Kap. 12), wird die Grounded Theory-Methodik im Kontext der Diskursanalyse vorgestellt. Der Grund liegt insbesondere darin, dass Foucault

---

[5] Mit der Dokumentation des Forschungsprozesses ist vor allem die transparente Darstellung und Erläuterung des Vorgehens, der theoretischen Grundlagen und der methodischen Instrumente gemeint. Die argumentative Absicherung der Interpretation zielt insbesondere auf die Plausibilisierung und Begründung der Ergebnisse. Die regelgeleitete Vorgehensweise bezieht sich wiederum darauf, dass die verschiedenen Erhebungs- und Auswertungsverfahren vor der Analyse festgelegt und nachher im Ergebnisbericht nachvollziehbar belegt werden. Die Nähe zum Gegenstand meint vor allem die Angemessenheit des Datenmaterials und der Auswertungstechniken, um ein Phänomen korrekt erfassen zu können. Die kommunikative Validierung zielt darauf, dass die (Zwischen-)Ergebnisse mehrfach einer Kritik durch Außenstehende unterzogen werden sollen, um beispielsweise einseitige Interpretationsansätze aufzudecken. Darüber bietet die Triangulation weitere Möglichkeiten, die Ergebnisse durch andere Daten, Theorien oder Methoden auf ihre Belastbarkeit hin zu überprüfen (vgl. Mayring 2002, S. 140–148).

mit der interpretativen Analytik und seinen materialreichen Analysen „auf seine Art eine ‚gegenstandsbegründete Konzeptbildung' [betreibt]" (Keller 2008, S. 58), die der Forschungsweise der Grounded Theory-Methodik (vgl. Glaser und Strauss 2005; Strauss und Corbin 1996) sehr nahe kommt. Im Folgenden werden nun zunächst die begrifflichen und forschungslogischen Grundlagen dargestellt, bevor daran anschließend die konkreten methodischen Verfahren und Techniken näher beschrieben und erläutert werden.

## 11.4.1   Grundlagen der Grounded Theory-Methodik

Der Begriff der Grounded Theory ist zunächst missverständlich, da es sich nicht um eine Theorie im eigentlichen Wortsinne handelt. Vielmehr bezeichnet dieser Begriff, der sich als gegenstandsverankerte, gegenstandsbegründete oder empirisch fundierte Theorie übersetzen lässt (vgl. Mey und Mruck 2011b, S. 11–12), sowohl eine Analysetechnik als auch das mit dieser Methode gewonnene Ergebnis – nämlich die an einem empirischen Gegenstand erarbeitete Theorie, „die induktiv aus der Untersuchung des Phänomens abgeleitet wird, das sie abbildet" (Strauss und Corbin 1996, S. 7). Diese empirisch verankerte oder begründete Theorie „wird durch das systematische Erheben und Analysieren von Daten, die sich auf das untersuchte Phänomen beziehen, entdeckt, ausgearbeitet und vorläufig bestätigt" (Strauss und Corbin 1996, S. 7–8). Ein weiteres zentrales Merkmal der Grounded Theory-Methodik besteht darin, dass die „Datensammlung, Analyse und die Theorie in einer wechselseitigen Beziehung zueinander [stehen]" (Strauss und Corbin 1996, S. 8). Insgesamt lässt sich die Herangehensweise der Grounded Theory-Methodik als eine meist explorativ angelegte, offene und flexibel einsetzbare Forschungsstrategie charakterisieren, die Ansatzpunkte anbietet, um den – durchaus kreativen – Prozess der Interpretation und der Theoriebildung anzuleiten, die Erhebung der empirischen Daten methodisch zu kontrollieren sowie die Nachvollziehbarkeit des Forschungsprozesses und der Analyseergebnisse zu stärken (vgl. Oertzen 2006, S. 145).

Die Grounded Theory-Methodik ist jedoch von unterschiedlichen Seiten kritisiert worden – so wird ihr beispielsweise vorgeworfen, nur ein ‚Feigenblatt' für das Fehlen einer Methode oder aber überhaupt keine wissenschaftlich akzeptable Methode zu sein. Anhand dieser beiden Kritikpunkte lassen sich zwei wichtige Aspekte bei der Anwendung der Grounded Theory-Methodik verdeutlichen – die Frage der wissenschaftlichen Standards und die unterschiedlichen Spielarten der Grounded Theory-Methodik. Der erste Einwand richtet sich gegen die Praxis und die Durchführung der Grounded Theory-Methodik und ist – zumindest teilweise

– berechtigt, da sich durchaus feststellen lässt, „that ‚grounded theory' is often used as rhetorical sleight of hand by authors who are unfamiliar with qualitative research and who wish to avoid close description or illumination of their methods" (Suddaby 2006, S. 633). Letztlich lässt sich dieses Problem aber sehr einfach durch die Beachtung der Gütekriterien der (qualitativen) empirischen Sozialforschung – also die transparente und nachvollziehbare Darstellung des Forschungsprozesses sowie die belegbare und plausible Begründung der Ergebnisse – lösen (vgl. Mayring 2002, S. 140–148; Strübing 2004, S. 75–90).

Der zweite Einwand zielt auf die erkenntnistheoretischen Fundamente der Grounded-Theory-Methodik. Das Unbehagen und die – teilweise berechtigte – Kritik beziehen sich dabei in der Regel auf die von Glaser propagierte Variante der Grounded Theory-Methodik, deren unbekümmerte und fragwürdige epistemologische Position folgendermaßen zusammengefasst werden kann: „Trust grounded theory, it works! Just do it, use it and publish!" (Glaser 1998, S. 254). Glaser beharrt nachdrücklich darauf, dass nur ein unvoreingenommenes, flexibles und von (theoretischem) Vorwissen unbelastetes Herangehen an die Daten zur ‚Entdeckung' einer gegenstandsverankerten Theorie führen kann (vgl. Glaser 1998). Dieser epistemologische Standpunkt wird jedoch zu Recht als „naive[r] Induktivismus" (Kelle 2011, S. 267) kritisiert. Ein Großteil der Kritik lässt sich aber durch die epistemologisch fortschrittlichere und forschungslogisch besser begründete Variante der Grounded Theory-Methodik von Strauss und Corbin entkräften (vgl. Kelle 2011, S. 273; Mey und Mruck 2011b, S. 32), da die Analyse des empirischen Materials nicht mehr als erkenntnistheoretische *tabula rasa* aufgefasst wird. Im Vergleich zu Glaser beziehen Strauss und Corbin bewusst theoretische Vorannahmen und Vorwissen in die Datenauswertung ein. Zudem wird der Forschungsprozess systematisch „mit einem heuristischen Rahmen für die Analyse des Datenmaterials [versehen]" (Kelle 1994, S. 312). Die weiteren Ausführungen zur Vorgehensweise der Grounded Theory-Methodik orientieren sich daher an den methodischen Vorschlägen von Strauss und Corbin (1996).

### 11.4.2 Vorgehensweise der Grounded Theory

Die Grounded Theory-Methodik eignet sich besonders gut, um einen bisher wenig erforschten Bereich von Grund auf explorativ zu erschließen oder vorhandenes bzw. unvollständiges Wissen in bereits erforschten Feldern grundlegend zu überprüfen und zu erweitern. Dabei stellt sie ein offenes und flexibles Instrumentarium bereit, das den „hermeneutischen Schritt" (Oertzen 2006, S. 146) der Interpretation empirischer Daten nicht ersetzen kann, aber dabei hilft, den Prozess der gegenstandsverankerten Theoriebildung theoretisch und methodisch zu kontrollieren und transparent zu gestalten. Dabei formuliert die Grounded Theory-Methodik jedoch keine detaillierten und standardisierten Vorschriften, sondern sie bietet lediglich ein Bündel von Verfahren und Techniken an, die den gesamten Forschungsprozess – von der Datenerhebung über die Auswertung des empirischen Materials bis zur Ergebnisgenerierung – organisieren und steuern (vgl. Strübing 2004, S. 15). Ein zentrales Charakteristikum der Grounded Theory-Methodik besteht dementsprechend darin, dass die Phasen der Erhebung, Auswertung und Theoriebildung zyklisch miteinander verbunden werden. Dies bedeutet, dass Vorwissen oder (vorläufige) Interpretationsergebnisse solange systematisch mit der Empirie konfrontiert und anhand von – zusätzlich erhobenem – Datenmaterial überprüft, modifiziert oder korrigiert werden, bis eine belastbare, glaubwürdige und empirisch begründete Theorie vorliegt. Die Grounded Theory-Methodik greift dabei auf fünf verschiedene Verfahrensvorschläge für die Datenerhebung, die Auswertung des empirischen Materials und die Theoriebildung zurück (vgl. Strauss und Corbin 1996). Die einzelnen Verfahrensschritte – die aber nicht als eine chronologische Abfolge der Analyse missverstanden werden sollen, da die einzelnen Phasen iterativ ineinander verschränkt sind – werden im Folgenden näher erläutert und anhand des oben bereits angesprochenen Forschungsbeispiels zu den irischen Europadiskursen illustriert (vgl. Heindl 2014). Am Ende werden die einzelnen Schritte in einer Graphik nochmals im Überblick dargestellt (Abb. 11.2).

**Schritt 1: Theoriegeleitete Datenauswahl** Die methodische Kontrolle des Forschungsprozesses beginnt mit der Auswahl der empirischen Daten und der Bildung des Datenkorpus'. Die Datenerhebung erfolgt aber nicht auf der Basis einer Vollerhebung oder einer repräsentativen Stichprobe, sondern sie wird – theoretisch reflektiert und begründet – durch den Forschungsgegenstand, den Stand der Theoriebildung und die Kodierprozeduren bestimmt (*theoretic sampling*) und ist letztlich mit einer Art von ‚Schneeballsystem' vergleichbar, um so die „gewonnenen Erkenntnisse sukzessive auszuarbeiten, d. h. diese zu differenzieren und zu verfeinern" (vgl. Mey und Mruck 2011b, S. 28). In der Praxis bedeutet dies, dass jede Auswahl- und Erhebungsentscheidung theoretisch gerechtfertigt werden muss. So ist etwa zu klären, welches Datenformat geeignet ist (z. B. Daten aus irischen Printmedien), welche Daten ausgewählt werden (z. B. Artikel mit Europabezug aus irischen Leitmedien, bestimmten Tages- und Wochenzeitungen sowie verschiedenen Qualitäts-, Boulevard- und Spartenmedien) und in welcher Abfolge die Daten analysiert werden (z. B. zunächst Artikel aus irischen Leitmedien, um einen thematischen Überblick zu erhalten, und im Anschluss daran Texte, die geeignet sind, um die vorläufigen Befunde gezielt zu hinterfragen – etwa durch das *Irish Farmers Journal* oder *The Irish Catholic*). Die ursprünglichen Auswahl- und Erhebungsentscheidungen können jederzeit – wenn es für die Theoriebildung

notwendig ist – modifiziert und korrigiert werden (z. B. wenn während der Analyse erkennbar ist, dass weitere Informationen aus dem Kampagnenmaterial der
Befürworter und Gegner gezogen werden können, die in den Printmediendaten
nicht auftauchen). Insgesamt zielt die theoriegeleitete Datenerhebung zwar nicht
auf eine repräsentative, aber immerhin eine systematische und begründbare Auswahl und Erhebung der Daten (vgl. Glaser und Strauss 2005, S. 53–83; Strauss und
Corbin 1996, S. 148–168).

**Schritt 2: Kodieren und Kategorienbildung** Das wichtigste technische Verfahren bei der Auswertung der Daten ist die Tätigkeit des Kodierens (*coding*). Das
Kodieren ist als ein „*Verschlüsseln* oder *Übersetzen* von Daten [Hervorhebungen
im Original]" (Böhm 2009, S. 476) zu verstehen, das darauf gerichtet ist, einzelne
empirische Sachverhalte abstrakter zu erfassen und – als eine Art Vorstufe zur
gegenstandsverankerten Theorie – Zusammenhänge aus dem Datenmaterial her-
auszudestillieren. Drei Kodierprozeduren mit unterschiedlichen Funktionen können dabei differenziert werden (vgl. Strauss und Corbin 1996, S. 43–55, 75–117).
Die Kodierprozeduren werden jeweils anhand der oben besprochenen Diskursfragmente (siehe Tab. 11.1) illustriert.

1. *Offenes Kodieren*: Das offene Kodieren ist als ‚Aufbrechen' des empirischen
   Materials zu verstehen, das darauf abzielt, sich einen Überblick über ein The-
   menfeld zu verschaffen, erste Zusammenhangsmuster in den empirischen
   Daten zu entdecken und (vorläufige) Hypothesen in Bezug auf ein bestimmtes
   Phänomen zu erarbeiten.[6] Zu diesem Zweck wird das Material sehr kleinteilig
   analysiert, indem – etwa bei textförmigen Daten – einzelnen Absätzen, Sätzen,
   Wendungen oder Worten ein Kode oder auch mehrere Kodes zugeordnet werden, die den Sinn einer Textstelle beschreiben und vor allem abstrahieren sollen
   (vgl. Oertzen 2006, S. 148, Strauss und Corbin 1996, S. 43–74). So können
   etwa in dem Textausschnitt „[…] Iceland is a small, isolated island knocking

---

[6] Das offene Kodieren und die Entwicklung vorläufiger, gegenstandsbezogener Hypothesen
kann durch Leitfragen und Verfahrensweisen, die den Interpretationsprozess anleiten, systematisiert werden. So bieten beispielsweise die oben bereits angedeuteten Vorschläge von
Froschauer und Lueger (2009, S. 129–137) oder auch die Kodierfamilien von Glaser (1978,
S. 74–82) wichtige Hilfestellungen für die hermeneutische Arbeit. Wichtige Impulse für das
offene Kodieren können darüber hinaus auch von „theoriegenerierende[n] Fragen" (Böhm
2009, S. 477) ausgehen, die nach dem Gegenstandsbereich (was?), den involvierten Akteuren (wer?), den Facetten eines Phänomens (wie?), der zeitlich-räumlichen Dimension eines
Sachverhaltes (wann und wo?), den Begründungsmustern (warum?), den Absichten und
Zwecken (wozu?) sowie den Mitteln, Taktiken und Strategien (womit?) fragen (vgl. Böhm
2009, S. 477–478).

on the door [...]" (Irish Examiner vom 17. September 2009) Kodes über die Bedeutung des Landes (Kode ‚Kleinstaat‘), die geographische Lage (Kode ‚Peripherie‘) sowie die politische Situation (Kode ‚Isolation‘) vergeben werden. Die einzelnen Kodes stehen dabei in der Regel in einer Beziehung zueinander, die sich durch die Bildung von Kategorien abbilden lassen. Kategorien sind Oberbegriffe, unter denen sich mehrere Kodes – etwa wenn diese verschiedene Facetten eines Phänomens oder kausale Beziehungen eines Gegenstandes beschreiben – zusammenfassen lassen und durch die ein weiterer Abstraktionsschritt auf dem Weg zu einer gegenstandsverankerten Theorie geleistet wird (vgl. Oertzen 2006, S. 149). So lassen sich die drei oben genannten Kodes beispielsweise unter der Kategorie ‚Unvorteilhafte Rahmenbedingungen‘ zusammenfassen, da unterschiedliche geographische und politische Faktoren benannt werden, die die Lösung der Wirtschafts- und Finanzkrise erschweren. Auf diese Weise wird eine (vorläufige) Hypothese in Bezug auf die Einflussfaktoren für die erfolgreiche und nachhaltige Bearbeitung der Krise formuliert.

Das offene Kodieren birgt mehrere Schwierigkeiten bei der Analyse des Datenmaterials. Zum einen ist dieser erste Auswertungsschritt ein sehr aufwändiger Prozess, der durchaus zu einer zweistelligen, in umfangreichen Studien sogar zu einer dreistelligen Zahl an Kodes führen kann und für den – zumindest zu Beginn – mitunter ein Tag pro Seite für die Kodierung zu veranschlagen ist. Zum anderen ist in der Praxis oft eine Art ‚Kode-Inflation‘ zu beobachten, da im Anfangsstadium der Analyse fast alle empirischen Sachverhalte als bedeutsam eingeschätzt und in all ihren Facetten erfasst werden. Dies ist zwar ein notwendiger Schritt der Dekonstruktion des empirischen Materials, führt aber oft dazu, dass man zunächst den Überblick verliert. Die praktische Erfahrung lehrt jedoch, dass sich durch die fortgesetzte Auseinandersetzung mit dem empirischen Material zunehmend charakteristische Muster erkennen lassen und die Möglichkeiten zur Zusammenfassung von Kodes, zur Konsolidierung des Kodesystems und die Fixierung von Kategorien sichtbar werden.

2. *Axiales Kodieren*: Das axiale Kodieren zielt auf die Überprüfung und Ausdifferenzierung der bisherigen Ergebnisse und die Entwicklung von Kernkategorien, die einen weiteren Abstraktionsschritt darstellen und größere Teile der gegenstandsverankerten Theorie abbilden. Die im Zuge des offenen Kodierens erarbeiteten Kategorien fungieren dabei als ‚Achsen‘, um die herum nun kodiert wird. In diesem zweiten Auswertungsschritt werden anhand von zusätzlichen Daten – teilweise auch anhand von bereits analysierten Daten – die Kategorien und die theoretischen Zusammenhänge weiter ausgearbeitet und – wenn nötig – auch modifiziert oder korrigiert. Wenn sich durch das axiale Kodieren herausstellt, dass die bisherigen Kategorien und Hypothesen noch nicht tragfähig

sind, ist unter Umständen auch ein Schritt zurück zur offenen Kodierung notwendig. Das axiale Kodieren kann durch die Verwendung eines theoretischen Analyserahmens erheblich erleichtert werden, da eine derartige Suchheuristik hilft, das empirische Datenmaterial zu strukturieren und sinnvolle (Kern-) Kategorien zu entwickeln (vgl. Oertzen 2006, S. 150–151; Strauss und Corbin 1996, S. 75–93).

*An dem oben genannten* Beispiel lässt sich zeigen, dass die am Textausschnitt entwickelte Kategorie ‚Unvorteilhafte Rahmenbedingungen‘, unter der die drei Kodes ‚Kleinstaat‘, ‚Peripherie‘ und ‚Isolation‘ zusammengefasst werden, vor dem Hintergrund der weiteren Datenauswertung ausdifferenziert, teilweise modifiziert und die Kodes in anderer Weise zueinander in Beziehung gesetzt werden müssen. So können die Kodes ‚Kleinstaat‘ und ‚Peripherie‘ weiter unter der Kategorie ‚Unvorteilhafte Rahmenbedingungen‘ subsumiert werden, da diese als Kontext sowohl für Island als auch für Irland gelten. Wenn man aber die beiden Staaten miteinander vergleicht, wird deutlich, dass der Kode ‚Isolation‘ zwar nicht ganz falsch ist, aber mehr eine Folge der fehlenden Mitgliedschaft in der Europäischen Union ist. Aus diesem Grunde erscheint die Einführung der Kategorie ‚Keine EU-Mitgliedschaft‘ sinnvoll, da so der entscheidende Unterschied zwischen Island und Irland erfasst werden kann und gleichzeitig auch die Folgen der fehlenden EU-Mitgliedschaft – wie beispielsweise die politische Isolation (Kode ‚Isolation‘) oder der ungenügende Zugang zu finanzieller Unterstützung (Kode ‚Keine Finanzhilfe‘) – benannt werden können.

3. *Selektives Kodieren*: Der abschließende Auswertungsschritt verfolgt zwei Ziele. Auf der einen Seite sollen die bisherigen Ergebnisse anhand der empirischen Daten einer erneuten Überprüfung unterzogen sowie die mit den (Kern-) Kategorien formulierten (vorläufigen) Hypothesen nochmals gezielt erweitert, vertieft und validiert werden. Erweisen sich die Ergebnisse an dieser Stelle noch nicht als zuverlässig, ist wiederum eine Phase des axialen oder sogar des offenen Kodierens erforderlich. Auf der anderen Seite besteht die zentrale Aufgabe des selektiven Kodierens darin, in einem weiteren Schritt der Abstraktion und der Zusammenfassung eine oder wenige Schlüsselkategorien, die einen Diskurs insgesamt oder einzelne diskursive Konstrukte repräsentieren, zu identifizieren. Letztlich geht es dabei um den ‚roten Faden‘ eines Diskurses oder eines Argumentes, durch den der Inhalt – in Form von Deutungsmustern oder Narrationen und *story-lines* – mehr oder weniger umfassend erfasst und erzählerisch zusammengefasst wird (vgl. Oertzen 2006, S. 151, Strauss und Corbin 1996, S. 94–117). Auf diese Weise lassen sich beispielsweise die Kodes und Inhalte, die der Kategorie ‚Keine EU-Mitgliedschaft‘ zugeordnet sind, als ein wichtiger – illustrierender – Baustein der übergreifenden Erzählung, in der die

Europäische Union als solidarische Institution und als entscheidender Schutz-
mechanismus gegen die negativen Auswirkungen externer Schocks dargestellt
wird, verorten. Die Funktion des Textausschnittes besteht dementsprechend
darin, die negativen Konsequenzen einer Nicht-Mitgliedschaft plastisch zu
veranschaulichen.

**Schritt 3: Methode des ständigen Vergleichens** Die zentrale analytische Operation, die sowohl für die Auswahl und Erhebung der Daten als auch für die Auswertung des empirischen Materials und die Hypothesengenerierung von Bedeutung
ist, ist die Methode des ständigen Vergleichens (*constant comparative method*), die
den eigentlichen „hermeneutischen Schritt" (Oertzen 2006, S. 146) sowie die Entwicklung einer gegenstandsbegründeten Theorie erst möglich macht (vgl. Glaser
und Strauss 2005, S. 120–121). Eine wichtige Rolle kommt dabei der Technik der
Kontrastierung der Daten, der Kodes und der Kategorien zu. Die Kontrastierung
der Daten zielt auf die bewusste Variation des empirischen Materials, um anhand
zusätzlicher und – idealerweise – divergierender Daten (z. B. durch die Variation der redaktionellen Linie bei der Auswertung von Zeitungsartikeln oder des
Datenformates) die vorläufigen Hypothesen zu ‚testen' und zu überprüfen, ob ein
Kode oder eine Kategorie bestätigt werden kann oder ob Änderungen erforderlich
sind. Mit der Kontrastierung der Kodes und der Kategorien ist insbesondere die
bewusste Variation der Interpretationsansätze gemeint, um auf diese Weise den tatsächlichen Bedeutungshorizont besser herausdestillieren zu können. Dies bedeutet,
dass gezielt – mitunter auch spekulativ – nach gegenläufigen Deutungen für einen
empirischen Sachverhalt, nach verschiedenen Möglichkeiten für die Zuordnungen
und Benennungen von Kodes oder nach alternativen Optionen für die Rekonstruktion der Zusammenhänge zwischen den Kodes und Kategorien gesucht werden sollte (vgl. Glaser und Strauss 2005, S. 107–121). So wäre beispielsweise in
dem oben besprochenen Textausschnitt die Ausdifferenzierung des Kodesystems
(z. B. die Einführung der neuen Kategorie ‚Keine EU-Mitgliedschaft') oder die
veränderte Zuordnung einzelner Kodes zu bestimmten Kategorien (z. B. neue Einordnung des Kodes ‚Isolation' in die Kategorie ‚Keine EU-Mitgliedschaft') ohne
einen ‚Test' der vorläufigen Ergebnisse anhand zusätzlicher empirischer Daten aus
unterschiedlichen Zeitungen und ohne eine bewusste Suche nach Interpretations-
alternativen nicht denkbar gewesen.

**Schritt 4: Schreiben von Memos** Als ein weiteres wichtiges Element der Grounded Theory-Methodik sind Memos zu nennen, denen sowohl als Dokumentations-
als auch als Analyseinstrument verschiedene Funktionen im Forschungsprozess
und bei der Theoriebildung zukommen. Eine erste Funktion besteht darin, dass
der Analyseprozess, die Untersuchungsschritte und die Forschungsentscheidungen

durch Memos nachvollziehbar dokumentiert werden können. Die zweite Funktion liegt in der Fixierung und Sicherung von (Zwischen-)Ergebnissen, indem etwa erste Ideen, einzelne Vorüberlegungen und (vorläufige) Hypothesen festgehalten und für die weitere Analyse – etwa für die oben genannten Vergleichsprozesse – verfügbar gemacht werden. Die dritte Funktion von Memos zeigt sich bei der Auswahl der Kern- und Schlüsselkategorien sowie bei der Ausformulierung der empirisch begründeten Theorie, da „der Prozess des Schreibens, Überarbeitens, Sortierens etc. von Memos ein sehr handfester Schritt der Theoriebildung [ist]" (Strübing 2004, S. 34). Im Anschluss an die unterschiedlichen Funktionen lassen sich auch verschiedene Typen von Memos differenzieren. Während in Kode-Notizen die Ergebnisse der offenen, axialen und selektiven Kodierung dokumentiert werden können, lassen sich in theoretischen Memos die Resultate des Interpretationsprozesses festhalten und (vorläufige) Annahmen über den Forschungsgegenstand formulieren. Planungs-Notizen beziehen sich auf das methodische Herangehen sowie die technische Gestaltung der Analyseverfahren und können als Gedächtnisstütze für die nächsten Erhebungs- oder Auswertungsschritte dienen. Neben den Memos führen Strauss und Corbin Diagramme und Graphiken als eine spezifische Form von Notizen ein, durch die sich die Beziehungen zwischen Kodes und Kategorien oder die konzeptionellen Verbindungen einer Hypothese bzw. Theorie visualisieren und darlegen lassen. Durch eine konsequente und umfangreiche Praxis des Memoschreibens kann sowohl der Forschungsprozess als auch die Anfertigung des Ergebnisberichtes deutlich systematisiert und vor allem vereinfacht werden (vgl. Glaser 1978, S. 83–92; Strauss und Corbin 1996, S. 169–192).

**Schritt 5: Theoretische Sättigung** Die Auswertung empirischer Daten nach der Grounded Theory und die empirisch begründete Theoriebildung stehen vor dem praktischen, aber vor allem auch dem theoretisch-methodischen Problem, dass – anders als beispielsweise bei repräsentativen Stichproben – kein klares Kriterium bereitsteht, um den Zeitpunkt für das Ende der Untersuchung sicher bestimmen zu können. Eine – mehr oder weniger – befriedigende Antwort auf diese Schwierigkeit bietet das Konzept der theoretischen Sättigung (*theoretic saturation*). Diese Art der Sättigung ist dann erreicht, wenn – trotz weiterer Auswertungen und fortgesetzter analytischer Vergleichsarbeit – aus zusätzlichen Daten keine neuen Erkenntnisse in Bezug auf die Kodes und Kategorien oder die Hypothesen und Theorien mehr generiert werden können. Natürlich ist die Entscheidung, wann die theoretische Sättigung erreicht ist und die Analyse beendet werden kann, immer subjektiv und leicht angreifbar. Das Konzept der *theoretic saturation* versucht aber, zumindest einen Mittelweg zwischen der Begrenzung des Forschungsprozesses auf der einen und der Sicherstellung wissenschaftlicher Qualität auf der anderen Seite zu beschreiben. Wichtig ist aber in jedem Falle, vor dem Ende der

Analyse die Ergebnisse nochmals gezielt auf den Prüfstand zu stellen und anhand unterschiedlicher Daten systematisch zu hinterfragen (vgl. Glaser und Strauss 2005, S. 68–70). Aus der praktischen Erfahrung der Untersuchung irischer Europadiskurse kann tatsächlich abgeleitet werden, dass sich diese Art der Sättigung nach mehreren Analyse- und Interpretationszyklen einstellt. Es zeigt sich aber ebenfalls sehr deutlich, dass die theoretische Sättigung nicht nach der Auswertung von zehn oder zwanzig Textdokumenten erreichbar ist, sondern dass in der Regel eine sehr große Zahl von Daten ausgewertet und sehr intensiv – meist mehrfach – analysiert werden muss, um ein seriöses, sinnvolles und belastbares Ergebnis zu erhalten (vgl. Heindl 2014).

Die einzelnen Elemente der Grounded Theory-Methodik – von der Datenerhebung über die Datenauswertung bis zur Theoriebildung – werden in Abb. 11.2 noch einmal im Überblick dargestellt. Wichtig ist, dass bei der Grounded Theory-Methodik die einzelnen Phasen des Forschungsprozesses nicht strikt nacheinander erfolgen, sondern dass sie iterativ miteinander verschränkt werden und in der Regel mehrfach durchlaufen werden. Zudem kommen auch die verschiedenen Instrumente und Verfahren der Methode – je nach Stand der Theoriebildung und Qualität der vorläufigen Ergebnisse – in allen Phasen der Analyse zur Anwendung. Im Folgenden Abschnitt werden dann nochmals die zentralen Elemente der Diskursanalyse und der Grounded Theory-Methodik zusammengefasst.

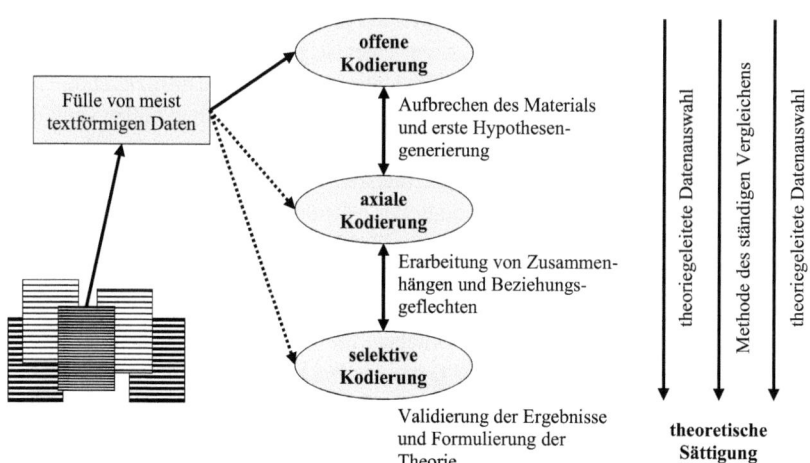

**Abb. 11.2** Vorgehensweise nach der Grounded Theory-Methodik. (*Anmerkungen*: Eigene Darstellung unter Berücksichtigung der Vorschläge zur Durchführung einer empirischen Analyse mit der Grounded Theory-Methodik von Strauss und Corbin (1996, S. 43–55, 75–117))

## 11.5   Zusammenfassung und Ausblick

Der Entschluss, eine Diskursanalyse durchzuführen, ist zunächst nur eine Entscheidung für eine bestimmte analytische Perspektive und einen bestimmten Forschungsgegenstand, aber keine Festlegung auf eine konkrete Methode. Eine zentrale Aufgabe für den Diskursanalytiker besteht aus diesem Grund darin, die diskursanalytische „tool-box" (Foucault 2002, S. 651) mit geeigneten Instrumenten und methodischen Verfahren zu füllen, die eine angemessene und sinnvolle Auseinandersetzung mit Diskursen erlauben. Das methodische Repertoire, das für die Umsetzung von Diskursanalysen in Frage kommt, variiert mitunter beträchtlich und ist sowohl vom zugrunde gelegten Diskursbegriff als auch vom spezifischen Erkenntnisinteresse abhängig. Der Ausgangspunkt einer Diskursanalyse wird deshalb in der Regel durch die Explikation des Diskursverständnisses und die Definition des Untersuchungsgegenstandes markiert. Auf dieser Grundlage lässt sich dann entscheiden, welche methodischen Instrumente zielführend eingesetzt werden können. Nach der Festlegung des Diskursbegriffes und des Erkenntnisziels ist also die Konkretisierung des methodischen Zugangs eine weitere zentrale Aufgabe des Diskuranalytikers.

Bei der forschungspraktischen Umsetzung diskursanalytischer Vorhaben kommen eine Reihe von Methoden und Analyseverfahren in Frage. Da die Perspektive der Diskursanalyse aber generell auf die Erforschung von – wie auch immer gearteten – diskursiven Metastrukturen sowie die Interpretation empirischer, oft textförmiger oder audiovisueller Daten ausgerichtet ist, bieten sich vor allem qualitative und hermeneutische Methoden für die Untersuchung an; quantifizierende Herangehensweisen sind in der Regel nur in wenigen, gut begründeten Fällen sinnvoll. In diesem Kapitel wurden Optionen aufgezeigt, um – insbesondere genealogisch-kritisch ausgerichtete – Diskursanalysen methodisch kontrolliert und systematisch anzugehen. Eine gelungene Anwendung der genealogisch-kritischen Diskursanalyse finden Sie zudem im anschließenden Erfahrungsbericht von Miranda Böttcher. Auf der einen Seite lassen sich aus den Hinweisen zum Forschungsprozess von Keller (2011a, S. 65–117) Ansatzpunkte und Anregungen für den Ablauf und die Gestaltung diskursanalytischer Vorhaben, die von der Untersuchungsplanung über die Auswahl und Erhebung der Daten bis zur Feinanalyse und Aufbereitung der Ergebnisse reichen, ableiten. Auf der anderen Seite zielen die Erläuterungen zur Grounded Theory-Methodik auf die Konkretisierung des methodischen Repertoires, um die Auswahl der Daten, die Auswertung und Interpretation des empirischen Materials sowie die empirisch begründete Theoriebildung anzuleiten (vgl. Glaser und Strauss 2005; Strauss und Corbin 1996). Natürlich sind – je nach Untersuchungsgegenstand – auch andere Methoden – wie etwa die qualitative oder quantitative Inhaltsanalyse (siehe Kap. 12) oder weitere Verfahren der Text- und

Dokumentenauswertung – denkbar. Für alle Formen der Diskursanalyse gilt aber, dass sie in der Regel sehr aufwändig und überaus materialreiche Vorhaben sind, die ein großes Maß an Ausdauer und Geduld erfordern sowie hohe Anforderungen an die – argumentative – Plausibilisierung der Ergebnisse und die Dokumentation des Forschungsprozesses stellen.

Insgesamt herrscht im Bereich der sozialwissenschaftliche ausgerichteten Diskursanalysen oft die Tendenz vor, den theoretisch-methodischen Rahmen auf Kosten der empirischen Analyse auszuweiten. Auf der einen Seite ist die Formulierung eines theoretisch begründeten und methodisch reflektierten Analyserahmens unbedingt notwendig, da die Diskursanalyse weder über einen allgemein anerkannten Diskursbegriff noch über ein standardisiertes Verfahren verfügt und die Analyseinstrumente daher an den jeweiligen Untersuchungsgegenstand angepasst werden müssen. Zudem kann durch den theoretischen Analyserahmen eine Suchheuristik erarbeitet werden, die die Auswertung und Interpretation der Daten sowie die Theoriebildung erheblich erleichtert. Auf der anderen Seite sollte aber auch das analytische Potential von Diskursanalysen voll ausgeschöpft werden, um empirisch spannende sowie politikwissenschaftlich bedeutsame Ergebnisse zu produzieren. Die Berechtigung der Diskursanalyse zeigt sich letztlich auch an der praktischen Relevanz der empirischen Befunde.

**Kommentierte Literaturempfehlung**
Keller, Reiner. 2011. *Wissenssoziologische Diskursanalyse. Grundlegung eines Forschungsprogramms*. Wiesbaden: VS Verlag für Sozialwissenschaften.
Kellers Handbuch bietet einen guten theoretischen und methodischen Überblick über die Diskursanalyse.
Kerchner, Brigitte und Silke Schneider, Hrsg. 2006. *Foucault. Diskursanalyse in der Politik. Eine Einführung*. Wiesbaden: VS Verlag für Sozialwissenschaften.
Die beiden Autorinnen vermitteln einen Eindruck von den politikwissenschaftlich relevanten Anwendungsfeldern und verschiedenen Varianten der Diskursanalyse im Anschluss an Foucault.
Gee, James Paul und Michael Handford, Hrsg. 2012. *The Routledge Handbook of Discourse Analysis*. London: Routledge.
Ein interdisziplinärer Einblick in die Vielfalt der Diskursanalyse.
Glaser, Barney G. und Anselm L. Strauss. 2005. *Grounded Theory. Strategien qualitativer Forschung*. Bern: Huber.
Strauss, Anselm L. und Juliet M. Corbin. 1996. *Grounded theory. Grundlagen qualitativer Sozialforschung*. Weinheim: Psychologie-Verl.-Union.
In diesen Grundlagenwerken zur Grounded Theory-Methodik werden die wesentlichen Elemente der Methode vorgestellt und – zumindest teilweise – anhand von Beispielen illustriert.

Mey, Günter und Katja Mruck, Hrsg. 2011. *Grounded Theory Reader*. Wiesbaden: VS Verlag für Sozialwissenschaften.

Hier liegt richtig, wer sich einen Eindruck von den Kontroversen zur Methode verschaffen möchte.

Bryant, Antony und Kathy Charmaz, Hrsg. 2008. *The SAGE Handbook of Grounded Theory*. London: SAGE.

Ein Kompendium, das einen Überblick über die theoretischen und methodischen Facetten der Methode vermittelt.

**Erfahrungsbericht**
**Climate Engineering Discourse in the United States of America: Cautiously Preparing for a Climate Emergency?**

*Miranda Boettcher*

1. *Herangehensweise und Forschungsfrage*

Meine Master Arbeit ist als eine sozial konstruktivistische, interpretative Fallstudie, die der genealogisch-kritischen Diskursanalyse verpflichtet ist (siehe Kap. 11), angelegt (vgl. McNabb 2010). Die Analyse erhebt nicht den Anspruch eine Hypothese testen oder direkt-kausale Zusammenhänge belegen zu können, sondern zielt darauf ab, die Entstehung von sozial konstituierten Wahrheiten nachzuvollziehen, welche wiederum ein bestimmtes soziales oder politisches Handeln legitimieren. Dieser Herangehensweise folgend, analysierte ich die Struktur des US-amerikanischen *Climate Engineering*[7] (CE) Diskurses, um die konstituierende diskursive Struktur zu identifizieren, ohne welche der legitime Ruf nach CE-Forschung unmöglich wäre. Demzufolge befasste ich mich mit der Frage, wie bestimmte diskursive Strukturen sozial konstruierte Wahrheiten und Sprecherpositionen generiert haben, welche die Forderung nach CE-Forschung in den USA legitimiert haben, und welche sozialen Akteure sich durch die Einnahme bestimmter Sprecherpositionen am Diskurs beteiligt haben.

2. *Struktur der Analyse*

Wie durch frühere Studien belegt, entwickeln sich Umweltdiskurse in der Wissenschaft, den Medien, und der Politik unterschiedlich (vgl. Hajer 2005; Litfin 1994; Weingart et al. 2000). Deswegen untersuchte ich die drei Sphären des US CE-Diskurses getrennt voneinander; die wissenschaftliche Sphäre, die Mediensphäre und die politische Sphäre. Die separate Untersuchung der drei Sphären ermöglicht den Vergleich von Gemeinsamkeiten und Unterschieden der jeweiligen diskursiven Strukturen sowie von vorhandenen Sprecherpositionen und sozialen Akteuren. Ich habe die Analyse in zwei Phasen durchgeführt: In der ersten Phase wurden die drei verschiedenen Sphären separat voneinander untersucht und dabei jeweils die diskursive Struktur, die Sprecherpositionen und die sozialen Akteure rekonstruiert. In der zweiten Phase wurden die Ergebnisse aus der Analyse der einzelnen Sphären miteinander verglichen und die Ähnlichkeiten und Unterschiede in der diskursiven Struktur, den Sprecherpositionen und bei den sozialen Akteuren analysiert. Das Ziel des Vergleiches war es, den potentiell dominanten CE-Diskurs zu charakterisieren und zu klären, welche Akteure durch die Einnahme ähnlicher Sprecherpositionen in einer oder mehreren Sphären eine Diskurskoalition bilden.

---

[7] *Climate Engineering* (manchmal auch *Geoengineering* genannt) bezeichnet technologiegestützte, großskalige Maßnahmen, die zur Bekämpfung des Klimawandels in das Erdsystem eingreifen sollen (vgl. The Royal Society 2009).

3. *Auswahl und Erhebung der Daten*

Sämtliche Daten für die durchgeführte Analyse wurden zwischen Januar 2006 und Dezember 2011 publiziert. Ich habe alle Dokumente mittels Internet-basierter Datenbanksuche unter Benutzung der Schlagwörter; *‚geoengineering'*, *‚geoengineering'* and *‚climate engineering'* gefunden. Ein Hauptproblem bei meiner Datenerhebung war die Frage, wo ich mit meinen Nachforschungen anfangen sollte. Mein Ansatz zur Lösung dieses Problems war es, mit anderen Forschern meines Feldes zu reden, um zentrale Dokumente zu identifizieren und anschließend das Schneeballverfahren im Sinne des *theoretic sampling* (siehe Kap. 11) zu benutzen, um weitere relevante Dokumente zu finden.

Zur Analyse der wissenschaftlichen Sphäre habe ich Fachartikel zum Thema CE ausgewertet, welche von US-amerikanischen Wissenschaftlern zwischen 2006 und 2011 veröffentlich wurden. Zur Analyse der politischen Sphäre habe ich Mitschriften von Ausschüssen zum Thema CE im US-Kongress sowie Berichte, Aussagen und Pressemitteilungen des Kongresses und der Regierung ausgewertet. Zur Analyse der Mediensphäre habe ich Artikel aus US-amerikanischen Zeitungen analysiert, welche zuvor mittels einer Schlagwortsuche in der Datenbank *Lexis Nexis* identifiziert wurden. Da die Datenbanksuche im Prinzip unendlich lang fortgesetzt werden kann, habe ich die Erhebung weiterer Daten an dem Punkt beendet, an dem – im Sinne der *theoretic saturation* (siehe Kap. 11) – durch zusätzliche Daten keine weiteren Informationen in der Analyse mehr hinzukamen (vgl. Glaser und Strauss 1967). Demzufolge habe ich die Aufnahme weiterer Dokumente in die Analyse beendet, sobald dieselben Argumente angefangen haben sich zu wiederholen.

4. *Methodische Umsetzung der Diskursanalyse*

Eine Diskursanalyse kann mithilfe unterschiedlicher qualitativer oder quantitativer Techniken und Verfahren durchgeführt werden. Ich habe mich für eine Kombination aus Methoden entschieden, welche Elemente der quantitativen Inhaltsanalyse (vgl. Früh 2007; Holsti 1969; Mayring 2003) mit qualitativen, diskursanalytischen Techniken (Nonhoff 2006, 2007; Torfing 1999) miteinander verbindet (siehe Kap. 11 und 12). Zur Verbindung quantitativer und qualitativer Techniken war es notwendig die beiden Methodenarten, welche jeweils auf gegensätzlichen ontologischen und epistemologischen Konzepten basieren, in Einklang zu bringen (siehe Kap. 13). So habe ich durch die induktive Kategorienbildung einerseits den Grundlagen des qualitativ und interpretativ angelegten Ansatzes der Diskursanalyse ausreichend Rechnung getragen, andererseits aber durch die systematische Kodierung auch die Voraussetzung für eine quantitative Auswertung der absoluten Frequenz bzw. der Lokalisierung einzelner diskursiver Einheiten geschaffen (vgl. Hardy et al. 2004). Bei der Erstellung von Analysekategorien und der systematischen Kodierung meines sehr großen Datensatzes war das Textanalyseprogramm MAXQDA außerordentlich hilfreich. Auch die Möglichkeit, Kennzahlen wie die absoluten Frequenzen einzelner Argumente im Excel-Format zu exportieren, erleichterte die quantitative Analyse enorm.

Die Anwendung eines weiten Spektrums verschiedener Methoden – quantitativ, Computer-basiert und qualitativ, interpretativ – hat viele Vorteile, aber eben auch Nachteile. So wird dadurch unter Umständen das Schreiben des Theorieteils von Arbeiten erschwert und es führt dazu, dass man in Kolloquien und auf Konferenzen Forscher aus beiden Lagern überzeugen muss. Falls man sich also entscheidet, diese Art von Methodenmix anzuwenden, sollte man sich auf ‚feurige' Diskussionen einstellen und seine Argumente sehr sorgfältig zurechtlegen!

Auf der ersten Analysestufe habe ich Kodierungstechniken der Inhaltsanalyse (induktive Kodierung, Frequenz- und Kontingenzanalyse) herangezogen, um individuelle Einheiten des Diskurses in induktiv erstellte Kategorien von Argumenten zu gliedern. Im Anschluss daran habe ich diese Kern- oder Schlüsselkategorien auf einer abstrakteren Ebene mittels qualitativer, diskursanalytischer Techniken (Äquivalenz- und Kontraritätsanalyse) in strukturelle Beziehung zueinander gesetzt (vgl. Nonhoff 2006, 2007). Dieser Prozess des *reverse engineering* erlaubt die Dekonstruktion des Diskurses in seine kleinsten Einheiten, gefolgt von der Rekonstruktion dieser Einheiten in Kategorien und die Identifikation der Beziehungen dieser Kategorien zueinander, um die konstituierende diskursive Struktur zu erfassen. Die Strukturierung des diskursiven Raums ermöglichte auch die Lokalisierung von Sprecherpositionen und einer kleinen Gruppe sozialer Akteure, welche bestimmte Sprecherpositionen einnahmen und eine dominante pro-CE Diskurskoalition bildeten (vgl. Hajer 2005).

5. *Fazit*

Meine Masterarbeit verbindet erstens quantitative und qualitative Methoden miteinander, und zweitens überbrückt sie auch die oftmals scheinbar unüberwindbare diskursanalytische Trennung zwischen Struktur und Akteur. Während eine reine quantitative Frequenz- und Kontingenzanalyse die relative Häufigkeit und Position von Argumenten erhebt, erlaubt die Ergänzung um die qualitative Äquivalenz- und Kontraritätsanalyse, die Argumente im diskursiven Raum in Beziehung zueinander zu setzen. Erst die Verbindung dieser beiden Methodenarten ermöglicht die Identifikation der relativen Bedeutung und des Gewichts der jeweiligen Argumente und somit die Erstellung einer umfassenden Karte der diskursiven Struktur. Obwohl die Struktur eines Diskurses ausschlaggebend für die Entstehung von sozial konstituierten Wahrheiten ist, wäre eine Diskursanalyse ohne Berücksichtigung sozialer Akteure, welche diese Wahrheiten (re)produzieren, unvollständig. Die Ergänzung der Analyse um das Konzept der Sprecherposition ermöglicht die Lokalisierung sozialer Akteure in der diskursiven Struktur und dadurch die umfassende ‚Rekonstruktion' eines Diskurses. Eine derartig umfassende Diskursanalyse im Rahmen einer Masterarbeit durchzuführen, erfordert exakte theoretische und methodische Planung. Die aufschlussreichen Einblicke in die Entstehung von politischen Wahrheiten, welche diese Art von Analyse ermöglicht, sind jedoch oftmals den größeren Zeitaufwand wert.

# Inhaltsanalyse

# 12

Andreas Heindl

> *Dies Material sind ja die Zeitungen selbst, und wir*
> *werden nun, deutlich gesprochen, ganz banausisch*
> *anzufangen haben damit, zu messen, mit der Schere und*
> *mit dem Zirkel, wie sich denn der Inhalt der Zeitungen in*
> *quantitativer Hinsicht verschoben hat [...].*
> (Weber 1988 [1910], S. 441)

Die Inhaltsanalyse erhebt den Anspruch, mehr zu leisten als das, „what everyone is doing when reading a newspaper" (Krippendorff 1980, S. 11). Aus diesem Grunde ist eine methodisch fundierte und begründete Herangehensweise erforderlich, um aus inhaltlichen Merkmalen nachvollziehbare und wissenschaftlich belastbare Ergebnisse erzielen zu können. Die Zeiten, in denen der Sozialwissenschaftler Zeitungen mit der Schere in kleine Schnipsel zerschneiden und die quantitative Verteilung der Inhalte oder die Beziehungen zwischen den verschiedenen inhaltlichen Einheiten mithilfe des Zirkels abschätzen musste (vgl. Weber 1988 [1910], S. 431–449), sind heutzutage – dank geeigneter Analysesoftware – weitgehend vorbei. Das von Weber vorgeschlagene Prinzip für die Zeitungsanalyse, das empirische Material in kleinste Einheiten zu zerlegen und im Anschluss daran zu untersuchen, ist für die inhaltsanalytische Auswertung verschiedenster Datenformate aber nach wie vor gültig.

Die ‚klassische' Definition von Berelson, der die Inhaltsanalyse in den 1950er Jahren als eine Methode zur objektiven, systematischen und quantifizierenden Deskription von manifesten Kommunikationsinhalten kanonisierte (vgl. Berelson 1952, S. 17–18), hat vehementen Widerspruch und durchaus berechtigte Kritik provoziert (vgl. Kracauer 1952/1953). In der Folge haben sich zwei konkurrierende

© Springer Fachmedien Wiesbaden 2015
A. Hildebrandt et al., *Methodologie, Methoden, Forschungsdesign*
DOI 10.1007/978-3-531-18993-2_12

Varianten – die quantitative Inhaltsanalyse und die qualitative Inhaltsanalyse – herausgebildet, die trotz zahlreicher Berührungspunkte jeweils auf ein eigenständiges Repertoire an methodischen Verfahren und Techniken zurückgreifen. Die oft polemisch geführte Auseinandersetzung zwischen den Vertretern der beiden Strömungen verdeckte jedoch lange Zeit das analytische Potential, das in der Kombination quantitativer und qualitativer Instrumente liegt (vgl. Merten 1983, S. 46–57; siehe auch Kap. 13).

Die Aufgabe dieses Kapitels besteht nun darin, die Grundlagen der Inhaltsanalyse und das methodische Instrumentarium zu skizzieren. Im ersten Schritt werden die Gemeinsamkeiten und Unterschiede der beiden Spielarten sowie die begrifflichen, konzeptionellen und theoretischen Grundlagen der Inhaltsanalyse dargestellt. In einem zweiten Schritt werden die methodischen Instrumente und Verfahren anhand von Beispielen erläutert. Im abschließenden Abschnitt werden die zentralen Elemente der Methode im Überblick dargestellt und zusammengefasst. Das Ziel dieses Kapitels besteht darin, unterschiedliche Vorgehensweisen – deduktive und induktive Verfahren – und verschiedene Auswertungstechniken – quantitative und qualitative Methoden – vorzustellen sowie Möglichkeiten zur Verbindung der unterschiedlichen Ansätze aufzuzeigen. Die inhaltlichen Referenzpunkte des Kapitels werden insbesondere durch die Entwürfe von Früh (2011) und Mayring (2010), die die Inhaltsanalyse – wenn auch in sehr unterschiedlichem Mischungsverhältnis – als eine „quantitativ-qualitative Methode" (Früh 2011, S. 74) begreifen, vorgegeben. Darüber hinaus finden aber auch rein quantifizierende oder automatisierte Formen der Inhaltsanalyse Beachtung (vgl. Laver et al. 2003; Neuendorf 2002; Slapin und Proksch 2008).[1]

Ein wichtiger Hinweis vorab: Insbesondere für die Durchführung von Inhaltsanalysen, die sich auf ein qualitatives Instrumentarium stützen, empfiehlt sich zusätzlich die Lektüre des Kapitels zur Diskursanalyse. Aus den Ausführungen zur interpretativen Analytik und zur Grounded Theory-Methodik lassen sich viele nützliche Anhaltspunkte für die Auswertung und Interpretation textförmiger oder audiovisueller Daten sowie für die Kategorienbildung im Rahmen der Inhaltsanalyse ableiten (siehe Kap. 11).

---

[1] Neben Berelson als ‚Begründer' der Inhaltsanalyse sowie Früh und Mayring als meistgenannte Vertreter der Inhaltsanalyse im deutschsprachigen Raum sind eine Reihe weiterer Beiträge für die Entwicklung und die Ausdifferenzierung des Instrumentariums von Bedeutung. Für die quantitative Variante der Inhaltsanalyse sind insbesondere Holsti (1969), Krippendorff (1980), Weber (1985), Riffe et al. (1998), oder Rössler (2010) hervorzuheben. Die qualitative Spielart, die international weit weniger Beachtung als die quantitative Variante fand und findet, sind vor allem Kracauer (1952/1953), Ritsert (1972), Gläser und Laudel (2004, S. 191–252) oder Berg (2010) instruktiv.

## 12.1  Inhaltsanalyse als Forschungsmethode

Die Inhaltsanalyse knüpft als empirische Forschungsmethode „an das vorwissen-
schaftliche und alltäglich praktizierte Sprachverstehen an" (Mayntz 1969, S. 151).
Allerdings versucht sie, den intuitiven Prozess des Alltagsverstehens durch methodische Regeln zu systematisieren. Als Grundlage für die Analyse von Inhalten
können im Prinzip alle Daten genutzt werden, die in schriftlicher oder audiovisueller Form vorliegen und relevante inhaltliche Informationen in Bezug auf eine
Fragestellung enthalten (vgl. Merten 1983, S. 18–33). Bei der Auswertung und
Analyse des empirischen Materials können – je nach Fragestellung und Datenformat – sowohl quantitative als auch qualitative Verfahren zum Einsatz kommen. Im
Folgenden werden nun zunächst die beiden Varianten der Inhaltsanalyse skizziert,
bevor daran anschließend der verbindende begriffliche, theoretische und konzeptionelle Kern der Methode erläutert wird.

### 12.1.1  Spielarten der Inhaltsanalyse

Bei der Auseinandersetzung zwischen der quantitativen und der qualitativen Inhaltsanalyse geht es im Grunde um die Frage, wie textförmige und audiovisuelle
Daten systematisch ausgewertet werden können und auf welche Weise sich trag-
fähige wissenschaftliche Resultate generieren lassen. Die konkurrierenden Positionen der beiden Spielarten der Inhaltsanalyse beziehen sich auf die Zielsetzung,
die Generalisierbarkeit der Forschungsergebnisse, die Erhebung der Daten und den
methodischen Zugang. Entlang dieser Linien können die Unterschiede, aber auch
die Berührungspunkte zwischen der quantitativen und der qualitativen Inhaltsanalyse veranschaulicht werden.

1. *Repräsentative Stichprobe oder theoretic sampling:* In quantitativen Inhaltsanalysen werden die Daten üblicherweise nach den Regeln der Stichprobenziehung
   erhoben und meist sehr umfangreiche Datensamples – mitunter auch Vollerhebungen – ausgewertet. Bei qualitativen Inhaltsanalysen werden die Daten nicht
   immer nach statistischen Kriterien, sondern oft nach den Grundsätzen des *theoretic sampling* (siehe Kap. 11) zusammengestellt, bei dem es nicht darum geht,
   statistische Repräsentativität zu erzielen, sondern um eine gezielte, theoretisch
   begründete Auswahl von inhaltlich relevanten Daten. Hierzu reicht es oftmals,
   vergleichsweise kleine Samples oder nur Ausschnitte des gesamten Samples zu
   untersuchen. Gleichwohl lassen sich mithilfe qualitativer Inhaltsanalysen auch
   repräsentative Datensamples bearbeiten (vgl. Früh 2011, S. 69–71; Lamnek
   2005, S. 265–266; Mayring 2010, S. 20).

2. *Generalisierungsanspruch:* Die Ergebnisse von quantitativen Inhaltsanalysen lassen sich aufgrund der Repräsentativität des Datensamples und der stark standardisierten Verfahren zur Auswertung des empirischen Materials leichter verallgemeinern. Allerdings kann auch die qualitative Inhaltsanalyse auf der Basis einer eingehenden Analyse von einzelnen oder wenigen Fällen wichtige Impulse für die Generalisierung und Überprüfung von Ergebnissen sowie für die Klärung von Prozessabläufen und Kausalitäten geben. Die Ergebnisse qualitativer Inhaltsanalysen können zudem als Ansatz für eine erneute oder weitergehende quantifizierende Untersuchung dienen (vgl. Früh 2011, S. 72; Mayring 2010, S. 23–24).

3. *Erklären oder Verstehen:* Quantitative Inhaltsanalysen sind meist nomothetisch angelegt und zielen auf die Untersuchung allgemein gültiger Zusammenhänge sowie die Isolierung der erklärungskräftigen Faktoren. Qualitative Inhaltsanalysen hingegen sind in vielen, wenn auch nicht in allen Fällen ideographisch ausgerichtet und versuchen, einen Gegenstand in seiner Individualität und Komplexität zu erschließen (vgl. Früh 2011, S. 69–71; Mayring 2010, S. 19–20). Erklären und Verstehen schließen sich jedoch nicht kategorisch aus: Um die empirischen Daten sinnvoll erfassen (Verstehen) und korrekt ordnen (Erklären) zu können, ist sowohl das Verständnis von Text-, Ton- und Bilddokumenten als auch die Kenntnis allgemeiner kausaler Mechanismen erforderlich (vgl. Dilthey 1961, S. 334). Grundsätzlich fokussiert die qualitative Inhaltsanalyse stärker auf die hermeneutische Dimension der Analyse.[2]

4. *Quantitative oder qualitative Verfahren:* Die verschiedenen Ziele der quantitativen und der qualitativen Inhaltsanalyse spiegeln sich auch in den namensgebenden Auswertungsmethoden wider. Die stark standardisierten, intersubjektiv nachvollziehbaren und – mehr oder weniger – objektiven quantitativen Messverfahren sind geeignet, um große Datenmengen zu analysieren, allgemein gültige Schlussfolgerungen zu ziehen und kausale Zusammenhänge zu erklären.

---

[2] Das Verständnis der Inhalte, aber auch die Kenntnis der Zusammenhänge ist sowohl beim Kodieren als auch bei der Entwicklung von Kategoriensystemen oder Kodierwörterbüchern unerlässlich. So reicht zwar das Wort ‚Steuern', um die Anzahl der Erwähnungen des Themas auszuzählen, es kann dadurch aber keine Angabe über die Richtung der Aussage – beispielsweise ‚Steuern senken' oder ‚Steuern erhöhen' – oder die Bewertung einer Äußerung – wie etwa ‚Steuern senken ist gut' oder ‚Steuern senken ist schlecht' – gemacht werden. Darüber hinaus wird aber auch die viel grundsätzlichere Frage aufgeworfen, ob der Sinn von Text-, Ton- oder Bilddaten durch quantifizierendere Verfahren überhaupt erfasst werden kann. Quantitative Verfahren sind zwar geeignet, um beispielsweise Parteipositionen als inhaltliche Merkmale von Texten aus dem Vergleich von Dokumenten abzuleiten, dadurch lässt sich aber lediglich eine Verortung auf der Links-Rechts-Skala vornehmen, eine umfassende Rekonstruktion des Sinns kann so aber nicht geleistet werden.

Die offenen, flexibel einsetzbaren und hermeneutisch angelegten Techniken der qualitativen Inhaltsanalyse zielen wiederum auf das Sinnverstehen der Inhalte und die Interpretation einzelner oder mehrerer Datenpunkte (vgl. Früh 2011, S. 72–74; Mayring 2010, S. 20–22). In den meisten Fällen ist für die Bearbeitung inhaltsanalytischer Fragen eine sequenzielle Verbindung von quantitativen und qualitativen Analyseschritten ratsam (vgl. Merten 1983, S. 94; Diekmann 2009, S. 607–608).

Trotz der verschiedenen Positionen zu diesen methodologischen Fragen sind sich die Vertreter beider Spielarten der Inhaltsanalyse weitgehend einig, dass die Vorgehensweise und das methodische Instrumentarium vom Analysegegenstand, vom Erkenntnisinteresse und von der theoretischen Durchdringung eines Forschungsfeldes abhängig sind. Letztlich ist der Unterschied zwischen den beiden Ansätzen also ‚nur' eine Frage der Wahl der richtigen Forschungsstrategie und des geeigneten Verhältnisses zwischen quantitativen und qualitativen Verfahren bei der Beantwortung einer Fragestellung (vgl. Früh 2011, S. 67–74; Mayring 2010, S. 20–22).

## 12.1.2 Grundlagen der Inhaltsanalyse

Die Inhaltsanalyse geht davon aus, dass ein Gegenstand – direkt oder indirekt – beobachtet werden kann und durch wissenschaftliche Verfahren (z. B. Messung oder Interpretation) erfassbar ist. Dies bedeutet aber nicht, dass nur ‚reale' Objekte einer empirischen Analyse zugänglich sind, sondern es lassen sich etwa auch Werte und Normen als soziale Konstrukte empirisch begreifen, sofern sie anhand beobachtbarer Merkmale oder rekonstruierbarer Sachverhalte im Datenmaterial – wie beispielsweise durch die Verwendung bestimmter Worte oder spezieller kommunikativer Motive – identifiziert werden können. Die Inhaltsanalyse zeichnet sich dabei durch ein systematisches und nachvollziehbares Vorgehen aus, das auf die Untersuchung formaler und inhaltlicher Merkmale von Kommunikation ausgerichtet ist und auf die Inferenz auf mitteilungsexterne Sachverhalte zielt (vgl. Früh 2011, S. 27–28).

### 12.1.2.1 Systematisches und nachvollziehbares Vorgehen
Die Inhaltsanalyse zeichnet sich durch ein theoretisch angeleitetes Herangehen und eine regelgeleitete, methodische Vorgehensweise aus. Der theoretische Rahmen gibt Auskunft über die Ansatzpunkte und die zugrunde liegende Fragestellung einer Analyse. Das methodische Regelwerk begründet die Auswahl und die Auswertung der Daten und stellt sicher, dass intersubjektiv nachprüfbare und – im Idealfall – reproduzierbare Ergebnisse generiert werden können (vgl. Früh 2011, S. 28–29;

Mayring 2010, S. 12–13). Die verschiedenen Spielarten streben eine systematische und nachvollziehbare Vorgehensweise an, sie unterscheiden sich jedoch hinsichtlich der konkreten Ausgestaltung der Verfahrensschritte sowie in Bezug auf die Art und Weise, wie quantitative bzw. qualitative Techniken eingesetzt und miteinander verbunden werden (vgl. Früh 2011, S. 67–74; Mayring 2010, S. 20–22).

Das methodische Grundgerüst der quantitativen wie auch der qualitativen Inhaltsanalyse wird – in den meisten Fällen – durch das Konzept der Kategorie bzw. des Kategoriensystems, das die Bildung von Kodierwörterbüchern einschließt, vorgegeben und durch die Tätigkeit des Kodierens bestimmt. Mithilfe von Kategorien und Wörterbüchern können spezifische Ausprägungen inhaltlicher Merkmale erfasst und vom empirischen Datenmaterial abstrahiert werden. So lassen sich anhand von Zeitungsartikeln mit europapolitischem Bezug etwa die Haltung zur Vertiefung der europäischen Integration (z. B. ‚Zustimmung' versus ‚Ablehnung') oder bestimmte Argumentationsfiguren (z. B. ‚Europa als Solidargemeinschaft') in entsprechenden Kategorien darstellen. Die Kategorien können sowohl deduktiv als auch induktiv generiert und als Indikatoren für quantifizierende Analyseschritte genutzt werden. Insgesamt dienen die Kategorien und das Kodieren zur Systematisierung der Auswertung des empirischen Datenmaterials und zur Sicherstellung der intersubjektiven Nachprüfbarkeit des Forschungsprozesses (vgl. Diekmann 2009, S. 589–596; Früh 2011, S. 153–163; Mayring 2010, S. 67–85, 92–109). Ausnahmen bilden neuere quantitative, induktiv angelegte und softwarebasierte Ansätze, die ohne Kategoriensystem oder Kodierwörterbuch auskommen, da die Auswertung der Daten – überwiegend Textdaten – auf der Grundlage von Wortverteilungen innerhalb eines Textes und dem Vergleich der Wortverteilungen zwischen verschiedenen Texten geleistet wird (vgl. Laver et al. 2003; Slapin und Proksch 2008). Diese Ansätze werden im Verlauf des Kapitels jeweils den „‚traditional' techniques of textual content analysis" (Laver et al. 2003, S. 312) gegenüber gestellt.

### 12.1.2.2  Inhaltliche und formale Untersuchung von Kommunikation

Die Inhaltsanalyse geht von einem mehr oder weniger komplexen Kommunikationsmodell aus, in dem ein Sender eine Mitteilung kodiert und – oftmals medienvermittelt – an einen Empfänger richtet, der diese dann rezipieren und dekodieren muss. Inhaltsanalysen versuchen daher aus jeder Art von Botschaft, die als Text-, Ton- oder Bilddokument fixiert ist, Rückschlüsse auf den Sender, den Empfänger, den Kontext einer Botschaft oder auch die Mitteilung selbst zu ziehen (vgl. Früh 2011, S. 41–43; Mayring 2010, S. 56–58). Je nach Erkenntnisinteresse und Fragestellung werden entweder die formalen Eigenschaften von Botschaften oder die materiellen Inhalte einer Mitteilung inhaltsanalytisch untersucht.

Als formale Merkmale lassen sich etwa die Häufigkeit von Worten (z. B. aus dem Wortfeld ‚Europäische Integration‘), grammatikalische Formen (z. B. das Verhältnis zwischen Verben und Adjektiven in politischen Reden) oder einzelne Eigenschaften von Texten (z. B. die Relation zwischen Zitaten von Regierungs- und Oppositionspolitikern in Zeitungsberichten) bestimmen.[3] Die formalen Merkmale sind meist eindeutig identifizierbar, einfach zu erheben und gut quantifizierbar.[4] Die Untersuchung materieller Inhalte hingegen ist schwieriger, da sowohl manifeste als auch latente Inhalte das Ziel einer Analyse sein können (vgl. Ritsert 1972, S. 98–116). Während manifeste Inhalte – wie etwa spezifische Sachbereiche (z. B. das Thema ‚Abtreibung‘) oder bestimmte argumentative Figuren (z. B. das Motiv ‚Fötus als menschliches Leben‘) – relativ leicht erfasst werden können, lassen sich latente Inhalte – wie etwa die Bewertung von Politikern in der Medienberichterstattung (z. B. positive, negative oder neutrale Bewertung) oder die inhaltliche Tendenz eines Zeitungsartikels (z. B. Zustimmung oder Ablehnung der Abtreibung) – oft nur aus dem Kontext einer Mitteilung erschließen. Wenn nun beispielsweise bei der quantitativen Auswertung von zwei Artikeln – einer aus einer feministisch ausgerichteten Zeitschrift und einer aus einem kirchlich gebundenen Magazin – der Begriff ‚Abtreibung‘ gleich häufig verwendet wird, lässt sich daraus noch nicht viel ableiten, da der Sinnzusammenhang und der Kontext fehlt, der sich – wie etwa die Befürwortung oder Ablehnung der Abtreibung – nur durch qualitative Instrumente erschließen lässt. Aus der qualitativen Analyse lassen sich aber möglicherweise weitere Wörter identifizieren, die in ein Kodierhandbuch aufgenommen werden können, um anschließend eine präzisere quantitative Abschätzung des Inhalts vorzunehmen. Grundsätzlich können auch materielle Inhalte quantifiziert werden, allerdings ist dabei ein qualitativ-interpretierender Schritt bei der Kodierung der Daten erforderlich, um die Merkmale korrekt erfassen zu können (vgl. Diekmann 2009, S. 576–586).

---

[3] Die Häufigkeit bestimmter Worte kann als Indikator für die Karriere eines Begriffes oder Themas verwendet werden. Das Verhältnis zwischen Verben und Adjektiven kann wiederum Aussagen über die Reichhaltigkeit des Vokabulars von Reden, Zeitungsartikeln oder anderen Mitteilungen ermöglichen. Die Messung der Länge oder Häufigkeit von Zitaten politischer Akteure kann als Indikator für die politische Ausrichtung eines Mediums oder zur Analyse der Resonanz der Regierungs- bzw. Oppositionsarbeit herangezogen werden.

[4] Einzelne, vordefinierte Worte lassen sich am einfachsten kodieren. Die Zuordnung von grammatikalischen Formen – wie beispielsweise die Unterscheidung von Verben und Adjektiven oder der Anteil von Haupt- und Nebensätzen – ist zwar etwas schwieriger, dennoch lassen sich diese Merkmale eindeutig identifizieren und quantitativ erfassen.

## 12.2    Anwendung der Inhaltsanalyse

Die Inhaltsanalyse verfügt über ein reichhaltiges quantitatives und qualitatives methodisches Instrumentarium, um empirische Daten systematisch und intersubjektiv nachvollziehbar analysieren sowie Rückschlüsse auf den Sender, den Empfänger oder den Kontext einer Mitteilung ziehen zu können (vgl. Diekmann 2009). Die Möglichkeiten und Probleme der Inhaltsanalyse sowie die verschiedenen Ansatzpunkte und Verfahren der Methode werden anhand der Berichterstattung der deutschen Printmedien über das Thema ‚Eurokrise' und anderen Beispielen erläutert und illustriert.[5] Die folgenden Ausführungen orientieren sich an verschiedenen Phasen des Forschungsprozesses, die je nach Fragestellung, Forschungsdesign und Datensample in der Abfolge zwischen der qualitativen und der quantitativen Variante der Inhaltsanalyse variieren können.

### 12.2.1    Fragestellung und theoretischer Rahmen

Am Beginn einer Inhaltsanalyse steht – wie bei anderen Forschungsvorhaben auch – die Festlegung des Erkenntnisinteresses und die Formulierung der Fragestellung(en). Beim gewählten Beispiel der Berichterstattung in den deutschen Printmedien über die ‚Eurokrise' sind verschiedene Fragestellungen denkbar: So kann sich die Analyse beispielsweise für die Inferenz auf den Sender (z. B. „Wie hat sich die Europaberichterstattung durch die ‚Eurokrise' verändert?"), den Empfänger (z. B. „Wie wirkt die Berichterstattung auf die Wahrnehmung der ‚Eurokrise' bei der Leserschaft?") und/oder den Kontext (z. B. „Welche Europa-Leitbilder beinhaltet Berichterstattung über die ‚Eurokrise'?") interessieren. Eine Vielzahl weiterer Fragestellungen – etwa nach dem Vergleich der deutschen Europaberichterstattung mit der in anderen EU-Mitgliedsstaaten, nach der Wirkung populistischer Motive auf die Haltung der Deutschen zu Europa, nach der Reaktion auf die Berichterstattung in Form von Leserbriefen oder nach der Wahrnehmung einzelner EU-Mitgliedsstaaten in den Medien (Stichwort ‚Pleite-Griechen' in der Bild-Zeitung) – lassen sich zu dieser Thematik ableiten. Bei einer Master-Arbeit ist darauf zu achten, dass die Fragestellung im vorgegebenen zeitlichen Rahmen bearbeitet werden kann, dass ausreichend intellektuelle Kraft in die Vorüberlegungen, die

---

[5] Das Beispiel zur ‚Eurokrise' soll lediglich verschiedene Möglichkeiten aufzeigen, nicht aber ein komplettes Vorhaben – noch dazu eine Masterarbeit – skizzieren. Es geht darum, unterschiedliche Fragestellungen, Herangehensweisen und Instrumente anhand eines Themas zu veranschaulichen und zu variieren. Für eine Masterarbeit wären die Umsetzung aller aufgeworfenen Fragen und die Anwendung aller Verfahren deutlich zu umfangreich und zu komplex. Aber Teile des Beispiels lassen sich auch im begrenzten Rahmen einer Masterarbeit gut durchführen.

theoretischen Bezugspunkte und die Hypothesengenerierung investiert wird. Die solide Planung in der Anfangsphase hilft, langwierige Reparaturmaßnahmen am Ende zu vermeiden und die Arbeit – vor allem durch einschränkende Fragestellungen und theoretische Bezugspunkte – auf ein bearbeitbares Pensum zu reduzieren.

Das Erkenntnisinteresse impliziert Aussagen über den theoretischen Rahmen einer Arbeit und ermöglicht mehr oder weniger ausdifferenzierte Annahmen oder Hypothesen über einen Sachverhalt. So kann etwa bei der Frage nach den Veränderungen der Berichterstattung die Hypothese abgeleitet werden, dass Europathemen durch die Relevanz und die Dramatik der ‚Eurokrise' ein höherer Nachrichtenwert beigemessen und daher nicht nur häufiger, sondern auch deutlich negativer über Europa berichtet wird (vgl. Schulz 2011, S. 70–73). Dies ist insbesondere dann interessant, wenn die Zustimmungswerte zur Europäischen Union von 60 % vor Beginn der ‚Eurokrise' (Eurobarometer 11/2009) auf 50 % nach Beginn der ‚Eurokrise' (Eurobarometer 5/2010) fallen. Die Frage, wie die Berichterstattung über die ‚Eurokrise' auf den Rezipienten wirkt, kann sich wiederum auf die Hypothese stützen, dass die verschiedenen Effekte des *framing* und *priming*[6] die Wahrnehmung und die Bewertung eines Themas durch den Leser entscheidend beeinflussen (vgl. Scheufele 2003, S. 60–84). An dieser Stelle kann beispielsweise untersucht werden, ob und welche Unterschiede in der Deutung (*framing*) der ‚Eurokrise' zwischen der ‚Frankfurter Allgemeinen Sonntagszeitung' und der Wochenzeitung ‚Die Zeit' bestehen und inwiefern sich diese Unterschiede auch in den Einstellungen der Leser abbilden. Im Gegensatz dazu legt die Frage nach den Europa-Leitbildern in der deutschen Berichterstattung eine explorative Herangehensweise nahe, die auf die Identifikation und die interpretative Rekonstruktion verschiedener Europa-Motive zielt. Das ist in Deutschland von besonderem Interesse, da mit der ‚Eurokrise' zum ersten Mal eine breit angelegte, politisierte und kontroverse Debatte über die Europäische Integration geführt wurde und neue Akteure, die sich dem Vorwurf des Populismus ausgesetzt sehen, die politische Arena betreten haben. Dadurch sind neben den ‚klassischen' Europamotiven und der ‚Europa-Folklore', auch ganz neue Leitbilder beobachtbar. Das Forschungsdesign hängt wesentlich davon ab, ob die Fragestellung und der theoretische Rahmen eine deduktive oder induktive Herangehensweise nahe legt und ein quantitatives oder qualitatives Vorgehen erfordert (vgl. Früh 2011, S. 147–153; Mayring 2010, S. 48–58). Zudem ist es bei entsprechenden Fragestellungen auch möglich, auf automatisierte und rein com-

---

[6] Unter *framing* versteht man kommunikative Raster, die die subjektive Wahrnehmung und Bewertung einer politischen Frage durch den Empfänger prägt – etwa durch die einseitige Akzentuierung oder selektive Betonung bestimmter Merkmale in Medien (vgl. Scheufele2013, S. 96). Der Begriff *priming* bezieht sich auf die Auswirkungen von früheren Informationen, die bewusst oder unbewusst im Gedächtnis abgespeicherten wurden, auf nachfolgende Wahrnehmungs- und Erlebensprozesse (vgl. Hartmann 2013, S. 276).

putergestützte Inhaltsanalysen mit WORDSCORE (vgl. Laver et al. 2003) oder WORDFISH (vgl. Slapin und Proksch 2008) zurückzugreifen, um Veränderungen in den Positionen in Bezug auf die europäische Integration vor und nach Beginn der ‚Eurokrise' zu identifizieren oder die Positionen deutscher Printmedien mit den Positionen anderer EU-Mitgliedsstaaten zu vergleichen.

## 12.2.2  Analyseeinheiten und Datenerhebung

Prinzipiell können verschiedene Formen von Text-, Ton- oder Bilddokumenten für eine Inhaltsanalyse herangezogen werden. In den meisten Fällen bieten sich Textdokumente als Analyseeinheiten an, da diese einfach zu erheben und leicht – vor allem wenn sie elektronisch vorliegen – auszuwerten sind. Oft entstehen aber Probleme, wenn Daten zwar gescannt, aber nicht – oder nur mit großem Korrekturaufwand – in textlesbare und kodierbare Formate konvertiert werden können. Diese technische Frage sollte also schon zu Beginn der Arbeit geklärt werden, da vorhandene, aber nicht auswertbare Daten ein Projekt erheblich zurückwerfen können. Bei den Beispielen zur Berichterstattung über die ‚Eurokrise' in den deutschen Printmedien stehen bei der Auswertung – wenig überraschend – Artikel aus deutschen Zeitungen im Zentrum.[7]

Mit der Definition der Kodiereinheiten werden die Informationsträger, die in der Analyse untersucht und ausgewertet werden, konkretisiert und näher bestimmt. Dabei geht es vor allem um die Frage, ob einzelne Worte, ganze Sätze, Sinneinheiten, formale Merkmale oder ganze Artikel kodiert werden. Die Bandbreite der Kodiereinheiten ist nahezu unbegrenzt und vor allem von der Fragestellung, aber auch von der Methode und den technischen Hilfsmitteln abhängig. Rein quantitative Methoden und automatisierte Auswertungsverfahren werden – im Unterschied zu quantitativ-qualitativen oder rein qualitativen Inhaltsanalysen, die ein weitaus breiteres Spektrum an möglichen Kodiereinheiten kennt – in der Regel auf die Zählung oder das In-Beziehung-Setzen von Worten, einzelnen Phrasen oder anderen quantifizierbaren Einheiten zurückgreifen.

Die Kodiereinheiten fungieren als Indikatoren, mithilfe derer das Material analysiert sowie Theorien bzw. Hypothesen entweder getestet oder entwickelt werden können. So können beispielsweise bei der Frage nach der Veränderung der Berichterstattung in den deutschen Printmedien die einzelnen Artikel als Indikatoren verwendet werden, da daran die Veränderung der Häufigkeit (z. B. gestiegene An-

---

[7] Mit der Auswahl der Zeitungen verbindet sich jedoch ein nicht zu unterschätzendes Problem, da sich die Europaberichterstattung durch die ‚Eurokrise' zwar verändert hat, die Leitmedien aber weiterhin nicht alle Teile der Öffentlichkeit abbilden und auf diese Weise relevante, aber als nicht salonfähig eingeschätzte Äußerungen nicht – oder nur unzureichend – erfasst werden können.

zahl) und die Tendenz der Berichterstattung (z. B. negative, neutrale oder positive Konnotation) festgemacht werden kann. Bei der explorativen Identifikation und Rekonstruktion der Europa-Leitbilder können beispielsweise Sinneinheiten, die aus einzelnen Wortkombinationen oder ganzen Abschnitten bestehen können, als Indikatoren dienen (z. B. Europa als Solidargemeinschaft). Bei der Auswahl und Festlegung der Kodiereinheiten ist es sinnvoll, die Frage der Ressourcen bei der Auswertung im Hinterkopf zu behalten. So ist es beispielsweise beim Kodieren der Tendenz eines Artikels nicht in jedem Fall nötig, den gesamten Artikel zu lesen und zu interpretieren, sondern oft reichen schon die Überschrift und/oder der Vorspann aus, um diese Informationen kodieren zu können. Eine derartige Abkürzungsstrategie muss aber in jedem Falle explizit benannt, plausibel begründet und getestet werden.

Für die Zusammenstellung des Samples sind weitere Auswahl- und Erhebungsentscheidungen notwendig, um eine handhabare und vor allem eine inhaltlich sinnvolle Datengrundlage bilden zu können. So muss zunächst der Untersuchungs- bzw. Erhebungszeitraum festgelegt und begründet werden. Die weitere Zusammenstellung und Erhebung des Datensamples kann dabei entweder durch Stichprobenziehung oder durch bewusste und theoriegeleitete Auswahl des Materials erfolgen. Bei der Zufallsauswahl durch Stichprobenziehung sind mehrere, zum Teil kombinierbare Erhebungsverfahren denkbar:

1. *Einfache Zufallsauswahl:* Das Verfahren zielt auf eine repräsentative Erhebung nach dem Lotterieprinzip. Oft stimmen die Erhebungseinheiten (z. B. eine Zeitungsausgabe) und die Analyseeinheiten (z. B. einzelne Artikel) jedoch nicht überein, so dass die für die Ziehung notwendige Auflistung der Analyseeinheiten nicht oder nur mit großem Aufwand geleistet werden kann (vgl. Früh 2011, S. 105; Merten 1983, S. 288).
2. *Systematische Zufallsauswahl:* Bei diesem Verfahren, das besonders für die Auswahl periodisch erscheinender Medien geeignet ist, werden die Analyseeinheiten in einem bestimmten Intervall (jedes n-te Element) erhoben. Dabei kann durch die Periodizität des Mediums (z. B. regelmäßig erscheinende Rubriken) eine systematische Verzerrung des Datensamples auftreten (z. B. wenn Zeitungen im Wochenrhythmus erhoben werden) (vgl. Früh 2011, S. 105; Merten 1983, S. 288–289).
3. *Geschichtete Zufallsauswahl:* Dieses Vorgehen bietet sich an, wenn relevante Merkmale in der Grundgesamtheit ungleich verteilt sind (z. B. Anteil des Feuilletons in regionalen und überregionalen Zeitungen). Durch die Schichtung kann die heterogene Grundgesamtheit in homogene Teilgesamtheiten aufgeteilt und die Schichtungseffekte können auf diese Weise minimiert werden. Für die einzelnen Schichten kann dann eine einfache oder systematische Stichprobe gezogen werden. Wichtig ist dabei, dass die Verteilung des Schichtungskrite-

riums bekannt ist, um eine dem Anteil des Merkmals entsprechende Erhebung vornehmen (proportionale Schichtung) und am Ende sinnvolle Aussagen über die Grundgesamtheit machen zu können (vgl. Früh 2011, S. 107; Merten 1983, S. 290).[8]

4. *Klumpenauswahl:* Diese Methode trägt dem Umstand Rechnung, dass die Erhebungs- und Analyseeinheiten in der Praxis oft nicht übereinstimmen und sich teilweise nur schwer erfassen lassen. Die Zufallsauswahl erfolgt in diesem Falle nicht anhand einer Liste aller Elemente der Grundgesamtheit, sondern es werden Kriterien verwendet, die „von sich aus eine ‚natürliche' Zählung aufweisen" (Merten 1983, S. 291) – wie etwa der Tag, die Nummer oder die Seiten von Zeitungsausgaben. Ein weiterer Vorteil dieses Vorgehens besteht darin, dass nicht alle Daten der Grundgesamtheit, sondern nur das durch die Stichprobe definierte Material erhoben werden muss (vgl. Früh 2011, S. 106; Merten 1983, S. 291).[9]

5. *Gestufte (Zufalls-)Auswahl:* In den meisten Inhaltsanalysen kommt bei der Auswahl und Erhebung der Daten ein mehrstufiges Verfahren zum Einsatz, das sich entweder auf eine Abfolge – einfacher oder systematischer – Zufallsstichproben (z. B. zufällige Wahl der Zeitung, der Ausgabe und der Artikel) oder auf eine Kombination zwischen bewussten und inhaltlich begründeten Auswahlschritten (z. B. Erhebung bestimmter Zeitungen und/oder Artikeltypen) sowie Zufallsstichproben (z. B. zufällige Wahl der Zeitungsausgabe) stützen (Früh 2011, S. 105–111; Merten 1983, S. 291–292).

Die inhaltlich begründeten Auswahlschritte der gestuften (Zufalls-)Auswahl verweisen auf die Möglichkeit, das Datensample bewusst und theoriegeleitet anhand bestimmter Kriterien und Vorkenntnisse über die Struktur des Materials zusammenzustellen (*theoretic sampling*) (vgl. Lamnek 2005, S. 265–266).[10] Die Erhebung erfolgt mithilfe von vorab festgelegten, theoretisch begründeten Merk-

---

[8] Grundsätzlich sind auch disproportionale Schichtungen denkbar, bei denen das fragliche Merkmal gezielt überrepräsentativ erhoben wird. Im Unterschied zur proportionalen Schichtung können die Ergebnisse nicht einfach aufaddiert werden, sondern die Resultate müssen mit dem Kehrwert der Auswahlwahrscheinlichkeit gewichtet werden.

[9] Bei der Klumpenauswahl erweisen sich die sogenannten Klumpeneffekte – also Effekte, die auftreten, weil die Daten innerhalb eines Klumpens homogener sind als bei einer einfachen Zufallsauswahl und die Auswahl mit einem höheren Zufallsfehler verbunden ist, als problematisch. Je homogener und größer die Klumpen, desto stärker sind die Klumpeneffekte. Diese lassen sich durch inhomogene und kleine Klumpen minimieren.

[10] Im Unterschied zum Verfahren des *theoretic sampling* nach der Grounded-Theory-Methodik (vgl. Glaser und Strauss 2005; Strauss und Corbin 1996; siehe auch Kapitel 11) werden bei der Inhaltsanalyse die Kriterien für die Datenauswahl in der Regel vor der Erhebung festgelegt und während der Analyse nicht mehr verändert.

malsausprägungen in den Daten. Die inhaltlichen Auswahlentscheidungen können sich beispielsweise darauf beziehen, ob alle Printmedien oder nur bestimmte Zeitungstypen (z. B. Qualitäts- oder Boulevardzeitungen, Tages- oder Wochenzeitungen usw.) erhoben werden. Eine Eingrenzung des Materials kann aber auch anhand verschiedener journalistischer Darstellungsformen (z. B. Erhebung von Leitartikeln, Kommentaren usw.) oder entlang des redaktionellen Profils von Zeitungen (z. B. Einordnung auf dem Links-Rechts-Kontinuum) erfolgen. Des Weiteren ist es auch denkbar, nur diejenigen Teile des Datenmaterials, die sich auf die Forschungsfrage beziehen (z. B. ausgewählte Textstellen eines Experteninterviews) in der Auswertung zu verwenden (vgl. Lamnek 2005, S. 518). Die Auswahlentscheidungen sind jeweils von der Fragestellung abhängig und bedürfen einer inhaltlichen Begründung (vgl. Früh 2011, S. 149–153; Mayring 2010, S. 52–53).

Die Auswahl und Erhebung des Datenmaterials ist am stärksten mit der Frage der Ressourcen verbunden. Gerade bei Masterarbeiten, die nur über ein sehr begrenztes Zeitbudget verfügen, ist es wichtig, ein bearbeitbares Sample zusammenzustellen und bewusste Entscheidungen zur Eingrenzung des empirischen Materials als Steuerungsinstrument zu nutzen. Leider gibt es keine *a priori* feststellbaren Anhaltspunkte, wie viele Datenpunkte erhoben werden sollen, da dies vom Erkenntnisinteresse, stärker aber noch von den Analyse- und Kodiereinheiten sowie den verwendeten Methoden abhängt:[11] In explorativen, qualitativ angelegten Studien, die auf die Entwicklung eines Kategoriensystems ausgerichtet sind, können in der Regel weitaus weniger Daten ausgewertet werden, als in rein quantitativen Analysen, die die Positionen in den Texten voll automatisiert aus dem Vergleich der Daten generieren.

### 12.2.3 Entwicklung des Kategoriensystems

Das Kategoriensystem – oder das Kodierwörterbuch als schlanke und wortbasierte, aber nicht minder komplexe Version eines Kategoriensystems – ist der Dreh- und Angelpunkt von quantitativen wie auch qualitativen Inhaltsanalysen (vgl. Berelson 1952, S. 147).[12] Mithilfe von Kategorien lassen sich sowohl die unterschiedlichen

---

[11] Letztlich ist aber in der Regel eine mindestens zweistellige Anzahl an Datenpunkten erforderlich.

[12] An dieser Stelle sei noch einmal ausdrücklich auf die Möglichkeit verwiesen, Inhaltsanalysen auch gänzlich ohne Kategoriensystem oder Kodierwörterbuch durchzuführen. In diesem Fällen werden die Inhalte induktiv, automatisiert und softwarebasiert durch den Vergleich der relativen Häufigkeitsverteilung von Worten in den einzelnen Texten analysiert und die Positionen der Dokumente in Bezug auf eine bestimmte Fragestellung statistisch abgeschätzt (vgl. Laver et al. 2003; Slapin und Proksch 2008). Diese Variante der Inhaltsanalyse wird im Anschluss an diesen Abschnitt dargestellt und kritisch gewürdigt.

Ausprägungen der Analyseeinheiten erfassen als auch die Beziehungen der inhaltlichen Merkmale zueinander theoretisch abbilden.[13] Während bei einem deduktiven Herangehen die Hypothesen mithilfe des Kategoriensystems operationalisiert
werden (vgl. Früh 2011, S. 82–87), bildet es bei einem induktiven Vorgehen einen
Großteil der Ergebnisse ab (vgl. Mayring 2010, S. 67–85). Im Prinzip können –
und sollten in vielen Fällen – beide Strategien kombiniert werden. So bietet sich
etwa bei einem deduktiven Herangehen ein Pretest an, durch den das Kategoriensystem überprüft und anhand der empirischen Befunde induktiv angepasst und
korrigiert wird. Umgekehrt können aber auch die induktiv entwickelten Kategorien
der qualitativen Inhaltsanalyse als Basis für eine deduktiv orientierte Analyse und
einen Hypothesentest genutzt werden.

In der praktischen Umsetzung ist es entscheidend, dass die einzelnen Kategorien sowohl beim deduktiven Ansatz als auch beim induktiven Vorgehen disjunkt,
erschöpfend und präzise sind (vgl. Diekmann 2009, S. 589). Disjunkt bedeutet,
dass sich die einzelnen Kategorien innerhalb einer bestimmten Dimension nicht
überlappen dürfen und eine Analyse- bzw. Kodiereinheit nur einem Indikator zugeordnet werden darf.[14] Die Kategorien sollten dabei erschöpfend sein – dies heißt,
dass eine Kategorie in der Lage sein muss, den für die Untersuchung relevanten
Inhalt vollständig zu erfassen, so dass keine Äußerungen, die zu einer Kategorie gehören, unberücksichtigt bleiben. Mit der Forderung nach Präzision ist die
genaue Festlegung der Kriterien, die beim Kodieren herangezogen werden, um
eine Analyse- bzw. Kodiereinheit einer Kategorie klar, eindeutig und nachvollziehbar zuordnen zu können, gemeint (vgl. Früh 2011, S. 88–97; Mayntz et al. 1969,
S. 157–161).

Die Entwicklung eines Kodierwörterbuches ist ebenfalls als eine Art der theo-
rie- oder empiriegeleiteten Kategorienbildung aufzufassen, die auf der Basis von
einzelnen Worten oder Phrasen, die hierarchisch bestimmten Kategorien zugeordnet werden, vorgenommen wird. Kodierwörterbücher haben dabei ebenfalls mit
der Schwierigkeit zu kämpfen, dass alle relevanten Worte und Phrasen einer Kate-

---

[13] In der Regel bestehen Kategoriensysteme und Kodierwörterbücher aus hierarchisch zueinander geordneten Oberkategorien und einer oder mehreren Unterkategorien. Mithilfe dieser
Ordnung und den Beziehungen zwischen den Kategorien auf den unterschiedlichen Ebenen,
lassen sich – sowohl deduktiv als auch induktiv gewonnene – Theorien und
Hypothesen sowie weitere inhaltliche Zusammenhänge darstellen.

[14] Grundsätzlich bleibt es aber möglich, eine Analyseeinheit mehreren Kategorien zuzuordnen – solange die einzelnen Kategorien unterschiedliche Dimensionen bezeichnen und die
Ober- und Unterkategorien disjunkt sind. So können beispielsweise sachliche Themen (z. B.
Hartz-Gesetzgebung, Elterngeld usw.) und deren Bewertung der Themen (z. B. positive,
negative oder neutrale Konnotation) gleichzeitig erfasst werden. Die Oberkategorien Thema
und Bewertung sind zueinander ebenso disjunkt wie deren Unterkategorien.

gorie erfasst und eindeutig zugeordnet werden müssen. Zur Lösung des Problems empfiehlt sich zunächst der Blick in bereits vorhandene Kodierwörterbücher.[15] Daraus können eine Vielzahl möglicher Ansatzpunkte für das eigene Wörterbuch abgeleitet werden. Eine lohnenswerte Option besteht auch darin, die – durch die Datenanalysesoftware meist sehr leicht generierbare – Liste der im Datensample vorhandenen Wörter durchzugehen und die für die Operationalisierung einer Hypothese relevanten Wörter oder Phrasen empiriegeleitet zu identifizieren und bestehende Wörterbücher auf diese Weise zu ergänzen und zu modifizieren.

Für die Durchführung von Masterarbeiten ist vor allem zu beachten, dass bei der deduktiven Konstruktion des Kategoriensystems oder eines Kodierwörterbuches die Kategorien oder Wörterlisten nicht nur im Kopf des Schreibenden entstehen, sondern dass diese immer wieder mit der Empirie abgeglichen und im Hinblick auf die Fragestellung getestet werden. Bei der induktiven Entwicklung der Kategorien hingegen besteht das Problem oft darin, dass der Forschende zunächst im Material zu ‚ertrinken' scheint und alles als wichtig für die Analyse erachtet. Im Laufe der Auswertung zeigen sich aber in der Regel sehr schnell Wege, das Material zu gruppieren und beständig zu abstrahieren. Wichtig ist auch hier: Die Auswertung sollte immer wieder daraufhin überprüft werden, ob noch die Fragestellung beantwortet wird oder bereits andere – nicht minder interessante, aber für die Frage irrelevante – Inhalte betrachtet werden. Die Arbeit mit Kategoriensystemen und Kodierwörterbüchern wird durch die Verwendung geeigneter Analysesoftware erheblich erleichtert (siehe unten).

---

[15] Als wichtige Beiträge für die Entwicklung von Kodierwörterbüchern empfehlen sich verschiedene Entwürfe. Das englischsprachige Wörterbuch ‚General Inquirer', das auf den Vorarbeiten von Stone et al. (1966) beruht und kontinuierlich ergänzt wird, enthält Kategorien zu verschiedenen linguistischen, psychologischen, aber auch politischen und wirtschaftlichen Themen. Informationen und das kostenlose Wörterbuch sind unter folgender Website abrufbar: http://www.wjh.harvard.edu/~inquirer/homecat.htm. Das Wörterbuch ‚Linguistic Inquiry and Word Count (LIWC)' liegt in mehreren Sprachen – u. a. Deutsch und Englisch – vor, ist aber kostenpflichtig. Das Kategoriensystem ist vorwiegend auf linguistische und psychologische Phänomene ausgerichtet (vgl. Pennebaker et al. 2001), lässt sich aber auch für politikwissenschaftliche Fragen verwenden (vgl. Pennebaker und Chung 2008). Weitere Informationen sind auf folgender Website abrufbar: http://www.liwc.net/. Das Wörterbuch ‚Regressive Imagery Dictionary' ist kostenpflichtig und in mehreren Sprachen verfügbar. Es ist zwar primär an der Analyse psychologischer Sachverhalte interessiert, aber auch auf andere Bereiche übertragbar (vgl. Martindale 1975, 1990). Mehr Informationen sind auf der Website erhältlich: http://www.kovcomp.co.uk/wordstat/RID.html. Ein spezielles Kodierwörterbuch zur Auswertung von Policy-Positionen aus Parteiprogrammen stammt von Laver und Garry (2000). Dieses und weitere Wörterbücher können für die Analysesoftware WORDSTAT auf folgender Website abgerufen werden: http://provalisresearch.com/products/content-analysis-software/.

## 12.2.3.1  Deduktive Konstruktion des Kategoriensystems

Das Kategoriensystem ist einerseits als ein „theoretisches Gliederungsprinzip" (Früh 2010, S. 154) zu verstehen, mithilfe dessen eine Fragestellung sowie die dazugehörigen theoretischen Annahmen operationalisiert werden. Andererseits sind die Kategorien in Bezug auf die Analyse des empirischen Datenmaterials gleichzeitig auch eine „Identifizierungs- und Klassifizierungsstrategie" (Früh 2010, S. 154), die Aussagen darüber trifft, welche inhaltlichen Merkmale in die Analyse einbezogen und nach welchen Kriterien die konkreten Analyse- und Kodiereinheiten erfasst werden (vgl. Früh 2011, S. 153–156).

Dem ersten Beispiel, das der Frage nach der Veränderung der Europaberichterstattung durch die ‚Eurokrise' (Inferenz auf den Sender) nachgeht, liegen die Hypothesen zugrunde, dass seit Beginn der Krise aufgrund des höheren Nachrichtenwertes häufiger (Hypothese 1) und negativer (Hypothese 2) über europapolitische Themen berichtet wird.[16] In diesem einfachen Beispiel müssen zwei Hypothesen durch entsprechende Kategorien operationalisiert werden. Als Analyse- und Kodiereinheiten können beispielsweise alle Artikel einer Zeitungsausgabe (ohne Sportteil, Anzeigen usw.) in die Auswertung einbezogen werden, die durch eine gestufte (Klumpen-)Auswahl erhoben wurden (z. B. fünf Qualitätszeitungen mit verschiedener politischer Ausrichtung, wobei im Wechsel jeder dritte bzw. vierte Erscheinungstag im Zeitraum drei Jahre vor und nach dem Beginn der Krise erhoben wird).[17] Bei Hypothese 1 (‚Häufigkeit') müssen beispielsweise der Zeitpunkt des Erscheinens (z. B. vor oder nach Beginn der ‚Eurokrise') und das Thema der Artikel (z. B. mit oder ohne europapolitischen Bezug) erfasst werden. Bei Hypothese 2 (‚Negativität') kann beispielsweise der Tenor der Zeitungsartikel mit europapolitischem Bezug (z. B. positive, negative oder neutrale Haltung)[18] als Merkmalsausprägung kodiert werden. In den Tab. 12.1 und 12.2 werden die Ober- und Unterkategorien sowie die Definition der Kategorien exemplarisch dargestellt.

---

[16] Die Frage nach der häufigeren und negativeren Berichterstattung erscheint im ersten Moment sehr trivial, da Krisen in der Regel immer ein negatives Medienecho hervorrufen. Möglicherweise lassen sich aber aus der Auszählung Schwankungen im Ausmaß der negativen Berichterstattung im Zeitverlauf feststellen oder besondere Spitzen, die an bestimmte politische Entscheidungen gebunden sind. Eine andere Möglichkeit wäre es, die deutsche Berichterstattung mit der Berichterstattung in Griechenland zu vergleichen und den Grad der „Negativität" über Länder hinweg zu evaluieren.

[17] Für Masterarbeiten ist im Sinne der Bearbeitbarkeit auch ein kürzerer Erhebungszeitraum (z. B. nur ein Jahr vor und ein Jahr nach Beginn der ‚Eurokrise') und/oder längere Abstände bei der Klumpenauswahl (z. B. Erhebung jeder fünften bzw. sechsten Ausgabe) denkbar.

[18] Diese Dreiteilung ist bewusst einfach gewählt um das Beispiel gut illustrieren zu können. Die Dreiteilung kann aber andere Haltungen – wie beispielsweise eine positive, aber kritische Einstellung zu europäischen Integration – nicht oder nur unzureichend abbilden.

**Tab. 12.1** Deduktive Konstruktion von Kategorien (I)

| Ober- und Unterkategorien | Erläuterung und Definition |
|---|---|
| Häufigkeit | *Hypothese 1:* Aufgrund des höheren Nachrichtenwertes wird seit Beginn der ‚Eurokrise' häufiger über europapolitische Themen in den deutschen Printmedien berichtet |
| Erscheinungszeitpunkt | Ab Februar 2010 setzt sich in den deutschen Printmedien aufgrund der *de facto*-Pleite Griechenlands zunehmend die Wahrnehmung einer ‚Eurokrise' durch |
| Vor Beginn der ‚Eurokrise' | Zeitungsartikel, die vor Februar 2010 erschienen sind |
| Nach Beginn der ‚Eurokrise' | Zeitungsartikel, die nach Februar 2010 erschienen sind |
| Thema eines Zeitungsartikels | Messung der (relativen) Häufigkeit der Europaberichterstattung in den deutschen Printmedien anhand der dichotomen thematischen Einordnung der einzelnen Artikel einer Zeitungsausgabe |
| Europapolitischer Bezug | Europapolitischer Bezug eines Zeitungsartikels liegt vor, wenn u. a. folgende Themen angesprochen und die entsprechenden Wörter mindestens ein Mal genannt werden:[a]<br>– Europäische Integration allgemein: Europäische Union, EU-Mitgliedsstaaten, EU-Osterweiterung u. v. m.<br>– Europäische Institutionen: Europäischer Rat, Ministerrat, Europaparlament, Europäische Kommission u. v. m.<br>– Reform der Europäischen Union: Europäische Verfassung, Lissabon-Vertrag, Fiskalpakt, Rettungsschirm u. v. m.<br>– Gemeinsamer Währungsraum: Euro-Gruppe, Währungsunion, Europäische Zentralbank, Stabilitätspakt u. v. m.<br>– Politikfelder und Entscheidungen: Richtlinien, Verordnungen, Gemeinsame Agrarpolitik, Strukturfonds u. v. m. |
| Kein europapolitischer Bezug | Kein europapolitischer Bezug, wenn u. a. die oben definierten Themenbereiche in einem Artikel nicht angesprochen und die dazugehörigen Wörter nicht genannt werden |

*Anmerkungen:* Eigene Zusammenstellung

[a] Man unterscheidet zwischen Valenzanalysen, die nur eine dichotome Unterscheidung (z. B. positive oder negative Bewertung) kennen, und Intensitätsanalysen, die versuchen, die Stärke einer Bewertung auf einer mehrstufigen Skala differenziert zu erfassen (vgl. Mayring 2010, S. 15–16)

Die Erfassung und Kodierung des Zeitpunktes bei der Operationalisierung von Hypothese 1 ist relativ unproblematisch, da die einzelnen Zeitungsausgaben mit Datum versehen sind. Letztlich muss nur das Datum festgelegt und begründet werden. Die thematische Zuordnung der einzelnen Artikel hingegen ist nicht ganz so einfach, da inhaltliche Kriterien bestimmt werden müssen, die angeben, ob ein Ar-

**Tab. 12.2** Deduktive Konstruktion von Kategorien (II)

| Ober- und Unterkategorien | Erläuterung und Definition |
|---|---|
| Negativität | *Hypothese 2:* Die Berichterstattung in den deutschen Printmedien über europapolitische Themen ist aufgrund des höheren Nachrichtenwertes seit Beginn der ‚Eurokrise' negativer |
| Tenor eines Zeitungsartikels | Analyse aller Zeitungsartikel, die nach den oben definierten Kriterien einen Europabezug aufweisen, hinsichtlich der Bewertung der europapolitischen Inhalte[a] |
| Negative Haltung | Zeitungsartikel mit Europabezug, die durch eine negative Bewertung europapolitischer Inhalte gekennzeichnet sind:<br>– Stark negative Wertung: Prinzipielle Ablehnung des gesamten Integrationsprozesses (z. B. Souveränitätsverlust)<br>– Negative Wertung: Grundsätzliche Kritik an der Ausrichtung des Integrationsprozesses (z. B. Marktliberalismus)<br>– Eher negative Wertung: Kritik an einzelnen Entscheidungen und Maßnahmen (z. B. Dienstleistungsrichtlinie) |
| Positive Haltung | Zeitungsartikel mit Europabezug, die durch eine positive Bewertung europapolitischer Inhalte gekennzeichnet sind:<br>– Stark positive Wertung: Prinzipielle Zustimmung zum gesamten Integrationsprozess (z. B. Friedensprojekt)<br>– Positive Wertung: Grundsätzliche Zustimmung zur Ausrichtung der Integration (z. B. Wirtschaftsintegration)<br>– Eher positive Wertung: Befürwortung einzelner Maßnahmen und Entscheidungen (z. B. Umweltschutzstandards) |
| Neutrale Haltung | Zeitungsartikel mit Europabezug, bei denen positive und negative Wertungen gegeneinander abgewogen werden oder die keine eindeutige Haltung erkennen lassen |
| Keine Einordnung | Zeitungsartikel mit Europabezug, die keine Bewertung der europapolitischen Inhalte vornehmen (z. B. bei Nachrichten) |

*Anmerkungen:* Eigene Zusammenstellung
[a] Diese Vorgehensweise ähnelt – zumindest in weiten Teilen – dem Verfahren des offenen Kodierens nach der Grounded Theory-Methodik, die in Kap. 11 vorgestellt wurde (vgl. Mayring 2002, S. 115)

tikel einen Europabezug aufweist oder nicht. Die Feststellung kann dabei qualitativ anhand der vorformulierten Kriterien durch den Forscher oder automatisiert mithilfe des Kodierwörterbuches durch geeignete Datenanalysesoftware erfolgen. Bei der softwaregestützten Variante sind aber in der Regel eine umfassendere Kenntnis des Gegenstandes, eine genauere Festlegung der Suchbegriffe erforderlich und ein ausführlicher Pretest unerlässlich.

Die Operationalisierung von Hypothese 2 unterscheidet sich vor allem darin, dass nicht mehr nur formale Merkmale – wie der Erscheinungszeitpunkt und die Häufigkeit – oder manifeste Inhalte – wie der Themenbereich – im Mittelpunkt stehen, sondern dass die Bewertung der Themen auf die Erfassung latenter Merkmale von Zeitungsartikeln ausgerichtet ist.[19] Diese Inhalte sind weitaus schwieriger zu definieren und in die Kodierpraxis umzusetzen, da klare Kriterien in der Regel fehlen und oftmals graduelle Unterscheidungen für die Untersuchung interessant sind. Im Beispiel wurde eine siebenstufige Skala gewählt, die die Intensität einer Bewertung, die mit Zwischenabstufungen von stark negativ $(-3)$ über neutral $(0)$ bis zu stark positiv $(+3)$ reicht, gemessen werden. Die Auswertung und die Entscheidung über die Kodierung eines Artikels können in der Regel nicht automatisiert werden, sondern müssen durch die Interpretation des Forschers anhand der festgelegten Kriterien geleistet werden.

### 12.2.3.2 Induktive Entwicklung des Kategoriensystems

Das Ziel der induktiven Kategorienbildung ist nicht die Auswertung des gesamten Materials, sondern die empirisch begründete Entwicklung der Kategorien anhand eines (repräsentativen) Teils der Daten, die dann für den endgültigen Materialdurchgang verwendet werden können. Die Entwicklung und Ausdifferenzierung des Kategoriensystems erfolgt in vier aufeinander folgenden Schritten: Der erste Schritt besteht in der Selektion und Reduktion des Materials; der zweite Schritt versucht die inhaltlichen Merkmale zu gruppieren und zu bündeln, bevor im dritten Schritt eine weitere Abstraktion und Generalisierung vorgenommen wird; im vierten Schritt werden die Ergebnisse auf die theoretischen Vorüberlegungen und die Fragestellung zurückbezogen (vgl. Früh 2011, S. 157).[20] Die induktive Entwicklung des Kategoriensystems wird in der qualitativen Inhaltsanalyse auch als ‚Zusammenfassung' bezeichnet, die darauf ausgerichtet ist, ein „überschaubares Abbild" (Diekmann 2009, S. 608) des Materials zu erarbeiten. Die zentralen Ansatzpunkte der ‚Zusammenfassung' werden im Folgenden anhand der Europa-

---

[19] Man unterscheidet zwischen Valenzanalysen, die nur eine dichotome Unterscheidung (z. B. positive oder negative Bewertung) kennen, und Intensitätsanalysen, die versuchen, die Stärke einer Bewertung auf einer mehrstufigen Skala differenziert zu erfassen (vgl. Mayring 2010, S. 15–16).

[20] Die qualitative Inhaltsanalyse nach Mayring schlägt ein ähnliches Vorgehen vor, das sich in verschiedenen Punkten unterscheidet und insgesamt etwas differenzierter angelegt ist. So werden beispielsweise detaillierte Regeln zur Paraphrasierung, zur Reduktion und Integration sowie zur Abstrahierung und Generalisierung des Datenmaterials formuliert (vgl. Mayring 2011, S. 67–85).

Leitbilder, die in der deutschen Berichterstattung über die ‚Eurokrise' verwendet werden, exemplarisch illustriert.

1. *Paraphrasierung:* Zunächst wird durch eine weitere Stichprobe aus dem Daten-sample ein Teil des Materials (je nach Größe des gesamten Samples etwa 10 bis 50 %) ausgewählt, der für die induktive Entwicklung der Kategorien verwendet werden soll. Diese Stichprobe sollte nochmals unterteilt werden, um mithilfe des ersten Teils die Kategorien induktiv zu entwickeln und anhand des zwei-ten Teils zu testen, ob die entwickelten Kategorien tragfähig sind. Die Analyse besteht in diesem Stadium darin, die zentralen Inhalte zu erfassen, ähnliche Aussagen zusammenzufassen und mithilfe von Schlagworten zu paraphrasie-ren. Auf diese Weise wird eine Übersicht über die Themen und die inhaltlich relevanten Merkmale der Daten erstellt. Die Paraphrasierungen bilden im weite-ren Verlauf als Unterkategorien die unterste Ebene des Kategoriensystems (vgl. Früh 2011, S. 157–159; Mayring 2010, S. 67–83).[21] In Tab. 12.3 wird anhand von Textausschnitten aus deutschen Wochenzeitungen zum Thema ‚Eurokrise' (erste Spalte) eine exemplarische Paraphrasierung (zweite Spalte) geleistet.[22]

2. *Gruppierung und Bündelung:* Im zweiten Schritt werden die paraphrasierten Aussagen weiter generalisiert, indem sie nach bestimmten, an der Fragestel-lung ausgerichteten Kriterien gruppiert und gebündelt werden. Dieser Abstrak-tionsschritt stellt eine entscheidende Weichenstellung bei der Entwicklung des Kategoriensystems und der empirisch begründeten Theoriebildung dar, da die Kriterien und das Abstraktionsniveau der Gruppierung und Bündelung je nach Forschungsfrage variieren: Wenn ein Vorhaben etwa auf die Untersuchung der quantitativen Veränderung der inhaltlichen Schwerpunkte in der Europabericht-erstattung gerichtet ist, bietet es sich an, die paraphrasierten Aussagen nach thematischen Kriterien zu ordnen (z. B. Binnenmarkt, Justiz und Inneres, Wäh-rungspolitik usw.). Wenn aber die Bewertung verschiedener europapolitischer Themen im Zentrum der Analyse steht, müssen die Kategorien so gewählt wer-den, dass diese die Werturteile in den paraphrasierten Aussagen erfassen kön-nen (z. B. Alternativlosigkeit, vorteilhafter Nutzen, Bedrohung usw.). Durch die Gruppierung und die Bündelung werden die paraphrasierten Inhalte weiter abs-

---

[21] Diese Vorgehensweise ähnelt – zumindest in weiten Teilen – dem Verfahren des offenen Kodierens nach der Grounded Theory-Methodik, die in Kap. 11 vorgestellt wurde (vgl. May-ring 2002, S. 115).

[22] Die Paraphrase der Inhalte wird in dem Beispiel bereits stark verdichtet und auf Schlag-worte zugespitzt. In der Praxis ist dieser Schritt jedoch zweigeteilt: Zunächst werden die Aussagen reformuliert (tatsächliche Paraphrasierung), bevor diese dann auf abstrahierende Schlagworte verdichtet werden, die später die unterste Ebene des Kategoriensystems in der Analyse bilden.

**Tab. 12.3** Induktive Entwicklung der Kategorien

| Textstellen: | Paraphrase | Gruppierung | Generalisierung |
|---|---|---|---|
| „Wer einen starken Euro will, kann sich jetzt nicht mit Reförmchen begnügen, sondern muss Brüssel stärken."[a] | Stärkung der gemeinsamen Institutionen | *Politisch:* Zusammenarbeit in supranationalen Institutionen | Leitbild 1: Europa als Solidargemeinschaft |
| „Die Spieler auf den Finanzmärkten agieren über Grenzen hinweg. Sie können von den Einzelstaaten nicht kontrolliert werden."[b] | Handlungsfähigkeit durch Kooperation | | |
| „Die Rettungsschirme dienen nicht den Spekulanten; sie sind der wirksamste Schutz gegen sie."[c] | Schutz gegen Spekulation | *Wirtschaftlich:* Gemeinsame Bekämpfung der ‚Eurokrise' | |
| „Der französische Präsident spricht davon, die ‚Solidarität unter den Euroländern' müsse künftig ‚unbegrenzt' sein."[d] | Wechselseitige Unterstützung | | |
| „Das Programm muss an Leitideen wie Beschäftigung, Produktivität und Volkseinkommen orientiert sein. Es muss den griechischen Bürgern eine Wohlstandsperspektive eröffnen."[e] | Hilfe für die Bürger in Krisenstaaten | *Gesellschaftlich:* Soziales Europa zur Bewältigung von Krisenfolgen | |
| „Das Soziale und die Solidarität dürfen in Europa nicht vergessen werden."[f] | Sozialer Zusammenhalt | | |
| „So viel zwischenstaatliche Kooperation wie nötig, so viel nationale Freiheit wie möglich: Auf diese Weise wurde die EU zu einem beispiellosen Erfolg."[g] | Ausgewogenes Institutionensystem | *Politisch:* Interessenausgleich und Frieden durch die Integration | Leitbild 2: Europa als Erfolgsmodell |
| „Die Losung ‚Nie wieder Krieg!', die am Beginn der europäischen Einigung stand, ist eine leere Formel geworden, weil dieser Auftrag erfüllt ist."[h] | Europa als Friedensprojekt | | |
| „Der Außenwert des Euros ist robust, er könnte sogar um 15 bis 20 % überbewertet sein [...]. Die Inflation blieb unter Kontrolle, seit der Euro regiert."[i] | Stabilität der gemeinsamen Währung | *Wirtschaftlich:* Wohlstand und ökonomische Stabilität | |
| „Mit der Vollendung des europäischen Binnenmarkts befreite Brüssel die EU-Mitglieder auch aus einer Phase der ‚Eurosklerose'."[a] | Binnenmarkt als Wohlstandsfaktor | | |

**Tab. 12.3** (Fortsetzung)

| Textstellen: | Paraphrase | Gruppierung | Generalisierung |
|---|---|---|---|
| „Wir dürfen stolz von einer gemeinsamen europäischen Zivilisation sprechen, die sich auf Russland, auf Nord- und Südamerika und auf andere Teile der Welt auswirkt."[j] | Wirkmächtigkeit der europäischen Kultur | *Gesellschaftlich:* Anziehungskraft der Europäischen Integration | |
| „Mit ihrer Hilfe hatten die südosteuropäischen Staaten den Übergang [...] von autokratischen zu demokratischen Gesellschaften vollzogen."[k] | Unterstützung der Transformation | | |

*Anmerkungen:* Exemplarische Zusammenstellung. Quellen der Textausschnitte:
[a] Die Zeit vom 22. April 2010,
[b] Frankfurter Allgemeine Sonntagszeitung vom 16. Oktober 2012,
[c] Die Zeit vom 9. Dezember 2010,
[d] Frankfurter Allgemeine Sonntagszeitung vom 4. Dezember 2011,
[e] Die Zeit vom 22. Juni 2011,
[f] Die Zeit vom 1. September 2011,
[g] Die Zeit vom 18. Februar 2010,
[h] Der Spiegel vom 20. Juli 2011,
[i] Frankfurter Allgemeine Sonntagszeitung vom 2. Mai 2010,
[j] Die Zeit vom 16. Dezember 2010,
[k] Die Zeit vom 16. Mai 2013.

trahiert und eine zusätzliche Ebene von Kategorien eingeführt. Grundsätzlich ist es möglich – wenn es das Material oder die Fragestellung erfordern – noch weitere Ebenen von Kategorien einzuziehen (vgl. Früh 2011, S. 159–160; Mayring 2010, S. 67–83). Im vorliegenden Beispiel werden die einzelnen Inhalte nach Sachbereichen, die individuelle politische, wirtschaftliche und gesellschaftliche Themen bezeichnen, gruppiert und gebündelt. Diese Elemente sind als argumentative Bausteine der zu rekonstruierenden Europa-Leitbilder zu verstehen. In der dritten Spalte von Tab. 12.3 wird dieser Schritt konkretisiert.

3. *Abstraktion und Generalisierung:* In einem weiteren Schritt geht es darum, die bisher erarbeiteten Kategorien weiter zusammenzufassen und zu generalisieren. Das Ziel besteht darin, Oberkategorien zu entwickeln, die eine oder mehrere Ebenen von aufeinander bezogenen Unterkategorien einschließen und einen hohen Informationswert in Bezug auf die Fragestellung aufweisen. Dies bedeutet, dass auch induktiv entwickelte Kategoriensysteme in der Lage sein müssen, die relevanten Inhalte und die Beziehungen zwischen den inhaltlichen Merkmalen vollständig und präzise zu erfassen. Bei der Untersuchung der Verschiebun-

gen in der deutschen Europaberichterstattung werden die Inhalte beispielsweise zu übergreifenden Themen zusammengefasst, die die verschiedenen Facetten eines Bereiches widergeben (z. B. Erfassung der Unterkategorien ‚Binnenmarkt' und ‚Währungspolitik' in der Oberkategorie ‚Wirtschaft'). Analog dazu lassen sich auch aus den Werturteilen über europapolitische Sachverhalte Oberkategorien in Bezug auf die daraus folgenden Handlungskonsequenzen ableiten (z. B. Erfassung der Unterkategorien ‚Alternativlosigkeit' und ‚vorteilhafter Nutzen' in der Oberkategorie ‚Vertiefung der Integration'). Das prinzipielle Problem der induktiven Kategorienbildung besteht darin, dass es keine festgelegten und vom Forschungsprojekt unabhängigen Kriterien gibt, die die Gruppierung und Bündelung sowie die Abstraktion und Generalisierung anleiten. Für jedes Forschungsvorhaben müssen daher die Ansatzpunkte sowohl theoretisch begründet als auch empirisch angemessen sein (vgl. Früh 2011, S. 160–161; Mayring 2010, S. 67–83). Im gewählten Beispiel werden die gruppierten und gebündelten Inhalte weiter verdichtet und die zentralen Europa-Leitbilder in der Berichterstattung der deutschen Printmedien über die ‚Eurokrise' abgeleitet. In der vierten Spalte von Tab. 12.3 werden beispielhaft zwei positiv konnotierte Europa-Leitbilder identifiziert, die politische, wirtschaftliche und gesellschaftliche Aspekte der Europapolitik ansprechen.

4. *Rückbezug auf die Theorie:* Im abschließenden Schritt geht es insbesondere um die Überprüfung, ob ein Kategoriensystem in sich schlüssig ist, ob es die inhaltlichen Merkmale angemessen erfassen kann und ob die Kategorien mit den theoretischen Erwartungen übereinstimmen. Im vorliegenden Beispiel in Tab. 12.3 zeigt sich, dass die Unter- und Oberkategorien aufeinander bezogen sind und die inhaltlichen Komponenten der Leitbilder durch die Kategorien detailliert rekonstruiert werden können. Das Kategoriensystem ist zudem in der Lage, viele Themen systematisch entlang der politischen, wirtschaftlichen und gesellschaftlichen Dimension zu ordnen und mit den Europa-Leitbildern zu verknüpfen. Darüber hinaus entspricht das Kategoriensystem grundsätzlich den (intuitiven) Erwartungen, dass Europa-Leitbilder nicht eindimensional, sondern mehrdimensional (Politik, Wirtschaft und Gesellschaft) angelegt sind. Den im Beispiel vorgestellten pro-europäischen Leitbildern können vermutlich anti-europäische Leitbilder (z. B. Europa als ‚bürokratisches Monstrum') oder reformistische Leitbilder (z. B. Absage an das neoliberale Modell) gegenübergestellt werden (vgl. Früh 2011, S. 161–163; Mayring 2010, S. 67–83).[23]

---

[23] Diese Systematisierung der Europa-Leitbilder nach ihrer Bewertung der europäischen Integration bedeutet eine weitere Abstraktion der Inhalte und macht eine zusätzliche Ebene von Oberkategorien erforderlich.

Im Zuge der gesamten induktiven Kategorienbildung kann es hilfreich sein, auf das Verfahren der ‚Explikation' zurückzugreifen, das darauf ausgerichtet ist, das Verständnis über die Daten zu erweitern und erklärungsbedürftige Teile der Daten – in den meisten Fällen einzelne Begriffe, Wendungen oder Sinneinheiten – zu explizieren, also zu erklären. Dabei wird zunächst die lexikalische Definition eines Begriffes oder Sachverhaltes als Basis für die weitere Auslegung und die Erschließung des engeren Kontextes – wie etwa des direkten Textumfeldes – und des weiteren Kontextes – wie beispielsweise die Entstehungssituation – herangezogen. Das Ergebnis der ‚Explikation' sollte in Form einer abschließenden Paraphrase dokumentiert werden (vgl. Mayring 2009, S. 85–92).

## 12.2.4  Alternative: Inhaltsanalysen ohne Kategoriensystem

Neben der ‚traditionellen' Herangehensweise an inhaltsanalytische Fragestellungen mithilfe von Kategoriensystemen oder Kodierwörterbüchern stehen inzwischen auch neuere Ansätze zur Verfügung, die ohne Kategoriensystem auskommen, die Texte wortbasiert miteinander vergleichen und die Beziehungsmuster induktiv identifizieren. Diese Ansätze behandeln Texte nicht mehr als „discourses to be understood and interpreted but rather, as data in the form of words" (Laver et al. 2003, S. 311). Der Vorteil dieser Verfahren besteht darin, dass der aufwändige und mühsame Prozess der Kategorienbildung umgangen werden kann und dass sich aufgrund der Softwareunterstützung sehr große Datensamples analysieren lassen. Diese Verfahren sind insbesondere im Bereich der *Party Manifesto*-Forschung entwickelt worden, die ausgehend von der Einschätzung der Parteiprogramme durch Experten oder der ‚traditionellen' Handkodierung zunehmend auf computerunterstützte und softwarebasierte Techniken zurückgreift, um die Objektivität und die Reliabilität der Auswertung zu erhöhen (vgl. Laver und Garry 2000). Allerdings kommen die softwarebasierten Verfahren der *automated content analysis* und der *machine learning approaches* nur für bestimmte Fragestellungen in Frage: Als sinnvoll einsetzbar erweisen sich die Ansätze vor allem bei der Klassifikation von Texten und der Einschätzung der Positionen verschiedener Texte[24] zueinander (vgl. Evans et al. 2007, S. 1010–1018); für die Identifikation, Interpretation und Rekonstruktion einzelner Argumente oder Sinneinheiten können diese Techniken jedoch keinen nennenswerten Betrag leisten. Im Folgenden werden mit der Dar-

---

[24] Grundsätzlich lassen sich auch nur einzelne Teile von Texten analysieren – beispielsweise die Abschnitte zu bestimmten Politikfeldern in Parteiprogrammen, um die Positionen verschiedener Parteien in Bezug auf bestimmte Sachfragen zu evaluieren. Diese Passagen müssen vor der Analyse entsprechend extrahiert und für die Auswertung aufbereitet werden.

stellung von WORDSCORES und WORDFISH zwei für die politikwissenschaftliche Forschung wichtige Ansätze der automatisierten, computerbasierten Inhaltsanalyse vorgestellt und kritisch gewürdigt.

### 12.2.4.1 Inhaltsanalyse mit WORDSCORE

Das Prinzip des WORDSCORE-Ansatzes besteht darin, die relative Worthäufigkeit von Referenztexten, deren Position bekannt ist und vom Forscher bestimmt werden kann, mit der relativen Worthäufigkeit der zu untersuchenden Texte, deren Positionierung nicht bekannt ist, zu vergleichen und daraus Aussagen über die Positionierung in Bezug auf eine bestimmte Dimension (z. B. Position auf der Links-Rechts-Skala) abzuleiten. Technisch wird aus der relativen Häufigkeit eines Wortes im Referenztext die Wahrscheinlichkeit berechnet, mit der man den Referenztext liest, wenn dieses Wort erscheint (*wordscore*). Die Wahrscheinlichkeit wird für jedes Wort des Referenztextes ermittelt. Da die Position des Referenztextes bekannt ist, enthält jedes Wort des Referenztextes Informationen darüber, wie nahe ein zu untersuchender Text dem Referenztext ist und wie stark dieser einer erwarteten Position entspricht. Daraus lässt sich dann für jeden Text ein Wert (*textscore*) errechnen, der Auskunft über die Position eines Textes im Verhältnis zum Referenztext gibt. Auf diese Weise lassen sich einzelne Worte einer bestimmten Position zuordnen (vgl. Laver et al. 2003, S. 315–317).

Der Dreh- und Angelpunkt der Analyse mit WORDSCORE ist die Definition geeigneter Referenztexte sowie die – qualitativ durch den Forscher zu leistende – Einschätzung der Position der Referenzpunkte hinsichtlich der interessierenden Dimension (z. B. Ideologie, Politikfeld, Einstellungen usw.). Dabei sind verschiedene Regeln zu beachten. Zunächst sollten Referenztexte herangezogen werden, deren Position durch andere wissenschaftliche Abschätzungen *a priori* bekannt ist – wie etwa bei Parteiprogrammen durch die vielfältigen Untersuchungen im Rahmen des *Party Manifesto*-Project – oder deren Position theoretisch begründet und empirisch nachvollziehbar festgelegt werden kann – wie beispielsweise bei Haushaltsdebatten im Deutschen Bundestag, die in der Regel zum Schlagabtausch zwischen Regierung und Opposition genutzt werden und bei denen angenommen werden kann, dass die Positionen zwischen Regierung und Opposition gegensätzlich sind. Zudem sollten die Referenztexte das gesamte Spektrum der Positionen innerhalb einer Dimension abbilden (z. B. sehr positiv und sehr negativ konnotierte Artikel über Europathemen), da nur so sinnvolle Referenzpunkte für die Berechnung der Wahrscheinlichkeiten generiert werden können. Des Weiteren sollten die Referenztexte möglichst viele unterschiedliche Worte enthalten, da so die Zahl der Worte in den zu untersuchenden Texten, die nicht in die Analyse einfließen, da sie nicht in den Referenztexten vorkommen, minimiert werden kann (vgl. Laver et al. 2003, S. 314–315).[25] Der Erfolg einer Auswertung mit WORDSCORE hängt entscheidend von der korrekten Einschätzung der Position der Referenztexte ab. Für Masterarbeiten bedeutet dies, dass diesem Schritt besondere Aufmerksamkeit gewidmet und die Festlegung der Positionen sorgfältig begründet werden muss. Wann immer möglich, sollten externe Einschätzungen zur Festlegung oder Untermauerung der Positionsbestimmung herangezogen werden.

### 12.2.4.2  Inhaltsanalyse mit WORDFISH

Die inhaltsanalytische Auswertung von Textdaten mit WORDFISH basiert ebenfalls auf der Untersuchung der Häufigkeitsverteilung von Worten. Allerdings kommt dieser Ansatz im Unterschied zu WORDSCORE ohne Referenztexte aus, da die Berechnung der Positionen von Texten auf der Basis statistischer Abschätzungen erfolgt.[26] Ausgangspunkt der Schätzung ist die Annahme, dass Worte zufällig und unabhängig voneinander in Texten auftreten. Mithilfe verschiedener statistischer Annahmen und Konstruktionen – wie der Verwendung des naiven Bayes-Klassifikators, der beispielsweise in der Linguistik genutzt wird, um Worte einer Klasse oder Position zuzuordnen, und der Poisson-Verteilung, die Aussagen über das Auftreten von Ereignissen (in diesem Falle von Worten) über einen gewissen Zeitraum (oder über verschiedene Texte hinweg) ermöglicht – lassen sich aus der Häufigkeitsverteilung von Worten Schlussfolgerungen über die Position von Texten ableiten. Die Grundannahmen des Ansatzes lassen sich in folgender Formel erfassen:

$$\gamma_{ijt} \sim \text{Poisson}\,(\lambda_{ijt})$$

$$\lambda_{ijt} = \exp(\alpha_{it} + \psi_j + \beta_j * \omega_{it})$$

Dabei ist $\gamma_{ijt}$ die Anzahl von Wort j in Text i zum Zeitpunkt t. Mit $\alpha$ werden Texteffekte erfasst, die auf die Länge von Text i kontrollieren. Mit $\psi$ werden wortgebundene Effekte, die berücksichtigen, dass manche Worte – wie etwa Artikel – häufiger als andere verwendet werden, abgeschätzt. Mit $\beta$ wird das wortspezifische

---

[25] Ein Problem des WORDSCORE-Ansatzes ist – etwa bei längeren Zeitreihen über mehrere Jahrzehnte – die Veränderung des Sprachgebrauchs im Zeitverlauf, da sich möglicherweise der Sprachgebrauch in den Referenztexten zu einem bestimmten Zeitpunkt von dem zu einem späteren Zeitpunkt unterscheidet und damit das Ergebnis der Auswertung erheblich beeinflussen kann.

[26] Auf diese Weise wird auch das Problem des WORDSCORE-Ansatzes bei der Analyse längerer Zeitreihen umgangen, da keine Verzerrung durch Veränderungen des Sprachgebrauchs zwischen den Referenztexten und den zu untersuchenden Texten auftritt.

Gewicht und die Wichtigkeit von Wort j für die Unterscheidung von Positionen ausgedrückt. Mit ω wird die Position eines Akteurs in Text i erfasst. Für das tiefergehende Verständnis der statistischen Schätzung und der Berechnung sowie die Implementierung des statistischen Instrumentariums empfiehlt sich ein Blick in Slapin und Proksch (2008) und Proksch und Slapin (2009).

Bei der praktischen Umsetzung ist es wichtig, dass ausschließlich die Teile eines Textes in die Analyse einbezogen werden, die sich auf die fragliche Dimension beziehen – wenn etwa die allgemeinen Parteipositionen beurteilt werden, können die Parteiprogramme als Gesamtes ausgewertet werden, wenn aber nur die Positionen in Bezug auf ein bestimmtes Politikfeld von Interesse sind, sollten lediglich die Textteile analysiert werden, die sich darauf beziehen. Gleiches gilt auch für andere Fragestellungen und Textarten.

## 12.2.5  Kodierung und Auswertung der Daten

Die Inhaltsanalyse lässt sich als eine „Suchstrategie" (Früh 2011, S. 78) beschreiben, bei der – mit Ausnahme der induktiv angelegten, automatisierten Variante der Inhaltsanalyse – durch das Kategoriensystem vorgegeben wird, welche Merkmale kodiert und ausgewertet werden. Ein Problem bei der Durchführung besteht aber darin, dass oft ein beträchtlicher Unterschied zwischen der „Bedeutungsdefinition von Kategorien" und der „Bedeutungsidentifikation" (beide Zitate: Früh 2011, S. 123) in den empirischen Daten besteht. Vor allem bei materiellen und latenten Inhalten ist die Kodierung schwierig, da das Verständnis der Inhalte vom Kodierer abhängig ist und sich dadurch Unterschiede bei der Interpretation von Textpassagen und bei der Zuordnung von Aussagen zu bestimmten Kategorien ergeben können.

Für den Prozess des Kodierens ist es aus diesem Grunde unerlässlich, dass die Regeln, nach denen die Analyseeinheiten erfasst werden sollen, möglichst präzise und eindeutig formuliert sind – beispielsweise in Form von Wortlisten oder Ankerbeispielen. Das zentrale Instrument ist dabei das sogenannte Kodierbuch[27], in dem alle wesentlichen Forschungsentscheidungen und vor allem die Definition und die Operationalisierung der Kategorien festgehalten werden. Auf der einen Seite beinhaltet das Kodierbuch detaillierte Kodieranweisungen, die – vor allem bei de-

---

[27] Kodierbücher können einen beträchtlichen Umfang haben – je nach Fragestellung und Herangehensweise können bis zu mehrere hundert Seiten entstehen (vgl. Früh 2011, S. 40). Diese im ersten Moment vielleicht furchteinflößende Zahl wird dadurch relativiert, dass durch das Kodierbuch oft schon ein großer Teil der Ausarbeitung des Ergebnisberichtes geleistet oder zumindest detailliert vorformuliert wird.

duktiv angelegten Inhaltsanalysen – sicherstellen sollen, dass in der Auswertung immer die gleichen inhaltlichen Merkmale auf die gleiche Weise und anhand der gleichen Kriterien kodiert werden (siehe Tab. 12.1 und 12.2; vgl. Brosius et al. 2012, S. 154–171; Früh 2011, S. 40).[28] Auf der anderen Seite können im Kodierbuch auch die einzelnen Entwicklungsschritte bei der induktiven Theorie- und Kategorienbildung festgehalten und plausibilisiert werden (siehe Tab. 12.3; vgl. Brosius et al. 2012, S. 157–159; Gläser und Laudel 2004, S. 206–216; Mayring 2010, S. 116–122).[29] Dem Kodierbuch kommt darüber hinaus auch eine wichtige Funktion bei der Dokumentation sowie der Sicherstellung der intersubjektiven Nachvollziehbarkeit des Forschungsprozesses zu.[30]

Mit einem Pretest kann nicht nur das Kategoriensystem auf seine Validität hin überprüft werden, sondern auch die Zuverlässigkeit der Kodierung evaluiert werden. Die Abschätzung der Reliabilität des Kodierprozesses ist vor allem bei mehreren Kodierern von Bedeutung, kann aber auch bei einem Kodierer – wie etwa in Masterarbeiten – durchgeführt werden. Zwei Verfahren sind grundsätzlich denkbar: Auf der einen Seite kann die Intrakoderreliabilität dadurch gemessen werden, dass ein Kodierer einen Teil der empirischen Daten, die bereits kodiert wurden, zeitlich versetzt nochmals kodiert und der Anteil der Übereinstimmungen gemessen wird; auf der anderen Seite lässt sich die Interkoderreliabilität durch

---

[28] Das Kodierbuch ist von großer Bedeutung, wenn mehrere Kodierer das Datenmaterial kodieren. In diesem Falle sollten die Kodierer ausreichend geschult, eine Probekodierung vorgenommen und durch einen ausdifferenzierten Kodierbogen angeleitet werden. Zudem bietet das Kodierbuch auch eine Basis für den regelmäßigen Austausch zwischen den Kodierern über Zweifelsfälle bei der Zuordnung von Kodes oder über die Verfeinerung der Kodieranweisungen. Die Ergebnisse der Probephase können anschließend durch einen Reliabilitäts- und Validitätstest bewertet werden (vgl. Früh 2011, S. 163–198). Das Kodierbuch ist aber auch für einen einzelnen Kodierer – wie es bei Master-Arbeiten der Fall sein sollte – von großem Wert, da sich in der Praxis die Kodiergewohnheiten mit der zunehmenden Kenntnis des Materials verändern können – diese Gefahr besteht insbesondere bei materiellen inhaltlichen Merkmalen. Das Kodierbuch kann dabei als ein Prüfmaßstab oder Korrektiv eingesetzt werden (Brosius et al. 2012, S. 154–171).

[29] Das Kodierbuch fungiert als argumentative Stütze bei der Ausarbeitung der empirisch begründeten Theorie und bei der Anfertigung des Ergebnisberichtes. Zudem kommt dem Kodierbuch eine Erinnerungsfunktion zu, da die einzelnen Entscheidungen bei der Theoriebildung in der Regel nicht über den gesamten Zeitraum der Auswertung memoriert werden können.

[30] Je nachdem welche Software für die Analyse verwendet wird, kann das Kodierbuch auch direkt elektronisch im Zuge der Kategorienbildung und der Auswertung angefertigt werden (z. B. MAXQDA oder ATLAS.ti). Ansonsten müssen die einzelnen Stationen der Inhaltsanalyse separat erfasst und niedergeschrieben werden.

den Vergleich der Kodierungen von zwei oder mehreren Kodierern bestimmen.[31] Daraus lässt sich dann die einfache, aber weit verbreitete Kodierreliabilität nach Holsti (1969) errechnen:

$$\text{Kodierreliabilität} = \frac{2\ddot{\text{U}}}{K_1 + K_2}$$

Die Berechnung erfolgt anhand des Anteils der übereinstimmenden Kodierungen (Ü) an der Summe der Kodierungen von Kodierer 1 ($K_1$) und Kodierer 2 ($K_2$) bzw. zum Kodierzeitpunkt 1 ($K_1$) und Kodierzeitpunkt 2 ($K_2$). Diese Methode ist zwar auf zwei Kodierer und auf ein nominales Skalenniveau beschränkt, für die meisten Inhaltsanalysen ist dieses Maß aber ausreichend (vgl. Brosius et al. 2012, S. 162–163; Diekmann 2009, S. 591–596).[32] Die Aussagekraft der Kodierreliabilität kann nicht an einem bestimmten Wert festgemacht werden. Während bei eindeutigen, formalen Merkmalen (z. B. Kodierung des Erscheinungsdatums vor/nach Beginn der ‚Eurokrise‘) eine Übereinstimmung von 100 % angestrebt werden kann, können bei materiellen Inhalten (z. B. Kodierung von Themen) oder latenten Inhalten (z. B. Kodierung von Bewertungen europapolitischer Phänomene) schon 70 oder 80 % außerordentlich gute Werte für die Kodierreliabilität sein.

Grundsätzlich wird es durch die Computerunterstützung möglich, große Textmengen zu bearbeiten, das Kategoriensystem flexibel anzupassen sowie den Forschungsprozess hinreichend zu dokumentieren (vgl. Brosius et al. 2012, S. 172–179; Früh 2010, S. 286–293; Mayring 2010, S. 110–115). Es lassen sich drei Typen von Softwarelösungen unterscheiden. Programme wie TEXTPACK sind vor allem für rein quantitative Inhalts- und Textanalysen sowie für das Datenmanagement in qualitativen Inhaltsanalysen geeignet und sind bei der Auswertung insbesondere auf die Identifikation von Worten oder Wortkombinationen als Merkmalsträger fokussiert.[33] Derartige Programme eignen sich vor allem für die Auszählung von Worthäufigkeiten, die Analyse von Wortfeldern sowie den Vergleich des Wort-

---

[31] In Masterarbeiten mit einem Kodierer kann die Intrakoderreliabilität mit wenig Aufwand evaluiert werden. Bei der Interkoderreliabilität bestehen größere Hürden, die aber – etwa durch Freunde, die einen Nachmittag mit Probekodierungen in Ihren Erfolg investieren möchten – umgangen werden können.

[32] Bei mehreren Kodierern kann für die Reliabilität auch „der Mittelwert aller paarweisen Übereinstimmungen errechnet werden" (Früh 2011, S. 190). Für komplexe Berechnungen der Kodiererreliabilität empfiehlt sich ein Blick in Krippendorff (1971, 1980, S. 129–154).

[33] Die Software TEXTPACK kann auf der Gesis-Website als Demo-Version heruntergeladen werden und ist dort unter Angabe des Forschungsvorhabens kostenlos als Vollversion erhältlich: http://www.gesis.org/unser-angebot/daten-analysieren/software/textpack/.

schatzes. Zudem können Texte anhand von Kategoriensystemen, die in Form eines Kodierwörterbuches vorliegen, kodiert und die Ergebnisse in Statistikprogramme exportiert werden (vgl. Züll und Mohler 1992, 2001). Ein zweiter Typ von Programmen verfügt über einen breiteren Funktionsumfang und ist für die Analyse von Wortfeldern und Worthäufigkeiten, die deduktive und die induktive Kategorienbildung sowie den Export der Ergebnisse in Statistikprogramme geeignet. Hervorzuheben sind insbesondere die bereits in den Kapn. 1 und 11 besprochenen Softwarepakte MAXQDA (vgl. Kuckartz 2010, 2014) und ATLAS.ti (vgl. Diaz und Schneider 2010). Beide Programme erleichtern sowohl quantitativ als auch qualitativ angelegte Inhaltsanalysen erheblich. Neben dem Instrumentarium, das auch in TEXTPACK verfügbar ist, sind darüber hinaus weitere hilfreiche Funktionen vor allem für die qualitative Inhaltsanalyse enthalten. Ein dritter Typ von Softwareprogrammen ist auf die automatisierte Analyse von Inhalten fokussiert. Mit WORDSCORE steht eine Lösung zur Verfügung, die die Position von Texten auf der Grundlage von Referenztexten statistisch abschätzt und die einfach in STATA implementiert werden kann.[34] Das Softwarepaket WORDFISH ist bei der statistischen Schätzung der Positionen von Texten nicht auf Referenztexte angewiesen. Die automatisierte Analyse kann mithilfe des Statistikprogramms R durchgeführt werden.[35] Bei der Entscheidung für ein bestimmtes Programm ist daher auch die Kenntnis der entsprechenden Statistiksoftware erforderlich.

## 12.2.6 Ausgewählte Analyseformen im Überblick

Auf der Basis der kodierten empirischen Daten kann die Beantwortung der Forschungsfrage geleistet werden. Dabei stehen verschiedene (statistische) Verfahren zur Verfügung, die vor allem im Rahmen von quantitativen Inhaltsanalysen, aber durchaus auch bei qualitativen Inhaltsanalysen – beispielsweise nach der induktiven Entwicklung des Kategoriensystems mithilfe der Technik der ‚Zusammenfassung'– zur Anwendung kommen.[36] Die abschließende Analyse der kodierten Daten

---

[34] Die detaillierten Schritte für die Implementierung einschließlich eines ausführlichen online-Handbuches finden sich auf folgender Webadresse: http://www.tcd.ie/Political_Science/wordscores/software.html. Das Programm ist kostenlos verfügbar.

[35] Der Kode für die Implementierung in R ist auf folgender Website abrufbar: http://www.wordfish.org/. Auf dieser Website wird zudem ein ausführliches Handbuch zur Verfügung gestellt.

[36] Bei qualitativen Inhaltsanalysen können aber auch das induktiv entwickelte Kategoriensystem und die damit erreichte theoretische Abbildung des empirischen Materials das Ziel und das Endergebnis der Untersuchung sein, so dass keine weitere statistische Auswertung

kann auf ein reichhaltiges und breit ausdifferenziertes Repertoire an Instrumenten zurückgreifen, das vielfältige Ansätze zur Bearbeitung unterschiedlicher Fragestellungen bietet.[37] In der Praxis werden vor allem die Frequenzanalyse, die sich für die Häufigkeitsverteilung bestimmter Merkmale interessiert und als „Grundmodell" (Früh 2011, S. 147–212) der Inhaltsanalyse gilt, die Kontingenzanalyse, die auf die Untersuchung des regelmäßigen gemeinsamen Auftretens bestimmter Inhalte gerichtet ist, sowie die bereits vorgestellte Bewertungsanalyse, die auf die evaluative Einschätzung von Begriffen, Argumenten oder Sachverhalten zielt, verwendet (vgl. Lamnek 2005, S. 500–505). Im Folgenden werden die Frequenz- und Kontingenzanalyase kurz vorgestellt[38] – für weitere Informationen empfiehlt sich die Lektüre von Früh (2011, S. 133–296), Krippendorff (1971, S. 109–118) und Merten (1980, S. 115–280).

1. *Frequenzanalyse:* Die Frequenzanalyse stellt die „einfachste Art inhaltsanalytischen Arbeitens" (Mayring 2010, S. 13) dar und ist auf die Auszählung von inhaltlichen Merkmalen und die Feststellung von Häufigkeitsverteilungen im empirischen Datenmaterial ausgerichtet. Die Frequenzanalyse dient in vielen Fällen als Ausgangspunkt für weitere Auswertungen und Untersuchungen – wie etwa Kontingenz- oder Bewertungsanalysen (vgl. Diekmann 2009, S. 597). Als Analyse- und Kodiereinheiten kommen sowohl formale Merkmale als auch materielle Inhalte in Frage. Dabei lassen sich Worte und Begriffe, Wendungen, Themen und Argumente, aber auch audiovisuelle Inhalte (z. B. etwa die Anzahl von Gewaltszenen im Vorabendprogramm) erfassen. Für die Darstellung der Häufigkeitsverteilung und der Anteile bestimmter Merkmale sind meist einfache graphische Darstellungsformen – wie etwa Balken- oder Liniendiagramme – ausreichend (vgl. Früh 2011, S. 147–211; Mayring 2010, S. 13–15). Am Beispiel des Verlaufs der Kampagne im Zuge der irischen Abstimmungen über den Vertrag von Nizza in den Jahren 2001 (Ablehnung) und 2002 (Zustimmung)

---

erfolgt. Beim Verfahren der ‚Explikation' kann – wenn dieses nicht nur unterstützend zu anderen Verfahren eingesetzt wird – die Interpretation der inhaltlichen Merkmale das Resultat einer inhaltsanalytischen Untersuchung sein.

[37] Einen Überblick über die Vielfalt inhaltsanalytischer Fragestellungen und ihre methodische Bearbeitung findet sich unter anderen bei Krippendorff (1971, S. 109–118) und Merten (1980, S. 115–280).

[38] Die Arbeitsschritte der Bewertungsanalyse wurden bereits im Kontext der siebenstufigen Einschätzung der Bewertung der Artikel mit Europabezug (sehr positiv bis sehr negativ) weiter oben vorgestellt.

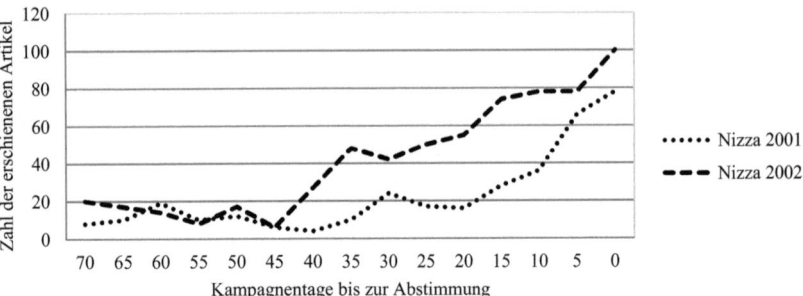

**Abb. 12.1** Irische Europaberichterstattung vor den Nizza-Abstimmungen. (*Anmerkungen:* Darstellung auf der Grundlage der Daten von Heindl (2014). Bemerkung: Aus Gründen der Übersichtlichkeit wurden jeweils fünf Kampagnentage zu einem Datenpunkt aufsummiert. Sonntage wurden nicht als Kampagnentage berücksichtigt. Gezählt wurden Artikel aus The Irish Times und Irish Independent)

lassen sich aus der einfachen Zählung der Artikel mit Europabezug[39] aus zwei irischen Tageszeitungen deutliche Unterschiede zwischen den beiden Abstimmungen feststellen: Die Kampagne von 2002 beginnt nicht nur etwa zehn Tage früher, sondern sie wird auch auf einem deutlich höheren Intensitätslevel geführt. Weitere Auszählungen, die an dieser Stelle nicht dargestellt werden können, zeigen zudem, dass die Zahl der Themen und Argumente, die in der Berichterstattung aufgegriffen werden[40], in der zweiten Kampagne 2002 erheblich höher ist, was insbesondere auf die – im Vergleich zur ersten Abstimmung – weitaus differenziertere Kampagne der ‚Europabefürworter' zurückgeführt werden kann (vgl. Heindl 2014). Daraus lässt sich ein erster Hinweis auf ein verändertes *framing* von Europathemen und einen Zusammenhang zwischen der Informiertheit der Stimmbürger und den unterschiedlichen Ergebnissen der Referenda ableiten (vgl. Hobolt 2005; siehe Abb. 12.1).

2. *Kontingenzanalyse:* Die Kontingenzanalyse (vgl. Osgood 1959; Osgood et al. 1975), die verschiedentlich auch unter dem Begriff Assoziationsanalyse firmiert, ist eine Analyseform, die darauf ausgerichtet ist, in textförmigen oder audiovisuellen Daten zu überprüfen, „welche Symbole überdurchschnittlich

---

[39] Als relevante Artikel wurden alle Artikel aus The Irish Times und Irish Independent gewählt, die drei Monate vor dem Abstimmungstermin erschienen sind, in denen ein Wort aus dem Wortfeld ‚Europäische Union' (z. B. EU, European Integration, Treaty of Nice usw.) vorkommt und die sich inhaltlich auf die Abstimmung beziehen (qualitative Einschätzung des Artikels).

[40] Die Identifikation der Themen und Argumente wurde induktiv erarbeitet. Die Kodierung erfolgte qualitativ anhand des aus den empirischen Daten entwickelten Kategoriensystems.

oft im Zusammenhang mit vorgegebenen (theoretisch relevanten) Symbolen auftreten" (Merten 1983, S. 156). Auf dieser Basis können dann Schlussfolgerungen in Bezug auf den Sender, mitunter auch auf den Kontext vorgenommen werden. In der Kontingenzanalyse werden die Häufigkeitsverteilungen bestimmter Merkmale im gesamten Datensatz mit dem Beobachtungswert für das gemeinsame Auftreten dieser Inhalte in verschiedenen Analyseeinheiten verglichen. Aus den Abweichungen vom Erwartungswert lassen sich Rückschlüsse auf eine positive oder negative Assoziation der inhaltlichen Merkmale ziehen. Dies lässt sich anhand eines einfachen Beispiels darstellen. Wenn in der Berichterstattung über die ‚Eurokrise' die Kategorie ‚Solidargemeinschaft' ($S$) in 30 % und die Kategorie ‚Erfolgsmodell' (E) in 20 % der Artikel kodiert wurde, kann daraus ein (hypothetischer) Erwartungswert ($P_{S,E}$) für das gemeinsame Auftreten in einem A rscheinlichkeiten ($P_S$ und $P_E$) errechnet werden:

$$P_{S,E} = P_S * P_E = 0,3 * 0,2 = 0,06$$

Die erwartete Wahrscheinlichkeit geht von der Prämisse aus, dass die beiden Kategorien nicht positiv oder negativ miteinander assoziiert sind. Wenn nun aber die tatsächlich beobachteten Werte für das gemeinsame Auftreten größer sind als der hypothetische Erwartungswert, liegt eine positive Assoziation vor. Wenn der Beobachtungswert unterhalb der Erwartung bleibt, spricht man von negativer Assoziation oder Dissoziation. Anhand des Beispiels in der fiktiven Kontingenztabelle lassen sich diese Zusammenhänge exemplarisch veranschaulichen (Tab. 12.4). In der Dreiecksmatrix oben rechts werden die erwarteten Häufigkeiten nach der genannten Formel für alle Kombinationen berechnet. In der Dreieckmatrix links unten werden die Werte für die tatsächliche Häufigkeitsverteilung einer Kombination – zum Beispiel in Tageszeitungen mit bestimmtem politischen Profil – abgetragen. Darin zeigt sich, dass die Kombination Solidargemeinschaft und Erfolgsmodell mit einem Wert von 0,09 über dem Erwartungswert von 0,06 liegt und damit posi-

**Tab. 12.4** Fiktive Kontingenztabelle

| Textstellen: | Solidargemeischaft | Erfolgsmodell | Bürokratie | Superstaat |
|---|---|---|---|---|
| Solidargemeinschaft | | 0,06 | 0,06 | 0,03 |
| Erfolgsmodell | 0,09 | | 0,04 | 0,02 |
| Bürokratie | 0,02 | 0,02 | | 0,02 |
| Superstaat | 0,02 | 0,01 | 0,05 | |

*Anmerkungen:* Beispiel in Anlehnung an Diekmann (2009, S. 599–601). Die fiktiven Werte der relativen Häufigkeit beträgt für Solidargemeinschaft 0,3, für Erfolgsmodell 0,2, für Bürokratie 0,2 und für Superstaat 0,1

tiv assoziiert ist. Eine positive Assoziation ist zudem für die Kombination Büro-kratie und Superstaat feststellbar, wohingegen die anderen Kombinationen unter dem Erwartungswert bleiben und damit negativ assoziiert sind. Diese Ergebnisse können beispielsweise dazu genutzt werden, die positive und negative Assoziation von Begriffen in Zeitungen mit verschiedenen redaktionellen Linien zu vergleichen. Ob eine beobachtete Kombination signifikant vom hypothetischen Erwartungswert abweicht, lässt sich durch entsprechende Signifikanztests (siehe Kap. 3 und 4) klären (vgl. Diekmann 2009, S. 599–602; Mayntz et al. 1969, S. 164–167; Merten 1983, S. 156–164).

## 12.3  Zusammenfassung und Ausblick

Die Inhaltsanalyse stellt sich insgesamt als eine sehr facettenreiche und vor allem flexible Methode dar, die über ein vielfältig einsetzbares analytisches Instrumentarium verfügt, um unterschiedliche Fragestellungen angemessen und zielgerichtet beantworten zu können. Ein großer Vorteil der Methode liegt darin, dass quantitative und qualitative Verfahren produktiv miteinander verbunden werden können. Die Inhaltsanalyse stellt ein umfangreiches methodisches Instrumentarium bereit, das einen sachgerechten Umgang mit Text-, Ton- und Bilddaten sicherstellt und eine systematische, methodisch angeleitete Auswertung des Materials gewährleistet. Das zentrale Instrument der Inhaltsanalyse ist das Kategoriensystem, das – je nach Herangehensweise – zwei verschiedene Funktionen einnehmen kann. Bei einem deduktiven Vorgehen, das vor allem bei quantitativen Inhaltsanalysen angewendet wird, wird durch die Kategorien definiert, „was erhoben bzw. gemessen werden soll" (Brosius 2012, S. 154). Das Kategoriensystem kann die Funktion einer ‚Suchheuristik' für die Auswertung und Kodierung des empirischen Materials einnehmen. Bei der induktiven Entwicklung des Kategoriensystems sollen mithilfe der Kategorien die Zusammenhänge in den empirischen Daten abgebildet werden (vgl. Diekmann 2009, S. 608). In diesem Sinne sind die Kategorien das Resultat einer Analyse, das für weitere – auch deduktiv angelegte – Untersuchungsschritte verwendet werden kann. Die neueren Ansätze der Inhaltsanalyse sind zudem in der Lage, auf der Grundlage automatisierter und softwarebasierter Verfahren und ohne Kategoriensystem oder Kodierwörterbuch induktiv Zusammenhänge in den Daten aufzudecken.

Die Inhaltsanalyse zählt – vor allem in der quantitativen Variante – zum Standardrepertoire der Medienwissenschaft, sie kann aber auch in der Politikwissenschaft gewinnbringend bei der Auswertung von Experteninterviews, bei der Analyse von Reden, Parlamentsdebatten oder Parteiprogrammen sowie bei der

Untersuchung der Medienberichterstattung über politisch relevante Themen einen wertvollen Beitrag leisten. Für Masterarbeiten sind die verschiedenen Spielarten der Inhaltsanalyse grundsätzlich geeignet. Allerdings ist hervorzuheben, dass die Bildung des Kategoriensystems und die Kodierung, aber auch die Aufbereitung der Daten mitunter sehr zeitaufwändig sein können – je nach Fragestellung, Vorgehensweise und Umfang des Datensamples. Nichtsdestotrotz ist die quantitative wie auch die qualitative Inhaltsanalyse als ein unverzichtbares Instrument der empirischen Sozialforschung zu sehen.

**Kommentierte Literaturempfehlung**

Diekmann, Andreas. 2012. *Empirische Sozialforschung. Grundlagen, Methoden, Anwendungen*. 6. Auflage. Reinbek: Rowohlt.

Einen ersten Überblick über die theoretischen und methodologischen Grundlagen sowie die wichtigsten methodischen Techniken und Verfahren bietet das Kapitel zur Inhaltsanalyse in Diekmanns weitverbreitetem Lehrbuch.

Früh, Werner. 2011. *Inhaltsanalyse. Theorie und Praxis*. Konstanz: UVK Verlags-Gesellschaft.

Mayring, Philipp. 2010. *Qualitative Inhaltsanalyse. Grundlagen und Techniken*. Weinheim: Beltz.

Kenntnis dieser beiden Standardwerke ist für die Durchführung quantitativer Inhaltsanalysen im Falle von Früh bzw. qualitativer im Falle von Mayring unerlässlich. Darin werden die jeweiligen theoretischen und methodischen Grundlagen diskutiert sowie das methodische Instrumentarium anhand empirischer Beispiele umfassend illustriert.

# Methodenverbindende Forschungsdesigns

# 13

Frieder Wolf

> Da es Quantität ohne Qualität und Qualität ohne Quantität nicht geben kann […] ist, rational betrachtet, jede Konfrontation beider Termini Unsinn. […] Wenn der Quantität-Qualität-Nexus untrennbar ist, so stellt sich die Frage, wie die eigene Willenskraft nutzbringend anzuwenden sei: nämlich die Quantität oder die Qualität zu entwickeln? Welcher der beiden Aspekte kann am meisten kontrolliert werden? Welcher ist am leichtesten meßbar? Über welchen können Vorhersagen gemacht, Arbeitspläne konstruiert werden? (Gramsci 1967 [1929–1936], S. 161)

## 13.1 Begriffliches und Konzeptionelles

Triangulation bezeichnet die Betrachtung eines Gegenstands aus zwei[1] verschiedenen Perspektiven (siehe Abb. 13.1). Dadurch entsteht ein Dreieck, welches freilich im Gegensatz zur hier gewählten Darstellung nicht immer gleichschenklig sein dürfte. Die beiden Blickwinkel auf das Objekt des Interesses können sowohl verschiedene theoretische Linsen als auch Messtechniken[2] oder eben unterschiedliche Analysemethoden beinhalten, wobei sich das vorliegende Kapitel vornehmlich auf Letztere konzentriert.

Der Reiz der Triangulation bzw. der methodenverbindenden Forschung – diese beiden Begriffe wollen wir im Folgenden synonym verwenden – liegt einerseits in

---

[1] Selbstverständlich sind auch komplexere Gefüge aus mehr als zwei Perspektiven denkbar; diese sind jedoch geometrisch immer auf Dreiecke reduzierbar.

[2] Manche Forscher möchten den Begriff der Triangulation hierfür reservieren. Für eine ausführlichere Begriffsdiskussion vgl. Wolf (2010, S. 145f.).

© Springer Fachmedien Wiesbaden 2015
A. Hildebrandt et al., *Methodologie, Methoden, Forschungsdesign*
DOI 10.1007/978-3-531-18993-2_13

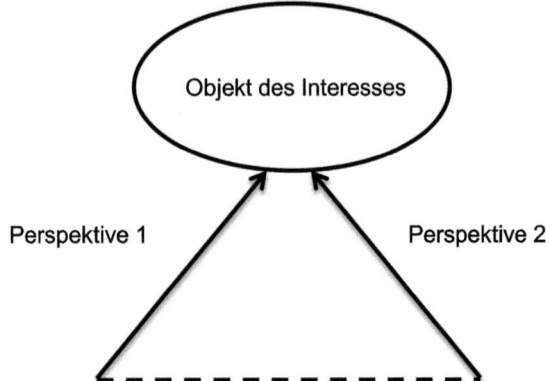

**Abb. 13.1** Zum Begriff
der Triangulation. (Quelle:
Eigene Darstellung)

der häufig ausgesprochenen Hoffnung, dadurch zu umfassenderer, tiefschürfenderer oder zumindest verlässlicherer Erkenntnis zu gelangen. Andererseits, und dies wird wesentlich seltener thematisiert, bietet sie, sofern wir die nautischen Ursprünge der Metapher aufrecht erhalten wollen, auch die Möglichkeit, den eigenen Standpunkt (neu) zu bestimmen.

Indes sprechen eine Reihe von wissenschaftsphilosophischen und -praxeologischen Gründen zumindest in bestimmten Kontexten gegen methodenverbindende Forschung. Warum das so ist, wird in Abschnitt 13.2 ausgeführt. Darauf folgen in Abschnitt 13.3 Argumente, die oftmals dennoch Triangulationsversuche nahe legen. Abschnitt 13.4 diskutiert *in abstracto* das Herzstück eines jeden methodenverbindenden Designs, nämlich den Nexus zwischen den verschiedenen zur Anwendung kommenden Methoden, und stellt mögliche Arten seiner Konstruktion vor. Einige besonders gelungene konkrete Manifestationen jüngeren Datums werden in Abschnitt 13.5 vorgestellt (und auch milde kritisiert), um hervorzuheben, was durch Methodentriangulation erreicht werden konnte und könnte. Ein Fazit samt Ausblick bildet Abschnitt 13.6.

## 13.2  Warum von methodenverbindender Forschung manchmal abzuraten ist

### 13.2.1  Lagerloyalitäten

Menschen, und insbesondere auch Politikwissenschaftler, sind in mancherlei Hinsicht erstaunlich primitive Lebewesen. Sie neigen immer wieder zur Rudelbildung nach dem Muster des ‚good old us and them'. Bestimmte Güter, etwa Professuren,

Drittmittel oder weniger tangible wie Reputation und Aufmerksamkeit, verteilen sie mit Vorliebe an Angehörige ihres eigenen Lagers. Deshalb ist es karriereretechnisch unter Umständen ratsam, sich einer Seite anzuschließen, wobei die Master-Arbeit das erste entsprechende Signal aussendet. Und in scheinbar postideologischen Zeiten sind die *cleavages* der Disziplin nicht zuletzt methodologische.

Diejenige (Nachwuchs-)Forscherin, die über den Zaun schauen möchte, wäge Blaise Pascals (1997 [1669]) Mahnung aus seinem Gedanken II/139: „Alles Unheil kommt von der einzigen Ursache, dass die Menschen nicht in Ruhe in ihrer Kammer sitzen können." Allerdings sind wie so oft die Verhältnisse für Konvertiten noch angenehmer als für Agnostiker[3] – wer das Lager schnell und entschieden wechselt, kann in neue Netzwerke aufgenommen werden. Bleibt die Frage, ob methodenverbindende Forscher nicht ein eigenes Lager, eine eigene Spezialisierung ausbilden könnten (vgl. Moses und Knutsen 2007, S. 290–291). Rihoux (2006, S. 333) nennt sie „philosopher-technicians" und beansprucht somit eine wissenschaftsphilosophische Überlegenheit für sie, und Moses und Knutsen (2007, S. 6) sekundieren: „science is better served by researchers who master several methodologies, who can self-consciously choose among concepts and theories."[4] Daran ist Zweierlei zu hinterfragen: Erstens sind die mixed-methods-Netzwerke bislang jedenfalls in der Politikwissenschaft Nischenphänomene geblieben, und zweitens geht mit einem sich in beide Richtungen abgrenzenden Überlegenheitsanspruch ein Gutteil des Reizes der Triangulation (siehe Abschnitt 13.3) wieder verloren.

## 13.2.2  Publikationschancen

Trotz einer Handvoll einschlägig spezialisierter Foren fällt es unverhältnismäßig schwer, die Ergebnisse methodenverbindender Forschung sichtbar zu publizieren. Allein schon die adäquate Begründung und Darstellung triangulativer Designs, um von den potenziell widersprüchlichen Ergebnissen der Teilstudien (davon später mehr) gar nicht zu sprechen, sperrt sich gegen die letztverbliebene Leitwährung, den Fachzeitschriftenartikel. Hier muss Wolf und Wenzelburger (2010, S. 201f.) diametral widersprochen werden, die noch zu einem über die verschiedensten Publikationsformen gestreuten Portfolio rieten. Aufstrebende bzw. in den letzten Jahren in *gatekeeper*-Positionen gelangte PolitikwissenschaftlerInnen konzentrieren sich auf den Goldstandard, und sie verschwenden tunlichst nicht mehr als einen

---

[3] Nicht ohne Grund blieb eine so facettenreiche Geistesgröße wie Albert O. Hirschman bei all seinen Erfolgen akademisch letztlich ein Randsiedler (vgl. Adelman 2013, S. xiv).

[4] Zurückhaltender die Ansicht, dass es einen legitimen Platz für diesen Typ von Sozialwissenschaft(lern) in der Politikwissenschaft gibt (vgl. Johnson et al. 2007, S. 125f.).

Gedanken auf ein *paper*. (Was der oben zitierte Blaise Pascal wohl dazu gesagt hätte?) Das kommt wiederum der erschreckend weit verbreiteten Neigung entgegen, allenfalls noch *abstracts* zu lesen.

Schuld an den überschaubaren Publikationschancen ist aber nicht nur der Splitter im Auge der anderen: Triangulationsprosa ist stilistisch oft hochgradig peinlich (und zugleich prätentiös). Nicht umsonst präsentiert Billig (2013, S. 37) in seinem Ratgeber ‚How to Write Badly' an prominenter Stelle folgendes Fundstück:

> The combining of ontologies and epistemologies gives rise to both benefits and creative tensions and provides a focus for inquiry into enhancing awareness of researcher impact. The aim of this Special Issue is to provide an international forum within which the disparate array of questions that are arising about a pluralistic approach [...] can be posed and debated. Recognising the potential that this approach offers for accessing the different layers and dimensions of a complex and construed social reality brings with it both curiosity and questions about its ontology, epistemological tenets, theoretical frameworks and practical applications.

Billig (2013, S. 37) hält dazu lakonisch fest: „I think that the meaning is decipherable but the passage is not clearly expressed." – Leider fassen sich methodenverbindende Forscher zu selten (und schon gar nicht aus zwei verschiedenen Richtungen) an die eigene Nase. Sollten Sie, geschätzte Leser, also weiterhin eine methodenverbindende Master-Arbeit und daraus hervorgehende Publikationstätigkeit erwägen, behalten Sie tunlichst Billigs Jargonbegrenzungsmaxime im Hinterkopf.

### 13.2.3  Ressourcenaufwand

Triangulative Forschung ist schlicht aufwändiger als die Implementation sortenreiner Designs. Da alle konstitutiven Teile (d. h. die Anwendung der einzelnen Methoden) die jeweiligen Qualitätsstandards erfüllen sollten (vgl. hierzu auch Brady et al. 2006, S. 359), ist die methodenverbindende Forscherin gefordert, sowohl ihre „statistical literacy" (Shalev 2007, S. 262) auf die neuesten Schätzer hin zu pflegen als auch die zeitgenössische Konzeptsprache der qualitativ-historiographischen Zugriffe. Überdies gelangen weder Datenbanken noch vertiefte kulturelle Kenntnisse oder Expertenkontakte zu einzelnen Fällen ohne erheblichen Zeitaufwand auf einen adäquaten Stand. Und auch auf der Meta-Ebene des methodologischen Diskurses erwirbt man die unschätzbare Ressource des Orientierungswissens (vgl. Bayard 2007, S. 29) nicht nebenbei.

Während dem für Master-Arbeiten ohnehin alternativlosen „individual methodological pluralism" (Moses und Knutsen 2007, S. 291) also vor allem finite zeitliche Ressourcen Grenzen setzen, sind die personellen Ressourcen bzw. deren Koordination der Knackpunkt kollektiver Triangulationsbemühungen. Ein Band zweier so verdienter und innovativer Policy-Forscher wie Kenworthy und Hicks (2008) veranschaulicht symptomatisch Probleme, die dabei typischerweise auftauchen können. In der vorab online veröffentlichten Einleitung hieß es, hier würden verschiedenste methodische Ansätze von dafür jeweils ausgewiesenen Experten auf ein gemeinsames Thema angewandt, nämlich die Beschäftigungsperformanz hochentwickelter Demokratien. Ziel war „[to] illustrate in practical fashion the advantages and drawbacks of these analytical strategies", und zu diesem Behufe wurden gleich zwei zusammenfassende Kapitel, nämlich ‚Methodological Conclusions‘ und ‚Substantive Conclusions‘, angekündigt. Im Ergebnis stehen die (meist höchst lesenswerten) Einzelanalysen jedoch unverbunden nebeneinander und beide Schlussfolgerungskapitel entfielen. Wo Granden so scheitern, sollten da kleinere Geister wie wir nicht erst nach reiflicher Überlegung mutig voranschreiten?

Eine immerhin bedenkenswerte Möglichkeit wäre die sukzessive Triangulation: Welche Methode auch immer Sie in Ihrer Master-Arbeit anwenden, in der Conclusio Ausbau-, Andock- oder Korroborationsperspektiven durch weitere Methoden zu skizzieren, könnte eine elegante Form der Bewerbung um eine Promotionsstelle bzw. der Nukleus für ein Dissertations-Exposé sein (für ausführlichere Tipps und Monita in dieser Hinsicht vgl. Wolf und Wenzelburger 2010, S. 53f. und 109–141).

### 13.2.4 Wissenschaftsphilosophische Inkompatibilität

Die Basis des Dreiecks in Abb. 13.1 ist gestrichelt dargestellt, was auf die Probleme dieser Verbindung hinweist, welche aus den beiden unterschiedlichen Perspektiven erst eine Triangulation macht. Die beiden Zugriffe auf das Objekt des Interesses gehen nicht vom selben (Stand-)Punkt aus. Was zunächst wie eine banale Feststellung klingt, hat in der Praxis intrikate Folgen, die sich in den „unresolved epistemological issues that arise from the attempt to do justice to historical particularity and at the same time achieve theoretical generalization" (Mahoney und Rueschemeyer 2003, S. 5) manifestieren. Wissenschaftsphilosophien als akademische Weltanschauungen, die hinter bestimmten Methoden stehen (ohne freilich 1:1 auf diese zu laden) sind nicht notwendigerweise miteinander kompatibel, insofern „different paradigms give rise to contradictory ideas and contested arguments" (Creswell und Plano Clark 2007, S. 27).

Beispielsweise atmen auf Replizierbarkeit angelegte quantifizierende Analysen einen demokratischen Geist, insofern zumindest die Fachöffentlichkeit bei ihrer Anwendung auf die – immer öfter barrierearm zur allgemeinen Verfügung gestellten – Datensätze zu denselben Ergebnissen kommen sollte oder zumindest Fehler korrigieren kann. Die den meisten qualitativen Ansätzen zugrunde liegende Hermeneutik hat dagegen insofern einen elitäreren Charakter, als – Gadamer etwas überpointierend – die Erkenntnis dessen, „was ‚immer schon' da ist" (Seiffert 1972, S. 43) nach unzähligen Runden des sich auf dem hermeneutischen Zirkel in die Primärquellen Vertiefens den einen auserwählten Scholaren anspringt und den anderen eben nicht.[5] Das macht die Glaubhaftigkeit wissenschaftlicher Aussagen im Wesentlichen zu einer Frage der Autorität (vgl. Duke 2014).[6] Zwischen Vertretern verschiedener Lager kann daher trefflich gestritten werden, etwa über die Rolle der Tradition, „[with] Oakeshott identifying a dimension of unformulatable and uncriticizable knowledge, and Popper saying that traditions can, and should, be formulated in order that people can critically assess them" (Jacobs und Tregenza 2014, S. 13).[7]

Wie aber sollen derart unterschiedliche Weltanschauungen in einem methodenverbindenden Forschungsdesign in Übereinstimmung gebracht werden oder, so-

---

[5] Eine abweichende Meinung dazu vertritt Andreas Heindl: Das quasi-religiöse Charisma, das Hermeneutikern bei der Auslegung von Primärquellen zugeschrieben wird, ist nicht ganz von der Hand zu weisen. Der Vorwurf verliert aber deutlich an Schärfe. Richtig ist, dass Interpretation immer auf ein subjektives Element angewiesen ist und bleibt – anders ist ein Verständnis oder eine Deutung von Text-, Ton- oder Bilddokumenten nicht möglich. Allerdings kann und sollte die Subjektivität bzw. die Kreativität einer Auslegung durch Verfahren und Techniken des Interpretierens eingehegt werden. Die meisten methodischen Vorschläge vertrauen nicht auf göttliche Eingebungen, sondern auf Regeln der Dekonstruktion und der Rekonstruktion – die Ansatzpunkte der Grounded Theory (vgl. Strauss und Corbin 1996) oder der qualitativen Inhaltsanalyse (vgl. Mayring 2011) versuchen, diese Imperative auf jeweils eigene Art und Weise umzusetzen. Ausführlichere Erläuterungen zu den genannten Methoden finden Sie in Kap. 11 und 12 dieses Buches. Zudem stehen heute geeignete Softwarelösungen zur Verfügung, die die Dokumentation des Forschungsprozesses ermöglichen und die intersubjektive Nachvollziehbarkeit der Ergebnisse gewährleisten (z. B. MAXQDA, ATLAS.ti). Die Glaubhaftigkeit von Ergebnissen ist also auch im Bereich der Hermeneutik nicht mehr so sehr von der Autorität des Interpreten, sondern vor allem von der Anwendung methodischer Verfahren und der Einhaltung von – spezifisch auf die qualitative Forschung ausgerichtete – Gütekriterien abhängig (vgl. Steinke 2012). Diese Entwicklung in der Methodendiskussion soll aber nicht darüber hinwegtäuschen, dass sich manche Verfahren – wie etwa die Variante der Grounded Theory nach Glaser (1998) oder die Objektive Hermeneutik nach Oevermann et al. (1979) – nach wie vor mehr als eine ‚Kunstlehre' denn als eine ernstzunehmende Methode verstehen.

[6] Zur genauen, oft missverstandenen Natur des Dissenses zwischen Gadamer und Habermas bemerkt er: „Gadamer and Habermas differ less in their appeal to rational and open discussion than in their appraisal of the possibility of stepping outside the traditional normative framework embodied in concrete institutions and laws. The primary implication of Gadamer's account is that open discussion should be guided by the concrete facts of the matter as mediated through normative traditions rather than arbitrary opinion." (Duke 2014, S. 36)

[7] Andere Beispiele für inkompatible Grundannahme verschiedener Lager wären deterministische versus probabilistische oder linear-additive versus interaktive Kausalität (siehe die Kapitel zur Regression und zu QCA).

fern das nicht gelingt, die Spannung zwischen ihnen moderiert werden? Für Marsh und Furlong (2002, S. 17) sind die ontologischen und epistemologischen Grundpositionen hinter den methodologischen Differenzen wie „a skin, not a sweater" und können daher nicht beliebig projektabhängig oder gar innerhalb eines triangulativen Forschungsdesigns gewechselt werden. Für Mastenbroek und Doorensplet (2007, S. 10) folgt daraus: „mixing [methods] is only possible within one and the same paradigm"[8] – und damit schieden viele auf den ersten Blick besonders reizvolle methodenverbindende Designs aus.

### 13.2.5  Wahrhaftigkeit versus Wahrheit

Aufmerksame Betrachter von Abb. 13.1 haben wahrgenommen, dass dort die beiden zur Triangulation verbundenen Perspektiven nicht im selben Punkt auf das Objekt des Interesses treffen. Selbst wenn zwischen ihnen keine wissenschaftsphilosophische Inkompatibilität der eben besprochenen Art besteht, führen sie nicht zwingend zu gleichlautenden Erkenntnissen über den Untersuchungsgegenstand (vgl. hierzu auch Mahoney 2000, S. 419). Zuweilen werden sich die jeweils naheliegenden Schlussfolgerungen gar diametral widersprechen. Williams (2013 [2002], S. 11) hat in seiner Streitschrift ‚Wahrheit und Wahrhaftigkeit' eine Einsicht formuliert, die für methodenverbindende Forscherinnen eine besonders virulente Warnung sein sollte, weil ihr Effekt durch die Multiplikation von Perspektiven noch einmal katalysiert wird:

> Das Streben nach Wahrhaftigkeit bringt einen Prozeß der Kritik in Gang, der die Gewißheit mindert, es gebe sichere oder uneingeschränkt behauptbare Wahrheit.

Wer mehrere Zugriffe jeweils wahrhaftig verfolgt, läuft *ceteris paribus* mehr als andere Gefahr, wenn nicht an der Wahrheit irre zu werden, so doch zumindest keinen karriereförderlichen Wahrheits- bzw. Generalisierungsanspruch für die eigenen Forschungsergebnisse mehr formulieren zu können.

### 13.3  Was dennoch oftmals für die Triangulation spricht

Eine ganze Reihe Unverbesserlicher (vgl. z. B. Brady et al. 2006; George und Bennett 2005; Hall 2003, Lieberman 2005; Luoma 2003; Moses und Knutsen 2007; Read und Marsh 2002; Wolf 2010, 2014) halten dennoch an methodenverbinden-

---

[8] Für eine ältere, ähnliche Positionierung vgl. Blaikie (1991, S. 125).

der (Policy-)[9]Forschung fest. Ihre wichtigsten Pro-Argumente sollen im Folgenden gewürdigt werden.

## 13.3.1 Motive für einen eklektischen Zugang

Die verschiedenen Mittel, die uns für den Weg von unseren Fragen zu den erhofften Antworten, also für die Wahrnehmung und Analyse der politischen Welt, zur Verfügung stehen, werden von diesen Autoren – bei aller Unterschiedlichkeit ihrer Zugriffe – als auf je spezifische Weise unvollkommen erachtet. Ob ihre Anwendung in einer bestimmten Situation einen Mehrwert verspricht, hängt neben dem konkreten Forschungsinteresse und der Natur des zu beleuchtenden Aspekts der politischen Wirklichkeit auch von Kontextfaktoren wie dem bereits erreichten Forschungsstand ab. Während individuelle und kollektive Erkenntnisfortschritte mit einer gewissen Regelmäßigkeit zu erwarten sind, werden die Ergebnisse politikwissenschaftlicher Forschung jedoch kaum je in Stein gemeißelte Gesetze sein.[10] Ist dieser Anspruch einmal gelockert, wird ein eklektischer Zugang möglich. Damit sind eine ganze Reihe von wissenschaftsphilosophischen und forschungspraktischen Problemen aber noch nicht gelöst (vgl. Morgan 2007, S. 64), sondern im Gegenteil werden zusätzliche aufgeworfen.

Problemorientierte Politikwissenschaftler sehen sich unweigerlich einer Reihe von Konflikten zwischen inkompatiblen Zielen gegenüber (vgl. Collier et al. 2004, S. 224). Deren Existenz bedeutet,

---

[9] Diese Teildisziplin wird hier hervorgehoben, weil einer vor wenigen Jahren erschienenen Durchsicht dreier führender Zeitschriften zufolge die Vergleichende Policy-Forschung, obwohl sie ein dort unterrepräsentiertes Gebiet der Vergleichenden Politikwissenschaft darstellt, von einer überdurchschnittlichen Anzahl methodenverbindender Vorgehensweisen gekennzeichnet ist (Munck und Snyder 2007, S. 9 u. 12; vgl. auch Amenta 2003, S. 112). Selbstverständlich finden sich versprengte Befürworter auch in fast allen anderen Teildisziplinen der Politikwissenschaft.

[10] Taagepera (2008) ist in seiner Aufforderung, nach dem Vorbild der Physik stärker in Abfolgen mehrerer Kausalschritte zu denken und sich nicht auf linear-additive Modelle zu beschränken, zuzustimmen. Etwas naiv wird seine Vorstellung von einer (natur-)wissenschaftlicheren Politikwissenschaft allerdings dann, wenn er bezüglich der einzelnen Schritte grundsätzlich für je ein einziges einfaches Modell mit nicht mehr als zwei bis drei erklärenden Variablen plädiert. Ein solches Vorgehen dürfte systematisch zu vorschnellen Ansprüchen auf die Identifikation von Gesetzmäßigkeiten führen und ignoriert Regalmeter von Erkenntnissen zur Notwendigkeit von Robustheitschecks. Der Ruf nach möglichst sparsamen Modellen (vgl. hierzu auch King et al. 1994, S. 29) dürfte zudem in vielen sozialen Zusammenhängen mit einem eingebauten Spezifizierungsirrtum verbunden sein.

that no one set of methodological guidelines can ensure the researchers will do good work. Diverse methodological tools will always be relevant to any substantive problem. The best approach to trade-offs is to recognize them explicitly, to acknowledge that there is usually no single ‚correct‘ resolution, and to identify the strengths and weaknesses of different combinations of goals and tools. (Collier et al. 2004, S. 226)

Diese Herangehensweise kann auch „Ordnung ohne Orthodoxie" (Brewer und Hunter 2006, S. 11; Übersetzung des Autors) oder „nicht Dogma, sondern diszipliniertes Denken" (King und Keohane und Verba 1994, S. 7; Übersetzung des Autors) genannt werden.[11] Solch ein Vorgehen wird notwendigerweise am besten für eine Orientierung an Theorien mittlerer Reichweite geeignet sein. Auch weil „research questions are not inherently ‚important‘, and methods are not automatically ‚appropriate‘" (Morgan 2007, S. 69), kann es kein Standardprotokoll geben, aber das bedeutet natürlich noch lange nicht, dass ‚alles geht‘.

## 13.3.2  Reizvolle Komplementaritäten

Aber was geht nun, und was geht nicht? Wäre die oben zitierte Metapher vom eigenen wissenschaftsphilosophischen Credo als Haut (und nicht als Pullover) zutreffend, könnten Forscher die verschiedenen Zugriffe nicht nur nicht miteinander verbinden oder zwischen ihnen changieren, sondern sie könnten nicht einmal die eigene Grundposition frei auswählen![12] Tatsächliche Forscheridentitäten und Forschungspraktiken können jedoch weitaus nuancierter und facettenreicher sein, als uns diese Ansicht glauben machen möchte. Zumindest manchen Forscherinnen sollte es doch zumindest in manchen Kontexten möglich sein, sowohl probabilistische Regelmäßigkeiten der sozialen Welt als auch Weltbilder und Realitätskonstruktionen von Akteuren (oder gar den Zusammenhang zwischen beiden) zu untersuchen. Damit ist selbstverständlich nicht gesagt, dass alle ontologischen und epistemologischen Glaubensrichtungen immer in methodenverbindender Harmonie miteinander leben können. Aber ebensowenig müssen wir notwendigerweise allezeit in paradigmatischen Paralleluniversen leben. Im Gegenteil: Wenn „different paradigms give rise to contradictory ideas and contested arguments" (Creswell und Plano Clark 2007, S. 27), dann kann diese Spannung oftmals eine Quelle des wissenschaftlichen Fortschritts sein. Zugegebenermaßen sind methodenverbindende Forschungsprojekte, die paradigmatische Grenzen überschreiten, jedoch selte-

---

[11] Ob „political inquiry that is simultaneously scientific and critical, rigorous and heterodox, structured and patchwork", wie von Topper (2005, S. 181) befürwortet, diese Voraussetzung erfüllt, kann nur anhand der jeweiligen konkreten Realisierung beurteilt werden.

[12] Für eine Kritik an begrifflichen Unschärfen bei Marsh und Furlong siehe auch Bates und Jenkins (2007, S. 58–60).

ner als solche innerhalb einer wissenschaftsphilosophischen Grundposition, und zu
der Frage, wie Erstere gestaltet werden können, besteht weiterer Klärungsbedarf
(vgl. Greene 2008, S. 13; Absch. 13.4 ist als kleiner Beitrag hierzu gedacht).

In Abwesenheit solcher Schwierigkeiten wäre die Verheißung der Triangulation, kurz gefasst, dass die Stärken der einzelnen Methoden erhalten bleiben bzw. sie
sich sogar gegenseitig zu noch höheren Höhen tragen. Insbesondere werden historiographisch-interpretative (oder ‚qualitative‘) Fallstudien als ideales Komplement
zu multiplen Regressionsanalysen gepriesen. Die einen bieten Gelegenheit dazu,
die Einzelschritte kausaler Prozesse nachzuvollziehen[13], die spezifischen Wir-
kungsbedingungen relevanter Erklärungsfaktoren herauszuarbeiten, strukturelle
Faktoren analytisch mit der Rolle von (politischen) Ideen in Verbindung zu setzen
und nicht zuletzt abweichende Pfade und die Eigenheiten besonders interessierender Einzelfälle zu beleuchten. Die anderen ermöglichen den systematischen Test
von Hypothesen unter Verarbeitung einer großen Zahl von Beobachtungen und in
für das Publikum nachvollziehbarer, reproduzierbarer und kritisierbarer Weise und
eignen sich außerdem besonders für Rückschlüsse und Prognosen.

### 13.3.3  Triangulative Tugenden[14]

Bei den konkreten Anwendungen der Methoden beiderlei Geschlechts ist unbedingt Klarheit darüber zu schaffen, ob das Ziel hauptsächlich die Erklärung der
Gesamtvariation und/oder der Position von (aus welchen Gründen auch immer)
besonders interessierender Fälle ist, welches Generalisierungsniveau erreicht werden soll und ggf. welche Methode welchen Teil der Ergebnisse liefern soll. Eine
weitere Tugend ist es, gemäß der Forderung von King et al. (1994, S. 8f.) etwaige
in Bezug auf die präsentierten Erkenntnissen bestehende Unsicherheiten offen an-
zusprechen. Was die Technik multipler Regressionsanalysen anbelangt, ist es keine
gute Idee, schlicht den in ‚How to do‘-Publikationen angepriesenen Routinen zu
folgen, sind ihre Ergebnisse doch regelmäßig sensitiv für die Details der Modell-
spezifizierung. Deshalb ist es unerlässlich, für jede Einzelanalyse zu begründen,

---

[13] „Cause implies narrative and relational pathways. It is narrative because explanation must
be embedded in time and move through time. Indeed the success of any explanation resides
in accounting for temporality and sequence" (Somers 1998, S. 771). Zum besonderen Reiz
bei Pfadabhängigkeitsphänomenen vgl. Bennett und Elman (2006), zu „politics in time" generell Pierson (2004). Solomon (2013) verbindet auf intrikate Weise Forschungsstränge aus
den Internationalen Beziehungen und der Psychologie, um anhand des Krieges gegen den
Terror aufzuzeigen, wie folgenreich das ‚temporal decentering‘ von Individuen sein kann,
insbesondere im Hinblick auf unbewusste retroaktive Bedeutungszuschreibungen.
[14] Für eine tabellarische Auflistung vgl. Wolf (2010, S. 149–150).

warum eine bestimmte Spezifizierung angemessen ist, und/oder den Grad der Robustheit der Ergebnisse über verschiedene in Frage kommende Varianten hinweg
zu demonstrieren. Bei der Analyse von Vollerhebungen bedarf die Anwendung von
Signifikanztests einer Klärung ihrer Funktion – wird ein Rückschluss auf eine größere hypothetische Grundgesamtheit und die Trennung zwischen den Schafen und
den Böcklein[15] unter den Effekten angestrebt, oder lediglich Informationen über
mehr oder weniger eindeutige unter ihnen? Sternchenverteilen allein – auch wenn
es weiteste Teile der Politikwissenschaft so handhaben – ist nicht genug.

Insofern historiographisch-interpretative (Fall-)Studien dem Nachspüren von
Kausalketten und -mechanismen dienen, hängt ihr analytischer Mehrwert außerdem ab von „carefully constructed arguments as to why particular CPOs [causal
process observations] […] are especially diagnostic" (Brady et al. 2006, S. 367).
Trotz des Anklangs, den das Konzept des ‚Kausalmechanismus' gefunden hat,
besteht indessen keine konsensuale Definition dafür. George und Bennett (2005,
S. 137) bieten die folgende an:

> [W]e define causal mechanisms as ultimately unobservable physical, social, or psy-
> chological processes through which agents with causal capacities operate, but only
> in specific contexts or conditions, to transfer energy, information, or matter to other
> entities. In doing so, the causal agent changes the affected entity's characteristics,
> capacities, or propensities in ways that persist until subsequent causal mechanisms
> act upon it.

Einerseits erweitert ein solches Hinausgehen über die Korrelation von Ursache
und Wirkung die Bandbreite der beleuchteten Aspekte von Kausalität, wodurch
„additional sources of causal inference" im Hume'schen Sinne angezapft werden
können, nämlich „spatial contiguity and temporal succession" (George und Bennett 2005, S. 140). Auf der anderen Seite lohnt es zu erinnern, dass „it is precisely
because connective mechanisms are unobservable – unlike correlations of empirical indicators – that positivism has militantly rebuked their inclusion in the realm
of scientific theory" (Somers 1998, S. 726). Wer das Konzept kausaler Mechanismen anführt, trägt daher unausweichlich das „stigma of what classical positivist
scepticism […] has considered the mere 'psychological appeal' of 'ideas' about
causation (beyond conjunction)" (Somers 1998, S. 746). Erspart sei der Leserin
hier eine weitere Diskussion der Frage, ob sich hinter den ‚causal capacities', die
George und Bennett in ihrer Definition heranziehen, ein infiniter Regress ver-

---

[15] Kritische Korrekturleser verweisen auf die Notwendigkeit, angesichts der Erosion abend-
ländischer Bildungsstandards auf den biblischen Ursprung dieser Analogie im Matthäu-
sevangelium hinzuweisen (Rückkehr des Menschensohnes).

birgt.[16] Stattdessen soll festgehalten werden, dass „it is very often useful to think in terms of mechanisms, and very often not" (Stinchcombe 1993, S. 40).[17] Die konkrete Anwendung des Konzepts ist dann vor allem „a matter of judgement" (Hall 2008, S. 311), d. h. letztlich eine Frage der Plausibilität und der Rücksichtslosigkeit gegenüber dem eigenen Vorverständnis.[18]

## 13.4   Knackpunkt: Der Nexus zwischen den Methoden

Eine besondere Herausforderung methodenverbindender Forschung ist die Gestaltung des Nexus zwischen den einzelnen Methoden (vgl. Wolf 2010, S. 151–153). Diese notwendige Erfolgsbedingung von Triangulations-Strategien betrifft nicht die Anwendung der einzelnen Methoden, sondern die Art und Weise ihrer Kombination. Hier werden idealerweise nützliche Verbindungspunkte identifiziert (vgl. Morgan 2007, S. 71) und die Teil-Analysen so miteinander verknüpft, dass die jeweiligen Vorteile erhalten bleiben, aber Schwächen wechselseitig kompensiert werden (vgl. Mastenbroek und Doorenspleet 2007, S. 4). Verschiedene Konstruktionsweisen für den Methoden-Nexus sind vorstellbar und legitim, aber alle bedürfen einer Diskussion der methodologischen Kompatibilität ihrer Bestandteile und der Anpassung an die fraglichen Forschungsgegenstände und -ziele – es reicht sicher nicht aus, schlicht etwa quantifizierende Analysen und Fallstudien ohne weitere Überlegungen hintereinander zu schalten. Methodentriangulierende Policy-Forschungsdesigns in Erwägung ziehenden Forscherinnen sei indes dringend

---

[16] Es liegt ohne Zweifel falsifikatorisches Potenzial darin, den zeitlichen Ablauf kausaler Prozesse kleinteilig zu zergliedern. Beobachtungstechnisch werfen kausale ‚Kapazitäten' womöglich aber ähnlich große Probleme auf wie ‚Mechanismen'.

[17] Zu möglichen Wegen, die verschiedenen zugrunde liegenden Kausalitätsverständnisse zumindest partiell zu versöhnen, vgl. Mahoney (2008). Kern seiner Argumentation ist „extending the case-oriented approach to the population level, under the assumption that causal patterns at the population level must be derivative of causation that is occurring at the case level" (Mahoney 2008, S. 429). Insbesondere rät er zahlreiche Fälle vergleichenden Forschern, sogenannte INUS-Ursachen (das Akronym steht für notwendige, aber nicht hinreichende Bedingungen, die Teil nicht notwendiger, aber hinreichender Bedingungsgefüge sind) als das anzusehen, was üblicherweise im Zentrum ihrer Analysen steht, aber nicht als solche ausgewiesen wird. Um sie explizit zu machen, ist die Modellierung von Interaktionstermen entscheidend (Mahoney 2008, S. 429).

[18] Deshalb ist es besonders wichtig, den Lesern so viel Information wie möglich darüber zu geben, wie man zu diesen Schlussfolgerungen gelangt ist bzw. wie das ‚Ermessen' oder ‚Urteilsvermögen' (erst beide Übersetzungsmöglichkeiten von ‚judgement' zusammen bilden die Bedeutung hinreichend ab) angewandt worden ist.

davon abgeraten, sich schlicht an ein vorgegebenes Template zu halten. Vielmehr sollte das Nachdenken über die im Folgenden diskutierten Aspekte und Varianten darin bestärken, maßgeschneiderte eigene Lösungen zu finden. In Master-Arbeiten wird es überdies in aller Regel ratsam sein, eine klare Hierarchie zwischen den Methoden zu benennen und eine lediglich ergänzend heranzuziehen (ggf. unter Verweis auf mögliche zukünftige Ausbauten).

## 13.4.1 Näherungen und Weiterungen zur ‚nested analysis'

Eine Möglichkeit ist es, mit der statistischen Analyse einer größeren Zahl von Fällen zu beginnen, dabei Ausreißer und abweichende Fälle zu identifizieren, und dann in Fallstudien zu untersuchen, warum die Fälle so positioniert sind (vgl. George und Bennett 2005, S. 34). Die Bedeutung der einzelnen Analysebausteine kann in solch einem Rahmen unterschiedlich sein. Für Esping-Andersen (2007, S. 336) etwa sind die ursprünglichen quantifizierenden Analysen lediglich diagnostische Instrumente oder ‚Popper'sche Hinterlassenschaften':

> The strength of statistical association will not tell us much about the real causal mechanisms at work, but the diagnostics that we can obtain from MR residual plots are a minefield of information, truly powerful instruments for fine-tuning and possibly correcting our hypotheses, and subsequently for selecting alternative instruments. (Esping-Andersen 2007, S. 336)

Eine verwandte Variante der Verbindung von Regressionsanalysen und Fallstudien fokussiert die quantifizierenden Ausgangsanalysen auf ‚tipping points', Zeitpunkte zu denen sich Entscheidendes an den untersuchten Phänomenen oder den diesen zugrunde liegenden Kausalprozessen ändert. Diese werden dann in qualitativen Analysen näher beleuchtet (vgl. Tarrow 2004, S. 174). Shalev (2007, S. 397) hingegen kritisiert regressions- und v.a. residuendiagnostische Werkzeuge als ungeeignete Basis für die Verknüpfung von Teil-Analysen, weil seines Erachtens so zu viel in den Fehlerterm hinein zu gelesen werden droht – ein Einwand, der nur durch die konkreten Befunde der daran anknüpfenden Studien widerlegt werden kann; ergeben sich keine belastbaren Ergebnisse, ist auch dies berichtenswert!

Lieberman (2005) hat ein variables Schema zur Kombination von quantifizierenden Analysen zahlreicher Fälle mit einer kleineren Anzahl von qualitativen Fallstudien mittels von ihm so benannter ‚nested analyses', also verschachtelten Analysen, ausgearbeitet. Diese Variante beginnt mit Regressionanalysen, QCA oder Bayes'schem Modellieren. Fallen die Ergebnisse hiervon zufriedenstellend aus, folgen Modell-testende Fallstudien zu ‚on the line-cases', also Fällen, die im Trend der quantifizierenden Ergebnisse liegen und daher von diesen (potenziell) erklärt werden können. Die Fallstudien dienen dann zur Unterfütterung der quantitativen Evidenz durch eine genauere Analyse der Ursachen und Wirkungen verbindenden Ereignisse und Prozesse.[19] Im Falle unbefriedigender Ergebnisse der quantifizierenden Analysen sollen Lieberman zufolge dagegen in den Fallstudien auch ‚off the line-cases‘ in den Blick genommen werden, um mithilfe daraus hervorgehender Erkenntnisse das Ausgangsmodell verbessern zu können. Während Lieberman nicht einen einzelnen Forschungsstil propagiert (Lieberman 2005, S. 436), haben verschiedene Autoren seinen ‚nested analysis‘-Vorschlag dafür kritisiert, dass er von den quantifizierenden Analysen dominiert sei (vgl. z. B. Mastenbroek und Doorenspleet 2007, S. 16f.). Wie so oft ein Fall der Bestrafung des Lehrmeisters für die Schwächen seiner Schüler.

Rohlfing (2008, S. 1497) hat, um dem abzuhelfen, die Variante der ‚case study-based nested analysis‘ vorgeschlagen und rät, mit dieser ganz neu zu beginnen, wenn die Ergebnisse der anfänglichen quantifizierenden Analysen nicht befriedigend ausfallen. Ansonsten droht seines Erachtens die Gefahr, dass Fehler (in meiner Terminologie: über den Nexus) durch die verschachtelten Analysen wandern (Rohlfing 2008, S. 1501) und so gerade Schwächen der einen Analyseform die andere infizieren.[20] Zusammen mit Starke hat er außerdem Kriterien entwickelt, um die Fallauswahl für die qualitativen Studien auch innerhalb der klassischen Lieberman'schen ‚nested analysis‘ zu verbessern. In ihrem Mittelpunkt steht die Identifikation je eines robusten Kerns von typischen bzw. Ausreißer-Fällen (vgl. Rohlfing und Starke 2013).[21]

---

[19] Lieberman (2005, S. 436) geht von einem Forschungsinteresse an „both the exploration of general relationships and explanations and the specific explanations of individual cases and groups of cases" aus.

[20] Dies ist natürlich eine generelle Gefahr triangulativer Vorgehensweisen, und sie nach Möglichkeit zu vermeiden eines der höchsten Gebote einschlägiger Forschung.

[21] Potenziell sind natürlich auch im (weiteren) Rahmen von ‚nested analysis‘ alle sieben von Seawright und Gerring (2008, S. 297 f.; vgl. für zwei etwas anders akzentuierte Diskussionen auch Maggetti et al. 2013, S. 131–135 und Sartori 1994) unterschiedenen Fallauswahlprozeduren für Fallstudien, nämlich mit „focus on typical, diverse, extreme, deviant, influential, most similar, and most different cases", implementierbar. Mit diesen Strategien korrespondieren jeweils unterschiedlich ausgerichtete Forschungsziele, die unseres Erachtens alle legitim sind. Der Methoden-Nexus muss nur jeweils entsprechend angepasst werden (und kann nicht immer auf regressionsdiagnostischen Verfahren beruhen). Je nach Forschungsstand dürften indes die Ertragsaussichten der einzelnen Strategien variieren: Die Konzentration auf typische Fälle beispielsweise setzt ein theoretisch überzeugendes und empirisch robustes Modell voraus, die Auswahl diverser Fälle eine relevante Bandbreite an wohldokumentierten Zuständen oder Entwicklungen, der Fokus auf Extremfälle ein Interesse an den langen Enden einer Verteilung (und damit an der Relativierung oder Kontrapunktierung

Während diese Einwände und Ergänzungen durchaus überzeugen, ist unser Hauptkritikpunkt an Liebermans Vorschlag, dass ein Blick auf Ausreißer-Fälle oft unabhängig davon angezeigt sein kann, wie robust die quantifizierenden Analysen insgesamt ausfallen. Zum einen können bestimmte Fälle aus theoretischen Gründen von besonderem Interesse sein, vor allem aber könnten die Gründe für ihr Abweichen uns Wertvolles über die Grenzen der Generalisierbarkeit unserer Erkenntnisse sagen.[22]

## 13.4.2 Zur systematischen Auswertung von Fallstudien: Eine Alternative zur Regression

Für Designs, in denen von Vorneherein vergleichend angelegte Fallstudien zeitlich und von der Bedeutung her vorgelagert sind, führen Drozdova und Gaubatz (2013) zur anschließenden quantifizierenden Auswertung in eine intuitive und leicht zu berechnende, zur multiplen Regression alternative Technik ein, die in anderen Disziplinen (etwa der Psychologie und Linguistik) bereits recht weit verbreitet ist. Höchst lesenswert ist, wie sie für drei Klassiker aus der Literatur zu den Internationalen Beziehungen (alte und neue Anwendungsmöglichkeiten ließen sich aber unschwer auch auf anderen Feldern finden) durch eine nachträgliche Auswertung der publizierten qualitativen Evidenz „systematic, comparable, and replicable measures of uncertainty and influence for the factors they identified" (Drozdova und Gaubatz 2013, S. 1) berechnen. So können sie etwa zu der Studie von Krepon und Caldwell über *The Politics of Arms Control Treaty Ratification* zeigen, dass im Gegensatz zur Interpretation dieser Autoren zwei der untersuchten Faktoren, nämlich das präsidentielle Geschick im Umgang mit dem Kongress und die Unterstützung durch die Senatsführung und pivotale Senatoren, wesentlich einflussreicher auf das Ratifikationsverhalten der USA waren als die übrigen (Drozdova und Gaubatz 2013, S. 8). Auch wer die ‚Mutual Information Scores' opak und das Vertrauen von Drozdova und Gaubatz in sie überbordend finden oder sich an der notwendigen Dichotomisierung (Vorliegen oder nicht Vorliegen von CPOs [unsere Wortwahl,

---

zentraler Tendenzen), die Analyse abweichender Fälle ein weit gediehenes, aber eben noch nicht umfassend überzeugendes Kausalmodell und die Betrachtung besonders einflussreicher Fälle eine Unwucht zwischen den Untersuchungseinheiten in Kombination mit einem Interesse an der Binnenvariation von fallbezogenen Erklärungsbeiträgen.

Diese Vorbedingungen müssen im Übrigen gerade bei Master-Arbeiten nicht unbedingt aus eigenen Vorleistungen bestehen, sondern sie können aus der Literatur aufgegriffen werden.

[22] Des Weiteren bieten fallspezifische Sonderfaktoren zuweilen auch die Chance, einen größeren Anteil der interessierenden Variation zu erklären.

nicht die der Autoren]) reiben mag, sollte den Impuls anerkennen, Fallstudienevidenz noch strukturierter auszuwerten als es bislang in der Disziplin Standard ist.

## 13.4.3   Rang- und Reihenfolgen im Kontext

Über die Rang[23]- und Reihenfolge der verschiedenen zur Anwendung gelangenden Methoden sollte indes nicht alleine auf der Basis abstrakter methodologischer Überlegungen entschieden werden, sondern auch in Abhängigkeit vom Forschungsstand zum fraglichen Thema (und bei Master-Arbeiten, wie oben bereits angeklungen, auch unter Rekurs auf die zur Verfügung stehende Zeit). Hall (2008, S. 314) zufolge ist ein Einstieg mit quantifizierenden Analysen dann besonders nützlich, wenn über die involvierten Kausalprozesse Übereinstimmung besteht, nicht aber über die relative Bedeutung einzelner erklärender Größen. Konkurrieren dagegen (noch) grundverschiedene Kausalketten bzw. konfligierende Theorien, seien Fallstudien zum Einstieg geeigneter (Hall 2008, S. 314). Überdies können, in konstruktivistischem Sinn, qualitative Analysen weniger Fälle dazu dienen „to prise open our imagination – to consider the possibilities and to encourage new readings and understandings of the empirical literature" (Moses und Knutsen 2007, S. 240). Schneider und Ingram beispielsweise haben ein Raster entwickelt, mithilfe dessen die Konstruktion sozialer Gruppenidentitäten auf den Achsen von Macht und Bewertung verortet werden kann, und machen die vier Ecken dieser Matrix (von links oben nach rechts unten: „advantaged", „contenders", „dependents" und „deviants"; Schneider und Ingram 2008, S. 192) für die Analyse von politikfeldspezifischen Reformdynamiken nutzbar, insbesondere in der Sozialpolitik und auf dem Feld der Inneren Sicherheit, wo die Autorinnen sie als gleichheits- oder gar demokratieuntergrabend beurteilen.[24]

Wiederum kann es hier nicht darum gehen, einem Standardprotokoll zu folgen – auch Dekonstruktion soll ja zuweilen klischeehaft erfolgen – sondern für den

---

[23] Für eine Unterscheidung zwischen qualitativ dominierten, quantitativ dominierte und statusgleichen methodenverbindenden Forschungsdesigns vgl. Johnson et al. (2007, S. 124). Auch innerhalb einer statusgleichen Herangehensweise muss allerdings das genaue Verhältnis zwischen den verschiedenen Analyseelementen und ihren Ergebnissen im Einzelnen etabliert werden.

[24] So sei etwa in den USA durch die Konstruktion bestimmter Tätergruppen als besonders ungeeignet für die Resozialisierung und von privaten Gefängnissen als besonders effizient (und damit zusätzliche öffentliche Gelder verdienend) eine selbstverstärkende Spirale der Dauer- und Masseninhaftierung entstanden, und so sei das Gefälle zwischen Brust- und Gebärmutterhalskrebsprävention durch die Konstruktion von Letzterem als promiskuitätsinduziert vergrößert worden (Johnson et al. 2007, S. 204).

je konkreten Untersuchungskontext wohlbegründet vorzugehen.[25] Und wie auch immer das ursprüngliche schematische Forschungsdesign aussieht, tatsächliche methodenverbindende Forschungsprozesse sind ohnehin meist von mannigfachen Rückkopplungsschleifen geprägt – eine Feststellung, die Master-Studierende angesichts der handelsüblichen, die einzelnen Phasen rigide trennenden Darstellungen immer wieder verblüfft.

## 13.5   Einige besonders gelungene Anwendungen

Es ist nun an der Zeit, einige besonders gelungene triangulative Arbeiten vorzustellen. Didaktisches Ziel der Übung ist zum einen die Ermutigung bisher noch keine Methodenverbindung praktizierender bzw. in Betracht ziehender Nachwuchsforscher – die gleich vorzustellenden Monographien waren den dahinter stehenden Aufwand gewiss wert und laden zum Nacheifern ein. Zum anderen lassen aber auch diese aufgrund ihrer hohen Qualität – und zur Abdeckung unterschiedlich akzentuierter Methodenkombinationen und Forschungsziele – ausgewählten Schriften[26] noch Luft nach oben, insbesondere im Hinblick auf das Design des Nexus zwischen den Methoden. Indem neben den großen Stärken also gleich auch die kleinen Schwächen von Arndt (2013), Berg-Schlosser (2012), Tosun (2013) und Wenzelburger (2010) diskutiert werden, soll aufgezeigt werden, wie sowohl die Disziplin als Ganze als auch ihre einzelnen Vertreter in Zukunft noch Fortschritte erzielen könnten. Festzuhalten ist vorab allerdings, dass die Autoren der im Hinblick auf diese Aspekte rezensierten Werke nicht notwendigerweise selbst den Anspruch hegen, die hier verwendeten Kriterien zu erfüllen.

### 13.5.1   Christoph Arndt (2013): The Electoral Consequences of Third Way Welfare State Reforms

Arndts Beitrag ist insofern erfrischend, als er nicht die Determinanten sozialpolitischen Rückbaus in den Blick nimmt, sondern die Auswirkungen der entsprechenden Policy-Entscheidungen. Durch diesen Brückenschlag zur Politischen (Wahl-)

---

[25] Brady et al. (2006, S. 356) argumentieren ebenfalls, dass CPOs an verschiedenen Stellen des Forschungsprozesses und auf mannigfache Weise nützlich sein können, und dass ihre Balance und Abfolge mit quantifizierenden Analyseschritten stark variieren kann.

[26] Dass alle vorgestellten Werke aus dem Bereich der Vergleichenden Politikwissenschaft stammen, liegt stärker an der Verortung des Autors dieses Kapitels als an der in der Tat geringeren Neigung etwa der Internationalen Beziehungen zur Anwendung methodenverbindender Designs.

Soziologie wird es möglich, den Kreis zu den aktuellen Reformen der vom Dritten Weg inspirierten Reformen zu schließen, z. B. im Hinblick auf die Frage, wie dauerhaft ‚Nixon goes to China'-Phänomene[27] im sozialpolitischen Parteienwettbewerb sind. Arndt führt vier theorietestende Fallstudien zum Vereinigten Königreich, Deutschland und Dänemark als Staaten, deren Sozialdemokratien Dritte Weg-Reformen implementiert haben und die verschiedene Wahlsysteme und strategische Parteienwettbewerbskonstellationen innerhalb der Gruppe der Verhältniswahlfälle abdecken, sowie zu Schweden als Kontrollfall ohne typische Dritte Weg-Reformen, durch. Bei seiner Rekonstruktion der *retrenchment*-Aktivitäten kombiniert er qualitative und quantifizierende Operationalisierungen von Rekommodifizierung (und knüpft damit an zwei bislang recht unverbundene Literaturstränge an). Zur Abschätzung der elektoralen Konsequenzen dieser Reformen führt er sodann ausgefeilte multinominale logistische Regressionen durch.

Mit Hilfe dieser doppelten Spielart der Triangulation gelingt es ihm, die vermittelnde Bedeutung von Wahlsystemen auf das Ausmaß sozialdemokratischer Stimmenverluste unter ihrer vormaligen Kernanhängerschaft in Großbritannien, Deutschland und Dänemark aufzuzeigen. Außerdem demonstriert er, wie je nach Wahlsystem und Parteienwettbewerbskonstellation die Abwanderung zum Block der Nichtwähler oder zu aufstrebenden Parteien am linken und/oder rechten Rand erfolgte. In Schweden blieb die Kernanhängerschaft der Sozialdemokratie Arndt zufolge dagegen weitgehend intakt. Im Lichte ihrer inzwischen langjährigen Oppositionsrolle dürfte dies allerdings ein kleinerer Trost sein, als es bei Arndt klingt. Hier rächt sich etwas, dass Schweden lediglich als Kontrollfall im Hinblick auf das theoretische Kerninteresse angesehen wird und damit das brach (und unmittelbar nahe) liegende Potenzial für eine Erklärung der erstaunlichen konservativen Wende dieses einstigen sozialdemokratischen Sehnsuchtsorts ungenutzt bleibt.

Weitere eher wohlfeile und im Hinblick auf unser Interesse an der Triangulation weniger bedeutsame Kritikpunkte an Arndts Forschungsdesign wären eine Fallauswahl, die die Unterscheidbarkeit von Wahlrechts- und Wohlfahrtstaatstypeffekten verunmöglicht (was der Autor selbst andeutet, aber ausräumen zu können glaubt; vgl. Arndt 2013, S. 68), die sehr zurückhaltende Datenkritik an den verwendeten Lohnersatzraten, das Nichtinbetrachtziehen von Mehrebenenmodellen und die sehr sparsame (und damit schwer kritisch nachvollziehbare) Modellpräsentation im Haupttext.

---

[27] US-Präsident Richard Nixon konnte mit seinem Peking-Besuch eine Entspannung im Verhältnis zu China einleiten, weil er als republikanischer Hardliner im Parteienwettbewerb nicht glaubwürdig rechts überholt werden konnte. Übertragen wir diese Logik auf die Sozialpolitik, konnten z. B. die Hartz-Reformen nur unter einer sozialdemokratisch geführten Bundesregierung implementiert werden.

Schwerer wiegen die eher schmalen Berührungsflächen zwischen den Methoden – wechselseitige Befruchtungen bleiben hier im Wesentlichen implizit und
wären doch zumindest für Leser mit Leidenschaft für triangulative Designfragen
so spannend gewesen – und der Umgang mit Widersprüchen zwischen den Ergebnissen der verschiedenen Analysen. Den Text dominieren überdies Verben der
Selbstsicherheit: Es wird gezeigt, demonstriert, bewiesen, was an theoretischen
Erwartungen formuliert wurde. Eingeständnisse von Unklarheit, Offenheit, Wider-
sprüchlichkeit oder Überraschung fehlen dagegen fast völlig. Es mag sich dabei
vorwiegend um rhetorische-stilistische Entscheidungen bei der Darstellung der
Forschungsergebnisse handeln, die nicht mit dem vorhergehenden Forschungsprozess korrespondieren. Aber gerade dann wäre es wünschenswert gewesen, die Leser zumindest dosiert an solchen Highlights des akademischen Lebens teilhaben zu
lassen. (Wer will schon immer alles im Voraus genau richtig eingeschätzt haben?)

## 13.5.2  Dirk Berg-Schlosser (2012): Mixed-Methods in Comparative Politics

Diese Monographie ist zum einen insofern außergewöhnlich, als sie auf kollabora-
tiven Vorarbeiten im Rahmen eines ECPR-Verbundes beruht und jahrzehntelange
Forschungstätigkeiten mit einem besonderen Fokus auf methodologischen Fragen
zusammenfasst. Zum anderen nimmt sie substanziell eine für die Politikwissenschaft fast schon prähistorische Phase in den Blick, nämlich die Jahre zwischen
den beiden Weltkriegen des 20. Jahrhunderts. Für achtzehn große und sonst oft vernachlässigte kleine europäische Staaten werden die Triebkräfte von (seltener) De-
mokratiestabilität und (häufigem) Systemzusammenbruch untersucht – bei recht
weitreichendem Geltungsanspruch der daraus zu ziehenden Lehren für das ‚neue
Europa‘ seit Maastricht. Im Zentrum steht eine mehrstufige, alle drei Varianten
(oder *flavours*) dieser Methode umfassende QCA-Anwendung zum Test zahlreicher zentraler Hypothesen aus dem Kanon der empirischen Demokratietheorie,
die u.a. durch Diskriminanz- und Faktoranalysen, eine tiefschürfende Fallstudie zu
einem besonders interessanten Fall (Belgien, das trotz großer Gefährdungen aufgrund zahlreicher innergesellschaftlicher Konflikte erfolgreich an der Demokratie
festhielt) und eine Event History-Analyse ergänzt wird. Letzteres ist besonders
hervorhebenswert, weil QCA-Adepten erst in jüngster Zeit proaktiver mit den Ein-
schränkungen der Methode im Hinblick auf die Längsschnittdimension umgehen
(vgl. Wagemann i. E., S. 17; siehe auch Kap. 8 des vorliegenden Bandes).[28]

---

[28] Ergänzende Einschätzung von Sebastian Jäckle: Gleichwohl sei doch angemerkt, dass die
gesamte Event History-Analyse auf nur zwei Seiten abgehandelt wird, wodurch zwangsläufig auf eine Reihe potentiell vorhandener Probleme nicht eingegangen werden kann. So
wird nicht erläutert, wie viel Prozent der Fälle durch lineare Interpolation imputiert wurden,

Berg-Schlossers Werk besticht durch die vorbildliche, schrittweise[29], klar nachvollziehbare, aber nie trockene Präsentation und Dokumentation eines überaus gut abgehangenen Projekts sowie durch seine didaktisch kluge Methodenreflexion. Besser fundierte Analysen sind insbesondere ohne ein vergleichbares Langzeitprojekt mit kollektiver Datenerfassung schlechterdings kaum vorstellbar, und wenngleich man die Gegenwartsrelevanz der Befunde nicht zwingend ganz so hoch einschätzen muss wie der Autor, sind nicht nur die folgenden Highlights daraus Kronjuwelen der Disziplin (welche ein eigenes materielles Fazit neben dem methodologischen verdient gehabt hätten, erschwert doch eine Vielzahl von Relativierungen im Verlauf der Darstellung dem Leser das Festhalten der Kernbefunde): Historische Hintergrundbedingungen, die allen Fällen von Demokratiezusammenbruch gemeinsam sind, sind fehlende demokratische Tradition vor dem ersten Weltkrieg, die Abwesenheit egalitärer, toleranter und partizipatorischer politischer Kultur, Schwäche der alten Mittelklasse und niedrige Regierungsstabilität (Berg-Schlosser 2012, S. 157). Für Erfolge und Misserfolge entscheidend war überdies die politische Einmischung oder Nicht-Einmischung des Militärs. Hinzu kamen in einigen Fällen die sozioökonomische Lage, insbesondere das Ausmaß der Inflation. Und dann, so betont Berg-Schlosser, kommen die Handlungen konkreter politischer Akteure hinzu. Diese verhielten sich in den jeweiligen Arenen strategisch mehr oder weniger geschickt im Sinne maximal diverser Agenden. Unter den Fällen, in denen die Demokratie überlebte, können zwei Konstellationen identifiziert werden: solche mit starken Deichen gegen antidemokratische Tendenzen und einer relativ schwach ausgeprägten Nachkriegskrise und solche mit starker demokratischer Führung in und nach der zehn Jahre später einsetzenden, in diesen Fällen aber relativ glimpflich verlaufenden Weltwirtschaftskrise.

Wünschenswert wäre es gewesen, wenn die Spannung zwischen deterministischen und probabilistischen Grundannahmen sowohl innerhalb der verschiedenen QCA-Schritte als auch zwischen der Querschnitts- und der (mittels Event History und Fallstudie adressierten) Längsschnittdimension erläutert, wenn schon schwer-

---

ob die für Cox-Modelle elementare Annahme proportionaler hazards als gerechtfertigt angenommen werden kann und ob die zur Verfügung stehenden 18 Fälle nicht ein zu kleines sample für eine sinnvolle Analyse bedeuten. Auch fehlen eine substantielle Interpretation der Ergebnisse und eine Diskussion von Residuentest. Während die Event History-Analyse sehr knapp abgehandelt wird – was aus Sicht einer ausgewogenen Methodentriangulation sicherlich zu kritisieren ist – geht Berg-Schlosser die Zeitdimension deutlich ausführlicher mit einem simpleren deskriptiven Verfahren an. Hierzu berechnet er einen Krisenindex und trägt diesen über einzelne Perioden ab – eine von ihm selbst als „illustrativ und zum Teil metaphorisch" (Berg-Schlosser 2012, S. 210) bezeichnete Methode.

[29] Besonders hervorhebenswert ist die behutsame wie selbstkritische Reduktion der zwischenzeitlich 63 in Frage kommenden erklärenden Variablen.

lich aufgelöst worden wäre, gerade auch im Hinblick auf die Übertragbarkeit der Ergebnisse.[30] Die Fallstudie zu Belgien schließlich enthält zwar viel Instruktives und betont, dass diese nicht unbedingt zu erwartende Erfolgsgeschichte „was more complicated than any inclusive theory may suggest" (Berg-Schlosser 2012, S. 82), unausgesprochen bleibt aber, was diese Erkenntnis für die anderen Teilanalysen des Triangulationsdesigns (und insbesondere für die Suche nach häufigeren oder typischen Konfigurationen von Kausalitätsbeziehungen) bedeutet.

### 13.5.3   Jale Tosun (2013): Environmental Policy Change in Emerging Market Democracies

Tosun untersucht Reformen und deren Implementation auf fünf Teilgebieten der regulativen Umweltpolitik im Vergleich zweier Regionen mit relativ junger Transformationsgeschichte, Lateinamerika und Mittel- und Osteuropa von 1990 bis 2010. Zu diesem Zweck kombiniert sie verschiedene Varianten quantifizierender Analysen von achtundzwanzig gepoolten Zeitreihen unter explizitem Bezug auf Liebermans ‚nested analysis' mit qualitativ-historiographischen Fallstudien.

Deskriptiv zeigt Tosun zunächst, dass die Reformdynamik in beiden Regionen, besonders aber in Lateinamerika, eher überschaubar war. Für einen Regulierungswettbewerb nach unten im Kontext dualer (d.h. politischer und wirtschaftlicher) Transformation findet sie im Ergebnis ihrer Analysen kaum Belege, wohingegen ausländische Direktinvestitionen auf drei der fünf untersuchten Felder zu strikteren Umweltschutzmaßgaben führen, u.a. um den Produktstandards auf wichtigen Exportmärkten zu entsprechen. Dies gilt allerdings nicht für die Regeln zum Anbau gentechnisch modifizierter Pflanzen, bei denen die unterschiedlichen Haltungen der USA und der EU zu divergenten Effekten führen. Außerdem ist die Regulierung der Gentechnik der einzige Bereich, in dem Tosun Parteiendifferenzeffekte feststellt. Die Präsenz vokaler Umwelt-NROs dagegen erweist sich als eine der wichtigsten Determinanten umweltpolitischer Reformen in beiden Regionen. Für die mittel- und osteuropäischen Transformationsstaaten waren außerdem die Beitrittsverhandlungen zur EU ein bedeutsamer Reformkatalysator.[31] Am Beispiel Chile demonstriert Tosun überdies „how much variation there can be within one and the same country across the five policy areas" (Tosun 2013, S. 183). Auf der Ebene der Implementation konzentriert sich die Autorin auf die Einrichtung und

---

[30] Erspart sei den Lesern das Bekritteln einzelner Schwellenwertsetzungen, das Reviewer von QCA-Studien ad infinitum betreiben können.

[31] Steigende Einkommen zeitigten in Tosuns Analysezeitraum keine nennenswerten Effekte in der Form bürgerschaftlicher Nachfrage nach höheren Umweltstandards, hier dürften indes der Untersuchungszeitraum zu kurz bzw. die Einkommenssteigerungen zu gering gewesen sein.

Diffusion von staatlichen Organisationseinheiten, die ‚non-compliance' sanktio-
nieren. Mit Hilfe von Event History-Modellen identifiziert sie drei besonders zu-
trägliche Faktoren: international vernetzte Umweltgruppen, Energieverbrauch (als
etwas kruder Proxy für das Ausmaß von Umweltschäden) und der Exportanteil in
hochregulierte Märkte.

Das Werk überzeugt besonders durch seine selbstsichere Vermessung großer
Flächen bislang unerschlossenen Terrains, durch die nach Regionen, Teil-Policies,
Transformationshintergründen und anderen Unterscheidungsachsen differenzier-
ten Schlussfolgerungen (welche hier nur vereinfachend zusammengefasst werden
konnten), die nicht auf den insbesondere akteurs- und institutionentheoretischen
Vorerwartungen beharren, und durch die detaillierten und zuweilen sogar zu demü-
tigen Ausführungen zu „conceptual and empirical limitations of the study" (Tosun
2013, S. 187).

Außerdem wurde auf unerwartete Ergebnisse der Regressionsanalysen zur
Regulierung des Anbaus gentechnisch veränderten Maises reagiert, indem hierzu dreizehn vergleichende Fallstudien (klug in sechs Gruppen aufgeteilt) durchgeführt wurden. Diese letztgenannte große Stärke hängt allerdings eng mit einer
bedauerlichen Schwäche des Triangulations-Designs zusammen: Die qualitativen
Studien sind erkennbar ein Stiefkind des Gesamtprojekts, wobei ihre Nachrangig-
keit nur an einer Stelle (Tosun 2013, S. 66) im Vorbeigehen als solche benannt,
ansonsten aber mit dem vollen Anspruch von ‚nested analysis' hantiert wird. Um
diesen zu erfüllen, hätten aber unter anderem das Vorgehen und die herangezoge-
nen Quellen genauer erläutert, mehr als nur kursorisch (auf ca. 1,15 Seiten je Land)
über die einzelnen Fälle berichtet und nicht zuletzt die Implikationen für das theoretische Modell auch praktisch wieder in die quantifizierende empirische Analyse
eingespeist werden müssen.

### 13.5.4  Georg Wenzelburger (2010): Haushaltskonsolidierungen und Reformprozesse

Das erste Element von Wenzelburgers methodenverbindendem Forschungsdesign
untersucht mittels verschiedener quantifizierender Verfahren (Diskriminanzanaly-
se; diverse Regressionsvarianten) die Determinanten von Budgetkonsolidierungen
und ihrer inhaltlichen Ausgestaltung in 23 Kern-OECD-Staaten. Diese werden
sodann ergänzt um tiefschürfende Prozessanalysen zu drei erfolgreichen Ländern
(Schweden, Belgien, Kanada) und einem gescheiterten Fall (Frankreich). Soweit
wäre dies bereits ein tragfähiges und überzeugendes Projekt gewesen. Hinzu treten
jedoch überdies, und darin liegt die besondere Innovation, qualitative Analysen
der den Konsolidierungsbemühungen zu Grunde liegenden politischen – insbesondere kommunikativen – Strategien. Hervorzuheben ist an dieser Arbeit, dass

sie trotz ihrer äußerst extensiven und intensiven empirischen Durchdringung den Geltungs- bzw. Generalisierungsanspruch ihrer Ergebnisse wesentlich stärker und damit realistischer als branchenüblich einschränkt (vgl. Wenzelburger 2010, S. 23f.). Außerdem führt Wenzelburger die Befunde aus den einzelnen Analysen wesentlich gründlicher und übersichtlicher als oft zu bekritteln ist (auch tabellarisch) zusammen.

Zu den wichtigsten Erkenntnissen hinsichtlich der Determinanten des Konsolidierungserfolgs zählen die Bedeutung des sozioökonomischen Problemdrucks als Reformanlass und von Wirtschaftswachstum als Wirkungsbeschleuniger. Doch auch der nur schwache (Links-)Parteieneffekt und der nur konditionale (auf starke Linksparteien angewiesene, dann aber wirkmächtige) Beitrag gewerkschaftlicher Machtressourcen verdienen Erwähnung. Letzteres wird erst durch die Methodenverbindung deutlich, ebenso das Phänomen der „Rechtsverschiebung des Parteiensystems" (Wenzelburger 2010, S. 342). Für manchen Leser überraschend dürfte der nur punktuelle Einfluss der Maastricht-Kriterien auch in der Qualifikationsphase sein. Wenzelburgers Strategieanalysen unterscheiden zwischen der politischen und der öffentlichen Arena. In Ersterer erweisen sich unter anderem Sondervollmachten für das Finanzministerium, die Verabschiedung von Teilmaßnahmen in großen Paketen und die Schaffung von Ausnahmesituationen, etwa durch Rücktrittsdrohungen, als hilfreich. In Letzterer geht es einerseits um geschickte Verteilung und Kaschierung der Belastungen (samt der guten alten Machiavelli'schen Devise, Grausamkeiten unmittelbar nach Machtübernahme zu begehen) und andererseits um die Konstruktion der Austeritätsphase als vorübergehende, extern induzierte nationale Herausforderung, nach deren Bewältigung konkrete längerfristige Wohltaten warten.

Als im hiesigen Zusammenhang eher randständige Kritikpunkte wären beispielsweise die sicher nicht alternativlose Konsolidierungsdefinition, der starke analytische Fokus auf Erfolge, welcher mögliche weitere Lehren aus Misserfolgen links liegen lässt, oder der Umgang mit je nach Modell v.a. aufgrund teilweise eingeschränkter Datenverfügbarkeit bei den erklärenden Variablen variierenden Datenpools (warum nicht jeweils die Modelle mit größeren N auch für das kleinere berechnen, damit überprüft werden kann, welche unterschiedlichen Befunde Sample-Effekte sind?) zu nennen. Nicht ganz ideal wirkt an Wenzelburgers Triangulations-Design zum einen die nicht sehr deutlich erkennbare Rückeinspeisung von Erkenntnissen aus den – explizit als nachrangig bezeichneten (Wenzelburger 2010, S. 70) – qualitativen Studien in die quantifizierenden Analysen. Hier soll keinesfalls unterstellt werden, dass es diese nicht gegeben habe, aber zumindest aus dem Hauptinteresse des vorliegenden Kapitels heraus (das, es sei hier zum Abschluss der Review-Übung nochmals betont, natürlich nicht zwingend ein Kriterium sein muss, das die Autoren der drei vorgestellten besonders gelungenen methodenverbindenden Werke selbst als relevant erachten) wäre es erfreulich gewesen, wenn sie explizit gemacht worden wäre. Zum anderen vermeidet die ansonsten vorbildliche und daher oben ja hervorgehobene zusammenführende Diskussion der Ergebnisse aus den Teilstudien zuweilen kognitive Dissonanzen, etwa bei den Auswirkungen des Zinsniveaus[32], was wiederum zu Widersprüchen zwischen der tabellarischen Übersicht und dem Textbefund führt.

Die (erfreulich wenigen) Schwächen dieser diskutierten besonders gelungenen Werke veranschaulichen, woran methodentriangulierende Policy-Forschung typischerweise noch oftmals krankt bzw., positiv gewendet, in welcher Hinsicht zukünftige Arbeiten den ‚state of the art' noch spürbar verbessern könnten. Vertieft werden soll dieses Potenzial hier am Beispiel des Umgangs mit widersprüchlichen Ergebnissen aus den unterschiedlichen Methodenanwendungen. Auch wenn dies wie in Abschnitt 13.2 diskutiert die Publikationschancen mindern mag: Zu allererst führt kein seriöser Weg daran vorbei, diese Widersprüche offen darzulegen. Sodann laden sie zu erneuter Grundlagenreflexion und darauf aufbauender Gewichtung der konträren Befunde ein. Häufig werden sich daraus auch Wegmarken für die weitere Forschung ableiten lassen, die den Ursachen der Nichtübereinstimmung nachspüren könnte. Unter Endlichkeits- und weiteren Unvollkommenheitsbedingungen mag aus einer solchen Konstellation aber überdies je nach Forschertemperament auch eine zusätzliche Dosis Demut im Hinblick auf den Generalisierungsanspruch unserer Schlussfolgerungen oder gar ein gewandeltes Selbstverständnis der wissenschaftlichen Persönlichkeit hervorgehen.

## 13.6   Fazit und Ausblick

In einer paradoxen Volte kommt Williams (2013, S. 396f.) zu dem Schluss, dass im Angesicht der oben unter 2.5 diskutierten Gefährdungen der Wahrheit bzw. des Wahrheitsanspruchs durch die Wahrhaftigkeit unsere größte Hoffnung auf die (partielle) Erkenntnis von Wahrheit trotzdem im Bemühen um Wahrhaftigkeit liegt. Dabei gibt es einige Frustrationen auszuhalten, und ein „best-possible standard" (Gering 2011, S. 625) der Forschungsstrategie für die Politikwissenschaft generell oder auch nur für Master-Arbeiten im Besonderen ist nicht auszumachen.

---

[32] Der Verweis darauf, dass in den quantifizierenden Analysen der Primärsaldo im Zentrum steht und daher Zinseffekte dort nicht aufscheinen könnten (Wenzelburger 2010, S. 343), trägt nur begrenzt weit – sollte die Höhe der Zinslast nicht eine primäre Motivation bzw. der Anlass für alle Formen und Zielgrößen der Konsolidierung sein, auch wenn sie durch Fokussieren auf den Primärsaldo temporär ausgeblendet werden kann (vgl. die politische Psychologie des aktuellen griechischen Falles)?

Eine Handvoll Grundhaltungen dürften jedoch hilfreich sein: Erstens ein offener Umgang mit dem eigenen Vorgehen, denn „the cumulation of knowledge in a field probably depends as much on methodological transparency as on statistically significant results" (Gering 2011, S. 633). Zweitens eine pragmatische Unvoreingenommenheit gegenüber potenziell zu verbindenden, je für sich unvollkommenen Zugriffen:

> Perfection becomes the enemy of scientific advance. We must guard against the possibility that work adding value to what we already know about a given subject might be rejected even when no better approach is forthcoming. [...] It is to be hoped that a flexible and multidimensional standard, understandable in relation to other potential research designs that might be applied to the same problem, will serve that goal. (Gering 2011, S. 632f.)

Drittens bedächtiges „prüfendes Denken" (Schulz 1992) und Mut zur Langsamkeit, weil die Auswahl eines konkreten Forschungsdesigns „a matter of judgement" (Hall 2008, S. 311) ist und Urteilskraft sich nicht mit der zeitgenössischen Hyperaktivität verträgt. Viertens eine ,Herangehensweise niedriger Erwartungen' (Shalev 2007, S. 270), die auf überbordende Ambitionen hinsichtlich der Identifikation räumlich und zeitlich invarianter Gesetzmäßigkeiten verzichtet. Und fünftens schließlich, sofern man ein Weltbildetikett überhaupt benötigt, ein Bekenntnis zur britischen Variante des *critical realism* (vgl. Sayer 1992) als einer Plattform, die eine skeptische, eklektische Wahrheitssehnsucht erlaubt[33] – mit offenem Ausgang, wie bei jeder Seereise, die mittels Triangulation navigiert.

## 13.7 Zum guten Schluss eine Ermutigung

Dieses Kapitel beschließt zugleich das Handbuch. Wir Autoren hatten länger überlegt, ob der Band als Ganzes eines Fazits bedürfe. Letzten Endes möchten wir Ihnen aber nur noch eines mit auf den Weg geben: Bei allem Problembewusstsein, das wir in den einzelnen Kapiteln ventiliert haben, sollte die Freude an Ihrer Master-Arbeit nicht zu kurz kommen. Sie haben nun das Privileg, sich über einige Monate intensiv und systematisch mit einem spannenden politikwissenschaftlichen Thema befassen und Ihre Befunde ausführlich darlegen zu dürfen. Und es reicht, wenn die Arbeit gut wird. Perfekt darf dann die Doktorarbeit sein.

Also: Legen Sie los!

---

[33] Letztlich geht es hier mehr um einen Stil als um ein Paradigma (vgl. zu dieser Unterscheidung Brewer und Hunter 2006, S. 12).

## Kommentierte Literaturempfehlung

King, Gary, Robert Keohane und Sidney Verba. 1994. *Designing social inquiry. Scientific inference in qualitative research.* Princeton: Princeton University Press.

Die Autoren dieses ungemein vielzitierten Werks formulieren eine – an bestimmte Voraussetzungen geknüpfte – Einladung der quantifizierenden Seite an die Verfechter des qualitativen Paradigmas.

Collier, David, Henry E. Brady und Jason Seawright. 2004. Critiques, responses and trade-offs: Drawing together the debate. In *rethinking social inquiry. Diverse tools, shared standards,* Hrsg. Henry E. Brady und David Collier, 195–227. Lanham: Rowman & Littlefield.

Darauf geben diese prominenten Vertreter der Gegenseite eine ebenfalls bedingt kooperationsoffene Antwort. Zur Reflexion des eigenen Standpunkts ist die parallele Lektüre ratsam.

Creswell, John W. und Vicki L. Plano Clark. 2011. *Designing and conducting mixed methods research.* Thousand Oaks: Sage.

Moses, Jonathon und Torbjørn L. Knutsen. 2011. *Ways of knowing. Competing methodologies in social and political research.* Basingstoke: Palgrave Macmillan.

Diese beiden Monographien sind Neuauflagen der schnell zu Klassikern avancierten oben zitierten Werke von 2007. Ersteres ist ein Standardlehrbuch für methodenverbindende Vorhaben, Letzteres eine für beide Seiten aufgeschlossene Einführung in die Wissenschaftsphilosophie und politikwissenschaftliche Methodologie.

Morse, Janice M. und Linda Niehaus. 2009. *Mixed methods design: Principles and procedures.* Walnut Creek, CA: Left Coast Press.

Die Autorinnen bieten eine formalisierte Typologie von methodenverbindenden Designs, aus der man auch dann Einiges lernen kann, wenn man bestimmte Grundannahmen (z. B. dass immer eine Methode übergeordnet sein muss) nicht teilt.

Empfehlenswert ist es überdies, in den Archiven des *Journal of Mixed Methods Research* sowie des *Journal of Multiple Research Approaches* zu stöbern und deren E-Mail-Alerts zu abonnieren.

# Literatur

Aarebrot, Frank H., und Pal H. Bakka. 2003. Die Vergleichende Methode in der Politikwissenschaft. In *Vergleichende Politikwissenschaft – Ein einführendes Studienbuch,* Hrsg. Dirk Berg-Schlosser und Ferdinand Müller-Rommel, 57–76. Wiesbaden: VS Verlag für Sozialwissenschaften.

Achen, Christopher H. 1986. *The statistical analysis of quasi-experiments.* Berkeley: University of California Press.

Achen, Christopher H. 2000. Why Lagged Dependent Variables Can Suppress the Explanatory Power of Other Independent Variables. Vortrag beim Jahrestreffen der Sektion Political Methodology der American Political Science Association. http://polmeth.wustl.edu/workingpapers.php. Zugegriffen: 9. Juni 2005.

Adelman, Jeremy. 2013. *Worldly philosopher. The Odyssey of Albert O. Hirschman.* Princeton: Princeton University Press.

Allison, Paul D. 1990. Change scores as dependent variables in regression analysis. *Sociological Methodology* 20 (3): 93–114.

Alt, James, und Gary King. 1994. Transfers of governmental power: The meaning of time dependence. *Comparative Political Studies* 27 (2): 190–210.

Amenta, Edwin. 2003. What we know about the development of social policy: Comparative and historical research in comparative and historical perspective. In *Comparative historical analysis in the social sciences,* Hrsg. James Mahoney und Dietrich Rueschemeyer, 91–130. Cambridge: Cambridge University Press.

Arellano, Manuel. 1987. Computing robust standard errors for within-groups estimators. *Oxford Bulletin of Economics* 49 (4): 431–434.

Arndt, Christoph. 2013. *The electoral consequences of third way welfare state reforms. Social democracy's transformation and its political costs.* Amsterdam: Amsterdam University Press.

Arzheimer, Kai. 2002. *Politikverdrossenheit. Bedeutung, Verwendung und empirische Relevanz eines politikwissenschaftlichen Begriffs.* Opladen: Westdeutscher Verlag.

Assenmacher, Walter. 2002. *Einführung in die Ökonometrie.* 6. Aufl. München: Oldenbourg.

© Springer Fachmedien Wiesbaden 2015
A. Hildebrandt et al., *Methodologie, Methoden, Forschungsdesign*
DOI 10.1007/978-3-531-18993-2

Backhaus, Klaus, Bernd Erichson, Wulff Plinke, und Rolf Weiber. 1996. *Multivariate Analysemethoden. Eine anwendungsorientierte Einführung.* 8. Aufl. Heidelberg: Springer.

Barozet, Emmanuelle. 2011. Ungleichheitsmessung in Lateinamerika: Das Projekt Desigualdades in Chile. In *Soziale Ungleichheiten in Lateinamerika. Neue Perspektiven auf Wirtschaft, Politik und Umwelt,* Hrsg. Ingrid Wehr und Hans-Jürgen Burchardt, 309–330. Baden-Baden: Nomos.

Barton, Allen H. (1968). Bringing society back in. Survey research and macro-methodology. *American Behavioral Scientist* 12 (2): 1–9.

Bates, Stephen R., und Laura Jenkins. 2007. Teaching and learning ontology and epistemology in political science. *Politics* 27 (1): 55–63.

Bayard, Pierre. 2007. *Wie man über Bücher spricht, die man nicht gelesen hat.* München: Kunstmann.

Beach, Derek, und Rasmus Brun Pedersen. 2013. *Process tracing methods. Foundations and guidelines.* Ann Arbor: University of Michigan Press.

Beck, Nathaniel. 2001. Time-series-cross-section data: What have we learned in the past few years? *Annual Review of Political Science* 4 (1): 271–293.

Beck, Nathaniel, und Jonathan N. Katz. 1995. What to do (and not to do) with time-series-cross-section data in comparative politics. *American Political Science Review* 89 (3): 634–647.

Beck, Nathaniel, und Jonathan N. Katz. 1996. Nuisance vs. substance: Specifying and estimating time-series-cross-section models. *Political Analysis* 6 (1): 1–36.

Beck, Nathaniel, und Jonathan N. Katz. 2001. Throwing out the baby with the bath water: A comment on green, kim, and yoon. *International Organization* 55 (2): 487–495.

Behnke, Joachim. 2005. Lassen sich Signifikanztests auf Vollerhebungen anwenden? Einige essayistische Anmerkungen. *Politische Vierteljahresschrift* 46 (1): O-1–O-15.

Behnke, Joachim, Nina Baur, und Nathalie Behnke. 2010. *Empirische Methoden der Politikwissenschaft.* 2. Aufl. Paderborn: Schöningh.

Belsley, David A., Edwin Kuh, und Roy E. Welsch. 1980. *Regression diagnostics: Identifying influential data and sources of collinearity.* New York: Wiley.

Bennett, Andrew. 2010. Process tracing and causal interference. In *Rethinking social inquiry. Diverse tools, shared standards,* Hrsg. Henry E. Brady und David Collier, 207–219. Lanham: Rowman and Littlefield.

Bennett, Andrew, und Colin Elman. 2006. Complex causal relations and case study methods: The example of path dependence. *Political Analysis* 14 (3): 250–267.

Bennett, Andrew, und Alexander L. George. 1997. Process Tracing in Case Study Research. MacArthur Foundation Workshop on Case Study Methods. am 17.–19. Oktober 1997. http://users.polisci.wisc.edu/kritzer/teaching/ps816/ProcessTracing.html. Zugegriffen 13.9.2014.

Bennett, D. Scott. 1999. Parametric models, duration dependence, and time-varying data revisited. *American Journal of Political Science* 43 (1): 256–270.

Bennett, D. Scott, und Allan C. Stam III. 1996. The duration of interstate wars. 1816–1985. *The American Political Science Review* 90 (2): 239–257.

Bennett, D. Scott, und Allan C. Stam III. 1998. The declining advantages of democracy. A combined model of war outcomes and duration. *Journal of Conflict Resolution* 42 (3): 344–366.

Benninghaus, Hans. 2007. *Deskriptive Statistik: Eine Einführung für Sozialwissenschaftler.* 11. Aufl. Wiesbaden: VS Verlag für Sozialwissenschaften.

Berelson, Bernard. 1952. *Content analysis in communication research.* New York: Hafner.

Berg, Bruce L. 2010. *Qualitative research methods for the social sciences.* Boston: Pearson/ Allyn and Bacon.

Berg-Schlosser, Dirk. 2008. Determinants of democratic successes and failures in Africa. *European Journal of Political Research* 47 (3): 269–306.

Berg-Schlosser, Dirk. 2012. *Mixed-methods in comparative politics. Principles and applications.* Basingstoke: Palgrave Macmillan.

Berg-Schlosser, Dirk, und Gisele De Meur. 2009. Comparative research design: Case and variable selection. In *Configurational comparative methods,* Hrsg. Benoit Rihoux und Charles Ragin, 19–32. Los Angeles: Sage.

Berg-Schlosser, Dirk, und Lasse Cronqvist. 2012. *Aktuelle Methoden der Vergleichenden Politikwissenschaft: Einführung in konfigurationelle (QCA) und makro-quantitative Verfahren.* Opladen: Verlag Barbara Budrich.

Berry, William D., und Stanley Feldman.1985. *Multiple regression in practice.* Newbury Park: Sage.

Best, Henning, und Christof Wolf. 2010. Logistische Regression. In *Handbuch der sozialwissenschaftlichen Datenanalyse,* Hrsg. Christof Wolf und Henning Best, 827–854. Wiesbaden: VS-Verlag für Sozialwissenschaften.

Bickel, Robert. 2007. *Multilevel analysis for applied research – It's just regession!* New York: The Guilford Press.

Billig, Michael. 2013. *Learn to write badly. How to succeed in the social sciences.* Cambridge: Cambridge University Press.

Blaikie, Norman W. H. 1991. A critique of the use of triangulation in social research. *Quality & Quantity* 25 (2): 115–136.

Blair, Graeme, und Kosuke Imai. 2012. Statistical analysis of list experiments. *Political Analysis* 20 (1): 47–77.

Blatter, Joachim K., Frank Janning, und Claudius Wagemann. 2007. *Qualitative Politikanalyse. Eine Einführung in Forschungsansätze und Methoden.* Wiesbaden: VS Verlag für Sozialwissenschaften.

Blossfeld, Hans-Peter, Hrsg. 1995. *The new role of women. Family formation in modern societies.* Boulder: Westview Press.

Blossfeld, Hans-Peter, Alfred Hamerle, und Karl Ulrich Mayer. 1986. *Ereignisanalyse.* Frankfurt a. M.: Campus-Verlag.

Blossfeld, Hans-Peter, Katrin Golsch, und Götz Rohwer. 2007. *Event history analysis with stata.* Mahwah: Lawrence Erlbaum Associates.

Bogner, Alexander, und Wolfgang Menz. 2009a. Experteninterviews in der qualitativen Sozialforschung. Zur Einführung in eine sich intensivierende Methodendebatte. In *Experteninterviews. Theorien, Methoden, Anwendungsfelder.* 3. Aufl. Hrsg. Alexander Bogner, Beate Littig, und Wolfgang Menz, 7–31. Wiesbaden: VS-Verlag für Sozialwissenschaften.

Bogner, Alexander, und Wolfgang Menz. 2009b. Das theoriegenerierende Experteninterview. Erkenntnisinteresse, Wissensformen, Interaktion. In *Experteninterviews. Theorien, Methoden, Anwendungsfelder.* 3. Aufl. Hrsg. Alexander Bogner, Beate Littig, und Wolfgang Menz, 61–98. Wiesbaden: VS-Verlag für Sozialwissenschaften.

Böhm, Andreas. 2009. Theoretisches Codieren: Textanalyse in der Grounded Theory. In *Qualitative Forschung. Ein Handbuch,* Hrsg. Uwe Flick, Ernst von Kardorff, und Ines Steinke, 475–485. Reinbek: Rowohlt.

Bortz, Jürgen. 1985. *Lehrbuch der Statistik für Sozialwissenschaftler.* Berlin: Springer.

Bortz, Jürgen, und Christof Schuster. 2010. *Statistik für Human–und Sozialwissenschaftler.* 7. Aufl. Berlin: Springer.

Box-Steffensmeier, Janet M., und Anand E. Sokhey. 2009. Event history methods. In *Handbook of politics. State and society in global Perspective,* Hrsg. Kevin T. Leicht und Craig J. Jenkins, 605–618. New York: Springer.

Box-Steffensmeier, Janet M., und Bradford S. Jones. 1997. Time is of the essence. Event history models in political science. *American Journal of Political Science* 41 (4): 1414–1461.

Box-Steffensmeier, Janet M., und Bradford S. Jones. 2004. *Event history modeling.* Cambridge: Cambridge University Press.

Box-Steffensmeier, Janet M., und Christopher J. W. Zorn. 2001. Duration models and proportional hazards in political science. *American Journal of Political Science* 45 (4): 972.

Box-Steffensmeier, Janet M., Dan Reiter, und Christopher Zorn. 2003. Nonproportional hazards and event history analysis in international relations. *Journal of Conflict Resolution* 47 (1): 33–53.

Brady, Henry E., und David Collier, Hrsg. 2010. *Rethinking social inquiry – Diverse tools shared standards.* Lanham: Rowman and Littlefield Publishers.

Brady, Henry E., David Collier, und Jason Seawright. 2006. Towards a pluralistic vision of methodology. *Political Analysis* 14 (3): 353–368.

Brambor, Thomas, William R. Clark, und Matt Golder. 2006. Understanding interaction models: Improving empirical analyses. *Political Analysis* 14 (1): 63–82.

Braun, Michael, und Ingwer Borg. 2004. Berufswerte im zeitlichen und im Ost-West-Vergleich. In *Sozialer und politischer Wandel in Deutschland. Analysen mit ALLBUS-Daten aus zwei Jahrzehnten,* Hrsg. Rüdiger Schmitt-Beck, Martina Wasmer und Achim Koch, 179–199. Wiesbaden: VS Verlag für Sozialwissenschaften.

Braun, Daniela, Nicole Seher, Markus Tausendpfund, und Ansgar Wolsing. 2010. Einstellungen gegenüber Immigranten und die Zustimmung zur Europäischen Integration – eine Mehrebenenanalyse. Working Paper Mannheim. Mannheim: Mannheimer Zentrum für Europäische Sozialforschung. http://www.mzes.uni-mannheim.de/publications/wp/wp-136.pdf. Zugegriffen: 3. Jan. 2011.

Breusch, Trevor, Tom Kompas., Hoa Tih Minh Nguyen, und Michael B. War. 2011. FEVD: Just IV or just mistaken? *Political Analysis* 19 (2): 165–169.

Brewer, John, und Albert Hunter. 2006. *Foundations of multimethod research. Synthesizing styles.* London: Sage.

Breznau, Nate, Valerie A. Lykes, Jonathan Kelley, und M. D. R. Evans. 2011. A Clash of Civilizations? Preferences for Religious Political Leaders in 86 Nations. *Journal for the Scientific Study of Religion* 50 (4): 671–691.

Broscheid, Andreas, und Thomas Gschwend. 2003. *Augäpfel, Murmeltiere und Bayes: Zur Auswertung stochastischer Daten aus Vollerhebungen. MPIfG Working Paper 03/7.* Köln: Max-Planck-Institut für Gesellschaftsforschung.

Brosius, Felix. 2004. *SPSS 12.* Bonn: mitp-Verlag.

Brosius, Hans-Bernd, Alexander Haas, und Friederike Koschel. 2012. *Methoden der empirischen Kommunikationsforschung. Eine Einführung.* Wiesbaden: VS Verlag für Sozialwissenschaften.

Browne, William J., und David Draper. 2000. Implementation and performance issues in the Bayesian and likelihood fitting of multilevel models. *Computational Statistics* 15 (3): 391–420.

Brüderl, Josef. 1991a. *Bell-shaped duration dependence in social processes. A generalized log-logistic rate model. mimeo.* Bern: University of Bern.

Brüderl, Josef. 1991b. *Mobilitätsprozesse in Betrieben. Dynamische Modelle und Empirische Befunde.* Frankfurt a. M.: Campus-Verlag.

Bühner, Markus. 2011. *Einführung in die Test- und Fragebogenkonstruktion.* 3. Aufl. München: Pearson.

Büthe, Tim. 2002. Taking temporality seriously. Modelling history and the use of narratives as evidence. *American Political Science Review* 96 (3): 481–493.

Busemeyer, Marius, und Christine Trampusch. 2011. Comparative political science and the study of education. *British Journal of Political Science* 41 (3): 413–433.

Caren, Neal, und Aaron Panofsky. 2005. TQCA: A technique for adding temporality to qualitative comparative analysis. *Sociological Methods & Research* 34 (2): 147–172.

Carman, Christopher, James Mitchell, und Robert Johns. 2008. The unfortunate natural experiment in ballot design: The scottish parliamentary elections of 2007. *Electoral Studies* 27 (3): 442–459.

Carroll, Glenn R., und Michael T. Hannan. 2000. *The demography of corporations and industries.* Princeton: Princeton University Press.

Chamie, Josep, und Barry Mirkin. 2011. Same-sex marriage: A new social phenomenon. *Population and Development Review* 37 (3): 529–551.

Chan, Steve. 2003. Explaining war termination: A Boolean analysis of causes. *Journal of Peace Research* 40 (1): 49–66.

Chatterjee, Samprit, und Bertram Price. 1995. *Praxis der Regressionsanalyse.* 2. Aufl. München: Oldenbourg.

Christmann, Gabriela B. 2009. Telefonische Experteninterviews – ein schwieriges Unterfangen. In *Experteninterviews. Theorien, Methoden, Anwendungsfelder.* 3. Aufl., Hrsg. Alexander Bogner, Beate Littig, und Wolfgang Menz, 194–222. Wiesbaden: VS-Verlag für Sozialwissenschaften.

Cleves, Mario Alberto, Roberto G. Gutierrez, William Gould, und Yulia V. Marchenko. 2010. *An introduction to survival analysis using stata.* College Station: TX Stata Press.

Coenders, Marcel, und Peer Scheepers. 2004. Ablehnung der sozialen Integration von Ausländern in Deutschland 1980–2000: Individual-, Perioden- und Kohortenmerkmale als Determinanten. In *Sozialer und politischer Wandel in Deutschland. Analysen mit ALLBUS-Daten aus zwei Jahrzehnten,* Hrsg. Rüdiger Schmitt-Beck, Martina Wasmer, und Achim Koch, 201–233. Wiesbaden: VS Verlag für Sozialwissenschaften.

Cohen, Jacob, Patricia Cohen, Stephen G. West, und Leona S. Aiken. 2003. *Applied multiple regression/correlation analysis for the behavioral sciences.* Mahwah: Erlbaum.

Coleman, James Samuel. 1981. *Longitudinal data analysis.* New York: Basic Books.

Collett, David. 2003. *Modelling survival data in medical research.* 2. Aufl. Boca Raton: Chapman & Hall/CRC.

Collier, David. 2011. Understanding process tracing. *Political Science and Politics* 44 (4): 823–830.

Collier, David, Henry E. Brady, und Jason Seawright. 2004. Critiques, responses and tradeoffs: Drawing together the debate. In *Rethinking social inquiry. Diverse tools, shared standards,* Hrsg. Henry E. Brady und David Collier, 195–227. Lanham: Rowman & Littlefield.

Cox, David R. 1975. Partial likelihood. *Biometrika* 62 (2): 269–276.

Cox, David R., und David Oakes. 1984. *Analysis of survival data.* London: Chapman & Hall.

Cox, David R., und E. Joyce Snell. 1968. A general definition of residuals. *Journal of the Royal Statistical Society. Series B (Methodological)* 30 (2): 248–275.

Creswell, John W., und Vicki L. Plano Clark. 2007. *Designing and conducting mixed methods research.* Thousand Oaks: Sage.

Cronqvist, Lasse. 2007. Konfigurationelle Analyse mit Multi-Value QCA als Methode der Vergleichenden Politikwissenschaft mit einem Fallbeispiel aus der Vergleichenden Parteienforschung (Erfolg Grüner Parteien in den achtziger Jahren). Dissertation. http://archiv.ub.uni-marburg.de/diss/z2007/0620/pdf/cronqvist.pdf. Zugegriffen: 12. Sept. 2014.

Cronqvist, Lasse. 2011. *Tosmana: Tool for small-n analysis [computer programme], version 1.3.2.0.* Trier: University of Trier.

De Mesquita, Bruce Bueno, und Randolph M. Siverson. 1995. War and the survival of political leaders: A comparative study of regime types and political accountability. *American Political Science Review* 89 (4): 841–855.

De Meur, Gisele, Benoit Rihoux, und Sakura Yamasaki. 2009. Adressing the critiques of QCA. In *Configurational comparative analysis,* Hrsg. Benoit Rihoux und Charles Ragin, 147–165. Los Angeles: Sage.

Diaz-Bone, Rainer. 2006. Die interpretative Analytik als methodologische Position. In *Foucault: Diskursanalyse in der Politik. Eine Einführung,* Hrsg. Brigitte Kerchner und Silke Schneider, 68–84. Wiesbaden: VS Verlag für Sozialwissenschaften.

Diaz-Bone, Rainer, und Werner Schneider. 2010. Qualitative Datenanalysesoftware in der sozialwissenschaftlichen Diskursanalyse. Zwei Praxisbeispiele. In *Handbuch sozialwissenschaftliche Diskursanalyse. Forschungspraxis,* Hrsg. Reiner Keller, Andreas Hirseland, Werner Schneider, und Willy Viehöver, 491–530. Wiesbaden: VS Verlag für Sozialwissenschaften.

Diekmann, Andreas. 1989. Diffusion and survival models for the process of entry into marriage. *Journal of Mathematical Sociology* 14 (1): 31–41.

Diekmann, Andreas. 2007. *Empirische Sozialforschung. Grundlagen, Methoden, Anwendungen.* 18., vollst. überarbeitete und erweiterte Aufl. Reinbek: Rowohlt.

Diekmann, Andreas. 2009. *Empirische Sozialforschung. Grundlagen, Methoden, Anwendungen.* 20., vollst. überarbeitete und erweiterte Aufl. Reinbek: Rowohlt.

Diekmann, Andreas. 2012. *Empirische Sozialforschung. Grundlagen, Methoden, Anwendungen.* 6. Aufl. Reinbek: Rowohlt.

Dilthey, Wilhelm. 1961. *Gesammelte Schriften. Die geistige Welt. Einleitung in die Philosophie des Lebens,* Bd. 5. Göttingen: Teubner.

Doherty, Daniel, Donald P. Green, und Alan S. Gerber. 2006. Personal income and attitudes towards redistribution: A study of lottery winners. *Political Psychology* 27 (3): 441–458.

Dowding, Keith, und Patrick Dumont, Hrsg. 2009. *The selection of ministers in Europe. Hiring and firing.* London: Routledge.

Dreyfus, Hubert L., und Paul Rabinow. 1987. *Michel Foucault. Jenseits von Strukturalismus und Hermeneutik.* Frankfurt a. M.: Athenäum.

Drozdova, Katya, und Kurt Taylor Gaubatz. 2013. Reducing uncertainty: Information analysis for comparative case studies. *International Studies Quarterly* 58 (3): 633–645.

Druckman, James N., Donald P. Green, James H. Kuklinski, und Arthur Lupia. 2006. The growth and development of experimental research in political science. *The American Political Science Review* 100 (4): 627–635.

Druckman, James N., Donald P. Green, James H. Kuklinski, und Arthur Lupia, Hrsg. 2011. *Cambridge handbook of experimental political science.* Cambridge: Cambridge University Press.

Dülmer, Hermann, und Dieter Ohr. 2008. Rechtsextremistische Wahlabsicht und regionaler Kontext: Mehrebenenanalysen zur Rolle sozialer Milieus und regionaler Gruppenkonflikte in Deutschland. *Politische Vierteljahresschrift* 49 (3): 491–517.

Duke, George. 2014. Gadamer and political authority. *European Journal of Political Theory* 13 (1): 25–40.

Dunning, Thad. 2008. Improving causal inference: Strenghts and limitations of natural experiments. *Political Research Quarterly* 61 (2): 282–293.

Efron, Bradley. 1977. The efficiency of Cox's likelihood function for censored data. *Journal of the American Statistical Association* 72 (359): 557–565.

Elandt-Johnson, Regina C., und Norman L. Johnson. 1980. *Survival models and data analysis.* New York: Wiley.

Esping-Andersen, Gøsta. 2007. Multiple regression in small-n comparison. *Comparative Social Research* 24, 335–342.

Europäische Kommission. 2012. Eurobarometer 68.2 (Nov–Dec 2007). TNS OPINION & SOCIAL, Brüssel, Köln: GESIS Datenarchiv. ZA4742 Datenfile Version 4.0.1. doi:10.4232/1.10986.

Europäische Kommission. *Eurobarometer.* Köln: GESIS Datenarchiv. http://ec.europa.eu/public_opinion/index_en.htm. Zugegriffen: 12. Sep 2014.

European and World Values Surveys four wave integrated data file. 1981–2004. v. 20060423, 2006. The European Values Study Foundation. http://www.europeanvaluesstudy.eu/. Letzter Zugriff 15.09.2014 and World Values Survey Association. http://www.worldvaluessurvey.org. Letzter Zugriff 15.9.2014.

European Environment Agency. 2005. *The European environment – State and outlook 2005.* Copenhagen: European Environment Agency.

Evans, Michael, Wayne McIntosh, Jimmy Lin, und Cynthia Cates. 2007. Recounting the courts? Applying automated content analysis to enhanced empirical legal research. *Journal of Empirical Legal Studies* 4 (4): 1007–1039.

EVS. 2014. *European values survey.* Köln: GESIS Datenarchiv. http://www.gesis.org. Zugegriffen: 17. April 2014.

Faas, Thorsten. 2009. Das Experiment – ein unbekanntes Wesen? In *Datenwelten: Datenerhebung und Datenbestände in der Politikwissenschaft,* Hrsg. Kai-Uwe Schnapp, Nathalie Behnke, und Joachim Behnke, 72–93. Baden-Baden: Nomos.

Faas, Thorsten, und Sascha Huber. 2010. Experimente in der Politikwissenschaft: Vom Mauerblümchen zum Mainstream. *Politische Vierteljahresschrift* 51 (4): 721–749.

Falter, Jürgen W. 2000. Politischer Extremismus. In *Wirklich ein Volk? Die politischen Orientierungen von Ost- und Westdeutschen im Vergleich,* Hrsg. Jürgen W. Falter, Oscar W. Gabriel und Hans Rattinger, 403–433. Opladen: Leske + Budrich.

Ferris, J. Stephen, und Marcel-Cristian Voia. 2009. What determines the length of a typical Canadian Parliamentary government? *Canadian Journal of Political Science* 42 (4): 881–910.

Fischer, Frank. 2003. Reframing public policy. *Discursive politics and deliberative practices.* Oxford: Oxford University Press.

Fisseni, Hermann-Josef. 1997. *Lehrbuch der psychologischen Diagnostik.* Göttingen: Hogrefe.

Foucault, Michel. 1983. *Der Wille zum Wissen. Sexualität und Wahrheit 1.* Frankfurt a. M.: Suhrkamp.

Foucault, Michel. 2002. Dits et Ecrits. Schriften 2. 1970–1975. Frankfurt a. M.: Suhrkamp.

Foucault, Michel. 2003a. *Archäologie des Wissens.* Frankfurt a. M.: Suhrkamp.

Foucault, Michel. 2003b. *Die Ordnung des Diskurses*. Frankfurt a. M.: Fischer.

Fox, John. 1991. *Regression Diagnostics*. Newbury Park: Sage.

Frank, David John, und Elizabeth H. McEneaney. 1999. The individualization of society and the liberalization of state policies on same-sex sexual relations 1984–1995. *Social Forces* 77 (3): 911–943.

Franzese, Robert J. Jr., und Jude C. Hays. 2008. Interdependence in comparative politics. Substance, theory, empirics, substance. *Comparative Political Studies* 41 (4/5): 742–780.

Friese, Susanne. 2012. *Qualitative data analysis with ATLAS.ti*. Los Angeles: SAGE.

Froschauer, Ulrike, und Manfred Lueger. 2009. *Interpretative Sozialforschung. Der Prozess.* Wien: Facultas.

Früh, Werner. 2007. *Inhaltsanalyse: Theorie und Praxis*. Konstanz: UVK Verl.-Ges.

Früh, Werner. 2011. *Inhaltsanalyse. Theorie und Praxis*. Konstanz: UVK Verlags-Gesellschaft.

Fuchs, Dieter. 2013. Measuring the quality of democracy: A subjective approach, paper prepared for the workshop „measuring democracy". University of Frankfurt am Main, 29. September 29–1. Oktober 2013.

Gabler, Siegfried, und Matthias Ganninger. 2010. Gewichtung. In *Handbuch der sozialwissenschaftlichen Datenanalyse,* Hrsg. Christof Wolf und Henning Best, 143–164. Wiesbaden: VS-Verlag für Sozialwissenschaften.

Ganghof, Steffen. 2005. Vergleichen in qualitativer und quantitativer Politikwissenschaft: X-zentrierte versus Y-zentrierte Forschungsstrategien. In *Vergleichen in der Politikwissenschaft,* Hrsg. Sabine Kropp und Michael Minkenberg, 76–93. Wiesbaden: VS Verlag für Sozialwissenschaften.

Gauß, Carl Friedrich. 1811. *Theoria motus corporum coelestium in sectionibus conicis solem ambientum.* Hamburg: Perthes-Besser.

Gee, James Paul. 2011. *How to do discourse analysis.* New York: Routledge.

Gehring, Uwe W., und Cornelia Weins. 2009. *Grundkurs Statistik für Politologen und Soziologen.* 5. Aufl. Wiesbaden: VS-Verlag für Sozialwissenschaften.

George, Alexander L., und Andrew Bennett. 2005. *Case studies and theory development in the social sciences.* Cambridge: MIT Press.

Gerber, Alan S., und Donald P. Green. 2000. The effects of canvassing, telephone calls, and direct mail on voter turnout: A field experiment. *The American Political Science Review* 94 (3): 653–663.

Gerber, Alan S., und Donald P. Green. 2009. Field experiments and natural experiments. In *The Oxford handbook of political science,* Hrsg. Robert E. Goodin, 1108–1132. Oxford: Oxford University Press.

Gerring, John. 2007. *Case study research. Principles and practices.* Cambridge: Cambridge University Press.

Gerring, John. 2011. How good is good enough? A multidimensional, best-possible standard for research design. *Political Research Quarterly* 64 (3): 625–636.

Gerring, John. 2012. *Social science methodology: A unified framework.* Cambridge: Cambridge University Press.

GESIS – Leibniz-Institut für Sozialwissenschaften. 2011. Allgemeine Bevölkerungsumfrage der Sozialwissenschaften ALLBUS 2010. GESIS Datenarchiv, Köln. ZA4610 Datenfile Version 1.1.0. doi:10.4232/1.10760.

GESIS – Leibniz-Institut für Sozialwissenschaften. 2013. Allgemeine Bevölkerungsumfrage der Sozialwissenschaften ALLBUS 2012. GESIS Datenarchiv, Köln. ZA4614 Datenfile Version 1.1.1. doi:10.4232/1.11753.

Gill, Christopher J., Lora Sabin, und Christoper H. Schmid. 2005. Why clinicians are natural Bayesians. *British Medical Journal* 330 (7499): 1080–1083.

Glaser, Barney G. 1978. *Theoretical sensitivity. Advances in the methodology of grounded theory.* Mill Valley: Sociology Press.

Glaser, Barney G. 1992. *Basics of grounded theory analysis: Emergence vs. forcing.* Mill Valley: Sociology Press.

Glaser, Barney G. 1998. *Doing grounded theory: Issues and discussions.* Mill Valley: Sociology Press.

Glaser, Barney G., und Anselm L Strauss. 1967. *The discovery of grounded theory: Strategies for qualitative research.* New York: de Gruyter.

Glaser, Barney G., und Anselm L. Strauss. 2005. *Grounded theory. Strategien qualitativer forschung.* Bern: Huber.

Gläser, Jochen, und Grit Laudel. 2010. *Experteninterviews und qualitative Inhaltsanalyse.* 4. Aufl. Wiesbaden: VS-Verlag für Sozialwissenschaften.

Glöckner-Rist, Angelika, Hrsg. 2012. *Zusammenstellung sozialwissenschaftlicher Items und Skalen. ZIS Version 15.00.* Bonn: GESIS.

Glynn, Adam. 2013. What can we learn with statistical truth serum? Design and analysis of the list experiment. *Public Opinion Quarterly* 77 (1): 159–172.

Goldstein, Harvey. 2011. *Multilevel statistical models.* Chichester: Wiley.

Golub, Jonathan. 2008. Survival analysis. In *The Oxford handbook of political methodology,* Hrsg. Janet M. Box-Steffensmeier, Henry E. Brady und David Collier, 530–546. Oxford: Oxford University Press.

Gosnell, Harold F. 1926. An experiment in the stimulation of voting. *The American Political Science Review* 20 (4): 869–874.

Graham, John W. 2009. Missing data analysis. Making it work in the real world. *Annual Review of Psychology* 60 (1): 549–576.

Gramsci, Antonio. 1967 [1929–1936]. *Philosophie der Praxis.* Frankfurt a. M.: S. Fischer.

Green, Donald P., Soo Yeon Kim, und David H. Yoon. 2001. Dirty pool. *International Organization* 55 (2): 441–468.

Greene, Jennifer C. 2008. Is mixed methods social inquiry a distinctive methodology? *Journal of Mixed Methods Research* 2 (1): 7–22.

Greene, William H. 2011. *Econometric Analysis. 7. Überarbeitete Auflage.* Upper Saddle River: Prentice-Hall International.

Grofman, Bernard, und Carsten Q. Schneider. 2009. An introduction to crisp set QCA, with a comparison to binary logistic regression. *Political Research Quarterly* 62 (4): 662–672.

Grzymala-Busse, Anna. 2011. Time will tell? Temporality and the analysis of causal mechanisms and processes. *Comparative Political Science* 44 (9): 1267–1297.

Gujarati, Damodar N. 2009. *Basic econometrics.* 5 Aufl. Boston: McGraw-Hill.

Habermas, Jürgen. 1981. *Theorie des Kommunikativen Handelns* (2 Bde.). Frankfurt a. M.: Suhrkamp.

Habermas, Jürgen. 1984. Wahrheitstheorien. 1972. In *Vorstudien und Ergänzungen zur Theorie des kommunikativen Handelns,* Hrsg. Jürgen Habermas, 127–183. Frankfurt a. M.: Suhrkamp.

Hadler, Markus. 2004. Die Mehrebenen-Analyse. Ihre praktische Anwendung und theoretische Annahmen. *Österreichische Zeitschrift für Soziologie* 29 (1): 53–74.

Hägele, Helmut. 1995. Experteninterviews in der öffentlichen Verwaltung: ausgewählte praktische Probleme. In *Experteninterviews in der Arbeitsmarktforschung. Diskussionsbeiträge zu methodischen Fragen und praktischen Erfahrungen*, Hrsg. Christian Brinkmann, Axel Deeke, und Brigitte Völkel, 69–72. Nürnberg: Institut für Arbeitsmarkt und Berufsforschung der Bundesanstalt für Arbeit.

Hague, Rod, Martin Harrop, und Shaun Breslin. 1998. *Comparative government and politics: An introduction*. Houndmills: Palgrave Macmillan.

Hajer, Maarten A. 1997. *The politics of environmental discourse.Ecological modernization and the policy process*. Oxford: Clarendon Press.

Hajer, Maarten A. 2006. Doing discourse analysis: Coalitions, practices, meaning. In *Words matter in policy and planning. Discourse theory and method in the social sciences*, Hrsg. Margo van den Brink und Tamara Metze, 65–74. Utrecht: Koninklijk Nederlands Aardrijkskundig Genootschap.

Hajer, Maarten. 2005. Coalitions, Practices, meaning and environmental politics: From acid rain to BSE. In *Discourse theory in european politics*, Hrsg. David Torfing und Jabob Howarth, 297–315. Hampshire: Palgrave MacMillan.

Hall, Peter A. 2003. Aligning ontology and methodology in comparative politics. In *Comparative historical analysis in the social sciences*, Hrsg. James Mahoney und Dietrich Rueschemeyer, 373–404. Cambridge: Cambridge University Press.

Hall, Peter A. 2008. Systematic process analysis: When and how to use it. *European Political Science* 7 (3): 304–317.

Hamaker, Ellen L., und Irene Klugkist. 2011. Bayesian estimation of multilevel models. In *Handbook of advanced multilevel analysis*, Hrsg. Joop J. Hox und J. Kyle Roberts, 137–162. New York: Taylor and Francis.

Hamilton, Lawrence C. 1992. *Regression with graphics. A second course in applied statistics*. Belmont: Duxburry Press.

Hancké, Bob. 2009. *Intelligent research design. A guide for beginning researchers in the social sciences*. Oxford: Oxford University Press.

Hardy, Cynthia, Bill Harley, und Nelson Phillips. 2004. Discourse analysis and content analysis: Two solitudes? *Qualitative Methods* 2 (1): 19–22.

Harrell, Frank E., Jr., Robert M. Califf, David B. Pryor, Kerry L. Lee, und Robert A. Rosati. 1982. Evaluating the yield of medical tests. *Journal of the American medical association* 247 (18): 2543–2546.

Harris, Zellig S. 1952. Discourse analysis. *Language* 28 (1): 1–30.

Hartmann, Tilo. 2013. Priming-Effekte. In *Lexikon Kommunikations- und Medienwissenschaft*, Hrsg. Günter Bentele, Hans-Bernd Brosius, und Otfried Jarren, 276. Wiesbaden: Springer.

Heindl, Andreas. 2014. *Überzeugungsstrategien in Europaabstimmungen*. Baden-Baden: Nomos.

Helfferich, Cornelia. 2011. *Die Qualität qualitativer Daten. Manual für die Durchführung qualitativer Interviews*. 4. Aufl. Wiesbaden: VS-Verlag für Sozialwissenschaften.

Hernes, Gudmund. 1972. The process of entry into first marriage. *American Sociological Review* 37 (2): 173–182.

Hildebrandt, Achim. 2009. *Die finanzpolitische Handlungsfähigkeit der Bundesländer. Determinanten, institutionelle Defizite und Reformoptionen*. Wiesbaden: VS-Verlag für Sozialwissenschaften.

Hildebrandt, Achim. 2014. Christianity, Islam and modernity: Explaining prohibitions on homosexuality in UN member states. *Political Studies.* doi:10.1111/1467–9248.12137.

Hirtenlehner, Helmut. 2006. Kriminalitätsfurcht – Ausdruck generalisierter Ängste und schwindender Gewissheiten? Untersuchung zur empirischen Bewährung der Generalisierungsthese in einer österreichischen Kommune. *Kölner Zeitschrift für Soziologie und Sozialpsychologie* 58 (2): 307–331.

Hobolt, Sara Binzer. 2005. When Europe matters. The impact of political information on voting behavior in EU referendums. *Journal of Elections. Public Opinion and Parties* 15 (1): 85–110.

Hofer, Michael. 2007. Die Rentenreform 2001 in der Bundesrepublik Deutschland – zwischen Systemerhalt und Innovation. Zulassungsarbeit zum ersten Staatsexamen an der Universität Heidelberg.

Höfer, Thomas, Hildegard Przyrembel, und Silvia Verleger. 2004. New evidence for the theory of the Stork. *Paediatric and Perinatal Epidemilogy* 18 (1): 88–92.

Holsti, Ole R. 1969. *Content analysis for the social sciences and humanities.* Reading: Addison-Wesley.

Hopf, Christel. 1978. Die Pseudo-Exploration – Überlegungen zur Technik qualitativer Interviews in der Sozialforschung. *Zeitschrift für Soziologie* 7 (2): 97–115.

Höpner, Martin, Alexander Petring, Daniel Seikel, und Benjamin Werner. 2011. Liberalisierungspolitik. Eine Bestandsaufnahme des Rückbaus wirtschafts- und sozialpolitischer Intervention in entwickelten Industrieländern. *Kölner Zeitschrift für Soziologie und Sozialpsychologie* 63 (1): 1–32.

Hosmer, David W., und Stanley Lemeshow. 2008. *Applied survival analysis.* Hoboken: Wiley.

Hox, Joop J. 2010. *Multilevel analysis: Techniques and applications.* New York: Routledge.

Hsiao, Cheng. 1986. *Analysis of panel data.* Cambridge: Cambridge University Press.

Hsiao, Cheng, und Baohong Sun. 2000. To pool or not to pool panel data. In *Panel data econometrics: Future directions: Papers in honour of professor Pietro Balestra,* Hrsg. Jayalakshmi Krishnakumar und Elvezio Ronchetti, 181–198. Amsterdam: Elsevier.

Huber, Sascha. 2010. Experimente im Vergleich. *Methoden – Daten – Analysen* 6 (2): 213–244.

Huber, Evelyne, und John D. Stephens. 2001. *Development and crisis of the welfare state. Parties and policies in global markets.* Chicago: The University of Chicago Press.

Huber, Evelyne, und John D. Stephens. 2012. *Democracy and the left. Social policy and inequality in Latin America.* Chicago: The University of Chicago Press.

Huber, Evelyne, Francois Nielsen, Jenny Pribble, und John D. Stephens. 2006. Politics and inequality in Latin America and the Caribbean. *American Sociological Review* 71 (6): 943–963.

Huber, Evelyne, John D. Stephens, Thomas Mustillo, und Jenny Pribble. 2012. *Latin America and Caribbean political dataset, 1945–2008.* Chapel Hill: University of North Carolina.

Hussy, Walter, Margrit Schreier, und Gerald Echterhoff. 2013. *Forschungsmethoden in Psychologie und Sozialwissenschaften für Bachelor.* Berlin: Springer.

Inglehart, Ronald F. 1977. *The silent revolution. Changing values and political styles among Western publics.* Princeton: Princeton University Press.

Jäckle, Sebastian. 2011. *Determinanten der Regierungsbeständigkeit in parlamentarischen Systemen.* Berlin: LIT.

Jäckle, Sebastian. 2012. A new measure of political stability – Portfolio duration in the German Bundesländer 1990–2010 and its determinants. *Zeitschrift für Staats- und Europawissenschaften* 10 (3): 338–360.

Jäckle, Sebastian. 2013. Ministerial turnover in the German Bundesländer (1990–2011). *Zeitschrift für Vergleichende Politikwissenschaft* 7 (1): 27–48.

Jäckle, Sebastian, und Georg Wenzelburger. 2011. Religion und Religiosität als Ursache von Homo-Negativität. Eine Mehrebenenanalyse von 79 Staaten. *Berliner Journal für Soziologie* 21 (2): 231–263.

Jäckle, Sebastian, und Rafael Bauschke. 2012. Comparing socialization, cultural and individual level effects on attitudes towards nuclear energy – A multilevel analysis of 27 European countries. *Politics, Culture and Socialization* 2 (4): 341–366.

Jäckle, Sebastian, Uwe Wagschal, und Rafael Bauschke. 2012. Das Demokratiebarometer: „basically theory driven"? *Zeitschrift für Vergleichende Politikwissenschaft* 6 (1): 99–125.

Jacobs, Struan, und Ian Tregenza. 2014. Rationalism and tradition: The Popper-Oakeshott conversation. *European Journal of Political Theory* 13 (1): 3–24.

Jahn, Detlef. 2013. *Einführung in die vergleichende Politikwissenschaft.* Wiesbaden: VS Verlag für Sozialwissenschaften.

Jann, Ben. 2006. Diagnostik von Regressionsschätzungen bei kleinen Stichproben. In *Methoden der Sozialforschung. Sonderheft 44 der Kölner Zeitschrift für Soziologie und Sozialpsychologie,* Hrsg. Andreas Diekmann, 421–452. Wiesbaden: VS Verlag für Sozialwissenschaften.

Johnson, R. Burke, Anthony J. Onwuegbuzie, und Lisa A. Turner. 2007. Toward a definition of mixed methods research. *Journal of Mixed Methods Research* 1 (2): 112–133.

Kaiser, Henry F. 1970. A second generation little jiffy. *Psychometrika* 35 (4): 401–415.

Kalbfleisch, John D., und Ross L. Prentice. 2002. *The statistical analysis of failure time data.* Hoboken: Wiley-Interscience.

Kam, Cindy D., und Robert J. Franzese Jr. 2007. *Modeling and interpreting interactive hypotheses in regression analysis.* Ann Arbor: The University of Michigan Press.

Kastellec, Jonathan P., und Eduardo L. Leoni. 2007. Using graphs instead of tables in political science. *Perspectives on Politics* 5 (4): 755–771.

Katzenstein, Peter J. 2003. Small states and small states revisited. *New Political Economy* 8 (1): 9–30.

Kelle, Udo. 1994. *Empirisch begründete Theoriebildung. Zur Logik und Methodologie interpretativer Sozialforschung.* Weinheim: Deutscher Studien-Verlag.

Kelle, Udo. 2011. „Emergence" oder „Forcing"? Einige methodologische Überlegungen zu einem zentralen Problem der Grounded-Theory. In *Grounded Theory Reader,* Hrsg. Günther Mey und Katja Mruck, 235–260. Wiesbaden: VS Verlag für Sozialwissenschaften.

Keller, Reiner. 1997. Diskursanalyse. In *Sozialwissenschaftliche Hermeneutik. Eine Einführung,* Hrsg. Ronald Hitzler, 309–333. Opladen: Leske + Budrich.

Keller, Reiner. 2006. Diskursanalyse. In *Methoden der Politikwissenschaft. Neuere qualitative und quantitative Analyseverfahren,* Hrsg. Joachim Behnke, Thomas Gschwend, Delia Schindler, und Kai-Uwe Schnapp, 103–111. Baden-Baden: Nomos.

Keller, Reiner. 2008. *Michel Foucault.* Konstanz: UVK Verl.-Ges.

Keller, Reiner. 2011a. *Wissenssoziologische Diskursanalyse. Grundlegung eines Forschungsprogramms.* Wiesbaden: VS Verlag für Sozialwissenschaften.

Keller, Reiner. 2011b. *Diskursforschung. Eine Einführung für SozialwissenschaftlerInnen.* Wiesbaden: VS Verlag für Sozialwissenschaften.

Kenworthy, Lane, und Alexander Hicks, Hrsg. 2008. *Method and substance in macrocomparative analysis*. New York: Palgrave Macmillan.

Kerchner, Brigitte. 2006. Diskursanalyse in der Politikwissenschaft. Ein Forschungsüberblick. In *Foucault. Diskursanalyse in der Politik. Eine Einführung*, Hrsg. Brigitte Kerchner und Silke Schneider, 33–67. Wiesbaden: VS Verlag für Sozialwissenschaften.

Kerchner, Brigitte, und Silke Schneider, Hrsg. 2006. *Foucault. Diskursanalyse in der Politik. Eine Einführung*. Wiesbaden: VS Verlag für Sozialwissenschaften.

Kertzer, David I. 1994. Review on Courgeau, Daniel/Lelièvre, Éva: Event history analysis in demography. *American Historical Review* 99 (4): 1289–1290.

King, Gary. 1990. On political methodology. *Political Analysis* 2 (1): 1–29.

King, Gary. 2006. Publication, publication. *PS: Political Science & Politics* 39 (1): 119–125.

King, Gary, Robert Keohane, und Sidney Verba. 1994. *Designing social inquiry. Scientific inference in qualitative research*. Princeton: Princeton University Press.

King, Gary, James Honacker, Anne Joseph, und Kenneth Scheve. 1998. *Listwise deletion is evil: What to do about missing data in political science*. Cambridge: Harvard University. www.polmeth.wustl.edu/media/Paper/king98 g.pdf. Zugegriffen: 12. Sept. 2014.

King, Nigel. 1994. The qualitative research interview. In *Qualitative methods in organizational research: A practical guide*, Hrsg. Catherine Cassell und Gillian Symon, 15–36. London: Sage.

Kittel, Bernhard. 1999. Sense and sensitivity in pooled analysis of political data. *European Journal of Political Research* 35 (2): 225–253.

Kittel, Bernhard. 2003. Perspektiven und Potenziale der vergleichenden Politischen Ökonomie. In *Politische Ökonomie*, Hrsg. Herbert Obinger, Uwe Wagschal, und Bernhard Kittel, 385–414. Opladen: Leske + Budrich.

Kittel, Bernhard, und Herbert Obinger. 2003. Political parties, institutions, and the dynamics of social expenditure in times of austerity. *Journal of European Public Policy* 10 (1): 20–45.

Kittel, Bernhard, und Hannes Winner. 2002. How reliable is pooled analysis in political economy? The globalization-welfare state nexus revisited. MPIfG Discussion Paper 02/3. Köln: Max Planck-Institut für Gesellschaftsforschung. [2005 in überarbeiteter Form erschienen *European Journal of Political Research* 44 (2): 269–293.]

Klein, Markus. 2003. Gibt es die Generation Golf? Eine empirische Inspektion. *Kölner Zeitschrift für Soziologie und Sozialpsychologie* 55 (1): 99–115.

Klein, John P., und Melvin L. Moeschberger. 2003. *Survival analysis. Techniques for censored and truncated data*. New York: Springer.

Klima, Ralf. 2011. Artikel: Anomie. In *Lexikon zur Soziologie*, Hrsg. Werner Fuchs-Heinritz, Daniela Klimke, Rüdiger Lautmann, Otthein Rammstedt, Urs Stäheli, Christopher Weischer, und Hanns Wienold, 36–37. Wiesbaden: VS Verlag für Sozialwissenschaften.

Knack, Stephen. 2002. Social capital and the quality of government: Evidence from the states. *American Journal of Political Science* 46 (4): 772–785.

Kohler, Ulrich, und Frauke Kreuter, 2008. *Datenanalyse mit Stata. Allgemeine Konzept der Datenanalyse und ihre praktische Anwendung*. 3. Aufl. München: Oldenbourg.

Kollman, Kelly. 2007. Same-sex unions: The globalization of an idea. *International Studies Quarterly* 51(2): 329–357.

Kracauer, Siegfried. 1952. The challenge of qualitative content analysis. *The Public Opinion Quarterly* 16 (4): 631–642.

Krafft, Alexander, und Günter Ulrich. 1995. Akteure in der Sozialforschung. In *Experteninterviews in der Arbeitsmarktforschung. Diskussionsbeiträge zu methodischen Fragen und praktischen Erfahrungen*, Hrsg. Christian Brinkmann, Axel Deeke, und Brigitte Völkel, 23–34. Nürnberg: Institut für Arbeitsmarkt und Berufsforschung der Bundesanstalt für Arbeit.

Kreft, Ita G. G., Jan de Leeuw, und Leona S. Aiken. 1995. The effect of different forms of centering in hierarchical linear models. *Multivariate Behavioral Research* 30 (1): 1.

Kreuter, Frauke. 2002. *Kriminalitätsfurcht: Messung und methodische Probleme*. Opladen: Leske + Budrich.

Krippendorff, Klaus. 1971. Reliability of recording instructions. Multivariate agreement for nominal data. *Behavioral Science* 16 (3): 228–235.

Krippendorff, Klaus. 1980. *Content analysis. An introduction to its methodology*. Beverly Hills: SAGE.

Kuckartz, Udo. 2010. *Einführung in die computergestützte Analyse qualitativer Daten*. Wiesbaden: VS Verlag für Sozialwissenschaften.

Kuckartz, Udo. 2014. *Qualitative Inhaltsanalyse. Methoden, Praxis, Computerunterstützung*. Weinheim: Beltz Juventa.

Kuhn, Thomas S. 1970. *The structure of scientific revolutions*. 2., erweiterte Aufl. Chicago: University of Chicago Press.

Kultusministerkonferenz. 2010. Ländergemeinsame Strukturvorgaben für die Akkreditierung von Bachelor- und Masterstudiengängen. Beschluss der Kultusministerkonferenz vom 10.10.2003 (i. d. F. vom 04.02.2010). Berlin: Kultusministerkonferenz.

Kuznets, Simon. 1955. Economic growth and income inequality. *American Economic Review* 45 (1): 1–28.

Laclau, Ernesto, und Chantal Mouffe. 1991. *Hegemonie und radikale Demokratie. Zur Dekonstruktion des Marxismus*. Wien: Passagen-Verlag.

Lakatos, Imre. 1974. Falsifikation und die Methodologie wissenschaftlicher Forschungsprogramme. In *Kritik und Erkenntnisfortschritt*, Hrsg. Imre Lakatos und Paul Feyerabend, 89–189. Braunschweig: Vieweg.

Lamnek, Siegfried. 2005. *Qualitative Sozialforschung. Lehrbuch*. Weinheim: Beltz PVU.

Lauth, Hans-Joachim, und Jürgen Winkler. 2010. Methoden der Vergleichenden Regierungslehre. In *Vergleichende Regierungslehre. Eine Einführung*, Hrsg. Hans-Joachim Lauth, 39–70. Wiesbaden: VS Verlag für Sozialwissenschaften.

Laver, Michael, und John Garry. 2000. Estimating policy positions from political texts. *American Journal of Political Science* 44 (3): 619–634.

Laver, Michael, Kenneth Benoit, und John Garry. 2003. Extracting party positions from political texts using words as data. *American Political Science Review* 97 (2): 311–331.

Lawless, Jerald F. 1982. *Statistical models and methods for lifetime data*. New York: Wiley.

Legrendre, Adrien Marie. 1805. *Nouvelles méthodes pour la determination des orbites des comètes*. Paris.

Lieberman, Evan S. 2005. Nested analysis as a mixed-method strategy for comparative research. *American Political Science Review* 99 (3): 435–452.

Lijphart, Arend. 1971. Comparative politics and the comparative method. *American Political Science Review* 65 (3): 682–693.

Lindert, Peter H. 2004. *Growing public. Social spending and economic growth since the eighteenth century*. Cambridge: Cambridge University Press.

Litfin, Karen. 1994. *Ozone discourses: Science and politics in global environmental cooperation, new directions in world politics series*. New York: Columbia University Press.

Littig, Beate. 2009. Interviews mit Experten und Expertinnen. Überlegungen aus geschlechtertheoretischer Sicht. In *Experteninterviews. Theorien, Methoden, Anwendungsfelder*.

3. Aufl., Hrsg. Alexander Bogner, Beate Littig, und Wolfgang Menz, 181–196. Wiesbaden: VS-Verlag für Sozialwissenschaften.

Longest, Kyle C., und Stephen Vaisey. 2008. Fuzzy: A program for performing qualitative comparative analyses (QCA) in stata. *The Stata Journal* 8 (1): 79–104.

Lowell, A. Lawrence. 1910. The physiology of politics: Presidential address, sixth annual meeting of the American Political Science Association. *The American Political Science Review* 4 (1): 1–15.

Luoma, Pentti. 2003. New options in crossing the methodological borders: From quantitative to qualitative analysis and vice versa. Beitrag zur 2.ECPR General Conference in Marburg am 18.–21. September.

Lustig, Nora, Luis F. López-Calva, und Eduardo Ortiz-Juarez. 2013. Declining inequality in Latin America in the 2000s: The cases of Argentina, Brazil, and Mexico. *World Development* 44 (1): 129–141.

Maas, Cora J. M., und Joop J. Hox. 2004. Robustness issues in multilevel regression analysis. *Statistica Neerlandica* 58 (2): 127–137.

Mackie, J. L. 1965. Causes and conditions. *American Philosophical Quarterly* 2 (4): 245–264.

Maddala, Gangadharrao S. 1998. Recent developments in dynamic econometric modelling: A personal viewpoint. *Political Analysis* 7 (1): 59–87.

Maddala, Gangadharrao S., und Wanhong Hu. 1995. The pooling problem. In *The econometrics of panel data: A handbook of the theory with applications*, Hrsg. Lászlo Mátyás und Patrick Sevestre, 307–322. Frankfurt a. M.: Springer.

Maggetti, Martino. 2009. The role of independent regulatory agencies in policy-making: A comparative analysis. *Journal of European Public Policy* 16 (3): 450–70.

Maggetti, Martino, Fabrizio Gilardi, und Claudio M. Radaelli. 2013. *Designing research in the social sciences.* London: Sage.

Mahoney, James. 2000. Strategies of causal inference in small-n analysis. *Sociological Methods & Research* 28 (4): 387–424.

Mahoney, James. 2003. Tentative Answers to questions about causal mechanisms. Paper präsentiert im Rahmen des annual meeting of the American Political Science Association, Philadelphia, 27.08.2003 http://ciece.com.ar/ciece/wp-content/uploads/Mahoney-James-Tentative-Answers-to-Questions-about-Causal-Mechanisms.pdf. Zugegriffen: 5. Sept. 2014.

Mahoney, James. 2008. Toward a unified theory of causality. *Comparative Political Science* 41 (4/5): 412–435.

Mahoney, James, und Dietrich Rueschemeyer. 2003. Comparative historical analysis: Achievements and agendas. In *Comparative historical analysis in the social sciences*, Hrsg. James Mahoney und Dietrich Rueschemeyer, 3–38. Cambridge: Cambridge University Press.

Mahoney, James, Erin Kimball, und Kendra L. Koivu. 2009. The logic of historical explanation in the social sciences. *Comparative Political Studies* 42 (1): 114–146.

Maier, Jürgen, und Frank Brettschneider. 2009. Wirkungen von Umfrageberichterstattung auf Wählerverhalten: Ein Online-Experiment zu den Landtagswahlen in Baden-Württemberg 2006, Rheinland-Pfalz 2006 und Hessen 2008. In *Sozialforschung im Internet: Methodologie und Praxis der Online-Befragung*, Hrsg. Nikolaus Jackob, Harald Schoen, und Thomas Zerback, 321–337.Wiesbaden: VS Verlag für Sozialwissenschaften.

Maier, Jürgen, Michaela Maier, und Hans Rattinger. 2000. *Methoden der sozialwissenschaftlichen Datenanalyse: Arbeitsbuch mit Beispielen aus der politischen Soziologie.* München: Oldenbourg.

Mandel, Micha. 2007. Censoring and truncation. Highlighting the differences. *The American Statistician* 61 (4): 321–324.

Marsh, David, und Paul Furlong. 2002. A skin, not a sweater: Ontology and epistemology in political science. In *Theory and methods in political science*, Hrsg. David Marsh und Gerry Stoker, 17–41. Basingstoke: Palgrave Macmillan.

Martindale, Colin. 1975. *Romantic progression. The psychology of literary history.* Washington: Hemisphere Publ. Co.

Martindale, Colin. 1990. *The clockwork muse. The predictability of artistic change.* New York: Basic Books.

Massing, Otwin. 1974. *Politische Soziologie. Paradigmata einer kritischen Politikwissenschaft.* Frankfurt a. M.: Suhrkamp.

Mastenbroek, Ellen, und Renske Doorenspleet. 2007. Mind the gap! On the possibilities and pitfalls of mixed methods research. Beitrag zur 4. ECPR General Conference in Pisa am 6.–8. September.

Mayntz, Renate, Kurt Holm, und Peter Hübner. 1969. *Einführung in die Methoden der empirischen Soziologie.* Köln: Westdeutscher Verlag.

Mayring, Philipp. 2002. *Einführung in die qualitative Sozialforschung. Eine Anleitung zu qualitativem Denken.* Weinheim: Beltz.

Mayring, Philipp. 2003. *Qualitative Inhaltsanalyse: Grundlagen und Techniken.* Weinheim/ Basel: Beltz.

Mayring, Philipp. 2010. *Qualitative Inhaltsanalyse. Grundlagen und Techniken.* Weinheim: Beltz.

McDermott, Rose. 2002. Experimental methods in political science. *Annual Review of Political Science* 5 (1): 31–61.

McNabb, David E. 2010. *Research methods for political science: Quantitative and qualitative approaches.* Armonk: M.E. Sharp.

Merten, Klaus. 1983. *Inhaltsanalyse. Einführung in die Theorie, Methode und Praxis.* Opladen: Westdeutscher Verlag.

Messerli, Franz H. 2012. Chocolate consumption, cognitive function, and nobel laureates. *The New England Journal of Medicine* 367 (16): 1562–1564.

Meuser, Michael, und Ulrike Nagel. 2009a. Das Experteninterview – konzeptionelle Grundlagen und methodische Anlage. In *Methoden der vergleichenden Politik- und Sozialwissenschaft. Neue Entwicklungen und Anwendungen*, Hrsg. Gert Pickel, Susanne Pickel, Hans-Joachim Lauth, und Detlef Jahn, 465–479. Wiesbaden: VS-Verlag für Sozialwissenschaften.

Meuser, Michael, und Ulrike Nagel. 2009b. Experteninterview und der Wandel der Wissensproduktion. In *Experteninterviews. Theorien, Methoden, Anwendungsfelder.* 3. Aufl., Hrsg. Alexander Bogner, Beate Littig, und Wolfgang Menz, 35–60. Wiesbaden: VS-Verlag für Sozialwissenschaften.

Meuser, Michael, und Reinhold Sackmann. 1991. Zur Einführung: Deutungsmusteransatz und empirische Wissenssoziologie. In *Analyse sozialer Deutungsmuster: Beiträge zur empirischen Wissenssoziologie*, Hrsg. Michael Meuser, 9–37. Pfaffenweiler: Centaurus-Verl.-Ges.

Mey, Günter, und Katja Mruck, Hrsg. 2011a. *Grounded theory reader.* Wiesbaden: VS Verlag für Sozialwissenschaften.

Mey, Günter, und Katja Mruck. 2011b. Grounded-theory-methodologie: Entwicklung, stand, perspektiven. In *Grounded theory reader*, Hrsg. Günter Mey und Katja Mruck, 11–48. Wiesbaden: VS Verlag für Sozialwissenschaften.

Micheel, Heinz-Günter. 2010. *Quantitative empirische Sozialforschung.* München: Ernst Reinhardt.

Michels, Robert. 1911. *Zur Soziologie des Parteiwesens in der modernen Demokratie. Untersuchungen über die oligarchischen Tendenzen des Gruppenlebens.* Leipzig: Klinkhardt.

Mieg, Harald A., und Matthias Näf. 2006. *Experteninterviews in den Umwelt- und Planungswissenschaften. Eine Einführung und Anleitung.* Lengerich: Pabst.

Mills, Melinda. 2009. Globalization and inequality. *European Sociological Review* 25 (1): 1–8.

Mills, Melinda. 2011. *Survival and event history analysis.* Los Angeles: Sage.

Morgan, David L. 2007. Paradigms lost and pragmatism regained: Methodological implications of combining qualitative and quantitative methods. *Journal of Mixed Methods Research* 1 (1): 48–76.

Morton, Rebecca B., und Kenneth C. Williams. 2008. Experimentation in political science. In *The Oxford handbook of political methodology,* Hrsg. Janet M. Box-Steffensmeier, Henry E. Brady, und David Collier, 339–356. Oxford: Oxford University Press.

Moses, Jonathon, und Torbjørn L. Knutsen. 2007. *Ways of knowing. Competing methodologies in social and political research.* Basingstoke: Palgrave Macmillan.

Munck, Gerardo L., und Richard Snyder. 2007. Debating the direction of comparative politics: An analysis of leading journals. *Comparative Political Studies* 40 (1): 5–31.

Munck, Gerardo, und Jay Verkuilen. 2002. Conceptualizing and measuring democracy. Evaluating alternative indices. *Comparative Political Studies* 35 (1): 5–34.

Muno, Wolfgang. 2009. Fallstudien und die vergleichende Methode. In *Methoden der vergleichenden Politik- und Sozialwissenschaft. Neue Entwicklungen und Anwendungen,* Hrsg. Susanne Pickel, Gert Pickel, Hans-Joachim Lauth, und Werner Jahn, 113–131. Wiesbaden: VS-Verlag für Sozialwissenschaften.

Neuendorf, Kimberly A. 2002. *The content analysis guidebook.* Thousand Oaks: SAGE.

Nonhoff, Martin, Hrsg. 2007. *Diskurs – radikale Demokratie – Hegemonie: zum politischen Denken von Ernesto Laclau und Chantal Mouffe.* Bielefeld: transcript.

Nonhoff, Martin. 2006. *Politischer Diskurs und Hegemonie. Das Projekt „Soziale Marktwirtschaft".* Bielefeld: transcript.

Nonhoff, Martin. 2007. Politische Diskursanalyse als Hegemonieanalyse. In *Diskurs – radikale Demokratie – Hegemonie. Zum politischen Denken von Ernesto Laclau und Chantal Mouffe,* Hrsg. Martin Nonhoff, 173–193. Bielefeld: transcript.

Nullmeier, Frank. 2011. Politikwissenschaft auf dem Weg zur Diskursanalyse? In *Handbuch sozialwissenschaftliche Diskursanalyse. Theorien und Methoden,* Hrsg. Reine Keller, Andreas Hirseland, Werner Schneider, und Willy Viehöver, 309–337. Wiesbaden: VS Verlag für Sozialwissenschaften.

Oakes, David. 1977. The asymptotic information in censored survival data. *Biometrika* 64 (3): 441–448.

Oertzen, Jürgen von. 2006. Grounded Theory. In *Methoden der Politikwissenschaft. Neuere qualitative und quantitative Analyseverfahren,* Hrsg. Joachim Behnke, Thomas Gschwendt, Delia Schindler, und Kai-Uwe Schnapp, 145–154. Baden-Baden: Nomos.

Oevermann, Ulrich, Tilman Allert, Elisabeth Konau, und Jürgen Krambeck. 1979. Die Methodologie einer ‚objektiven Hermeneutik' und ihre allgemeine forschungslogische Bedeutung in den Sozialwissenschaften. In *Interpretative Verfahren in den Sozial- und Textwissenschaften,* Hrsg. Hans-Georg Soeffner, 352–343. Stuttgart: Metzler.

Osgood, Charles E. 1959. The representational model and relevant research methods. In *Trends in content analysis*, Hrsg. Ithiel de Sola Pool, 33–88. Urbana: University of Illinois Press.

Osgood, Charles E., George J. Suci, und Percy H. Tannenbaum. 1975. *The measurement of meaning.* Urbana: University of Illinois Press.

Ostrom, Elinor, und James Walker, Hrsg. 2003. *Trust and reciprocity: Interdisciplinary lessons from experimental research.* New York: Russell Sage Foundation.

Paccagnella, Omar. 2006. Centering or not centering in multilevel models? The role of the group mean and the assessment of group effects. *Evaluation Review* 30 (1): 66–85.

Palfrey, Thomas R. 2007. Laboratory experiments. In *The Oxford handbook of political economy*, Hrsg. Barry R. Weingast und Donald Wittman, 915–937. New York: Oxford University Press.

Pantazis, Christina, und David Gordon. 1998. Do poor people experience more crime and greater fear of crime than the rich? In *Statistics in society*, Hrsg. Daniel Dorling und Stephen Simpson, 198–212. London: Arnold.

Pascal, Blaise. 1997[1669]. *Gedanken.* Stuttgart: Reclam.

Patzelt, Werner J. 1991. Politikwissenschaft. In *Handbuch qualitative Sozialforschung*, Hrsg. Uwe Flick et al., 53–55. München: Psychologie-Verlags-Union.

Peffley, Mark, und Robert Rohrschneider. 2003. Democratization and political tolerance in seventeen countries: A multi-level model of democratic learning. *Political Research Quarterly* 56 (3): 243–257.

Pennebaker, James W., und Cindy K. Chung. 2008. Computerized text analysis of al-qaeda transcripts. In *The content analysis reader*, Hrsg. Klaus Krippendorf und Mary Angela Bock, 453–466. Thousand Oaks: Verlag.

Pennebaker, James W., Martha E. Francis, und Roger J. Booth. 2001. *Linguistic inquiry and word.* Lawrence Erlbaum Associates (CD-ROM).

Pennings, Paul. 2009. Fuzzy-sets and QCA – The methodology of the fuzzy-set logic and its applications. In *Methoden der vergleichenden Politik- und Sozialwissenschaft*, Hrsg. Susanne Pickel, Gert Pickel, Hans-Joachim Lauth, und Detlef Jahn, 347–363. Wiesbaden: VS-Verlag für Sozialwissenschaften.

Pfadenhauer, Michaela. 2009. Auf gleicher Augenhöhe. Das Experteninterview – ein Gespräch zwischen Experte und Quasi-Experte. In *Experteninterviews. Theorien, Methoden, Anwendungsfelder.* 3. Aufl., Hrsg. Alexander Bogner, Beate Littig, und Wolfgang Menz, 99–116. Wiesbaden: VS-Verlag für Sozialwissenschaften.

Pickel, Gert, und Susanne Pickel. 2009. Qualitative Interviews als Verfahren des Ländervergleichs. In *Methoden der vergleichenden Politik- und Sozialwissenschaft. Neue Entwicklungen und Anwendungen*, Hrsg. Gert Pickel, Susanne Pickel, Hans-Joachim Lauth, und Detlef Jahn, 461–464. Wiesbaden: VS-Verlag für Sozialwissenschaften.

Pierson, Paul. 2004. *Politics in time. History, institutions, and social analysis.* Princeton: Princeton University Press.

Plümper, Thomas. 2012. *Effizient schreiben: Leitfaden zum Verfassen von Qualifizierungsarbeiten und wissenschaftlichen Texten.* München: Oldenbourg.

Plümper, Thomas, und Vera Troeger. 2007. Efficient estimation of time-invariant and rarely changing variables in panel data analysis with unit effects. *Political Analysis* 15 (2): 124–139.

Plümper, Thomas, Vera Troeger, und Philip Manow. 2005. Panel data analysis in comparative politics: Linking method to theory. *European Journal of Political Research* 44 (2): 327–354.

Pontusson, Jonas. 2007. Methods in comparative political economy. In *Capitalisms compared. Comparative social research*. Vol. 24, Hrsg. Lars Mjøset und Tommy Clausen, 325–333. Amsterdam: JAI Press.

Porst, Rolf. 2009. *Fragebogen: ein Arbeitsbuch*. 2. Aufl. Wiesbaden: VS-Verlag für Sozialwissenschaften.

Pötschke, Manuela. 2006. Mehrebenenanalyse. In *Methoden der Politikwissenschaft. Neuere qualitative und quantitative Analyseverfahren*, Hrsg. Joachim Behnke, Thomas Gschwend, Delia Schindler, und Kai-Uwe Schnapp, 167–179. Baden-Baden: Nomos.

Preacher, Kristopher J., Patrick J. Curran, und Daniel J. Bauer. 2006. Computational tools for probing interactions in multiple linear regression, Multilevel modeling, and latent curve analysis. *Journal of Educational and Behavioral Statistics* 31 (4): 437–448.

Prentice, Ross L., und Vern T. Farewell. 1986. Relative risk and odds ratio regression. *Annual Review of Public Health* 7 (1): 35–58.

Proksch, Sven-Oliver, und Jonathan B. Slapin. 2009. Wordfish. Manual. http://www.wordfish.org/uploads/1/2/9/8/12985397/wordfish_manual.pdf. Zugegriffen: 22. Juni 2014.

Przeworski, Adam, und Henry Teune. 1970. *The logic of comparative social inquiry*. New York: Wiley-Interscience.

Quaglia, Lucia, und Claudio M. Radaelli. 2007. Italian politics and the european union, A tale of two research designs. *West European Politics* 30 (4): 924–943.

Raftery, Adrian E. 1995. Bayesian model selection in social research. *Sociological Methodology* 25 (4): 111–163.

Ragin, Charles. 1989. *The comparative method – Moving beyond qualitative and quantitative strategies*. Berkley: University of California Press.

Ragin, Charles. 2000. *Fuzzy-set social science*. Chicago: University of Chicago Press.

Ragin, Charles. 2008. *Redesigning social inquiry: Fuzzy sets and beyond*. Chicago: University of Chicago Press.

Ragin, Charles C. 2008. *User's guide to fuzzy-set/qualitative comparative analysis*. http://www.u.arizona.edu/~cragin/fsQCA/software.shtml. Zugegriffen: 3. Dez 2012.

Ragin, Charles, und Sarah Ilene Strand. 2008. Using qualitative comparative analysis to study causal order: Comment on caren and panofsky (2005). *Sociological Methods & Research* 36 (4): 431–441.

Raithel, Jürgen. 2008. *Quantitative Forschung. Ein Praxiskurs*. 2. Aufl. Wiesbaden: VS-Verlag für Sozialwissenschaften.

Randolph, Justus. 2009. A guide to writing the dissertation literature review. *Practical Assessment, Research & Evaluation* 14 (13): 1–13.

Raudenbush, S.W. 1989. „Centering" predictors in multilevel analysis: Choices and consequences. *Multilevel Modelling Newsletter* 1 (2): 10–12.

Read, Melvyn, und David Marsh. 2002. Combining quantitative and qualitative methods. In *Theory and methods in political science*, Hrsg. David Marsh und Gerry Stoker, 231–248. Basingstoke: Palgrave Macmillan.

Reimer, Kerstin, und Christian Barrot. 2007. Hazard-Raten-Modelle. In *Methodik der Empirischen Forschung*, Hrsg. Sönke Albers, Daniel Klapper, Udo Konradt, Achim Walter, und Joachim Wolf, 293–310. Wiesbaden: Gabler.

Riceur, Paul. 1978. Der Text als Modell. In *Seminar. Die Hermeneutik und die Wissenschaften*, Hrsg. Hans-Georg Gadamer und Gottfried Boehm, 83–117. Frankfurt a. M.: Suhrkamp.

Riffe, Daniel, Stephen Lacy, und Frederick G. Fic. 1998. *Analyzing media messages. Using quantitative content analysis in research*. Mahwah: Erlbaum.

Rihoux, Benoît. 2006. Two methodological worlds apart? Praises and critiques from a European comparativist. *Political Analysis* 14 (3): 332–335.

Rihoux, Benoit. 2009. Qualitative Comparative Analysis (QCA) and related techniques: Recent advances and challenges. In *Methoden der vergleichenden Politik- und Sozialwissenschaft*, Hrsg. Susanne Pickel, Gert Pickel, Hans-Joachim Lauth, und Detlef Jahn, 365–385. Wiesbaden: VS Verlag für Sozialwissenschaften.

Rihoux, Benoit, und Charles Ragin, Hrsg. 2009. *Configurational comparative methods.* Los Angeles: Sage.

Rihoux, Benoit, Priscilla Alamos-Concha, Damian Bol, Axel Marx, und Ilona Rezsöhazy. 2013. From niche to mainstrem method? A comprehensive mapping of QCA applications in journal articles from 1984 to 2011. *Political Research Quarterly* 66 (1): 175–184.

Ritsert, Jürgen. 1972. *Inhaltsanalyse und Ideologiekritik. Ein Versuch über kritische Sozialforschung.* Frankfurt a. M.: Fischer.

Roberts, Kenneth M. 2012. The politics of inequality and redistribution in Latin America's post-adjustment era. *United Nations University, World Institute for Development Economics Research (UNO-WIDER) Working Paper* 2012/08: 1–23.

Roberts, Kenneth M., Leslie Bethell, und René Antonio Mayorga. 2007. Conceptual and historical perspectives. In *The 'new left' and democratic governance in Latin America*, Hrsg. Cynthia J. Arnson, und José Raúl Perales, 10–23. Washington, D. C.: Woodrow Wilson International Center for Scholars.

Roethlisberger, Fritz J., und William J. Dickson. 1943. *Management and the worker: An account of a research program conducted by the western electric company, Hawthorne works, Chicago.* Cambridge: Harvard University Press.

Rohlfing, Ingo. 2008. What you see and what you get. Pitfalls and principles of nested analysis in comparative research. *Comparative Political Studies* 41 (11): 1492–1514.

Rohlfing, Ingo. 2012. *Case studies and causal inference: An integrative framework.* Houndmills: Palgrave Macmillan.

Rohlfing, Ingo, und Peter Starke. 2013. Building on solid ground: Robust case selection in multi-method research. *Schweizerische Zeitschrift für Politikwissenschaft* 19 (4): 492–512.

Roller, Edeltraud. 2005. *The performance of democracies. Political institutions and public policies.* Oxford: Oxford University Press.

Rosar, Ulrich. 2003. Die Einstellungen der Europäer zum Euro. Ein Anwendungsbeispiel der Mehrebenenanalyse als Instrument komparativer Umfrageforschung. In *Vergleichende politikwissenschaftliche Methoden: neue Entwicklungen und Diskussionen*, Hrsg. Susanne Pickel, Gert Pickel, Hans-Joachim Lauth, und Detlef Jahn, 221–245. Wiesbaden: Westdeutscher Verlag.

Ross, Michael. 2006. Is democracy good for the poor? *American Journal of Political Science* 50 (4): 860–874.

Rössler, Patrick. 2010. *Inhaltsanalyse.* Konstanz: UVK Verlags-Gesellschaft.

Rothe, Günter, und Michael Wiedenbeck. 1994. Stichprobengewichtung: Ist Repräsentativität machbar? In *Gewichtung in der Umfragepraxis*, Hrsg. Siegfried Gabler, Jürgen H. P. Hoffmeyer-Zlotnik, und Dagmar Krebs, 46–61. Opladen: Westdeutscher Verlag.

Rubin, Donald B. 1976. Inference and missing data. *Biometrika* 63 (3): 581–592.

Rubin, Herbert S., und Irene Rubin. 1995. *Qualitative interviewing. The art of hearing data.* 1. Aufl. London: Sage.

Rubin, Herbert S., und Irene Rubin. 2012. *Qualitative interviewing. The art of hearing data.* 3. Aufl. London: Sage.

Sabatier, Paul A. 1993. Advocacy-Koalitionen, Policy-Wandel und Policy-Lernen: Eine Alternative zur Phasenheuristik. In *Policy-Analyse: Kritik und Neuorientierung*, Hrsg. Adrienne Heritier, 116–148. (PVS Sonderheft 24). Opladen: Westdeutscher Verlag.

Sabatier, Paul A., und Hank C. Jenkins-Smith. 1999. The advocacy coalition framework. An assessment. In *Theories of the policy process*, Hrsg. Paul A. Sabatier, 117–166. Boulder: Westview Press.

Sala-i-Martin, Xavier X. 1997. I just ran two million regressions. *The American Economic Review* 87. Papers and Proceedings of the Hundred and Ninth Annual Meeting of the American Economic Association, 178–183.

Sartori, Giovanni. 1991. Comparing and miscomparing. *Journal of Theoretical Politics* 3 (3): 243–257.

Sartori, Giovanni. 1994. Compare why and how. Comparing, miscomparing and the comparative method. In *Comparing nations: Concepts, strategies, substance*, Hrsg. Mattei Dogan und Ali Kazancigil, 14–34. Oxford: Blackwell.

Sayer, Andrew. 1992. *Method in social science. A realist perspective.* London: Routledge.

Sayrs, Lois W. 1989. *Pooled time series analysis.* Newbury Park: Sage Publications.

Schafer, Joseph, und John W. Graham. 2002. Missing data: Our view of the state of the art. *Psychological Methods* 7 (2): 147–177.

Schalk, Helge. 1997/1998. Diskurs. Zwischen Allerweltswort und philosophischem Begriff. *Archiv für Begriffsgeschichte* 40: 56–104.

Scharpf, Fritz W. 2002. Kontingente Generalisierung in der Politikforschung. In *Akteure, Mechanismen, Modelle: zur Theoriefähigkeit makro-sozialer Analysen*, Hrsg. Renate Mayntz, 213–235. Frankfurt a. M.: Campus.

Scheufele, Bertram. 2003. *Frames – Framing – Framing-Effekte. Theoretische und methodische Grundlegung des Framing-Ansatzes sowie empirische Befunde zur Nachrichtenproduktion.* Wiesbaden: VS Verlag für Sozialwissenschaften.

Scheufele, Bertram. 2013. Framing. In *Lexikon Kommunikations- und Medienwissenschaft*, Hrsg. Günter Bentele, Hans-Bernd Brosius, und Otfried Jarren, 96. Wiesbaden: Springer.

Schimmelfennig, Frank. 2006. Prozessanalyse. In Methoden der Politikwissenschaft. Neuere qualitative und quantiative Analyseverfahren, Hrsg. Joachim Behnke, Thomas Gschwend, Delia Schindler, und Kai-Uwe Schnapp, 263–271. Baden-Baden: Nomos.

Schmid, Josef. 1995. Expertenbefragung und Informationsgespräch in der Parteienforschung: Wie föderalistisch ist die CDU? In *Politikwissenschaftliche Methoden. Grundriß für Studium und Forschung*, Hrsg. Ulrich von Alemann, 293–326. Opladen: Westdeutscher Verlag.

Schmidt, Manfred G. 1997. Determinants of social expenditure in liberal democracies: The post World War II experience. *Acta Politica* 32 (2): 153–173.

Schmidt, Vivien Ann. 2002. *The futures of European capitalism.* Oxford: Oxford University Press.

Schmitt-Beck, Rüdiger, Martina Wasmer, und Achim Koch, Hrsg. 2004. *Sozialer und politischer Wandel in Deutschland. Analysen mit ALLBUS-Daten aus zwei Jahrzehnten.* Wiesbaden: VS Verlag für Sozialwissenschaften.

Schneider, Anne L., und Helen Ingram. 2008. Social constructions in the study of public policy. In *Handbook of constructionist research*, Hrsg. James A. Holstein, und Gubrium F. Jaber, 189–211. New York: Guildford.

Schneider, Carsten Q. 2006. Qualitative comparative analysis und fuzzy sets. In *Methoden der Politikwissenschaft*, Hrsg. Joachim Behnke, Thomas Gschwend, Delia Schindler, und Kai-Uwe Schnapp, 273–285. Baden-Baden: Nomos.

Schneider, Carsten Q., und Claudius Wagemann. 2007. *Qualitative Comparative Analysis (QCA) und fuzzy sets*. Opladen: Verlag Barbara Budrich.

Schneider, Carsten Q., und Claudius Wagemann. 2009. Standards guter Praxis in Qualitative Comparative Analysis (QCA) und Fuzzy-Sets. In *Methoden der vergleichenden Politik- und Sozialwissenschaft*, Hrsg. Susanne Pickel, Gert Pickel, Hans-Joachim Lauth, und Detlef Jahn, 387–412. Wiesbaden: VS Verlag für Sozialwissenschaften.

Schneider, Carsten Q., und Claudius Wagemann. 2012. *Set-theoretic methods for the social sciences: A guide to qualitative comparative analysis (strategies for social inquiry)*. Cambridge: Cambridge University Press.

Schneider, Gerald. 2011. How to avoid the seven deadly sins of academic writing. *European Political Science* 10 (3): 337–345.

Schnell, Rainer. 2012. *Survey-Interviews: Methoden standardisierter Befragungen*. 1. Aufl. Wiesbaden: VS-Verlag für Sozialwissenschaften.

Schnell, Rainer, Paul B. Hill, und Elke Esser. 1999. *Methoden der empirischen Sozialforschung*. 6. Aufl. München: Oldenbourg.

Schnell, Rainer, Paul B. Hill, und Elke Esser. 2008. *Methoden der empirischen Sozialforschung*. 8. Aufl. München: Oldenbourg.

Schrodt, Philip A. 2010. Seven deadly sins of contemporary quantitative political analysis. Paper prepared for the theme panel „A Sea Change in Political Methodology?" im Rahmen des Annual Meeting of the American Political Science Association in Washington am 2–5 September 2010.

Schultz, Kenneth A. 2001. *Democracy and coercive diplomacy*. Cambridge: Cambridge University Press.

Schulz, Walter. 1992. *Prüfendes Denken. Essays zur Wiederbelebung der Philosophie*. Tübingen: Klöpfer & Meyer.

Schulz, Winfried. 2011. *Politische Kommunikation. Theoretische Ansätze und Ergebnisse empirischer Forschung*. Wiesbaden: VS Verlag für Sozialwissenschaften.

Schwab-Trapp, Michael. 2002. *Kriegsdiskurse. Die politische Kultur des Krieges im Wandel. 1991–1999*. Leverkusen: Leske + Budrich.

Schwab-Trapp, Michael. 2010. Methodische Aspekte der Diskursanalyse. Probleme der diskursiven Auseinandersetzungen am Beispiel der deutschen Diskussion über den Kosovokrieg. In *Handbuch sozialwissenschaftliche Diskursanalyse. Bd. 2: Forschungspraxis*, Hrsg. Reiner Keller, Andreas Hirseland, Gerald Schneider, und Willy Viehöver, 171–196. Wiesbaden: VS Verlag für Sozialwissenschaften.

Seawright, Jason, und John Gerring. 2008. Case selection techniques in case study research: A menu of qualitative and quantitative options. *Political Research Quarterly* 61 (2): 294–308.

Seiffert, Helmut. 1972. *Einführung in die Wissenschaftstheorie. 2. Geisteswissenschaftliche Methoden: Phänomenologie, Hermeneutik und historische Methode, Dialektik*. München: C. H. Beck.

Sekhon, Jasjeet S., und Rocio Titiunik. 2012. When natural experiments are neither natural nor experiments. *American Political Science Review* 106 (1): 35–57.

Shalev, Michael. 2005. Limits and alternatives to multiple regression in comparative research. http://www.geocities.com/michaelshalev/Papers/Shalev_Regression_31Jul05. pdf. Zugegriffen: 10. Aug. 2005. [2007 in überarbeiteter Form erschienen in: Comparative Social Research 24, 261–308.]

Shalev, Michael. 2007. Limits and alternatives to multiple regression in comparative research. *Comparative Social Research* 24:261–308.

Sinus GmbH. 2012. Rechtsextremismus. In *Zusammenstellung sozialwissenschaftlicher Items und Skalen. ZIS Version 15.00.*, Hrsg. Angelika Glöckner-Rist. Bonn: GESIS.

Skaaning, Svend-Erik. 2011. Assessing the robustness of crisp-set and fuzzy-set QCA results. *Sociological Methods & Research* 40 (2): 391–408.

Slapin, Jonathan B., und Sven-Oliver Proksch. 2008. A scaling model for establishing timeseries party positions from texts. *American Journal of Political Science* 52 (3): 705–722.

Slothuus, Rune. 2007. Framing deservingness to win support for welfare retrenchment. *Scandinavian Political Studies* 30 (3): 323–338.

Smith, Calvin L. 2009. Pentecostal Presence, Power and Politics in Latin America. *Journal of Beliefs & Values* 30 (3): 219–229.

Sniderman Paul M., Thomas Piazza, Philip E. Tetlock, und Ann Kendrick. 1991. The new racism. *American Journal of Political Science* 35 (2): 423–447.

Snijders, Tom. 2005. Power and sample size in multilevel modeling. In *Encyclopedia of statistics in behavioral science*, Hrsg. B. S. Everitt und D. C. Howell, 1570–1573. Chicester: Wiley.

Snijders, Tom, und Roel Bosker. 1994. Modeled variance in two-level models. *Sociological Methods & Research* 22 (3): 342–363.

Snijders, Tom, und Roel Bosker. 1999. *Multilevel analysis: An introduction to basic and advanced multilevel modeling.* 1. Aufl. London: Sage.

Snijders, Tom, und Roel Bosker. 2012. *Multilevel analysis: An introduction to basic and advanced multilevel modeling.* 2. Aufl. London: Sage.

Solomon, Ty. 2013. Time and subjectivity in world politics. International Studies Quartely. http://onlinelibrary.wiley.com/doi/10.1111/isqu.12091/pdf.

Solt, Frederick. 2009. Standardizing the world income inequality database. *Social Science Quarterly 90* (2): 231–242.

Somers, Margaret R. 1998. „We're no Angels": Realism, rational choice, and relationality in social science. *American Journal of Sociology* 104 (3): 722–784.

Spieß, Martin. 2008. *Missing-Data Techniken. Analyse von Fällen mit fehlenden Daten.* Münster: lit-Verlag.

Spieß, Martin. 2010. Der Umgang mit fehlenden Werten. In *Handbuch der sozialwissenschaftlichen Datenanalyse*, Hrsg. Christof Wolf und Henning Best, 117–142. Wiesbaden: VS-Verlag für Sozialwissenschaften.

Srole, Leo. 1956. Social integration and certain corollaries: An exploratory study. *American Sociological Review* 21 (6): 709–716.

Starke, Peter. 2015. Prozessanalyse in der Policyforschung. In *Handbuch der Policy-Forschung*, Hrsg. Reimut Zohlnhöfer und Georg Wenzelburger, 467. Wiesbaden: Springer VS.

Stata. 2007. *Stata release 10– survival analysis and epidemiological tables.* College Station: Stata Press.

Stegmueller, Daniel. 2013. How many countries for multilevel modeling? A comparison of frequentist and bayesian approaches. *American Journal of Political Science* 57 (3): 748–761.

Steinke, Ines. 2012. Gütekriterien qualitativer Forschung. In *Qualitative Forschung. Ein Handbuch*, Hrsg. Uwe Flick, Ernst von Kardoff, und Ines Steinke, 319–331. Reinbek: Rohwolt Taschenbuchverlag.

Stimson, James A. 1985. Regression in space and time: A statistical essay. *American Journal of Political Science* 29 (4): 914–947.

Stinchcombe, Arthur L. 1993. The conditions of fruitfulness of theorizing about mechanisms in social science. In *Social theory and social policy. essays in honor of James S. Coleman*, Hrsg. Aage B. Sørensen und Seymour Spilerman, 23–41. Westport: Praeger.

Strang, David. 1991. Global patterns of decolonization. 1500–1987. *International Studies Quarterly* 35 (4): 429–454.

Strauss, Anselm L., und Juliet M. Corbin. 1996. *Grounded theory. Grundlagen qualitativer Sozialforschung.* Weinheim: Psychologie-Verl.-Union.

Strübing, Jörg. 2004. *Grounded theory. Zur sozialtheoretischen und epistemologischen Fundierung des Verfahrens der empirisch begründeten Theoriebildung.* Wiesbaden: VS Verlag für Sozialwissenschaften.

Stykow, Petra, Christopher Daase, Janet MacKenzie, und Nikola Moosauer. 2009. *Politikwissenschaftliche Arbeitstechniken.* Paderborn: Wilhelm Fink.

Suddaby, Roy. 2006. From the editors. What grounded theory is not. *Academy of Management Journal* 49 (4): 633–642.

Taagepera, Rein. 2008. *Making social sciences more scientific. The need for predictive models.* London: Oxford University Press.

Tacq, Jacques. 1997. *Multivariate analysis techniques in social science research. From problem to analysis.* London: Sage.

Tarrow, Sidney. 2004. Bridging the quantitative-qualitative divide. In *Rethinking social inquiry. diverse tools, shared standards*, Hrsg. Henry E. Brady und David Collier, 171–179. Lanham: Rowman & Littlefield.

Terwey, Michael. 2000. Ethnozentrismus in Deutschland: Seine weltanschaulichen Konnotationen im sozialen Kontext. In *Blickpunkt Gesellschaft 5. Deutsche und Ausländer: Freunde, Fremde oder Feinde? Empirische Befunde und theoretische Erklärungen*, Hrsg. Richard Alba, Peter Schmidt, und Martina Wasmer, 295–331. Wiesbaden: Westdeutscher Verlag.

Terwey, Michael. 2012. Generelle Hinweise zur Auswertung der ALLBUS-Daten: Stichprobentypen und Gewichtungen. In Variable Report ALLBUS/Allgemeine Bevölkerungsumfrage der Sozialwissenschaften Kumulation 1980–2010: ZA-Nr. 4574. GESIS – Variable Reports, No. 2012/51., Hrsg. Michael Terwey und Stefan Baltzer, X–XVI. Köln: GESIS.

The Royal Society. 2009. Geoengineering the Climate: Science, governance and uncertainty. *RS Policy document* 10/2009.

Therneau, Terry M., und Patricia M. Grambsch. 2000. *Modeling survival data. Extending the cox model.* New York: Springer.

Thiem, Alrik, und Adrian Duşa. 2013a. QCA: A package for qualitative comparative analysis. *The R Journal* 5 (1): 87–97.

Thiem, Alrik, und Adrian Duşa. 2013b. *Qualitative comparative analysis with R: A user's guide.* New York: Springer.

Tiemann, Guido. 2009. Zwei Verfahren zur Analyse heterogener Kausalität: Time-Series-Cross-Section- und Mehrebenenmodelle. In *Methoden der vergleichenden Politik- und Sozialwissenschaft*, Hrsg. Susanne Pickel, Gert Pickel, Hans-Joachim Lauth, und Detlef Jahn, 213–232. Wiesbaden: VS Verlag für Sozialwissenschaften.

Topper, Keith. 2005. *The disorder of political inquiry.* Cambridge: Harvard University Press.

Torfing, Jacob. 1999. *New Theories of Discourse: Laclau, Mouffe and Žižek.* Oxford: Blackwell.

Tosun, Jale. 2013. *Environmental policy change in emerging market democracies: Central and Eastern Europe and Latin America compared.* Toronto: University of Toronto Press.

Trinczek, Rainer. 2009. Wie befrage ich Manager? Methodische und methodologische Aspekte des Experteninterviews als Methode qualitativer empirischer Sozialforschung. In *Experteninterviews. Theorien, Methoden, Anwendungsfelder.* 3. Aufl., Hrsg. Alexander Bogner, Beate Littig, und Wolfgang Menz, 225–238. Wiesbaden: VS-Verlag für Sozialwissenschaften.

Trüdinger, Eva-Maria. 2006. *Vom Wert der Werte. Erklärungsmodelle für Einstellungen politischer Toleranz.* Frankfurt a. M.: Peter Lang.

Trüdinger, Eva-Maria, und Achim Hildebrandt. 2013. Causes and contexts of tax morale: Rational considerations, community orientations and communist rule. *International Political Science Review* 34 (2): 191–209.

Tuma, Nancy B., und Michael T. Hannan. 1984. *Social dynamics. Models and methods.* Orlando: Academic.

Urban, Dieter. 1993. *Logit-Analyse. Statistische Verfahren zur Analyse von Modellen mit qualitativen Response-Variablen.* Stuttgart: Gustav Fischer.

Urban, Dieter, und Jochen Mayerl. 2006. Der lokale Ausländeranteil wirkt als selektiver Moderator. Zur statistischen Erklärung von Ausländerablehnung. *ZA-Information* 59: 56–82.

Urban, Dieter, und Jochen Mayerl. 2011. *Regressionsanalyse: Theorie, Technik und Anwendung.* 4. überarbeitete und erweiterte Aufl. Wiesbaden: VS-Verlag für Sozialwissenschaften.

Urban, Dieter, und Jochen Mayerl. 2014. *Strukturgleichungsmodellierung: ein Ratgeber für die Praxis.* 1. Aufl. Wiesbaden: Springer VS.

van Dijk, Teun A. 1997. The study of discourse. In *Discourse as structure and process*, Hrsg. Teun A. van Dijk, 1–34. London: Sage.

Van Evera, Stephen. 1997. *Guide to methods for students of political science.* Ithaca: Cornell University Press.

Vatter, Adrian. 1998. Konstanz und Konkordanz. Die Stabilität kantonaler Regierungen im Vergleich. *Swiss Political Science Review* 4 (1): 1–21.

Verbeek, Marno. 2012. *A guide to modern econometrics.* 4. Aufl. New York: Wiley.

Vermunt, Jeroen K. 1996. *Log linear event history analysis.* Tilburg: Tilburg University Press.

Vermunt, Jeroen K. 1997. *Log-linear models for event histories.* Thousand Oaks: Sage.

Viehöver, Willy. 2011. Diskurse als Narrationen. In *Handbuch sozialwissenschaftliche Diskursanalyse. Theorien und Methoden*, Hrsg. Reiner Keller, Andreas Hirseland, Werner Schneider, und Willy Viehöver, 193–224. Wiesbaden: VS Verlag für Sozialwissenschaften.

Voelzkow, Helmut. 1995. ‚Iterative Experteninterviews': Forschungspraktische Erfahrungen mit einem Erhebungsinstrument. In *Experteninterviews in der Arbeitsmarktforschung. Diskussionsbeiträge zu methodischen Fragen und praktischen Erfahrungen*, Hrsg. Christian Brinkmann, Axel Deeke, und Brigitte Völkel, 51–58. Nürnberg: Institut für Arbeitsmarkt und Berufsforschung der Bundesanstalt für Arbeit.

Vogel, Berthold. 1995. ‚Wenn der Eisberg zu schmilzen beginnt…' Einige Reflexionen über den Stellenwert und die Probleme des Experteninterviews in der Praxis der empirischen Sozialforschung. In *Experteninterviews in der Arbeitsmarktforschung. Diskussionsbeiträge zu methodischen Fragen und praktischen Erfahrungen*, Hrsg. Christian Brinkmann, Axel Deeke, und Brigitte Völkel, 73–84. Nürnberg: Institut für Arbeitsmarkt und Berufsforschung der Bundesanstalt für Arbeit.

Volden, Craig. 2013. Failures: Diffusion, learning, and policy abandonment. Im Rahmen des Workshops ‚Policy Variation in German Federalism: A Comparative Analysis' am 1.–2. März 2013 in Edinburgh präsentiertes Paper.

Wagemann, Claudius. 2015. Qualitative comparative analysis. In *Handbuch Policy-Forschung*, Hrsg. Georg Wenzelburger und Reimut Zohlnhöfer, 429–452. Wiesbaden: Springer VS.

Wagschal, Uwe. 1999. *Statistik für Politikwissenschaftler.* München: Oldenbourg.

Warwick, Paul V. 1994. *Government survival in parliamentary democracies.* Cambridge: Cambridge University Press.

Wawro, Gregory. 2002. Estimating dynamic panel data models in political science. *Political Analysis* 10 (1): 25–48.

Weber, Max. 1988. *Gesammelte Aufsätze zur Soziologie und Sozialpolitik.* Tübingen: Mohr.

Weber, Robert Philip. 1985. *Basic content analysis.* Beverly Hills: SAGE.

Weinberger, Joel, und Drew Westen. 2008. RATS, We should have used Clinton: Subliminal priming in political campaigns. *Political Psychology* 29 (5): 631–651.

Weingart, Peter, Anita Engels, und Petra Pansegrau. 2000. Risks of communication: Discourses on climate change in science, politics, and the mass media. *Public Understanding of Science* 9 (3): 261–283.

Wenzelburger, Georg. 2010. *Haushaltskonsolidierungen und Reformprozesse. Determinanten, Konsolidierungsprofile und Reformstrategien in der Analyse.* Münster: LIT Verlag.

Wenzelburger, Georg, Sebastian Jäckle, und Pascal König. 2014. *Weiterführende statistische Methoden für Politikwissenschaftler: Eine anwendungsbezogene Einführung mit Stata.* Oldenbourg: De Gruyter.

Werner, Suzanne. 1999. The precarious nature of peace. Resolving the issues, enforcing the settlement, and renegotiating. *American Journal of Political Science* 43 (3): 912–934.

Williams, Bernard. 2013 *[2002]. Wahrheit und Wahrhaftigkeit.* Frankfurt a. M.: Suhrkamp.

Wilson, Sven E., und Daniel M. Butler. 2004. The promise and peril of panel data in political science. http://www.stanford.edu/class/polisci353/2004spring/reading/Wilson_Butler. pdf. Zugegriffen: 22. Nov. 2004. [2007 in überarbeiteter Form erschienen in: Political Analysis 15 (1): 101–123]

Wolf, Frieder. 2006. *Die Bildungsausgaben der Bundesländer im Vergleich. Welche Faktoren erklären ihre beträchtliche Variation?* Berlin: lit-Verlag.

Wolf, Frieder. 2010. Enlightened eclecticism or hazardous hotchpotch? Mixed methods and triangulation strategies in comparative public policy research. *Journal of Mixed Methods Research* 4 (2): 144–167.

Wolf, Frieder. 2014. *Gewalt, Armut und Ignoranz. Die Arbeitsteilung zwischen Staat und privatem Sektor bei der Bearbeitung ausgewählter vernachlässigter Probleme – Deutschland im intra- und internationalen Vergleich.* Baden-Baden: Nomos.

Wolf, Frieder, und Georg Wenzelburger. 2010. *Promotionsratgeber Politikwissenschaft.* Wiesbaden: VS Verlag für Sozialwissenschaften.

Wong, Wing Hung. 1986. Theory of partial likelihood. *The Annals of Statistics* 14 (1): 88–123.

Wooldridge, Jeffrey M. 2010. *Econometric analysis of cross section and panel data.* 2. Aufl. Cambridge: The MIT Press.

Woolridge, Jeffrey M. 2013. *Introductory statistics: A modern approach.* 5. Aufl. Mason: South-Western Cengage Learning.

Yamaguchi, Kazuo. 1991. *Event history analysis.* Newbury Park: Sage Publications.

Ziegler, Andreas, Stefan Lange, und Ralf Bender. 2004. Überlebenszeitanalyse. Die Cox-Regression. *Deutsche Medizinische Wochenschau* 129 (3): 1–3.

Ziliak, Stephen T., und Deidre N. McCloskey. 2008. *The cult of statistical significance. How the standard error costs us jobs, justice, and lives.* Ann Arbor: The University of Michigan Press.

Zorn, Christopher J. W. 2000. *Modeling duration dependence. Political Analysis* 8 (4): 367–380.

Züll, Cornelia, und Peter Mohler, Hrsg. 1992. *Textanalyse. Anwendungen der computerunterstützten Inhaltsanalyse.* Opladen: Westdeutscher Verlag.

Züll, Cornelia, und Peter Mohler. 2001. Computerunterstützte Inhaltsanalyse: Codierung und Analyse von Antworten auf offene Fragen. ZUMA How-to-Reihe Nr. 8. http://www.gesis.org/fileadmin/upload/forschung/publikationen/gesis_reihen/howto/how-to8cz.pdf. Zugegriffen: 4. Juni 2014.

If you have any concerns about our products,
you can contact us on
**ProductSafety@springernature.com**

In case Publisher is established outside the EU,
the EU authorized representative is:
**Springer Nature Customer Service Center GmbH**
**Europaplatz 3, 69115 Heidelberg, Germany**

Printed by Libri Plureos GmbH
in Hamburg, Germany